Werner Rau

MOBIL REISEN

SKANDINAVIEN
Reiseziel Nordkap

Werner Rau

MOBIL REISEN

SKANDINAVIEN

REISEZIEL NORDKAP

Die Grand Tour
für individuelles Wohnmobil-Cruising,
Caravaning, Auto- & Van-Camper-Touring

DÄNEMARK
NORWEGEN
FINNLAND
SCHWEDEN

Mit vor Ort erfassten GPS-Koordinaten

WERNER RAU VERLAG STUTTGART

Idee, Layout, Text, Karten, Stadtpläne und Fotos (falls nicht anders gekennzeichnet): Werner Rau
Titelgestaltung: HitzArtworks, 72667 Schlaitdorf
Titelfoto: Mitternachtssonne bei Hammerfest, Norwegen

12. komplett überarbeitete Auflage 2018/2019

Herstellung: Druckerei Steinmeier, 86738 Deiningen
Printed in Germany

ISBN 978-3-926145-71-0
Geo Nr. 663 10172

INHALT

Zum Kennenlernen

Mobil Reisen: SKANDINAVIEN – Die schönsten Auto- & Wohnmobil-Touren

Über Dänemark nach Norwegen

Über Dänemark und Südwestschweden nach Norwegen

Norwegen

Die schnellste Tour zum Nordkap

Die schönste Tour zum Nordkap

Rückreise durch Finnland

Rückreise durch Schweden

Praktische und nützliche Informationen von A bis Z

Extra-Infos

Karten und Stadtpläne

EIN KURZPORTRÄT SKANDINAVIENS

Dänemark

Das Königreich Dänemark (dänisch: Kongeriget Danmark), ältestes Königreich Europas, liegt zwischen Nord- und Ostsee und grenzt im Süden mit der Halbinsel Jütland an Schleswig-Holstein.

Größe des Landes: 43.094 qkm, davon entfallen auf die Halbinsel Jütland etwa 30.100 qkm (70%), der Rest verteilt sich auf gut 470 Inseln, von denen etwa 100 bewohnt sind. Die größten Inseln sind Seeland (7.025 qkm), Fünen (2.980 qkm), Lolland (1.245 qkm), Bornholm (590 qkm) und Falster (515 qkm). Ebenfalls zu Dänemark gehören – wenn auch unter autonomer Verwaltung – die Färöer Inseln und Grönland.

Die Länge der dänischen Küste misst 7.500 km! Die Landgrenze hingegen nur 67 km.

Bevölkerung: 5,7 Mio. Einwohner.

Der ganz überwiegende Teil der Bevölkerung (ca. 87 %) gehören der evangelisch-lutherischen Glaubensrichtung an. Bevölkerungsdichte: 130 Einw./qkm.

Hauptstadt: **Kopenhagen,** rund 591.500 Einw. (ca. 1,6 Mio. Einw. inkl. der Außenbezirke).

Staatsform: Konstitutionelle Monarchie. Demokratische Regierungsform seit 1849 mit Einführung des Grundgesetzes.

Ein-Kammer-Parlament (Folketing) mit 179 Abgeordneten, inkl. je zwei Parlamentariern aus Grönland und von den Färöern.

Staatsoberhaupt ist Königin Margrethe II. (seit 1972).

Landesnatur: Dänemark besteht aus der großen **Jütischen Halbinsel**, sowie aus den **Inseln Seeland, Fünen, Lolland, Falster, Møn, Langeland, Ærø, Alsen, Bornholm** und diversen kleineren Inseln.

Das recht dicht besiedelte und landwirtschaftlich intensiv genutzte Land weist kaum nennenswerte Erhebungen auf. Lediglich einige aus der Eiszeit übriggebliebenen Endmoränen bilden „Berge" um 170 m Höhe.

Wirtschaftliche Schwerpunkte: Landwirtschaft mit ausgezeichneter Viehzucht und ausgedehntem Getreideanbau; verarbeitende Industrie landwirtschaftlicher Produkte; metallverarbeitende und Textilindustrie; Fischfang und damit verbundene Industriezweige. Exportiert werden vor allem Fleisch-, Milch- und Fischprodukte und Erzeugnisse der Maschinenindustrie.

Dänisches Design im Bereich des Kunsthandwerks und der Innenarchitektur wird weltweit geschätzt.

Führend im Bereich der Technologie von Windenergie.

Die **Nationalflagge „Danebrog"** ist ein querliegendes weißes Kreuz auf rotem Grund.

Längster Fluss ist mit 160 km Länge die **Gudenå** in Jütland.

Im Osten Mitteljütlands, südwestlich von Skanderborg, findet man auch die **höchsten Erhebungen** Dänemarks: Yding Skovhøj, 173 m hoch und Ejer Bavnehøj, 171 m hoch.

Norwegen

Das Königreich Norwegen (norw. *Kongeriket Norge*) liegt am Westrand der skandinavischen Halbinsel und grenzt im Westen an die Nordsee (Atlantik), im Norden ans Eismeer, im Osten an Russland (200 km Grenze), an Finnland (700 km Grenze) und an Schweden (1.600 km Grenze) und im Südosten an den Skagerrak.

Größe des Landes: 323.878 qkm (ohne Svalbard und Jan Mayen). Die Nord-Süd-Ausdehnung des norwegischen Territoriums beträgt 1.752 km, die Ost-West-Ausdehnung rund 430 km. Die schmalste Stelle des Landes ist nur ca. 6 km breit.

Küstenlänge: 2.650 km (Luftlinie), mit allen Fjorden und Buchten rund 21.347 km, und zusätzlich mit allen Inseln 57.009 km!

Bevölkerung: 5,2 Mio. Einwohner.

Bevölkerungsdichte: 13 Einw./qkm.

Die meisten Norweger (ca. 86%) gehören der evangelisch-lutherischen Staatskirche an.

Hauptstadt: **Oslo**, 661.000 Einwohner.

Staatsform: Konstitutionelle Monarchie (seit 1905) mit demokratischer Verfassung. Norwegens Verfassung – am 17. Mai 1814 erstmals verkündet – ist eine der ältesten in Europa.

Das Parlament (Ein-Kammer-Parlament, 165 Mitglieder) wird alle vier Jahre gewählt. Das Parlament wählt aus seiner Mitte 38 Abgeordnete, die das „Lagting" bilden. Die restlichen Abgeordneten stellen das „Oldesting" dar.

Staatsoberhaupt ist König Harald V. (seit 1991).

Landesnatur: Zu drei Vierteln besteht Norwegen überwiegend aus Gebirgen, Gletschern und Tundra. Das restliche Viertel ist in erster Linie Wald, der sich in der Südostecke des Landes (Östlandet) konzentriert.

Im **Südosten** und östlich des Oslofjords wird die Landschaft geprägt von Flusstälern, wie das Österdal mit dem Fluss Glåma oder das weiter nordwärts führende Gudbrandsdal mit grünen, fruchtbaren Talgründen und waldreichen Höhen.

Die **Südküste** Norwegens vom Oslofjord bis Stavanger ist eine Fels- und Schärenküste.

Norwegens südlichster Punkt, **Kap Lindesnes** (57° 57′ 53″ nördlicher Breite), ist westlich von Mandal zu finden. Viele Täler, wie das schöne Setesdal, streben vom gebirgigen Inland hauptsächlich südwärts zur Küste.

Das **südnorwegische Hochland** ist das Gebiet der Fjells, der Hochflächen (Hardangervidda), Berge und Gletscher.

Die wichtigsten Gebirgszüge hier sind das **Dovrefjell** mit dem 2.286 m hohen **Snöhetta** und **Jotunheimen**. Hier findet man Norwegens **höchsten Berg**, den 2.469 m hohen **Galdhøpigen** und den **Jostedalsbreen**, mit 486 qkm größter europäischer Gletscher.

Die **westnorwegische Schären- und Fjordküste** umfasst den größten Teil der überaus zerklüfteten und zerrissenen Westküste des Landes. Es ist die Region der bezaubernden Fjordwelt, mit Landschaftsbildern, die jede Reise lohnen. Imposant sind die tief ins Land schneidenden, steilen Arme des **Nordfjords**, des **Hardangerfjords** oder des **Sognefjords**, Norwegens längsten Fjords, ca. 200 km lang und bis 1.308 m tief.

Mittelnorwegen mit den Provinzen **Sør-Trøndelag** und **Nor-Trøndelag** ist ein Mittelgebirgsland am hier abgeflachten westskandinavischen Gebirgsrücken, mit weiten Wäldern und Wiesenflächen. Das Gebiet um die historische Königsstadt **Trondheim** ist uraltes norwegisches Kulturgebiet.

Nordnorwegen schließlich, mit den Provinzen **Nordland, Troms** und **Finnmark**, ist das Land der Mitternachtssonne und der Polarlichter, der Samen und der menschenleeren Weiten der Tundra.

Hier findet man die Inselgruppen der **Vesterålen** und **Lofoten**, sowie das **Nordkap** (71° 10′ 21″ nördlicher Breite), den nördlichsten per Straße erreichbaren Punkt Europas.

Wirtschaftliche Schwerpunkte: Die Bedeutung der klassischen Erwerbszweige wie Landwirtschaft und Fischerei nimmt mehr und mehr ab.

Die in erheblichem Umfang aus Wasserkraft gewonnene Elektrizität ermöglicht eine extensive Herstellung und Verarbeitung energieintensiver Produkte auf den Gebieten Metall und Chemie. Ausgeprägte Forstwirtschaft, holzverarbeitende Industrie und Papierindustrie.

Unter norweqischer Flagge fährt die viertgrößte Handelsflotte der Welt.

Seit etwa 1970 spielt die Off-Shore-Exploration in der Nordsee für Norwegens Wirtschaft eine herausragende Rolle. Große Erdöl- und Gasvorkommen machten das Land zu einem wohlhabenden Öl- und Gasexportland.

Die **Nationalflagge** ist ein querliegendes blaues, weiß umrandetes Kreuz auf rotem Grund.

Größte Insel: Hinnøya (Vesterålen), 2.198 qkm.

Längster Fluss: Glomma, ca. 600 km.

Schweden

Das Königreich Schweden (schwedisch: *Konungariket Sverige*) – oder in der feierlich-literarischen Form *Svea Rike*

– Reich der Svear – nimmt den östlichen Teil der skandinavischen Halbinsel ein. Schweden grenzt im Norden an Finnland, im Westen an Norwegen, im Südwesten an den Kattegatt und im Osten an die Ostsee und den Bottnischen Meerbusen.

Größe des Landes: 449.960 qkm. Schweden ist nach Russland, Frankreich und Spanien das viertgrößte Land Europas. Die größte Ausdehnung des Landes beträgt in Nord-Süd-Richtung 1.575 km, in Ost-West-Richtung 499 km.

Mit allen Buchten und Einschnitten misst Schwedens Küste nicht weniger als über 7.600 km!

Bevölkerung: 9,8 Mio. Einwohner.

Rund 87% der Bevölkerung bekennen sich zur evangelisch-lutherischen Kirche, Schwedens Staatskirche.

Bevölkerungsdichte: 22 Einw./qkm, im Norden allerdings nur 1,2 Einw./qkm.

Hauptstadt: Stockholm, 923.500 Einwohner, Großraum 2,2 Mio. Einwohner.

Staatsform: Konstitutionelle Monarchie mit parlamentarischer Regierungsform. Regierungsbildender Riksdag (Reichstag), seit 1969 Ein-Kammer-Parlament mit 349 Sitze.

Staatsoberhaupt: König Carl XVI. Gustav (seit 1973).

Landesnatur: Das Land lässt sich in drei große Landschaftsregionen gliedern – in die sich nach Südosten neigenden, überaus wald- und flussreichen Ausläufer des **westskandinavischen Gebirgsrückens**, die **mittelschwedische Senke** mit den größten Seen des Landes und schließlich das fruchtbare **südschwedische Hügelland** bis zur Halbinsel Schonen. Grob stimmt diese Gliederung auch mit den alten schwedischen Regionen **Norrland**, **Svealand** und **Götaland** überein.

Es lassen sich folgende Kulturlandschaften definieren:

Schonen (Skåne) ist Schwedens südlichste Landschaftsregion. Die abwechslungsreiche Landschaft der „Kornkammer Schwedens" wird geprägt von ausgedehnten Agrarflächen, großen Gehöften, weiten Laubwäldern und sehr schönen Küstenabschnitten mit Fels- und Sandstränden.

Südwestschweden mit den Provinzen **Halland** und **Bohuslän** wird geprägt von fruchtbaren Küstenebenen, die von Felsriegeln durchsetzt sind. Der Küste sind zahllose Felsinseln vorgelagert.

Als **südschwedisches Hochland** bezeichnet man das Gebiet um Jönköping am Vättersee und südlich davon, inklusive der Småländischen Seenplatte. Das Gebiet umfasst Teile **Smålands** und **Väster-Götlands**.

Südostschweden mit der Küste am Kalmarsund unterscheidet sich stark von der Westküste. Aufgrund seiner geologischen Vorgeschichte ist es als sog. Tafelland ausgebildet. Die karstigen Ebenen setzen sich auf den Inseln Öland *(alvar)* und Gotland *(hällmark)* fort.

Das **Seentiefland Mittelschwedens** umfasst das Gebiet um die großen Seen Vänern, Vättern, Hjälmaren und Mälaren mit den Provinzen **Öster-Gotland**, Teile **Väster-Gotlands, Dalsland, Närke** und **Södermanland** und reicht bis hinauf nach **Uppland** (Uppsala) und **Västmanland**. Es ist das Kulturland und die historische Wiege Schwedens schlechthin. Die Region mit ihren sanften Landschaften wird von der historischen Wasserstraße des **Göta-Kanals** durchzogen.

Das **mittelschwedische Bergland**, bildet geographisch den Übergang von der mittelschwedischen Seensenke zum Norrland. Große Teile umfassen die alte, historische Provinz **Dalarna** sowie Teile **Värmlands**.

Norrland, Schwedens nördliche Landeshälfte mit einer Nord-Süd-Ausdehnung von annähernd 1.000 km, umfasst die Bezirke **Hälsingland, Härjeland, Medelpad, Jämtland, Ångermanland, Västerbotten, Norrbottn, Südliches** und **Nördliches Lappland**. Die weite Ausdehnung nach Norden bedingt starke klimatische Unterschiede zwischen den südlichen und nördlichen Gebieten Norrlands.

Wirtschaftliche Schwerpunkte: Bedingt durch die klimatischen Gegebenheiten konzentriert sich die Landwirtschaft auf den Süden des Landes. Schwerpunkte der Agrarproduktion sind Kartoffel- und Getreideanbau, Rinder-

und Schweinezucht. Obwohl die schwedische Agrarwirtschaft sehr fortschrittlich und effizient ist, ist Schweden längst kein Agrarstaat mehr. Weit über zwei Drittel der Beschäftigten des Landes sind heute in den Bereichen Industrie und Handel tätig.

Die reichen Waldbestände im Norden werden intensiv genutzt. Entsprechend groß ist Schwedens Bedeutung weltweit in Bezug auf Holz-, Zellstoff- und Papierindustrie.

Dank des reichen Vorkommens hochwertiger Eisenerze im Norden des Landes wurde Schweden zum größten Eisenexporteur der Welt.

Besonders nach dem 2. Weltkrieg formte sich Schweden unter dem Einfluss seiner sozialdemokratischen Regierungen zum vielbewunderten **Wohlfahrtsstaat**. Der Lebensstandard der schwedischen Bevölkerung ist der höchste in Europa und die sozialen Einrichtungen und Leistungen müssen auf fast allen Gebieten als vorbildlich bezeichnet werden.

Die **Nationalflagge** ist ein querliegendes gelbes Kreuz auf blauem Grund.

Höchster Berg: Kebnekaise 2.103 m, liegt in Nordschweden.

Größter See: Vänersee, 5.648 qkm.
Längster Fluss: Torneälven, ca. 570 km.

Finnland

Die Republik Finnland (finnisch: *Suomen Tasavalta*) ist das am weitesten östlich gelegene der vier nordischen Länder. Finnland grenzt im Osten an Russland, im Norden und Nordosten an Norwegen, im Westen an Schweden und an den Bottnischen Meerbusen und im Süden an den Finnischen Meerbusen der Ostsee.

Größe des Landes: 338.424 qkm. Größte Ausdehnung in Nord-Süd-Richtung 1.160 km, in Ost-West-Richtung 540 km.

Die längste Grenze hat Finnland mit seinem östlichen Nachbarn Russland. Sie misst fast 1.270 km. Das Land hat eine Küstenlänge von etwas mehr als 1.100 km.

Nahezu ein Zehntel des finnischen Territoriums, ca. 31.700 qkm, ist von Seen bedeckt. Wie man liest, sollen es 187.888 Seen sein. Außerdem weist Finnland nicht weniger als 179.584 Inseln auf.

Bevölkerung: 5,5 Mio. Einw.

Annähernd 85 % der Bevölkerung bekennen sich zur evangelisch-lutherischen und rund 1% zur orthodoxen Kirche.

Bevölkerungsdichte: 16,3 Einw./qkm im Durchschnitt – in den südlichen Wirtschaftsregionen bis zu 90 Einw./qkm, im Norden dagegen kaum 2 Einw./qkm.

Landessprache ist Finnisch, das von 93,5 % der Bevölkerung gesprochen wird. Zweite Landessprache ist Schwedisch, das etwa 6,3 % der Einwohner sprechen.

Hauptstadt: Helsinki, 630.000 Einw.

Staatsform: Republik, parlamentarische Regierungsform nach der Verfassung von 1919 (geändert zuletzt 2000).

Der Reichstag Eduskunta, ein Ein-Kammer-Parlament, setzt sich aus 200 Abgeordneten zusammen, die auf vier Jahre gewählt sind.

Staatsoberhaupt ist der Staatspräsident, seit 2012 Sauli Niinistö. Er wird von 300 Wahlmännern auf sechs Jahre gewählt.

Traditionsgemäß spielte im Finnland lange die von Moskau protegierte Kommunistische Partei Finnlands eine wichtige Rolle im Parlament. Nach den Zwischenfällen in der Tschechoslowakei im Jahre 1968 allerdings zersplitterte die Partei und 1990 wurde sie sogar aufgelöst. Seitdem konnte noch keine andere Partei eine absolute Mehrheit für sich verbuchen. Minderheitenregierungen oder Koalitionen kleinerer Parteien sind die Folge.

Landesnatur: Es lassen sich fünf große Landschaftsregionen erkennen.

Die **südfinnische Küstenebene** erstreckt sich entlang der Küste des Finnischen Meerbusens etwa zwischen Turku und der Russischen Grenze. Die Küste ist geprägt von vielen vorgelagerten, baumlosen Felsinseln. Bemerkenswert ist, dass in diesem Landstrich – der historischen Landschaft *Nyland* – die sonst in Finnland allgegenwärtigen Seen fast vollständig fehlen.

Die **bottnische Küstenebene** ist von ähnlicher Natur wie die südfinnische

Küstenebene. Der etwa 100 km breite Landstreifen zieht sich von Turku bis hinauf zur schwedischen Grenze. Zahlreich sind auch hier die der Küste vorgelagerten Schären, diese kahlen Felsinseln.

In diesem besonders im Süden stark landwirtschaftlich genutzten Landesteil liegt im Südwesten die historische Landschaft Varsinais-Souomi, die eigentliche Wiege Finnlands. Von hier aus verbreitete sich einst das Christentum und die europäische Kultur über das Land.

Die wichtigsten Städte in der Region sind **Turku** (schwed. Åbo, ca. 177.000 Einw.), ein bedeutender Winterhafen des Landes, dann **Pori** (Björnborg, ca. 76.182 Einw.), das vornehmlich als Ausfuhrhafen für die Industrieregion um **Tampere** fungiert und die Hafenstadt **Vaasa** (Vasa, ca. 56.925 Einwohner).

Die Landschaft nördlich von Vaasa ist weniger wirtlich. Weite Wälder und Moore bestimmen das Landschaftsbild. Die Küste und ihre Häfen sind im Winter oft zugefroren und durch Eis blockiert.

Oulu (Uleåborg, 195.820 Einw.) ist ein wichtiger Holzexporthafen und **Kemi** (21.929 Einw.) schließlich, Finnlands nördlichste Hafenstadt am Bottnischen Meerbusen, hat sich zu einem wichtigen Verkehrsknotenpunkt entwickelt.

Die Finnische Seenplatte, etwas höher gelegen als die Küstenebenen, ist die typisch finnische Landschaft, wie sie in zahllosen Bildern schon gezeigt worden ist.

Unendlich sind die Wälder, zwischen denen immer wieder hellglänzend die weiten Flächen der Seen auftauchen. Urige Seenwildnis und weitgehend fast unberührte Natur sind hier durchaus noch zu finden.

Diese Landschaft der westlichen Seenlandschaft und des **Saimaa-Seengebiets** ist es, die Finnland seinen Beinamen „Land der tausend Seen" eingebracht hat.

Tatsächlich findet man im Südosten des Landes sage und schreibe annähernd 62.000 Seen die eine Fläche von etwa 53.000 qkm bedecken und eine Uferlinie von weit über 4.700 km bilden, kleine Inseln und Klippen nicht mitgerechnet. Nach letzten offiziellen Zählungen sind in gesamt Finnland nicht weniger als 188.000 Seen zu finden!

Größte der südlichen Seen sind mit ca. 1.400 qkm der **Saimaasee** (Bodensee rund 540 qkm) und der **Päijännesee** mit ca. 1.110 qkm.

Die wichtigste Stadt im Seengebiet ist Tampere (Tammerfors, 222.512 Einw.), ein bedeutendes Industriezentrum des Landes und eine der modernsten Städte des Landes.

Der mittelfinnische Rücken im Nordosten des Landes ist ein sehr dünn besiedeltes Waldgebiet und Hügelland mit Höhen um 400 m. Große Teile des Gebietes, dessen größter Reichtum die Holzwirtschaft ist, werden von Hochmooren bedeckt.

Das Fjellgebiet im lappländischen **Nordfinnland** dehnt sich vom Polarkreis an nordwärts. Das Gebiet nimmt zwar etwa ein Drittel des finnischen Territoriums ein, ist aber überaus dünn besiedelt.

Die Landschaftsform ist unterschiedlich. Prägen im südlichen Teil noch tiefe Wälder aus denen die Höhen der Tunturis ragen das Landschaftsbild, dominieren weiter im Norden die offenen Moor-, Heide- und Tundralandschaften. Im Nordosten prägt der Inarisee (ca. 1.100 qkm) mit seiner zerrissenen Uferlinie die Landschaft.

Die **Nationalflagge** ist ein querliegendes blaues Kreuz auf weißem Grund.

Längster Fluss: Kemijoki, ca. 494 km.

Höchster Berg: Haltiatunturi, 1.324 m.

Wirtschaftliche Schwerpunkte: Nach wie vor sind Holz-, holzverarbeitende, Zellstoff- und Papierindustrie die wichtigsten Wirtschaftszweige des Landes und mit einem Anteil von 80% von entscheidender Bedeutung für den Außenhandel Finnlands.

Trotz des 1947 geschlossenen, die Industrialisierung des Landes beeinträchtigenden finnisch-sowjetischen Friedensvertrages, konnten sich metallverarbeitende und Maschinenbau-Industrie zu einem bedeutenden Wirtschaftsfaktor entwickeln.

GESCHICHTE – IN STICHWORTEN

Um 8000 – 2000 v. Chr. – Erste Jäger und Sammler besiedeln die Küsten der dänischen Inseln. Norwegen ist – wenn auch nur recht spärlich an den Küsten – bis in den hohen Norden von Menschen der **Steinzeitkultur** bewohnt.

Spuren aus jener Zeit sind in Form von **Felsgravuren** (Felszeichnungen – norw. ***„helleristninger"***) vom Süden des Landes bis hinauf nach Alta in der Finnmark heute noch zu besichtigen. Diese Felszeichnungen zählen mit zu ersten Objekten in der europäischen Kunstgeschichte.

Um 1000 v.Chr. – Sog. finnisch-ugrische Volksstämme wandern aus dem Gebiet der Wolga und des Urals nach Westen und Nordwesten und siedeln u. a. auch in Finnland. Von Westen und Süden ziehen germanische Stämme in das Gebiet des heutigen Staates Finnland. Sie siedeln vornehmlich an den südlichen und südwestlichen Küsten des Landes. Schon früher hatten sich Samen (Lappen) weiter nördlich niedergelassen. Sie waren von nordöstlichen Regionen auf die skandinavische Halbinsel gekommen.

5. Jh. v. Chr. – Erstmals wird Eisen verwendet. Einblick in die Lebensweisen der Menschen der Bronze- bzw. der Eisenzeit bieten die rekonstruierten Vorzeitdörfer z. B. bei Tanumshede in Südwestschweden.

Ca. 3. Jh. v. Chr. – ca. 5. Jh. n. Chr. – *Kimbern* und ***Teutonen*** wandern von Jütland aus südwärts. Völkerwanderung. Später siedeln Dänen in den frei gewordenen Zonen Jütlands. Es bilden sich Kleinkönigreiche.

1. – 6. Jh. n. Chr. – In Norwegen beginnen sich Siedlungen und Stammesgemeinschaften zu bilden. Am Trondheimsfjord formt sich das erste von einem König regierte Reich. Die Zeit um das 5. Jh., die Zeit der Völkerwanderung, bringt Bewegung in die norwegischen Stammesgebiete. Von Süden kommende Stämme drängen die Ansässigen nach Westen und Norden. Die Zeit ist geprägt von kriegerischen Auseinandersetzungen zwischen den zahlreichen Sippen, Stämmen und Kleinkönigreichen, die sich in den vielen Tälern etabliert haben.

Um 500 n. Chr. – Die germanischen Stämme der ***Svear***, die zunächst am Mälarsee siedeln und der ***Gauten (Goten)*** aus Götaland, gründen ein Reich, dessen Metropole *Uppsala* ist.

8. – 9. Jh. n. Chr. – Es ist die Zeit der **Wikinger**, eine Zeit, in der sich das Augenmerk der Bevölkerung vor allem aufs Meer richtet. Wikinger bestimmen das Geschehen im nord- und mitteleuropäischen Raum.

Dänemark wird ein wichtiges Siedlungsgebiet der Wikinger. Viele ihrer Eroberungszüge in den Mittelmeerraum, in die Normandie und nach England gehen von Dänemark aus. Erster dänischer König wird *Godfred*, der 810 stirbt.

Zeugen aus der Wikingerzeit sind in Norwegen (z. B. Wikingerschiff-Museum, Oslo), in Schweden und in Dänemark noch erhalten bzw. rekonstruiert (z. B. Wikingerschiff-Museum in Roskilde).

In ihren meisterlich gebauten Holzbooten erkunden die Wikinger die Meere. Auf Handels- und Raubzügen dringen sie nach Frankreich, bis an den Bosporus, nach England, Island, Grönland, ja bis nach Nordamerika vor.

Im 9. Jh. beginnt mit dem norddeutschen Bischof *Ansgar* (801 – 865), dem „Apostel des Nordens", die Christianisierung Schwedens und Dänemarks.

872 – König *Harald Harfagre* (Schönhaar) versucht das in viele Kleinkönigreiche zersplitterte Norwegen zu einem Reich zu einen, ohne Erfolg.

Um 1000 – Wikingerschiffe unter *Leif Erikson* erreichen die Küste Nordamerikas. Im norwegischen Nidaros (heute Trondheim) regiert König *Olav Tryggvason*, ein Nachfahre Harald Schönhaars. Er versucht erneut, Norwegen zu einen.

Unter König Olavs Schutz beginnt die Christianisierung des Landes. Olav Tryggvason fällt bei der Insel Rügen in der Schlacht gegen die Truppen Dänemarks und Schwedens. Sein Nachfolger, König *Olav Haraldsson* (der

Heilige), verhilft dem Christentum in Norwegen zum Durchbruch. Der König fällt am 29. Juli 1030 beim norwegischen Stiklestad. König Olav wird Norwegens Nationalheiliger.

Der Dänenkönig *Gorm der Alte* (gest. 950) eint sein Land und befestigt es im Süden (Schleswig) durch den Wall „Danewerk". Harald Blauzahn herrscht anschließend über Dänemark und Norwegen.

11. Jh. – Der Dänenkönig *Knut der Große* (1018 – 1035) dehnt das Dänenreich aus. 1028 erobert er Norwegen. 1042 wird König *Magnus Olavsson* aus Norwegen durch einen Erbvertrag auch König von Dänemark.

In Finnland haben sich verschiedene Volksgruppen etabliert. Im Süden und Südwesten wohnen die sog. „eigentlichen" *Finnen*, die sich stark nach Schweden orientieren, in der Mitte des Landes leben die *Tavasten* oder *Häme*, im Osten die *Karelier*, die sich traditionsgemäß starke Bindungen nach Russland bewahrt haben, während im Norden vor allem *Samen* siedeln.

Die Kunstepoche der **Romanik** (1060 – 1265) manifestiert sich in Dänemark und Schweden vor allem in Sakralbauten.

1035 – 1047 – In Norwegen regiert König *Magnus Olavsson* (der Gute). Ihm gelingt es, die Eigenständigkeit und Geschlossenheit des jungen norwegischen Königreichs gegenüber Schweden und Dänemark zu festigen und zu sichern.

1048 – oder 1050 wird Oslo von König *Harald Hårdråde* („der Harte") gegründet. 1066 fällt König Harald Hårdråde in England im Kampf um den englischen Thron. Mit ihm geht die große Zeit der Wikinger zu Ende.

1070 – Bergen wird gegründet. Die norwegische Hafenstadt entwickelt sich rasch zu einem wichtigen Handelsplatz und wird nach Trondheim zur wichtigsten Stadt des Königreichs.

12. Jh. – *Valdemar I.* von Dänemark, der Große (1157 – 1182) eint nach den dänischen Nachfolgekriegen (1146 – 1157) das Reich. Kopenhagen wird gegründet.

Uppsala, die alte schwedische Königsresidenz, wird 1164 Sitz eines Erzbischofs.

Der Handelsbund der norddeutschen **Hanse** erlangt Macht und Einfluss im südlichen Schweden, u. a. in Stockholm und auf Gotland.

Finnland gerät mehr und mehr unter die Vorherrschaft der schwedischen Könige.

Das 11. und 12. Jahrhundert waren die Blütezeit der **Stabkirchen-Architektur** in Norwegen. Die älteste noch erhaltene Stabkirche des Landes ist die von Urnes. Sie entstand um 1090.

1154 – Der Schwedenkönig Erik IX. führt einen sog. „Kreuzzug" nach Südfinnland und vereinnahmt den Südwesten des Landes für die schwedische Krone. Es folgen noch weitere solcher Eroberungszüge, die neben Landgewinn auch zum Ziel haben, die orthodoxe Kirche zurückzudrängen.

13. Jh. – Nicht zuletzt durch die Politik der Kirche kommt es zu Rivalitäten bei der Erbfolge am norwegischen Königshof.

1217 – *Håkon Håkonsson* wird zum König von Norwegen gekrönt. Die Königswürde wird von nun an an den ältesten Sohn des Königs vererbt. Mitte des 13. Jh. wird das Königreich Norwegen um die Inseln Island und Grönland erweitert.

1252 – *Birger Jarl* legt den Grundstein zur Stadt Stockholm. Er festigt die Herrschaft Schwedens über Finnland und gründet die Königsdynastie der *Folkunger*, die zwischen 1250 und 1363 über das Land herrscht.

Höhepunkte des **gotischen Baustils** (1265 – 1550) in Dänemark sind die Dome von Aarhus, Haderslev, Maribo und Roskilde, sowie die St.-Knuds-Kirche in Odense.

Zeugen mittelalterlicher Baukunst in Norwegen sind die 1261 fertiggestellte Håkonshalle und die Marienkirche aus dem 12. Jh. in Bergen. Das wohl bedeutendste gotische Kirchenbauwerk Norwegens stellt der Nidarosdom zu Trondheim dar.

1319 – *Magnus Eriksson* wird König von Norwegen und Schweden.

Bei den Bestrebungen um eine skandinavische Union der drei Königreiche Norwegen, Schweden und Dänemark gerät Norwegen mehr und mehr ins Hintertreffen.

1320 – Der Bau des Nidarosdoms in Trondheim wird abgeschlossen. Der im 12. Jh. im romanischen Stil begonnene Monumentalbau ist Krönungskirche und Norwegens bedeutendster Sakralbau.

Finnland ist de facto eine schwedische Provinz geworden. Mitte des 14. Jh. erhält es das Recht, sich an den schwedischen Königswahlen zu beteiligen.

1350 – Verheerende Pestepidemie in Norwegen. Fast die Hälfte der Bevölkerung des Landes stirbt. Norwegen wird wirtschaftlich von der Hanse, politisch von Schweden und 1380 mit *Olav Håkonsson*, der in Personalunion König von Dänemark und Norwegen ist, auch von Dänemark abhängig.

1397 – Die **„Kalmarer Union"** wird auf Betreiben und unter Vorsitz der dänischen *Königin Margrethe* unterschrieben. Beabsichtigt ist, Schweden, Dänemark und Norwegen unter einem dänischen Unionskönig zu vereinigen. Bald aber versucht Schweden, sich der dänischen Vorherrschaft zu entziehen. Es gibt Aufstände, die der Bauernführer Engelbrekt nutzt und sich zum Reichsvorsteher Schwedens ernennen lässt. Es entsteht ein Reichstag, zu dem Adel, Geistlichkeit, Bürgertum und Bauern ihre Vertreter entsenden.

Dänemark erlebt eine Blütezeit. Norwegen bleibt bis 1814 mit Dänemark verbunden.

15. Jh. – Norwegen muss die Orkney- und Shetland-Inseln an die schottische Krone abtreten.

1477 – Im schwedischen Uppsala wird die erste skandinavische Universität gegründet.

16. Jh. – Finnland, das mehr denn je von Schweden dominiert wird, wird nun als *Herzogtum Finnland* bezeichnet.

1520 – *König Christian II.* von Dänemark (1481 – 1559) versucht mit Angriffen auf Stockholm Schweden in die Union zurückzuzwingen. Am 8. November 1520 lässt er alle seine Gegner hinrichten („Blutbad von Stockholm"). Das Massaker aber schwächt die Position des Monarchen, der 1523 Dänemark sogar verlassen muss.

1521 – *Gustav Eriksson Wasa* ruft die Männer von Dalarna (Schweden) zum Aufstand gegen den Dänenkönig auf.

1523 – Gustav Wasa wird zum schwedischen *König Gustav I.* gewählt. Er tritt aus der Kalmarer Union aus und stellt Schwedens Unabhängigkeit wieder her. Gesamtschweden hatte damals weniger als eine Million Einwohner. Nach dem Vorbild Schwedens fasst auch in Finnland die Reformation Fuß.

1524 – Ende der Union von Kalmar durch den „Frieden von Malmö".

1527 – König Gustav I. fördert die lutherische Reform in Schweden und verhilft ihr zum Durchbruch. Die gewaltigen Latifundien der katholischen Kirche werden konfisziert und dem Staat einverleibt.

1536 – König *Christian III.* (1534 – 1559) bringt die Reformation nach Dänemark. Während der Reformation werden die katholischen Bischöfe in den nordischen Ländern entmachtet. Dem dänischen und dem schwedischen Königshaus fallen riesige Ländereien zu, die ehemals im Besitz des Klerus waren.

1537 – Durch die von Dänemark erzwungene Abschaffung des Reichsrates wird Norwegen faktisch der Status eines eigenständigen Königreichs (bis 1814) genommen. Aufstände gegen die dänische Krone scheitern.

1548 – *Mikael Agricola*, ein Lutherschüler, übersetzt das Neue Testament ins Finnische.

1560 – 1568 – *König Erich XIV.* wird Nachfolger Gustavs I. Unter seiner Herrschaft fällt 1561 Estland an Schweden.

1563 – 1570 – Im Siebenjährigen Krieg wird Norwegen als Reichsteil Dänemarks in die Kriegshandlungen gegen Schweden verstrickt.

1588 – 1648 – In Dänemark regiert König *Christian IV.*, der versucht – allerdings ohne Erfolg – in den Dreißigjährigen Krieg einzugreifen.

Beispiele der dänischen **Renaissance** (1550 – 1660) findet man vor allem in den großen dänischen Schlössern.

In Norwegen gilt der Rosenkrantzturm in Bergen aus der Mitte des 16. Jh. als schönes Beispiel der Renaissance-Architektur.

17. Jh. – Die erste Hälfte des Jahrhunderts ist geprägt von Kriegen zwischen Dänemark und Schweden (1611 – 1614 und 1643 – 1645), in die auch Norwegen verwickelt ist. Norwegen verliert die Provinzen Härjedalen, Jämtland und 1658 auch Bohuslän.

1611 – 1632 – *König Gustav II. Adolf* regiert. Unter seiner Herrschaft wird Schweden zur dominierenden Macht im Ostseeraum und zur Großmacht in Europa.

Durch siegreiche Schlachten beeinflusst Gustav II. Adolf den Verlauf des Dreißigjährigen Krieges (1618 – 1648). Der König fällt 1632 in der Schlacht gegen den kaiserlichen Feldherrn Wallenstein bei Lützen.

Mitte des 17. Jh. ist der Schwede *Per Brahe* Gouverneur in Finnland, das zum Großherzogtum erhoben worden war. Hauptstadt des Großherzogtums Finnland ist Turku.

1632 – 1654 – *Christine*, Tochter Gustav II. Adolf, ist Schwedens letzte Königin aus dem Hause Wasa. Sie regiert mit Hilfe des Kanzlers *Axel Oxenstierna*, der schon Berater ihres Vaters war. 1634 arbeitet Oxenstierna eine neue Verfassung aus.

1640 – In Turku/Åbo wird Finnlands erste Universität gegründet.

1645 – Schweden übt auf Dänemark solange Druck aus, bis die Dänen Gotland und die norwegischen Provinzen Jämtland und Halland an Schweden abtreten.

1648 – Mit dem *Westfälischen Frieden* am 24. Oktober in Münster und Osnabrück, beenden das Kaiserreich, Frankreich und Schweden und deren Verbündete den Dreißigjährigen Krieg. Schweden erhält Vorpommern und Stettin, die Insel Rügen, Usedom, Wollin, Wismar, Bremen und Verden.

1654 – 1660 – 1654 tritt die schwedische Königin Christine zugunsten ihres Vetters, *König Karl X. Gustav* aus dem Hause Pfalz-Zweibrücken, ab. Karl X. Gustav führt Kriege mit Polen und Dänemark und erringt 1658 Blekinge, Schonen und Bohuslän. Schweden ist auf dem Höhepunkt seiner territorialen Ausdehnung und politischen Macht in Europa.

Seit 1660 ist in Dänemark die Souveränität der Könige erblich.

1660 – 1697 – *König Karl XI.*, Sohn von Karl X. Gustav, regiert. Schweden ist als Verbündeter Frankreichs in Kriege verstrickt.

1697 – 1718 – *König Karl XII.* regiert. Dem König gelingt es nicht, Schweden von den Auseinandersetzungen im Nordischen Krieg (1700 – 1721) zwischen Polen, Russland, Preußen und Hannover zu distanzieren. Die Folge sind empfindliche Gebietsverluste (u. a. Livland, Estland, Karelien, Bremen, Verden, Stettin). Schweden verliert seine Stellung als europäische Großmacht. Russland ist der große Gewinner und nimmt nun die Rolle einer Großmacht ein.

18. Jh. – Das politisch erstarkte Zaren-Russland dehnt seine Machtsphäre nach Westen aus. Es kommt häufiger zu Konflikten mit Schweden-Finnland.

Schließlich wird in St. Petersburg von Zar Alexander I. ein Abkommen mit Napoleon I. geschlossen, das Russland keine Hemmnisse bei seinem Expansionsbestrebungen auferlegt. Und tatsächlich gelingt es Russland im Krieg von 1808/09 Finnland zu erobern. Finnland wird ein autonomes Großfürstentum von Zar Alexanders Gnaden. Allerdings gesteht der Zar Finnland eine eigene Armee, eine eigene Regierung und Rechtssprechung zu.

1716 – Schwedische Truppen besetzen Oslo (damals Christiania). Nach den Kriegswirren verschaffen Handelsmonopole zu Gunsten Norwegens dem Land die Möglichkeit, seine Exportgeschäfte auszubauen.

1718 – 1720 – *Königin Ulrike Eleonore* regiert. Mit ihr sterben die schwedischen Regenten aus dem Hause Pfalz-Zweibrücken aus.

1719 – Eine neue schwedische Verfassung soll durch Erweiterung der Machtkompetenzen der Volksvertretung die fast uneingeschränkte Regierungsgewalt des Königs einschränken. Zwei Parteien tun sich hervor, die konservativen *Hüte*, die vor allem von der Kaufmannschaft unterstützt wurden und die eher liberalen *Mützen*.

1720 – 1751 – *Friedrich I.* aus dem Hause Hessen-Kassel ist König von Schweden.

1751 – 1818 – Könige aus dem Hause Holstein-Gottorf regieren in Schweden (*Adolf Friedrich* 1751 – 1771, *Gustav III.* 1771 – 1792, *Gustav IV. Adolf* 1792 – 1809, *Karl XIII.* 1809 – 1818). Karl XIII. bleibt kinderlos. Er ernennt 1810 den französischen Marschall *Jean Baptiste Bernadotte* (1763 – 1844) zum Kronprinzen.

1754 – Die 1754 gegründete „Königliche Akademie der schönen Künste" bringt neue Impulse in das Kunstleben Dänemarks. Vor allem die Maler N. A. Abildgaard und Jens Juel setzen Maßstäbe (historische Malerei, Landschafts- und Portraitmalerei). Unter den Bildhauern tritt Bertel Thorvaldsen (170 – 1884) hervor. Thorvaldsen-Museum in Kopenhagen.

1792 – Durch ein Komplott des Adels wird König Gustav III. von Schweden ermordet.

1807 – 1814 – Während des Krieges Englands und Schwedens mit Dänemark/Norwegen verhängt England zwischen 1809 und 1812 eine Blockade, die die Verbindungen Norwegens mit Dänemark sehr stört und Norwegens Handelsschifffahrt hart trifft.

Schon 1807 hatten die Engländer Dänemarks Flotte beschlagnahmt. Dänemark verbündet sich daraufhin mit Napoleon I.

1809 – Norwegen schließt Frieden mit Schweden.

1812 – Helsinki löst Turku als finnische Hauptstadt ab.

1814 – Kieler Frieden. Nach den Wirren der napoleonischen Kriege – Dänemark hatte während dieser Zeit mit Frankreich sympathisiert – muss sich Dänemark gegenüber England geschlagen geben und Helgoland an England und Norwegen an Schweden abtreten.

Norwegen erklärt sich mit den Resultaten des Kieler Friedensvertrages nicht einverstanden, fordert seine nationale Eigenständigkeit und beruft am 10. April 1814 in Eidsvoll eine Nationalversammlung ein, die am **17. Mai 1814** eine neue Verfassung verkündet. Zum neuen König wird der dänische Kronerbe *Christian Frederik* gewählt.

Schweden und auch England sind mit diesem Akt nicht einverstanden und bestehen auf der Einhaltung des Kieler Friedensvertrages. Es kommt im Juli und August 1814 zum Krieg mit Schweden.

Schon am 14. August 1814 aber wird ein Waffenstillstand mit Schweden geschlossen. König Christian Frederik dankt ab und geht außer Landes. Das Storting in Oslo akzeptiert die Union mit Schweden und die Weisungen der schwedischen Krone in außenpolitischen Fragen. Innenpolitisch aber kann die in Eidsvoll verkündete Verfassung angewandt werden. Die Union mit Schweden dauert bis 1905.

Der Versuch Dänemarks, ganz Schleswig einzugliedern, führt zu den deutsch-dänischen Kriegen 1848, 1850 und 1864.

1818 – 1844 – Marschall Bernadotte, Begründer der heutigen schwedischen Königsdynastie, besteigt als *König Karl XIV. Johan* den schwedischen Thron.

1844 – 1859 – *Oskar I.*, Sohn König Karls XIV. Johan und dessen Gemahlin Désirée Clary, ist schwedischer König.

Mitte des 19. Jh. – 1849 wird in Dänemark die erste freie Verfassung proklamiert und eine demokratische Regierungsform gewählt.

„Nynorsk", eine aus den verschiedenen Dialekten (Landsmål) entstandene Sprache, wird offizielle Landessprache in Norwegen. Erneute Blütezeit der norwegischen Handelsschifffahrt. Industrialisierung des Landes. Starke Landflucht und 1882 Auswanderungswelle nach Amerika.

1859 – 1872 – *König Karl XV.* von Schweden. Während seiner Regierungszeit wird der Reichstag der Stände durch ein damals neuzeitliches Zweikammersystem ersetzt.

1860 – Bis etwa 1914 zwingen soziale und wirtschaftliche Umstände über eine

Million Schweden zur Auswanderung, vor allem nach Nordamerika.

1872 – Am 3. August 1872 wird als zweitältester Sohn des dänischen Königs Frederik VII., *Prinz Carl*, der spätere norwegische König *Håkon VII.*, geboren.

In Schweden regiert König *Oskar II.* (1872 – 1907).

1903 – Am 2. Juli 1903 wird Olav, Kronprinz von Norwegen und späterer König von Norwegen (bis 1991), geboren.

1905 – Das norwegische Parlament tritt zurück und erklärt am 7. Juni die Personalunion mit Schweden für beendet. Eine sehr große Volksmehrheit stimmt für eine parlamentarische Monarchie als Staatsform für das nun endgültig unabhängige Norwegen. Am 18. November 1905 wird der dänische *Prinz Carl* als *Håkon VII.* zum norwegischen König gewählt.

Im gleichen Jahr durchsegelt *Roald Amundsen* als erster mit seinem Schiff „Gjøa" die schon lange gesuchte Nordwestpassage.

1906 – Am 22. Juni 1906 wird König Håkon VII. in der Domkirche zu Trondheim zum König von Norwegen gekrönt.

In Finnland regen sich Bestrebungen, sich von Russland, das seit Zar Nikolai II. einen harten Kurs gegen Finnland fährt, zu trennen. Ein erster Schritt zu mehr Selbständigkeit Finnlands ist eine neue Volksvertretung, die als wahrscheinlich einziges Land im damaligen Europa das aktive und passive Wahlrecht sowohl für Männer als auch für Frauen vorsieht.

1907 – 1950 – In Schweden regiert *König Gustav V.* Unter ihm finden 1909 und 1921 Wahlrechtsreformen statt. Die Sozialdemokratische Partei wird stärkste Partei in Schweden und stellt bis in jüngste Zeit in fast ununterbrochener Folge die Ministerpräsidenten.

1911 – Der Norweger Roald Amundsen erreicht am 4. Dezember als erster Mensch den Südpol, rund vier Wochen vor dem Engländer Scott.

1912 – Die Frauen Norwegens erhalten das Wahlrecht.

Stockholm ist Austragungsort der Sommerspiele der 5. Olympiade.

1914 – 1918 – Erster Weltkrieg. Dänemark, Schweden und Norwegen bleiben neutral.

1917 – Im März muss der russische Zar abdanken. Die Oktoberrevolution schafft völlig neue Machtstrukturen in Russland. Finnland nutzt die Chance und erklärt sich am 6. Dezember für unabhängig. Leider kommt es daraufhin im Frühjahr 1918 zu blutigen Bürgerkriegen in Finnland. Das Land spaltet sich in ein linkes (die Roten) und ein rechtes (die Weißen) Lager. Die Weißen behalten die Oberhand. Finnland wird eine Demokratie nach „westlichem Muster".

1919 – *K. J. Ståhlberg* wird erster Präsident Finnlands.

1919 – 1940 – Nordschleswig fällt 1920 durch den Versailler Vertrag und durch Volksabstimmung an Dänemark.

1939 – Im November kämpft Finnland im sog. „Winterkrieg" gegen Stalins Truppen. Stalin verlangt von Finnland Gebietsabtretungen an die Sowjetunion zum „Schutze Leningrads". Die Rote Armee siegt. Finnland wird gezwungen größere Teile Kareliens abzutreten.

Der 1939 zwischen Deutschland und Dänemark geschlossene Nichtangriffspakt wird 1940 von Deutschland gebrochen. Deutsche Truppen besetzen Dänemark bis 1945.

Ab 9. April 1940 beginnen Truppen der deutschen Wehrmacht Norwegen zu besetzen. Die norwegische Regierung und König Håkon VII. fliehen nach England und setzen von dort aus den Kampf gegen Hitlers Truppen fort.

Während der fünfjährigen deutschen Besetzung führt der Norweger *Vidkun Quisling* eine den Besatzern genehme Regierung.

1941 – Finnland startet mit Marschall Mannerheim und mit Hilfe deutscher Truppen den sog. „Fortsetzungskrieg" gegen die Sowjetunion in der Hoffnung, Karelien zurückzuerhalten. Es kommt 1944 zu einem Waffenstillstandsabkommen. Darin wird Finnland allerdings verpflichtet, Nordfinnland von deutschen Truppen zu säubern. In diesem sog. „Lapplandkrieg" wird der Norden des Landes stark in

Mitleidenschaft gezogen. Mannerheim wird finnischer Staatspräsident.

1945 – Im Mai kapitulieren die deutschen Truppen in Norwegen. Der König kehrt im Juni nach Oslo zurück. Vidkun Quisling wird zum Tode verurteilt. Im November wird Norwegen Mitglied der Vereinten Nationen (UN).

1946 – Der Norweger *Trygve Lie* wird erster UN-Generalsekretär (bis 1952).

Schweden wird Mitglied der UN.

In Finnland löst J. K. Paasikivi Marschall Mannerheim im Amt des Staatspräsidenten ab.

1947 – Finnland schließt einen Friedensvertrag mit der Sowjetunion, darin wird der Verlust von Karelien festgeschrieben und es werden von Finnland hohe Reparationsleistungen gefordert.

Trotz der Belastungen und trotz der Aufnahme von 400.000 Kareliern schafft Finnland den Aufstieg zu einem hochentwickelten, sozial sicheren demokratischen Land. Und die Finnen sprechen in diesem Zusammenhang nicht ohne Stolz vom „Finnischen Wunder". Außenpolitisch handelte Finnland klug und überlegt und konnte sich mit seiner Neutralitätspolitik und friedlichen Koexistenz mit dem mächtigen Nachbarn UdSSR seine Souveränität erhalten.

1949 – Dänemark und Norwegen werden Mitglieder der NATO.

1950 – Das 1933 begonnene Rathaus von Oslo wird vollendet. In Schweden regiert König *Gustav VI. Adolf* (1950 – 1973).

1952 – Der Nordische Rat wird gegründet. Ihm gehören alle fünf nordischen Länder Dänemark, Norwegen, Schweden, Island und Finnland an. Enge Kooperation und Annäherung der Gesetzgebung (Sozialabkommen, Arbeitsrecht, Passrecht, Entwicklungs- und Handelspolitik u. a.).

1953 – Verfassungsreform in Dänemark, die weibliche Thronfolge wird erlaubt, das Einkammerparlament wird geschaffen.

Der Schwede *Dag Hammarskjöld* ist von 1953 bis 1961 Generalsekretär der Vereinten Nationen (UN).

1956 – 1982 – *Urho Kekkonen* ist finnischer Staatspräsident. Seine kluge aktive Außenpolitik nutzt der Sache Finnlands sehr.

1957 – Im Alter von 85 Jahren stirbt der norwegische König *Håkon VII.* Nachfolger wird der 1903 geborene einzige Sohn *Olav V.* Aus der Ehe König Olavs V. mit der schwedischen Prinzessin *Märthe* (gest. 1954) gingen drei Kinder hervor, die 1930 geborene Prinzessin *Ragnhild*, die 1932 geborene Prinzessin *Astrid* und der 1937 geborene Thronfolger Kronprinz *Harald*.

Zu den norwegischen Künstlern moderner Prägung zählen u. a. Bildhauer wie *Lunde, Rasmussen, Emil Lie* oder *Anne Grimdalen*, die das Reiterstandbild König Harald Hårdrådes an der Westseite des Rathauses schuf.

1966 – Norwegen beginnt mit der Off-Shore-Exploration, der Suche nach Öl und Gas in der Nordsee.

1971 – Erste Ölförderung auf norwegischen Ölfeldern.

1972 – In einem Volksentscheid votiert die Mehrheit der Norweger gegen einen Beitritt zur Europäischen Gemeinschaft (EG).

Margrethe II. besteigt den dänischen Thron.

1973 – Dänemark tritt der Europäischen Gemeinschaft (EG) bei.

Karl XVI. Gustav ist König von Schweden.

1975 – Auf finnische Initiative findet in Helsinki die Unterzeichnungsrunde der Konferenz über Sicherheit und Zusammenarbeit in Europa (KSZE) statt, ein wichtiger Schritt zur Friedenssicherung in Europa.

1976 – Nach jahrzehntelanger sicherer Position im Regierungslager verlieren die schwedischen Sozialdemokraten die Reichstagswahlen.

Hochzeit des schwedischen Königs Karl XVI. Gustav mit *Silvia Sommerlath* in Stockholms Kathedrale Storkyrkan.

1982 – Die Sozialdemokratische Partei Schwedens gewinnt die Reichstagswahlen. *Olof Palme* wird erneut Ministerpräsident. *Paul Schlüter* wird Ministerpräsident in Dänemark. In Finnland wird *Mauno Koivisto* Staatspräsident.

1986 – Am 1. März wird Olof Palme, damaliger schwedischer Ministerpräsident der sozialdemokratischen Regierung, in Stockholm auf offener Straße erschossen. Die Mordtat, die damals die Welt erschütterte, ist bis heute nicht eindeutig aufgeklärt.

1991 – Am 18. Januar stirbt der norwegische König Olav V. Thronfolger wird sein Sohn Harald.

Am 1. Juli 1991 stellt der schwedische Ministerpräsident Carlsson in Den Haag beim EG-Ratsvorsitzenden den Antrag zur Aufnahme Schwedens in die EG.

1992 – Finnland beantragt im März die Mitgliedschaft in der EG.

Schweden gibt mit Parlamentsbeschluss vom 26. Mai 1992 seine uneingeschränkte Neutralität teilweise auf.

Am 2. Juni Volksabstimmung in Dänemark über den Beitritt zur Europäischen Union. Mit einer knappen Mehrheit von 50,7% sprechen sich die Dänen gegen einen Beitritt aus.

1993 – Erneute Abstimmung in Dänemark über die Maastrichter Verträge. Diesmal spricht sich eine große Mehrheit von 56,8 % für die Europäische Union aus.

1994 – Am 6. Februar 1994 wird der Sozialdemokrat Achtisaari zum neuen finnischen Staatspräsidenten gewählt. Es war die erste Wahl der Finnen, in der sie ihren Staatspräsidenten direkt wählen konnten.

In einer Volksabstimmung spricht sich eine knappe Mehrheit der schwedischen Bevölkerung für die Europäische Union aus.

Am 2. Dezember 1994 stimmen die Norweger erneut über den Beitritt zur EU ab. 52,2% der Wahlberechtigten sprechen sich gegen einen Beitritt aus.

1995 – Am 1. Januar 1995 wird Schweden Mitglied der Europäischen Union.

1998 – Kulturhauptstadt Europas ist in diesem Jahr Stockholm.

2000 – Helsinki ist ein Jahr lang Kulturhauptstadt Europas.

Die 56-jährige Sozialdemokratin *Tarja Halonen* wird am 7. Februar mit 51,6% der Stimmen zum ersten weiblichen Staatspräsidenten Finnlands gewählt.

Am 1. Juli 2000 feierliche Einweihung der 7,8 km langen Øresundbrücke zwischen Malmö und Kopenhagen.

2001 – *Anders Fogh Rasmussen*, Chef der dänischen rechtsliberalen Venstre-Partei, gewinnt an 20. November die Parlamentswahlen. Deutlicher Rechtsruck.

2002 – Am 28. Januar stirbt die beliebte schwedische Kinderbuchautorin *Astrid Lindgren* im Alter von 94 Jahren.

Thor Heyerdal, Norwegens großer Meeresbiologe und Forscher, stirbt am 19. April 2002.

2003 – Die schwedische Außenministerin *Anna Lindh* fällt am 11. September einem Messerattentat zum Opfer.

2004 – Am 22. August werden in Oslo am helllichten Tage zwei der wertvollsten Gemälde von Edward Munch, „Der Schrei" und „Madonna", aus dem Munch Museum geraubt. Man fand sie erfreulicherweise zwei Jahre später im August wieder.

2006 – Am 3. August 2006 verhindert die Abschaltung des Atomkraftwerks Forsmark bei Oskarshamn in Schweden einen GAU in letzter Sekunde.

2007 – *Ingmar Bergman*, der große schwedische Filmregisseur stirbt am 30. Juli im Alter von 89 Jahren.

2011 – Tragödie in Oslo. Am 22. Juli tötet ein politisch Verblendeter kaltblütig 77 Menschen. 8 Menschen kommen durch ein Bombenattentat in der Osloer Innenstadt ums Leben, danach erschießt der Attentäter 77 Teilnehmer eines Jugendlagers auf der Insel Utøya vor Oslo. Der Täter wird festgenommen. Die Tat bereut hat er bislang nicht.

2013 – Erstmals verzeichnet der finnische Tourismus über 20 Millionen Übernachtungen, davon 6 Millionen Übernachtungen ausländischer Touristen.

2014 – Heißester Sommer in Skandinavien seit Generationen. Im schwedischen Falun z. B. erreichte das Thermometer Höchstwerte von über 35 Grad! Auch die lappländische Region wurde mit ungewöhnlichen Werten um 30 Grad verwöhnt. Und selbst die Seen

Finnlands erwärmten sich stellenweise auf badwarme 25 Grad.

Der Einbruch der Rohölpreise in der zweiten Hälfte des Jahres 2014 bescheren dem staatlichen Ölkonzern Norwegens „Statoil" erstmals seit seiner Existenz rote Zahlen.

2015 – Bei einem Attentat am 14. Februar 2015 in Kopenhagen auf die Teilnehmer einer Diskussion über Meinungsfreiheit in einem Kulturcafé wird ein Mensch getötet und mehrere werden verletzt. Später taucht der Täter vor eine Synagoge auf und erschießt dort einen weiteren Menschen. Schließlich wird der Attentäter vor einer U-Bahn-Station in Kopenhagen erschossen.

2017 – In einer großen Einkaufsstraße in Stockholm steuert am 7. April ein 39jähriger Usbeke einen LKW in eine Menschenmenge und danach in das Kaufhaus Ahléns. Es kommen 5 Menschen ums Leben und 15 werden verletzt. Der dem „islamischen Staat (IS)" nahestehende Täter wird wenig später festgenommen. Seine Tat hat er mit der abgelehnten Aufenthaltsgenehmigung begründet.

WIE KOMMT MAN HIN?

Anreise mit dem Auto

Dänemark

Bei der Anreise nach Dänemark führen so gut wie alle Wege über Hamburg, ob man nun auf die dänischen Inseln oder nach Jütland will.

Sind **Jütland** und die Fährhäfen Hirtshals, Hanstholm oder Frederikshavn das Ziel, nimmt man ab Hamburg die Autobahn E45/A7, passiert **Neumünster, Schleswig** und **Flensburg** und reist bei **Padborg** nach Dänemark ein. Entfernung Hamburg – Grenze ca. 165 km, Grenze – Hirtshals ca. 335 km.

Reist man dagegen über die **„Vogelfluglinie"** nach Seeland (Kopenhagen), bedient man sich ab Hamburg der Autobahn E22/A1 Richtung **Lübeck**. Die Autobahn (ab Lübeck E47/A1) endet bislang bei Oldenburg/Holstein und führt als B207 (Ausbau im Gange) über die **Fehmarnsund-Brücke** auf die Ostseeinsel Fehmarn und dort zum Fährhafen **Puttgarden** (Fähren nach Rødby). Entfernung Hamburg – Puttgarden ca. 154 km.

Die Fährstrecke Puttgarden – Rødby kann, da sie auch eine ganz wichtige Anreiseroute für Schweden-, Norwegen- und Finnlandurlauber ist, in der Ferienzeit mitunter überlastet sein. Das bedeutet lange Wartezeiten am Fährhafen. Wer seinen Reiseplan sehr knapp kalkuliert, sollte während der Hauptreisezeit eine Reservierung für einen Autoplatz vornehmen.

Den Hafen **Lübeck-Travemünde** (Fähren nach Trelleborg in Schweden und Helsinki in Finnland) erreicht man zunächst ebenfalls über die E22/A1, muss dann aber bei Lübeck die Autobahn verlassen und über die Bundesstraße B75 Travemünde ansteuern. Entfernung Hamburg – Travemünde ca. 80 km.

Norwegen

Auch bei der Anreise nach Norwegen führen alle einigermaßen direkten Wege über Hamburg. Der weitere Weg wird vom Fährhafen bestimmt, von dem aus man nach Norwegen, bzw. über Dänemark und/oder Schweden nach Norwegen einreisen will.

Wichtig für die Wahl des Anreiseweges ist auch, ob Oslo oder Kristiansand als Ausgangspunkt für eine Reise durch Norwegen vorgesehen ist.

Abgesehen vom direkten und schnellen, wenn auch nicht unbedingt billigsten Weg mit der **Direktfähre von Kiel nach Oslo**, bietet sich der recht schnelle und bequem zu bewältigende Weg über **Flensburg** und **Jütland** nach **Hirtshals** an der dänischen Nordseeküste an. Dort nimmt man die Fähre z. B. nach **Kristiansand** in Norwegen.

Die Straßenkilometerentfernung von Hamburg nach Hirtshals (viel Autobahnanteil) beträgt rund 500 km.

Da Fähren für den Auto-, Wohnwagen- oder Reisemobilurlauber wegen der relativ hohen Frachtraten für Fahrzeuge stark zu Buche schlagen, wird man u. U. eine längere Anfahrt und dafür geringere Fährkosten in Kauf nehmen. Nur kurze Fährabschnitte (dafür aber der längste Anteil an Straßenkilometern) sind zu bewältigen auf dem Weg über die **„Vogelfluglinie"** (Fähre Puttgarden – Rødbyhavn), weiter über die dänischen Inseln Lolland und Seeland, vorbei an Kopenhagen nach **Helsingør**, dort mit der Fähre nach **Helsingborg** und weiter an der schwedischen Westküste entlang (E6) über **Göteborg** nach **Oslo**.

Der Straßenkilometeranteil Hamburg – Oslo beträgt auf diesem Wege ca. 850 km.

Schweden

Die Möglichkeiten per Autofähre nach Schweden zu gelangen sind vielfältig. Zudem kann man seit geraumer Zeit auch über die Öresundbrücke bei Malmö nach Südschweden reisen.

Im Übrigen gilt für die Wahl des Anreiseweges die schon weiter oben erwähnte Überlegung: Lange Fährstrecke, weniger Straßenkilometer, oder umgekehrt.

Und der Weg über die „Vogelfluglinie", die Fehmarnsund-Brücke und die Fähren Puttgarden – Rødbyhavn sowie Helsingør – Helsingborg ist auch hier eine relativ kostengünstige Lösung.

Die Entfernung z. B. von München über Helsingør nach Stockholm beträgt rund 1.700 km.

Seit Eröffnung der großen **Tunnel-Brücken-Verbindung über den Øresund** zwischen **Kopenhagen** und **Malmö** im Juli 2000 hat sich die Anreise mit dem Auto nach Schweden zwar nicht verbilligt, aber sie ist um einiges schneller geworden. Der Bau der rund 16 km langen Straßenverbindung nach Schweden hat über 2 Milliarden Euro (man las auch schon von fast 3 Mrd.) verschlungen. Die Mautgebühren belaufen sich (Änderungen möglich!) für einen Pkw bis 6 m Länge auf EUR 50,-, PKW bis 6 m Länge mit Anhänger/Wohnwagen, Wohnmobil über 6 m und Transporter/Kleinbusse 6 - 9 m EUR 100,-, für ein Motorrad auf EUR 27,-; http://oresundsbron.com/de/preise.

Finnland

Nach Finnland reist man am bequemsten mit den Fähren von Travemünde nach Helsinki.

Lange Fährpassagen, zumal dann, wenn für eine bequeme Nachtfahrt eine Kabine zu buchen ist, schmälern die Reisekasse merklich. Andererseits kann eine Nachtfahrt auf einer längeren Seepassage Zeit sparen und dank des Komforts und Unterhaltungsangebots auf vielen der Fähren den Urlaub schon dort beginnen lassen. Ein intensiver Preisvergleich ist zu empfehlen!

Wer dagegen lange Seepassagen vermeiden will, wählt den Anreiseweg nach Finnland über Dänemark und Schweden (siehe auch weiter oben).

Seit geraumer Zeit bietet sich auch der Weg über Polen und die Baltischen Staaten an, um nach Finnland zu gelangen. In diesem Falle nimmt man die Fähren von Tallinn in Estland nach Helsinki in Finnland.

Fährverbindungen nach Skandinavien

Zwischen den deutschen, dänischen schwedischen, norwegischen und finnischen Häfen besteht ganzjährig ein überaus reger Fährverkehr.

Man kann wählen zwischen einer ausgedehnten Seereise von Kiel nach Oslo (oder von Helsinki nach Travemünde auf der Rückreise von einer Skandinavientour) und kurzen Sprüngen über die „Vogelfluglinie" (kürzeste Fährpassage, dafür längster Straßenkilometeranteil).

Bei Reisen während der Ferienzeit empfehlen sich Platzreservierungen fürs Auto und ggf. für eine Kabine.

Endlich auf der Fähre, ist man gut beraten, sein Fahrzeug ordentlich zu verschließen. Es gibt kaum eine Reederei, die für das Gepäck im, am oder auf dem Auto haftet.

Selbstverständlich sind gasbetriebene Aggregate (z. B. Kühlschrank im Wohnmobil) während der Überfahrt abzuschalten und der Haupthahn am Gastank zu schließen!

Gerade in der betriebsamen Hochsaison werden die Autos auf den Fähren sehr, sehr dicht geparkt. Es ist deshalb wirklich kein Fehler, die Handbremse gut anzuziehen (eingelegter Gang alleine genügt nicht), um die Bewegungen des Autos während der Überfahrt so gering wie möglich zu halten.

Mein Tipp! Alle Utensilien, die man während der Überfahrt zu brauchen glaubt (Kamera, Handy, Medikamente, Lesestoff, Pullover etc.), nimmt man gleich aus dem Auto mit, denn während der Überfahrt ist das Autodeck in aller Regel nicht mehr zugänglich!

DEUTSCHLAND – DÄNEMARK

„Vogelfluglinie" Puttgarden – Rødbyhavn (Lolland)

Scandlines – Ganzjähriger Verkehr, im Sommer bis zu 42 Abfahrten täglich. Abfahrten alle halbe Stunde. Fahrtdauer 45 Minuten; *www. scandlines.de.*

Scandlines bietet günstige **Kombinationstarife** für die Strecken Puttgarden – Rødbyhavn / Helsingør – Helsingborg! (Änderungen möglich).

Sassnitz (Rügen) – Rønne (Bornholm)

Bornholmer Færgen – Im Sommer bis zu 6 Abfahrten wöchentlich. Fahrtdauer 3 Std. 30 Min.; *www.faergen.de.*

Rostock – Gedser (Falster)

Scandlines – Im Sommer bis zu 9 Abfahrten tgl., Fahrtdauer 1 Std. 45 Min.; *www. scandlines.de.*

DEUTSCHLAND – NORWEGEN

Kiel – Oslo

Color Line – Ganzjährig, tgl. Abfahrten um 14 Uhr, Fahrtdauer 20 Std.; *www.colorline.de.*

DEUTSCHLAND – SCHWEDEN

Kiel – Göteborg

Stena Line – Ganzjährig, tgl. Abfahrten (Nachtfahrt). Fahrtdauer 14 Std. 30 Min.; *www.stenaline.de.*

Travemünde – Trelleborg

TT-Linie – Ganzjährig, bis zu 4 Abfahrten tgl., Fahrtdauer 7 Std. auf Tagesfahrten, ca. 9 Std. auf Nachtfahrten; *www.ttline.com.*

Travemünde – Malmö

Finnlines – Ganzjährig, bis zu 2 Abfahrten tgl.; Fahrtdauer 9 Std.; *www.finnlines.de.*

Rostock – Trelleborg

Stena Line – Bis zu 3 Abfahrten tgl. Fahrtdauer ca. 6 Std.; *www.stenaline.de.*

TT-Line – Bis 3 Abfahrten tgl. Fahrtdauer ca. 6 Std., Nachtfahrt 7 Std.; *www. ttline.com.*

Sassnitz/Mukran (Rügen) – Trelleborg

Stena Line – Bis 2 Abfahrten tgl. Fahrtdauer ca. 4 Std.; *www.stenaline.de.*

DEUTSCHLAND – LITAUEN (LT)

Kiel – Klaipeda

DFDS Seaways – Ganzjährig, 1 Abfahrt tgl., Fahrtdauer ca. 2 Std.; *www.dfdsseaways.de.*

DEUTSCHLAND – LETTLAND (LV)

Lübeck/Travemünde – Liepaja

Stena Lines – Ganzjährig, 1 Abfahrt tgl., Fahrtdauer ca. 27 Std.; *www.stenaline.de.*

Lübeck/Travemünde – Ventspils

Stena Lines – Ganzjährig, 1 Abfahrt tgl., Fahrtdauer ca. 27 Std.; *www.stenaline.de.*

DEUTSCHLAND – FINNLAND

Travemünde – Helsinki

Finnlines – März bis Dezember tägliche Abfahrten. Fahrtdauer ca. 30 Stunden; *www.finnlines.de.*

DÄNEMARK – NORWEGEN

Hirtshals – Kristiansand

Color Line – Ganzjährig, bis zu 2 Abfahrten tgl., Fahrtdauer Schnellfähre „Super Speed" 3 Std. 15 Min.; *www.colorline.de.*

Fjord Line – Anf. Apri bis Mitte Sept. Katamaran-Schnellfähre Fjord Line Express, bis 3 Abfahrten in der Hauptsaison, Fahrtdauer 2 Std. 15 Min.; *www. fjordline.com.*

Hirtshals – Langesund

Fjord Line – Ganzjährig, 1 Abfahrt tgl., Sommerferienzeit 3 Abfahrten tgl., Fahrtdauer 4 Std. 30 Min.; *www.fjordline.com*

Hirtshals – Larvik

Color Line – Ganzjährig, Super Speed 2, 2 Abfahrten tgl., Fahrtdauer 3 Std. 45 Min.; *www.colorline.de.*

Hirtshals – Stavanger – Bergen

Fjord Line – Ganzjährig, 2 Abfahrten tgl., Fahrtdauer bis Stavanger 11 Std., bis Bergen 16,5 Std.; *www.fjordline.com.*

Frederikshavn – Oslo

Stena Line – Ganzjährig, 1 Abfahrt tgl., Fahrtdauer 9 Std. 15 Min.; *www.stenaline.de.*

Kopenhagen – Oslo

DFDS Seaways – Ganzjährig, 1 Abfahrt (Nachtfahrt) tgl., Fahrtdauer 17 Stunden; *www.dfdsseaways.de.*

Fährverbindungen

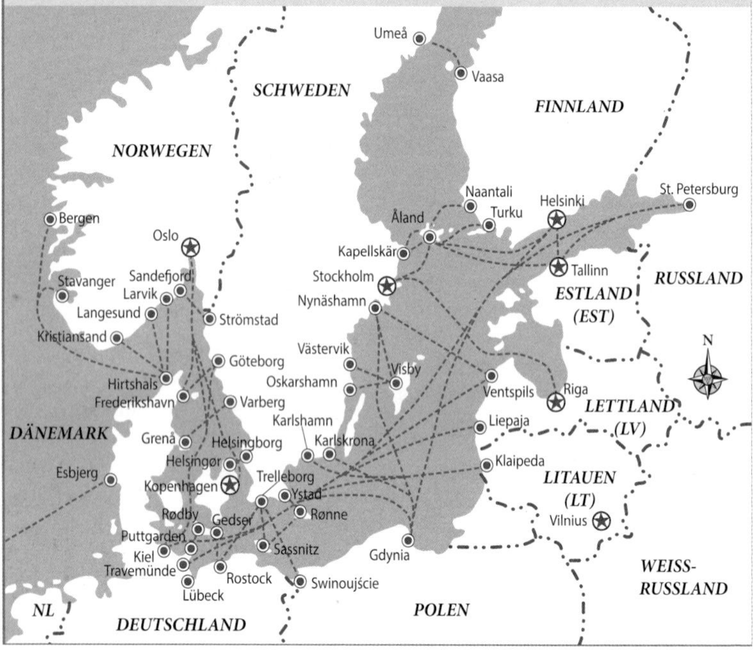

DÄNEMARK – SCHWEDEN

Helsingør – Helsingborg

Scandlines – Ganzjährig rund um die Uhr laufende Abfahrten alle 30 Minuten. Fahrtdauer 20 Minuten.

Scandlines bietet günstige **Kombinationstarife** für die Strecken Puttgarden – Rødbyhavn / Helsingør – Helsingborg! (Änderungen möglich); *www.scandlines.de.*

Grenå – Varberg

Stena Line – Ganzjährig, 2 Abfahrten tgl., Fahrtdauer 4 bis 5 Stunden; *www.stenaline.de.*

Frederikshavn – Göteborg

Stena Line – Ganzjährig. Im Sommer bis 5 Abfahrten tgl., Fahrtdauer 3 Stunden 30 Minuten; *www.stenaline.de.*

Rønne (Bornholm) – Ystad

Bornholmer Færgen – Im Sommer bis 8 Abfahrten tgl., Fahrtdauer 1 Stunde 20 Minuten; *www.faergen.de.*

SCHWEDEN – NORWEGEN

Strömstad – Sandefjord

Color Line, Fjord Line – Ganzjährig, Color Line bis 4 Abfahrten tgl., Fjordline 2 Abfahrten tgl., Fahrtdauer 2 Stunden 30 Minuten; *www.colorline.de; www.fjordline.com.*

SCHWEDEN – POLEN

Trelleborg – Swinoujscie/Swinemünde

TT Line – Ganzjährig, 1 Abfahrt tgl., Fahrtdauer ca. 7 Stunden; *www.ttline.com.*

Karlskrona – Gdynia

Stena Line – Im Sommer bis zu 3 Abfahrten tgl., Fahrtdauer ca. 11 Stunden; *www.stenaline.de.*

SCHWEDEN – LETTLAND (LV)

Nynäshamn – Ventspils

Stena Line – Ganzjährig, 2 Abfahrten tgl., Fahrzeit zwischen 8,5 u. 10 Std.; *www.stenaline.de.*

Stockholm – Riga

Tallink Silja Line – Ganzjährig, 1 Abfahrt (Nachtfahrt) jeden zweiten Tag; Fahrtdauer 18 Std.; *www.tallinksilja.de.*

SCHWEDEN – LITAUEN (LT)

Karlshamn – Klaipeda

DFDS Seaways – Ganzjährig, 1 Abfahrt tgl. (Nachtfahrt), Fahrtdauer 15 Std.; *www.dfdsseaways.de.*

SCHWEDEN – ESTLAND (EST)

Stockholm (Kapellskär) – Tallinn (Paldiski)

DFDS Seaways – Ganzjährig, 1 Abfahrt tgl. (donnerstags, freitags, samstags) Nachtfahrt), Fahrtdauer 10 Std., Nachtfahrt 12 Std.; *www.dfdsseaways.de.*

Tallink Silja Line – Ganzjährig, 1 Abfahrt tgl. (Nachtfahrt) über Mariehamn (Åland), Fahrtdauer 17 Std.; *www.tallinksilja.de.*

SCHWEDEN – FINNLAND

Stockholm – Mariehamn (Åland) – Helsinki

Tallink Silja Line, Viking Line – Ganzjährig, jeweils 1 Abfahrt tgl., Fahrtdauer ca. 17 Stunden; *www.tallinksilja.de, www.vikingline.de.*

Stockholm – Mariehamn (Åland) – Turku

Tallink Silja Line, Viking Line – Ganzjährig, 2 Abfahrten tgl., morgens und abends. Fahrtdauer ca. 12 Stunden. Viking Line Tagfahrt via Mariehamn/Åland, Nachtfahrt via Långnäs/Åland; *www.tallinksilja.de, www.vikingline.de.*

Achten Sie darauf: Scandlines, Silja Line, Viking Line und andere in der Ostsee operierende Reedereien bieten günstige **Kombinationstarife** für die Strecken Deutschland/Dänemark – Schweden und Schweden – Finnland an!

Kapellskär – Långnäs (Åland) – Naantali

Finnlines – Ganzjährig, 2 Abfahrten tgl.; einige Abfahrten gehen über Långnäs (Åland), Fahrtdauer 8 bis 10 Std.; *www.finnlines.com/de/.*

Umeå – Vaasa

Wasaline – Ganzjährig, tgl. 1 Abfahrt, Fahrtdauer 5 Std. 30 Min., zurück 3 Std. 30 Min.; *www.wasaline.com.*

ESTLAND (EST) – FINNLAND

Tallinn – Helsinki

Tallink Silja Line – Ganzjährig, bis 8 Abfahrt tgl., Fahrzeit 2 Stunden; *www.tallinksilja.de.*

Viking Line – Ganzjährig, 2 Abfahrten tgl., Fahrzeit 2,5 Std.; *www.vikingline.de.*

Fähre der Viking Line im Hafen von Mariehamn, Åland-Inseln

SKANDINAVIEN

Die schönsten Auto-, Van-Camper- und Wohnmobil-Touren

DÄNEMARK

3 Touren – ca. 4 Tage

Seite 27

NORWEGEN

8 - 14 Touren – ca. 10 - 20 Tage

Seite 106

FINNLAND

6 Touren – ca. 8 Tage

Seite 260

SCHWEDEN

6 Touren – ca. 10 Tage

Seite 306

DIE TOUREN

ÜBER DÄNEMARK NACH NORWEGEN

3 TOUREN – CA. 4 TAGE

TOUR 1: KRUSÅ – HORSENS

Länge der Tour: Rund 197 km, ohne Alternativroute.

Die Route: Straße 170 über **Åbenrå, Haderslev** und **Kolding** bis **Vejle** – Straße 442 bis **Jelling** und zurück bis **Vejle** – Straße 170 bis **Horsens**.

Reisedauer: Mindestens ein Tag.

Alternativroute: Über **Sønderborg** nach **Åbenrå**.

Höhepunkte: Spaziergang durch den Park von **Schloss Gråsten** * – die Bottleschiffsammlung im **Åbenrå Museum** * – die **Runensteine von Jelling** *** – **Horsens' Museen** *.

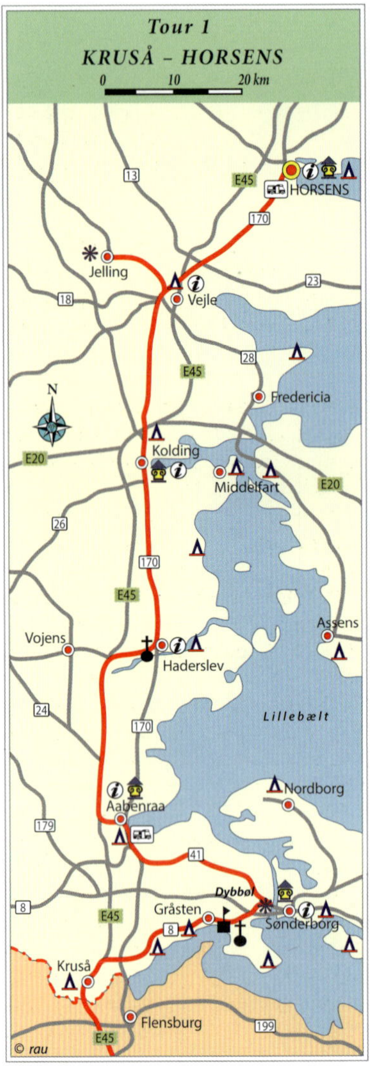

*ROUTE: **Kruså** erreicht man über **Padborg** und die Autobahn E45/A7 (Ausfahrt 75) oder über **Flensburg** und die B200.*

Das Städtchen **Kruså [N54° 50' 17.9" E9° 24' 24.8"]**, dicht an der deutsch-dänischen Grenze gelegen, bietet neben einem Touristenbüro, einer Ansammlung von Tankstellen und einigen Souvenirgeschäften nichts was den Reisenden aufhalten könnte.

Falls man auf den folgenden Umweg verzichtet, fährt man auf der Straße 170 direkt nach Åbenrå (siehe **Hauptroute** weiter hinten):

Umweg über Sønderborg

*ROUTE: Bevor man nach Norden weiterfährt, bietet sich ein kleiner Umweg ostwärts auf der Straße 8 über **Rinkenæs** und **Gråsten** nach **Sønderborg** an.*

In **Rinkenæs** sollte man zur **Dorfkirche [N54° 53' 45.7" E9° 33' 45.1"]** abzweigen. Die weiße Kreuzkirche steht, von Wiesen umgeben, oberhalb der Förde. Das besonders reizvolle aber ist der schöne Blick über den Meeresarm nach Broager mit seiner markanten Kirche mit den beiden Turmspitzen.

Besonders Ende Juli zur Zeit des **Ringreiterfestes** lohnt der Weg über **Gråsten**. Höhepunkt der **Ringreiterfeste**

PRAKTISCHE HINWEISE – KRUSÅ, KOLLUND, RINKENÆS

Kruså Turistbureau [N54° 50' 36.4" E9° 24' 5,6"], Flensborgvej 11, 6340 Kruså, Tel. +45 74 67 21 71; www.visitkrusaa.dk.

CAMPING

Kruså

Camping Kruså [WP 001 / N54° 51' 12.7" E9° 24' 7"], Åbenråvej 7, Tel. +45 74 67 12 06, www.krusaacamping.dk; 1. Jan. – 31. Dez.; am nördl. Ortsrand an der Straße 170Richtung Åbenrå; weitläufiges Wiesengelände, durch Baumgruppen und kleine Waldstücke aufgelockert und windgeschützt; ca. 9 ha – 400 Stpl. + Dau.; gute Standardausstattung, Laden. Schwimmbad. 14 Miethütten. **V & E für Wohnmobile.**

Kollund

Camping Frigård [WP 002 / N54° 50' 33.42" E9° 27' 33"], Kummelefort 14, Tel. +45 74 67 88 30, www.frikamp.dk; 1. Jan. – 31. Dez., oberhalb der Küstenstraße; ausgedehntes Wiesengelände; 16 ha – 400 Stpl. + zahlr. Dau.; Komfortausstattung. Laden, Imbiss. Schwimmbad. 37 Miethütten. **V & E für Wohnmobile.**

DCU-Camping Kollund [WP 003 / N54° 50' 43.3" E9° 28' 3.3"], Fjordvejen 29 A, Tel. +45 74 67 85 15, www.dcu.dk/campingplads/dcu-camping-kollund; Ende März – Mitte Okt.; an der Küstenstraße, Wiesengelände teils zur Straße hin abfallend, 3 ha – 150 Stpl.; zur Förde über die Straße; Komfortausstattung. Laden. 15 Miethütten. **V & E für Wohnmobile.**

Rinkenæs/Gråsten

Camping Lærkelunden [WP 004 / N54° 54' 3" E9° 34' 17"], Nederbyvej 17-25, Tel. +45 74 65 02 50, www.laerkelunden.dk; Ende März – Mitte Okt.; zwischen Straße 8 und Förde; Wiesengelände; 5 ha – 250 Stpl.; gute Standardausstattung. Laden. Hallenbad, Bademöglichkeit; 10 Miethütten. **V & E für Wohnmobile.**

– ein aus dem Mittelalter überkommener Brauch mit Volksfestcharakter – sind die Reiterspiele, an denen oft mehr als 400 Reiter teilnehmen. Die Reiter müssen mit lanzenartigen Stangen vom galoppierenden Pferd aus kleine Ringe treffen, die an dünnen Leinen über der Reitbahn hängen.

Gråsten heißt auf deutsch *Gravenstein*. Dem Obstfreund wird der Name vertraut vorkommen. Aus den Treibhausanlagen, der Orangerie des Schlosses in Gråsten, stammt die bekannte Apfelsorte „Gravensteiner". Dort wurde sie erstmals gezüchtet.

Das **Gråstener Schloss [N54° 55' 38.9" E9° 35' 53.7"]** *(Park geöffnet ganzjährig 7.30 - 20 Uhr)* ist seit 1935 königliche Sommerresidenz. Das weitläufige Anwesen stammt aus dem 17. Jh. und wurde von den Ahlefeldts errichtet. Im Laufe der Zeit entstand dann um das Schloss herum der Ort. 1603 brannte der größte Teil des Schlosses nieder. Daraufhin entstand an der gegenüberliegenden Seeseite – damals war der See noch Teil der Flensburger Förde – das jetzige Schlossgebäude.

Prächtig im barocken Stil dekorierte **Schlosskirche** *(geöffnet Apr. - Okt. Mo 11-14 Uhr, Sa 10 -12 Uhr, So 14-16 Uhr)*.

Der Bau des Gråstener Schlosses, so wie man ihn heute sieht, stammt aus der Mitte des 17. Jh., der Zeit des Großkanzlers Frederik Ahlefeldt. Ein Sohn des Großkanzler, ebenfalls mit Namen Frederik, brachte von einem Aufenthalt in Savoyen südlich von Genf junge Apfelbäumchen mit, die die Basis für die Zucht der Apfelsorte „Gravensteiner" bilden sollten.

In der zweiten Hälfte des 18. Jh. war der Märchendichter H. C. Andersen häufig Gast in Gråsten. Und wie man liest, soll er unter einer Eiche im Park das Märchen „Das kleine Mädchen mit den Schwefelhölzchen" geschrieben haben.

1935 kam Schloss Gråsten an das Königshaus. Der damalige Kronprinz

Frederik und dessen aus Schweden stammende Gemahlin und Königinmutter Ingrid erhielten es als Hochzeitsgeschenk.

Im herrlichen **Schlosspark** mit See und angrenzenden großen Wäldern findet man markierte Spazierwege. Allerdings sind der Öffentlichkeit das Anwesen, die Schlosskirche und der Park nur zugänglich, wenn die Königsfamilie nicht anwesend ist.

ROUTE: Auf der Weiterfahrt von Gråsten nach Osten lohnt der Umweg über ***Broager****.*

Den Turm mit den Zwillingsspitzen der hochgelegenen **Ortskirche von Broager [Parkplatz für Fz. bis 3,5 t, WP 005 / N54° 53' 28.4" E9° 40' 25.2"]** sieht man schon von Rinkenæs aus. Das Innere des um 1200 erbauten Gotteshauses besticht durch seine Schlichtheit und Klarheit. Beachtung verdienen – neben der üppig dekorierten Kanzel – vor allem die gut erhaltenen Kalkmalereien, die teils erst in den 20er Jahren wieder freigelegt worden sind. Außerdem sieht man im Seitenschiff die historische Holzplastik „St. Georg mit dem Drachen".

In Grenzgebieten, die Nordschleswig oder Südjütland sind, findet man auch andere Denkmäler. So erinnert die **Dybbøl Banke [Parkplatz, WP 006 / N54° 54' 24.5" E9° 45' 11.3"]**, die Dyppler oder **Dybböler Schanze** – rund 6 km östlich Broager an der Straße 8 kurz vor Sønderborg – an den deutsch-dänischen Krieg von 1864.

Die **Windmühle** dort auf dem 68 Meter hohen Moränenhügel ist zum dänischen Symbol Standhaftigkeit geworden. Schöne Aussicht von der Anhöhe. Auf der Dybbøler Schanze standen sich 1864 die Truppen Dänemarks und Preußens gegenüber.

Geschichts- und Informationszentrum mit **Gedenkpavillon** und Multivisionspräsentation der Kriegsgeschehnisse *(geöffnet Mitte Apr. – 30. Sept. tgl. 10 - 17 Uhr)*.

Über die 324 Meter lange Christian X.-Brücke aus dem Jahre 1930, die den Alssund als seefahrtsgerechte Klappbrücke überspannt, kann man nach **Sønderborg** auf der **Insel Als** gelangen. Die Stadt mit großer Seefahrertradition ist stolz darauf, Sitz der ältesten Seefahrerzunft Dänemarks zu sein.

Schon von der Brücke (Straße 481/427) aus sieht man rechterhand am Ende des Kais den viereckigen Block des **Sønderborger Schlosses [Parkplatz, WP 007 / N54° 54' 27.5" E9° 47' 06.1"]** auf einem Landvorsprung liegen. Ein Besuch lohnt, denn im Schloss ist heute das größte **landeskundliche Museum** außerhalb Kopenhagens untergebracht *(geöffnet Apr., Mai, Okt. Di - So 10 - 16, Juni*

PRAKTISCHE HINWEISE — GRÅSTEN, BROAGER

Gråsten Turistbureau [N54° 55' 19.33" E9° 35' 39.77"], Torvet 8, 6300 Gråsten, Tel. +45 74 65 09 55; www.visitsonderborg.com.

CAMPING

Dynt bei Broager
Camping Gammelmark Strand [WP 008 / N54° 53' 07.9" E9° 43' 44.9"], Gammelmark 20, Tel. +45 74 44 17 42; www.gammelmark.dk; Ende März – Anf. Okt.; östlich Dynt am Strand von Gammelmark; an drei Seiten von hohen Bäumen umgebenes Wiesengelände mit von Hecken eingefassten Geländestufen; ca. 6 ha – 180 Stpl. + Dau.; gute Standardsanitärausstattung. Laden. Miethütten. **V & E für Wohnmobile**.

Skeldebro bei Broager
Camping Broager Strand [WP 009 / N54° 52' 3.4" E9° 44' 38.5"], Skeldebro 32, Tel. +45 74 44 14 18; www. broagerstrandcamping.dek; März – Ende Okt.; über Dynt zum Strand östlich von Skeldebro; Wiesengelände; 2 ha – 70 Stpl. + Dau.; Standardsanitärausstattung. Fahrrad, E-Bike- und Bootsverleih, Slipanlage. WLAN. Miethütten. **V & E für Wohnmobile**.

- Sept. tgl 10 - 17 Uhr, Nov. - März Di - So 13 - 16 Uhr; http://www.museum-sonderjylland.dk/1-Deutsch.html).

Begonnen wurde mit dem Schlossbau 1160. König Waldemar der Große wollte damals den Alssund durch eine Feste gesichert wissen. Langsam begann sich dann um das Schloss die Stadt Sønderborg zu entwickeln.

Ausgangs des 16. Jh. wurde von Königin Dorothea die **Schlosskapelle** hinzugefügt. Der Kirchenraum gilt als eine der ältesten und schönsten Renaissancekapellen in Nordeuropa. Aber der älteste noch original erhaltene Raum im Schloss ist der **Drabantsaal** aus dem 15. Jh.

Von baugeschichtlichem Interesse in Sønderborg ist die **St. Marienkirche**. Sie liegt nördlich der Auffahrtsrampe zur Christian X.-Brücke. Der wuchtige, etwas gedrungen wirkende Kirchenbau stammt aus dem späten 16. Jh. Beachtenswert sind Altar, Kanzel, Taufbecken und der Herzogstuhl. Glockenspiel 8, 12 und 16 Uhr.

Schließlich kann in Sønderborg noch das **Deutsche Museum Nordschleswig** (Rønhaveplads 12) besichtigt werden. Das Museum ist nur dienstags von 14 bis 16 Uhr und Freitags von 10 bis 12 Uhr geöffnet.

ROUTE: Von Sønderborg auf der Straße 41 in nordwestlicher Richtung über ***Bovrup*** *bis* ***Åbenrå****.*

Die Landschaft zwischen Alssund und dem See Nyböl Nor ist für Dänemark von historischer Bedeutung. Diese Region, die in etwa dem Gebiet der Großgemeinde Sundeved entspricht, war Mitte des vorigen Jahrhunderts Schauplatz verschiedener Schlachten zwischen dänischen und preußischen Streitkräften. Schanzanlagen und Denkmäler, wie die bei Dybbøl (siehe weiter oben), erinnern an die Kämpfe von 1848 – 51 und 1864.

Und man erzählt sich, dass der Mohn, den man im Frühsommer am Wegesrand blühen sieht, noch von Mohnsamen stammen soll, den österreichische Söldner 1848 in ihrem Verpflegungstross mitbrachten.

HAUPTROUTE

Åbenrå (Apenrade), am gleichnamigen Fjord gelegen, ist ein hübsches altes Schifferstädtchen, das seine Handelstradition bis ins 14. Jh. zurückverfolgen kann. Später dann, im 17. Jh., erwarb der Ort seinen guten Ruf als Silberschmiedestadt. Wer in die Innenstadt fährt, findet vor allem in der Slotsgade

PRAKTISCHE HINWEISE — SØNDERBORG

Sønderborg Turistbureau [N54° 54′ 45.01″ E9° 47′ 33.99″], Perlegade 50, 6400 Sønderborg, Tel. +45 74 42 35 55; www.visitsonderborg.de. *Geöffnet Jan. - Dez. Mo - Fr 10 - 17 Uhr Sa 10 - 13 Uhr, Juli - Mitte Aug. Sa 10 - 14 Uhr.*

Feste, Folklore: Ringreiterfest, zweites Juliwochenende, großes Volksfest mit Ringstechen, Jahrmarkt, Festlichkeiten.

HOTELS

Scandic Hotel Sønderborg ***, 102 Zi., Ellegårdsvej 27, Tel. +45 74 42 26 00; www.scandichotels.de/hotelsuche/danemark/sonderborg/scandic-sonderborg; gehobene Mittelklasse, Restaurant, Schwimmbad, Fitnesscenter, Fahrradverleih, WLAN. Parkmöglichkeit.

CAMPING

Camping Sønderborg [WP 010 / N54° 54′ 03.2″ E9° 47′ 52.6″], Ringgade 7-9, Tel. +45 74 42 41 89; www.sonderborgcamping.dk; Mitte März – Ende Okt.; im südöstl. Stadtbereich über Ringgade, Strandvej; dreieckige Wiese in Buchtnähe; 3 ha – 200 Stpl.; Standardausstattung. WLAN. Miethütten. **V & E für Wohnmobile**.

Camping Madeskov [N54° 56′ 8.69″ E9° 50′ 44.76″], Madeskov 9, Tel. +45 74 42 13 93; Jan.-Dez.; zwischen Sønderborg und Augustenborg abseits der Straße 8; Wiese zwischen Wald und Bucht; 1,3 ha – 70 Stpl.; einfache Standardausstattung. Laden. **V & E für Wohnmobile**.

noch einige schöne alte Stadthäuser. Im **Kulturhistorischen Museum [N55° 02' 41.0" E9° 25' 17.3"]** *(geöffnet Juni - Aug. tgl. Di - So 10 - 16 Uhr; Sept. - Mai Di - So 13 - 16 Uhr; www.museum-sonderjylland.dk)* in der H. P. Hanssens Gade 33 wird u. a. die Seehandelsgeschichte von Åbenrå dokumentiert. Schöne Sammlung von **Bottleschiffen und Schiffsmodellen**, sowie das Skelett des 'Nybølmanden' aus der Bronzezeit.

ROUTE: Von Åbenrå auf der Straße 170 nordwärts ins 25 km entfernte ***Haderslev****.*

Haderslev (Touristeninformation) **[N55° 15' 00.3" E9° 30' 09.3"]**, ein alter Fürsten- und Bischofsitz am Haderslev Fjord, erlangte schon ausgangs des 13. Jh. Stadtrechte. Im 16. und 17. Jh. war Haderslev zeitweise gar königliche Residenz. König Frederik II. hielt sich hier mehrmals, wenn auch nur kurzzeitig auf. Und sein Nachfolger, König Christian IV., Dänemarks baufreudiger Regent, feierte in Haderslev seine Vermählung.

Der sehenswerte historische Stadtkern wird überragt vom hohen Backsteinbau der **Domkirche**. Der Bau wurde im 14. Jh. im gotischen Stil errichtet. Im bis zu 22 Meter hohen Kirchenschiff verdienen vor allem das schöne, bronzene **Taufbecken**, das in 1485 in Flensburg gegossen worden sein soll und die beachtenswerte **Barockkanzel** Beachtung. In der Domkirche, die der hl. Maria geweiht ist, hatte Martin Luther seine Lehre erstmals in Dänemark verkündet.

Trotz des großen Stadtbrandes von 1627, der auch die Domkirche in Mitleidenschaft gezogen hatte, sind im Stadtzentrum und vor allem in unmittelbarer Nähe des Domes einige hübsche **alte Stadthäuser** und Fachwerkgebäude erhalten geblieben.

Dem **Heimatmuseum Arkæologie Haderslev [Parkplatz, WP 012 / N55° 15' 13.40" E9° 29' 56.71"]** in der Dalgade 7 *(geöffnet Juni – Aug. Di – So 10 – 16 Uhr; Sept. – Mai Di - So 13 -16 Uhr)* ist ein interessantes Freilichtmuseum mit alten Fachwerkhöfen, Windmühle und Ziehbrunnen angeschlossen.

Man kann Spaziergänge entlang oder Bootsfahrten auf dem Haderslev-Dam unternehmen. Dieser größte Binnensee in Nordschleswig liegt westlich der Stadt.

ROUTE: Straße 170 über ***Kolding*** *bis* ***Vejle*** *(49 km) und weiter über die Straße 442 nordwestwärts bis* ***Jelling*** *(11 km).*

Jelling besitzt kostbare Denkmäler aus der Wikingerzeit. Die beiden **Runensteine** (zwischenzeitlich unter Glas) vor der **Jellinger Kirche** im Thyrasvej 1 **[Parkplatz, WP 013 / N55° 45' 23.15" E9° 25' 17.21"]** mit ihren Inschriften und Ornamenten sind ein unvergleichliches Zeugnis der Vorgänge vor gut 1.000 Jahren. Diese Zeit war eine wichtige

PRAKTISCHE HINWEISE — ÅBENRÅ

Åbenrå Turistbureau [N55° 2' 35.44" E9° 25' 7.20"], Storegade 30, 6200 Åbenrå, Tel. +45 74 62 35 00; www.visitaabenraa.dk. *Geöffnet Mo - Fr 9 - 18 Uhr, Sa + So 10 - 16 Uhr.*
Feste, Folklore: Viertägige **Internationale Ringreiterfestspiele** mit Militärtattoo während des ersten Juliwochenendes; www.ringriderfesten.dk.

HOTEL

Christie's Sdr. Hostrup Kro ***, 29 Zi., Østergade 21, Tel. +45 74 61 34 46; www.christies.dk; gutes Mittelklassehotel, Restaurant, WLAN. Parkplatz.

CAMPING

Camping Fjordlyst Åbenrå City [WP 011 / N55° 1' 29.1" E9° 24' 52.5"], Sønderskovvej 100, Tel. +45 74 62 26 99; www.fjordlyst.dk; 1. Apr. – 15. Okt.; über Straße 170 am südl. Stadtrand, bei der Jugendherberge; ca. 4,5 ha – 100 Stpl.; Standardsanitärausstattung. Kiosk, WLAN. Miethütten. **V & E für Wohnmobile. Quick Stop.**

Camping Sandskaer Strandcamping [WP 014 / N55° 7′ 1.59″ E9° 29′ 43.23″], Sandskaervej 592, Tel. +45 74 61 73 26; www.sandskaer.dk; Ende März – Ende Sept.; ca. 7,5 km nördlich von Åbenrå von der Straße 170 ostwärts abzweigen Richtung Løjt Kirkeby und Sandskaer; durch Heckenreihen aufgeteiltes Gelände an einer Bucht; 6 ha – 130 Stpl.; Standardsanitärausstattung. Laden, Segelschule, Bootsverleih, Slipanlage. WLAN. Miethütten. **V & E für Wohnmobile**.

WOHNMOBIL-STELLPLATZ

Wohnmobil-Stellplatz Åbenrå Sejl Clubs Autocamperpladsen [WP 015 / N55° 2′ 4.08″ E9° 25′ 23.64″], Kystvej 55, Tel. +45 74 62 89 85; www.aabenraa-sejlclub.dk; **Zufahrt:** Südlich des Stadtzentrums am Yachthafen an der Straße 170. **Geöffnet:** Ganzjährig: **Gebühr:** Pauschale inkl. aller Personen, Wasser, Entsorgung, Sanitäranlage, Müllbehälter, WLAN. Extragebühr für Strom, Dusche, Waschmaschine und Trockner. **Ausstattung:** Geschotterte, teils sandige, schattenlose Fläche für ca. 50 Wohnmobile.

Epoche in Dänemarks Geschichte, als sich langsam der Übergang vom Heidentum zum Christentum vollzog.

Der kleinere, ältere Stein ist **„Gorms Runenstein"**. Gorm der Alte war im 10. Jh. König der Wikinger. Er wollte mit dem Stein seiner Gattin Thyre, sie starb 935, ein unvergängliches Denkmal setzen. Die Runeninschrift besagt: „Gorm König / tat Denkmäler diese / nach Thyre Frau / seine – Dänemarks Flickung". Hier wird zum allerersten Mal das Wort :ᛏᛆᚿᛘᛆᚱᚴᛆᛦ: „tanmarkar" also Dänemark, erwähnt.

Der größere, dreieckige Stein ist **„Harald Blauzahns Runenstein"**. Harald war der Sohn von Gorm und Thyre. Harald Blauzahns Stein ist nicht nur mit Schriftzeichen, sondern mit schönen, verschlungenen Tierornamenten und – bemerkenswert – mit der ersten Darstellung eines Christussymbols, das im Norden bekannt ist, versehen.

Die Inschrift lautet: „Harald König gebot machen / Denkmäler diese nach Gorm Vater sein / und nach Thyre Mutter sein, der / Harald, der gewann sich Dänemark / all und Norwegen / und Dänen machte Christen" (Etwa: „Für Gorm seinen Vater und Thyre seine Mutter, derjenige Harald, der ganz Dänemark und Norwegen gewann und die Dänen zu Christen machte").

Im Chor der **Jellinger Kirche** kamen bei Umbauarbeiten im Jahre 1874 Freskenmalereien zu Tage, die wohl die ältesten des Landes sind. Man schätzt, dass sie zwischen 1100 und 1125 entstanden. Leider verstand man im 19. Jh. unter Gemälderestaurierung noch Übermalung der Bildnisse. Abbildungen der Originalfunde befinden sich im Nationalmuseum in Kopenhagen.

Die Kirche von Jelling wird von zwei Hügeln flankiert, die angeblichen **Grabhügel** von König Gorm und Königin Thyre, „Dänemarks Schmuck". Lange Zeit glaubte man, sie würden die letzte Ruhestätte des Wikingerkönigs beherbergen. Als dann 1820 im Nordhügel, der als Königin Thyres Grabhügel angesehen wird, durch Zufall eine 2,6 m breite, 6,75 m lange und 1,4 m hohe Holzkammer und einige Gegenstände, darunter ein kleiner Silberbecher mit Ornamentschmuck, Metallbeschläge und ein Kreuz gefunden wurden, glaubte man schon, das Grab der Königin entdeckt zu haben. Der letzte Beweis aber fehlte, nämlich menschliche Skelettteile.

Im Sommer 1861 begann man auf Geheiß von König Frederik VII. mit Grabungen in Gorms Hügel, dem südlichen Hügel. Erfolg hatte man nicht. Wo also waren die Gräber des Königspaares?

Schließlich kam man in den 50er Jahren auf den Gedanken, dass Harald Blauzahn seine Eltern in die von ihm gegründete Kirche und späteren Dom von Roskilde überführt haben könnte.

Erst 1977 machte der Archäologe Knut Krogh bei umfassenden Restaurierungsarbeiten an der Jellinger Kirche,

Die Runensteine in Jelling

die auch Arbeiten am Fundament einschlossen, eine sensationelle Entdeckung. Er stieß unter dem Kirchenschiff auf die Spuren eines Kammergrabes. Bei den Ausgrabungsarbeiten kamen Skeletteile und Schmuckstücke zum Vorschein. Wahrscheinlich handelt es sich um Gorms und Thyres Grab.

PRAKTISCHE HINWEISE — JELLING

Jelling Turistbureau [N55° 45' 24.07" E9° 25' 6.22"], Gormsgade 23, 7300 Jelling, Tel. +45 41 20 63 31; www.visitvejle.dk/jelling-turistinformation-gdk608059. *Geöffnet Mitte Juni - Ende Aug. Mo, Di, Do, So 10 - 17 Uhr, Mi 10 - 20 Uhr.*

HOTEL

Skovdal Kro, 10 Zi., Fårupvej 23, Tel. +45 75 87 17 81; www.skovdalkro.dk; hübsch am Faarup See gelegen; Restaurant, Bar, Terrasse, WLAN, Parkplatz.

CAMPING

Camping Jelling [WP 016 / N55° 45' 13.4" E9° 24' 12.7"], Mølvangvej 55, Tel. +45 51 68 93 03; www.campingjelling.com; 1. Apr. – 17. Sept.; am westl. Ortsrand an der Bahnlinie beim Freibad; ebene Wiesen von hohen Hecken eingerahmt und unterteilt; ca. 6 ha – 200 Stpl. + Dau.; Standardausstattung; Laden, Imbiss; Schwimmbad, Fahrradverleih; Miethütten. **V & E für Wohnmobile**.

Camping Faarup Sø [WP 017 / N55° 44' 8.98" E9° 25' 3.05"], Fårupvej 58, Tel. +45 75 87 13 44; www.faarup-soe.dk.camp.dk; Ende März – Mitte Sept.; ca. 2 km südl. Jelling; Wiesengelände am Faarup See; 10 ha - 200 Stpl. + Dau.; Standardausstattung. Laden. Schwimmbad. WLAN. Miethütten. **V & E für Wohnmobile**.

Billund

Camping Legoland Holiday Village [WP 018 / N55° 43' 50.8" E9° 8' 9.6"], Ellehammer Allé 2, Tel. +45 79 51 13 50; www.legolandholidayvillage.dk; Mitte März – Ende Okt.; östl. von Billund, in der Nähe des Flughafens und nahe Legoland; in einem weiten Halbkreis angelegter Wiesenplatz, mit kleinen Waldstücken, durch Hecken unterteilt, im Eingangsbereich das Platzzentrum mit Versorgungsgebäuden; ca. 16 ha – 700 Stpl. und erfreulich wenig Dauercamper; Komfortausstattung; Laden, Imbiss, Restaurant, Fahrradverleih, Ponyreiten, WLAN, Internetecke. Mietgungalows, Mietzelte. **V & E für Wohnmobile**.

Ausflug ab Jelling

Ein **historischer Eisenbahnzug** mit Dampflokomotive verkehrt von Anfang Juli bis Mitte August jeden Sonntag mehrmals zwischen Jelling über Grejsdal nach Vejle; www.sjvt.dk.

Unweit südlich von Jelling erstreckt sich der kleine **Faarup See** (Camping, Skovdal Kro). An der Nordseite des See findet man Parkplätze, von denen beschilderte Spazierwege ausgehen.

Einige Kilometer nordwestlich von Jelling kann man in **Givskud** den **Löwenpark** besuchen, ein Wildreservat mit Löwen, Kamelen, Lamas, Elefanten, Nashörnern, Zebras, einem Kinderbauernhof mit Streichelzoo *(geöffnet Anf. Apr. - Ende Juni 10 - 17 Uhr; Ende Juni - Aug. 10 - 18 Uhr; Sept. - Ende Okt. 10 - 16 Uhr; www.givskudzoo.dk).*

Oder man kann einen Abstecher auf der Straße 28 nach Westen nach **Billund** ins **Legoland,** Nordmarksvej 9, unternehmen, einem der größten und bekanntesten Freizeitparks in Dänemark *(geöffnet Apr. - Mitte Juli 10 - 18 Uhr; Mitte Juli - Aug. 10 - 19 Uhr; .Sept. - Okt. 10 - 18 Uhr; www.legoland.de).*

*ROUTE: Von Jelling zurück nach **Vejle** (11 km) und weiter auf der Straße 170 nach **Horsens** (27 km).*

Horsens an der Bucht Horsens Fjord ist eine Hafen-, Handels- und Industriestadt. Im Zentrum der Stadt sind noch einige schöne Häuser aus dem 18. Jh. erhalten, aus der Zeit, als Horsens eine prosperierende Kaufmannsstadt war.

Ein namhafter Sohn der Stadt ist *Vitus Bering*. Er erkundete 1728 die nach ihm benannte in den Pazifik führende Beringstraße. Vitus Bering wurde 1680 in Horsens geboren. Eine Gedenktafel im Bering Park erinnert an den Entdecker. Die beiden Kanonenrohre, die die Tafel flankieren, stammen vom Schiff „St. Peter", mit dem Bering auf seiner letzten Expedition 1741 Alaska und die Aleuten erforschte.

Vom **Vitus Bering Park [N55° 51' 43.1" E9° 50' 29.0"]**, der ganz in der Nähe des Bahnhofs und des Touristeninformationsbüros liegt, kann man die Hauptstraßen Jenssensgade und Søndergade weiter stadteinwärts gehen.

Bemerkenswerte alte Gebäude sind **Helms Apotheke**, gebaut 1736 aus den Steinen eines alten Herrensitzes und das gegenüber in der Søndergade 17 gelegene **„Lichtenberg Palais" [N55° 51' 42.98" E9° 50' 50.84"],** heute Jørgensens Hotel. Dieses 1744 vollendete Domizil eines reichen Kaufmanns imponiert durch die reich gegliederte Fassade. Auch das Nebenhaus Nr. 15 ist ein schöner Bau aus dem 18. Jh.

Weiter stadteinwärts liegt das **Renaissance-Rathaus** von 1854. Und in der Søndergade Nr. 32 schließlich findet man den **Monbergsgård** mit einem geschnitzten Portal.

Am Stadtplatz Torvet fällt die **Vor Frelsers Kirke** auf. Sie entstand um 1200 zur Zeit Waldemars II. und weist ein prächtiges Portal auf.

Über die Fußgängerzone Fugholm kann man zum Aboulevarden gehen und gelangt rechts zur **Horsens Klosterkirche [N55° 51' 39.94" E9° 51' 17.22"]**. Die Kirche ist der verbliebene Rest eines ehemaligen Franziskanerklosters. Im Inneren schöne Schnitzereien.

Weiter über die Stjernholmsgade zu **Danmarks Industriemuseum [Parkplatz, WP 019 / N55° 51' 35.42" E9° 51' 39.30"]** im Gasvej 17-19 *(geöffnet Juli - Aug. tgl. 10 - 16 Uhr; Sept. - Juni tgl. 11 - 16 Uhr; www.industrimuseet.dk)*. Es ist untergebracht im Bau des alten Kraftwerks von 1906. Das Museumsthema „Industrialisierung" wird mittels Schauwerkstätten, Maschinen und rekonstruierten Arbeiterwohnungen aus 1850 dokumentiert. Eine Brauerei, Buchdruckerei- und Binderei, Schmiede- und Holzschuhwerkstätte sowie eine Tabakfabrik runden die umfangreichen Sammlungen ab.

Das **Horsens Kunstmuseum [N55° 51' 52.33" E9° 51' 34.47"]** liegt im Carolinelundsvej 2, *(geöffnet Juli + Aug. tgl. 10 - 16 Uhr; Sept. - Juni Di - So 11 - 16 Uhr; www.horsenskunstmuseum.dk)*. Es präsentiert Dänemarks bedeutendste Sammlung von Werken der Maler Mogens Ziegler und Michael Kvium.

Gleich gegenüber findet man das **Horsens Museum [N55° 51′ 46.6″ E9° 51′ 46.3″]**, Sundvej 1A *(geöffnet Di - So 11 - 16, Juli + Aug. tgl. 10 - 16 Uhr; www.horsensmuseum.dk)*, ein kulturhistorisches Museum, mit Sammlungen aus der Region, Kunstgewerbe u. ä.

Im Sundvej Nr. 9 sieht man ein schönes **Fachwerkhaus** aus dem Jahre 1718. Erbaut wurde es einstmals von Claus Cordsens in der Søndergade. 1912 wurde das Haus hierher verlegt.

Auch in der **Smedegade** und am **Smedetorvet**, dem alten Pferdemark, sind noch zahlreiche alte Häuser erhalten. Hervorzuheben sind die Gebäude Nr. 34 mit schönem schmiedeeisernen Geländer, Nr. 71, das größte und besterhaltene und Nr. 91, der **Generalsgården** aus dem Jahre 1816. Letzterer war das erste Fabrikgebäude (Tabakfabrik) der Stadt und erhielt seinen Namen nach dem holsteinischen Kyrassier-General Kommandeur Flindt, der hier einige Jahre lebte.

Ausflug

Das **Glud Dorfmuseum [N55° 48′ 22.19″ E9° 59′ 42.30″]**, Museumsvej 44, liegt ca. 13 km östlich von Horsens *(geöffnet Apr. - Okt. Di - So 10 - 17 Uhr; Ende Juni - Mitte Aug. tgl. 10 - 17 Uhr; www.gludmuseum.dk)*. Im Freilichtmuseum sieht man alte Bauernhäuser, Schmieden, alte landwirtschaftliche Gerätschaften u. ä.

Ca. 2 km südlich von **Glud** beim Weiler **Stourup** findet man das sehenswerte **Ferguson Traktorenmuseum [N55° 47′ 32.21″ E9°58′32.67″]**, Købmagervej 1, *(geöffnet Apr. – Okt. tgl. 9 – 18 Uhr; www.fergusonmuseum.dk)*. Es ist das größte Museum dieser Art in ganz Nordeuropa.

PRAKTISCHE HINWEISE — HORSENS

Horsens Turistbureau [N55° 52′ 25.29″ E9° 50′ 10.27″], Fussingsvej 8, 8700 Horsens, Tel. +45 75 60 21 20; www.visithorsens.dk.

HOTELS

Best Western Jørgensens **,** 65 Zi., Søndergade 17 - 19, Tel. +45 75 62 16 00; www.joergensens-hotel.dk; zentral gelegenes, traditionsreiches Haus in einem historischen Gebäude aus dem 18. Jh., Restaurant, WLAN. Parkplatz.

CAMPING

Camping Husodde [WP 020 / N55° 51′ 32.7″ E9° 55′ 3.1″], Husoddevej 85, Tel. +45 75 65 70 60, www.husodde-camping.dk; 1. Jan. – 31. Dez.; am Ostrand der Stadt, Zufahrt über die Straße 451; ebene Wiesen am Fjord, recht ansprechend und relativ ruhig gelegen; ca. 10 ha – 190 Stpl. + Dau.; Standardausstattung; Laden, Fahrradverleih, Surfschule, WLAN. Miethütten. Badegelegenheit im Horsens Fjord. **V & E für Wohnmobile.**

WOHNMOBIL-STELLPLATZ

Wohnmobil-Stellplatz Autocamperpark Horsens Lystbådehavn [WP 021 / N55° 51′ 27.66″ E9° 52′ 23.50″], Jens Hjørnes Vej 27, Lystbådenhavnen, Tel. +45 20 80 13 38; www.horsenslystbaadehavn.dk. **Zufahrt/Lage:** Von der Straße 451 (Strandpromenaden) Richtung Odder. Geschottertes Gelände am Motorbåds-Klub mit Platz für 10 Wohnmobile. **Geöffnet:** Ganzjährig. **Gebühr:** Pauschale inkl. Ver- und Entsorgung, Wasser. Extragebühr für Strom. **Ausstattung:** Gebäude mit Toiletten, Duschen, Küche, Waschmaschine. Ver- und Entsorgungseinrichtungen. Max. Aufenthalt 72 Stunden.

TOUR 2: HORSENS - RANDERS

Länge der Tour: Rund 149 km.

Die Route: E45 bis **Skanderborg** – Straße 445 bis **Silkeborg** – Straße 15 bis **Århus** – Straßen 15 und 563 bis **Rosenholm** – Landstraße über **Clausholm** nach **Randers**.

Reisedauer: Mindestens ein Tag, mit Besichtigungen besser zwei Tage.

Alternativroute: Von Silkeborg **über Gjern** nach Århus.

Höhepunkte: **Dänemarks Seendistrikt** *** bei Silkeborg – **Radwandern** im Seengebiet – die **Museen * in Silkeborg** – das Freilichtmuseum **„Den Gamle By“ *** in Århus** – **Schloss Rosenholm** * – **Schloss Clausholm** – der **„Regenwald“ in Randers**.

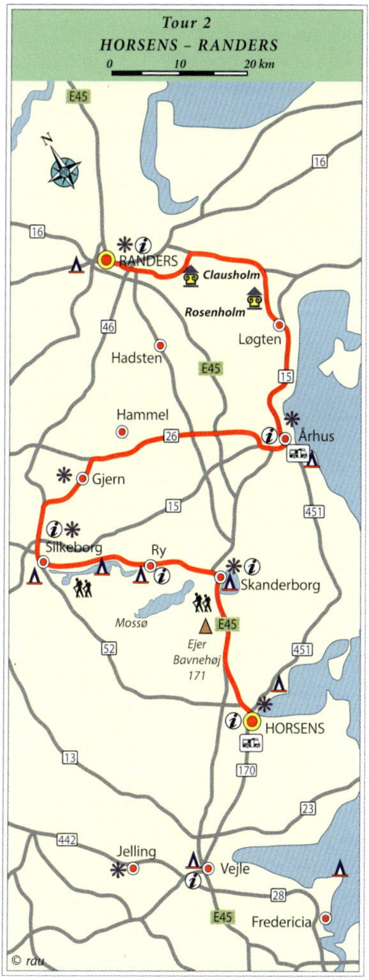

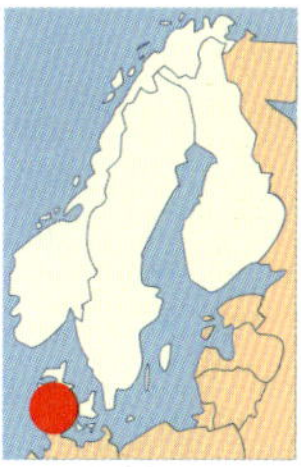

*ROUTE: Von Horsens zur Autobahn E45 und nordwärts bis **Skanderborg**. Unterwegs passiert man die Ausfahrt Nr. 54 (Raststätte, Tankstelle) zur Anhöhe **Ejer Bavnehøj**.*

Die Anhöhe **Ejer Bavnehøj** ist mit sage und schreibe 171 m die **höchste Erhebung Dänemarks**. Bis 1849 war man der Meinung, der Himmelbjerget am Julsø sei der höchste Berg Dänemarks.

Auf der Höhe Bavnehøj – von der man bei klarem Wetter die beiden Brücken über den Kleinen Belt bei Kolding erkennt – wurde 1920 zum Gedenken an Christian X. und die Wiedervereinigung mit Südjütland ein 13 m hoher, triumphbogenartiger Turm errichtet.

Skanderborg liegt landschaftlich sehr reizvoll zwischen Wäldern und den Gewässern des Sees von Skanderborg.

Viel ist von der ehemaligen Königsresidenz nicht geblieben. Nur die **Schlosskirche** mit ihrem festungsartigen Turm erinnert noch daran, dass Skanderborg bis ins 18. Jh. hinein wichtige Residenzstadt war. Die Kirche entstand auf den Mauerresten des von König Waldemar I. im 12. Jh. erbauten Schlosses.

Das **Skanderborg Museum [N56° 01′ 45.4″ E9° 56′ 05.6″]** *(geöffnet Mo 8 - 15 Uhr, Di - Do 8 - 16 Uhr, Fr 8 - 13 Uhr; www.museumskanderborg.dk)* in der

PRAKTISCHE HINWEISE — SKANDERBORG

Visit Skanderborg Turistbureau [N56° 05′ 28.4″ E9° 45′ 29.7″], Klostervej 3, 8680 Ry, Tel. +45 86 96 66 00; www.visitskanderborg.dk. *Geöffnet Apr. - Juni + Sept. Mo - Fr 10 - 15 Uhr, Juli + Aug. Mo - Fr 10 - 16 Uhr, Sa 10 - 12 Uhr.*

HOTEL

Skanderborghus ***, 45 Zi., Dyrehaven 3, Tel. +45 86 52 09 55; www.hotels-skanderborghus.dk; Restaurant, Terrasse, Garten, WLAN. Parkplatz

CAMPING

Camping Skanderborg Sø [WP 022 / N56° 01′ 16.1″ E09° 53′ 26.3″], Horsensvej 21, Tel. +45 86 51 13 11; www.campingskanderborg.dk; Mitte Apr. – Mitte Sept.; südöstl. der Stadt zwischen Straße 170, Bahnlinie und See; ausgedehntes Wiesengelände mit Baumbestand, an ein Wäldchen grenzend; ca. 6 ha – 150 Stpl.; Standardausstattung; Kiosk, Internetecke. Miethütten; zum See ca. 300 m. **V & E für Wohnmobile**.

Adelgade 5 ist in einem ehemaligen Richterhof untergebracht. Neben heimatkundlichen Gegenständen werden auch Ausstellungsstücke zur Stadt- und Schlossgeschichte gezeigt.

Von Skanderborg führt unser Reiseweg nach Westen, hinein in **Dänemarks Seendistrikt**, ein herrliches Gebiet, das mit Fug und Recht zu den **schönsten Landschaften** des Landes gezählt wird.

Mein Tipp: Die ganze Region zwischen Skanderborg und Silkeborg ist ein wahres **Eldorado zum Kanuwandern**. Aber ebenso gut kann man per Fahrrad oder zu Fuß ausgedehnte Touren unternehmen.

*ROUTE: Von Skanderborg auf der Straße 445 westwärts über **Alken, Boes** und **Emborg** zunächst nach **Ry** und weiter nach **Silkeborg**.*

PRAKTISCHE HINWEISE – RY

Destination Skanderborg Ry Turistbureau [N56° 05′ 28.4″ E9° 45′ 29.7″], Klostervej 3, 8680 Ry, Tel. +45 86 69 66 00; www.ry.dk. *Geöffnet Mo - Sa 10 - 14 Uhr.*

HOTELS

Gammel Rye Kro ***, 33 Zi., Ryesgade 8, Tel. +45 86 89 80 42; www.glryekro.dk; Restaurant. Parkplatz.

CAMPING

Camping Holmens [WP 023 / N56° 04′ 34.7″ E09° 45′ 57.6″], Klostervej 148, Tel. +45 86 89 17 62; www.holmenscamping.dk; Mitte März – Mitte Sept.; südl. Ry Richtung Øm Kloster; Wiese am Gudensø; ca. 7 ha – 200 Stpl. + Dau.; gute Standardsanitärausstattung; Kiosk, Schwimmbad, Bootsslip, Bootsverleih, Ponyreiten, WLAN. Miethütten. V & E für Wohnmobile.

Camping Birkhede [WP 024 / N56° 6′ 13.56″ E9° 44′ 38.41″], Lyngvej 14, Tel. +45 86 89 13 55; www.birkhede.dk; Mitte März – Mitte Sept.; zwischen der Straße nach Silkeborg und dem Westufer des Knudsø; bewaldeter Hang am See; ca. 10 ha – 200 Stpl. + Dau.; gehobene Standardsanitärausstattung; Kiosk, Schwimmbad, Boots- und Fahrradverleih, Bootsslip, WLAN. Miethütten. **V & E für Wohnmobile.**

Laven

Camping Terrassen [WP 025 / N56° 7′ 27.31″ E9° 42′ 38.72″], Himmelbjergvej 9, Tel. +45 86 84 13 01; www.terrassen.dk; Anf. Apr. – Mitte Sept.; in Ry 5 km Richtung Laven, beschildert; Wiesenterrassen oberhalb des Julsø; ca. 6 ha —

200 Stpl. + Dau; Standardsanitärausstattung; Laden, Schwimmbad, Ponyreiten, Internetecke, WLAN. Miethütten. **V & E für Wohnmobile.**

Boes ist ein hübsches Dorf mit strohgedeckten Häusern am Nordufer des Mossø. Und in **Emborg** gibt es die historischen Ruinen des **Øm Zisterzienserklosters [N56° 03' 10.1" E09° 45' 00.3"]** aus dem 13. Jh., mit Arzneikräutergarten und Mönchsgräbern zu besichtigen *(geöffnet Di - So 10 - 16 Uhr)*.

Ry schließlich liegt am Ostausläufer des Julsø, dem Knudsø, der hier vom Flüsschen Gudenå gespeist wird. Ab Ry bietet es sich an, eine **Schiffspartie** über die Gudenå und die von bewaldeten Hügeln eingerahmten Seen zum Aussichtsturm auf dem **Himmelbjerget** zu unternehmen. Im Sommer gibt es zwischen 10 und 14 Uhr drei bis vier Abfahrten. Fahrtdauer ca. 40 Minuten (siehe auch unter Silkeborg).

Eine schöne **Wandertour** führt um den Knudsø herum, oder zum Himmelbjerget.

Silkeborg am Silkeborg Langsø, eine relativ junge Stadt, entwickelte sich Mitte des letzten Jahrhunderts um eine Papierfabrik. Heute ist die Stadt mitten in den Himmelbergseen zwar ein Ort mit Industrie, dennoch auch Kurbad, auf alle Fälle aber ein günstiger Ausgangspunkt für Touren in die reizvolle Hügel- und Seenlandschaft.

Silkeborgs große Attraktion findet man im **Kulturhistorischen Museum [N56° 10' 08.8" E9° 33' 11.4"]**, das im Hovegarden, dem ältesten Haus der Stadt, untergebracht ist, Hovedgårdsvej 7 *(geöffnet Mai - Mitte Okt. tgl. 10 - 17 Uhr; Nov. - Apr. Di - So 12 - 16 Uhr; www.museumsilkeborg.dk)*. Meist bestauntes Exponat ist der sog. **„Tollundmann"**, eine durch das Moor mumifizierte, etwa 2.200 Jahre alte Leiche. Der Tollundmann, der bis zur Entdeckung von „Ötzi" weltweit als der besterhaltene Urmensch galt, wurde 1950 im Tollund-Moor ausgegraben. Kaum 100 m daneben entdeckte

PRAKTISCHE HINWEISE — SILKEBORG

Silkeborg Turistbureau [N56° 10' 8.75" E9° 32' 54.6"], Torvet 2 A, 8600 Silkeborg, Tel. +45 86 82 19 11; www.silkeborg.com. *Geöffnet tgl. 11 - 17 Uhr.*

HOTEL

Scandic Hotel Silkeborg ***, 117 Zi., Udgårdsvej 2, Tel. +45 86 80 35 33; www.scandichotels.de; Restaurant, Sauna, Schwimmbad, WLAN. Parkplatz.

CAMPING

Camping Silkeborg Sø [WP 026 / N56° 10' 12.2" E9° 34' 36.0"], Århusvej 51, Tel. +45 86 82 28 24; www.seacamp.dk; Anf. Apr. – Ende Okt.; am östl. Stadtrand am Langsø; Wiesen am Wald; städtischer Platz; 3 ha – 140 Stpl. + Dau.; gute Standardsanitärausstattung; Kiosk, Bootsverleih, Internetecke. Miethütten. **V & E für Wohnmobile.**

Camping Gudenåens Silkeborg [WP 027 / N56° 9' 24.75" E9° 33' 46.56"], Vejlsøvej 7, Tel. +45 86 82 22 01; www.gudenaaenscamping.dk; Jan. – Dez.; nahe der Straße 52 nach Virklund; Platz im Waldgebiet am Fluss Gudenå; ca. 3 ha – 140 Stpl.;Standardsanitärausstattung.Kiosk,Bootsverleih,Sauna,WLAN.Miethütten. **V & E für Wohnmobile.**

Sejs

Camping Sejs Bakker [WP 028 / N56° 8' 24.6" E9° 37' 12.4"], Borgdalsvej 15-17, Tel. +45 21 74 63 83; www.sejs-bakker-camping.dk; Anf. Apr. – Mitte Sept.; in Sejs beschilderte Zufahrt; ebene Wiesenfelder von Bäumen und Hecken eingeteilt; ca. 4 ha – 100 Stpl. + Dau; Standardsanitärausstattung. Kiosk, Internetecke, WLAN. Miethütten. **V & E für Wohnmobile.**

man damals die Moorleiche des *„Ellinge-Mädchens"*, ebenfalls im Museum zu sehen. Außerdem zeigt das Museum eine schöne Glassammlung und Exponate zur Stadtgeschichte.

Das **Jorn Kunstmuseum [N56° 9' 38.00" E9° 33' 30.350"]**, Gudenåvej 7–9 *(geöffnet Juni - Sept. Di - Sa 10 - 17 Uhr, So 10 - 17 Uhr; Juli + Aug. auch Mo 10 - 17 Uhr; Okt. - Mitte Dez. Di, Mi Fr, Sa 10 - 17 Uhr, Do 10 - 21 Uhr, So 10 - 17 Uhr; www.museum-jorn.dk)*, stellt Grafiken und Gemälde moderner Künstler aus, besonders auch von Asger Jorn. Das Großgemälde „Stalingrad" von Asger Jorn bildet das zentrale Werk im Museum.

Jorn gilt als einer der engagiertesten Künstler in der 1949 gegründeten niederländisch-skandinavischen Arbeitsgemeinschaft „COBRA" (Abk. für Copenhagen, Brüssel, Amsterdam), von der wichtige Impulse für den abstrakten Expressionismus in Dänemark ausgingen.

Darüber hinaus gehören zu den Attraktionen der Stadt Das Süßwasseraquarium **AQUA [N56° 09' 14.0" E9° 33' 30.4"]** *(geöffnet Juli tgl. 10 - 20 Uhr, Jan - Juni +Aug. - Dez. Mo - Fr 10 - 16 Uhr, Sa + So 10 - 17 Uhr; www.visitaqua.dk)*, das angeblich größte seiner Art in Nordeuropa, dann das **Glockenspiel** in der 1876 im romanischen Stil erbauten Kirche – es erklingt täglich um 8, 12, 14, 16 und 18 Uhr – und die große **Fontäne** im Silkeborg Langsø, die abends beleuchtet ist.

Ausflüge ab Silkeborg

Bootsausflug (bis zu 8 Abfahrten täglich) mit dem über 120 Jahre alten Raddampfer „Hjejlen" (und mit neuzeitlichen Schiffen) zum **Aussichtsberg Himmelbjerget**. Nach 75-minütiger Bootsfahrt legt man am Fuße des Berges an und spaziert über den sog. „Schlangenweg" hinauf zum Gipfel. Die Höhe wird von einem 25 m hohen **Aussichtsturm [Parkplatz, WP 029 / N56° 06' 11.6" E9° 41' 12.2"]** gekrönt. Er wurde 1875 zum Gedenken an Frederik VII. errichtet. Vom Turm genießt man eine herrliche Aussicht über die Seen und bewaldeten Hänge.

Ausflug nach Gjern, ca. 20 km nordöstlich von Silkeborg. Wer sich in ruhiger, ländlicher Umgebung wohlfühlt, gerne durch herrliche Natur streift, wird sich auf diesem Ausflug wohl fühlen.

Zwischen Gjern und Svostrup liegen die unter Naturschutz stehenden **Hügel Gjern Bakker** (104 m). Von der Troldhøj aus bieten sich schöne Ausblicke auf das Gudenåtal.

Sehenswert in Gjern ist nicht nur für Technikfreunde das Oldtimermuseum **„Jysk Veteranbilmuseet" [N56° 13' 36.4" E09° 44' 34.4"]** *(geöffnet Mitte Mai - Aug. tgl. 10 - 17 Uhr; Apr. - Mitte Mai; Sept. + Okt. Sa + So 10 - 16 Uhr; http://www.jyskautomobilmuseum.dk/)*. Es ist das größte Automobilmuseum in ganz Jütland und stellt über 140 Fahrzeuge aus, deren Baujahre zwischen 1900 und 1948 liegen.

ROUTE: *Von* **Silkeborg** *nach* **Århus.**

Århus, eine Wikingergründung, Bischofsitz seit 928 und Stadt mit Handelsrechten seit 1441, entwickelte sich zu Dänemarks zweitgrößter Stadt.

Der Stadtname Århus leitet sich übrigens ab von „ar-os", was soviel wie „Mündung der Au" bedeuten soll.

Entwickelt hat sich die Stadt aus einer günstigen Landungsstelle, einer Art natürlichem Hafen mit Namen „Mindet" unweit der Mündung der Au ins Meer, die schon im 11. Jh. von Adam von Bremen erwähnt wird. Nach der Reformation stagnierte die Stadtentwicklung, die erst zu Beginn des 18. Jh. wieder einsetzte. Heute ist Århus mit rund 298.000 Einwohnern eine der wichtigsten Kultur-, Industrie-, Hafen- und Universitätsstädte Dänemarks.

Die Sehenswürdigkeiten der Stadt liegen etwas zu weit auseinander, als dass man sie alle auf einem Rundgang besichtigen könnte. Man wird also sein Auto oder öffentliche Verkehrsmittel dazu benützen.

Stadtspaziergang

Das **Touristeninformationsbüro VisitAarhus [N56° 9' 18.06" E10° 12' 49.60"]** liegt am Hafen am Hack Kampmanns Plads 2, Dokk1. Mit der im Touristenbüro erhältlichen **AarhusCard**, die für die Dauer von ein, zwei oder drei Tagen erworben werden kann, haben Sie zu vielen Museen und Sehenswürdigkeiten freien Eintritt.

Das **Wikingermuseum [N56° 9' 23.92" E10° 12' 33.49"]** befindet sich unter dem Gebäude der Nordea Bank am Sct. Clemenstorv 6. Hier wurden Reste einer Wehranlage und Hausfragmente aus der Wikingerzeit ausgegraben. Das Moesgård Museum hat hier eine Ausstellung geschaffen, die zum Thema die „Wikinger und Aros" (Aarhus) durch Hörbilder und Animationen über einen Wikingerangriff auf die Stadt vor ca. 1200 Jahren sehr gut informiert *(geöffnet ganzjährig Mo - Mi, Fr 10.15 - 16 Uhr, Do 10.15 - 17 Uhr, Eintritt frei; www.visitaarhus.de/de/das-wikinger-museum-gdk653425)*.

Etwas weiter sieht man den Turm mit der spitzen Haube des **St. Clemens Doms [N56° 9' 25.35" E10° 12' 36.06"]** am Bispetorvet 1 aufragen. Der ursprünglich romanische Bau aus dem 13. Jh. erfuhr durch Umbauten soviel Veränderungen, dass der Besucher heute eigentlich einen Dom im spätgotischen Stil vorfindet. Im Inneren des mit 93 m überaus langen Kirchenschiffs (angeblich das längste in Dänemark) sieht man Fresken, eine bemerkenswerte Kanzel (16. Jh.), ein altes Taufbecken (15. Jh.) und eine große Orgel aus dem 18. Jh. Beachtung verdient vor allem der dreiflügelige Altaraufsatz, geschaffen von einem Lübecker Künstler im 15. Jh. und das alte Chorgestühl.

Westlich des Doms in der Vestergade 21 liegt die **Vår Frue Kirke**. Die Kirche Unserer Lieben Frau ist die alte Stadtkirche von Århus aus dem 11. oder frühen 12. Jh.

Mit zu den größten Sehenswürdigkeiten der Stadt zählt zweifellos das **Freilichtmuseum „Den Gamle By" [N56° 09' 31.5" E10° 11' 23.7"],** Viborgvej 2, an der Straße 26 im Westen von Århus *(geöffnet Ende Juni - Mitte Aug. tgl. 10 - 18 Uhr; Apr. - Ende Juni + Mitte Aug. - Mitte Nov. tgl. 10 - 17 Uhr; Jan. - Mitte Feb. tgl. 11 - 15 Uhr; Mitte Feb. - März tgl. 10 - 16 Uhr; sonst Di - Fr 10 - 18 Uhr; www.dengamleby.com)*. „Den Gamle By", die „Alte Stadt" wird auch als das größte Freilichtmuseum für Stadtkultur bezeichnet. 1914 begann man im westlich vom Stadtzentrum gelegenen Botanischen Garten damit, alte historische Häuser aus allen Teilen Dänemarks vom frühen 17. Jh. bis ins späte 19. Jh. hier naturgetreu wieder aufzubauen. Darunter sind **Bürgerhäuser, Gehöfte**, ja sogar **Apotheken, Kaufmannshöfe** und **Theater**. Ein Bummel durch die alten kopfsteingepflasterten, engen Gassen, vorbei an den hübschen Fachwerkfassaden mit nostalgischen Handwerksschildern und romantischen Fensternischen und ein Blick in Läden, Werkstätten und Stuben aus Urgroßmutters Tagen, ist ein Spaziergang durch eine andere Zeit. Ein Besuch, für den man viel Zeit mitbringen sollte, lohnt sehr!

Århus, im Freilichtmuseum „Gamle By"

Nördlich des Bahnhofs und westlich des Rådhuspladsen erhebt sich der markante Bau des **ARoS Aarhus Kunstmuseum,** Aros Allé 2 *(geöffnet Di, Do - So 10 - 17 Uhr, Mi 10 - 22 Uhr; www.aros.dk)*, mit Werken dänischer Künstler vom 18. Jh. bis heute. Großen Raum nehmen Gemäldesammlungen aus dem sog. „Goldenen Zeitalter" ein, einer glanzvollen Periode dänischer Malerei in der ersten Hälfte des 19. Jh.

Kunstliebhaber werden sicher auf einem Besuch in der **Kunsthal Aarhus [N56° 9' 18.88" E10° 12' 7.82"]** in der J. M. Mørks Gade 13 nicht verzichten wollen. Mit seinen großen, hellen Ausstellungsräumen zählt die Kunsthalle von Aarhus zu den größten und schönsten Ausstellungshallen für Gegenwartskunst *(geöffnet Di – Fr 10 – 17 Uhr, Mi 10 - 21 Uhr, Sa + So 12 – 17 Uhr; www.kunsthalaarhus.dk)*.

Ein paar Straßenzüge weiter nördlich ist im Park der Universität das **Naturgeschichtliche Museum [N56° 10' 3.27" E10° 12' 10.90"]** *(geöffnet tgl. 10 - 16 Uhr; www.naturhistoriskmuseum.dk)* zu finden. Ausstellungsgegenstände zu Themen der Geologie und Zoologie. Ebenfalls im Universitätspark liegt das **Steno Museum [N56° 9' 55.76" E10° 12' 10.28"]**, C. F. Møllers Allé 2 *(geöffnet Di – Fr 9 – 16 Uhr, Sa + So 11 – 16 Uhr; www.stenomuseet.dk)*. Dieses Museum befasst sich übrigens nicht etwa mit der Geschichte der Stenographie, sondern widmet sich dem Lebenswerk des Naturwissenschaftlers und Arztes *Niels Stensen*. Entsprechend sind Ausstellungen von der Astronomie bis zur Zahnmedizin zu sehen.

Im Süden der Stadt liegt die königliche Sommerresidenz **Marselisborg [N56° 7' 47.17" E10° 12' 8.39"]**, Kongenvejen 100. Das Schloss liegt am Rande des 25 ha großen **Mindeparken**, der zum Gedenken an die 4.144 gefallenen Dänen des 1. Weltkriegs angelegt wurde.

Der Park ist der Öffentlichkeit nur zugänglich, wenn das Schloss unbewohnt ist. Ist die Königin anwesend, findet täglich um

PRAKTISCHE HINWEISE – ÅRHUS

Aarhus Turistbureau VisitAarhus [N56°9'18.06" E10°12'49.60"], Dokk 1, Hack Kampmanns Plads 2, 8000 Århus C, Tel. +45 89 40 92 00; www.visitaarhus.de, dokk1.dk/turistinformation. *Geöffnet Mo - Fr 8 - 22 Uhr, Sa + So 10 - 16 Uhr.*

HOTELS

First Hotel Atlantic********, 102 Zi., Europaplads 12 - 14, Tel. +45 86 13 11 11; www.firsthotels.com/hotels/denmark/aarhus/first-hotelatlantic/; Restaurant, Garage.
Helnan Marselis ****, 110 Zi., Strandvejen 25, Tel. +45 86 14 44 11; www.helnan.dk/marselis; Restaurant, Fitnesscenter, Sauna, Schwimmbad, WLAN, Garage.

CAMPING

Camping Århus [WP 030 / N56° 13' 35.7" E10° 9' 47.8"], Randersvej 400, Tel. +45 86 23 11 33; www.aarhuscamping.dk; 1. Jan. – 31. Dez.; ca. 8 km nördl. der Stadt an der Straße 180 in **Lisbjerg**; ausgedehntes, unebenes Wiesengelände, mit teils dichtem, hohem Baumbestand; ca. 7 ha – 180 Stpl. + Dau.; Standardsanitärausstattung; Laden, Imbiss, Schwimmbad, WLAN, Internetecke. Miethütten. **V & E für Wohnmobile. QuickStop.**
Camping DCU Blommehaven [WP 031 / N56° 06' 37.8" E10° 13' 54.2"], Ørneredevej 35, in **Højbjerg**, Tel. +45 86 27 02 07; www.camping-blommehaven.dk; Apr. – Ende Okt.; städtische Anlage rund 4 km südl. der Stadt an der Århus Bucht; von der Bucht leicht ansteigendes Wiesengelände, teils am Wald; ca. 8 ha – 350 Stpl.; Standardsanitärausstattung; Laden, Fahrradverleih; zum Meer ca. 100 m.

WOHNMOBIL-STELLPLATZ

Wohnmobil-Stellplatz Marselisborg Havn [WP 032 / N56° 8' 22.14" E10° 12' 58.69"], Marselisborg Havnevej 54. **Zufahrt/Lage:** Vom Stadtzentrum südwärts zum Sportboothafen Marselisborg und auf dem Marselisborg Havnevej noch ca. 400 m. **Geöffnet:** März - Nov. **Gebühr:** Pauschale inkl. Ver- und Entsorgung und Dusche. Extragebühr für Strom. **Ausstattung:** Schotterplatz am Sportbootshafen mit Platz für 10 Wohnmobile, falls nicht von Sportbooten zugestellt. Frischwasser, Grauwasser- und Chemikaltoilettenausguss, Strom, WLAN.

12 Uhr vor dem Schloss eine Wachablösung der Königlichen Garde statt.

In der Nähe liegt der Vergnügungspark **Tivoli-Friheden [N56° 8' 17.21" E10° 12' 0.55"]**, Skovbrynet 1 *(geöffnet im Sommer 10 – 21 Uhr, übrige Zeit 11 – 20 Uhr bzw. 19 Uhr geöffnet; www.friheden.dk)*. Ein schöner Blumenpark ist angeschlossen.

Noch weiter südlich liegt in der Moesgård Allé 20 in einem Waldgebiet der ehemalige **Gutshof Moesgård** gelegen. Nebenan liegt das neue moderne Museumsgebäude mit Dänemarks wichtigstem Museum für Ur- und Frühgeschichte, das **MOMU Moesgård Museum [Parkplatz - N56° 05' 09.8" E10° 13' 21.7"]** *(geöffnet Di 10 - 17 Uhr, Mi 10 - 21 Uhr, Do - So 10 - 17 Uhr; www.moesgaardmuseum.dk)*. Der spektakuläre Museumskomplex wurde 2014 eröffnet und besticht durch seine in die Natur eingebundene Architektur. In anschaulichen Darstellungsformen werden Exponate wie Runensteine, Gegenstände aus der Eisenzeit, Sammlungen zur Eskimokultur und der annähernd 2.000 Jahre alte „Grauballemann", eine mumifizierte Moorleiche.

*ROUTE: Weiterreise von Århus auf der Straße 15 bis **Legten** und dort auf der 563 nach **Hornslet.***

Unweit nördlich von **Hornslet** liegt an der Straße 563 **Schloss Rosenholm [N56° 19' 57.9" E10° 19' 54.1"]** *(geöffnet 15. Juni - 15. Aug. tgl. 11 - 16 Uhr, Führungen; www.rosenholmslot.dk)*. Eine Besichtigung lohnt. Das von breiten Wassergräben umgebene Anwesen ist seit mehr als vierhundert Jahren Stammsitz des Rosenkrantz-Adelsgeschlechts. Es gilt als älteste Familienresidenz in Dänemark.

Schloss Rosenholm ist eine überaus eindrucksvolle, in rotem Backstein aufgeführte, vierflügelige Renaissanceanlage, die mitten in einem schönen Barockpark liegt. In den zu besichtigenden Räumlichkeiten sind kostbares Mobiliar, sowie eine Gemälde- und Gobelinsammlung zu sehen.

*ROUTE: Von Hornslett über Landstraßen nach Nordwesten und vorbei an **Schloss Clausholm** nach **Randers.***

Etwa 5 km südlich von Schloss Clausholm lohnt in **Voldum** ein kurzer Besuch der **Kirche von Voldum [N56° 21' 52.6" E10° 10' 16.1"]**. Bemerkenswert sind die prächtigen Sarkophage unter der Orgelempore mit den sterblichen Überresten der Herren von Schloss Clausholm. Wunderschön geschnitzter Altar und Kanzel.

Schloss Clausholm [N56° 22' 55.4" E10° 10' 11.0"] *(geöffnet Schlosspark im Mai – Sept. tgl. 11 – 17 Uhr, Schloss 2. Juli – 4. Aug. So - Fr 11 - 16 Uhr; www.clausholm.dk)*, so wie es sich heute präsentiert, entstand um die Wende vom 17. zum 18. Jh. Es wartet mit interessanten Ausstattungsdetails auf. Darunter sind unverändert erhaltene Stuckdecken im Salon, Rokokomöbel und die älteste Orgel Dänemarks in der Kapelle. Im Park Wasserspiele.

Schloss Rosenholm

Zur Schlossgeschichte gehört auch die „Affäre" der *Anna Sophie Reventlow*, der Tochter des königlichen Kanzlers, später zweite Frau König Frederik IV. und Königin. König Frederik entführte 1712 die Kanzlerstochter, heiratete sie ungehörig kurze Zeit nach dem Tode seiner ersten Frau, um Anna Sophie schließlich selbst zur Königin zu krönen. Als Witwe lebte Anna Sophie später – vom Hofe verbannt – bis zu ihrem Tode 1743 wieder auf Schloss Clausholm.

Randers, mit annähernd 63.000 Einwohnern Dänemarks sechsgrößte Stadt, liegt an einer Stelle an der Mündung des Gudenå-Flusses in den Randers Fjord, die schon in früher Zeit an einer seichten Furt die bequeme Querung des Wasserlaufs erlaubte und somit den Warenstrom ungehindert in Nord-Süd-Richtung fließen ließ. Rasch entwickelte sich ein Handelsplatz, der 1086, zu Zeiten König Erik Ejegods, erstmals auf Münzen erwähnt wird.

Auch in Randers sind es alte Fachwerkhäuser und Handelshöfe, die in einigen Straßenzügen noch etwas vom Flair der alten Tage verbreiten und zu einem Stadtbummel einladen.

Relativ große, gebührenpflichtige **Parkplätze** findet man z. B. vor den Anlagen des **Randers Regenwald [WP 033 / N56° 27′ 27.5″ E10° 01′ 57.2″]** und nordwestlich davon Richtung Bahnhof entlang der Jernbanegade **[N56° 27′ 36.94″ E10° 1′ 42.68″]**.

Randers verfügt über eine besondere Attraktion, den **Randers Regnskov,** den Regenwald von Randers, Tørvebryggen 11 *(geöffnet tgl. 10 - 18 Uhr, Fütterungen um 11 Uhr; www.regnskoven.dk)*. Unter zwei riesigen, recht futuristisch wirkenden Glaskuppeln nahe der Durchgangsstraße am Südrand der Innenstadt, findet man einen üppigen tropischen Garten, mit exotischen Pflanzen und Tieren, Felsgruppen und Wasserfällen. Es wird permanent ein tropisches Klima erzeugt, mit 99% relativer Luftfeuchtigkeit und einer Temperatur von 25 Grad.

Ausgangspunkt eines **Stadtrundgangs** kann das **Helligandshuset** am **Erik-Menveds-Platz [N56° 27′ 38.14″ E10° 2′ 7.92″]** sein. Dieser alte Steinbau hinter der St. Morten Kirche mit Stufengiebel und Storchennestern auf dem Dach, wurde gegen 1500 von Mönchen des Heiliggeistordens gebaut.

Der Erik-Menved-Platz ist nach dem König benannt, der 1302 als erster der Stadt Handelsrechte verlieh.

Durch die **Houmeden**, eine der ersten Fußgängerzonen des Landes mit einem interessanten alten Fachwerkbau (1560) mit vorspringenden Etagen, gehen wir links (westwärts) bis zur Store Voldgade (Große Wallstraße), dann rechts die Borgergade hinauf.

Wir machen eine scharfe Linkskehre in die Von Hatten Straede. In der gepflasterten Straße ist das **Von Hatten-Haus** aus dem Jahre 1779 beachtenswert.

Nun kommen wir in die Vestergade. Haus **Vestergade Nr. 1** wird auch **Voldbrohus**, also Wallbrückenhaus genannt. Es erinnert daran, dass hier früher der Wallgraben begann. Ganz in der Nähe stand das westliche Stadttor.

PRAKTISCHE HINWEISE — RANDERS

Randers Turistbureau VisitRanders [N56° 27′ 39.5″ E10° 2′ 11.00″], Rådhustorvet 4, 8900 Randers, Tel. +45 86 42 44 77; www.visitranders.com. *Geöffnet Juni - Aug. Mo - Fr 9 - 17 Uhr, Sa 9 - 13 Uhr, sonst Mo - Fr 10 - 16 Uhr.*

HOTEL

Randers ****, 79 Zi., Torvegade 11, Tel. +45 86 42 34 22; www.hotel-randers.dk; sehr zentral, Restaurant, WLAN, Garage.

CAMPING

Camping Randers City Camp [WP 034 / N56° 27′ 02.8″ E09° 57′ 12.2″], Hedevej 9, Tel. +45 29 47 36 55; www.randerscitycamp.dk; Jan. – Dez.; ca. 5 km südwestl. Randers, zunächst Straße 16 bis Neder Hornbæk, dann Straße 525 ca. 3 km Richtung Langå; weitläufiges, ruhig gelegenes Gelände, in waldreichem Gebiet; ca. 6 ha – 100 Stpl. + Dau; Standardsanitärausstattung; Schwimmbad, WLAN, Internetecke. Miethütten. **V & E für Wohnmobile**.

Schräg gegenüber steht das **Randers Hospital** oder Randers Kloster. Der älteste Gebäudeteil liegt in der Hospitalsgade. Es ist ein sehr schöner Fachwerkbau mit geschnitzten Holzbalken aus dem Jahre 1620.

Die Kirkegade hinunter. Die nächste Querstraße rechts ist die **Store Kirkestraede**, eine Fußgängerzone mit Fachwerkhaus. Auf der anderen Seite der Kirkegade ragt die **St. Mortenskirche [N56° 27′ 35.82″ E10° 2′ 3.98″]** auf. Gegen 1500 erbaut, sollte sie den Heiliggeistmönchen als Klosterkirche dienen. Geschnitzte Portale und Kanzel.

Wir gehen die Kirkegade weiter Richtung Gudenå-Fluss. Später heißt die Straße Middelgade, dann Storegade.

Haus Storegade 13 [N56°27′28.15″ E10°2′18.50″] ist ein dreigeschossiger Fachwerkbau aus dem Jahre 1643, der zu den schönsten seiner Art aus der Renaissance gezählt wird. Geschnitztes Fachwerk, Innenhof mit Laubengang.

Eine Geschichte wird erzählt, die besagt, dass im Haus der ruhelose Geist des Grafen Gert des Kahlen umgeht, den einstmals Niels Ebbesen meuchelte. Und damit der Geist des Kahlen Grafen auch immer freien Zu- und Ausgang habe, müsse eine der Luken unter dem Dach immer geöffnet sein. Andernfalls würde das Haus ein Raub des „roten Hahns“ werden.

Den gleichen Weg zurück bis zur Brødregade, die rechts stadteinwärts führt. Am Eck Brødregade 25, ein ehemaliger **Kaufmannshof**, von dem nur noch die Fassade und das Eingangstor aus dem Jahre 1663 erhalten ist. Solche Kaufmannshöfe hatten früher Stallungen für 100 Pferde.

Nach ein paar Gehminuten kann man rechts in die Geschäftsstraße Dytmaersken neben dem **Busbahnhof** einbiegen und weiter bis zur Östervold gehen. Auf der anderen Seite, in der Fischersgade, liegt das **Kulturhaus [N56° 27′ 37.8″ E10° 02′ 27.1″]**, Eingang Stemannsgade 2. Im Erdgeschoss Bibliothek, im 1. Stock das **Kulturhistorische Museum** und im 2. Stock das **Kunstmuseum** mit Werken dänischer Maler von 1780 bis in unsere Zeit.

Weiter über die Brødregade. Am Ende der Brødregade biegen wir rechts in die Slotsgade ein und gehen wenig später die Østervold (Ostwall) links hinauf. Wir passieren die Statue eines schweren, muskulösen Hengstes. Der **„Jütische Hengst“ [N56° 27′ 40.03″ E10° 2′ 20.14″]**, geschaffen von Helen Schou, erinnert an die lange Tradition des Pferdehandels in Randers. Noch heute ist jedes Jahr im Mai Pferdemarkt.

Die nächste Querstraße links ist die Provstegade. Ihr folgen wir bis zur Nygade (Neue Straße). Haus Nr. 4 dort ist das älteste Fachwerkhaus von Randers. Sein Ursprung geht in die erste Hälfte des 15. Jh. zurück.

Die Nygade links bis zur Rosengade und rechts durch das ehemalige Judenviertel zum **Radhus-Torv**, dem Rathausplatz, dem alten Zentrum der Stadt.

An der Ostseite des Rathaus- und Marktplatzes steht das **alte Rathaus [N56° 27′ 39.17″ E10° 2′ 12.83″]** von 1778. Der ganze wohlproportionierte Bau mit seinem Uhrtürmchen wurde 1930 auf Schienen 3 Meter nach Norden versetzt, um Platz für den Verkehr zu schaffen. Das Denkmal vor dem alten Rathaus stellt den sagenumwobenen Heißsporn Nils Ebbesen dar. 1340 erschlug er den holsteinischen Grafen Gert und erwarb sich den Ruf, der erste Freiheitskämpfer Dänemarks zu sein.

Elvis Fans aufgepasst! Das **Memphis Mansion Graceland Randers [Parkplatz, WP 035 / N56° 25′ 58.78″ E10° 3′ 22.31″]**, Graceland Randersvej 3, ist ein sehr sehenswertes Museum rund um die Legende Elvis Presley *(geöffnet tgl. 10 – 21 Uhr; www.memphismansion.dk)*. Der Besucher fühlt sich auf Graceland Randers wie in Memphis, Tennessee, denn das Museum ist in einem dem Vorbild von Graceland in Memphis nachempfundenen Gebäude eingerichtet. Das Museum soll das einzige Elvis Presley-Museum außerhalb der USA sein.

Die umfangreiche Ausstellung zeigt neben einer Gitarre des King of Rock'n Roll, einige Bühnenkostüme, Gürtel, Schuhe, originale Goldene Schallplatten, Konzerttickets und andere Elvis-Devotionalien. Kino, Konzertsaal, „Highway 51 Diner“-Restaurant, Shop.

TOUR 3: RANDERS – HIRTSHALS

Länge der Tour:	Rund 190 km.
Die Route:	Über die E45 bis **Hobro** – Straße 180 bis **Aalborg** – E45 bis **Frederikshavn** – Straße 35 bis **Hjørring** – E39 bis **Hirtshals**.
Reisedauer:	Mindestens ein Tag.
Höhepunkte:	Der **Dom ** in Viborg** – die **Wikingerburg Fyrkat** bei Hobro – Spaziergang durch **Aalborg** – **Schloss Voergård** – das **Bongsbo Museum** in Fredrikshavn – die **Strände *** bei Hirtshals**.

*ROUTE: Von Randers auf der Straße 16 westwärts nach **Viborg**, 41 km.*

Viborg, „Das Herz Jütlands“, verdankt seine Entstehung wahrscheinlich einer heidnischen Kultstätte, die in alter Zeit einmal im Jahr von den Wikingern aufgesucht wurde. Der Stadtname weist darauf hin. Nach einer Stadtbeschreibung des Touristenbüros hieß Viborg früher *Wibjerg*. „Wi“ bedeutet soviel wie Heiligtum und „bjerg“ heißt Hügel oder Berg. Wibjerg war also der Heilige Berg.

Die Stadtgründung wird im 8. Jh. angesiedelt. Viborg ist demzufolge eine recht alte Stadt und macht der weiter südlich gelegenen Stadt Ribe unverhohlen den Rang streitig, älteste Stadt Dänemarks zu sein.

Schon 1065 war Viborg bedeutender Bischofssitz mit Dom, sechs Klöstern und zwölf Kirchen.

Schutzheiliger der Stadt ist der Heilige Kjeld, der 1150 in Viborg starb. Ihm werden viele Wunder nachgesagt. Einer der Legenden zufolge stieg Kjeld während eines Brandes im Jahre 1145, damals Domprobst zu Viborg, auf einen der noch unfertigen Türme des Doms, um mit seinem Gebet die Flammen vom Dom abzuhalten, mit Erfolg wie überliefert ist.

Ein anderer Großbrand im Jahre 1726 vernichtete fast ganz Viborg. Damals hatte der Brand seinen Ursprung in der Küche des wohlhabenden Kaufmanns Peter Vandet. Eine Dienstmagd, so die

Überlieferung, hatte mit Heidekraut ein Feuer zum Biersieden entfachen wollen und ließ den Herd eine Zeit lang unbeobachtet. Die Flammen sprangen auf das Strohdach des Hauses über. Und es wird behauptet, dass die Herrin des Hauses aus Geiz es verweigerte, dass man zum Löschen der Flammen, was im Anfangsstadium des Brandes wohl noch erfolgversprechend gewesen wäre, das kostbare Bier verwendete. In der Folge breitete sich das Feuer in rasender Geschwindigkeit über die ganze Stadt aus.

Übrigens war Bier aus Viborg bis ins vergangene Jahrhundert ein begehrtes Produkt in Jütland. Wahrscheinlich hieß es nicht umsonst: „Viborg ist bekannt für sein Bier und seine Küster". Richtiggehend berühmt war Viborgs „Skald-Bier". Letzte Relikte aus Viborgs Bierzeit sind die Bierkeller in der Sct. Mathias Gade.

Heute ist Viborg mit annähernd 41.000 Einwohnern Sitz der Kreisverwaltung, des Landgerichts und anderer wichtiger Verwaltungen.

Einen größeren **Parkplatz [WP 036 / N56° 27' 14.95" E9° 24' 10.43"]** findet man gegenüber des **Touristenbüros**. Parkplätze innerhalb der Altstadt von Viborg sind nur für Fahrzeuge bis 3,5 t zugelassen!

Größte Sehenswürdigkeit ist zweifellos der **Dom [N56° 27' 02.3" E09° 24' 40.9"]** im Stadtzentrum *(geöffnet Mai - Sept. Mo - Sa 11 - 17 Uhr, So 12 - 17 Uhr, sonst Mo - Sa 11 - 15 Uhr, So 12 - 15 Uhr)*. Schon 1130 wurde über einer Krypta eine Kirche errichtet. Nach Bränden entschied man sich 1870 zum Wiederaufbau der Kirche im romanischen Stil. Sieben Jahre später war der Dom aus Granitblöcken in der Form vollendet, wie wir ihn heute sehen.

Im Inneren sind vor allem die **Fresken** mit biblischen Motiven von Joakim Skovgård, sehenswert. Sie entstanden bald nach der Jahrhundertwende. Der Turm des Doms kann bestiegen werden. Eintritt.

Auf dem **Gammeltorv** (Altmarkt, Parkmöglichkeit) oder **Domplatz**, dem mittelalterlichen Richtplatz der Stadt, sieht man links vom Dom das alte **Rathaus** (Domkirkestræde 2 - 4). Den schönen Barockbau hatte der aus Altona stammende Baumeister Claus Stallknecht nach dem großen Brand von 1726 errichtet. Heute beherbergt das Gebäude das **Skovgård-Museum** *(geöffnet Juni – Aug. Di - So 10 - 17 Uhr; Sept. - Mai Di - So 11 - 16 Uhr; www.skovgaard-museet.dk)* mit Ausstellungen über den Kirchenmaler und Ehrenbürger Viborgs, Joakim Skovgård.

In Viborg sieht man noch viele der alten Backsteinfassaden

PRAKTISCHE HINWEISE — VIBORG

Viborg Turistbureau [Parkplatz, WP 036 / N56° 27' 14.95" E9° 24' 10.43"], Tingvej 2, 8800 Viborg, Tel. +45 87 87 88 88; www.visitviborg.dk. *Geöffnet Juni - Aug. Mo - Fr 10 - 16 Uhr, Juli - Aug. Sa 10 - 13 Uhr, Sept. - Mai Mo - Fr 10 - 15 Uhr.*

HOTEL

Best Western Golf Hotel ****, 134 Zi., Randersvej 2, Tel. +45 86 61 02 22; www.golfhotel-viborg.dk; Restaurant, Sauna, Schwimmbad, Whirlpool, Terrasse, Garten, WLAN. Parkplätze.

CAMPING

Camping DCU Viborg Sø [WP 037 / N56° 26' 15.6" E09° 25' 18.3"], Vinkelvej 36, Tel. +45 86 67 13 11; www.camping-viborg.dk; Mitte März – Ende Okt.; am Ostufer des Søndersø zwischen Waldstücken, zentrumsnah, ca. 3 ha – 200 Stpl. + Dau.; Standardsanitärausstattung; Kiosk, WLAN. Miethütten; **V & E für Wohnmobile**.

WOHNMOBIL-STELLPLATZ

Wohnmobil-Stellplatz Kristiansminde Hanne Mølgård [WP 038 / N56° 28' 7.09" E9° 20' 33.75"], Jestrupvej Vest 114, Tel. +45 25 12 19 61. **Zufahrt/ Lage:** Über die Umgehungsstraße A13, 5 km westlich von Viborg zu erreichen. **Geöffnet:** Ganzjährig. **Gebühr:** Pauschal für Personen, Wasser und Strom. **Ausstattung:** 4 Stellplätze auf Schotter oder Wiese bei einem Bauernhof, Frischwasser, Strom, Müllentsorgung.

An der Westseite des Doms verläuft die **Sct. Mogens Gade** nach Norden. Wie man liest, war die Sct. Mogens Gade traditionell der nächtliche Austragungsort von Ehrenhändeln und Duellen. Einige bemerkenswerte alte Patrizierhäuser sind noch erhalten, z. B. Haus Nr. 7 „Hauchske Gård", Haus Nr. 9a „Villadsens Gård" mit Treppengiebel und der Jahreszahl 1520, oder Haus Nr. 11, der alte Pfarrhof „Gamle Præstegård" von 1736.

Von der Sct. Mogens Gade kann man das kurze Stück nach Westen zum großen **Marktplatz Nytorv [N56° 27' 3.50" E9° 24' 35.1"]** (Parkmöglichkeit, Touristeninformation) gehen. Der Platz ist umgeben von einigen stattlichen Häusern, wie z. B. dem klassizistischen **Stillings Gård** an der Ostseite aus dem Jahre 1813.

Am Nytorv findet man auch den Sct.-Kjelds-Brunnen aus dem Jahre 1914, eine Arbeit des Bildhauers Anders Bundgård. Auf dem Brunnen blicken Eichhörnchen auf Marktfrauen herab, die ihr Gemüse waschen.

An der Nordseite des **Hjultorvet,** dem Radmarkt, auf dem traditionell der Wochenmarkt abgehalten wird, findet man in einem Gebäude aus dem Jahre 1867 das **„Viborg Museum" [N56° 27' 0.35" E9° 24' 30.03"]** mit kulturhistorischen Sammlungen *(geöffnet Juli – 15. Aug. Di – So 11 – 17 Uhr; 16. Aug. – Juni Di – Fr 13 – 16 Uhr, Sa + So 11 – 17 Uhr; www.viborg-stiftsmuseum.dk).*

Bei längerem Aufenthalt und besonders bei schönem Wetter lohnt eine Rundfahrt auf dem Stadtsee mit dem Ausflugsschiff „Margrethe I".

*ROUTE: Von Viborg auf der Straße 16 ostwärts Richtung Randers. Schon nach 10 km ab nordostwärts auf die Straße 517 nach **Hobro**. Unterwegs passiert man die Zufahrt zu **Gut Tjele**.*

Gut Tjele [N56° 30' 45.8" E09° 36' 44.3"] liegt am Tjele Langsø, ca. 15 km nordöstlich von Viborg. Bis heute ist Gut Tjele (16. Jh.) in ganz Jütland bekannt wegen der dramatischen Geschichte von *Marie Grubbe*, die adlige Herrin auf Tjele um 1700.

Marie Grubbe hatte offenbar Pech mit den Männern. Verheiratet war sie anfangs

CAMPING – VAMMEN

Camping Vammen [WP 039 / N56° 31' 20.1" E9° 35'40.1], Langsøvej 15, Tel. +45 86 69 01 52; www.vammencamping.dk; 1. Mai – 31. Aug.; am Südwestende des Tjele Langsø, Zufahrt von der Straße 517 beschildert; geneigte Wiese am See, teils große Geländestufen, ruhige, schöne Lage, beliebter Gemeinschaftsraum im rustikalen Fachwerkhaus; ca. 5 ha – 90 Stpl.; gute Standardsanitärausstattung. Kiosk, WLAN. Badegelegenheit im See. **V & E für Wohnmobile.**

mit einem Spross aus der königlichen Familie, den sie bald gegen einen gemeinen Adligen eintauschte. Als sie dann später mit dem Kutscher des Gutes das Weite suchte, hatte sie sich als Adelige mit normalen Bürgerlichen gemeingemacht. Eine unmögliche Situation damals. Der Skandal war perfekt. Schließlich soll sie als Frau eines Fährmanns auf Falster geendet haben und musste nach einer Verurteilung ihres Mannes das schwere Fährgeschäft eigenhändig weiter betreiben.

Leider ist der Gutshof für die Öffentlichkeit nicht mehr zugänglich.

Hobro (Hobro Camping Gatten-borg, QuickStop [N56° 38' 09.8" E09° 46' 52.7"]**),** am Ende des Mariager Fjords im Fyrkatvej 37B, hat eine seltene Sehenswürdigkeit zu bieten. Ca. 3 km südwestlich liegt **Fyrkat [WP 040 / N56° 37' 31.5" E09° 46' 21.5"]**, die Reste einer rund 1.000 Jahre alten Wikingerburg in Form eines Ringforts *(geöffnet Juni - Aug. tgl. 10 - 17 Uhr; Mai tgl. 10 - 16 Uhr; Sept. tgl. 10 - 15 Uhr; http://www.nordmus.dk/fyrkat-d)*. Ein rund 10 m breiter Ringwall umgibt ein Areal von annähernd 140 m im Durchmesser. Jeweils nach einem Kreisviertel findet man Einschnitte im Wall, die Zugänge in das geschützte Innere. Eines der einstmals vier Langhäuser wurde am Rande der Anlage von Archäologen rekonstruiert. Darüberhinaus konnte die Kopie eines großen Bauernhofes aus der Wikingerzeit errichtet werden. Die in Fyrkat gemachten Grabungsfunde sind im **Museum in Hobro** zu sehen.

Auf dem Weg zum Fyrkat Ringfort passiert man das **Fyrkat Wikingerzentrum [N56° 37' 30.2" E9° 46' 53.3"]**, ein Nachbau eines großen Bauernhofes aus der Wikingerzeit.

Fyrkat, rekonstruiertes Wikingerhaus

Abstecher nach Mariager

ABSTECHER: Von Hobro auf der Straße 555 12 km nach Osten.

Mariager, eine fast am Ende des weit ins Land reichenden Mariager Fjord gelegene, ansprechende Kleinstadt, wird von Liebhabern gelegentlich auch „Stadt der Rosen" genannt. Im alten Ortskern sind noch einige **hübsche alte Fachwerkhäuser** erhalten, die in den gepflasterten Gassen eine recht einladende Kulisse bilden.

Das **Stadtmuseum** ist in einem ehemaligen Kaufmannshof untergebracht, der aus dem 18. Jh. stammt. Zu den neuen Attraktionen Mariagers zählt das **Dänische Salz-Center [N56° 39' 14.6" E09° 58' 47.1"]** am Hafen *(geöffnet Mo - Fr*

PRAKTISCHE HINWEISE — MARIAGER

Mariager Turistbureau [N56° 39′ 02.5″ E9° 58′ 57.3″], im alten Rathaus, Torvet 1 B, 9500 Mariager, Tel. +45 98 54 13 77; www.visitmariagerfjord.dk. *Geöffnet Ende Juni - Mitte Aug. Mo - Fr 10 - 16 Uhr, Sa 10 - 13 Uhr.*

HOTEL

Hotel Postgården **, 14 Zi., Torvet 6, Tel. +45 98 54 10 12; www.hotelpostgardenmariager.dk; in einem hübschen alten, niederen Fachwerkhaus eingerichtet, RestaurantTerrasse, Garten, WLAN. Parkplatz.

CAMPING

Camping Mariager [WP 041 / N56° 39′ 15.11″ E9° 58′ 30.35″], Ny Havnevej 5A, Tel. +45 98 54 13 42; www.mariagercamping.dk; Anf. Apr. – Ende Sept.; beim Oldtimer Bahnhof und Salzmuseum; Wiesen am Mariager Fjord, parzelliert, schöne Lage am Mariagerfjord; ca. 3 ha – 110 Stpl. + Dau.; gute Standardsanitärausstattung. Kiosk, Fahrradverleih, WLAN, Interneteck e; Badegelegenheit; Miethütten. **V & E für Wohnmobile. QuickStop.**

WOHNMOBIL-STELLPLATZ

Assens bei Mariager
Wohnmobil-Stellplatz Kongsdal Bådelaug [WP 042 / N56° 41′ 2.23″ E10° 4′ 12.15″], Kongsdal Havn 8, Tel. +45 40 58 37 27; www.kongsdal-baadelaug.dk. **Zufahrt/Lage:** Von Mariager auf der Straße 555 nordostwärts ca. 7 km nach Assens, hier zum Kongsdal Havn/Yachthafen. Schotterplatz am Sportboothafen und dem Leuchtturm mit Platz für ca. 40 Wohnmobile, beleuchtet. **Geöffnet:** Ganzjährig. Im Winter mit Booten belegt. **Gebühr:** Pauschale inkl. Ver- und Entsorgung. Extragebühr für Strom und Dusche. **Ausstattung:** Frischwasser, Grauwasser- und Chemikaltoilettenausguss, Strom, WC, Dusche, WLAN, Mülltonne.

10 - 16 Uhr, Sa + So 10 - 17 Uhr; www.saltcenter.com). In dem Museum dreht sich alles um das „weiße Gold“, den Rohstoff Salz.

An Wochenenden wird auf der Bahnstrecke Mariager – Handest mit einer **Veteranenbahn** mit alten Dampfloks und historischen Waggons Reisenostalgie wachgerufen.

Und auf dem Mariager Fjord verkehrt im Sommer der **Raddampfer „Svanen“**.

HAUPTROUTE

*ROUTE: Von Hobro auf Straße 180 über **Støvring** nordwärts bis **Aalborg**. Die Straße führt mitten durch die reizvolle Landschaft **„Himmerland“**.*

Auf dem Weg nach Süden passieren wir zwischen Gravlev und Rold den **Rold Skov**, das größte Waldgebiet Dänemarks. Der weitläufige Forst begrenzt den **Nationalpark Rebild**, ein hügeliges Heidegelände mit einer dänisch-amerikanischen Gedenkstätte, der **„Lincoln Log Cabin“ [N56° 49′ 55.6″ E9° 50′ 34.4″]**, dem originalgetreuen Nachbau des Geburtshauses Abraham Lincolns. Es beherbergt das Blockhausmuseum, das über die dänischen Auswanderer nach Amerika berichtet *(Besuch nach Vereinbarung; www.rebildporten.dk/lincoln-log-cabin-blokhusmuseet-gdk858541)*.

Bei **Oplev** liegen die **Kalkgruben Thingbæk**, die heute ein Bildhauermuseum beherbergen.

Aalborg, ca. 109.000 Einwohner, ist eine über 1.000 Jahre alte Stadt und von jeher wichtiger Handels- und Wirtschaftsplatz. Die günstige Lage am Limfjord förderte die Entwicklung des Hafens, der Wohlstand in die Stadt brachte.

Einen Stadtspaziergang beginnt man am besten am Touristeninformationsbüro Visit Aalborg am Kjellerups Torv 5, Kedelhallen.

Man geht über die Straßen Østerbro und Nytorv ein gutes Stück westwärts, bis man auf die Østerågade trifft. Hier wenden wir uns links und kommen wenig später zum rechterhand gelegenen, ins Auge fallenden, mächtigen, fünfstöckigen, mit reichem Giebelschmuck versehene Haus des Großkaufmanns Jens Bang. Der als **Jens Bang's Stenhus [N57° 2' 54.2" E9°55'16.48"]**, Østerågade 9, bekannte Bau stammt aus dem Jahre 1624 und gilt als eines der größten und schönsten Bürgerhäuser im Renaissancestil Nordeuropas.

Wenn man sich allerdings die Köpfe, Masken und Fratzen an den Giebeln etwas genauer ansieht, kann man auf den Gedanken kommen, dass Jens Bang keineswegs nur ein allseits geliebter Bürger war.

In dem Prachtbau ist seit 300 Jahren die **„Svane Apothek"** eingerichtet, die älteste Apotheke in Aalborg. Außerdem findet man dort den „Duus vinkjelder", einen alten Weinkeller mit historischem Inventar.

Geradezu bescheiden sieht daneben das **Alte Rathaus** aus. Der schöne Spätbarockbau den wir heute sehen, entstand erst 1762.

Gammel Torv, der Alte Platz vor dem Rathaus, ist der historische Marktplatz der Stadt. Früher war hier die Thing- und Richtstätte und bis auf den heutigen Tag werden von hier aus die Straßenkilometer ab Aalborg gemessen. Ein Stein auf dem Platz markiert den Nullpunkt.

Die Südseite des Platzes wird begrenzt durch die **Budolfi Domkirche [N57° 02' 51.8" E9° 55' 10.2"]**, Eingang in der Algade. Der größte Teil der Kirche, die dem englischen Heiligen der Seeleute „Butolph" geweiht ist, entstand im 13. und 14. Jh. Im Inneren des Kirchenschiffs wertvolle Fresken, z. B. die vier Evangelisten in der Vierung, sowie Motive aus dem Alten und Neuen Testament. Bemerkenswert auch der Altar, die geschnitzte Kanzel, der barocke Marmortaufstein und die Empore mit Stilelementen der Renaissance und Motiven der Zehn Gebote.

In der Algade Nr. 48 findet man das **Historische Museum [N57° 2' 53.02" E9° 55' 4.39"]** *(geöffnet Apr. - Nov. Di – Sa 10 – 17 Uhr; Dez. Di - Fr 10 - 18 Uhr, Sa + So 10 - 17 Uhr; Jan. - März Di - Sa 10 - 16 Uhr; www.nordmus.dk)* mit Exponaten aus der Steinzeit, Funden aus der Wikingerzeit von Lindholm Høje, Ausstellungen zur Stadtgeschichte, schöne Gläser- und Silbersammlung. Hervorzuheben ist das getäfelte Aalborg-Zimmer von 1602 mit prächtigem Renaissanceinterieur.

Die Fußgängerzone **Jomfru Ane Gade** ist Aalborgs bekannte Schlemmermeile. Viele sagen auch, es sei „die längste Theke des Landes". Jedenfalls findet man hier über 20 Kneipen, beliebte Speiserestaurants, aber auch Discos und Musikunterhaltung.

Wir gehen die Østerågade nordwärts – früher war dies übrigens ein Flusslauf und die Frachtkähne konnten direkt bis zu den Handelshäusern hier fahren – bis zum **Schloss Aalborghus [N57° 02' 59.0" E9° 55' 29.7"]**, Slotspladsen 1, erkenntlich an seinem Stufengiebel *(geöffnet: Wallanlage ganzjährig 8 - 21*

Sehenswert – Jens Bang's Stenhus in Aalborg

Uhr; Verlies Mai - Okt. Mo - Fr 8 - 15 Uhr, Kasematten: Mai - Okt. tgl. 8 - 21 Uhr). Vom Slotspladsen am Hafen kann man durch einen Torweg in den Innenhof gelangen. Mitte des 16. Jh. legte König Christian III. den Grundstein zu Aalborghus, einem befestigten Schloss, das später Sitz des Königlichen Lehensmannes wurde und heute Amtssitz des Landrats ist. Zu sehen sind ein Verlies und unterirdische Gänge und Fluchtwege, sowie Kasematten.

Je nach persönlichem Interesse lohnen folgende Sehenswürdigkeiten einen Besuch:

Nordjütlands Kunstmuseum [N57° 2' 34.39" E9° 54' 22.17"], Kong Christians Allé 50 *(geöffnet Di 10 - 17 Uhr, Mi 10 - 21 Uhr, Do - So 10 - 17 Uhr; www.kunsten.dk)*, untergebracht in einem modernen Bau der Architekten Aalto (Finnland) und Baruel (Dänemark). Dänische und internationale Kunst des 19. und 20. Jh. Einen Schwerpunkt bilden Werke von Künstlern der COBRA-Gruppe.

Tivoliland, Karolinelundsvej 40 *(geöffnet Mai - Juni + Aug. Fr 12 - 21 Uhr, Sa + So 12 - 20 Uhr; Juli - Mitte Aug. Mo - Do 12 - 22 Uhr, Fr + Sa 12 - 23 Uhr, So 12 - 21 Uhr)*. Vergnügungspark mit 80 Attraktionen, 15 Gaststätten, Blumenpark und Musikveranstaltungen.

Lindholm Høje [Parkmöglichkeit, WP 043 / N57 °4' 43.12" E9° 54' 49.15"] *(geöffnet Apr. – Okt. Di - So 10 – 17 Uhr; Nov. - März Di - So 10 - 16 Uhr; www.nordmus.dk/lindholm-d)* liegt gegenüber von Aalborg auf der nördlichen Fjordseite, nordwestlich der Vorstadt Nørresundby.

Die archäologische Stätte mit ca. 700 Gräber, davon 150 sog. Schiffssetzungen, gilt als größter Begräbnisplatz in Jütland aus der Eisen- und Wikingerzeit. Dazu wurden große Gesteinsquader in der ovalen Form eines Schiffes aufgestellt, wohl in der Hoffnung, dass der Verstorbene magische Kraft genug haben würde, mit diesem symbolischen Schiff ins Reich der Toten segeln zu können.

Im **Springeren – Maritimes Erlebniscenter [Parkplatz, WP 044 / N57° 3' 33.60" E9° 53' 36.81"]**, Aalborgs **Seefahrt- und Marinemuseum**, Vestre Fjordvej 81, wird über die Entwicklung der dänischen Seefahrt der letzten 200 Jahre informiert.

Besondere Attraktion des Museums sind das in Dänemark gebauten U-Boot 'Springeren' sowie das Torpedoboot „Søbjørnen", dem schnellsten Torpedoboot der Welt *(geöffnet Mai – Sept. tgl. 10 - 17 Uhr; übrige Zeit tgl. 10 - 16 Uhr; http://www.visitaalborg.de/de/springeren-maritime-erlebniszenter-gdk596382)*.

PRAKTISCHE HINWEISE — AALBORG

Aalborg Turistbureau [N57° 02' 51.1" E09° 55' 13.9"], Kjellerups Torv 5, 9000 Aalborg, Tel. +45 99 31 75 00. www.visitaalborg.com. *Geöffnet Mo - Fr 10 - 17.30 Uhr, Sa 10 - 14 Uhr.*

HOTELS

Comwell Hvide Hus ****, 198 Zi., Vesterbro 2, Tel. +45 98 13 84 00; www.comwellaalborg.dk; Restaurant, Fitnesscenter, Terrasse, WLAN. Garage.

Helnan Phønix ****, 200 Zi., Vesterbro 77, Tel. +45 98 12 00 11; www.helnan-phonix-hotel.dk; Restaurant, Jacuzzi, Sauna, WLAN. Parkplatz.

CAMPING

Camping Aalborg [WP 045 / N57° 03' 14.4" E9° 52' 18.9"], Skydebanevej 50, Tel. +45 98 11 60 44; www.aalborgcamping.dk; 1. Jan. – 31. Dez.; am nordwestl. Stadtrand nahe Trabrennbahn und Limfjord; weitläufiges, ebenes Wiesengelände, ein Platzteil für FKK-Gäste, der andere für Textilgäste, nahe Strandparken Camping; ca. 7 ha – 250 Stpl.; Standardsanitärausstattung; Laden, Imbiss; Miethütten; Jugendherberge nebenan.

Camping Strand Parken [WP 046 / N57° 3' 18.8" E9° 53' 7.9"], Skydebanevej 20, Tel. +45 98 12 76 29; www.strandparken.dk; Ende März – Mitte Sept.; am

V&E nordwestl. Stadtrand nahe Freibad und Limfjord; kleineres, parkähnliches Gelände mit hohem Baumbestand, nahe „Aalborg Camping"; ca. 2,5 ha – 140 Stpl. + Dau.; einfache Standardsanitärausstattung. Laden. Miethütten. **V & E für Wohnmobile.**

Camping Lindholm [N57° 4' 39.3" E9° 53' 6.4"], 9400 Nørresundby, Lufthavnsvej 27, Tel. +45 98 17 26 83, 15. Mai – 31. Aug.; nordwestl. der Stadt beim Flughafen; kleiner Wiesenplatz mit ca. 60 Stpl.; einfache Standardausstattung.

*ROUTENALTERNATIVE: Von Aalborg erreicht man über die Autobahn E39 und über **Hjørring** rasch den 64 km weiter nördlich gelegenen Fährhafen **Hirtshals.***

*Bei ausreichend zur Verfügung stehnender Zeit lohnt ein **Umweg über Frederikshavn.** Man verlässt Aalborg dann auf der E45 in nordöstlicher Richtung und erreicht nach rund 55 km Frederikshavn. Unterwegs kann man den Schlössern **Dronninglund** und **Voergård** einen Besuch abstatten.*

Dronninglund liegt nordöstlich von Aalborg und rund 4 km östlich der E45 (Ausfahrt 16).

Am westlichen Stadtrand von Dronninglund findet man in der Slotsgade 8 **Schloss Dronninglund [N57° 09' 20.1" E10° 15' 43.1"]** (www.dronninglund-slot.dk), ein ehemaliges Nonnenkloster aus dem 13. Jh. und seit 1581 in adligem Besitz. Königin Charlotte Amalie, Gemahlin Königs Christian V., erwarb das Schloss 1690 das seitdem als Dronninglund bekannt ist. Das heute als Tagungszentrum und Hotel genutzte Schloss erhielt sein jetziges Aussehen beim Umbau im Jahr 1786. Schlosspark und Schlosskirche (sehenswerte Fresken, Gestühl und Empore ca. 16. Jh.) sind Besuchern zugänglich.

Voergård [N57° 14' 31.1" E10° 20' 19.6"] *(geöffnet Mitte Juni - Ende Aug. tgl. 11 - 16 Uhr; Sept. - Ende Okt. Sa + So 11 - 16 Uhr; Ende Apr. - Mitte Juni Sa + So 10 - 16 Uhr; www.voergaardslot.dk)* wird zu den prächtigsten Renaissanceschlössern Jütlands gezählt. Erbaut wurde der herrschaftliche Sitz um 1510 vom Bischof von Børglund. Später – ein aufgebrachter Schiffseigner hatte Feuer gelegt – brannte das Schloss nieder und wurde 1590 von der berüchtigten Ingeborg Skeel wieder aufgebaut.

Allerdings führte die böse Ingeborg nichts Gutes im Schilde. Wie es heißt, stieß sie den Baumeister in den Schlossgraben

PRAKTISCHE HINWEISE — FREDERIKSHAVN

Frederikshavn Turistbureau [N57° 26' 11.0" E10° 32' 11.5"], Skandiatorv 1, 9900 Frederikshavn, Tel. +45 98 42 32 66; www.visitfrederikshavn.dk. *Geöffnet Jan. - Ende Juni Mitte Aug. - Dez. Sa 10 - 13 Uhr, Ende Juni - Mitte Aug. Mo - Sa 9 - 16 Uhr, So 10 - 14 Uhr.*

HOTELS

Jutlandia ****, 99 Zi., Havnepladsen 1, Tel. +45 98 42 42 00; www.hotel-jutlandia.dk; Restaurant, Bar, Fitnesscenter, Fahrradverleih, WLAN, Garage.

Hotel Frederikshavn Sømandshjem ***, 53 Zi., Tordenskjoldsgade 15B, Tel. +45 98 42 09 77; www.hotelfrederikshavn.dk/en/; Restaurant, Fahrradverleih, WLAN. Garage.

CAMPING

Camping Nordstrand Frederikshavn [WP 047 / N57° 27' 50.8" E10° 31' 38.1"], Apholmenvej 40, Tel. +45 98 42 93 50; www.nordstrand-camping.dk; Mitte März – Ende Sept.; im nördl. Stadtbereich, beschildert; ausgedehnte, gepflegte Anlage, eben, durch Hecken unterteilt; ca. 10 ha – 300 Stpl. + zahlr. Dau.; gute Standardsanitärausstattung; Laden, Imbiss, Schwimmbad, Internetecke, WLAN. Miethütten; Strand und Sporthafen ca. 200 m entfernt. **V & E für Wohnmobile.**

– natürlich erst nach Beendigung der Bauarbeiten – um sich so der Begleichung der beachtlichen Rechnungen zu entledigen.

1604 starb Ingeborg Skeel und wurde auf dem Friedhof von Voer begraben. Aber die ruchlose Tat lässt ihre Seele nicht zur Ruhe kommen. In jeder Neujahrsnacht erscheint Ingeborg Skeel und jedesmal ein Stück näher bei Schloss Voergård. Und es heißt, wenn sie eines Tages durch die Schlossfenster schauen kann, wird Voergård im Burggraben versinken.

Zur wertvollen Inneneinrichtung von Schloss Voergård gehört Inventar im Stile der Zeit Ludwigs XV. und Ludwigs XVI., dann ein Tafelservice Napoleons I., schließlich Teile des Services, das von Ludwig XVI. und Marie Antoinette vor deren Hinrichtung benutzt worden sein soll. Wertvolle Gemälde u. a. von Goya, el Greco, Rubens.

Frederikshavn hieß bis ins 19. Jahrhundert gar nicht Frederikshavn, sondern *Fladestrand*. Erst 1818 erhielt es zu Ehren König Frederiks IV. seinen heutigen Namen.

Die Namensänderung hatte wohl auch handfeste wirtschaftliche Hintergründe. Denn mit der Namensänderung wurden Frederikshavn Stadt- und Handelsrechte verliehen. Seitdem entwickelte sich der Ort – sicher mit wohlwollender Unterstützung der Krone – zu einem der wichtigsten dänischen Handels- und Fischereihäfen. Zudem wurde Frederikshavn eine Drehscheibe im Fährverkehr mit den skandinavischen Nachbarn.

Regelmäßige **Autofähren** verbinden Frederikshavn mit Oslo in Norwegen und mit Göteborg in Schweden. Außerdem bestehen Verbindungen zur Insel Læsø.

Der älteste Teil der Stadt liegt nur wenig nördlich des Fischereihafens. In dem alten Viertel, das die Frederikshavner **„Fiskerklyngen"** nennen, findet man noch einige niedere, getünchte Fachwerkhäuser mit roten Ziegeldächern an kopfsteingepflasterten Straßen und manchen romantischen Winkel. Die meisten Gebäude stammen aus der Zeit um 1800.

Am Meer sind Reste der alten Schanzanlagen **Nordre Skanse** zu sehen, die im frühen 17. Jh. angelegt worden sind.

Ein anderes Relikt aus der Zeit der frühen Festungsanlage ist der mächtige, runde, weiße Pulverturm **Krudttårnet [N57° 26' 23.38" E10° 32' 26.52"]** am Platz vor dem Fährhafen *(geöffnet Juli - Mitte Aug. tgl. 11 - 15 Uhr)*. Man kann es sich kaum vorstellen, aber der ganze 4.500 Tonnen schwere Turm wurde vor Jahren mit Hydraulik-Hebern und Gleitschienen an seinen jetzigen Platz versetzt, als sein alter Standort für Hafenerweiterungen benötigt wurde. Heute ist im Pulverturm ein **Museum** eingerichtet, das alte Waffen und Kriegsgerät ausstellt.

Gegenüber, zur Stadtseite hin, ragt die 1892 erbaute **Stadtkirche** auf. Das Altarbild wurde von Michael Anker gemalt, der sich den Dichter Holger Drachmann als Modell für einen dargestellten Jünger nahm. Aus nicht mehr bekannten Gründen wurden aber vom Kirchenrat kritische Stimmen gegen das Modell laut und der Maler Anker sah sich gezwungen, die Gesichtszüge der Apostelfigur zu ändern. Anker änderte aber angeblich nicht den Schatten des Kopfes, so dass die Züge Drachmanns erkennbar blieben.

Südlich der Stadt liegt das **Bangsbo Hovedgård Museum [N57° 25' 14.2" E10° 30' 03.4"]** *(geöffnet Juni – Aug. Mo – Fr 10 – 16 Uhr, Sa + So 11 – 16 Uhr; Feb., Nov., Dez. Mo - Fr 11 - 15 Uhr; März - Mai + Sept. + Okt. Mo - Fr 10 - 16 Uhr; http://kystmuseet.dk/bangsbo-frederikshavn/bangsbo-hovedgaard/)*, Dr. Margrethesvej 1, Frederikshavns wichtigstes Museum, untergebracht in einem idyllisch in einem Park gelegenen alten Gutshof, dessen Anfänge bis ins 14. Jh. zurückreichen. Die heutigen Gebäude stammen aus dem frühen 18. Jh.

In alten Tagen gehörte das Anwesen zum Kloster Børglum, später war es im Besitz von Ingeborg Skeel (siehe auch unter Schloss Voergård). Steinzeitliche Sammlung, umfangreiche Schifffahrtsabteilung mit großer Gallionsfigurensammlung, mittelalterliches Schiff nach Wikingerbauart,

Exponate aus dem landwirtschaftlichen Milieu, eine Wagensammlung mit Fahrzeugen aus der Mitte des 17. Jh. bis in unsere Zeit, sowie Freiheits- und Widerstandsausstellung aus der Zeit des 2. Weltkrieges.

Der **Tierpark** grenzt an das Gelände von Bangsbo Museum.

Schließlich kann man das südlich oberhalb der Stadt gelegene **Bunkermuseet [N57° 24' 31.38" E10° 30' 58.98"]** besichtigen *(geöffnet Juni - Aug. Mo - Fr 10 - 16 Uhr; Apr., Mai, Sept. + Okt. Mo - Fr 10 - 16 Uhr; www.kystmuseet.dk/bangsbo-fort/)*. Das Bunkermuseum am Understedvej 21 im Bangsbo Fort gibt Einblick in die „Verteidigungstechnik des Zweiten Weltkriegs", wie es heißt.

Ausflüge zu vorgelagerten Inseln

Bei ausreichend zur Verfügung stehender Zeit und bei schönem Wetter lohnen sich **Bootsausflüge zu den Inseln Hirsholmene** und **Læsø**.

Die **Insel Hirsholmene** ist ein winziges Eiland mit gerade 10 Einwohnern. Kleine Kirche. Ein Kutter fährt ab Frederikshavn um 8.30 Uhr und 11 Uhr und um 12.15 und um 15 Uhr. Fahrtdauer 45 Minuten. Aktuelle Abfahrtszeiten im Touristenbüro erfragen!

Insel Læsø, über 100 qkm große Insel im Kattegatt. Im Norden hohe Dünen. Hauptort ist **Byrum.**

Autofähren ab Frederikshavn nach **Vesterø Havn/Læsø** verkehren täglich bis 3 mal, Juli - Aug. täglich bis 4 mal, Fahrzeit ca. 1 1/2 Stunden. Reservierung fürs Auto ratsam; www.laesoe-line.dk. Inklusiv-Pakete für Überfahrt und Inselaufenthalt werden angeboten. Infos im Touristen Informationsbüro.

Von den früheren Bewohnern der Insel Læsø wird erzählt, sie hätten ihren Lebensunterhalt mehr oder minder unverhohlen durch Strandraub bestritten. Die Fahrrinne zwischen Festland und Insel durch die „Læsø Rende" war um 1700 angeblich kaum 20 m breit und bei schlechtem Wetter für die Schifffahrt eine Gefahrenquelle erster Güte. Hunderte von Seglern sollen hier auf Grund gelaufen sein. Und bei einem Bergungslohn von einem Drittel des Schiffswertes kann man vermuten, dass die Leute auf Læsø nicht schlecht vom Meer lebten.

HAUPTROUTE

Hirtshals ist wichtiger Fischerei- und Fährhafen. Es verkehren regelmäßig Autofähren nach Bergen, Kristiansand, Langesund, Larvik, Oslo und Stavanger in Norwegen.

Am südlichen Stadtrand von Hirtshals im Willemoesvej 2 liegt das **Nordsø Oceanarium [Parkplatz, WP 048 / N57° 35' 13.00" E9° 58' 46.09"]** *(geöffnet Ende Juni - Ende Aug. tgl. 9 - 18 Uhr; Ende Apr. - Ende Juni + Ende Aug. - Ende Okt. tgl. 10 - 17 Uhr; März + Nov. tgl. 10 - 16 Uhr; www.nordsoenoceanarium.dk)*. Das Fischerei- und Meeresforschungszentrum bietet Besuchern eines der größten Seewasseraquarien Europas. Das Museum gibt nicht nur Auskunft über die Hochseefischerei, sondern zeigt neben Haien, Robben und Seehunden bis zu 70 Arten von Meereslebewesen in Freiluftbecken und Aquarien.

Das **Hirtshals Museum [N57° 35' 22.6" E9° 57' 34.3"]** liegt in der Sophus Thomsensgade 6 *(geöffnet Mai - Juni Di – Do 11 – 16 Uhr, Fr 11 – 14 Uhr; Juli Mo – Fr 10 – 16 Uhr, Sa 10 – 14 Uhr; Aug. - Okt. Di - Do 11 - 16 Uhr, Fr 11 - 14 Uhr; Okt. - Apr. Di - Do 11 - 16 Uhr; www.vhm.dk)*. Es ist einem alten, typischen, 1880 aus Feldsteinen errichteten Fischerhaus untergebracht. Das Museum befasst sich in erster Linie mit der Arbeits- und Lebensweise früherer Fischergenerationen.

Unweit des Campingplatzes am Westrand des Städtchens sieht man den markanten, 57 m hohen **Leuchtturm [Parkplatz, WP 049 / N57° 35' 4.37" E9° 56' 33.92"]** aufragen. Von den Dünen dort hat man einen wunderbaren Blick auf den endlos langen, breiten Strand und aufs Meer.

Hier, wie an vielen Stellen der jütländischen Küste, stehen noch etliche Bunker und ehemalige Geschützstellungen aus dem 2. Weltkrieg in den Dünen. Eine davon, die sog. **10. Batterie (Bunkermuseum)**, liegt zwischen dem Leuchtturm und dem Apartementhotels

Fyrklit. Man kann durch die Gräben spazieren, die die einzelnen Bunker verbinden.

Südwestlich an der **Jammerbucht** bei Lønstrup, Løkken und bis Slettestrand, sowie östlich von Hirtshals an der **Tannis Bucht** bis Gammel-Skagen erstrecken sich etwa 35 km weit unabsehbare Sand- und Dünengürtel mit wunderbaren, breiten **Sandstränden**.

PRAKTISCHE HINWEISE — HIRTSHALS

Hirtshals Turistbureau [N57° 35' 20.08" E9° 57' 39.23"], Jyllandsgade 10, 9850 Hirtshals, Tel. +45 98 94 22 20; www.visithirtshals.dk. *Geöffnet Jan. - Juni Mo - Fr 9 - 16 Uhr, Sa 9 - 13 Uhr, Juli + Aug. Mo - Fr 9 - 16 Uhr, Sa 9 - 18 Uhr, Sept. - Dez. Sa 9 - 13 Uhr.*

HOTEL

Seafront Hirtshals ****, 38 Zi., Havnegade 2, Tel. +45 98 94 20 77; www.seafronthotel.dk; Restaurant, WLAN, Parkplatz.
Montra Skaga Hotel ****, 108 Zi., Willemoesvej 1, Tel. +45 98 94 55 00; www.skagahotel.dk; Restaurant, Sauna, Schwimmbad, Fahrradverleih, WLAN. Öffentlicher Parkplatz.

CAMPING

Camping Tornby Strand [WP 050 / N57° 33' 17.8" E9° 55' 57.9"], Strandvejen 13, Tel. +45 98 97 78 77; www.tornbystrandcamping.dk; Jan. – Dez.; ca. 3 km südl. Hirtshals; ausgedehntes Wiesenareal mit Hecken als Windschutz; ca. 8 ha –250 Stpl. + zahlr. Dau.; gute Standardsanitärausstattung; Laden, Imbiss Restaurant im Sommer, Schwimmbad, WLAN, Internetecke. Miethütten; zum Meer ca. 900 m. **V & E für Wohnmobile. QuickStop.**
Camping Hirtshals [WP 051 / N57° 35' 11.1" E9° 56' 46.8"], Kystvejen 6, Tel. +45 98 94 25 35; www.hirtshals-camping.dk; Mitte März – Ende Okt.; am westl. Ortsrand unterhalb des markanten Leuchtturms; teils eben, teils auf Terrassen; ca. 3 ha – 150 Stpl.; Standardsanitärausstattung; Kiosk, Internetecke. Miethütten; zum Meer mit Steilufer und Dünen ca. 200 m. **V & E für Wohnmobile.**
Camping Kjul Strand [WP 052 / N57° 34' 58.36" E10° 1' 53.57"], Kjulvej 12, Tel. +45 98 94 91 03; www.kjulcamping.dk/de/; Mitte Apr. – Ende Sept.; ca. 5 km östl. Hirtshals von der Straße 597 Richtung Aalbæk nordwärts/meerwärts abzweigen; zum Meer hin geneigte Wiesen, durch Baumreihen windgeschützt; ca. 9 ha – 250 Stpl.; Standardsanitärausstattung; Laden, zum Sandstrand ca. 500 m.

Hirtshals Strand

ÜBER DÄNEMARK UND SÜDWESTSCHWEDEN NACH NORWEGEN

3 TOUREN – CA. 6 TAGE

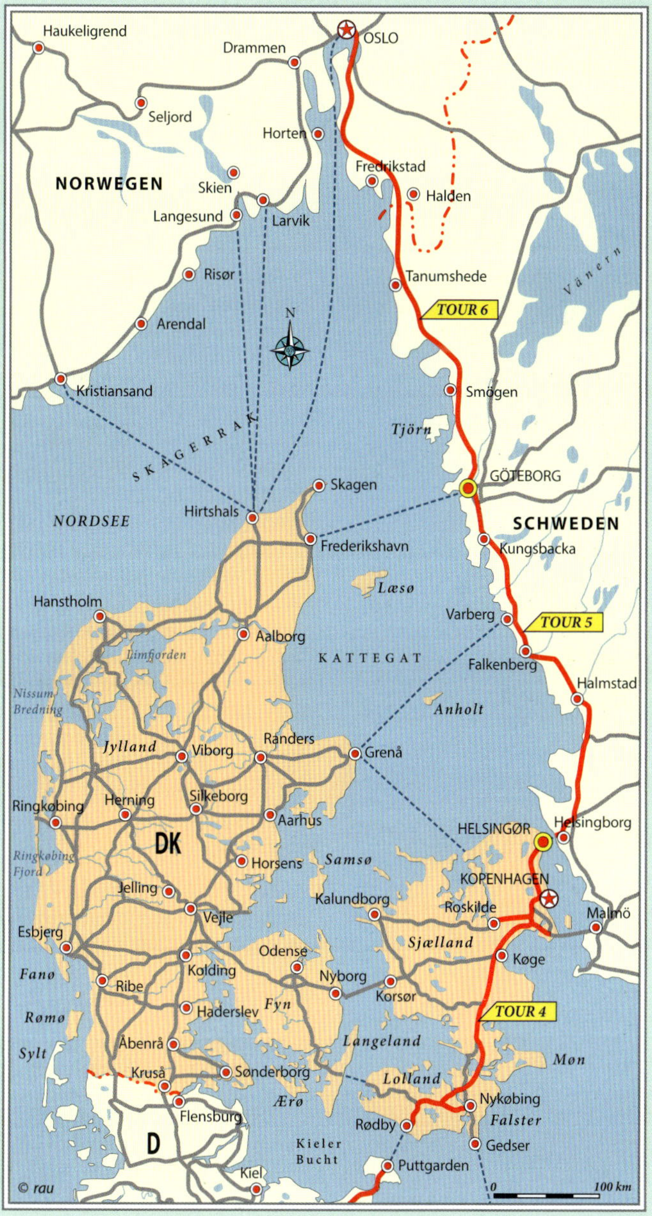

TOUR 4: PUTTGARDEN – KOPENHAGEN – HELSINGØR

Länge der Tour: Rund km 240 km, + Abstecher nach Møns Klint ca. 80 km .

Die Route: **Fähre Puttgarden – Rødbyhavn** – E47/Straßen 297/283 bis **Nysted** – 297 bis **Nykøbing** – E55/E47 bis **Farø** – evtl. Abstecher nach **Møns Klint** Straße 287 – E55/E47 bis **Køge** – E55 + Straße 6 bis **Roskilde** – Straße 21 bis **Kopenhagen** – Straßen 16 + 6 über **Hillerød** und **Frederiksborg** bis **Helsingør**.

Reisedauer: Mindestens drei Tage.

Abstecher: Zu den Kreideklippen **Møns Klint**.

Höhepunkte: Die Kreidefelsen **Moens Klint** ** – **Kopenhagen** *** – **Roskilde Dom** *** und **Wikingerschiffshallen** * – **Schloss Frederiksborg** *** – **Schloss Fredensborg** * – **Schloss Kronborg**** in Helsingør.

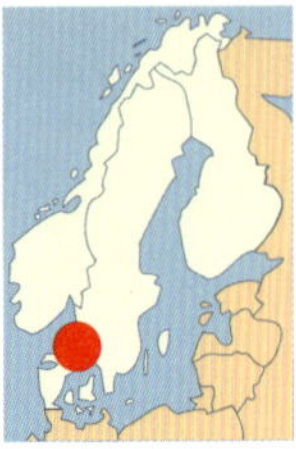

Fähren zwischen Puttgarden und Rødbyhavn auf der dänische Insel Lolland verkehren rund um die Uhr im Stundenintervall, im Sommer alle 30 Minuten. Fahrtdauer 45 Minuten. Es gibt Kombitickets für die Strecken Puttgarden – Rødby und Helsingør – Helsingborg, die etwas preisgünstiger sind als Einzelfahrscheine.

Wer seinen Reiseplan knapp kalkuliert hat, erreicht den Fährhafen Helsingør realtiv rasch und bequem direkt über die Autobahn E55/E47 – 200 km.

Wer etwas Zeit mitbringt, dem seien aber zumindest ein Stop in Kopenhagen und die Besichtigung von Schloss Frederiksborg und von Schloss Kronborg empfohlen.

*ROUTE: Vom Fährhafen Rødbyhavn auf der Autobahn E47 zunächst eine kurzes Stück nordwärts bis zur Ausfahrt 49 und dort ostwärts auf die Straße 297 (später 283) ins rund 25 km entfernte **Nysted**.*

Nysted/Lolland ist die südlichste Gemeinde mit Stadtrechten in Dänemark.

*ROUTE: Von Nysted zurück zur 297 und weiter nach **Nykøbing**, ca. 20 km.*

Nykøbing/Falster liegt am Guldborg Sund an der Westküste der Insel Falster.

PRAKTISCHE HINWEISE — RØDBY, NYSTED/LOLLAND

Nysted Turistbureau [N54° 39' 48.40" E11° 44' 2.40"], Søndergade 11, 4880 Nysted, Tel. +45 53 87 19 85; www.nysted.dk.

HOTELS

The Cottage ***, 21 Zi., Skansevej 19, Tel. +45 54 87 18 87; www.cottage.dk; Restaurant, Fahrradverleih, WLAN. Parkplatz.

CAMPING

Kramnitze bei Rødby

Camping Western Camp [N54° 42' 34.80" E11° 15' 25.53"], Noret 2, Tel. +45 54 94 61 00; www.westerncamp.dk; Mitte Apr. – Anf. Aug.; von der E47 Rødbyhavn-Rødby westwärts Richtung Kramnitze abzweigen, beschildert; ebenes Wiesengelände, durch Hecken aufgeteilt; ca. 6 ha – 90 Stpl.; Standardsanitärausstattung. Kiosk, Restaurant, Ponyreiten, WLAN. Miethütten. **V & E für Wohnmobile**. Saloon, Westernshows, Präriehütten.

Nysted/Lolland

Camping Nysted Strand [WP 053 / N54° 39' 15.3" E11° 43' 52.8"], Skansevej 38, Tel. +45 54 87 09 17; www.nystedcamping.dk; Apr. – Ende Okt.; südl. der Stadt an der Bucht; Platz der Gemeinde mit Strand, durch Waldstücke windgeschützt; ca. 2 ha – 120 Stpl. + Dau.; Standardsanitärausstattung; Laden, Restaurant, Fahrradverleih, Ponyreiten, Ausritte, WLAN, Internet. Miethütten. **V & E für Wohnmobile**.

Besichtigen kann man im Nachbarort Sundby L. das **Middelaldercentret [Parkplatz, WP 054 / N54° 46' 27.75" E11° 50' 29.53"]**, Ved Hamborgskoven 2 *(geöffnet Apr. - Juni + Mitte Anf. - Sept. tgl. 10 - 16 Uhr, Juli - Mitte Aug. tgl. 10 - 17 Uhr, im Mai und Sept. Mo geschlossen; www.middelaldercentret.dk)*, Ved Hamborgskoven 2. In diesem Freilichtmuseum werden Lebensweise und Technik des Mittelalters anschaulich gezeigt und von mittelalterlich gewandeten Interpreten demonstriert.

Abstecher nach Marielyst

Diese Gegend von Falster ist für seine **kilometerlangen Strände** bekannt.

Nordöstlich von Marielyst liegt bei **Væggerløse** das **Automobilmuseum Marielyst SportsCars [N54° 42' 13.43" E11° 56' 39.62"]**, Stovby Trærvej 11, mit alten Sportwagen und anderen Oldtimern *(geöffnet tgl. 10 - 17 Uhr)*.

*ROUTE: Von Nykøbing über die E55 bis **Eskilstrup** und weiter auf der E47/E55 nordwärts über **Køge** nach **Kopenhagen.***

PRAKTISCHE HINWEISE - NYKØBING/FALSTER

Nykøbing Falster Turistbureau [N54° 46' 4.1" E11° 52' 0.6"], Færgestræde 1A, 4800 Nykøbing F, Tel. +45 54 85 13 03; www.visitlolland-falster.dk. *Geöffnet Jan. - Ende Juni Di - Fr 10 - 16 Uhr, Sa 10 - 14 Uhr, Ende Juni - Aug. Mo - Fr 9.30 - 16 Uhr, Sept. - Dez. Di - Fr 10 - 16 Uhr.*

HOTEL

Hotel Falster *,** 70 Zi., Skovelléen, Tel. +45 54 85 93 93; www.hotel-falster.dk; Restaurant, Sauna, Fitnesscenter, WLAN, Parkplatz.

CAMPING

Camping Falster City [WP 055 / N54° 45' 43.9" E11° 53' 41.2"], Østre Allé 112, Tel. +45 54 85 45 45; www.fc-camp.dk; 1. Apr. – 31. Okt.; Gemeindeplatz am südöstl. Stadtrand; ca. 4 ha – 140 Stpl. + zahlr. Dau; Standardsanitärausstattung. Kiosk, Fahrradverleih, WLAN, Internetecke. Miethütten. **V & E für Wohnmobile.**

CAMPING

Camping FDM Østersøparken [WP 056 / N54° 39′ 21.18″ E11° 57′ 23.88″], Bøtøvej 243, Tel. +45 54 13 67 86; Mitte März – Ende Okt.; ca. 6 km südöstl. von Væggerløse in **Bøtø** südwärts; durch Hecken aufgeteilte Wiesenfelder mit Bäumen, bis zum Sandstrand reichend; ca. 4 ha – 100 Stpl. + Dau.; gute Standardsanitärausstattung; Kiosk, WLAN. Miethütten. **V & E für Wohnmobile**.

Sildestrup

Camping Marielyst Ny [WP 057 / N54° 42′ 45.1″ E11° 58′ 49.4″], Sillestrup Øvej 14 A, Tel. +45 54 13 02 43; www.marielystnycamping.dk; Ende März – Ende Sept.; bei Sildestrup gelegen; ebenes Wiesengelände mit Büschen und Bäumen gegliedert, zum Strand 500 m; ca. 6 ha – 160 Stpl. + Dau.; Standardsanitärausstattung, Laden, Fahrradverleih, WLAN auf Teilen des Platzes, Internetecke. Miethütten. **V & E für Wohnmobile**. **QuickStop.**

Ulslev

Camping Ulslev Strand [WP 058 / N54° 44′ 26″ E12° 1′ 41″], Strandvejen 3, Tel. +45 54 14 83 50; www.ulslevstrandcamping.dk; Mitte März – Ende Sept.; ebene Wiesen mit Bäumen und Hecken zwischen Zufahrtsstraße und Strand gelegen; 8 ha – 200 Stpl. + Dau.; Komfortsanitärausstattung; Laden, Restaurant, Imbiss, Fahrradverleih, WLAN, Internetecke. Miethütten. **V & E für Wohnmobile**.

Abstecher zu den Klippen Møns Klint

*ROUTEN: In **Farø** von der E47/E55 (Ausfahrt 42) ostwärts auf die Straße 287 und weiter über **Stege** und **Magleby** bis zu den **Klippen Møns Klint**.*

Unterwegs kann man in **Stege** das **Møns Museum Empiregården [N54° 59′ 13.0″ E12° 17′ 20.1″]** in der Storegade 75 besichtigen.

Und in **Keldby** ist die **Kirche [WP 059 / N54° 59′ 28.7″ E12° 20′ 40.5″]** sehenswert *(geöffnet Apr. – Ende Sept. tgl. 8 – 16.45 Uhr; www.keldbyelmelundekirke.dk)*. Neben den schönen Fresken – die ältesten im Chor stammen von 1275 – und den phantasiereichen Bibeldarstellungen im Kirchenschiff aus 1325, sind zahlreiche Gemälde des „Elmelunde-Meisters“ von 1480.

Elmelundes markante mittelalterliche **Dorfkirche [N54° 59′ 41.9″ E12° 23′ 59.9″]** gilt als die älteste Kirche auf der Insel Møn. Bemerkenswerte Fresken aus dem Jahr 1480 bedecken auch hier den Chor und das Kirchenschiff. Belustigende Motive wie z. B. Adam hinter einen Karrenpflug in einer Ernteszene wurden vom schon erwähnten „Elmelunde-Meister“ geschaffen.

Östlich von Magleby endet die Straße am großen, in einem ausgedehnten Waldgebiet gelegenen **Parkplatz „Store Klint“ [WP 060 / N54° 57′ 58.6″ E12° 32′ 50.8″]** (gebührenpflichtig) mit Cafeteria, Hotel, Toiletten und neuem Informationszentrum Møns Klint; www.moensklint.dk.

Die weißen **Kreideklippen von Møn** zählen zu den großen Natursehenswürdigkeiten in Dänemark. An der Cafeteria beginnen **markierte Spazierwege** zu den berühmten Klippen **Møns Klint**. Auf einer Länge von 8 km fällt hier das Steilufer aus Kreidefelsen ca. 130 m senkrecht ins Meer.

Einer der nächstgelegenen Aussichtspunkte über dem Steilufer ist der 128 m hohe **Dronningstolen**, der über Treppen und Waldwege in ca. 10 Minuten zu erreichen ist. Guter Ausblick auch beim Punkt **„Forchhammers Pynt“.**

Nicht allzu weit nördlich der Klippen, über Magleby und Sømarke zu erreichen, findet man das **Schlösschen Liselund [Parkplatz, WP 061 / N54° 59′ 58.5″ E12° 31′ 20.2″]**. Es wurde 1795 als Lustschloss erbaut und liegt in einem **romantischen Waldpark** mit drei lauschigen Pavillons. Das Schlösschen ist auf Führungen wieder zu besichtigen von Mai bis September mittwochs bis sonntags um 10.30, 11, 13.30 und 14 Uhr. Der Park ist das ganze Jahr kostenlos geöffnet; www.natmus.dk/museums/liselund/.

Die Kreidefelsen Møns Klint

PRAKTISCHE HINWEISE — STEGE UND INSEL MØN

Møns Turistbureau [N54° 58' 57.4" E12° 16' 58.8], Storegade 2, 4780 Stege, Tel. +45 55 86 04 00; www.visitmoen.dk.

HOTEL

Præstekilde Kro & Hotel ***, 46 Zi., Klintevej 116, Keldby, Tel. +45 55 86 87 88; www.praestekilde.dk; ca. 4 km außerhalb, Restaurant, Terrasse, WLAN, Parkplatz.

CAMPING

Stege

Camping Mønbroen [WP 062 / N54° 59'3.17" E12° 10' 19.79"], Klostervej 86, Tel. +45 55 81 18 08; www.moenbroen.dk; 1. Apr. – 15. Sept.; an der Straße 59 (Karlehave – Stege) am Südende der Sundbrücke an der Stege Bucht; ca. 3 ha – 120 Stpl.; einfache Standardsanitärausstattung. **V & E für Wohnmobile.**

Camping Møn Strandcamping [N55° 2' 16.63" E12° 16' 54.72], Ulvshalevej 236, Tel. +45 55 81 53 25; www.ulvscamp.dk; Anf. Apr. – Ende Sept.; ca. 6 km nördlich von Stege; naturbelassenes unebenes Gelände, vom Strand durch Dünengürtel getrennt; 2,5 ha – 50 Stpl. + zahlr. Dau.; einfache Standardsanitärausstattung. Laden, Fahrradverleih. WLAN auf Teilen des Platzes. **V & E für Wohnmobile.**

Keldby

Camping Keldby Møn [WP 063 / N54° 59' 29.3" E12° 21' 24.5"], Pollerupvej 3, Tel. +45 41 16 93 03; www.keldbycampingmoen.dk; März – Okt.; östlich Stege bei **Keldby**; von hohen Hecken eingefriedetes Wiesengelände; ca. 2,5 ha – 100 Stpl. + Dau.; Standardsanitärausstattung; Laden, Imbiss, Schwimmbad, Fahrradverleih; Miethütten. **V & E für Wohnmobile.**

Borre

Camping Møns Klint [WP 064 / N54° 58' 47.3" E12° 31' 25."], Klintevej 544, Tel. +45 55 81 20 25; www.campingmoensklint.dk; Ende Apr. – 31. Okt.; ca. 2 km östlich von Magleby an der Straße 287, an der Ostseite der Insel; naturbelassenes, hügeliges Gelände, teils Lichtungen im Wald, teils auch terrassierte Wiesen; ca. 12 ha – 300 Stpl. + Dau.; gute Standardsanitärausstattung; Laden, Imbiss, Restaurant, Schwimmbad, Fahrradverleih, Tennis, Ponyreiten, Bootsverleih, WLAN, Internetecke. **V & E für Wohnmobile.**

*ROUTE: Von den Møns Klint zurück bis **Stege** und weiter über **Kalvehave** und die Straße 59 zur E47/E55. Vor der Weiterfahrt nach Norden bietet sich bei ausreichend zur Verfügung stehender Zeit ein Abstecher nach **Vordingborg** an.*

Vordingborg, am Südende der Insel Seeland, hat in seinem Zentrum noch einige Reste (Fundamente, Wehrmauer und Turm) der alten **Burg** von Valdemar dem Großen aus dem 12. Jh. erhalten. Historischer Burggarten mit Arzneikräutern, Gewürz- und Zierpflanzen.

HAUPTROUTE

*ROUTE: Auf der E47/E55 nordwärts und über **Ulse** nach **Køge**.*

Etwa 2 km westlich von **Ulse** und der E47/E55 (Ausfahrt 36) liegt das **Renaissanceschloss Gisselfeld** (16. Jh.) **[N55° 17′ 30.2″ E11° 58′ 12.3″]**. Nur der Park ist zugänglich *(geöffnet Mai Do - So 10 - 17 Uhr; Juni - Aug. Mi - So 10 - 17 Uhr; Apr. - Sa + So 11 - 17 Uhr, letzter Einlass eine Stunde vor Schließung; www.gisselfeld-kloster.dk)*. Der Park ist 44 ha groß und einer der schönsten Schlossparks in ganz Dänemark, mit Seen, Brunnen, Grotten, Wasserfall, herrlichem altem Baumbestand und Gewächshaus.

Wer gerne durch Schlossparks spaziert, kann weiter nördlich einen Umweg ostwärts über **Herfølge** zum **Schloss Vallø [N55° 24′ 04.1″ E12° 12′ 41.1″]** machen. Das Schloss liegt ca. 10 km südlich von Køge. Es stammt aus dem 16. Jh., wurde 1737 von Königin Sophie Magdalena, der Gemahlin Christian VI., in ein „Königliches Stift für fürstliche und adelige Fräulein" (man könnte auch sagen, in ein Altersheim für „ausgediente" Hofdamen) verwandelt und nach einem Brand im Jahre 1893 etwas verändert in der heutigen Form wieder aufgebaut. Zutritt zum Schlosshof und Park. Vallø Slotskro.

Køge hat eine interessante gotische Kirche aus dem 13. Jh., die **Sct. Nicolai Kirche [N55° 27′ 30.22″ E12° 10′ 56.76″]** in der Kirkestræde 26 *(geöffnet Mo - Fr 10 - 16 Uhr, So 12 - 16 Uhr; www.sogn.dk/koege)*. Sie ist dem Heiligen Nikolaus von Myra geweiht. Auffallend ist der mächtige Turm mit Treppengiebel, der früher auch als Wehr- und Leuchtturm diente. Im Inneren Fresken aus dem 14. Jh., eine geschnitzte Kanzel im Stil der Spätrenaissance, spätgotisches und Renaissancegestühl, sowie ein Altaraufsatz von 1652 mit Schnitzwerk von Lorentz Jörgensen.

Für Interessierte lohnt sicher auch ein Besuch im **Kunstmuseum von Køge [N55° 27′ 31.80″ E12° 11′ 0.46″]**, Nørregade 29 *(geöffnet Di – So 11 – 17 Uhr, Do 11 - 21 Uhr; www.koes.dk/en)*. Es liegt gleich neben der Nicolai Kirche und präsentiert eine bemerkenswerte Skizzensammlung anhand derer man die Entstehung eines Kunstwerks von der Idee bis zur Verwirklichung nachvollziehen kann. Außerdem sieht man Skulpturen, Modelle u. ä.

Schöne **alte Fachwerkhäuser** findet man in der Vestergade, z. B. Haus Nr. 6 oder Haus Nr. 7. Haus Nr. 16 dort ist der **Richters Gaard**, ein prächtiger Fachwerkbau aus dem Jahre 1644, der heute ein gemütliches Restaurant im Stil eines urigen Landgasthauses beherbergt.

Das **Stadtmuseum [N55° 27′ 24.9″ E12° 10′ 58.8″]** von Køge ist in der Nørregade 4 im alten „Spinnhof" untergebracht *(geöffnet Juli - Aug. tgl. 10 - 17 Uhr; Sept. - Juni Di - Fr 11 - 16 Uhr, Sa 12 - 16 Uhr, So 11 - 16 Uhr; www.koegemuseum.dk)*. Stolz ist man im Museum vor allem auf

CAMPING VORDINGBORG

Camping Øre Strand [WP 065 / N55° 0′ 24.19″ E11° 52′ 29.93″], Ørevej 145, Tel. +45 55 77 88 22; www.orestrandcamping.dk; 1. Jan. – 31. Dez.; Zufahrt von der Straße 22 beschildert, westl. der Stadt am Sund mit schmalem Strand; fast ebene Wiesen, durch Hecken in mehrere lange Felder unterteilt; ca. 3 ha – 100 Stpl. + Dau.; Standardsanitärausstattung, Laden, Imbiss, Restaurant (Saison), WLAN. Miethütten. **V & E für Wohnmobile**.

PRAKTISCHE HINWEISE — KØGE

Køge Turistbureau [N55° 27′ 23.79″ E12° 10′ 48.68″], Vestergade 1, 4600 Køge, Tel. +45 56 67 60 01; www.visitkoege.com. *Geöffnet Juli + Aug. Mo - Fr 9.30 - 18 Uhr, Sa 10 - 15 Uhr, sonst Mo - Fr 9.30 - 17 Uhr, Sa 10 - 13 Uhr.*

HOTEL

Niels Juel **,** 51 Zi., Toldbodvej 20, Tel. +45 56 63 18 00; www.hotelniels-juel.dk; am alten Hafen von Køge, Restaurant, Sauna, Terrasse, Fahrradverleih, WLAN, Parkplatz. Keine Haustiere erlaubt.

CAMPING

Camping Køge & Vallø Stift [WP 066 / N55° 26′ 45.1″ E12° 11′ 31.9″], Strandvejen 102, Tel. +45 53 65 28 51; www.valloecamping.dk; Mitte März – Anf. Okt.; südlich der Stadt an der Küstenstraße 261; ausgedehntes Gelände mit hochstämmigen Föhren; ca. 12 ha – 230 Stpl. + 200 Dau.; Standardsanitärausstattung; Laden, WLAN. Miethütten. **V & E für Wohnmobile.**

den sog. „Silberschatz". Er ist 9 kg schwer und besteht aus 322 Münzen aus ganz Europa. Die älteste Münze ist ein „Pfälzer Taler", der 1548 geprägt wurde.

Die Gewässer vor Køge waren im 17. Jh. Schauplatz großer und für den Erhalt der dänischen Autonomie bedeutsamer Seeschlachten. In der Ostsee wurden damals gewaltige Seeschlachten geführt. Meist trafen schwedische und dänische Flottenverbände aufeinander, die sich um die Kontrolle des Nadelöhrs und strategisch immens wichtigen Øresund, das „Tor zur Ostsee", schlugen. In diesen Gefechten erwarben die Seehelden Admiral Niels Juel, der mehrere schwedische Schlachtschiffe versenkte und der aus Norwegen stammende Ivar Huitfeldt legendären Ruhm.

*ROUTE: Von Køge auf der Küstenstraße 151 oder auf der Autobahn E47/E55 nordwärts bis kurz vor **Solrød Strand** (Ausfahrt 31). Hier auf die Straße 6 und nordwestwärts nach **Roskilde** (15 km).*

Roskilde, die historische Domstadt, liegt am Südende des Roskilde Fjords.

Der Sage nach soll Roskilde um das Jahr 600 von einem Wikingerkönig namens *Roar* gegründet worden sein. Bewiesen wurde das bis heute allerdings nicht. Sicher hingegen ist, dass Harald Blauzahn als erster getaufter König Dänemarks an der Stelle des heutigen Doms im Jahre 960 eine Holzkirche errichten ließ. Damals war Roskilde Königsresidenz und entwickelte sich dank seiner Lage am Schnittpunkt von Land- und Wasserwegen rasch zu einem wichtigen Handelsplatz. 1020 wird Roskilde zum Bischofsitz erhoben und baut damit seine Stellung als geistliches Zentrum in Dänemark aus.

Bischof Absalon, der Kopenhagen-Gründer, legte 1170 den Grundstein zum Dom von Roskilde, der seit dem Mittelalter die Grabkirche der dänischen Könige ist und heute die Sehenswürdigkeit der Stadt schlechthin darstellt.

1998 feierte Roskilde sein 1.000-jähriges Bestehen.

Roskilde ist Universitätsstadt und als solche vor allem auf den Gebieten Landwirtschafts- und Energieforschung sehr rührig. Die Erforschung der rationellsten Nutzung der Windkraft zum Beispiel ist eines der Gebiete auf denen sich Dänemark einen ganz hervorragenden Ruf erworben hat.

Einen zentralen **Parkplatz** (außer an Markttagen Mi + Sa) findet man am Marktplatz **Stændertorvet [WP 068 / N55° 38′ 29.52″ E12° 4′ 51.49″]** gleich neben dem **Rathaus**, dem **Touristenbüro** und unweit vom **Dom** gelegen.

Weitere gute Parkmöglichkeiten gibt es am Hafen beim **Wikingerschiffmuseum [Parkplatz, WP 067 / N55° 38′ 59.15″ E12° 04′ 44.08″]**. Zu Fuß sind die beiden

Historisch, der Dom zu Roskilde

Parkplätze nur etwa 800 m voneinander entfernt, also in Gehnähe.

Die bedeutendsten Sehenswürdigkeiten Roskildes:

Neben dem Rathaus liegt der **Marktplatz Stændertorvet [Parkplatz, WP 068 / N55° 38′ 29.52″ E12° 4′ 51.49″]**, das Zentrum der Stadt.

Hinter dem Marktplatz erhebt sich der **Dom [N55° 38′ 30.22″ E12° 4′ 49.58″]** *(geöffnet Apr. – Sept. Mo – Sa 9 – 17 Uhr, So 13 – 18 Uhr; Okt. – März Mo – Sa 10 – 16 Uhr, So 13 – 16 Uhr; www.roskildedomkirke.dk)* mit den beiden spitzen Turmhauben. Der rote Ziegelsteinbau ist eines der bedeutendsten Kirchenbauwerke des Landes.

In der Bauweise des über 800 Jahre alten Doms, dessen Fertigstellung 200 Jahre in Anspruch nahm, sind sowohl romanische als auch gotische Stilelemente sichtbar. Obwohl das 84 m lange und etwa 24 m hohe Schiff um 1300 zwar fertiggestellt war, wurde in den späteren Jahren doch immer wieder um- und angebaut. So wurde im frühen 14. Jh. die erste königliche Grabkapelle für König Christian I. hinzugefügt, der noch andere folgten. Insgesamt ruhen unter dem Chor und in den prächtigen Sarkophagen aus Marmor und Alabaster in den Seitenkapellen 38 Könige und Königinnen. Die beiden Turmspitzen wurden übrigens erst 1635 hinzugefügt.

An der Ostseite des Doms, und durch den Absalon-Bogen aus dem 13. Jh. mit diesem verbunden, liegt am Marktplatz Stændertorvet 3 das sog. **Palais**. Es entstand 1733 an der Stelle des alten Bischofspalais und diente als Residenz für Personen von Hofe auf Reisen oder bei Beisetzungen. Heute enthält das Palais das **Museet for Samtidskunst [N55° 38′ 33.28″ E12° 4′ 54.35″]**, das Museum für Zeitgenössische Kunst *(geöffnet ganzjährig Di – Fr 11 – 17 Uhr, Do 11 - 19 Uhr, Sa + So 12 – 17 Uhr; www.samtidskunst.dk)*.

Eine Straße weiter nordöstlich, in der St. Ols Gade 15, befindet sich das **Roskilde Museum [N55° 38′ 32.92″ E12° 4′ 59.83″]** *(geöffnet Di - So 11 - 16 Uhr, Do 11 - 21 Uhr; www.roskildemuseum.dk)*. Das kulturhistorische Museum zeigt u. a. Altertumssammlungen, sowie Abteilungen über Brauchtum, Trachten und Bauernkultur. Neu ist eine überaus anschaulich präsentierte Dauerausstellung, welche die Geschichte der ersten dänischen Hauptstadt Roskilde schildert.

Etwa 1 km vom Marktplatz entfernt liegen in der Nähe des Hafens am Roskilde Fjord die **Wikingerschiffsmuseum [Parkplatz, WP 067 / N55° 38′ 59.15″ E12° 04′ 44.08″],** Strandengen *(geöffnet Mai - Ende Okt. tgl. 10 - 17 Uhr; Ende Okt. -*

PRAKTISCHE HINWEISE — ROSKILDE

Roskilde Turistbureau [N55° 38' 28.16" E12° 4' 49.12"], Stændertorvet 1, 4000 Roskilde, Tel. +45 46 31 65 65; www.visitroskilde.dk. *Geöffnet Apr. - Sept. Mo - Fr 10 - 17 Uhr, Okt. - März Mo - Fr 10 - 16 Uhr, ganzjährig Sa 10 - 13 Uhr.*

HOTEL

Prindsen ****, 46 Zi., Algade 13, Tel. +45 46 15 21 52; www.hotelprindsen.dk; sehr zentral gelegenes, traditionsreiches Haus, Restaurant, WLAN. Parkplatz.

CAMPING

Camping Roskilde [WP 069 / N55° 40' 25.2" E12° 04' 56.8"], Baunehøjvej 7, Tel. +45 46 75 79 96; www.roskildecamping.dk; Apr. – Sept.; 4 km nördlich Roskilde abseits der Straße 6; recht weitläufiges Gelände, hügelige Wiesen mit Waldanteil am Roskilde Fjord, relativ ruhig und ansprechend gelegen, vom Strand Blick zur Stadt, nur wenig wirklich ebene, feste Stellplätze für Wohnmobile; ca. 25 ha – 250 Stpl. + 100 Dau.; einfache Standardsanitärausstattung; Laden, WLAN auf Teilen des Platzes. Miethütten. **V & E für Wohnmobile.**

Mai 10 - 16 Uhr; www.vikingeskibsmuseet.dk). In dem modernen Museumsgebäude sind die kunstvoll restaurierten Reste von fünf Wikingerschiffen zu sehen.

1962 wurden bei Unterwassergrabungsarbeiten im Roskildefjord ca. 20 km nördlich von Roskilde fünf Wikingerschiffe freigelegt. Die Holzboote waren ums Jahr 1000 versenkt worden, wahrscheinlich um die Fahrrinne zu blockieren und Roskilde vor Angriffen norwegischer Wikinger zu schützen.

Nach der Ausgrabung gestaltete sich die Konservierung des wasserdurchtränkten Holzes als sehr langwierig und schwierig. Wäre das Holz ausgetrocknet, wäre es für alle Zeit zerfallen. Aber mit Hilfe der in der Zwischenzeit im Zusammenhang mit Weinskandalen unrühmlich bekannt gewordenen Chemikalie Glykol konnten die Holzporen in einem jahrelangen Prozess gefüllt und damit der Zerfall der Holzfragmente verhindert werden.

Als 1997 das Museumsgelände erweitert wurde, stieß man bei Grabungsarbeiten zur Entwässerung des Terrains völlig überraschend auf sage und schreibe neun weitere, sehr alte Wikingerschiffe. Eines davon ist das größte bislang gefundene Wikingerschiff der Welt, wie es heißt. Das Schiff ist von den Wissenschaftlern nach ersten Analysen auf die Zeit um 1020 datiert worden. Es soll als Kriegsschiff gedient haben und von einer 100-köpfigen Besatzung, darunter mindestens 76 Ruderer, die auch Krieger waren, geführt worden sein. Alle neun Schiffe, oder besser das, was von ihnen erhalten ist, wurden zwischenzeitlich geborgen und sind nun nach der Konservierungsphase im Museum zu bestaunen.

Im Kino des Museums werden laufend Filme über Ausgrabung, Konservierung und Aufstellung der Roskilde-Schiffe gezeigt, auch in deutscher Sprache.

Geht man vom Museum durch die Parkanlage zum Hafen und von dort stadteinwärts, sieht man kaum 200 m entfernt etwas erhöht die **St. Jørgens Kirche [N55° 38' 58.1" E12° 04' 30.5"]** am Rande eines kleinen Parks liegen. Der Weg dorthin lohnt, nicht nur der Kirche wegen, sondern auch wegen des Blicks auf Hafen und Fjord.

Der Stadtteil St. Jørgensberg, in dem die Kirche liegt, war früher ein eigenständiges Fischerdorf. Noch heute trifft man hier auf alte, niedere Häuser und idyllische Winkel.

ROUTE: ***Kopenhagen*** *liegt ca. 30 km östlich von Roskilde und ist auf der Autobahn 21 rasch zu erreichen.*

KOPENHAGEN

Kopenhagen, seit 1471 die Hauptstadt Dänemarks, wurde 1043 erstmals in einer Urkunde erwähnt. Kopenhagen aber hieß diese erste Siedlung am Øresund aber noch nicht.

Als 1167 *Bischof Absalon* hier eine Schutzfestung errichtete – deren Grundmauern heute unter Schloss Christiansborg liegen – entwickelte sich rasch eine Stadt. Und Bischof Absalon ist für alle Zeiten als Gründer von Kopenhagen in die Annalen eingegangen. Bald wurde die königliche Residenz nach Kopenhagen verlegt und Erik von Pommern erhob Kopenhagen zur Hauptstadt. 1479 gründete man die Universität – Dänemarks älteste.

Zwischen dem 16. und 17. Jh. setzte während der Regierungszeit König Christians IV. eine rege Bautätigkeit ein. Viele der repräsentativen Bauten der Stadt entstanden damals, darunter die Börse und das Schloss Rosenborg. Zwischenzeitlich wurde Kopenhagen auch seinem Namen København gerecht– nämlich ein reger Kaufmannshafen zu sein.

Heute ist Kopenhagen eine moderne Großstadt mit annähernd 1,6 Mio. Einwohnern (Großraum mit allen Vororten), Verkehrsknotenpunkt und Wirtschaftsmetropole in Nordeuropa, aber auch beliebtes und lebhaftes Touristenziel.

Parken in Kopenhagen ist von Montag bis Samstag zwischen 8 Uhr und 17 Uhr kostenpflichtig. Die Höhe der Gebühren und die Zeitspanne der Gebührenpflicht (und evtl. Abweichungen von der Standardzeit 8 – 17 Uhr) ist je nach Parkzone auf den Parkscheinautomaten angegeben.

Mein Tipp! Wie in vielen anderen Großstädten macht man auch in Kopenhagen eine Stadtbesichtigung tunlichst zu Fuß bzw. bedient sich öffentlicher Verkehrsmittel.

Kopenhagen bietet mit **BYCYKLEN** (früher GOBIKE) eine Besonderheit, die sportlichen Besuchern ihren Weg durch die dänische Metropole erleichtert. Wer sich vorher mit Handy oder Tablet-PC anmeldet, kann die modernen Unisex-Fahrräder und E-Bikes in der Stadt benutzen. Die Räder sind nicht mit Ketten-, sondern mit Kardanantrieb und mit einem fest am Lenker angebrachten Tablet-PC ausgestattet. Dieser Tablet-PC dient zum An- und Abmelden, er bietet Routeninformationen und Infos zur Stadt etc. Detaillierte Auskünfte über das zukunftsorientierte BYCYKLEN-System erfährt man unter www.bycyklen.dk.

Die beiden folgenden **Rundgänge** sollen einen ersten Eindruck von der Kopenhagener City vermitteln. Zumindest den ersten Rundgang sollte man unternehmen und sich dafür einen ganzen Tag Zeit lassen. Bei eingehender Besichtigung aller beschriebener Sehenswürdigkeiten auf dem ersten Rundgang wird man aber mindestens noch einen weiteren Tag einplanen müssen!

Wer Kopenhagen sehr intensiv besichtigen, viele Museen und Sehenswürdigkeiten besuchen will, sollte den Erwerb der **Copenhagen Card** (www.copenhagencard.com) in Erwägung ziehen. Ausgesprochen „billig" ist die Karte allerdings nicht. Sie kostet pro Person für eine Gültigkeit von 24 Std. DKK 389,- /€ 52,-, für 48 Std. für DKK 549,-/€ 74,-, für 72 Std. DKK 659,-/€ 89,- und für 120 Std. DKK 89,-/€ 120,- (Preisänderungen möglich!). Mit der Copenhagen Card können u. a. 79 Museen und Sehenswürdigkeiten kostenlos besucht und alle Busse und Bahnen im Großraum Kopenhagen umsonst benutzt werden. Erhältlich ist die Karte im Touristenbüro in der Vesterbrogade 4A, auf Bahnhöfen und Flughafen, in 7-Eleven-Shops, Hotels und auf den Campingplätzen.

Übrigens: Wenn Sie nicht ganz sicher mit den **Wetteraussichten** sind, werfen Sie einen Blick auf einen Turm am Rathausplatz. Sind die Aussichten gut, erscheint dort ein vergoldetes Mädchen auf einem Fahrrad in der Turmöffnung. Sieht es eher nach Regen aus, trägt das Mädchen einen Schirm.

Stadtbesichtigung

Am besten beginnt man einen **Stadtrundgang** im Besucherzentrum **Copenhagen Visitor Center (1) [N55° 40′ 29.3″ E12° 33′ 51.9″]** in der Vesterbrogade 4 A, ganz in der Nähe des Hauptbahnhofs. Im Touristenbüro findet man auch die zentrale Zimmervermittlung der Stadt Kopenhagen *(Öffnungszeiten siehe unter Praktische Hinweise; www.visitcopenhagen.com)*.

Vom Informationsbüro gehen wir über die breite Vesterbrogade zum **Rathaus (2)**

*KOPENHAGEN ZENTRUM – **1** Information – **2** Rathaus – **3** Tivolipark – **4** Lurenbläsersäule – **5** Postamt – **6** Nationalmuseum – **7** Schloss Christiansborg – **8** Zeughaus – **9** Alte Börse – **10** Thorvaldsen Museum – **11** Kanal- und Hafenrundfahrten – **12** Nikolaj Kirche – **13** Kongens Nytorv – **14** Königliches Theater – **15** Schloss Amalienborg – **16** Frederikskirche – **17** Medizinhistorisches Museum – **18** St. Ansgarkirche – **19** Kunstindustriemuseum – **20** Freiheitsmuseum – **21** Kleine Meerjungfrau – **22** Dom Vor Frue Kirke – **23** Rundturm – **24** Schloss Rosenborg – **25** Botanischer Garten – **26** Geologisches Museum – **27** Staatliches Kunstmuseum – **28** Kunstsammlung Hirschsprung – **29** Ny Carlsberg Glyptotek – **30** Hauptbahnhof – **31** Tycho Brahe Planetarium – **32** Københavns Museum – **33** Post- u. Tele-Museum Danmark – **34** Nyboder – **35** Arbeitermuseum – **36** Gefionbrunnen*

am Rådhuspladsen. Das Rathaus ist durch seinen viereckigen, hohen **Uhrturm** nicht zu verkennen. Der etwas düster wirkende Backsteinkomplex stammt aus der Jahrhundertwende und wird hauptsächlich durch Elemente des italienischen Renaissancestils aufgelockert. Im Inneren befindet sich ein wahres Meisterwerk des Uhrmacherhandwerks, die berühmte **astronomische Uhr** von Jens Olsen *(geöffnet Apr. - Sept. Mo – Fr 11 und um 14 Uhr, Sa um 12 Uhr, Führungen in englischer Sprache Mo - Fr um 13 Uhr, Sa um 11 Uhr; www.visitcopenhagen.com/copenhaen/city-hall-tower-gdk688394).*

Der weltbekannte Vergnügungspark **Tivoli (3) [N55° 40'29.0" E12° 33'55.3"]**, Vesterbrogade 3 *(geöffnet 6. Apr. – 24. Sept. tgl. 11 – 23 Uhr; Mitte Okt. - Anf. Nov. 11 - 23 Uhr; 23. Juni - 13. Aug. Mo - Fr 11 - 23 Uhr, Fr 11 - 24 Uhr, Sa 10 - 24 Uhr, So 10 - 23 Uhr; www.tivoligardens.com/en/)*, mit schönen Parkanlagen, Seen, altem Baumbestand und gepflegten Blumenbeeten ist 1843 eröffnet worden. Der Park mit Unterhaltung für Groß und Klein bietet neben 26 Vergnügungsattraktionen (Fahrgeschäften, Geisterbahnen, Riesenrädern etc. etc.) auch 29 Restaurants. Auf den Show- und Freilichtbühnen treten Artisten, Stars und Künstler von internationalem Rang auf. Und jedes Jahr sollen hier annähernd 150 Konzerte stattfinden, darunter Promenadenkonzerte und Paraden der Tivoligarde.

Kopenhagens hübscher Amager Platz

Im **Tivoli Museum** wird auf drei Stockwerken anhand von Plakaten, Gegenständen, Bildern, Modellen, Filmen und Klangdokumenten die 150-jährige Geschichte des Vergnügungsparks lebendig.

An der Nordostseite des Rathausplatzes findet man das Kuriositätenmuseum **Ripley's Believe It Or Not!**

Wir überqueren den Rathausplatz. Rechts in der Vester Voldgade, vor dem Hotel Palace, sieht man die **Lurenbläser-Säule (4)**. Hier ist der Startpunkt für Stadtrundfahrten.

Weiter in die **Frederiksberggade**. Diese von Geschäften aller Art gesäumte Fußgängerzone zieht sich fast 2,5 km – die Namen wechselnd – und vorbei an der **Helligåndskirken** am Amagertorv, am **Georg Jensen Museum** (Amagertorv 4, Kunstgewerbe, Silberschmiedekunst) und am **Tobaksmuseet W. Ø. Larsen** (Amagertorv 9, im Erdgeschoss eines über 130 Jahre alten Tabakgeschäfts, tabakgeschichtliche Raritäten sowie Pfeifen aus aller Welt) bis zum Platz **Kongens Nytorv**.

Wir gehen aber nicht den ganzen Weg bis zum Kongens Nytorv, sondern wenden uns schon am Nytorv (nicht zu verwechseln mit erwähntem Kongens Nytorv!) nach Süden in die rechts abzweigende Rådhusstræde.

Die Verlängerung der Rådhusstræde ist Frederiksholms Kanal. Rechts, Ecke Ny Vestergade, stößt man auf das unbedingt besuchenswerte **Nationalmuseum (6) [N55° 40' 27.89" E12° 34' 29.31"]** im Prinsens Palæ, Ny Vestergade 10 *(geöffnet ganzjährig Di – So 10 – 17 Uhr, letzter Einlass 16.30 Uhr, freier Eintritt; http://en.natmus.dk/)*. Die verschiedenen Sammlungen sind ein Kulturspiegel Dänemarks von der Steinzeit bis in die Neuzeit. Bei begrenzter Zeit sollte man die „Dänische Abteilung" den nachgenannten vorziehen. U. a. sieht man dort den berühmten **„Sonnenwagen"** aus der Bronzezeit, dann eine der ältesten Bronzeluren und natürlich zahlreiche Zeugnisse aus der Wikingerzeit.

Außerdem wird die **Königliche Münzen- und Medaillensammlung** gezeigt, ein Leckerbissen für Numismatiker; dann eine **Antikensammlung** mit ägyptischen, west-asiatischen, griechischen und römischen Exponaten und schließlich eine **Ethnographische Sammlung** (Zugang über die Ny Vestergade 10) über außereuropäische Kulturen und Völker. Einen Schwerpunkt bildet hier die Kultur der Eskimos. Außerdem ge-

Am Nyhavn in Kopenhagen

hören zum Museum ein **Spielzeug- und Kindermuseum**.

Zudem kann man das **Nationalmuseets Klunkehjem [N55° 40' 28.00" E12° 34' 36.53"]** besichtigen, eine Stadtwohnung, die im opulenten „Plüschstil" des ausgehenden 19. Jh. eingerichtet ist und einen ausgezeichneten Einblick in das Milieu jener Epoche gewährt.

Gegenüber dem Nationalmuseum, an der Ostseite des Kanals, erhebt sich **Schloss Christiansborg (7) [N55° 40' 30.4" E12° 34' 38.4"]** auf der sog. Schlossinsel Slotsholmen. Man erreicht das Schloss über die schöne Marmorbrücke. Seit der ersten Burganlage des Bischofs Absalon von 1167 wurden hier nicht weniger als vier weitere Schlossanlagen errichtet.

Absalons Burg wurde 1369 abgerissen. Erik von Pommern wollte eine schönere. Die immerhin stand bis 1732. Dann aber wünschte Christian IV., Dänemarks baufreudiger Monarch, keine Burg mehr, sondern ein prächtiges Renaissanceschloss. Ein Feuer 1794 vernichtete dieses aber wieder bis auf den Südflügel, die sog. Reitbahn.

Der Wiederaufbau, der einen neoklassizistischen Kuppelbau als Kirche mit einschloss, war 1838 beendet, blieb aber nur knapp 50 Jahre unbehelligt – bis zu einem neuerlichen Brand 1884.

Mit dem Bau des heutigen Schlosses begann man 1907 und hatte nach neunjähriger Bauzeit einen repräsentativen Komplex geschaffen, der heute das Folketing, Dänemarks Parlament, dann das Außenministerium, den Obersten Gerichtshof und die königlichen Empfangsräume beherbergt.

Das Reiterstandbild im Schlosshof stellt Frederik VII. dar, den „Vater der dänischen Verfassung".

Besichtigungszeiten:

Die **Königlichen Repräsentationsräume** mit Thronsaal und Rittersaal – *Mai -Sept. tgl. 9 - 17 Uhr; Okt.- Apr. Di - So 10 -17 Uh; www.christiansborg.dk.*

Die **Ruinen der Burg Absalons** unter dem heutigen Schloss: *Mai - Sept. tgl. 10 - 17 Uhr, Okt. - Apr. Di - So 10 - 17 Uhr.*

Die **Königlichen Stallungen** (Christiansborg Ridebane 12) mit Sammlungen von Kutschen und Prunkzaumzeug – *Mai - Sept. tgl. 13.30 - 16 Uhr; Okt. - Apr. Di - So 13.30 - 16 Uhr; www.kongehuset.dk.*

Die **Schlossküche** – Mai - Sept. tgl. 10 - 17 Uhr; Okt. - Apr. Di - So 10 - 17 Uhr.

Die **Schlosskapelle** – in den Osterferien im Apr., im Juli und den Herbstferien im Okt. und im Juli So 10 - 17 Uhr.

Das **Theatermuseum [N55° 40' 30.30" E12° 34' 45.86"]** (Christiansborg Ridebane 18) im ehemaligen königlichen Hoftheater von 1766, ist das Museum für dänische Theatergeschichte *(geöffnet Di - Do 11 - 15 Uhr, Sa + So 13 - 16 Uhr; www.teatermuseet.dk).*

Bitte beachten: Alle angegebenen Öffnungszeiten können sich ändern!

Auf der Südseite von Schloss Christiansborg, in der Töjhusgade 3, befindet sich das **Töjhusmuseet (8) [N55° 40' 26.97" E12° 34' 49.33"]**, das Zeughausmuseum, das in einem Gebäude aus dem späten 16. Jh. untergebracht ist *(geöffnet Di - So 10 - 17 Uhr; www.thm.dk).* Gezeigt werden Waffen, Fahnen, Uniformen und Kriegsgerät.

Wir gehen um die Ostseite des Schlosses herum. Östlich des Schlossplatzes sieht man das niedere, aber langgestreckte Renaissancegebäude der **Börse (9) [N55° 40' 31.94" E12° 35' 2.00"]** von 1624. Den markant gewundenen Turm bilden vier Drachenleiber. Nicht zugänglich.

Gegenüber, auf der anderen Kanalseite, liegt die **Holmens Kirche [N55° 40' 36.37" E12° 35' 1.83"]** von 1619, die Kirche des Königshauses *(geöffnet Mo, Mi, Fr, Sa 10 - 16 Uhr, Di + Do 10 -15.30 Uhr, So 12 - 16 Uhr; www.holmens-kirke.dk).*

Königlicher Gardist, Schloss Amalienborg

An der Nordwestseite des Schlosses findet man das 1848 eröffnete **Thorvaldsen Museum (10) [N55° 40' 35.55" E12° 34' 42.48"]**, Bertel Thorvaldsens Plads 2, *(geöffnet Di - So 10 - 17 Uhr; www.thorvaldsensmuseum.dk),* das Skulpturen, Skizzen, Zeichnungen und Modelle von Bertel Thorvaldsen zeigt. Thorvaldsen lebte zwischen 1770 und 1844, zählt zu den bekanntesten Künstlern Dänemarks und gilt als einer der größten Bildhauer des Landes. Zu den Exponaten zählt auch eine Sammlung von griechischen, ägyptischen, etruskischen und römischen Gegenständen.

Gegenüber, unterhalb der Brücke über dem Kanal an der Uferstraße Gammel Strand, ist der Abfahrtspunkt der **Kanal- und Hafenrundfahrten (11)**. Zwischen 1. Mai und 15. Sept. ab 10 Uhr halbstündliche Abfahrten. Von hier aus verkehren auch Boote zur „Meerjungfrau", Langelinie.

Setzt man den Rundgang zu Fuß fort, geht man über die erwähnte Brücke am Gammel Strand nordwärts bis zum **Højbro Plads** und rechts, entweder über die Lille Kongensgade und vorbei an der **Nikolaj Kirche [N55° 40' 42.89" E12° 34' 52.02"]** (– 12 –, Ausstellungen), oder über die Fußgängerzone Østergade zum Platz **Kongens Nytorv (13)**. Dort liegt das **Königliche Theater (14) [N55° 40' 47.12" E12° 35 ,9.67"]** mit 2 Bühnen. Ballett, Oper und Schauspiel werden hier geboten. Das Motto des Hauses: „Ej blot til lyst – Nicht nur zum Vergnügen".

Zu besichtigen gibt es in der Østergade 16 westlich vom Platz das **Guinness World of Records Museum**, mit der Dokumentation der seltsamsten Rekorde aus dem bekannten Guinnessbuch der Rekorde.

An der Ostseite des Kongens Nytorv endet der Nyhavn-Kanal, **Anlegestelle** der DFDS Canal Tours (11) der **Kanal- und Hafenrundfahrtboote.** Halbstündlich Abfahrten von Mitte März bis Ende Juni 9.30 bis 18 Uhr, von Ende Juni bis Mitte Aug. 9.30 bis 21 Uhr, von Mitte Aug. -

Schloss Amalienborg, im Hintergrund die Kuppel der Frederikskirche

Mitte Sept. 9.30 - 19 Uhr, von Mitte Sept. - Ende Okt. 9.30 - 17 Uhr; Fahrtdauer 60 Minuten; www.visitcopenhagen.com/copenhagen/canal-tours-grand-tour-copenhaen-gdk410731.

Die Nordseite des **Nyhavn [N55° 40' 50.3" E12° 35' 17.8"]** ist das **alte Seemannsviertel** von Kopenhagen, mit schönen alten Häusern und einigen sog. „Seemannskneipen", in denen aber mehr Touristen als wirkliche Seeleute verkehren. Das älteste Haus ist Nr. 9. Es stammt aus dem Jahre 1681. Der Nyhavn war die ehemalige Vergnügungsmeile der Stadt, ähnlich der Reeperbahn in Hamburg. Seit längerer Zeit aber haben sich Restaurants mit hohem Niveau, Cafés und gemütliche Kneipen hier etabliert.

Am Nyhavn entlang (rechts, ostwärts) bis zur Tolbodgade und links bis zum **Schloss Amalienborg (15) [N55° 41' 00.7" E12° 35' 34.2"]**.

Schloss Amalienborg, bestehend aus vier Rokoko-Palais aus dem 18. Jh., die sich um einen runden Platz gruppieren, entstand nach Plänen des dänischen Hofarchitekten Nicolai Eigtved. Damals, Mitte des 18. Jh., war das Terrain noch im Besitz der Grafen Levetzau und Moltke, dem Baron Brockdorff und dem Geheimrat Løvenskold. Die Herren hatten das Grundstück vom König geschenkt bekommen. Nach dem Brand von 1794 im Schloss Christiansborg erwarb König Christian VI. Amalienborg und machte das Anwesen zur neuen Königsresidenz. Noch heute ist das Schloss die Winterresidenz der königlichen Familie. In der Mitte des achteckigen Platzes sieht man ein Reiterstandbild von König Frederik V. von 1770.

Besucher können im Rahmen des **Amalienborg Museums** *(geöffnet Mai – 15. Juni + 15. Sept. - 31. Okt. tgl. 10 - 16 Uhr; 16. Juni - 15. Sept. tgl. 10 - 17 Uhr; Jan. - Apr. + Nov. - Dez. Di - So 11 - 16 Uhr; www.kongernessamling.dk/en/amalienborg/)* diverse Gemächer, das Arbeitszimmer von König Christian IX., den Salon der Königin Louise, einen Raum mit Kostümen und den sog. „Guldburet", den „Goldenen Käfig" mit kostbaren Exponaten besichtigen. Kurzfristige Schließungen sind möglich.

Busladungen von Touristen rollen jedesmal an, wenn täglich **um 12 Uhr die Wachablösung** zelebriert wird. Wenn „niemand zu Hause" ist, Königin Margrethe II. – die 2017 ihr 45-jähriges Jubiläum als regierende Monarchin feiern konnte – also nicht im Schloss weilt, geschieht das ohne großes Zeremoniell. Und nur wenn sich Königin Margrethe II. in Kopenhagen aufhält, findet die Wachablösung mit ganzer

Prachtentfaltung statt. Die bärenfellbemützte Leibgarde der Königin zieht normalerweise in blauen Uniformjacken, bei Galaanlässen in roten Jacken auf.

Über die Frederiksgade gehen wir nach Westen und treffen bald auf die Bredgade. Auf der gegenüberliegenden Straßenseite erhebt sich die barocke **Marmorkirche** oder **Frederikskirche (16)** [**N55° 41' 04.7" E12° 35' 22.4"**] von 1894 mit einer gewaltigen, 45 m hohen, runden Kuppel.

Die „Kleine Meerjungfrau", Kopenhagens Wahrzeichen

Wir folgen der Bredgade rechts, nordostwärts, passieren das **Medizinhistorische Museum (–17–** *geöffnet Di - So 13 - 16 Uhr)*, die katholische **St. Ansgarkirche (18)** daneben und schließlich das **Designmuseum/Kunstindustriemuseet (19),** Bredgade 68 *(geöffnet Di - So 10 - 18 Uhr, Mi 10 - 21 Uhr; www.designmuseum.dk)*. Das Museum für Kunst und Gewerbe zeigt dänisches und ausländisches Kunstgewerbe und Design vom Mittelalter bis zur Gegenwart, Glasdesign, Silber- und Keramikobjekte, Möbel, Textilien u. ä.

An der Esplanade gehen wir rechts, gleich darauf am **Freiheitsmuseum (20)** links, durch den Churchillpark, vorbei am **Gefion Brunnen** und über die Seepromenade am Langelinie Kaj bis zur **„Kleinen Meerjungfrau", „Den lille Havfrue" (21) [N55° 41' 34.3" E12° 35' 57.1"],** dem Wahrzeichen Kopenhagens. Die fast lebensgroße Frauengestalt mit Nixenleib aus Bronze wurde 1913 aufgestellt. Das gerade mal 135 cm hohe zierliche Persönchen war verschiedentlich Ziel rüder und mutwilliger Attacken. 1964 verschwand über Nacht ihr Kopf und 1984 trennten irgendwelche Wirrköpfe einen Arm ab. Natürlich ist längst alles wieder spurlos rekonstruiert.

Der Gefion-Brunnen, den wir kurz vorher passierten, ist übrigens nach der Göttin aus der nordischen Sagenwelt benannt, der angeblich die Existenz der Insel Seeland zu verdanken ist. Der Sage nach soll der schwedische König der Göttin Gefion soviel Land versprochen haben, wie sie an einem Tag mit vier Ochsen umpflügen konnte. Kurzerhand verzauberte Gefion ihre vier Söhne in vier kräftige Zugochsen (Motiv der Monumentalskulptur auf dem Brunnen) und pflügte so ausgiebig und so tief, bis Seeland von Schweden abgetrennt und mit dem Ochsengespann „weggezogen" war.

Der gesamte Weg vom Rathaus bis zur „Meerjungfrau" ist etwa 4 km lang.

Den Rückweg vom Langeliniepavillon (Meerjungfrau) zum Rathausplatz legt man mit dem zwischen Anfang Juni und Ende August verkehrenden Direktbus Nr. 50 zurück. In der übrigen Zeit nimmt man am einfachsten die S-Bahn ab *Østerport Station*, westlich des Kastellet-Parks bis zur Vesterport Station nahe Rathausplatz, oder ab Østerport Station den Bus Nr. 29 bis Rathaus.

2. Stadtrundgang

Den **zweiten Rundgang** beginnen wir am **Rathaus (2) [N55° 40' 31.66" E12° 34' 7.75"]**, queren den Rathausplatz, gehen die Vester Voldgade links hinauf und wenden uns rechts in die Studie Stræde, die uns genau bis zum **Dom Vor Frue Kirke (22) [N55° 40' 45.40" E12° 34' 19.15"]** bringt. Der neoklassizistische Bau stammt aus dem frühen 19. Jh. Im Inneren Arbeiten von Thorvaldsen, u. a. die marmorne Christusfigur am Altar und die zwölf Apostel.

Nun links am Dom vorbei und durch die Fußgängerzone Frue Plads und St. Kannikestræde zur Købmagergade. An der Nordseite der Købmagergade 52 A sieht man links den 36 m hohe **Rundturm Rundetårn (23)** von 1642 **[N55° 40' 52.9" E12° 34' 31.7"]** von 1642 *(geöffnet tgl. 10 - 20 Uhr; www.rundetaarn.dk)*. König Christian IV. ließ den Rundbau an die anschließende **Dreifaltigkeitskirche** anbauen. Im Inneren führt eine spiralenförmige Rampe hinauf zur Aussichtsplattform. Es heißt, dass Zar Peter der Große während einer Staatsvisite die Rampe mit dem Pferd hochgaloppiert sein soll, im Gefolge seine Gemahlin in der Kutsche. Astronomische Ausstellung.

Würde man die Købmagergade ein Stück nach Osten gehen, käme man zum **Post- & Tele Museum Danmark (34) [N55° 40' 50.21" E12° 34' 39.72"]**, Købmagergade 37 *(geöffnet Mo - Di 11 - 18 Uhr, Mi - Fr 11 - 21 Uhr, Sa + So 10 - 16 Uhr; www.ptt-museum.dk)*.

Weiter durch die Landemærket und jenseits der Gothersgade durch den herrlichen **Schlosspark Kongenshave** oder auch **Rosenborg Have**. An seinem Westrand, an der Hauptstraße Øster Voldgade, liegt der Eingang zum **Schloss Rosenborg (24) [N55° 41' 10.73" E12° 34' 35.37"]** *(geöffnet 18. Apr. -15. Juni Di - So 10 - 16 Uhr; 16. Juni - 15. Sept. tgl. 9 - 17 Uhr; 16. Sept. - Okt. tgl. 10 - 16 Uhr; Nov. - 22. Dez. Di - So 10 - 14 Uhr; Jan. - 10. Apr. Di - So 10 - 14 Uhr; www.dkks.dk)*. Erbaut wurde Rosenborg – ein schöner Renaissancebau in roten Ziegeln aufgeführt – in den Jahren 1607 bis 1633 von König Christian IV. Neben einer Reihe prächtig möblierter Gemächer sind im Untergeschoss die **Kronjuwelen** und andere Schätze des dänischen Königshauses zu sehen. Getrennte Abteilung (Eingang Gothersgade) mit Waffen- und Uniformsammlung der Leibgarde.

Auf der Westseite der Øster Voldgade erstreckt sich der **Botanische Garten (25)** mit Palmenhaus, Eingang Gothersgade/ Ecke Øster Voldgade oder Sølvgade *(geöffnet Apr. - Sept. tgl. 8.30 - 18 Uhr; Eintritt frei; www.botanik.snm.ku.dk)*.

Ecke Sølvgade und Øster Voldgade 5-7 findet man das **Geologische Museum (26)** mit Mineralien, Versteinerungen, Meteoriten und geologischen Sammlungen aus Dänemark und Grönland *(geöffnet Di - So 10 - 16 Uhr; www.geologisk-museum.dk)*.

Die Parkanlage dehnt sich nordöstlich des Botanischen Gartens aus und heißt nun **Østre Anlæg**. Dort gibt es noch zwei weitere Museen:

Das **Staatliche Kunstmuseum (27) N55° 41' 18.56" E12° 34' 42.28"]**, Ny Sølvegade 48 - 50 *(geöffnet Di - So 11 - 17 Uhr, Mi 11 - 20 Uhr; www.smk.dk)*, die **Nationalgalerie Dänemarks** mit der Königlichen Gemälde- und Skulpturensammlung, mit Ausstellungen dänischer Kunst vom 17. Jh. bis heute, Sammlungen europäischer Maler des 14. bis 18. Jahrhunderts und moderner französischer Kunst.

Die **Sammlung Hirschsprung (28) [N55° 41' 23.8" E12° 34' 36.9"]**, in der Stockholmsgade 20 *(geöffnet Mi - So 11 - 16 Uhr; www.hirschsprung.dk)*, an der Westseite des Parks, zeigt dänische Kunst des 19. Jh. Die Sammlung stammt aus dem Nachlass des Tabakfabrikaten Heinrich Hirschsprung, einem leidenschaftlichen Liebhaber zeitgenössischer Kunst.

Zurück zum Rathausplatz mit dem Bus 72 E ab Sølvgade.

Unweit des Rathausplatzes liegt östlich des Tivoliparks die besuchenswerte **Ny Carlsberg Glyptotek (29) [N55° 40' 23.1" E12° 34' 22.5"]**, Tietgensgade 25 *(geöffnet Di - So 11 - 18 Uhr, Do 11 - 22 Uhr; www.glyptoteket.dk)*. Kunst des Altertums von den Etruskern bis zu den Ägyptern, von den Griechen bis zu den Römern, sowie französische Impressionisten und dänische Maler. Gegründet vom Brauer Carl Jacobsen.

PRAKTISCHE HINWEISE – KOPENHAGEN

Copenhagen Visitor Service [N55° 40' 29.31" E12° 33' 51.36"], Vesterbrogade 4, am Haupteingang zum Tivoli, Nähe Hauptbahnhof, 1577 Kopenhagen K, Tel. +45 70 22 24 42. *Geöffnet Mai - Juni Mo - Fr 9 - 18 Uhr, Sa 9 - 18 Uhr, So 9 - 16 Uhr, Juli - Aug Mo - Fr 9 - 20 Uhr, Sa + So 9 - 18 Uhr, Sept. Mo - Fr 9 - 18 Uhr Sa + So 9 - 16 Uhr, sonst Mo - Fr 9 - 17 Uhr, Sa 9 - 16 Uhr; www.visitcopenhagen.dk.*
Hotelbuchungen: Tel. +45 70 22 24 42.

Feste, Veranstaltungen
Flohmärkte, im Sommer, jeden Samstag von 8 bis 14 Uhr, auf Gl. Strand, Israels Plads. **Copenhagen Marathon**, im Mai. **Königin Margrethes Geburtstag**, am 16. April, man gratuliert auf dem Schlossplatz vor Amalienborg. Traditionelles **Copenhagen Jazz Festival**, jedes Jahr Anfang/Mitte Juli. **Copenhagen Filmfestival,** Ende Oktober, Anfang November.

HOTELS

In Kopenhagen ist immer Saison. Rechtzeitige Zimmerreservierungen sind daher nicht nur in der Urlaubszeit empfehlenswert!
Absalon City Hotel **,** 186 Zi., Helgolandsgade 15, Tel. +45 33 31 43 44; www.absalon-hotel.dk; im Stadtteil Vesterbro, zentral, Bahnhofsnähe, Bar, Fahrradverleih, WLAN.
Copenhagen Admiral **,** 366 Zi., Toldbodgade 24 – 28, Tel. +45 33 74 14 14; www.admiralhotel.dk; in einem restaurierten ehemaligen Speicherhaus eingerichtetes Hotel der gehobenen Mittelklasse, Nähe Schloss Amalienborg, Restaurant, Sauna, Fahrradverleih, WLAN, Parkplatz.
First Hotel Kong Frederik **,** 110 Zi., Vester Voldgade 25, Tel. +45 33 12 59 02; www.first-kong-frederik.copenhagen-hotel.ndet/de/; gutes Mittelklassehotel, zentral, Restaurant, Fahrradverleih, WLAN. Garage.
Hotel 71 Nyhavn **,** 84 Zi., Nyhavn 71, Tel. +45 33 43 62 00; www.71nyhavnhotel; obere Preisklasse, eingerichtet in einem restaurierten Hafenspeicherhaus, Restaurant, Bar, Fahrradverleih, WLAN, öffentlicher Parkplatz. Zahlreiche weitere Hotels und Pensionen aller Preisklassen.

CAMPING

København-Rødovre
Camping DCU Absalon [WP 070 / N55° 40' 15.4" E12° 26' 2.2"], Korsdalsvej 132, Tel. +45 36 41 06 00; www.camping-absalon.dk; 1. Jan. – 31. Dez.; im westlichen Stadtbereich nahe der E47/E55 (Greve – Langby, Ausfahrt Nr. 24 Roskildevej, ausgedehntes Wiesengelände am Roskildevej, durch Hecken und hohe Baumreihen mehrfach unterteilt; ca. 10 ha – 600 Stpl.; Standardsanitärausstattung; Laden, WLAN. Miethütten. **V & E für Wohnmobile**.

Dragør bei København
Camping Copenhagen [WP 071 / N55° 34' 58.4" E12° 37' 44.9'], Bachersmindevej 13, 2791 Dragør, Tel. +45 32 94 20 07; www.copenhagencamping.dk; 1. Jan. – 31. Dez.; von der E20 (Kopenhagen-Malmö) Ausfahrt 18 und weiter nach Dragør, rund 8 km südöstlich von Kopenhagen am westlichen Ortsrand gelegen; langgestrecktes, ebenes Wiesengelände in ländlicher Umgebung; ca. 8 ha – 120 Stpl.; Standardsanitärausstattung; Laden, WLAN auf Teilen des Platzes, Internetecke, Fahrradverleih. Miethütten. **V & E für Wohnmobile. QuickStop.** Ca. 500 m zum Meer und zu öffentlichem Nahverkehr.

Charlottenlund
Camping Charlottenlund Fort [WP 072 / N55° 44' 40.34" E12° 35' 07.82"], Strandvejen 144B, Tel. +45 39 62 36 88; www.campingcopenhagen.dk; Anf. März – Ende Okt.; ca. 7 km nördl. des Kopenhagener Zentrums, über die Straße 152 zu erreichen; Wiesengelände im denkmalgeschützten Fort, von Festungswall und Wassergraben umgeben, zum Strand 50 m; Bus Nr. 14 zum

Stadtzentrum alle 20 Min.; ca. 1 ha – ca. 70 Stpl.; Standardsanitärausstattung. Restaurant, Fahrradverleih, WLAN. **V & E für Wohnmobile**.

Ishøj Havn

Camping FDM Tangloppen [WP 073 / N55° 36' 26" E12° 22' 52"], Tangloppen 2, Tel. +45 43 54 07 67; www.tangloppen.dk; 1. Apr. – Ende Okt.; südwestlich des Stadtzentrums in **Ishøj**, bei einem Wassersportzentrum, Nähe Kunstmuseum Arken; Zufahrt über die Autobahn E20/47/55; auf einer länglichen Halbinsel, ebenes Gelände, am Rande mit Hecken; ca. 2,5 ha – 120 Stpl.; Standardsanitärausstattung; Kiosk, Bootsslip, Fahrradverleih, WLAN. Miethütten. **V & E für Wohnmobile**.

WOHNMOBIL- UND CARAVAN-STELLPLATZ

Wohnmobil-Stellplatz Kopenhagen City Camp [WP 074 / N55° 39' 38.24" E12° 33' 32.51"], Havneholmen 2, Tel. +45 21 42 53 84; www.citycamp.dk, Reservierung möglich: reservation@citycamp.dk. **Zufahrt/Lage:** Von der E20 (Greve – Malmö) nordwärts bis Ausfahrt Nr. 20 København C, über Sjællandsbroen und Syhavnsgade nach rechts auf die Scandiagade, weiter auf der Vasbygade und an der ersten Ampel rechts. Hinter dem Einkaufszentrum „Fisketorvet" in unschöner Umgebung bei einem Kraftwerk gelegen. **Geöffnet:** Mitte Mai – Anf. Sept. **Gebühr:** Pauschale inkl. 2 Personen, Strom, Frischwasser und Grauwasser- und Chemikalausguss, Dusche, WC, WLAN, Stadtplan, touristische Informationen. **Ausstattung:** Asphaltierter, 1,5 ha großer Platz für 60 Wohnmobile, bewacht, nur für Reisemobile und Caravans eingerichtet. **Keine Zelte!** Duschen, Toiletten, Stromanschlüsse. V & E für Wohnmobile/ Caravans. Bushaltestelle der Linien 30 und 1A nahebei.

WOHNMOBIL-STELLPLATZ

Wohnmobil-Stellplatz Svanemøllehavnen [WP 075 / N55° 43' 4.73" E12° 35'22.60"], Svaneknoppen 7, Tel. +45 45 39 20 22 21; www.smhavn.dk. **Zufahrt/Lage:** Vom Stadtzentrum Kopenhagen auf der Ringstraße 02 nordwärts zum Nordhavn und zum Platz beim Sportboothafen. **Geöffnet:** Mitte Mai – Ende Sept. **Gebühr:** Pauschale inkl. 2 Personen, Frischwasser und Strom, Extragebühr für Dusche. Anmeldung im Hafenbüro, Strandvænget 45. **Ausstattung:** Schotterplatz beim Bootsclub Sejlklubben Sundet mit Platz für 10 Wohnmobile, beleuchtet, Frischwasser und Grauwasserausguss, keine Chemikaltoilettenentsorgung. WLAN. Müllentsorgung.

Der „Indische Palast" im Vergnügungspark Tivoli

KOPENHAGEN – HELSINGØR

Diese Etappe durch den Nordosten der Insel Seeland könnte man durchaus auch als **„Schlössertour"** bezeichnen. Nicht weniger als drei der bedeutendsten Königsschlösser Dänemarks liegen auf dem Wege.

*ROUTE: Kopenhagen verlässt man am einfachsten über die Ausfallstraße 16 nordwestwärts Richtung **Hillerød**, das man nach rund 45 km erreicht.*

Mitten in **Hillerød,** der Stadt am Westufer des Schloss-Sees, liegt **Schloss Frederiksborg [Parkplatz, WP 076 / N55° 56' 6.3" E12° 17' 50.5"]**, wohl das imposanteste und prächtigste Renaissanceschloss in Dänemark *(geöffnet Apr. - Okt. tgl. 10 - 17 Uhr; Nov. - März tgl. 11 - 15 Uhr; www.dnm.dk)*.

Den Grundstein zu Schloss Frederiksborg in seiner heutigen Form legte der baufreudige König Christian IV. im Jahre 1602. Er ließ an der Stelle, an der schon früher ein Herrensitz lag, den der Vater von Christians IV., König Frederik II., 1560 vom dänischen Seehelden Herulf Trolle erwarb, das Schloss erbauen. Christian IV., der über 60 Jahre lang als uneingeschränkter Monarch die Geschicke nicht nur Dänemarks sondern auch Norwegens in Händen hielt, hatte mit Schloss Frederiksborg sein ehrgeizigstes Bauvorhaben begonnen. Und ganz zweifellos spiegelt nicht nur die schiere Größe, sondern auch die kostbare Ausstattung des Schlosses die Machtposition des dänischen Königs im damaligen Europa wider. Hier ließ sich standesgemäß Hof halten, sich aber immer mit einem vergleichenden Blick nach Paris, London oder St. Petersburg orientierend.

Das prächtige Anwesen besteht aus mehreren Gebäuden, die alle in rotem Backstein errichtet sind und die sich auf drei Inseln verteilen. Markant sind die waagrechten, weißen Steinschmuckbänder, die das Gesicht der etwas ernst und abweisend wirkenden Fassaden ein Stück freundlicher machen. Die hohen Gebäudeflügel des eigentlichen Schlosses, die sich um einen quadratischen Innenhof gruppieren, sind an den Ecken durch achteckige Türme abgeschlossen.

Der eigentliche Zugang zum Schloss führt über die südliche Brücke und durch das **„Stadttor" (1)** von 1600 auf die erste der drei Inseln. „Eigentlicher Zugang" deshalb, weil die Besucher heute meist durch den Westflügel, das sog. **Haus des Schlossherrn (9)**, auf der mittleren Insel die Anlage betreten.

Schloss Frederiksborg in Hillerød

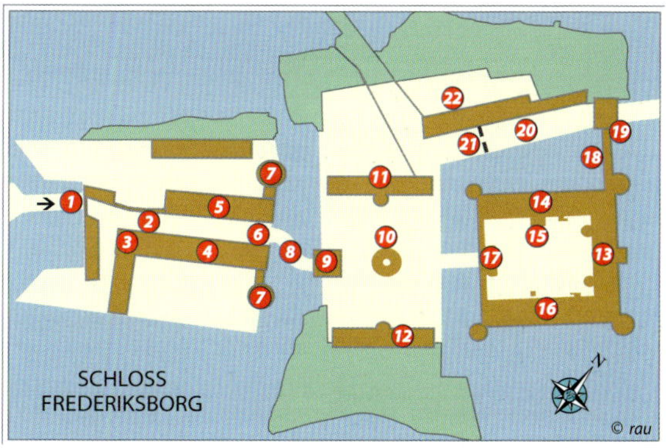

*SCHLOSS FREDERIKSBORG – **1** Stadttor – **2** Stallgasse – **3** Herulf Trolls Turm – **4** Husarenstallungen – **5** Königliche Stallungen – **6** Christian VI.-Tor – **7** Frederik II.-Türme – **8** S-Brücke – **9** Tor-/Kerkerturm – **10** Neptunbrunnen – **11** Westflügel – **12** Kanzleigebäude – **13** Mittlerer Flügel – **14** Kirchenflügel – **15** Uhrturm – **16** Ostflügel – **17** Hauptportal und Arkaden – **18** Brückenbau – **19** Audienzsaal – **20** Turnierplatz – **21** Karusseltor – **22** Magazine*

Nach dem „Stadttor" geht man durch die sog. **Stallgasse (2)** zum Tor **Christians VI. (6)** von 1736. Die Stallgasse wird flankiert von den ältesten noch vorhandenen Gebäuden – rechts der **Herulf Trolls Turm (3)** und anschließend der **Husarenstall (4)** von 1575 (Wohntrakt des Schlossgesindes) und auf der linken Seite der **Königsstall (5)** von 1575. An der Nordseite wird die erste Insel abgeschlossen von den beiden gedrungenen, runden **Türmen Frederiks II. (7)** von 1562. Sie tragen das Motto des Königs: „Meine Hoffnung an Gott allein".

Über die **S-Brücke (8)** gelangt man durch den hohen Kerkerturm oder **Torturm (9)** von 1620 mit schöner Giebelhaube auf die mittlere Insel. Die Brücke in der Form eines „S" wurde deshalb nötig, weil Christian IV. die von Frederik II. begonnene bauliche Achse nicht beibehielt. So standen sich das Portal auf der Südinsel und der Torturm auf der Mittelinsel nicht genau gegenüber.

Der große freie Platz wird in der Mitte von dem herrlichen **Neptunbrunnen (10)** von 1622, rekonstruiert 1888, beherrscht. Obenauf der Gott des Meeres mit dem Dreizack, darunter 15 allegorische Figuren.

Der **Westflügel (11)** links wird als „Haus des Schlossherrn" (1614) bezeichnet. Er war einst Wohnsitz des Lehnsmanns. Rechts das **„Kanzleigebäude" (12)** von 1618.

Der **Mittlere Flügel (13)** mit großen, figurengeschmückten Galerien, ist der Königsflügel mit den königlichen Gemächern im 1. Stock. Er entstand 1602 als erster Teil des neuen Schlosses unter Christian IV. Vier Jahre später wohl folgte der westliche **Kirchenflügel (14),** unschwer am **Uhrturm (15)** zu erkennen. **Glockenspiel** zu jeder vollen Stunde.

Der **Ostflügel (16)** schließlich trägt am Giebel oben die Jahreszahl 1608. An der Südseite schließt die sog. Terrasse (– 17 – figurengeschmückte Arkaden), mit dem Hauptportal in der Mitte, den inneren Schlosshof ab. Das Hauptportal wird von den königlichen Wappen und der Jahreszahl 1609 geschmückt.

Im dritten Stock des Schlosses ist heute eine **Sammlung moderner Kunst** untergebracht. Es wird die Geschichte des 20. Jh. vornehmlich anhand von Porträts der Königsfamilie, von Politikern, Wirtschaftsführern, Wissenschaftlern, Sportlern und Künstlern dokumentiert.

Von der Westseite des Königsflügels führt ein zweistöckiger **Brückenbau (18),** der sog. „geheime Gang" in den **Audienzsaal (19)** von 1680. An seiner Südseite das prächtig gestaltete, mit freistehenden Säulen versehene Münzportal.

Im Winter 1859 erlebte Schloss Frederiksborg, damals Residenz König Frederiks VII., eine furchtbare Brandkatastrophe. Das Feuer zerstörte in der Nacht zum 18. Dezember den größten Teil des Hauptflügels, den Seitenflügel und große Bestände der kostbaren Porträtgalerie. In der Kirche stürzten mehrere Gewölbe ein.

Unter dem Eindruck der als nationale Tragödie empfundenen Feuersbrunst wurde ein Komitee zur Restaurierung des Schlosses gegründet. Allen voran stiftete J. C. Jacobsen, der damalige Eigentümer der Carlsberg Brauerei, große Summen. Er war es auch, der anregte, das Schloss nach dem Wiederaufbau zum **„Nationalmuseum für die Geschichte Dänemarks"** zu ernennen. Dies geschah dann am 5. April 1878 und seit 1882 hat die Öffentlichkeit Zutritt zu Schloss Frederiksborg.

Der Besuch von Schloss Frederiksborg ist sehr lohnend. Und selbst wer nur wenig Zeit hat, sollte sich zumindest die prunkvoll ausgestattete **Kirche** mit der **Meisterorgel** von 1610 von Esaias Compenius und den nicht weniger prächtigen **Rittersaal** ansehen. Orgelspiel donnerstags 13.30 bis 14 Uhr. In eben dieser Kirche heiratete 1995 der dänische Kronprinz Joachim Prinzessin Alexandra.

In schönen alten Wirtschaftsgebäuden des Schlosses sind heute einladende **Restaurants** wie das „Slotsherrens Kro" eingerichtet.

Nördlich des Schlosses erstreckt sich – man gelangt durch ein großes Torgebäude seitlich des Schlosses dahin – ein herrlicher **Barockgarten**, mit Terrassen, Kaskaden, Brunnen und Zierteichen.

In **Hillerød** selbst lohnt ein Besuch des **Nordsjællandsk Folkemuseet [N55° 56' 1.33" E12° 18' 31.90"]**, Helsingørsgade 65, des Heimatmuseums von Nordseeland im Park Jägerbakken, am Nordostufer des Schlosssees. Die Ausstellungen sind in einem alten, dreiflügeligen, strohgedeckten Bauernhaus untergebracht *(geöffnet 1. Mai – Ende Okt. Di – So 11 – 16 Uhr)*.

Schließlich kann man während der Sommermonate vom Marktplatz Torvet aus eine **Dampferfahrt** mit dem Ausflugsboot „MF Frederiksborg" auf dem Schlosssee unternehmen; www.partrederiet.dk.

Wenn Ihnen der Sinn weniger nach Museen steht, bummeln Sie einfach durch das preisgekrönte, überdachte **Einkaufszentrum** „Slotsarkaderne"; www.slotsarkaderne.dk.

PRAKTISCHE HINWEISE — HILLERØD

Hillerød Turistbureau [N55° 56' 6.58" E12° 17' 49.86"], Frederiksværksgade 2 A, 3400 Hillerød, Tel. +45 48 24 26 26; www.visitnordseeland.de. Am Schlossparkplatz. *Geöffnet Juni Do - Sa 10 - 16 Uhr; Juli - Mitte Sept. Mo - Sa 10 - 16 Uhr.*

HOTEL

Hotel Hillerød ***, 62 Zi., Milnersvej 41, Tel. +45 48 24 08 74; www.hotelhillerod.dk; Restaurant, Terrasse, Fahrradverleih, WLAN, Parkplatz.

CAMPING

Camping Hillerød [WP 077 / N55° 55' 26.1" E12° 17' 43.5"], Blytækkervej 18, Tel. +45 48 26 48 54; www.hillerodcamping.dk; 1. Apr. – Ende Sept.; im südl. Stadtgebiet; 2 ha – 100 Stpl.; Standardsanitärausstattung; Kiosk, WLAN, Miethütten. **V & E für Wohnmobile**.

WOHNMOBIL-STELLPLATZ

Wohnmobil-Stellplatz Skovgarden [WP 078 / N55° 54' 8.05" E12° 18' 41.25"], Hestehavevej 24, Tel. +45 40 11 05 60. **Zufahrt/Lage**: Von der Straße 6 (Fredensborg – Roskilde) 2 km südlich vom Ortszentrum auf den Hestehavevej abzweigen, über die Bahngleise und noch ca. 300 m zum Bauernhof. **Geöffnet:** Ganzjährig. **Gebühr:** Pauschale inkl. aller Personen, Strom, Frischwasser, Entsorgung, WLAN. **Ausstattung:** Wiese am Waldrand mit Platz für 6 Wohnmobile, ruhig gelegen. Frischwasser, Grauwasser- und Chemikaltoilettenausguss, WLAN, Strom, Mülltonne.

Schloss Fredensborg

ROUTE:** Von Hillerød auf der Straße 6 nach Nordosten. Schon nach knapp 8 km erreicht man **Fredensborg** und das **Königliche Schloss.

Schloss Fredensborg [Parkplatz, WP 079 / N55° 58′ 48.1″ E12° 23′ 46.2″] ist noch heute königliche Residenz. *Der Öffentlichkeit sind das Schloss und die inneren Gärten allerdings nur vom 1. Juli bis 6. Aug. tgl. von 9 bis 17 Uhr zugänglich, in dieser Zeit Führungen, in englischer Sprache um 13.45 und 14.45 Uhr. Der Schlosspark ist ganzjährig zugänglich; http://www.kongeligeslotte.dk/en/palaces-and-gardens/frederiksborg-castle.html.*

Der Besucher ist beeindruckt vom reichen Interieur und der kostbaren Möblierung, die man auf den Schlossführungen zu Gesicht bekommt.

Jedes Jahr im Frühling und im Herbst verlegt das Regentenpaar Königin Margrethe II. und Prinz Henrik ihre Residenz für einige Monate nach Fredensborg. Bei Anwesenheit des Königspaares findet jeden Tag um 12 Uhr vor dem Schloss die Wachablösung statt.

Schloss Fredensborg entstand während der Regentschaft von König Frederik IV. (1699 – 1730), der hier in den königlichen Jagdrevieren um den Esrum See ein Jagdschloss wünschte.

PRAKTISCHE HINWEISE — FREDENSBORG

Fredensborg Turistbureau [N55° 58′ 48.86″ E12° 23′ 45.50″], Slotsgade 6, 3480 Fredensborg, Tel. +45 49 21 13 33; www.visitfredensborg.dk. *Geöffnet Jan - Mitte Juni + Mitte Aug. - März Mo - Fr 12 - 16, Mitte Juni - Ende Juni + Anf. Aug. Mitte aug. Mo - Fr 10 - 16 Uhr; Juli Mo - Fr 10 - 17 Uhr.*

HOTEL

Hotel Fredensborg Store Kro ***, 35 Zi., Slotsgade 6, Tel. +45 71 71 21 21, www.storekro.com; Restaurant, Garten, Terrasse, Fahrradverleih, WLAN, Parkplatz.

CAMPING

Camping Højsager [WP 080 / N55° 58′ 4.0″ E12° 27′ 20.1″], Humlebækvej 31, Tel. +45 49 19 44 48; www.hojsager.dk-camp.dk; 1. Apr. – 30. Sept.; ca. 2 km östl. Fredensborg, Wiesen von Bäumen umgeben; ca. 2 ha – 100 Stpl.; einfache Standardsanitärausstattung; Laden, Miethütten.

Der Schlossname *„Friedensburg"*, so die Übersetzung, erinnert an das Ende des Krieges gegen Schweden, den König Frederik IV. mit dem Friedensschluss von 1720 beenden konnte.

1719 war der Architekt Johan Cornelius Krieger mit dem Bau beauftragt worden. Zwar wurden bei der prunkvollen Einweihung am 11. Oktober 1722 schon die ersten Gemächer bezogen, aber den letzten Schliff und das gegenwärtige Aussehen erhielt Fredensborg erst 44 Jahre nach dem ersten Spatenstich. Das Resultat ist eine überaus harmonische Schlossanlage mit 28 Gebäuden, welcher der Festungscharakter von Kronborg oder Frederiksborg völlig fehlt.

Sehr schön ist ein Spaziergang durch den herrlichen, vom Gartenarchitekten J. C. Krieger nach Versailler Vorbild angelegten, ganzjährig zugänglichen **Schlosspark** hinunter zum See. Einer der strahlenförmig verlaufenden Wege zum See wird von zwei schönen, lauschigen Pavillons abgeschlossen. Unter den vielen Skulpturen im Park fällt die etwas abseits gelegene Gruppe von 69 Sandsteinfiguren auf, die das „Norwegische Volk" darstellen soll.

*ROUTE: Weiterreise von Fredensborg auf der Straße 6 nach **Helsingør**, 16 km.*

Helsingør existiert seit 1281 und wurde schon in Dokumenten zur Zeit König Valdemars des Großen erwähnt. Seit alters her ist Helsingør wichtiger Fährpunkt an der schmalsten Stelle des Øresunds nach dem nur 4 km entfernten Schweden.

1426 erhielt der Hafen Stadtrechte und schon drei Jahre später fiel dem damals regierenden König Erik von Pommern ein probates Mittel ein, der Stadt und dem Staatssäckel eine feine Einnahmequelle zu sichern – er führte den Sundzoll ein. Erst 1857 schaffte man ihn wieder ab.

Autofähren verkehren über den Øresund nach Helsingborg in Schweden laufend rund um die Uhr. Fahrzeit ca. 20 Minuten.

Schloss Kronborg [N56° 2' 23.55" E12° 36' 50.98"], das markante „Hamlet-Schloss" an der Hafenausfahrt, wird zu den schönsten Renaissanceschlössern in Nordeuropa gezählt *(geöffnet Juni - Sept. tgl. 10 - 17.30 Uhr; Apr. - Mai + Okt. tgl. 11 - 16 Uhr; Jan. - März + Nov. - Dez. Di - So 11 - 16 Uhr; www.kronborg.dk)*.

In einem alten dänischen Seemannslied wird mit den Zeilen „Mit Kronborg an Steuerbord ...." die Einfahrt in den Øresund und das glückliche Ende einer oft monatelangen Seefahrt besungen.

Schloss Kronborg in Helsingør

Nach der Einführung des Sundzolls, der der Krone Unsummen einbrachte, wurde die alte Hafenfestung „Krogen" aus dem 15. Jh. um 1575 unter Frederik II. zu einem Prunkschloss im Renaissancestil ausgebaut. Geld war durch die reichlich fließende Seemaut ja vorhanden. Schließlich musste jedes Schiff, das das Nadelöhr des Øresunds passierte, bezahlen.

Selbst die Spuren der Brandkatastrophe von 1629, die große Teile des Schlosses in Schutt und Asche legte, konnten dank des Wasserzolls während der Regentschaft des baufreudigen Dänenkönigs Christian IV. rasch wieder beseitigt werden.

Ab dem Ende des 18. Jh. dann wurde die ehemals königliche Residenz Kronborg als Kaserne genutzt, was seine Spuren hinterließ. Nach umfassenden Restaurierungsarbeiten schon zu Beginn des 20. Jahrhunderts präsentiert sich der vierflügelige, von Schanzanlagen und Basteien umgebene Komplex heute wieder komplett und unversehrt.

Die alljährliche Besucherschar aus aller Welt wäre bestimmt um ein Wesentliches kleiner, wäre im 16. Jh. der große Dramatiker vom Avon, William Shakespeare, nicht auf die Idee gekommen, die Handlung seiner berühmten Tragödie **„Hamlet, Prinz von Dänemark"** in Helsingør und auf Kronborg spielen zu lassen. Seitdem lebt Helsingør mit dem Ruf – sicher recht gern – die Stadt des tragischen dänischen Sagenprinzen Hamlet zu sein, der im Bestreben, seinen gemeuchelten Vater zu rächen, selbst dramatisch zu Tode kam.

Ob Hamlet nun lebte oder nicht, er ist und bleibt der „berühmteste" Däne in der Weltliteratur. In Shakespeares Tragödie ist Hamlet ein den Realitäten des Alltags entrückter Feingeist, der mit dem wirklichen Leben so seine Schwierigkeiten hat.

Noch ein anderer Geist einer dänischen Sagengestalt, **„Holger Danske"**, Holger der Däne, soll in den riesigen Kasematten unter dem Schloss umgehen. Von diesem grimmigen Haudegen erzählen sich die Dänen, dass ihnen Holger zu Hilfe käme, „wenn es wirklich ernst wird". Dann aber würde der sagenhafte Holger wüten wie ein Berserker, dass das Blut „kniehoch" steht. Und das Häuflein der Überlebenden wäre so klein, dass es sich bequem an einem einzigen Tisch niedersetzen könne.

Speisesaal der Königin, Schloss Kronborg

Während der **Besichtigungstour** durch Kronborg sieht man – neben zahlreichen Räumen des Schlosses, ausgestattet mit prächtig gearbeiteten Kaminen, mit kostbarem Mobiliar und mit schönen Gobelins wie in der **Kammer der Königin** – auch den riesigen, 62 m langen und stattliche 11 m breiten **Rittersaal**. Mit diesen Dimensionen gilt der Saal als größter historischer Raum Nordeuropas.

Ebenfalls zur Schlossbesichtigung gehört ein Rundgang durch das Labyrinth der düsteren **Kasematten** mit zum Teil bis zu 6 m dicken Mauern. Hier hatten sich in Kriegszeiten die Soldaten bei ziemlich düsteren und unwirtlichen Verhältnissen aufzuhalten.

Nicht versäumen sollte man einen Blick in die prächtige **Schlosskirche**, die aus dem 16. Jh. unverändert erhalten ist.

Erst 2013 eröffnete das **M/S Museet for Søfart [N56° 2' 21.38" E12° 36' 54.38"]**, Ny Kronborgvej 1, Tel. +45 49 21 06 85; *(geöffnet Juli + Aug. tgl. 10 - 18 Uhr; Sept. tgl. 11 - 17 Uhr; Okt. - Juni Di - So 11 - 17 Uhr; www.mfs.dk)*. Dänemarks neues Museum für Seefahrt liegt unterirdisch im alten Trockendock zwischen Schloss Kronborg und der Kulturværftet. Die Ausstellungen befassen sich mit dem weiten, facettenreichen, bunten Spektrum der Seefahrt und des Seehandels. Immerhin gilt Dänemark seit jeher als eine der führenden Seefahrtnationen der Welt.

Seit 2012 ist Helsingør stolz darauf, über das „Gegenstück" zu Dänemarks Nationalikone, der „Kleinen Meerjungfrau" in Kopenhagen, zu verfügen. **HAN** heißt die glänzende Edelmetallskulptur. In der ähnlichen Pose, die die Kleine Meerjungfrau einnimmt, sitzt ein nackter Jüngling auf einem „Felsen" und blickt mit wenig fröhlichem Gesicht hinaus auf den Øresund. Die Skulptur ist eine Arbeit der dänischen Künstler Elmgreen und Dragset.

Die Skulptur HAN (han ist das dänische Wort für „er") steht beim Schloss Kronborg am Kai der neuen **Kulturværftet [N56° 2' 16.31" E12° 36 53.10"]**, Helsingørs futuristisch anmutendem Glaspalast, der als Kulturzentrum fungiert (Allegade 2; www.kulturvaerftet.dk) und dem M/S Seamen's Museum (www.mfs.dk).

Schloss Marienlyst [N56° 2' 39.30" E12° 36' 11.14"] in der Marienlyst Allé 32 in der Stadtmitte, wurde im 16. Jh. als königliche Sommerresidenz in einem Lustgarten erbaut. Heute ist es eine Dependance des Stadtmuseums. Gezeigt werden Gegenstände zu den Themen „Sundzoll" und „Hamlet", sowie Kunsthandwerk. Schönes Louis XVI.-Inventar. Im Park ein Granit-Sarkophag der als „Hamlets Ehrengrab" bekannt ist.

Teile des Anwesens werden als Hotel, Restaurant und als Kasino genutzt.

Sehenswert ist außerdem **Dänemarks Technisches Museum [N56° 1' 21.3" E12° 33' 46.6"]**, Fabriksvej 25, Oldtimer, Motorräder, Flugzeuge *(geöffnet Di – So 10 – 17 Uhr; www.tekniskmuseum.dk)*.

PRAKTISCHE HINWEISE — HELSINGØR

Helsingør Turistbureau [N56° 02' 02.9" E12° 36' 50.8"], Havnepladsen 3, 3000 Helsingør, Tel. +45 49 21 13 33; www.visit-helsingor.dk. *Geöffnet Apr. - Juni + Sept. Mo - Fr 10 - 16 Uhr; Juli Sa + So 10 - 14 Uhr + Mo - Fr 10 - 17 Uhr; Aug. Sa 10 - 14 Uhr; Jan. - März + Okt. - Dez. Mo - Fr 12 - 16 Uhr.*

HOTEL

Hotel & Casino Marienlyst ****, 225 Zi., Nordre Strandvej 2, Tel. +45 49 21 40 00; www.marienlyst.dk; traditionsreiches Haus der gehobenen Klasse, am Meer, Zimmer teils mit Blick zum Schloss Kronborg, Restaurant, Fitnesscenter, Spielkasino, Fahrradverleih. WLAN. Parkplatz.

CAMPING

Camping Helsingør Grønnehave [WP 081 / N56° 02' 35.7" E12° 36' 17.0"], Strandalleen 2, Tel. +45 49 28 49 50; www.helsingorcamping.dk; 1. Jan. – 31. Dez.; Straße 237 ca. 1 km Richtung Hornbæk; stark besuchter Durchgangsplatz im Norden der Stadt zwischen Bahn und Strand; ca. 1 ha – 80 Stpl.; Standardsanitärausstattung. Kiosk, Fahrradverleih, WLAN, Internetecke. Miethütten. **V & E für Wohnmobile**.

TOUR 5: HELSINGØR (DK) - GÖTEBORG (S)

Länge der Tour: Rund 290 km, ohne Abstecher, + 1 Fähre.

Die Route: Über die Straße 111 bis **Höganäs** – Straße 112 und Straße E6/20 bis **Ängelholm** – Straßen E6/E20 über **Halmstad, Falkenberg, Varberg** bis **Göteborg**.

Reisedauer: Mindestens ein Tag.

Höhepunkte: Blick vom **Festungsturm Kärnan** * über Helsingborg – das **Schloss Sofiero – Göteborgs Ostindien-Haus** ** – **Maritim Zentrum** ** – **Seefahrtmuseum** **.

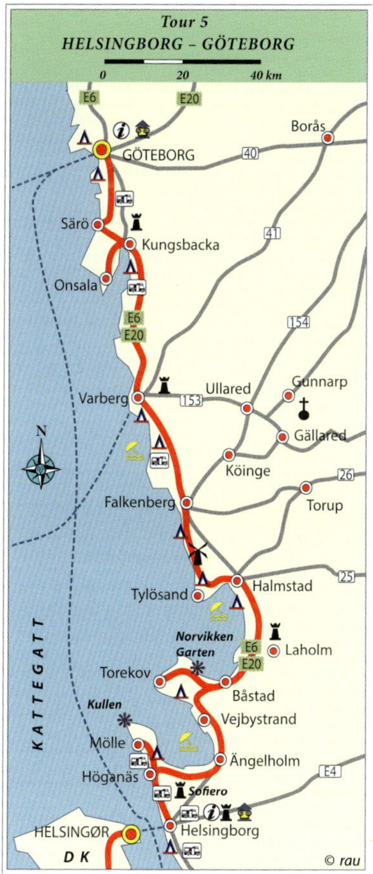

*ROUTE: **Autofähre Helsingør – Helsingborg**, Fahrtdauer ca. 20 Minuten.*

Helsingborg taucht als Hafenname schon im 10. Jh. in der Nial-Saga auf und wird 1085 erstmals urkundlich erwähnt. König Waldemar I. ließ im 12. Jh. Schloss Helsingborg errichten, von dessen später abgeänderten Form der 36 Meter hohe Burgturm „Kärnan" noch erhalten ist. Bis zu den Zeiten Eriks von Pommern war Schloss Helsingborg Residenz der dänischen Könige. Heute ist Helsingborg mit seinen rund 100.000 Einwohnern Schwedens viertgrößte Hafenstadt.

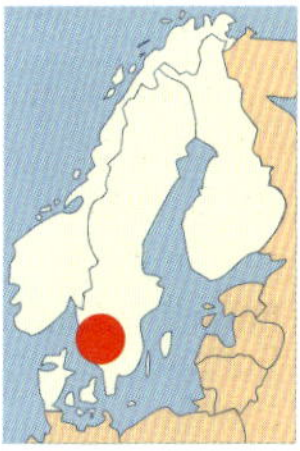

Die wichtigsten Sehenswürdigkeiten Helsingborgs findet man fast alle in der Nähe des zentralen **Stortorget [N56° 02' 46.4" E12° 41' 34.6"]** am Fährhafen (Parkplätze).

Stadteinwärts wird der Platz abgeschlossen von zwei mächtigen Rundtürmen der früheren Stadtbefestigung. Darüber erkennt man den dominierenden **Kärnan [N56° 2' 52.91" E12° 41' 49.81"]**, den Rest der alten Stadtfestung von Helsingborg. Der starke, viereckige Ziegelturm stammt aus der Mitte des 14. Jh., ist fast 35 m hoch und hat an der Basis eine Seitenlänge von fast 15 m.

Die einzelnen Stockwerke sind nur über den angebauten fünfeckigen Treppenturm zu erreichen. Das zweite (zusammen mit dem früheren dritten) Obergeschoss beherbergt die Burgkapelle mit hohem Kreuzgewölbe. Darüber befindet sich ein hoher Raum mit Tonnengewölbe, der ehemals als Arsenal genutzt wurde.

Abgeschlossen wird der Turm von einer **Aussichtsplattform**, die bis ins 17. Jh.

PRAKTISCHE HINWEISE - HELSINGBORG

Helsingborgs Turistbyrå [N56° 02' 46.8" E12° 41' 35.5"], Dunkers Kulturhus, Kungsgatan 11, 25221 Helsingborg, Tel. +46 (0)42 10 43 50;35 10 43 50; www.visithelsingborg.com/en/. *Geöffnet Juni - Aug. Mo - Fr 9 - 18 Uhr, Sa + So 10 - 18 Uhr.*

HOTELS

Elite Mollberg ****, 100 Zi., Stortorget 18, Tel. +46 (0)42 37 37 00; www.elite.se/en/hotels/helsingborg/hotel-mollberg/; in Bahnhofsnähe, Restaurant, Sauna, WLAN. Parkplatz, Garage.

CAMPING

Camping Råå Vallar [WP 082 / N56° 0' 11.45" E12° 43' 47.46"], Kustgatan, Tel. +46 (0)42 18 26 00; www.nordiccamping.se; Anf. Apr. - Ende Okt.; ca. 5 km südöstl. vom Stadtzentrum, ab Zentrum Richtung Råå, gut beschildert; Übernachtungsplatz, langgestreckt, eben, durch Hecken und Bäume in mehrere große Felder unterteilt, parzelliert, an Industrieanlagen grenzend; zwischen Straße und Strand; ca. 9 ha – 300 Stpl. + Dau; Standardsanitärausstattung; Laden, Imbiss, Schwimmbad, WLAN, **V & E für Wohnmobile**. Mietbungalows.

WOHNMOBIL-STELLPLÄTZE

Helsingborg

Wohnmobil-Stellplatz Helsingborg Norra Hamnen [WP 083 / N56 2' 53.13" E12° 41' 5.36"], Parapeten 6. **Zufahrt/Lage:** Westlich der Innenstadt am Sportbootshafen (Småbåtshamnen), Tel. +46 (0)42 10 50 00. **Geöffnet:** Ganzjährig. **Gebühr:** Pauschale inkl. Ver- und Entsorgung und Strom. **Ausstattung:** Asphaltfläche am Nordende einer langgestreckten, schattenlosen Mole mit Platz für ca. 20 Wohnmobile. Wasser, WC, Dusche, Strom, Beleuchtung, Campingaktivitäten (wie z. B. Markise ausfahren, Tisch und Stühle aufstellen, Grillen etc.) nicht erlaubt!

Domsten

Wohnmobil-Stellplatz Domstenshamn [WP 084 / N56° 7' 2.58" E12° 36' 16.64"], Tel. +46 (0) 708 15 30 63. **Zufahrt/Lage:** Von der Straße 111 (Helsingborg – Höganäs) ca. 9 km nördlich von Helsingborg zum Ort Domsten abzweigen und weiter zum Hafen. **Geöffnet:** Ganzjährig. **Gebühr:** Lt. Anschlag: Wohnmobile 8 - 10 m zwischen SEK 200,- und 400,- je nach Länge, inkl. Strom und Wasser. Zu zahlen am Kiosk. **Ausstattung:** Geschotterte Fläche neben geteertem Parkplatz am Sportboothafen mit Platz für 10 Wohnmobile (falls nicht mit Bootsanhängern belegt). Toiletten, Duschen, Frischwasser, Grauwasser- und Chemikaltoilettenausguss, Strom. Restaurant nahebei.

als Geschützbastion diente. Die Aussicht von dort oben ist prächtig und reicht von der Stadt über den Öresund bis weit hinüber nach Dänemark.

*ROUTE: Wir verlassen Helsingborg auf der Straße 111 in nordwestlicher Richtung nach **Höganäs**. Nach wenigen Kilometern bietet sich Gelegenheit zum **Schloss Sofiero** abzuzweigen.*

Das Sehenswerte an **Schloss Sofiero [Parkplatz, WP 085 / N56° 05' 06.0" E12° 39' 48.2"]** *(Park geöffnet Mitte Apr. - Mitte Sept. tgl. 10 - 18 Uhr; www.sofiero.se)* ist weniger das Schlossgebäude, das heute ein Restaurant und Terrassen-Café beherbergt, als vielmehr die ausgedehnte, herrliche, größenteils naturbelassene Parklandschaft um das Schloss, mit den berühmten **Rhododendronpflanzungen**.

Auf der Weiterfahrt über die Straße 111 passiert man **Schloss Kulla-Gumerstorp** (nicht zugänglich) und erreicht nach einer ansprechenden Küstenfahrt über **Viken** mit seinen hübschen Fachwerkhäusern, dem Sporthafen und den Sandstränden, die Stadt **Höganäs**, Hauptort der nach Nordwesten vorspringenden Halbinsel Kullen und ein Zentrum der Keramikfabrikation (Stadtmuseum).

Wenige Kilometer weiter nordwestlich liegt das hübsche **Schloss Krapperup** unmittelbar an der Straße 111 mit schönem **Schlosspark**.

Reizend liegt der kleine Fischerhafen **Mölle [N56° 17' 01.7" E12° 29' 41.6"]** an der Küste des Kattegatt. Über dem Hafen erheben sich die bewaldeten, felsigen Höhen des 188 m hohen **Kullabergs**, der Wandermöglichkeiten (Naturschutzgebiet, Eintritt!) auf markierten Wegen bis hinaus zum Leuchtturm und zwischen den Klippen schöne Badeplätze bietet.

*ROUTE: Weiterreise über die Straße 112 Richtung **Jonstorp** ostwärts und über **Brunnby** bis zur E6/E20, der wir über **Halmstadt, Falkenberg** und **Varberg** nach Norden bis **Göteborg** folgen. Bei ausreichend zur Verfügung stehender Zeit wird man lieber die parallel zur meist autobahnähnlich ausgebauten E6/E20 verlaufenden Landstraßen nehmen und hat dann bessere Möglichkeiten, zu den Küstenorten und Badestränden abzuzweigen.*

Ein beliebter Badeorte hier ist z. B. **Båstad [N56° 25' 58.8" E12° 50' 08.6"]**, ein renommiertes Seebad und hübscher Küstenort mit fast malerisch zu nennendem Ortskern .

Halmstad (75.000 Einw.) ist Hauptort und Verwaltungszentrum der **Region Halland**, einer Region, die in der Zeit der Machtkämpfe zwischen Dänen, Schweden und Norwegern oft umkämpft war und gelegentlich zu Norwegen gehörte.

Trotz eines verheerenden Brandes im 17. Jh. blieben im alten Stadtkern einige sehr schöne **Fachwerkhäuser** erhalten.

Zu den Sehenswürdigkeiten der Stadt zählt – neben dem **Freilichtmuseum [N56° 40' 59.10" E12° 51' 5.69"]** *(geöffnet Sommer tgl. 10 - 19 Uhr, sonst 10 - 16 Uhr)* im ehemaligen Hallandsgården auf dem mittelalterlichen Galgenberg im nördlichen Stadtbereich – das **Landesmuseum von Halland [N56° 40' 50.62" E12° 51' 42.96"]** in der Tollsgatan, das u. a. Kunsthandwerk aus Südschweden zeigt.

Eine Sehenswürdigkeit aus unseren Tagen stellt der **Europabrunnen [N56° 40' 29.68" E12° 51' 30.41"]** auf dem Marktplatz Stora Torg dar. Eine Plastik von Carl Milles zeigt „Europa mit dem Stier".

PRAKTISCHE HINWEISE

Halmstads Turistbyrå [N56° 40' 34.56" E12° 51' 27.22"], Köpmansg. 20, 30102 Halmstad, Tel. +46 (0)35 12 02 00; www.destinationhalmstad.se. *Geöffnet Mo - Fr 10 - 18 Uhr, Sa 10 - 14 Uhr.* Naher **Parkplatz [N56° 40' 36.16" E12° 51' 28.03"]** am Lilla torg.

Falkenbergs Turistbyrå [N56° 54' 19" E12° 29' 23"], Holgersgatan 11, 31124 Falkenberg, Tel. +46 (0)34 68 86 100; www.visitfalkenberg.se. *Geöffnet 24. Juni - 14. Aug. Mo - Sa 10 - 18 Uhr, So 13.30 - 17.30 Uhr, sonst Mo - Fr 10 - 17 Uhr, Sa 10 - 13 Uhr.*

Varbergs Turistbyrå [N 57° 6' 21.81" E12° 14' 54.87"], Västra Vallgatan 39, 43224 Varberg, Tel. +46 (0)34 08 87 70; www.varberg.se. *Geöffnet Mo - Mi 8 - 17 Uhr, Do 8 - 18 Uhr, Fr 8 - 16 Uhr.*

Kungsbacka Turistbyrå [N57° 29' 24.6" E12° 4' 44.1"], Storgatan 15, 43432 Kungsbacka, Tel. +46 (0)300 83 45 95; www.svetur.se/kungsbacka. *Geöffnet Mo - Fr 10 - 18 Uhr, Sa 10 - 16 Uhr, So 10 - 14 Uhr.*

CAMPING

Halmstad

Camping Hagöns [WP 086 / N56° 38' 8.8" E12° 54' 0.6"], Östra Stranden, Tel. +46 (0)35 12 53 63; www.hagonscamping.se; 1. Mai – 31. Aug.; ca. 6 km südöstl. Halmstadt; zwischen E6 und Laholmsbukten; Wiesengelände; ca. 10 ha – 350 Stpl. + 170 Dau.; Standardsanitärausstattung; Laden, Restaurant, WLAN, Miethütten; **V & E für Wohnmobile.**

Camping First Camp Tylösand [WP 087 / N56° 39' 40.0" E12° 44' 25"], Kungsvägen 3, Tel. +46 (0)35 305 10; www.firstcamp.secampingar/tylosand; Mitte Apr. - Ende Sept.; ca. 1,5 km nördl. von Tylösand; Wiesen- und Waldgelände in Meeresnähe; ca. 8 ha - 110 Stpl. + 120 Dau.; Komfortausstattung; Laden, Imbiss, Fahrradverleih; Sauna, WLAN, Internetecke, Miethütten. **V & E für Wohnmobile.**

Falkenberg

Camping Skrea Familjecamping [WP 088 / N56° 52' 58.94" E12° 30' 56.22"], Strandvägen 55, Tel. +46 (0)346 17 107; www.skreacamping.se; Jan. - Dez.; Abzweig von der E6/E20 an Ausfahrt 49 und Richtung Skrea; Wiesengelände, durch Hecken unterteilt, am Meer; ca. 4 ha - 180 Stpl. + 100 Dau; Standardsanitärausstattung; Laden, Miethütten.

Camping Olofsbo [WP 089 / N56° 55' 23.2" E12° 23' 24.9"], Olofsbo 222, Tel. +46 (0)346 92 022; www.olofsbostugby.se; Mitte - Anf. Sept.; ca. 8 km nordwestl. Falkenberg; Wiesengelände in Meeresnähe; ca. 9 ha - 360 Stpl. + 190 Dau; Standardsanitärausstattung; Laden, Imbiss, WLAN.Miethütten. **V & E für Wohnmobile.**

Varberg

Camping Apelviken [WP 090 / N57° 5' 16.5" E12° 14' 53.0"], Sanatorievägen 4, Tel. +46 (0)340 64 13 00; www.apelviken.se; 1. Jan. - 31. Dez.; südl. der Stadt, ca. 2 km meerwärts, gut beschildert. Komfortabler Ferienplatz mit umfangreichen, zeitgemäßen Einrichtungen, ebenes, schattenloses Wiesengelände bis an eine Sandbucht reichend; ca. 7 ha - 320 Stpl. + 180 Dau; Komfortsanitärausstattung; Laden, beheiztes Schwimmbad, Restaurant, Bar, Imbiss, Supermarkt, Fahrrand- und Bootsverleih, Fremdenzimmer und Mietbungalows, WLAN auf Teilen des Platzes, Internetecke; Musikveranstaltungen. **V & E für Wohnmobile** am gelben Sanitärhaus.

Camping Getteröns [N57° 6' 59.2" E12° 12' 51.6"], Valvikavägen 3, Tel. +46 (0)340 16 885; www.getteronscamping.se; Ende Apr. - Mitte Sept.; im Juli + Aug. Mindestaufenthalt 3 Tage! Ca. 4,5 km nordwestl. Varberg; Wiesengelände, durch Hecken unterteilt, in Meeresnähe, spezieller Platzteil für Wohnmobile mit 22 befestigten Stellplätzen; ca. 8 ha - 270 Stpl. + 200 Dau; Komfortsanitärausstattung; Laden, Restaurant, Fahrradverleih, Sauna, WLAN. Miethütten. **V & E für Wohnmobile. QuickStop.**

Åsa bei Kungsbacka

Camping Åsa Havsbad [WP 091 / N57° 20' 54.59" E12° 7' 21.51"], Stora Badviksvägen 10, Tel. +46 (0)340 21 95 90; Mitte Apr. - Mitte Sept.; Abfahrt Frillesås von der E6/E20 und rund 4 km nach Nordwesten zur Küste; von Felsen begrenztes Wiesengelände am Meer; ca. 3,5 ha - 100 Stpl. + 90 Dau; Standardsanitärausstattung.

WOHNMOBIL - STELLPLÄTZE

Falkenberg

Wohnmobil-Stellplatz Ställplads Husbiler „Falkenbergs Båtsällskap" [WP 091a / N56° 53' 36,6" E12°29' 33.8"], Gröningevägen 3; www.falkenbergs-batsallskap.se; **Zufahrt/Lage:** Von Falkenberg Richtung Skreastrand, an der Ingo-Tankstelle Abzweig zum Wohnmobil-Stellplatz im Hafen am Fluss Ätran, gegenüber große, unübersehbare Silos. **Geöffnet:** Ganzjährig. **Gebühr:** Pauschale inkl. Ver- und Entsorgung und Strom.

Ausstattung: Parzellierte Schotterflächen entlang des Flusses Ätran mit Platz für 20 Wohnmobile, Frischwasser, Grauwasser- und Chemikaltoilettenausguss, WC, Dusche Strom, Grillplatz, WLAN, Beleuchtung, Mülltonne.

Wohnmobil-Stellplatz Lövstavikens Båtförening [WP 092 / N56° 53′ 36.37″ E12° 28′ 4.00″], Sanddynevägen 58; www.lovstaviken.se. **Zufahrt/Lage:** Von Falkenberg zunächst ca. 500 m westwärts, dann südwärts durch Industrieanlagen und weiter zum Sportboothafen Lövstavikens Båtförening. **Geöffnet:** Mai - Okt. **Gebühr:** Pauschale inkl. Ver- und Entsorgung, Dusche, Strom. **Ausstattung:** Schotterplatz im Sportboothafen mit Platz für 20 Wohnmobile, Frischwasser, Grauwasser- und Chemikaltoilettenausguss, WC, Dusche, Strom,

Varberg

Wohnmobil-Stellplatz Varbergs Innherhamn [WP 093 / N57° 6′ 31.4″ E12° 14′ 38.9″], am Fährhafen, Otto Torells gata 24. **Zufahrt/Lage:** Im Zentrum von Varberg zum Fährhafen, vor, neben und hinter dem Stena Line-Büro. **Geöffnet:** Ganzjährig. **Gebühr:** Pauschale inkl. Ver- und Entsorgung und Strom zu bezahlen im Hafenbüro. **Ausstattung:** Asphaltierte Fläche mit 14 markierten Stellplätzen für Wohnmobile. Frischwasser, Strom, Chemikaltoilettenausguss, WC, Dusche, WLAN, Beleuchtung. Zur Innenstadt von Varberg ca. 10 Minuten Fußweg.

Getterön bei Varberg

Wohnmobil-Stellplatz Getterön Eliassons Bootswerft [WP 094 / N57° 6′ 59.9″ E12° 13′ 26.3″], Änggärdevägen. **Zufahrt/Lage:** Von Varberg nordwärts Richtung E6, ca. 1,5 km westwärts Richtung Getterön abzweigen und noch ca. 2 km Richtung Getterön Marina südwärts abzweigen, Einfahrt durch ein Rolltor der Eliassons Bootswerft. **Geöffnet:** Ganzjährig. **Gebühr:** Pauschale inkl. Ver- und Entsorgung, Dusche, WLAN. **Ausstattung:** Ebener, schattenloser Schotterplatz mit Blick über die Bucht nach Varberg. Platz für 21 Wohnmobile. Frischwasser, Grauwasser- und Chemikaltoilettenausguss, Strom, WC, Dusche, WLAN, Beleuchtung.

Apelviken bei Varberg

Wohnmobil-Stellplatz Apelvikenstrand [WP 095 / N57° 4′ 54.2″ E12° 15′ 41.8″], Tångkörarvägen. **Zufahrt/Lage:** Von Varberg-Zentrum südwärts zum Apelviksleden (Zufahrt wie Camping Apelviken), am Strand links auf den Tångkörarvägen und noch 300 m, nahe Camping Apelviken. **Geöffnet:** Mai - Okt. **Gebühr:** Pauschale inkl. Ver- und Entsorgung. **Ausstattung:** Schatten- und vegetationsloser Schotterplatz hinter einem Dünengürtel mit Blick zum Meer, 25 nummerierte Stellplätze, Toilettenhäuschen mit Waschbecken, WC, Chemigalausguss, Suchen im Freien, Mülltonne.

Rastplätze

Rastplatz Torpasjön [N57° 23′ 21.1″ E12° 11′ 24.8″], an der E6 ca. 8 km südlich von Kungsbacka. Rastplatz für Wohnmobile mit Chemikalausguss, Frischwasser, Toiletten, Abfalleimer, im Sommer Kiosk, Infotafel. Hinweis auf Diebstahlgefahr mit dem Hinweis: Übernachten möglichst auf Campingplätzen. Einfahrt bis max. 3,5 Tonnen. Picknicktische, beengte Verhältnisse. Gebühr: Kostenfrei. Jederzeit zugänglich.

Rastplatz Sandsjöbacka [N57° 32′ 59.91″ E12° 3′ 14.85″], an der E6 ca. 10 km nördlich von Kungsbacka bei Shell-Tankstelle. Rastplatz für Wohnmobile mit Chemikalausguss, Frischwasser, Toiletten, Abfalleimer, Picknicktische, Restaurant nahebei. Gebühr: Kostenfrei. Jederzeit zugänglich.

Noch etwas weiter südwestlich liegt das Seebad **Tylösand**, das in ganz Schweden vor allem für seinen **herrlichen Sandstrand** und bei Kennern für seinen Golfplatz bekannt ist.

Bei ausreichend zur Verfügung stehender Zeit lohnt ein Abstecher ins alte Zentrum von **Falkenberg** mit der sehenswerten **Laurentius-Kirche** und hübschen Straßenzügen.

In der **Festung von Varberg** (im Sommer Führungen) aus dem 13. Jh., sind heute eine Jugendherberge, ein kleines Fahrzeugmuseum und das **Halland Kulturhistoriska Museum [Parkplatz, WP 096 / N57° 6‘ 15.02“ E12° 14‘ 29.30“]** *(geöffnet Mai - Ende Juni + Ende Aug. - 30. Dez. Di - Fr 10 - 16 Uhr, Sa + So 12 - 16 Uhr; Ende Juni - Ende Aug. tgl. 10 - 18 Uhr; www.museumhalland.se)* mit einer sehenswerten Ausstellung zur Bauernkultur und Volkskunst aus Halland und mittelalterlichen Moorfunden (Bocksten-Mann) untergebracht.

Bekannte und gern besuchte **Seebäder** südlich von Göteborg sind u. a. **Åsa, Gottskär** auf der Halbinsel Onsala und vor allem das renommierte **Särö**, das zu einem beliebten Naherholungsgebiet der Göteborger geworden ist.

Göteborg, mit über 533.000 Einwohnern zweitgrößte Stadt Schwedens, ist nun wirklich alles andere als eine Touristenstadt. Aber Göteborg hat Ecken und Sehenswürdigkeiten, die einen Besuch durchaus lohnen.

Die Stadt wird geprägt von ihren Häfen, Werft- und Industrieanlagen. In Göteborg haben Konzerne wie der Kugellagergigant SKF und der Automobilhersteller Volvo ihre Hauptverwaltungen und – Fotobegeisterte werden es wissen – in Göteborg werden die ebenso legendären wie teuren Hasselblad-Kameras gebaut.

Göteborg ist eine relativ „junge“ Stadt. Erst 1621 wurde sie offiziell gegründet, als Gustav II. Adolf ihr Stadtrechte verlieh.

Der Ursprung der Stadt allerdings reicht zurück bis ins 14. Jh., als am Göta älv, der lange die Grenze zu Norwegen bildete, eine Siedlung namens *Lödöse* existierte. Lödöse wurde zerstört, weiter flussabwärts aber – und nun beiderseits des Göta älv – wieder aufgebaut und erhielt von König Gustav II. Adolf den Namen Göteborg.

Der König war es auch, der holländische Städtebauer nach Schweden rief, um das Marschland, auf dem Göteborg ent-

„Paddan“-Rundfahrtboot auf dem Hamnkanalen, im Hintergrund die St. Kristine oder Tyska kyrka, links das Ostindien-Haus in Göteborg

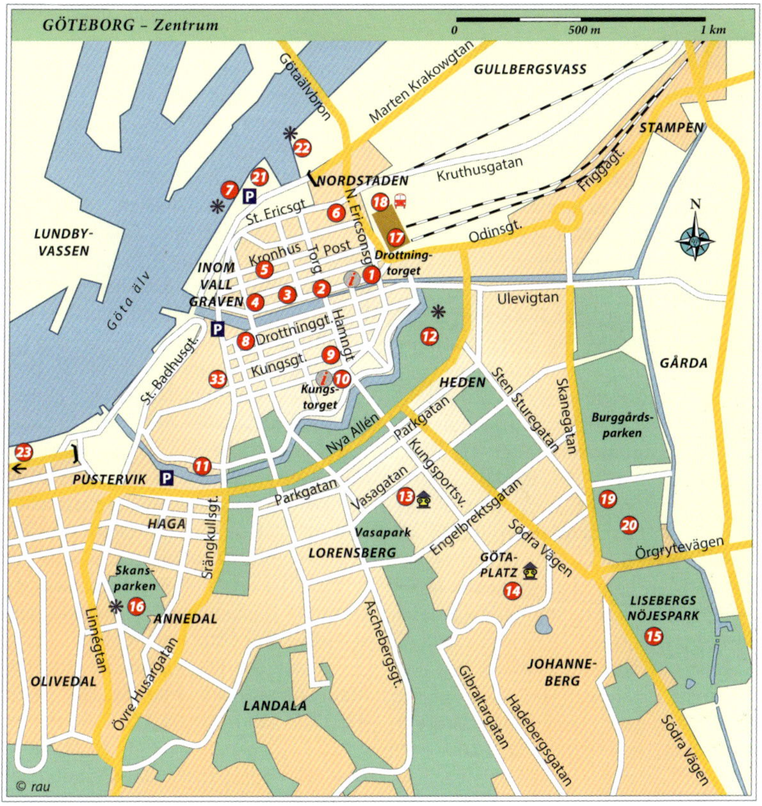

*GÖTEBORG – **1** Touristeninformation – **2** Gustav Adolfs Torg – **3** St. Kristine Kyrka – **4** Ostindien-Haus – **5** Kronhuset – **6** Medizin. Museum – **7** Maritiman Schiffs-Freilichtmuseum – **8** Antikhallarna – **9** Dom – **10** Drottning Kristinas Jagdschloss – **11** Feskekörkan – **12** Palmenhaus – **13** Kunstzentrum – **14** Götaplatz und Kunstmuseum – **15** Liseberg – **16** Skansen Kronan – **17** Zentralbahnhof – **18** Busterminal – **19** Scandinavium – **20** Messegelände – **21** Opernhaus – **22** Skanska Hochhaus – **23** zum Seefahrtsmuseum*

stand, durch Kanäle zu entwässern und Straßen und Plätze anzulegen.

Heute ist Göteborg Verwaltungshauptort der Regionen Göteborg und Bohuslän und nicht nur Schwedens, sondern ganz Skandinaviens größter Seehafen.

Parken in der Innenstadt stellt in Göteborg, wie in vielen anderen großen Städten in Europa, ein Problem dar. Größere **Parkplätze [WP 097 / N57° 42' 41.63" E11° 58' 27.93"]** findet man nördlich des Zentralbahnhofs und des Nils Ericson Busterminals. In der Innenstadt ist die Parkdauer an Straßenparkplätzen oft nur auf 30 Minuten beschränkt. Parkgebühren bezahlt man an Automaten, die gewöhnlich nur Kreditkarten akzeptieren. Es gibt Automaten, die gewisse Kreditkarten nicht annehmen.

Mein Tipp! Halten Sie Fahrverbote unbedingt und Parkzeiten ganz genau ein! Strafzettel sind sehr teuer, bis zu SEK 900,- (ca. Euro 93,-).

Göteborg berechnet Autofahrern eine **City Maut** (außer im Ferienmonat Juli, an Wochenenden und nachts). Ihr Fahrzeugkennzeichen wird, während Sie in oder durch die Stadt fahren, automatisch gescannt. Später erhalten Sie per Post eine Rechnung mit den Mautgebühren.

Sehenswertes im alten Stadtkern

Mittelpunkt des alten Stadtkerns von Göteborg, der einerseits von Kaianlagen, andererseits von einem Kanal eingefasst wird, ist der **Gustav Adolfs Torg (2) [N57° 42' 25.1" E11° 58' 3.2"]**, auf dem sich ein Denkmal des Stadtgründers mit typischem Hut und Federbusch erhebt.

Umgeben wird der Platz von öffentlichen Gebäuden wie dem **Rathaus**, Stadtverwaltung, alter **Börse** etc.

Unweit östlich des Platzes findet man am Nordstadstorget eine der beiden **Touristeninformationen (1) [N57° 42' 30.72" E11° 58' 9.30"]**. Das andere Touristenbüro liegt weiter südlich am **Kungsportplatsen [N57° 42' 15.45" E11° 58' 11.53"]**. Einige der bedeutendsten Sehenswürdigkeiten befinden sich hier im alten Stadtviertel um den Kungsportsplatsen.

Geht man vom Gustav Adolfs Torg über die Norre Hamngatan am Kanal entlang nach Westen, gelangt man – vorbei an der **St. Kristine kyrkan (3) [N57° 42' 24.0" E11° 57' 52.3"]**, auch Deutsche Kirche genannt, die 1648 kurz nach der Stadtgründung entstand und nach dem Großbrand von 1748 wiederaufgebaut wurde – zum **Ostindiska huset (4) [N57° 42' 22.7" E11° 57' 48.4"]**, dem Ostindien-Haus, Norra Hamngatan 12. Heute ist in dem ehemaligen Handelskontor, das einen ganzen Häuserblock einnimmt, das **Göteborg Stadtmuseum** untergebracht *(geöffnet Di - So 10 - 17 Uhr, Mi 10 - 20 Uhr; www.goteborgsstadsmuseum.se/en/)*. Straßenbahnhaltestelle Brunnsparken, fast alle Linien.

Die Schwerpunkte des Museums:

Die ***Abteilung für Geschichte*** zeigt neben einer umfangreichen Sammlung zur westindischen Kulturgeschichte und zur Geschichte der Ostindischen Kompagnie vor allem mittelalterliche Kirchenkunst aus Schweden, Ausstellungen zur Stadtgeschichte Göteborgs.

Die ***Abteilung für Archäologie*** besitzt eine interessante Sammlung von prähistorischen Funden aus Westschweden, aus Europa und Nordafrik.

Man kann nun von der Norra Hamngatan rechts um das Ostindien-Haus in die Smedjegatan gehen, dieser zwei Straßenzüge weit folgen und sich dann rechts in die Kronhusgatan wenden. Dort findet man rechterhand das **Kronhuset (5) [N57° 42' 26.7" E11° 57' 46.3"]**, den ältesten Profanbau der Stadt. Dieses alte Zeughaus und Artilleriemagazin wurde zwischen 1642 und 1654 errichtet. 1660 diente es den Bürgerständen als Versammlungsort des Reichstags in Göteborg.

In der Postgatan, gleich hinter dem Kronhuset, findet man die sog. **„Kronhusbodarna"**, eine Ansammlung alter Werkstätten aus dem 18. Jh. (Goldschmiede, Uhrmacher, Glasbläser, Schokoladenfabrikation etc.), kleinen Krämerlädchen und Gaststätten wie das traditionsreiche, einladende **Café Kronhuset.**

Geht man über die Kronhusgatan weiter ostwärts (stadteinwärts), gelangt man schließlich zur Östra Hamngatan.

Wenige Schritte links findet man das **Medicinhistoriska Museet (6) [N57° 42' 32.1" E11° 58' 00.1"]**, Östra Hamngatan 11 *(geöffnet Di - Fr 11 - 16, Do bis 20 Uhr; www.sahlgrenska.se/museum)*. Das Medizinhistorische Museum befasst sich mit der Geschichte der akademischen Medizin, mit dem Gesundheitswesen, der Chirurgie und der Volksheilkunde seit dem 18. Jh.

Man sollte der Östra Hamngatan weiter nach Norden folgen und kommt dann zum Gästehafen am Lilla Bommens Torg (Straßenbahnen 5 + 10, Haltestelle Lilla Bommen).

Zu besichtigen ist hier am Pakhuskajen an der Nordseite des Hafenbeckens des Lilla Bommens Hamn das sehenswerte **Schifffahrtsmuseum Maritiman (7) [N57° 42' 33.78" E11° 57' 38.19"]** *(geöffnet tgl. 10 - 18 Uhr; www.maritiman.se/en/)* mit diversen historischen Schiffstypen, darunter das Kriegsschiff „Jagaran Småland", ein U-Boot, ein Feuerschiff, Fähren, ein Feuerlöschboot, Schlepper u. a. Dieses schwimmende Schiffsmuseum zählt zu den größten seiner Art weltweit. Restaurant. Cafeteria. In der Nähe sieht man die Masten des stol-

Blick von der Neuen Oper zum Skanska-Hochhaus und zur Viermastbark „Viking"

zen **Viermasters „Viking"** aufragen. Der 1906 in Dänemark gebaute Windjammer segelte auf allen Weltmeeren. Heute dient das umgebaute Schiff als Restaurant und Hotel (Tel. +46 63 58 00) und ist ausschließlich für Restaurant- bzw. Hotel-Gäste zugänglich.

Mein Tipp! Von dem markanten, rotweißen **Skanska-Hochhaus (22) [N57° 42' 41.8" E11° 57' 57.7"]** am Hafen haben Sie von der Aussichtsetage **Götheborgs Utkiken** *(geöffnet Juli tgl. 10 - 16 Uhr, sonst Mo - Fr 11 - 15 Uhr)* in 86 m Höhe einen **phantastischen Blick** auf den Hafen und die Stadt. Es gibt eine Cafeteria.

An der Südseite des Hafenbeckens des Lilla Bommens Hamn liegt der Glaspalast der neuen **Oper von Göteborg (21)**.

Auf dem Weg zurück in die Stadt kann man einen kleinen Umweg über **Nordstaden** machen, ein Stadtviertel östlich vom Zentralbahnhof und dem Drottning Torget. Nordstaden gilt als eines der modernsten und größten überdachten **Einkaufszentren** in Schweden. Neben rund 150 Geschäften aller Art findet man hier auch eine ganze Reihe von Restaurants.

Weitere Sehenswürdigkeiten

Antikhallarna (8) [N57° 42' 18.42" E11° 57' 48.73"], Västre Hamngatan 6, am Lilla Torget, der vielleicht größte **Antiquitätenmarkt** in ganz Skandinavien *(geöffnet Mo - Fr 10 - 18, im Sommer bis 17 Uhr, Sa 10 - 14 Uhr, im Sommer Sa geschlossen; www.antikhallarna.se)*. Sammler und Liebhaber alter Stücke finden hier alles von antiken Möbeln, über Münzen, Waffen, Bücher bis hin zu altem Gold- oder Silberschmuck.

Domkyrkan (9) [N57° 42' 16.26" E11° 57' 52.21"], in der Kyrkogatan, unweit südlich des Lilla Torget. Göteborgs Dom wurde zwischen 1815 und 1825 auf den Mauern früherer Kirchenbauten, die allerdings Opfer von Stadtbränden wurden, nach Plänen des Architekten C. W. Carlberg erbaut.

Drottning Kristinas Jaktslott (10) [N57° 42' 12.66" E11° 57' 30.79"], Otterhällegatan 16. Das ehemalige Jagdschlösschen Königin Kristinas stammt aus dem 18. Jh. und wirkt heute in der Schlucht der umliegenden Hochhäuser etwas deplatziert und verloren.

Feskekörkan (11) [N57° 42' 03.7" E11° 57' 26.9"], die „Fischkirche" am Kanal in der Rosenlundsgaten, ist Göteborgs Fischhalle.

Das **Palmenhaus (12) [N57° 42' 20.79" E11° 58' 34.83"]** im Park des Gartenbauvereins *Trädgårds Föreningen*, eine wunderschöne Park- und Gartenanlage unweit des Kungsportplats, lohnt bei längerem Aufenthalt einen Besuch (Eintritt). Berühmt ist der Park auch für sein **Rosariet**, in dem angeblich mehr als 3.500 verschiedene Rosenarten gezüchtet werden.

Sehenswertes außerhalb des alten Stadtkerns

Hasselblad Center, Götaplatsen (www.hasselbladcenter.se), im Foyer des **Kunstmuseums [N57° 41′ 48.29″ E11° 58′ 49.32″]**. 1989 von der Erna und Victor Hasselblad Stiftung eingerichtetes Fotografiezentrum mit Ausstellungen zur Geschichte der Fotografie.

Röhsska Museum (13), [N57° 41′ 58.61″ E11° 58′ 23.77″] – Vasagatan 37 - 39 *(geöffnet Mi 12 - 20, Do + Fr 12 - 17, Sa + So 11 - 17 Uhr; www.rohsska.se/en/; z. Zt. wg. Umbauarbeiten geschlossen! Wiedereröffnung für 2. Juni 2018 geplant)*. Dieses interessante Museum für Kunst, Kunsthandwerk und Industriedesign ist einmalig in Schweden. Neben Designmöbeln, Textilien, Keramik, Glas- und Silberarbeiten sieht man Kunstsammlungen aus Japan, Vorderasien und antike Exponate aus Griechenland.

Über die elegante **Kungsportsavenyen,** die flankiert wird von noblen Geschäften, Restaurants und Kaufhäusern, kann man bis zum **Götaplatsen (14) [N57° 41′ 50.04″ E11° 58′ 46.69″]** am Ende der Avenue gehen. Der Platz, in dessen Mitte sich der **Neptunsbrunnen** von Carl Milles erhebt, ist einer der repräsentativsten Stadtplätze Göteborgs.

In seiner Umgebung liegen das **Stadttheater,** das **Theaterhistorische Museum**, das **Konzerthaus** und an der Südostseite das besuchenswerte **Kunstmuseum [N57° 41′ 48.24″ E11° 58′ 49.30″]** *(geöffnet Di + Do 11 - 18, Mi 11 - 20 Uhr, Fr - So 11 - 17 Uhr; www.konstmuseum.goteborg.se/en/)*. Busse 40, 45, 58, Haltestelle Götaplatsen. Zu sehen sind u. a. Gemälde und Skulpturen von den alten Meistern des 15. Jh. bis zur Neuzeit. Zu den Kostbarkeiten des Museums zählen u. a. „Der Ritter mit dem Falken" von Rembrandt von Rijn, oder Arbeiten von skandinavischen Künstlern wie Carl Larsson, Anders Zorn, P. S. Kröer, Edvard Munch.

Ein gutes Stück nordöstlich vom Götaplatsen liegt hinter der gigantischen Mehrzweckhalle **„Scandinavium" (19) [N57° 41′ 57.42″ E11° 59′ 15.61″]** mit 14.000 Sitzplätzen **Göteborgs Remfabrik**, Åvägen 15, ein Gewerbe- und Arbeitermuseum, das aber nur auf Führungen und nach Voranmeldung besichtigt werden kann – Tel. +46 (0)31-83 15 35.

Interessant für Hobbyfunker und Radiobastler ist ein Besuch im **Radiomuseet [N57° 42′ 30.83″ E11° 56′ 42.61″]**, Anders Carlssons gata 2 *(geöffnet Di, Do, Fr, Sa, So 12 - 15 Uhr, Mi 12 - 20 Uhr; www.radiomuseet.se)*. Die Ausstellungen befassen sich in erster Linie mit Rundfunk, Seefunk, Amateurfunk und neuerdings auch mit Mobilfunk. Bus 16, Haltestelle Regnbågsgatan.

Liseberg (15) [Parkplatz, WP 098/ N57° 41′ 31.03″ E11° 59′ 37.40″] ist Göteborgs großer **Freizeit- und Vergnügungspark**. Restaurants, Open Air-Bühnen mit Sommertheater oder Konzerten u. a.

Skansen Kronan (16) [N57° 41′ 45.33″ E11° 57′ 19.36″], die Kronenschanze im Südosten der Stadt, ist Teil der Festungsanlage aus dem Ende des 17. Jh. Von den Bastionen hat man einen sehr schönen Blick auf Stadt und Hafen. Im Festungsturm ist heute ein **Militärmuseum** eingerichtet *(geöffnet nur Sa + So 12 - 15 Uhr)*.

Naturhistorisches Museum [N57° 41′ 23.62″ E11° 56′ 57.81″] *(geöffnet Di - So 11 - 17 Uhr, Do 11 - 20 Uhr; www.gnm.se)*. Straßenbahn 1 + 6 bis Linnéplatsen. Das Museum am Nordrand des **Slottsskogen**, Göteborgs größtem Park, zeigt eine umfangreiche Sammlung zur Fauna und Flora der Erde. Spektakulär sind die Schaustücke aus dem Lebensraum der Wale oder der Elefanten.

Seefahrtsmuseum [N57° 41′ 56.97″ E11° 55′ 55.96″], Karl Johansgatan 1 – 3 *(geöffnet Di - So 10 - 17 Uhr, Mi 10 - 20 Uhr; www.sjofartsmuseum.goteborg.se)*. Straßenbahnen 3, 9 + 11 bis

Göteborgs Seefahrtmuseum, 2. Stock

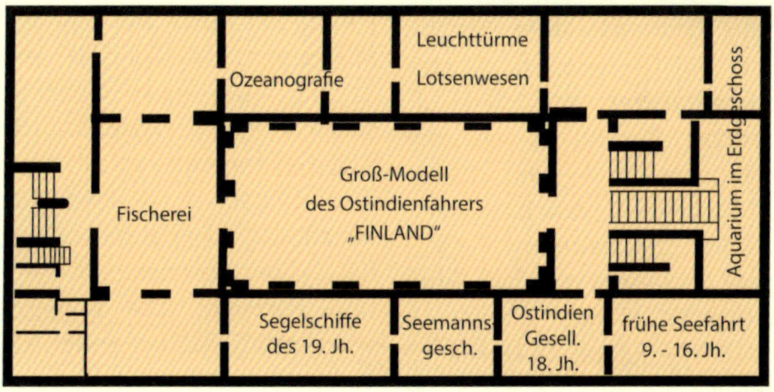

Stigbergstorget. Das 1917 gegründete Museum liegt auf dem Gelände der „Gamla Varvet" der Alten Werft von Göteborg, in der bis Ende des 19. Jh. die schnellsten schwedischen Segler auf Kiel gelegt wurden. Das letzte hier gebaute Schiff, die „Sigyn" lief 1887 vom Stapel.

Übrigens: In Göteborg wurde vor noch nicht allzu langer Zeit eine originalgetreue Kopie des historischen Ostindienseglers „Götheborg" gebaut. Das Schiff machte sich dann tatsächlich auf den Weg nach Fernost und kehrte nach einer langen Reise auf den legendären Handelsrouten der Svenska Ostindiska Kompaniet 2007 aus China zurück.

Markant und schon von weitem sichtbar ist der Turm des **Seefahrerdenkmals** beim Museum. Gekrönt wird der Turm von der „Kvina vid havet" („Frau am Meer).

Das Museum befasst sich mit der langen Seefahrtstradition in Göteborg und in Schweden. Anhand von wunderschönen **Schiffsmodellen** von den frühen Drachenbooten der Wikinger bis zu den schnellen Ostindienfahrern, über Gemälde und Bilder, bis hin zu Navigationsgeräten, der Geschichte der Küstenbefeuerung und der Hochseefischerei, seemännischen Gerätschaften, Seekarten und einer sehr interessanten Sammlung von Galionsfiguren u. v. a. erlangt der Besucher einen sehr anschaulichen Überblick über die schwedische Seefahrt.

Sehr beeindruckend z. B. ist das rund fünf Meter lange Großmodell (Maßstab 1:12) des Ostindien-Seglers „Finland" in der Zentralhalle der zweiten Etage oder das erste Auswandererschiff, das die ersten Schweden nach „New Sverige" am Delaware an der amerikanischen Ostküste brachte.

Im Erdgeschoss des Museums findet man ein besuchenswertes **Seeaquarium** *(geöffnet Di - So 10 - 17 Uhr, Mi 10 - 20 Uhr; www.sjofartsmuseetakvariet.se)*, das Meerestiere aller Art aus Süß- und Salzwasser-, Kalt- und Warmwasserregionen zeigt. Große Abteilung tropischer Fische.

Wer sich für die Welt der Fliegerei, für Flugveteranen, für Flugtechnik u. ä. interessiert, sollte sich die Zeit für einen Besuch im **Aeroseum [Parkplatz, WP 099 / N57° 46' 15.39" E11° 52' 55.14"]** in **Säve,** Holmvägen 100, nehmen *(geöffnet Juni - Aug. tgl. 11 - 18 Uhr; Sept. - Mai Di - So 11 - 18 Uhr; www.aeroseum.se)*. Auf dem Gelände einer einstmals streng geheimen, zwischenzeitlich ausgedienten Militärbasis sind in einem großen Hangar und in Felsbunkern aus der Zeit des „Kalten Krieges" Flugzeuge, Jets und moderne Jagdflugzeuge sowie Oldtimer zu sehen. Ausstellungen zu den Themen Spionage, Stasi, die Atombombe, der Kalte Krieg u. a. Flugsimulatoren.

Autofans wird der Weg nach **Arendal** ins **Volvo Museum [Parkplatz, WP 100 / N57° 41' 40.52" E11° 49' 8.26"]** führen *(geöffnet Mo - Fr 10 - 17 Uhr, Sa + So 11 - 16 Uhr, letzter Einlass 45 Min. vor Schließung; www.volvomuseum.com)*. Zu sehen sind Volvo-Karossen aus der Zeit von 1927 bis heute, u. a. Busse, Volvo Trucks, Hybrid Fahrzeuge etc.

Rundfahrten, Ausflüge

Neben **Stadtrundfahrten per Bus** inkl. Führung *(Start am Stora Teatern, tgl. von Anf. Mai bis Ende Aug.)*, bieten **Bootsrundfahrten** mit den offenen **„Paddan"-Booten** durch die Kanäle Göteborgs und zum Hafen eine gute Möglichkeit, sich einen ersten Eindruck von der Stadt zu verschaffen. Die Boote verkehren von Ende April bis Ende September täglich zwischen 10 und 17 Uhr (Juni + Juli bis 18 Uhr) 2 - 3 Abfahrten in der Stunde, ab Anlegestelle Nähe Kungsportsbron, Dauer knapp eine Stunde; www.stromma.se/en/gothenburg/sightseeing/sightseeing-by-boat/the-paddan-tour/.

Schiffsausflug durch den Hafen zur **Festungsinsel Nya Älvsborg**. Führungen durch die Festungsanlagen. Museum. Cafeteria. Seit einiger Zeit ist die Insel Basis einer archäologischen Grabungsexpedition, die in den Sommermonaten versucht, die Reste des 1745 vor der Hafeneinfahrt gesunkenen Ostindienfahrers „Göteborg" zu heben, der voll beladen war mit Seide und Porzellan. Die Boote verkehren von Anfang Juli bis Ende Aug. ab Lilla Bommen zwischen 10 und 16 Uhr etwa alle Stunde (Änderungen möglich!); www.stromma.se/en/gothenburg/excursions/alvsborg-fortress/.

PRAKTISCHE HINWEISE – GÖTEBORG

Göteborg Turistbyrå Nordstan [N57° 42' 30.72" E11° 58' 9.30"], Nordstadstorget, 41105 Göteborg, Tel. +46 (0)31 368 42 00; www.goteborg.com. *Geöffnet Mo - Fr 10 - 20 Uhr, Sa + So 10 - 18 Uhr.*

Göteborgs Turistbyrå [N57° 42' 15.45" E11° 58' 11.53"], Kungsportsplatsen 2, 41110 Göteborg, Tel. +46 (0)31 368 42 00; www.goteborg.com. *Geöffnet 10. - 31. Mai Mo - Fr 9.30 - 18 Uhr, Sa 10 - 15 Uhr, So 11 - 15 Uhr, 1.- 25. Juni tgl. 9.30 - 18 Uhr, 26. Juni - 27. Aug. tgl. 9.30 - 20 Uhr, sonst Mo - Sa 9.30 - 17 Uhr.*

Mit der **Göteborg City Card** wird dem Besucher Gelegenheit geboten, Stadtrundfahrten per Bus oder Boot, öffentliche Verkehrsmittel (Straßenbahn, Busse, Boote) sowie mehrere Schären- u. Ausflugsboot zur Festung Älvsborg kostenlos zu benutzen. Kostenloses Parken auf städtischen Parkplätzen. Gültigkeitsdauer 24, 48 oder 72 Stunden. Zu erwerben in den Touristenbüros. www.goteborg.com/en/citycard.

RESTAURANTS

Fiskekrogen, Lilla torget 1, Tel. +46 (0)31 10 10 65; www.fiskekrogen.se; ausgezeichnetes Fischlokal, teuer.

Gabriel , Feskekörka, Tel. +46 (0)31 31 90 51; www.restauranggabriel.se; bekanntes Fischlokal auf der Galerie in der Fischhalle „Feskekörka". *Geöffnet Di - Do 11 - 17 Uhr, Fr bis 18 Uhr, Sa bis 15 Uhr.*

Sjömagasinet, Klippans Kulturreservat, Adolf Edelsvärds gata 5, Tel. +46 (0)31 775 59 20; www.sjomagasinet.se; gutes Fischlokal mit für schwedische Verhältnisse mittlerer Preislage. Sonntags geschlossen.

Solrosen, Ecke Haga Östergata/Kaponjärgatan, Tel. +46 (0)31 71 16 697; www.restaurangsolrosen.se.

HOTELS

Liseberg Heden **,** 179 Zi., Sten Sturegatan 1, Tel. +46 (0)31 75 06 900; www.liseberg.com; gutes Mittelklasse, nahe der Avenyn-Einkaufsmall Nähe Liseberg-Vergnügungspark, Restaurant, Bar, Fitnesscenter, Sauna, Parkplatz.

Lorensberg ***, 107 Zi., Berzeliigatan 15, Tel. +46 (0)31 81 06 00; www.hotel-lorensberg.se/de/; Nähe Scandinavium. Terrasse, Sauna, WLAN, Parkplatz.

Quality Panorama ****, 340 Zi., Eklandagatan 51 – 53; Tel. +46 (0)31 76 77 000; www.panorama.se/, zentral gelegenes, komfortables Haus, Restaurant, Bar, Fitnesscenter, Sauna, WLAN, Parkplatz.

Royal *,** 76 Zi, Drottningsgatan 67, Tel. +46 (0)31 70 01 170; www.hotel-royal.com; das sehr zentral gelegene und familiengeführte Traditionshotel wurde 1852 gegründet und soll das älteste Hotel der Stadt sein, schöne Lobby, kein Restaurant. Terrasse. WLAN. Parkmöglichkeit. Relativ preiswert. Keine Haustiere.

CAMPING

Camping Lisebergsbyn Kärralund [WP 101 / N57° 42' 17.9" E12° 1' 47.7"], Olbergsgatan 9, Tel. +46 (0)31 84 02 00; www.liseberg.com/en/home/Accommodation/Camping/Lisebergsbyn-Karralund/; 1. Jan. – 31. Dez.; ca. 5 km östl. des Stadtzentrums von Göteborg; Nähe Valhalla-Bad und Liseberg-Park; Wald- und Wiesengelände, Stellplätze halb auf Gras-, halb auf Asphaltfläche. Für Gespanne recht beengt, spezielle Stellplätze für Wohnmobile über 7 m Länge; ca. 4 ha – 170 Stpl.; zeitgemäße Standardsanitärausstattung; Laden, Sauna, WLAN auf Teilen des Platzes und im Rezeptionsbereich. Miethütten; Jugendherberge. Ins Stadtzentrum Straßenbahn Nr. 5 ca. 500 m entfernt. **V & E für Wohnmobile.**

Askim bei Göteborg

Camping Lisebergs Askim Strand [WP 102 / N57° 37' 42.2" E11° 55' 13.9"], Marholmsvägen 124, Tel. +46 (0)31 84 02 00; Ende Apr. – Anf. Sept.; 10 km südlich Göteborg gelegen, von der E6/E20 Ausfahrt 66 und westwärts weiter bis Ausfahrt Söderleden, hier auf die Straße 158 südwärts bis zum beschilderten Abzweig; ebene Wiesen an einer schönen Meeresbucht, umgeben von Wald, Felsriegeln und Sommerhäusern; ca. 5 ha – 350 Stpl.; Standardsanitärausstattung; Laden, WLAN auf Teilen des Platzes und im Rezeptionsbereich. Miethütten. **V & E für Wohnmobile.**

WOHNMOBIL-STELLPLATZ

Wohnmobil-Stellplatz Lisebergs Ställplads Skatås, Göteborg [WP 103 / N57° 42' 9.89" E12° 2' 5.91"], Skatåsvägen, Tel. +46 (0)31 84 02 00; www.liseberg.se. **Lage/Zufahrt:** Zufahrt wie zu Camping Lisebergsbyn Kärralund, an der Campingeinfahrt vorbei und noch ca. 1 km bergwärts bis zum Ende der Zufahrtsstraße. **Geöffnet:** Ende Mai/Mitte Juni – Ende Sept. **Gebühr:** Pauschale für 12 Stunden oder für 24 Stunden inkl. Ver- und Entsorgung und Strom, zu bezahlen an Kartenautomat. **Ausstattung:** Erhöht gelegener, fast ebener, geteerter Platz, von Wald umgeben. 37 markierte Stellplätze. Versorgungsssäule, Stromanschlüsse, Picknicktische, separater Grillplatz, Beleuchtung, Stromanschlüsse, Nachtwache. Straßenbahn Nr. 5 zur Innenstadt ca. 1,5 km entfernt.

TOUR 6: GÖTEBORG (S) – HALDEN (N) – OSLO

Länge der Tour: Rund 400 km, ohne Abstecher.

Die Route: Über die E6 und über **Kungälv, Uddevalla** und **Halden (N)** bis **Oslo**.

Abstecher: Nach **Smögen**, nach **Frederikstad**.

Reisedauer: Mindestens ein Tag, besser zwei Tage.

Höhepunkte: Die **Schärenküste bei Smögen** ** – die **Felszeichnungen** * bei Tanumshede – die **Festung in Halden** * – die Altstadt **Gamlebyen** ** von **Fredrikstad – Museen** ** in **Sarpsborg**.

Routenalternativen

Will man rasch nach Norden reisen, nimmt man ab Göteborg die schon auf weite Strecken zur Autobahn/Schnellstraße ausgebaute **E6 über Uddevalla und Moss nach Oslo**, rund 300 km.

Mein Tipp! Wer etwas Zeit mitbringt, sollte lieber einen kleinen Umweg ab Uddevalla hinaus an die westschwedische **Schärenküste bei Smögen** mit den tief ins Land schneidenden, felsgesäumten Fjorden und zu den **Stränden bei Hunnebostrand** unternehmen.

*ROUTE: Wir verlassen Göteborg über die E6 in nördlicher Richtung und fahren über **Kungälv** (20 km) bis **Herrestad** (60 km) unweit westlich von **Uddevalla**.*

Kungälv, das früher norwegische *Kunghälla,* ist eine alte Grenz- und Handelsstadt an der schwedischen Westküste.

Die mittelalterliche Bohus-Festung **Bohus-Fästning [N57° 51' 44.08" E11° 59' 54.20"]**, die noch heute das Stadtbild beherrscht, wurde zu Beginn des 14. Jh. von den Norwegern errichtet, um den Zugang zum damals norwegischen Bohuslän zu kontrollieren. Hübsche Altstadt.

Ein **Abstecher** in das nur wenige Kilometer östlich der E6 gelegene **Uddevalla** ist nicht unbedingt ein „Muss“.

PRAKTISCHE HINWEISE - UDDEVALLA

Uddevalla Turistbyrå, Södra Hamnen 2, 45176 Uddevalla, Tel. +46 (0)522 69 84 84; www.vastsverige.com/en/Uddevalla/. *Geöffnet tgl. 8 - 19 Uhr.*

CAMPING

Camping Unda [WP 104 / N58° 19' 50.3" E11° 49' 22.2"], Unda 149, Tel. +46 (0)522 86 347; www.undacamping.se; 1. Jan. – 31. Dez.; ca. 8 km westl. Uddevalla; ausgedehntes Wiesengelände mit Baumbestand, teils gestuft am Byfjorden; ca. 15 ha – 335 Stpl. + 140 Dau.; Standardausstattung; Laden, Restaurant, Freizeiteinrichtungen, WLAN, Sand- und Felsstrand. Miethütten. **V & E für Wohnmobile.**

Camping Hafstens SweCamp Resort [WP 105 / N58° 18' 52.81" E11° 43' 23.58"], Hafsten 120, Tel. +46 (0)522 64 41 17; www.hafsten.se; 1. Jan. – 31. Dez.; 15 km westlich von Uddevalla Richtung Fiskebäckskil, 2 km Straße 160 Richtung Orust; ca. 15 ha – 200 Stpl. + 210 Dau.; gute Standardsanitärausstattung; Restaurant, Laden, umfangreiches Freizeitangebot. WLAN, Internetecke. Sandstrand. **V & E für Wohnmobile. Quick Stop.**

Die Stadt mit etwa 32.000 Einwohnern ist wichtiger Industriestandort für Textilien, Papier, Holzverarbeitung und Schiffsbau. Besondere Sehenswürdigkeiten bietet die Stadt nicht, außer vielleicht den **Kungstorget** mit einem Denkmal Karls X. und das **Bohusläns Museum [Parkplatz, N58° 20' 59.36" E11° 55' 37.32"]** am Hafen.

Lohnender dagegen ist der Umweg westwärts an die Küste.

*ROUTE: Von Herrestad auf der Straße 161 westwärts nach **Lysekil** (27 km).*

Auf dem Wege nach Lysekil überquert man auf einer laufend verkehrenden, **kostenfreien Fähre** den Gullmarn-Fjord, Fahrtdauer 10 Minuten.

Lysekil [Parkplatz Rosvikstorg, WP 106 / N58° 16' 21.76" E11° 26' 11.01"] mit seiner markanten Kirche ist ein hübscher kleiner Fischerort am Ende der Halbinsel Stängenäset, der heute aber längst von Sommerferiengästen und Seglern erobert worden ist.

Zu den Besucherattraktionen in Lysekil zählt das Meerwasseraquarium **Havets Hus Marine Aquarium [Parkplatz, WP 107 / N58° 16' 8.87" E11° 25' 53.44"]** im Strandvägen 9. Dieses besuchenswerte Seeaquarium präsentiert mehr als 40 Aquarien, darunter das 140.000 Liter Meerwasser fassende „Tunnelaquarium" *(geöffnet Feb. - Mitte Juni tgl. 10 - 16 Uhr; Mitte Juni - Ende Aug. tgl. 10 - 18 Uhr; Ende Aug. - Anf. Nov. tgl. 10 - 16 Uhr; letzter Einlass 30 Min. vor Schließung; www.havetshus.se/en/).*

Bootsausflüge werden angeboten z. B. hinüber ins hübsche **Fiskebäckskil**, Wassersport oder Hochseeangeln sind die beliebtesten Freizeitbeschäftigungen hier.

*ROUTE: Der weitere Verlauf unserer Route führt nun nordwärts über die Straße 162 und über **Brastad** Richtung **Mun-***

In den Schären bei Smögen/Kungshamn

PRAKTISCHE HINWEISE - LYSEKIL UND SMÖGEN/KUNGSHAMN

Lysekils Turistbyrå [N58° 16' 20.21" E11° 26' 10.28"], Rosvikstorg, 45320 Lysekil, Tel. +46 (0)523 13 050; www.vastsverige.com/en/lysekil/. *Geöffnet 23. Juni - 23. Juli tgl. 10 - 17 Uhr, 24. Juli - 13. Aug. tgl. 10 - 18 Uhr.*

Lysekils Turistbyrå [N58° 16' 8.15" E11° 25' 54.24"], Strandvägen 9, 45320 Lysekil, Tel. +46 (0)523 13 050; www.vastsverige.com/en/lysekil/. *Geöffnet außerhalb oben genannter Öffnungszeiten tgl. 10 - 16 Uhr.*

Sotenäs Turistbyrå [N58° 21' 37.84" E11° 14' 58.20"], Touristenbüro für Smögen, Kungshamn und Hunnebostrand, Köpmanstorget 10, 45631 Kungshamn, Tel. +46 (0)523 66 55 50; www.vastsverige.com/sotenas/; www.sotenasturism.se. *Geöffnet 24. Juli - 23. Aug. Mo - Fr 10 - 18 Uhr, Sa 10 - 16 Uhr, So 10 - 15 Uhr.*

Sotenäs Turistbyrå [N58° 21' 32.61" E11° 15' 37.43"], Parkgatan 46, 45631 Kungshamn, Tel. +46 (0) 523 66 55 50; www.vastsverige.com/en/sotenas/. *Geöffnet außerhalb oben genannter Öffnungszeiten Mo - Fr 10 - 14 Uhr.*

HOTELS - KUNGSHAMN

Kungshamn ****, 22 Zi., Hotellgatan 6, in Kungshamn, Tel. +46 (0)523 65 25 00; www.hotelkungshamn.se; Restaurant, Sauna, WLAN. Parkplatz.

Smögens Havsbad ****, 25 Zi., Hotellgatan 26, in Smögen, Tel. +46 (0)523 66 84 50; www.smogenshafvsbad.se; Restaurant, Bar, Garten, Terrasse, Sauna, Whirlpool, Fitnesscenter, Schwimmbad, WLAN. Parkplatz.

CAMPING

Lysekil

Camping Siviks [WP 108 / N58° 17' 51.0" E11° 26' 54.7"], Tråleberg 172, Tel. +46 (0)523 61 15 28; www.sivikscampinglysekil.se; 13. Apr. – 17. Sept.; ca. 3 km nordwestl. Lysekil; ausgedehntes Wiesengelände in Meeresnähe; ca. 6 ha – 250 Stpl. + 110 Dau.; Standardsanitärausstattung; Laden, WLAN. Miethütten. Felsküste mit Sandstrand. **V & E für Wohnmobile.**

Kungshamn

Camping Johannesvik [WP 109 / N58° 21' 55.87" E11° 16' 53.55"], Wägga Nordgård 1, Tel. +46 (0)523 32 387; www.johannesvik.nu; 1. Jan. – 31. Dez.; Zufahrt am östl. Ortsrand von Kungshamn von der Straße 171 Richtung Hovenäset; langgestreckte Wiese zwischen Felsriegeln in Meeresnähe hinter einem Bauernhof, kurze steile Auffahrt; ca. 20 ha – 200 Stpl. + 150 Dau.; gute Standardsanitärausstattung; Laden, Imbiss, Restaurant, Sauna, Ponyreiten. WLAN. Miethütten. **V & E für Wohnmobile.**

Camping Wiggersviks Familjecamping & Stugor [WP 109a / N58° 21' 44.89" E11° 16' 50.39"], Tel. +46 (0)523 32 635; www.wiggersvik.se; 1. Juni – 13. Aug.; am östl. Ortsrand von Kungshamn; Wiesengelände zwischen Felsriegeln; ca. 6 ha – 250 Stpl.; Standardausstattung; Laden, Imbiss, naher Strand. Miethütten. **V & E für Wohnmobile. Quick Stop.**

Camping First Camp Solvik Kungshamn [WP 109b / N58° 23' 29.18" E11° 15' 36.73"], Solvik 10, Tel. +46 (0)523 18 890; www.firstcamp.se/solvik-kungshamn/; 9. Mai – 31. Aug.; Zufahrt von der Straße 174 etwa 3 km nördl. von Kungshamn und der Smögenbrücke; langgestrecktes, fast ebenes Wiesengelände, bis an die Felsbucht reichend, eingerahmt von hohen Felsriegeln, teils Blick auf die Smögenbrücke; separater Platzteil für Wohnmobile; ca. 4 ha – 200 Stpl.; gute Standardsanitärausstattung; Laden, Imbiss, Sauna, Fahrrad- und Bootsverleih. WLAN, Internetecke. Miethütten und angrenzende Sommerhaussiedlung. **V & E für Wohnmobile. QuickStop.**

WOHNMOBIL-STELLPLATZ – LYSEKIL

Wohnmobil-Stellplatz Husbilparkering Lysekil [WP 110 / N58° 16′ 30.12″ E11° 26′ 25.32″], Bangårdsgatan 1. **Zufahrt/Lage:** Am Bootshafen von Lysekil ca. 400 m nördlich des Stadtzentrums. **Geöffnet:** Ganzjährig. **Gebühr:** Pauschale inkl. Ver- und Entsorgung und Strom. **Ausstattung:** Parkplatz für 20 Wohnmobile, Frischwasser, Grauwasser- und Chemikaltoilettenausguss, Stromanschlüsse, Toiletten, Duschen, Frischwasser, Beleuchtung, Mülltonne.

kedal. *Bei der ersten sich bietenden Möglichkeit wenden wir uns aber nach Westen und erreichen wenig später über die Straße 171* ***Kungshamn*** *und über die hohe Smögenbrücke das gegenüberliegende, sehr malerische Hafenstädtchen* ***Smögen [Parkplatz, WP 111 / N58° 21‘ 24.97“ E11° 13‘ 51.13“]*** *mitten in den Schären am Ende der Halbinsel Sotenäset.*

Unter Kennern und Liebhabern von fangfrischem Fisch wird die Fischauktionshalle der Fischer von Smögen geschätzt.

ROUTE: *Von Smögen über die Straße 174 und über* ***Hunnebostrand*** *und* ***Bovallstrand*** *– zwei weitere bekannte Badeorte mit Stränden, Hotels und Campingplätzen – nordwärts. Weiter entlang der Küste über* ***Hamburgsund*** *nach* ***Grebbestad****.*

Die Küstenfahrt, beschildert mit **„Kustväg Bohuslän“** (Symbol weiße Margerite), ist sehr zu empfehlen, da sie durch wunderschöne Schärenlandschaft führt.

In **Grebbestad [Zentrum, Parkplatz, WP 114a / N58° 41′ 30.37″ E11° 15′ 14.21″]**, einem hübschen Hafenort, findet man rechts der Straße eine große Anzahl frühgeschichtlicher **Grabhügel**.

Das **Greby Gravfält**, das Gräberfeld von Grebbestad, besteht aus ca. 200 Grabhügeln und Hinkelsteinen. Funde von Graburnen, Reste von Feuerstellen, Kämmen aus Knochen oder Glasperlen sprechen dafür, dass das Gräberfeld aus der Zeit der Völkerwanderung (3. – 6. Jh. n. Chr.) stammt.

Wenige Kilometer weiter östlich von Grebbestad liegt an der E6 **Tanumshede**. In der Umgebung des Ortes findet

WOHNMOBIL-STELLPLATZ HUNNEBOSTRAND

Wohnmobil-Stellplatz Hunnebostrand Marina [WP 112 / N58° 26′ 10.84″ E11° 17′ 25.96″], Lökolmsvägen. **Zufahrt/Lage:** Om Ort südwestwärts zum Hafen. **Geöffnet**: Apr. – Okt. **Gebühr**: Pauschale inkl. Ver- und Entsorgung, Extragebühr für Strom und Dusche. **Ausstattung:** Geschotterter Stellplatz neben dem südlichen Bootshafen von Hunnebostrand mit Platz für ca. 10 Fahrzeuge, Toilette, Frischwasser, V & E-Station.

CAMPING

Hamburgsund
Camping Rörviks Familjecamping [WP 113 / N58° 32′ 26.8″ E11° 16′ 57.9], Rörviksängen 15, Tel. +46 (0)525 33 573; www.rorvikscamping.se; 1. Mai – 31. Aug.; südl. des Ortes; Wiesengelände unterhalb der Straße an felsumrahmter Bucht; ca. 3 ha – 120 Stpl. + 30 Dau.; einfache Standardsanitärausstattung. Miethütten.

Grebbestad
Camping Grebbestadfjorden [WP 114 / N58° 40′ 58.49″ E11° 15′ 48.74″], Tel. +46 (0)525 61 211; www.grebbestadfjorden.com/de/; 1. Jan. – 31. Dez.; knapp 1 km südl. des Ortes; ausgedehntes Wiesengelände, teils von Felsen begrenzt, am Meer; ca. 9 ha – 220 Stpl. + 250 Dau.; Standardsanitärausstattung; Laden, Imbiss.

PRAKTISCHE HINWEISE – TANUMSHEDE

Tanum Turistbyrå [N58° 43' 23.31" E11° 19' 23.41"], Apoteksvägen 6, 45782 Tanumshede, Tel. +46 (0)525 61 188; www.vastsverige.com/en/tanum/. *Geöffnet Mo - Fr 8 - 16.30 Uhr.*

HOTELS

Tanums Gestgifveri ***, 27 Zi., Apoteksvägen 1, Tel. +46 (0)525 29 010; www.hoteltanum.se; traditionsreiches Haus der Mittelklasse, Gasthaus seit 1663, Restaurant, Bar, Terrasse, Garten, WLAN. Parkplatz.

CAMPING

V&E

Camping Tanums [N58° 42' 02.0" E11° 20' 25.9"], Vitlycke 4, Tel. +46 (0)525 200 02; www.tanumscamping.se; 1. Juni – 31. Aug.; ca. 1 km südlich Tanumshede hübsch gelegen, nahe des Vitlycke-Museums; ca. 2 ha – 60 Stpl.; Standardsanitärausstattung; Miethütten. **V & E für Wohnmobile.**

man eine Reihe sehr gut erhaltener **Felszeichnungen** (Hällristningar) aus der Bronzezeit.

Felszeichnungen entstanden in Skandinavien vor rund 3.000 Jahren, etwa zwischen 1000 und 500 vor Christus.

Die in den Fels geritzten Abbildungen stellen die einzigen überlieferten bildlichen Darstellungen aus der jüngeren Bronzezeit dar. Völlig enträtselt sind die Bilder und Figuren noch keineswegs.

Die häufigsten Motive sind Schiffe, Drachenboote, Hirsche, Rentiere, Hunde und der Mensch in allen denkbaren Situationen. In unseren Tagen wurden die Darstellungen von Fachkundigen mit rotbrauner Farbe ausgemalt – so wie sie es vor 3.000 Jahren sehr wahrscheinlich auch waren – da man sonst die nur millimetertiefen, sehr flach aus dem Fels geschlagenen Zeichnungen nicht erkennen würde.

Eine der größten Ansammlungen von Felszeichnungen findet man bei **Vitlycke** auf einem bequem zugänglichen Felsen rechts (westlich) der Straße, etwa zwei Kilometer südlich vom Kirchdorf Tanumshede. Man sieht dort zahlreiche Schiffe, Menschen mit Äxten und Lanzen, eine Schlange, ein Liebespaar u. a.

Der Weg ist ab Tanumshede mit „Vitlycke-Museum“ beschildert.

In der Nähe der Felszeichnungen, auf der anderen Straßenseite, gibt es Parkplätze, ein Informationsbüro, das **Vitlycke-Museum [Parkplatz, WP 115 / N58° 42' 2.43" E11° 20' 24.38"]** *(geöffnet Apr. Sa + So 10 - 16 Uhr; Mai - Aug. tgl. 10 - 18 Uhr; Sept. - 6. Nov. tgl. 10 - 16 Uhr; www.vitlyckemuseum.se)*, sowie ein Café. Hinter dem Museum ist ein interessantes **bronzezeitliches Dorf** aufgebaut worden.

Weitere **Felszeichnungen** (beschildert) findet man bei **Aspeberget [N58° 41' 42.78" E11° 20' 17.10"]**, rund einen halben Kilometer weiter südlich links der Straße auf dem Weg nach **Litsleby**.

ROUTE: Die E6 (Mautpflicht) führt im weiteren Verlauf in Küstennähe nordwärts und passiert bei ***Svinesund*** *(großes Einkaufszentrum „Svinesund Köpcenter“) auf der 704 m langen* ***Svinesundbrücke*** *die* ***schwedisch-norwegische Grenze.***

Unweit nach der Grenze (Autobahnausfahrt 2) findet man an der modernen, großzügigen **Autobahnraststätte** das bestens sortierte **Touristenbüro Svinesund Infosenter [WP 116 / N59° 07' 44.9" E11° 16' 22.1"]** *(geöffnet Mo - Fr 9 - 17 Uhr, Sa 9 - 15 Uhr)*, sowie **Parkplätze** (werden gerne als **Wohnmobil-Übernachtungsstellplatz** genutzt), Picknicktische, Toiletten, Duschen, Motel, Geldautomat, Cafeteria, Souvenirladen und großer Kinderspielplatz. Tankstelle und Supermarkt nebenan.

ROUTE: Am großen Kreisverkehr bei besagter Raststätte bietet sich Gelegenheit zu einem Abstecher ostwärts nach ***Halden****, 7 km.*

Achtung! Entlang der Straße nach Halden sind mehrere Geschwindigkeitsüberwachungsblitzer fest installiert.

Halden (ca. 28.000 Einw.), die erste norwegische Stadt auf unserer Reise nach Norden, wartet mit der mächtigen **Festung Fredriksten** hoch über der Stadt auf.

Lange war Halden die wichtigste Verteidigungsbastion gegen Schweden. 1665 bekam Halden, das damals *Fredrikshald* hieß, Stadtrechte und seit 1928 trägt Halden seinen heutigen Namen.

Das heutige Stadtbild Haldens, zumindest im Innenstadtbereich, wird geprägt von Gebäuden vornehmlich im Empirestil, die nach dem letzten großen Stadtbrand 1826 entstanden sind.

Einen wirtschaftlichen Aufschwung erlebte Halden ab dem 17. Jh. durch eine florierende Holz- und Papierindustrie. Später kommen Baumwollspinnereien dazu. Und seit Mitte des 19. Jh. bekam die Steinindustrie große Bedeutung. Vor allem Granit vom Iddefjord wurde in die ganze Welt exportiert.

1926 wird ein 2.600 Tonnen schwerer Granitblock gebrochen, aus dem später der imposante, von Gustav Vigeland geschaffene, Monolith „die Lebenssäule" im Osloer Frognerpark werden sollte.

Haldens Festung Fredriksten [Parkplatz, WP 117 / N59° 7′ 12.64" E11° 24′ 2.59"], oft belagert und bedrängt, aber nie erobert, wurde von 1658 an von den Schweden zunächst drei Jahre lange berannt, aber immer ohne großen Erfolg. 1660 dann gab König Frederik III. den Befehl zum Bau der Festung. Fast 50 Jahre dauerte die erste Bauphase.

1716 rückten die Schweden erneut gegen Fredriksten. Aber auch diesmal war für die Schwedischen Truppen nichts zu holen. Die Haldenser hatten nämlich ihre ganze Stadt angezündet, um den feindlichen Truppen keine Versorgungsmöglichkeiten zu bieten.

Bei den damaligen Attacken fand der Schwedenkönig Karl XII. in Halden den Tod. Bei einem Angriff in der Nacht zum 4. Juli 1716 wurde er von einer Kugel in den Kopf getroffen. Von wem der tödliche Schuss abgegeben wurde, von Norwegern oder von einem schwedischen Attentäter, ist bis heute nicht hundertprozentig geklärt.

Die Norweger jedenfalls sind der Überzeugung, dass es sich nur um „eine ehrliche norwegische Kugel" gehandelt haben kann.

Innerhalb der Festungsmauern, die frei besichtigt werden dürfen, findet man diverse **Ausstellungen und Museen**

Halden, Festung Fredriksten

(geöffnet 1. Juni - 3. Sept. tgl. 11 - 17 Uhr, Eintritt für Führungen).

Die **Kriegshistorische Ausstellung** im alten Gefängnis der Östlichen Kurtine dokumentiert die Kriegsgeschichte der Grenzstadt Halden vom 17. bis ins 19. Jh.

Eine andere Ausstellung, **„Union an der Grenze"**, befasst sich mit den Beziehungsschwierigkeiten früherer Zeiten zwischen Norwegen und Schweden. An den verheerenden Stadtbrand von 1826 erinnert die Ausstellung **„Die Stadt brennt"**.

Von den Bastionen und Wällen hat man einen sehr schönen Blick auf die Stadt und den Single Fjorden bzw. den Idde Fjorden, die beiden Grenzfjorde Norwegens.

PRAKTISCHE HINWEISE - HALDEN

Halden Turist [N59° 7' 8.45" E11° 23' 14.92"], Tollboden, Kongens brygge 3, 1767 Halden, Tel. +47 69 19 09 80; www.visithalden.com. *Geöffnet Mo - Fr 9 - 15.30 Uhr.*

Fredriksten Infocenter, Touristeninformation in der Frederiksten Festung, Tel. +47 69 19 37 00; www.visithalden.com. *Geöffnet Ende Mai - Ende Aug. tgl. 10 - 17 Uhr.*

RESTAURANT

Dickens, Storgata 9, Tel. +47 40 0713 72; www.dickenshalden.no; alteingesessenes, zünftiges Kellerlokal, umfangreiche Karte, mittlere Preislage. Im Sommer auch im Freien.

HOTELS

Park Hotell Halden ***, 64 Zi., Marcus Thranesgata 30, Tel. +47 69 21 15 00; www.parkhotelhalden.no; Zufahrt von der Straße 21, am Westrand der Stadt etwas außerhalb des Zentrums gelegenes, komfortables Haus, mittlere Preislage; Restaurant, Sauna, Parkplatz. Günstige Sommer- und Wochenendpreise.

CAMPING

Camping Fredriksten [WP 118 / N59° 06' 57.9" E11° 23' 53.9"], 1750 Halden, Tel. +47 69 18 40 32; 1. Mai – 15. Sept.; in der Stadt beschildert; auf der Rückseite (Südseite) unterhalb der Festung gelegen. Von Bäumen umgebenes Wiesengelände mit Stellmöglichkeiten um eine Wiesenmulde in parkähnlicher Umgebung; ca. 3 ha – 130 Stpl.; Standardsanitärausstattung; Laden, Cafeteria. **V & E für Wohnmobile** vor dem Platzeingang befahrbare Betonplatte mit Abwasser-Bodenauslass, Wasserhahn mit Schlauch. Chemikalausguss hinter den Geschirrwaschmöglichkeiten. Miethütten. Schöner Spaziergang durch die Parkanlage mit kleinem See zur Festung.

WOHNMOBIL-STELLPLATZ

Sauøya bei Halden

Wohnmobil-Stellplatz Halden Bobil Parkering Slippen Brygge [WP 119 / N59° 6' 57.38" E11° 22' 51.81"], Kiellands gate 22, Tel. +47 48 06 50 16. **Zufahrt/Lage:** Knapp 2 km südwestlich von Halden Zentrum beim Sportboothafen, Zufahrt über die Jernbanegata. **Geöffnet:** Juni – Sept. **Gebühr:** Pauschale inkl. Frischwasser und Strom. **Ausstattung:** Ebenes, befestigtes Gelände an der Marina auf der Insel Sauøya mit Platz für 10 Wohnmobile, Frischwasser, Strom, Picknicktische. Keine Sanitäranlagen und Entsorgungsmöglichkeit. Blick über die Hafenbucht zur Festung über der Stadt.

Eine weitere Sehenswürdigkeit von Halden ist der **Rød Herregård [N59° 07' 22.4" E11° 22' 08.0"]**, am Westrand (Straße 21) gelegen *(geöffnet Mitte Juni - Mitte Aug. Mo - Fr 9 - 16.30, Sa + So 9 - 12 Uhr; sonst Mo - Fr 9 - 15.30 Uhr, Führungen)*. Das herrschaftliche Gut stammt aus der Mitte des 18. Jh. und ist noch in Familienbesitz. Zu sehen sind kunstvoll ausgestatte Salons und eine große Waffensammlung. Kunstausstellungen. Nettes Herrenhofcafé. Wunderschöner Park mit altem Baumbestand

Bei längerem Aufenthalt empfiehlt sich ein **Ausflug zum Haldenkanal** oder eine Tour mit dem **Ausflugsschiff M/S Turisten** (www.turisten.no) auf dem Kanal. Die Schiffe verkehren von 1. Mai bis 1. Oktober zwischen Strømsfossen und Tistedal bzw. Ørje (interessantes Haldenvassdragets Kanalmuseum).

Größte Attraktion am Kanal sind die **Schleusen von Brekke** mit der höchsten Schleuse Europas. Höhendifferenz 26,6 m.

*ROUTE: Von Halden zurück zur E6. Weiter Richtung **Sarpsborg**. Ab hier lohnt ein Umweg über **Fredrikstad**.*

Wer sich allerdings für norwegische Frühgeschichte interessiert, sollte schon nach wenigen Kilometern kurz nach **Skjeberg** westwärts auf die Straße 110 abzweigen und dem sog. **Oldtidsveien** folgen. Die Straße führt an diversen archäologischen Stätten mit Zeugen aus der Frühgeschichte vorbei.

Kurz nach dem Verlassen der E6 bei **Solberg** findet man einen beschilderten **Parkplatz [WP 120 / N59° 12' 32.7" E11° 09' 33.6"]**, von dem ein kurzer markierter Fußweg (ca. 6 Min.) zu **Felszeichnungen (Helleristniger)** führt. Zu sehen sind auf einem glatten Felsrücken rund 20 Bootsdarstellungen mit Ruderern.

Wenige Kilometer weiter erreicht man in **Hunnfeltet/Hunn** den romantisch im Wald gelegenen **Steinkreisfeld „Hunnsteinringfelt" [N59° 12' 58.1" E11° 04' 30.1"]**. Hier sind Grabhügel aus der Eisenzeit, Steinkreise eine Schiffsetzung und einige wenige Felsbilder zu finden.

Und abermals einige Kilometer weiter auf der Straße 110 Richtung Fredrikstad kann man bei **Begby [N59° 13' 19.7" E11° 00' 34.3"]** wieder einen kleinen Spaziergang zu **Felsritzungen** unternehmen.

Wenig später bietet sich Gelegenheit zu einem kurzen **Abstecher nach Fredrikstad-Gamlebyen**.

Hier gleich ein **Tipp**: Einen Parkplatz in der Altstadt zu finden, ist vor allem in den Sommermonaten schwierig. Dafür gibt es unmittelbar an der Brücke in die Altstadt einen großen **öffentlichen Parkplatz [WP 121 / N59° 12' 6.16" E10° 57' 38.92"]**. Nur wenige Gehminuten in die Altstadt.

Felsritzung mit Wikingerbooten bei Solberg

Gamlebyen, die historische Altstadt von Fredrikstad, liegt gegenüber der Neustadt am östlichen Ufer des Glomma-Flusses.

Gamlebyen wurde 1567 als reine Festungsstadt geplant. Folglich ist das gesamte überschaubare Stadtgebiet von Festungswällen, Bastionen und Wassergräben umgeben. Noch heute führt nur eine einzige Straße in die Stadt. Von der Brücke aus sieht man noch die alte Zugbrücke, die früher den Weg in die Stadt ermöglichte.

Heute allerdings sind die Festungswälle, die einstmals mit über 200 Kanonen bestückt gewesen sein sollen, längst zu friedlichen Spazierwegen geworden. Und ein Spaziergang durch die gepflasterten Gassen und Straßen von Gamlebyen mit ihren hübschen Holzhäusern vornehmlich aus dem 17. und 18. Jh. lohnt allemal.

Mittelpunkt des Städtchens ist der viereckige, etwas nüchtern wirkende **Kongens Torv [N59° 12′ 11.35″ E10° 57′ 12.01″]**, der Königsmarkt, auf dem eine stattliche Denkmalsstatue Frederiks II. steht. König Frederik II. gründete die Stadt 1567 in erster Linie, um das geschäftige, prosperierende Fredrikstad auf er anderen Flussseite vor schwedischen Angriffen zu schützen. Die militärischen Einrichtungen in Gamlebyen wurden bis 2002 genutzt.

In einem Gebäude an der Westseite des Platzes ist das Büro der **Touristeninformation [N59° 12′ 12.09″ E10° 57′ 10.02″]** untergebracht.

Der Kongens Torv ist umgeben vom **Alten Rathaus** und von der ehemaligen **Infanteriekaserne** an der Ostseite sowie dem **Dunkejongården** an der Westseite. Die Bauwerke stammen alle aus der zweiten Hälfte des 18. Jh. Der Dunkejongården leitet seinen Namen übrigens davon ab, dass hier lange ein Schnapsladen im Keller des Hauses eingerichtet war, in dem Branntwein aus Fässern (dunk = Fass) verkauft wurde. Einen Straßenzug weiter südlich sieht man die mehrfach abgebrannte und neu aufgebaute **Stadtkirche [N59° 12′ 8.57″ E10° 57′ 7.07″]**.

An der Südseite, in der Tøihusgaten (gebührenpflichtige Straßenparkplätze), findet man in einem langgezogenen Bau das besuchenswerte **Fredrikstad Museum [N59° 12′ 07.4″ E10° 57′ 07.0″]** *(geöffnet Mitte Juni - Ende Sept. tgl. 12 - 16 Uhr; www.ostfoldmuseene.no/avdelingene/fredrikstad-museum/)*. Das Museum befasst sich in erster Linie mit der wechselvollen Geschichte der Stadt, mit ihrer militärischen Vergangenheit, aber auch mit wirtschaftlichen Aspekten der Stadtentwicklung.

Weiter westlich am Glommaufer liegt das Gebäude der alten **Bakeriet [N59° 12′ 6.63″ E10° 56′ 59.85″]**, in der die Festungswache ihren Sitz hatte. In der Bakeriet wurden u. a. renitente Häftlinge in sog. „Käfigen" zur Räson gebracht.

Das niedere, langgestreckte Gebäude gegenüber ist als **Det Gamle Slaveri [N59° 12′ 6.13″ E10° 56′ 58.94″]** bekannt. Es diente als Strafgefängnis. Hier befanden sich Wachstuben und Zellen für die sog. Festungssklaven.

Gleich daneben liegt am Glommaufer das **Grundmurede Provianthus**, das älteste aus der Gründerzeit der Stadt noch erhaltene Gebäude.

Und wenn Sie von der Altstadt einen **Abstecher in Fredrikstads Neustadt** machen möchten, nehmen Sie ab dem

PRAKTISCHE HINWEISE – FREDRIKSTAD GAMLEBYEN

Turistkontor Fredrikstad-Gamlebyen [N59° 12′ 12.09″ E10° 57′ 10.02″], Kirkegatan 31B, Kongens Torv, 1632 Gamle Fredrikstad, Tel. +47 69 30 46 00; www.visitfredrikstadhvaler.com. *Geöffnet 12. Juni - 27. Aug. Mo - Fr 9 - 17 Uhr, Sa 10 - 16 Uhr, So 11 - 16 Uhr.*

RESTAURANTS

Majoren, Voldportgata 73, Gamlebyen, Tel. +47 69 32 15 55; www.majoren.no; Pub, Restaurant mit renommierter Speisekarte, man kann auch im Freien sitzen. Wer's ausgiebiger und etwas nobler mag, sollte mal im **Café Balaklava**, Ecke Kirkegaten/Voldportgaten, vorbeischauen, gehobene Preise. Sonntag Ruhetag. Im Sommer mit einladendem Gartencafé.

CAMPING & MOTEL

Camping og Motell Fredrikstad [WP 122 / N59° 12′ 02.0″ E10° 57′ 49.6″], Torsnesveien 16, 1630 Gamle Fredrikstad, Tel. +47 99 22 19 99; www.fredrikstad-motel.no; 1. Juni – 31. Aug.; unweit östlich an der Zufahrtsstraße; einfacher, ebener, von hohen Laubbäumen umgebener Übernachtungsplatz in Gehnähe zur Altstadt; ca. 2 ha – 120 Stpl.; Standardsanitärausstattung. Kiosk, Imbiss. **V & E für Wohnmobile**. Miethütten. Ganzjährig geöffnetes **Motel** (24 Zi.).

Der Kongens Torv in Fredrikstad Gamlebyen

Bootsanleger [N59° 12′ 18.18″ E10° 57′ 12.69″] die **Fähre über die Glomma**.

ROUTE: Von Fredrikstad Gamlebyen zurück bis zur Straße 110 und am Kreisverkehr nordwärts auf die Straße 111 Richtung ***Sarpsborg****.*

Nach wenigen Kilometern passiert man bei **Hvidsten/Torp** den Abzweig zu **Roald Amundsens Minne [N59° 15′ 50.5″ E11° 04′ 47.2″]**, Framveien 7, Torp, Tel. +46 69 34 83 26. Hier wurde am 16. Juli 1872 Norwegens großer Polarforscher Roald Amundsen geboren. Sein Elternhaus ist heute **Museum** (Öffnung unklar, war bei unserem jüngsten Besuch geschlossen; www.roaldamundsen.no). Amundsen erreichte 1911 als erster Mensch den Südpol.

Auf der Weiterfahrt Richtung Sarpsborg passiert die Straße 111 den **Hafslund Hovedgård [N59° 16′ 24.7″ E11° 08′ 03.6″]**, einen stattlichen Gutshof und Herrensitz aus dem 17. und 18. Jh., der aus jener Zeit komplett und völlig unverändert erhalten ist und somit eine große Rarität in ganz Norwegen darstellt.

Im östlichen Stadtbereich von **Sarpsborg** liegt das **Borgarsyssel Museum [N59° 16′ 45.4″ E11° 07′ 21.1″]**, Gamlebygata 8 *(geöffnet Mitte Mai - Ende Aug. tgl. 12 - 17 Uhr; Ende Aug. - Ende Sept. Di - So 11 - 15 Uhr; Okt. - Mitte Juni Do - So 11 - 15 Uhr; www.ostfoldmuseene.no/avdelingene/borgarsyssel-museum)*.

In dem ausgedehnten Freilichtmuseum, sind Ruinenreste früherer Kirchen, 36 Gebäude und Gehöfte, Kinderzoo sowie Ausstellungen aus verschiedenen Zeit- und Kulturepochen der Provinz Østfold zu sehen. Zu den Glanzstücken des 1921 gegründeten Museums zählen zwei astronomische Uhren des genialen Uhrmachers Rasmus Sørnes (1892 – 1967). Und seit 2006 ist man stolz auf eine eigene Glasbläserei.

ROUTE: In Sarpsborg stößt man auf die E6. Ihr folgt man, vorbei am Fährhafen ***Moss****, bis* ***Vinterbru*** *und wechselt dort auf die E18, die hinein nach* ***Oslo*** *führt.*

REISEWEGE ZUM NORDKAP DURCH NORWEGEN

DIE SCHNELLSTE ROUTE – 8 TOUREN – MIN. CA. 10 TAGE
E6 – Oslo – Dombås – Trondheim – Lofoten – Tromsø – Nordkap

DIE SCHÖNSTE ROUTE – 14 TOUREN – MIN. CA. 20 TAGE
Oslo – Kristiansand – Stavanger – Setesdal – Bergen – Voss – Laerdal – Geiranger – Trollstigen – Andalsnes – Ålesund – Trondheim – Bodø – Lofoten – Vesterålen – Narvik – Tromsø – Alta – Hammerfest – Nordkap

OSLO

OSLO HIGHLIGHTS

Das Königliche Schloss
Die Karl Johan Gata
Der Rathausplatz und Pipervika
Die Festung Akershus
Das Munch Museum u. a. Museen
Der Frogner Park und die
Vigeland-Skulpturen
Die Holmenkollenschanze
Die Museumsinsel Bygdøy mit
Freilichtmuseum Norsk Folkemuseum
Wikingerschiffe-Museum
Fram-, Kon-Tiki- und Seefahrtsmuseum

Oslo, die Hafenbucht Pipervika, das Rathaus und die „Christian Radich" (rechts)

OSLO

Reisedauer: Mindestens zwei, besser drei Tage.

Höhepunkte: Blick von der **Festung Akershus zum Hafen** ** – die Museen auf der **Insel Bygdøy** *** – das **Munch-Museum** ** – die **Vigeland Skulpturen** im **Frognerpark** ** – Stadtblick von der **Holmenkollenschanze** **.

Gegründet wurde Oslo Mitte des 11. Jh. von Harald Hårdråde, genannt „der Harte". König Hårdråde ließ 1048 oder 1050 (über das genaue Datum sind sich die Geschichtsforscher noch nicht einig geworden) im Ostteil der heutigen Stadt einen befestigten Handelsplatz einrichten, um den sich rasch ein lebhaftes Gemeinwesen mit annähernd 3.000 Einwohner entwickelte.

Klöster wurden gegründet und Kirchen errichtet, darunter die St.-Hallvards-Kirche (heute Ruinenreste in Gamleby), in der 1299 König Håkon V. gekrönt wurde.

Håkon V. wählte Oslo zu seiner Residenz, machte die Stadt zur Hauptstadt des Reiches (bis dahin war Bergen Hauptstadt) und begann um 1300 mit dem Bau der Feste Akershus.

Oslos Bedeutung als Handelsstadt sank in gleichem Maße, wie die mächtiger werdende Hanse ihre Position in Bergen festigte. Auch die „Union von Kalmar" ausgangs des 14. Jh. und die Einführung der Reformation Mitte des 16. Jh. hemmten die Entfaltung der Stadt Oslo mehr, als sie diese förderten.

Ein drastischer Einschnitt in die Stadtentwicklung war die Feuersbrunst am 17. August 1624. Drei Tage lang brannte die Stadt. Danach lag ganz Oslo in Schutt und Asche.

Auf Geheiß des dänisch-norwegischen Königs Christian IV. (1588 – 1648) wurde Oslo nun am Westufer des Akerselva und im Schutz der Festung Akershus völlig neu aufgebaut. Alle wichtigen Bauten errichtete man in Stein. Die Hauptstraßen legte man mindestens 15 m breit an, um das Ausbreiten evtl. neuer Brände zu erschweren. Zu Ehren des Erbauers des neuen Oslo wurde die Stadt umbenannt in ***Christiania*** (ab 1877 Kristiania). Dieser Name wurde bis 1925 beibehalten.

Mit der Einführung der Industrialisierung nach dem Kieler Frieden von 1814 und mit der Erstarkung eines neuen Nationalgefühls, begann auch für Oslo wieder eine prosperierende Entwicklung. Die Einwohnerzahl stieg von rund 8.000 zu Beginn des 19. Jh. auf über 40.000 in der Mitte des 19. Jh. Und als der norwegisch-schwedische König Karl Johan XIV. während der Union mit Schweden den Bau des Königspalastes und die Anlage des Hauptboulevards Karl Johansgate veranlasste, war Oslo auf dem Wege zu einer repräsentativen Landeshauptstadt ein gutes Stück weiter.

Heute hat Oslo rund 661.000 Einwohner und ist die wichtigste Hafenstadt, sowie ein bedeutendes Handels- und Industriezentrum des Landes mit beachtlichen kulturellen Aktivitäten.

Tipps zur Stadtbesichtigung:

Oslos Sehenswürdigkeiten verteilen sich im Wesentlichen auf drei Regionen – auf den **Innenstadtbezirk**, auf die **Insel Bygdøy** und auf die **Außenbezirke**, vor allem im Nordwesten der Stadt.

Stehen nur einige Stunden für eine Stadtbesichtigung zur Verfügung, sollte ein Besuch in einem der Museen (etwa Wikingerschiffe oder Freilichtmuseum) auf der Insel Bygdøy Priorität erhalten.

Die **Stadtzufahrten** nach Oslo sind **mautpflichtig!** Siehe auch unter „Mit dem Auto durch Norwegen – Straßenmaut in Norwegen" weiter hinten. Auch wenn der Autoverkehr in Oslo

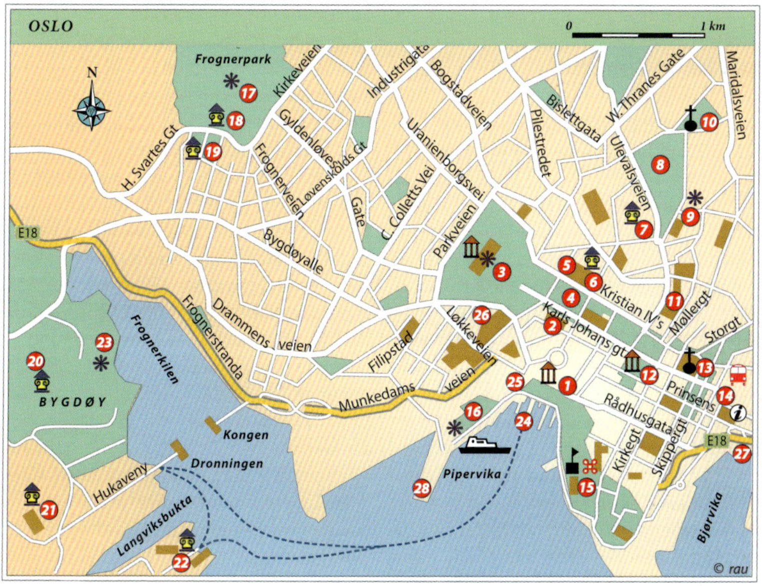

*OSLO – **1** Rathaus – **2** Nationaltheater – **3** Königliches Schloss – **4** Universität – **5** Historisches Museum – **6** Nationalgalerie – **7** Kunstindustriemuseum (geschlossen) – **8** Vår-Frelsers-Friedhof – **9** Damstredet – **10** Gamle Aker Kirke – **11** Regierungsgebäude – **12** Parlamentsgebäude – **13** Domkirche – **14** Zentralbahnhof u. Busbahnhof – **15** Akershus Festung – **16** Aker Brygge – **17** Frogner/Vigeland Park – **18** Stadtmuseum – **19** Vigeland Museum – **20** Norsk Folkemuseum – **21** Wikingerschiffe-Museum – **22** Fram-, Kon-Tiki- u. Seefahrtsmuseum – **23** Schloss Oskarshall – **24** Rundfahrten, Fjordfahrten, Fähre nach Bygdøy – **25** Nobel Friedenszentrum – **26** Ibsen Museum – **27** Oper – **28** Astrup Fearnley Museum*

vor allem in den Hauptverkehrszeiten fast großstädtische Ausmaße annimmt, in den vielen Einbahnstraßen dennoch recht „unaufgeregt“ abläuft, machen die Parkplatzprobleme in der Innenstadt eine Stadtbesichtigung per Auto nicht zur reinen Freude.

Besonders an Werktagen während der Geschäftszeiten (ca. 10 – 17 Uhr, Sommer 16 Uhr) ist es in der Innenstadt schwierig, einen **Parkplatz** zu finden. Erwischt man einen Parkplatz am Straßenrand wird man feststellen, dass Parken (außer in Parkhäusern und am Hauptbahnhof Oslo Sentralstasjon) auf max. drei Stunden begrenzt ist. In besonders stark frequentierten Innenstadtbereichen ist die Parkdauer oft auf 60 Minuten oder gar nur 30 Minuten beschränkt.

Außerhalb der City wird die Höchstparkdauer durch Farben an den Parkuhren signalisiert: Gelb = 1 Stunde, Grau = 2 Stunden. Braun = 3 Stunden.

Parkzeiten, Parkverbote, Halteverbote etc. sollten Sie unbedingt strikt einhalten. Strafzettel fallen in Olso deftig und gar nicht besucherfreundlich aus! Die Überschreitung der Parkdauer um 10 Minuten hat uns auf dem von der Firma Europark Member of APCOA Group betriebenen Parkplatz am Seefahrtmuseum/Fram-Museum auf der Museumsinsel Bygdøy ein „Knöllchen“ in Höhe von 760 Kronen (damals rund 100 Euro) eingebracht.

Es empfiehlt sich – falls man es einrichten kann – auf Stadtbesichtigungen öffentliche Verkehrsmittel zu benutzen. U-Bahn, Straßenbahn und Busse (teils auch Schiffe) verkehren zu allen bedeutenden Sehenswürdigkeiten.

City Bikes – Oslo Bysykkel

Oslo hält sich zugute, eine fahrradfreundliche Stadt zu sein. Sie können sich dies zunutze machen und für Ihre Stadtbesichtigung gegen Gebühr ein **Oslo Bysykkel**, ein Stadtfahrrad, benutzen.

Stadtfahrräder stehen in Oslo zwischen April und November von 6 Uhr bis 24 Uhr an 100 Standorten (sog. „stativene" im ganzen Stadtgebiet zur Verfügung. Eine Tageskarte für 24 Stunden kostete zuletzt NOK 49,- (ca. € 6,-), eine 3-Tageskarte NOK 99,- (ca. € 11,-) und eine Saisonkarte NOK 299,- (ca. € 32,-), zu erwerben im Touristeninformationsbüro im Hauptbahnhof.

Ein und dasselbe Rad darf nur max. 3 Stunden benutzt werden, dann muss es an einem der 100 Standorte zurückgegeben werden. Man kann sich dann ggf. ein neues Rad nehmen und die Tour durch die Stadt fortsetzen. Eine Karte mit den Fahrradstandorten und andere Infos zu den Oslo Bysykkel findet man auf der Webseite www.oslobysykkel.no/en/.

Oslo Pass

Oslo bietet seinen Besuchern den **Oslo Pass** an. Die Karte ermöglicht unbegrenzt freie Benutzung der öffentlichen Verkehrsmittel und der NSB-Lokalzüge innerhalb Oslos (bis Zone 4), aber nicht für Nacht-Busse und Nacht-Straßenbahnen. Zudem gewährt der Oslo Pass freien Eintritt in die meisten Museen, in die städtischen Freibäder Tøenbadet und Frognerbadet und zu vielen Sehenswürdigkeiten und Attraktionen. Der Preis der Karte schließt weiter das freie Parken auf ausgewiesenen, städtischen Parkplätzen sowie diverse weitere Ermäßigungen (Stadtrundfahrten, Hafenrundfahrten, Theater, einige Restaurants, einige Autovermietungen und den Freizeitpark Tysenfryd) ein. Die Karte gibt es in der Touristeninformation Oslo Visitor Center im Hauptbahnhof zu kaufen. Den Oslo Pass kann man für Gültigkeiten von einem Tag, zwei oder drei Tagen erwerben, https://www.visitoslo.com/de/aktivitaten-und-attraktionen/oslo-pass/.

Vielfältige Infos für Ihren Oslo-Besuch können Sie sich mit der kostenlosen **„Oslo - Official City App"** auf Ihr Iphone und Ipad via „AppStore" und für Androidgeräte via „Google play" herunterladen, www.visitoslo.com/de/oslo/apps/.

Was besichtigt man?

Als Anhaltspunkt hier einige Besichtigungsvorschläge, die in zwei, drei oder vier Tagen bewältigt werden können.

Oslo, Karl Johans gate mit Blick zum Schloss

1. Tag: Innenstadt, Schloss und Wachablösung, Karl Johans gate, Rathaus und Festung Akershus.

2. Tag: Die Museen auf Bygdøy.

3. Tag: Rundfahrt per Auto oder mit öffentlichen Verkehrsmitteln nach Holmenkollen (Schanze und Skimuseum), zum Frognerpark mit den Vigeland-Plastiken und dem Osloer Stadtmuseum, dann Vigeland-Museum und später evtl. eines der Museen auf Bygdøy.

4. Tag: Ausflüge oder Museumsbesuche, z. B. Munch-Museum, Kunstgewerbemuseum, Nationalgalerie, Stadtmuseum, Bogstad Gård, Aussichtsturm „Tryvannstårnet" etc.

Bei gedrängtem Zeitplan sollten man wenigstens eines der Bygdøy-Museen (evtl. Folke Museum oder Wikingerschiffe-Museum), die Karl Johans gate, den Frognerpark und möglichst das Munch-Museum besichtigen.

1. Innenstadt und Festung Akershus

Ausgangspunkt dieses Stadtrundgangs ist der **Rådhusplassen [N59° 54' 39.3" E10° 43' 57.1"]**. An der Südseite des Platzes liegen die Hafenkais. Ab Kai 3 verkehren die Boote zur Insel Bygdøy. An der Nordseite des Platzes erhebt sich das markante Osloer Rathaus.

Düster, kahl und abweisend wirkt der Backsteinbau des **Rådhuset i Oslo**, des **Osloer Rathauses (1)**, Fridtjof Nansens plass 5 *(geöffnet Juli + Aug. tgl. 9 - 18 Uhr, sonst tgl. 9 - 16 Uhr; www.oslo.kommune.no; mit Oslo Pass frei. Metro bis Nationaltheatret, Tram bis Aker Brygge, Busse bis Rådhuset)*. Mit seinen beiden ungeschlachten Türmen gleicht das Rathaus mehr einer Trutzburg, bereit, alle neugierigen Touristen gleich hier wieder zur Umkehr zu bewegen. Trotz der Wasserspiele auf dem Rathausplatz davor kann man sich dieses Eindrucks nicht ganz erwehren.

Das Osloer Rathaus, das Wahrzeichen und eine der Sehenswürdigkeiten der Stadt, wurde zwischen 1931 und 1950 von den Architekten Arnstein Arneber und Magnus Poulson erbaut. Es verkörpert angeblich einen Stil „neuer Sachlichkeit". Das äußere Erscheinungsbild des Rathausbaus sollte nicht von der Besichtigung (Führungen) seines Inneren abhalten. Kostenlose Führungen vom 1. Juni bis 16. Juli täglich um 10, 12 und 14 Uhr. Die namhaftesten Künstler des Landes haben daran mitgewirkt, das Gebäude mit Skulpturen, Gemälden, Wandbehängen u. ä. auszuschmücken.

Beeindruckend ist vor allem die 21 m hohe **Rathaushalle**, die der Stadt bei festlichen Empfängen und anderen Feierlichkeiten als Repräsentationsraum dient, z. B. bei der alljährlichen Verleihung des Friedensnobelpreises am 10. Dezember, dem Todestag des Nobelpreisstifters Alfred Nobel.

Im Innenhof ist eine große astronomische Uhr zu sehen.

Wir folgen der Roald Amundsens gate, westlich vom Rathaus, stadteinwärts bis zur Stortings gate. Dort sieht man weiter links (westlich) das **Nationaltheater (2) [N59° 54' 51.0" E10° 44' 05.94"]**.

Am Nationaltheater links, vorbei am Verkehrsterminal „Nationaltheater", bis zu Oslos Hauptboulevard **Karl Johans gate [N59° 54' 52.3" E10° 44' 10.4"]**. Nach Westen führt er durch Parkanlagen auf das **Königliche Schloss (3) [N59° 55' 00.8" E10° 43' 41.1"]** zu, Drammensveien 1; www.kongehuset.no.

Auf dem freien Platz vor dem Schloss sieht man das Reiterstandbild des schwedisch-norwegischen Königs Karl Johan. Das Denkmal wurde von Brynjulf Bergslien gefertigt und 1875 eingeweiht.

Det Kongelige Slott [N59° 55' 00.8" E10° 43' 41.1"], das Königliche Schloss, liegt etwas erhöht mitten in einem ausgedehnten Park. Auf Veranlassung von König Karl Johan wurde es zwischen 1825 und 1848 erbaut. Der Baustil ist klassizistisch. Im großen und ganzen wirkt der Schlossbau eher schlicht, verglichen mit den Residenzen englischer, ehemaliger französischer oder österreichischer gekrönter Häupter etwa.

Das Schloss kann auf **Führungen** besichtigt werden. Gewöhnlich ist dies im Sommer zwischen dem Mittsommertermin um den 24. Juni bis ca. Mitte

August möglich, montags bis donnerstags 11 - 17 Uhr, freitags 12 - 17 Uhr, Sa + So 10 - 17 Uhr. An Geburtstagen der Königsfamilie (4. und 20. Juli) nur 13 - 17 Uhr. Tickets können ab März übers Internet, in jedem norwegischen Postamt, bei Narvesen, 7-Eleven, über den Billetservice.no (ticketmaster) und unter der Telefonnummer +47 81 53 31 33 reserviert bzw. gekauft werden. Die restlichen Tickets können vor Beginn jeder Tour gekauft werden. Führungen sind obligatorisch, Dauer eine Stunde, Start alle 20 Minuten. Die Führungen finden in norwegischer Sprache statt, in englischer Sprache auch um 14, 14.20 und 16 Uhr; www.kongehuset.no.

Gezeigt werden die **Prunkräume des Schlosses**, darunter der Spiegelsaal, die Suite von König Haakon VII, das königliche Speisezimmer, die Zeremoniensäle sowie der Bankettsaal.

Die **Wachablösung** der Königlichen Garde, begleitet vom Gardemusikcorps, findet täglich pünktlich um 13.30 Uhr vor dem Schloss statt.

Im Sommer ist die Zeremonie der Wachablösung der Endpunkt der **Militärparade**. Sie beginnt um 13.10 Uhr an der Akershus Festung, führt über die Kirkegata und die Karl Johans gate zum Königlichen Schloss, wo pünktlich um 13.30 Uhr die Wachablösung zelebriert wird.

Im weiteren Verlauf unseres Rundgangs durch die Innenstadt gehen wir den breiten, gut einen Kilometer langen Hauptboulevard Oslos, die **Karl Johans gate** hinunter fast bis zu ihrem Ostende am Jernebanetorget (Bahnhofsplatz) am Zentralbahnhof (14).

Nehmen Sie sich Zeit für den Weg. Besonders die östliche Hälfte des Boulevards, Oslos Paradestraße (Fußgängerzone) ist voller Leben. Man findet jede Menge Kaufhäuser, darunter das moderne **Einkaufscenter Paleet [N59° 54′ 51.75″ E10° 44′ 14.17″]** (Karl Johans gate 37 – 43, 45 Geschäfte, 13 Restaurants, von 10 bis 20 Uhr geöffnet), Hotels, fliegende Händler, Straßenmusikanten etc., aber auch gepflegte Grünanlagen und historische Gebäude, wie das **Storting [N59° 54′ 47.39″ E10° 44′ 22.16″]** (Parlament – 12), etwa auf halbem Weg.

Nachdem man den Schlosspark verlassen hat, sieht man zunächst linkerhand, an der Nordseite der Karl Johans gate also, den Komplex der **Oslo Universität (4) [N59° 54′ 54.4″ E10° 44′ 04.4″]**. Sie wurde 1811 gegründet, der Bau nach einem Entwurf des vor allem in Berlin tätigen Baumeisters Karl-Friedrich Schinkel (1781 –1841) ausgeführt.

Der alte Festsaal der Uni verdient durch die von Edvard Munch geschaffenen Gemälde besondere Aufmerksamkeit. Der Saal kann im Juli (Mo – Fr 12 – 14 Uhr) besichtigt werden.

Zwei Straßenzüge nördlich der Universität findet man zwei interessante Museen:

Historik Museum (5) [N59° 55′ 00.6″ E10° 44′ 07.1″], Frederiksgate 2, Ecke Kristian gate; www.khm.uio.no *(geöffnet: 15. 5. - 14. 9. Di - So 10 - 17 Uhr; übrige Zeit 11 - 16 Uhr. Eintritt frei. Tram Nr. 11, 17, 18 bis Tullinløkka)*. Neben umfangreichen Sammlungen aus dem Altertum bis in unsere Zeit, von der frühen Wikingerkultur bis zu Amundsens Polexpeditionen, beherbergt das Museum das **Mynt-kabinettet,** das Münzkabinett, sowie die **Universitetets Oldsaksamling**, die Frühgeschichtliche Sammlung der Universität.

Nasjonalgalleriet (6) [N59° 54′ 57.9″ E10° 44′ 16.6″], Universitetsgata 13; www.nasjonalmuseet.no/ *(geöffnet: ganzjährig Di, Mi, Fr 10 - 18 Uhr, Do bis 19 Uhr, Sa + So 11 - 17 Uhr, Eintritt frei. Tram Nr. 11, 17, 18 bis Tullinløkka)*. In der Nationalgallerie ist die größte Kunstsammlung des Landes untergebracht. In der den Arbeiten norwegischer Künstler vorbehaltenen Abteilung findet man natürlich Werke von Edvard Munch, Christian Dahl u. a.

Im **Munch-Saal** werden 19 der bedeutendsten Werke Munchs gezeigt. In den anderen Abteilungen sind Meisterwerke von El Greco, Goya, Rembrandt, über Renoir, Cezanne, Van Gogh, Gauguin u. a. bis Picasso zu sehen.

Außerdem gibt es Ausstellungen über zeitgenössische Kunst und Bildhauerei, eine interessante Ikonensammlung sowie Grafiken und Zeichnungen.

Es bietet sich an – je nach Interessenlage – ab der Nationalgalerie einen Umweg nach Norden zu machen. Man geht dann über die Universitets gata ein gutes Stück bis zur St. Olavs gate am gleichnamigen Platz, folgt ihr rechts (ostwärts) bis zur **St. Olavs Kirche [N59° 55′ 5.59″ E10° 44′ 38.58″]**.

An der Ostseite der St. Olavs Kirche vorbei kann man über den Akersveien weiter nach Norden gehen. Wenig später beginnt linkerhand das Gelände des Friedhofs **Vår-Frelsers-Gravlund (8) [N59° 55′ 14.8″ E10° 44′ 47.0″]**. Hier sind u. a. namhafte Bürger der Stadt beigesetzt, darunter Bjørnstjerne Bjørnson, Henrik Ibsen und Edvard Munch.

Auf dem Weg zum Osteingang an der Friedhofskapelle passiert man kurz vorher die **Damstredet (9) [N59° 55′ 13.3″ E10° 44′ 47.3″]**, die nach rechts abzweigt. In dieser hübschen alten Wohngasse sind – wie im ganzen hiesigen Viertel „Bergfjerdingen" zwischen Friedhof und Maridalsveien – noch viele alte Holzhäuser erhalten.

Ab Maridalsveien kann man Busse der Linien 31 und 32 zurück in die Stadt zum Stortorvet nehmen.

Folgt man dem Akersveien vollends bis zum Ende, kommt man zur **Gamle Aker Kirke (10) [N59° 55′ 25.2″ E10° 44′ 48.1″]**. Sie stammt aus der Zeit um 1100, gilt als die älteste Steinkirche in ganz Skandinavien und dient heute noch als Gotteshaus *(geöffnet für Besucher nur zwischen 12 und 14 Uhr)*.

Unser Abstecher nach Norden führt ab der St. Olavs Kirche wieder südwärts, über die Akersgata, vorbei an der **Trefoldighetskirke** (Dreifaltigkeitskirche) **[N59° 55′ 0.13″ E10° 44′ 40.59″]** und dem hohen Regierungsgebäude (11) bis zur Karl Johans gate in Höhe des Parlamentsgebäudes (12).

Verzichtet man auf diesen nördlichen Umweg, geht man ab Universität (4) die Karl Johans gate weiter nach Osten, passiert die Grünanlage Eidsvolls Plass, rechts, und erreicht bald das markante Parlamentsgebäude **Stortingsbygningen (12) [N59° 54′ 47.4″ E10° 44′ 22.2″]**. Das imposante Bauwerk mit seinen beiden Seitenflügeln und dem rotundenähnlichen Zentralteil, zu dem vom Eidsvoll Platz her eine breite Freitreppe hinaufführt, entstand zwischen 1861 und 1866. Das Innere ist mit Kunstwerken dekoriert, darunter ist ein monumentales Wandgemälde von Wergeland, das die Unterzeichnung der Verfassung in Eidsvoll im Jahre 1814 zeigt.

Weiter östlich liegt links der Karl Johans gate die **Oslo Domkirke (13) [N59° 54′ 44.3″ E10° 44′ 47.8″]**, Stortorvet, www.oslodomkirke.no. Der Dom mit seinem massiven Ziegelturm und der dreigeschossigen, vielfach durchbrochenen Turmhaube entstand ausgangs des 17. Jh., wurde aber zwischen 1848 und 1850 sowie zwischen 1939 und 1950 mehrfach restauriert, was allerdings die Harmonie des Erscheinungsbildes des Inneren nicht fördern konnte.

Sehenswert dagegen sind einzelne Kunstwerke, wie Altartafel und Kanzel, die beide noch aus dem Jahre 1699 stammen, dann die Glasmalereien von Emanuel Vigeland und die Bronzetore am Hauptportal von Dagfin Werenskiold, sowie die Deckenmalereien von Hugo Luis Mohr *(geöffnet tgl. 10 - 16 Uhr)*.

An der Südseite des Domplatzes, Ecke Dronningens gate, liegen die sog. **Basarhallen**. Sie stammen aus der Mitte des 19. Jh., dienten damals als Markthallen und sind heute ein Zentrum des Kunsthandwerks.

Der Hauptbahnhof **Oslo Sentralstasjon (14) [N59° 54′ 41.2″ E10° 45′ 04.5″]** und Bahnhofsvorplatz **Jernebanetorget (Touristeninformation [N59° 54′ 41.1″ E10° 45′ 01.0″]**) schließen die Karl Johans gate im Osten ab.

An der Nordseite des Bahnhofsplatzes findet man moderne Einkaufszentren wie **„Oslo City"** oder **„Byportens Shopping"** mit mehreren hundert Geschäften.

Drei Straßen westlich des Bahnhofs führt die Dronningens gate ganz nach Süden, vorbei an der **Hauptpost** und an der **Norges Bank** bis zur Myntgata **[N59° 54′ 27.3″ E10° 44′ 36.6″]**. Wir folgen dieser nach Westen bis zur Kongensgate und noch ein Stück weiter bis zum Park und zum Zugang zur **Akershus Festung (15) [N59° 54' 25.7" E10° 44' 10.2"]** zuführt *(Akershus festning geöffnet: Gelände: tgl. 6 - 21 Uhr; Museen: Mai - Aug. Mo - Sa 10 - 16 Uhr, So 12 - 16 Uhr, Sept. - Apr. Sa + So 12 - 17 Uhr; Eintritt zu Akershus Slott, mit Oslo Pass gratis; www.akershusfestning.no. Tram Nr. 12 bis Christiania torv)*

Von den Mauern der etwas erhöht gelegenen Festung Akershus hat man einen sehr schönen Blick auf die Stadt, das Rathaus und den Hafen, Heimathafen übrigens des wunderschönen Windjammers „Christian Radich".

Der Kern der mittelalterlichen Festung stammt aus dem späten 13. Jh. und wurde unter König Håkon V. Magnusson auf einem Felsrücken über der Bucht Pipervika errichtet. Jahrhundertelang widerstand die befestigte Königsresidenz allen Wirrnissen und Angriffen, bis sie im August 1624 ein Raub der Flammen wurde.

Mitte des 17. Jh. ließ König Christian IV. Akershus als **Renaissanceschloss** wieder aufbauen. Die gesamte Befestigung wurde dabei erweitert und mit neuen Bastionen und Bollwerken versehen. Im Großen und Ganzen erhielt die Anlage damals das Aussehen, wie es sich uns heute bietet. 1716 wurde Akershus zum letzten mal belagert. Später verlor sie an Bedeutung und begann schließlich zu zerfallen.

Schloss Akershus kann besichtigt werden. Zu sehen sind schöne Säle, das Arbeitszimmer des Reichsarchivars Wergeland, die Schlosskirche, das königliche Mausoleum und Modelle der Festung. Es werden Führungen angeboten im Rahmen der Öffnungszeiten. Eine Führung in englischer Sprache findet donnerstags um 13 Uhr statt.

Während des Zweiten Weltkrieges diente Akershus als Gefängnis für politisch unbequeme Zeitgenossen. Nach dem Kriege wurde die Festungsanlage bis 1963 umfassenden Restaurierungsarbeiten unterzogen.

Heute beherbergt sie zahlreiche staatliche Einrichtungen. Die Krypta unter der Schlosskirche dient als Königliches Mausoleum. Im Sommer finden sonntags in der Schlosskirche Konzerte statt.

In einem beachtenswerten Fachwerkgebäude aus dem Jahre 1774 links vom Zugang in die Festungsanlage findet man ein **Informationszentrum**. Und ganz in der Nähe kann man – nach Voranmeldung im Informationszentrum – im ehemaligen Pulvermagazin das **Gefängnismuseum** besichtigen. Die Zellen dienten vor allem im 19. Jh. der Verwahrung besonders schwerer Jungs.

Im Høymagasinet, dem Gebäude 025 der Festung Akershus an der Rathausseite, ist das Christiania Stadtmodell zu besichtigen. Das Modell zeigt das Bild der Stadt im 17. und 18. Jh. Die Ausstellung ist Teil einer 20-minütigen Multivisionsschau über die Geschichte Oslos.

In einem Gebäude nördlich des Schlosskomplexes, auf einer Anhöhe innerhalb des Festungsareals, ist das **Norges Hjemmefront Museum [N59° 54' 28.17" E10° 44' 9.07"]** (Norwegisches Widerstandsmuseum) eingerichtet; www.nhm.mil.no *(geöffnet: Juni - Aug. Mo - Sa 10 - 17 Uhr, So 11 - 17 Uhr; Sept. - Mai Mo - Fr 10 - 16 Uhr, Sa + So 11 - 16 Uhr, mit Oslo Pass frei. Tram Nr. 12 bis Christiania torv).* Das Widerstandsmuseum dokumentiert fast ausschließlich die Zeit während der deutschen Besetzung 1940 bis 1945. Ein Denkmal erinnert an die gefallenen Widerstandskämpfer.

Östlich der Kongens gate liegt am Südrand des Festungsplatzes das **Forsvarsmuseet**, das Norwegische Armee- oder Verteidigungsmuseum. Es gibt anhand von Kriegsgerät Einblick in die norwegische Militärgeschichte vom 17. Jh. bis in die Zeit nach dem Zweiten Weltkrieg. Weiterbestand fraglich!

Unweit östlich der Akershus Festung findet man am Bankplassen 4 das **Museet for Samtidskunst, Museum für Zeitgenössische Kunst [N59° 54' 31.2" E 0° 44' 28.7"]**, *(geöffnet ganzjährig Di - Fr 11 - 17 Uhr, Sa + So 12 - 17 Uhr. Eintritt frei. Tram Nr. 12 bis Christiania torv; www.nasjonalmuseet.no).*

Das Nationalmuseum für norwegische und internationale bildende Kunst ist in einem Granitbau untergebracht, der zu Beginn unseres Jahrhunderts im Jugendstil für die Norges Bank errichtet worden ist. Gezeigt werden – teils in wechselnden Ausstellungen – Arbeiten norwegischer und internationaler Künstler aus der Zeit nach dem Zweiten Weltkrieg bis heute.

Ein gutes Stück weiter östlich, am Hafenbecken Bjørvika, liegt am Kirsten Flagstads Pl. 1 der Komplex der **Neuen Oper von Oslo (27) [N59° 54' 29.65" E10° 45' 5.34"]**, die 2008 eröffnet wurde. Sie wird als das größte norwegische Kulturobjekt bezeichnet. Das mit weißem Carrara-Marmor verkleidete, 207 Meter lange und 110 Meter breite Gebäude soll einem treibenden Eisberg symbolisieren.

Von der Akershus Festung zurück zum Ausgangspunkt am Rathausplatz.

An der Westseite der Hafenbucht Pipervika liegt das Einkaufszentrum **Aker Brygge (16) [N59° 54' 36.3" E10° 43' 41.0"]** *(geöffnet Mo - Fr 10 - 20 Uhr, Sa 10 - 18 Uhr; www.akerbrygge.no)*. In diesem modernen Zentrum findet man neben Geschäften, Modeboutiquen und annähernd 35 Restaurants und Cafés auch Theater, ein Großleinwandkino und ein wechselndes Unterhaltungsangebot.

An einem sonnigen Tag ist Aker Brygge ein angenehmer Platz, von einem der Straßencafés aus das Leben und Treiben in diesem geschäftigen Zentrum und im Hafen zu beobachten.

Ganz in der Nähe in Richtung Rathaus findet man **Nobels Fredssenter,** das **Nobel Friedenszentrum (25)** Rådhusplassen *(geöffnet Mai - Aug. tgl. 10 - 18 Uhr; Sept. - Apr. Di - So 10 - 18 Uhr, Führungen in englischer Sprache Mai - Aug. tgl. um 14 + 15 Uhr, Sept. - Apr. Sa + So um 14 + 15 Uhr. Eintritt, mit Oslo Pass frei. Tram Nr. 12 bis Aker Brygge; www.nobelpeacecenter.no)*. Dieses Museum zeigt alles Wissenswerte über Alfred Nobel, die Gewinner des Friedensnobelpreises und deren Arbeit. Filme, Vorträge und interaktive digitale Exponate geben anschaulich vielseitige Informationen zum Thema Friedensnobelpreis, der alljährlich am 10. Dezember, dem Todestag Alfred Nobels, im nahegelegenen Rathaus verliehen wird.

Ein gutes Stück weiter nördlich findet man in der Henrik Ibsens gate 26 südlich des Schlossparks das **Ibsen Museet (26) [N59° 54' 54.6" E10° 43' 37.4"]** *(geöffnet: 18. Mai - 14. Sept. tgl. 11 - 18 Uhr; übrige Zeit Mo - Mi + Fr - So 11 - 16 Uhr, Do 11 - 18 Uhr. Eintritt, mit Oslo Pass frei. Führungen obligatorisch; www.ibsenmuseet.no)*. Hier hatte der Schriftsteller und Dramatiker Henrik Ibsen zusammen mit seiner Frau Suzannah (gest. 1914) von 1895 bis zu seinem Tod im Jahre 1906 seinen letzten Wohnsitz in Oslo. Die mit dem Museum verbundene Wohnung (Arbinsgate 1) wurde im Stil des 19. Jh. originalgetreu restauriert und ist für Besucher geöffnet, Bibliothek, Museumsshop.

Ganz am Ende von Aker Bryggen kann man noch weiter nach Südwesten gehen und kommt dann über die Strandpromenade auf die durch Landaufschüttung gewonnene Insel Tjuvholmen. Einen Besuch dort lohnt das **Astrup Fearnley Museet (28) [N59°54'25.01" E10°43'19.17"]**.

Unweit südlich davon kann man den **Tjuvholmen Skulpturpark** am Ufer besuchen.

2. Bygdøy

Bygdøy, die **„Museumsinsel Oslos"**, erreicht man mit dem Auto ab E18 (Oslo – Drammen). Gebührenpflichtige Parkmöglichkeiten gibt es am Folke Museum, am Wikingerschiffe-Museum und am Kon-Tiki-Museum. Im Sommer gelegentlich Engpässe bei den Parkplätzen.

Man erreicht Bygdøy auch **mit öffentlichen Verkehrsmitteln**. Busse der Linie 30 verkehren ab Nationaltheater bis Bygdøynes. Oder man nimmt die Personenfähren Nr. 91 ab Rathauskai 3. Die Boote (mit Oslo Pass frei) verkehren zwischen März und Oktober alle 20 bis 30 Minuten über das Ausflugslokal „Dronningen" (Norsk Folkemuseum und Wikingerschiffe-Museum) zur Anlegestelle beim Fram-Museum (Kon-Tiki-Museum, Norwegisches Seefahrtsmuseum). Von dort fahren die Boote auf direktem Weg zurück zum Rathauskai. Die gesamte Rundfahrt dauert 30 Minuten. **Mein Tipp:** Kaufen Sie die Bootstickets am Anleger am Rathauskai, auf dem Schiff sind sie teurer!

Die Museen auf Bygdøy

Folgende Museen sind auf Bygdøy zu finden: **Norsk Folkemuseum (20), Wikingerschiffe-Museum (21), Kon-Tiki-Museum (22), Fram Museum (22)** und das **Norwegische Seefahrtsmuseum (22).**

Die letzten drei genannten Museen liegen vom Wikingerschiffe-Museum ca. 15 Geh-Minuten entfernt. Und vom Wikingerschiffe-Museum zum Norsk Folkemuseum geht man nochmals gut 5 Minuten. Man kann aber auch den Bus 30 für Fahrten zwischen den Museen benutzen.

Außerdem liegt auf der Insel Bygdøy das **Schlösschen Oskarshall (23) [N59° 54′ 36.67″ E10° 41′ 32.08″].** Dieses Mitte des 19. Jh. von König Oskar I. erbaute Lustschloss kann allerdings nur von Ende Mai bis Ende September an Sonntagen zwischen 11 und 16 Uhr gegen Eintritt besichtigt werden.

Mein Tipp! Das **Norsk Folkemuseum,** das **Norwegische Freilichtmuseum (20) [N59° 54′ 26.7″ E10° 41′ 13.0],** Museumsveien 10; **[Parkplatz, WP 123 / N59° 54′ 27.5″ E10° 41′ 12.4″]** *(geöffnet 15.5. - 14.9. tgl. 10 - 18 Uhr; übrige Zeit Mo - Fr 11 - 15, Sa + So 11 - 16 Uhr. Eintritt, mit Oslo Pass frei. Restaurant, Cafeteria, Souvenirs; www.norskfolkemuseum.no).*

Ein Gang durch dieses ausgedehnte Freilichtmuseum kommt einem Gang durch die Architektur-, Kunst- und Kulturgeschichte Norwegens vom Mittelalter bis in das 19. Jh. gleich. Der Besuch lohnt sehr und sollte nicht ausgelassen werden. Das Gezeigte ist so vielfältig, dass man sich für die Besichtigung viel Zeit nehmen sollte (mindestens einen halben Tag)!

Insgesamt sind hier 170 alte Gebäude, meist bäuerliche Anwesen, aus allen Teilen Norwegens zusammengetragen und mit größter Sorgfalt und bis ins Detail genau wieder aufgebaut worden.

Geht man aus dem großen, von Verwaltungs- und Museumsgebäuden umgebenen Hof (Beschilderung) und wendet sich nach links, kommt man zunächst zu einem Häuserensemble aus dem **Setesdal**. Im wesentlichen besteht es aus einem Gehöft aus dem frühen 18. Jh., mit Wohnhaus und diversen Speichern, Scheunen und Ställen.

NORSK FOLKEMUSEUM

1 Innenhof, Museum
2 Setesdalgehöfte
3 Numedalgehöfte
4 Glåmdalgehöfte
5 die Stabkirche von Gol
6 Hovegehöfte
7 Oppdalgehöfte
9 Hordalandgehöfte
10 Lendegehöfte
11 Ostnorwegengehöfte
12 Hallingdalgehöfte
13 Telemarkgehöfte
14 „Die Altstadt"
15 Wikingerschiffe Museum

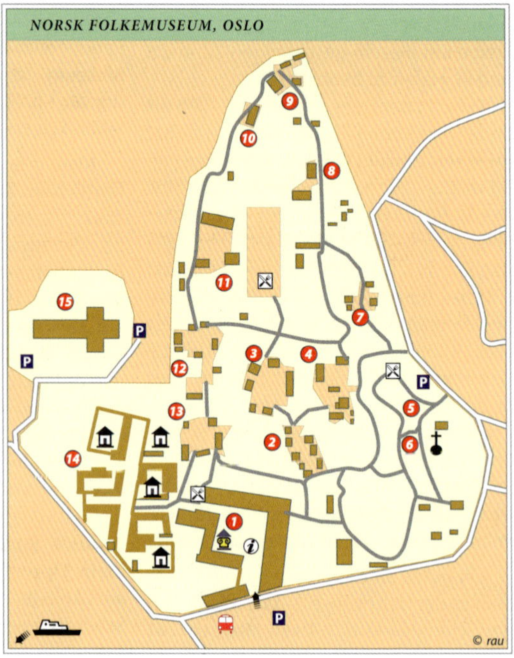

Im Freilichtmuseum Norsk Folkemuseum auf der „Museumsinsel" Bygdøy

Unweit nördlich davon eine Gruppe von Gehöften aus der Region **Glåmdal/ Osterdal.**

Wege, an denen alte Meilensteine zu sehen sind, führen durch einen Waldpark hinauf zur wieder aufgebauten **Stabkirche von Gol**. Sie stammt aus dem 12. Jh. und ist vom Fundament bis zum Giebel ein herrliches Beispiel früher norwegischer Kirchenbaukunst. König Oskar II. ließ die Kirche 1885 von Gol im Hallingdal hierher bringen und neu errichten.

Dem Kirchenportal gegenüber steht ein sehr schönes Bauernhaus, das aus der ersten Hälfte des 18. Jh. stammt und aus der Heddalgegend in der Telemark hierher gebracht wurde. Schauen Sie sich hier den großen Wohnraum an mit seiner Feuerstelle, den Wandbänken, Schränken, Pfostenbetten etc.

Gleich hinter diesem Telemarkhaus liegt das Restaurant.

Zurück zu den Setesdalhäusern und weiter zu den Gehöften aus dem **Numedal**. Hier steht u. a. eines der ältesten Holzhäuser (Haus Nr. 21) des Landes aus dem 13. Jh.

Ein Rundweg führt nun um den sog. Festplatz (mit Café). Folgt man ihm gegen den Uhrzeigersinn, sieht man Gebäude aus dem Gudbrandsdal, aus Nordfjord und Sunnfjord, aus Hordaland, Ostlandet, Hallingdal und schließlich aus der Telemark mit den markanten Speichern (z. B. Gebäude Nr. 133)

Es schließt sich die sog. **„Altstadt"** an. Hier sind einige Straßenzüge und Stadthäuser aus dem 17., 18. und 19. Jh. wieder aufgebaut worden.

In den **Museumsgebäuden** beiderseits des Hauptplatzes sieht man u. a. Kunsthandwerk, Trachten, Möbel aus städtisch-bürgerlichem und ländlich-bäuerlichem Milieu, des weiteren sakrale Kunstwerke und eine sehr interessante Ausstellung aus dem Kulturbereich der samischen Bevölkerung.

Vikingskiphuset (21) [Parkplatz, WP 124 / N59° 54' 17.7" E10° 41' 11.3"], Huk Aveny 35 *(geöffnet 2. Mai - 30. Sept.. tgl. 9 - 18 Uhr; übrige Zeit tgl. 10 - 16 Uhr. Eintritt, mit Oslo Pass frei. Bus 30 oder Boot 91 ab Pier 3 Rathausplatz und Fußweg; www.khm.uio.no/besok-oss/vikingskipshuset/).* Hier sind u. a. drei Wikingerschiffe aus dem 9. und 10. Jh. ausgestellt, die – nach mühsamer und langwieriger Restaurierung – nun zu den schönsten Beispielen alter norwegischer Schiffsbaukunst zählen.

Alle drei Schiffe, das **Osebergschiff**, das **Gokstadschiff** und das **Tuneschiff** wurden im Küstenbereich des Oslofjords gefunden. Die Schiffskörper, die als Gräber gedient hatten, wurden zwar von den Erdmassen, die sie bedeckten, völlig zerdrückt, Holz, Metallteile, Knochen und sogar Textilien aber waren dank der hermetisch luftdichten Abschottung durch die Erdlagen in recht gutem Zustand.

In monatelangen Arbeiten wurden die oft in Tausende von Einzelteilen zerfallenen Schiffe und Grabbeigaben geborgen. Schaut man sich nur die Bordbeplankung an, erahnt man schon – auch ohne einschlägiges Wissen – dass an diesen Wikingerschiffen vor fast tausend Jahren Meister ihres Handwerks tätig gewesen sein müssen.

Das Osebergschiff, Wikingerschiffe-Museum

Auf einem starken Kiel, der aus einem einzigen Stamm gearbeitet wurde, sind in genau überlegten Abständen Spanten aus Eichenholz befestigt. Sie bildeten das Rückgrat für die eichenen Bordplanken. Teils wurden 12 Bordplanken (Osebergschiff), bei Schiffen für größere und härtere Einsätze 16 Planken verwendet. Das Deck bildeten Laufplanken aus Kiefernholz. Der einzige, umlegbare, Mast war mittschiffs im „Kielschwein", einem kräftigen Eichenklotz auf dem Schiffsboden, befestigt.

Alle Bauelemente waren durch Nägel und Taue so kunstvoll und vor allem so elastisch miteinander verbunden, dass Fachleute von der ganz erstaunlichen Seetüchtigkeit, die Wikingerschiffen eigen gewesen sein muss, heute noch begeistert sind. Mit originalgetreuen Nachbauten wurden ganz erstaunliche Resultate erzielt.

Decksaufbauten gab es gewöhnlich nicht. Die Besatzung saß auf ihren Seekisten, die gleichzeitig als Ruderbänke dienten. Man war Wind und Wetter ohne besonderen Schutz ausgesetzt. Lediglich auf Reiseschiffen standen wichtigen Personen zusammenlegbare Bordzelte und sogar Betten zur Verfügung.

Gleich nach dem Eingangsbereich des kreuzförmig angelegten Museumsgebäudes kommt man in die gewölbte Halle mit dem Osebergschiff, das schon durch seine Proportionen, die überaus elegante Linienführung des Rumpfes und die kühn geschwungenen Steven mit herrlichen Schnitzereien, auf Anhieb besticht.

Das **Osebergschiff** wurde 1904 ausgegraben. Es diente als Grabstätte einer hochgestellten weiblichen Person. Es wird angenommen, dass diese Frau Königin Asa war. Ganz besonders reich war der Fund an Grabbeigaben. Zu den Prachtstücken zählen ein überaus seltener **Wagen**, ein **Schlitten**, Truhen, Betten und allerlei Kleingerät. Diese Gegenstände sind im hinteren Raum zu sehen.

Im Flügel links ist das **Gokstadschiff** wieder aufgebaut worden, das man 1880 entdeckte. Vergleicht man das Osebergschiff mit dem Gokstadschiff, fällt der etwas gedrungene Schiffskörper auf und man stellt fest, dass die Bordwand beim Gokstadschiff um zwei Bordplanken höher ist, was dem Schiff wohl eine bessere Eignung für Fahrten bei rauher See verlieh. Außerdem sind zwei kleine Beiboote zu sehen, die als Grabbeigaben dienten. Die Grabkammer ist wieder aufgebaut, die einst auf dem Schiff stand.

Im rechten Seitenflügel sind die Reste des **Tuneschiffs** zu besichtigen.

Es sind leider nur noch Fragmente des Schiffsrumpfes vorhanden.

Polarschiffmuseum Frammuseet (22) [Parkplatz, WP 125 / N59° 54' 11.2" E10° 41' 54.1"], Bygdøynesveien 36 *(geöffnet Juni - Aug. tgl. 9 - 18 Uhr; Mai + Sept. tgl. 10 - 17 Uhr; Okt.- Apr. tgl. 10 - 16 Uhr. Eintritt, mit Oslo Pass frei; Bus 30 bis Bydønes, Fähre ab Rathauspier 3; www.frammuseum.no)*.

Die **„Fram"**, das stärkste Polarschiff seiner Zeit, wurde nach speziellen Angaben des Polarforschers *Fridtjof Nansen* für extreme Bedingungen bei Fahrten in den Polarmeeren von Collin Archer erbaut und 1893 in Dienst gestellt.

Auf ihren Expeditionsfahrten gelangte die „Fram" am weitesten sowohl in nördliche als auch in südliche Breiten. Das Schiff hat eine Wasserverdrängung von 800 Tonnen, eine Länge von 39 m, eine Breite von 11 m und einen Tiefgang von 5 m. Seine hervorragende Konstruktionsweise hat sich auf all seinen Fahrten bewährt.

Die Grundidee Nansens war es, ein Schiff zu bauen, das so stark und dessen Rumpf so geschickt geformt war, dass es, eingefroren im Packeis, nicht von den gigantischen Eismassen zerdrückt (Schicksal vieler früherer Polarschiffe), sondern aus dem Eis gehoben wurde und so „gefahrlos" mitdriften konnte.

In dem um das Schiff herum erbaute Museumsgebäude wird eine interessante polargeschichtliche Ausstellung gezeigt, deren Exponate in 9 Sprachen beschriftet sind.

In einem Gebäude nebenan, das durch einen Fußgängertunnel vom Frammuseet aus zugänglich ist, ist ein weiteres weltberühmtes Expeditionsschiff ausgestellt, die **„Gjøa"**. Der Gjøa-Expedition (1903 - 1906) mit Roald Amundsen gelang es erstmals, die Nordwestpassage, den Seeweg, der nördlich des amerikanischen Kontinents Atlantik und Pazifik verbindet, in Ost-West-Richtung komplett zu durchqueren.

Norsk Maritimt Museum, Norwegisches Seefahrtsmuseum (22) [Parkplatz, WP 125 / N59° 54' 11.2" E10° 41' 54.1"], Bygdøynesveien 37 *(geöffnet 15. Mai - 15. Sept. tgl. 10 - 17 Uhr; 16. Sept. - 14. Mai Di - So 10 - 16 Uhr; Eintritt, mit Oslo Pass frei; Bus 30 bis Bygdøyes, Fähre ab Rathauspier 3; www.marmuseum.no)*.

Die lange, erfolgreiche Seefahrertradition des Landes wird hier anhand von Modellen, Schiffsteilen, Booten, Schaukästen, Gemälden und vielen nautischen Gegenständen sehr anschaulich dokumentiert. Im Museumsgebäude

Fridtjof Nansen vor dem Polarexpeditionsschiff „Fram"

befinden sich außerdem das *Restaurant Najaden*, sowie eine Cafeteria mit Fjordterrasse.

Kon-Tiki Museum (22) [Parkplatz, WP 125 / N59° 54' 11.2" E10° 41' 54.1"], Bygdøynesveien 36 *(geöffnet Jun. - Aug. tgl. 9.30 - 18 Uhr; März - Mai + Sept. - Okt. tgl. 10 - 17 Uhr; Nov. - Feb. 10 - 16 Uhr. Eintritt, mit Oslo Pass frei; Bus 30 bis Bygdøynes, Fähre ab Rathauspier 3; www.kon-tiki.no)*. Die bedeutendsten Exponate sind einmal Thor Heyerdahls weltberühmtes Balsafloß „Kon-Tiki" und zum anderen Heyerdahls Papyrusboot „Ra II" sowie ein Tigris-Modell.

Mit der „Kon-Tiki" fuhren Heyerdahl und fünf Kameraden 1947 8.000 km weit über den Pazifik von Peru bis Polynesien. Mit der „Ra II" segelte er 1970 über den Atlantik. Fotodokumentationen schildern Vorbereitungen und Durchführung der Reisen. Außerdem Ausstellungen von Kunst- und Kultgegenständen der Osterinseln. Im Kinoraum des Museums finden fortlaufende Filmvorführungen statt.

3. Rundfahrt Holmenkollen, Frognerpark, Museen

Die Holmenkollenschanze liegt nordwestlich vom Stadtzentrum und ist gut ausgeschildert.

Benutzt man für die Rundfahrt nicht das Auto, sondern öffentliche Verkehrsmittel, bedient man sich am einfachsten der U-Bahn Linie 1 bis Holmenkollen. Die Bahn verkehrt ab U-Bahn Station Nationaltheater. Ab Station Holmenkollen muss man bis zur Schanze und zum Skimuseum noch ein Stück zu Fuß gehen.

Fährt man mit der U-Bahn Linie 1 noch fünf Stationen weiter bis zur **Endstation Frognerseteren**, kann man den Ausflug mit Wanderungen und mit einem Besuch des Aussichts- und Fernsehturms **„Tryvannstårnet" [Parkplatz, WP 126 / N59° 59' 14.98" E10° 40' 2.30"]** verbinden.

Auf der **Holmenkollen Skisprungschanze [N59° 57' 53.4" E10° 40' 00.1"]**, Kongeveien 5 *(geöffnet Mai + Sept. tgl. 10 - 17 Uhr; Juni - Aug. tgl. 9 - 20 Uhr; Okt. - Apr. tgl. 10 - 16 Uhr; Eintritt, mit Oslo Pass frei. Metro Nr. 1 bis Holmenkollen; www.holmenkollen.com; www.skiforeningen.no)* werden jedes Jahr im März die Internationalen Skisprung Meisterschaften ausgetragen.

Ein Aufzug bringt Sie auf den etwa 60 m hohen Turm der Sprungschanze. Und wer schwindelfrei ist und zu Fuß weiter hoch bis zum Anlauf gehen kann, wird mit einer einzigartigen **Aussicht** auf Oslo und die Bucht belohnt. Man bekommt Gänsehaut wenn man sich vorstellt, dass die Skispringer sich in dieser Höhe in die Anlaufspur stürzen und zu ihren Sprüngen starten. Es genügt schon ein Blick von der Nähe des Schanzentisches hinab in die im Sommer teils von einem See bedeckten Auslaufmulde, um den Mut der Skispringer respektvoll zu bewundern.

Im Sommer zeigen gelegentlich Skiakrobaten ihr Können an eben erwähntem See. Wenn Sie Lust bekommen haben, auch einmal einen Skiflug von der ehrwürdigen Holmenkollenschanze zu wagen, können Sie das gegen Gebühr (mit Oslo Pass Ermäßigung) im Skisimulator gleich tun.

Sehr lohnend ist ein Besuch im gleich neben der Schanze teils in den Berg gebauten **Skimuseum**, Kongeveien 5; www.skiforeningen.no/en/holmenkollen/skimuseet/ *(geöffnet wie Holmenkollenschanze. Eintritt, mit Oslo Pass frei. Metro Nr. 1 bis Holmenkollen)*. Beachten Sie am Eingang die etwa 4.000 Jahre alte Felszeichnung des „ersten Skiläufers der Welt".

Von besonderem Interesse sind Skiausrüstungsgegenstände von Fridtjof Nansens Grönlanddurchquerung 1888 und Roald Amundsens Südpolexpedition 1910 – 1912, gleich im Eingangsbereich. Im Obergeschoss des Museums sind u. a. Skier der Königlichen Familie zu sehen.

Auf dem Weg vom Parkplatz zur Schanze passiert man ein Denkmal, das König Olav V. auf Skiern zeigt.

Nordwestlich der Innenstadt liegt Oslos berühmter **Frognerpark (17) [N59° 55' 29.2" E10° 42' 30.1"]**, auch Vigelandpark genannt *(geöffnet ganzjährig 24 Std.; Bus 20, Tram 12, 15 bis Vigelandsparken; www.vigeland.museum.no)*. Der Haupteingang liegt in der Straße Kirkeveien. Falls Sie mit Bus oder Bahn unterwegs sind, nehmen Sie die U-Bahn bis zur Station Majorstuen oder die Buslinie 20 oder die Straßenbahn Linie 12 oder 15 bis zum Haupteingang zum Frogner Park, Haltestelle Vigelandsparken.

Wenn Sie übrigens von der Haltestelle Majorstuen nur ein kurzes Stück nach Osten gehen, können Sie – allerdings nur am Wochenende – noch einen kurzen Sprung ins **Sporveismuseet**, das Straßenbahn-Museum, Ecke Selmdalsveien und Gardeveien, machen.

Der ausgedehnte Frognerpark mit seinen beiden Seen, ist berühmt für seine Freilichtsammlung von **Bronze- und Steinplastiken** des Bildhauers Gustav Vigeland.

Gustav Vigeland, 1869 in Mandal geboren und in einer Handwerkerfamilie und auf Großvaters Hof Vigeland in Lindesnes aufgewachsen, war Zeit seines Lebens erfüllt von einem glühenden Schaffensdrang.

Vigelands Vater war Möbelschreiner. So wurde der Sohn schon in jungen Jahren mit der Holzschnitzerei bekannt. 1884 kam Gustav aus seinem sehr ernsten, strengen Elternhaus nach Oslo zur Ausbildung als Holzschnitzer. Später lebte und arbeitete er in Kopenhagen, Paris, Berlin, Florenz und London und kehrte Anfang des 20. Jh. wieder zurück nach Oslo. Vigeland starb 1943.

In seinem unbändigen Arbeitseifer schuf er weit über tausend monumentale Skulpturen, rund 800 plastische Skizzen und nicht weniger als 12.000 Zeichnungen und Skizzen.

Zeit seines Lebens waren seine Motive Mann und Frau, Menschendarstellungen in allen Lebensaltern. Fast immer strahlen Vigelands Plastiken Ernst und Wehmut aus.

Alle Werke überließ der Meister der Stadt Oslo als Entgelt für das Gebäude, das die Stadt dem Bildhauer errichtete, in dem sich Vigelands Atelier und Wohnung befanden. Heute beherbergt es das Vigeland Museum.

Schon das große schmiedeeiserne Tor mit seinen sieben Flügeln am Haupteingang zum Frognerpark (Kirkeveien) ist eine sehenswerte Arbeit Vigelands.

Als nächstes erreicht man die Brücke, die über die Parkseen führt. Hier stehen zahlreiche Steinplastiken. Insgesamt findet man im Park, dessen Anlage von Vigeland selbst konzipiert wurde, annähernd 200 Skulpturen.

Man kommt zur **Bronzefontäne**. Der Lebensweg des Menschen vom Kind bis zum Greis wird anhand von Bronzeplastiken dargestellt.

Treppen führen schließlich hinauf zum großen **Monolithen „Lebenssäule“**, der erhöht auf einer Steinterrasse steht. Die 17 m hohe Steinsäule ist mit 121 Leibern geschmückt, die sich wild verschlungen bis zur Spitze des Obelisks gruppieren. Der Monolith besteht aus einem einzigen Granitblock. Beachtung verdienen natürlich auch die Monumentalplastiken, die sich um den Monolithen gruppieren.

Steinplastiken und die „Lebenssäule“ von Gustav Vigeland

Kunsthistoriker sind sich nicht ganz einig über den künstlerischen Wert von Vigelands Schöpfungen. Sicher dürfte aber sein, dass Vigelands Lebenswerk alleine schon durch die enorme Vielzahl seiner Arbeiten ein hervorragender Stellenwert zukommt.

Im Sommer kann man den Besuch des Frognerparks mit einer willkommenen Abwechslung verbinden, mit einem Abstecher ins Frognerbad, dem größten Freibad der Stadt, das in der Nordostecke der Parkanlage beim Stadion und den Tennisplätzen liegt.

Wir setzen unsere Tour durch den Südteil des Frognerparks fort und erreichen kurz darauf das **Oslo Bymuseet**, das **Stadtmuseum (18)**, Frognerveien 67, mit Sommerrestaurant beim See *(geöffnet Di - So 11 - 16 Uhr; Bus 20 oder Tram 12 bis*

Frogner Plass; Eintritt frei; www.oslomuseum.no). Das Museum ist untergebracht im Frogner Hovedgård, einem ehemaligen Gutshof aus dem Jahre 1790. Ausgestellt ist umfangreiches Anschauungsmaterial über die 1.000-jährige Geschichte Oslos, sowie eine Gemäldesammlung und interessante Einrichtungs- und Gebrauchsgegenstände aus verschiedenen Epochen der Stadt.

Man kann den Frognerpark am Südeingang an der Halvdan Svartesgate verlassen.

Fast genau gegenüber, auf der anderen Straßenseite, steht das Gebäude des **Vigeland Museums (19) [N59° 55‘ 22.1“ E10° 42‘ 02.3“]**, Nobelsgate 32 *(geöffnet Mai - Aug. Di - So 11 - 17 Uhr, übrige Zeit Di - So 12 - 16 Uhr; Eintritt, mit Oslo Pass frei. Tram 12 oder Bus 20 bis Frogner plass; www.vigeland-museum.no)*. Im Museum kann man sich einen ganz ausgezeichneten Überblick über die unzähligen Arbeiten des Bildhauers Gustav Vigeland verschaffen. Der größte Teil des Lebenswerks des Künstlers ist hier untergebracht. Darunter sind Tausende von Zeichnungen, Holzschnitten und Plastiken in Marmor, Granit oder Bronze.

Ist man mit öffentlichen Verkehrsmitteln unterwegs, geht man vom Vigeland Museum ein kurzes Stück nach Osten zurück bis an die Südecke des Frogner Parks am Frogner Plass (Taxistand) und nimmt die Straßenbahn 12 oder 15 zurück ins Stadtzentrum (Rathausplatz).

4. Weitere interessante Sehenswürdigkeiten

Edvard Munch Museum [Parkmöglichkeit, WP 127 / N59° 55‘ 00.4“ E10° 46‘ 25.1“], Tøengata 53 *(geöffnet 18. Juni - 25. Sept. tgl. 10 - 17 Uhr, übrige Zeit tgl. 10 - 16 Uhr. Eintritt, mit Oslo Pass frei. U-Bahn 1, 2, 3, 4, 5 bis Tøen-Munchmuseet; www.munchmuseet.no)*. Das Munch Museum liegt im Osten der Stadt in der Tøyengata 53, gegenüber dem Botanischen Garten. Das moderne Museumsgebäude beherbergt den größten Teil des Lebenswerks des Malers *Edvard Munch*.

Insgesamt vermachte der Künstler der Stadt Oslo 1940 annähernd 24.000 Objekte, darunter Graphiken, Zeichnungen, Plastiken, Aquarelle und andere Gemälde. Im Museum finden Filmvorführungen, Konzerte und Vorträge statt.

Edvard Munch wurde am 18. Dezember 1863 geboren und starb im Alter von 81 Jahren im Januar 1944. Munch war Maler und Graphiker und gehörte mit zu den Begründern des Expressionismus. Themenmittelpunkt seiner Arbeit war stets der Mensch im Spannungsfeld der zwischenmenschlichen Beziehungen.

Naturhistoriske Museer. Die Naturgeschichtlichen Museen liegen ganz in der Nähe des Munch Museums im **Botanischen Garten Botanisk Hage Tøyenhagen [N59° 55‘ 3.89“ E10° 46‘ 23.29“]** im Osten der Stadt. Zu erreichen mit der U-Bahn, Linien 1, 2, 3, 4, 5 ab Stortinget bis Tøyen.

Auf dem Gelände des sehr ansprechend angelegten Botanischen Gartens mit seiner artenreichen Flora nördlicher Provenienz und Treibhäusern mit südlicher Pflanzenwelt, gibt es außerdem zu besichtigen: das **Botanische Museum**, das **Zoologische Museum**, das **Mineralogische Museum** und das **Paleontologische Museum**. Freier Eintritt in Park und Museen. Der Botanische Garten ist täglich von 7 - 21 Uhr geöffnet.

Norsk Teknisk Museum [Parkplatz, WP 128 / N59° 57‘ 58.7“ E10° 46‘ 57.4“], Kjelsåsveien 143 *(geöffnet 20. Juni - 20. Aug. tgl. 10 - 18 Uhr, übrige Zeit Di - Fr 9 - 16 Uhr, Sa + So 11 - 18 Uhr. Eintritt, mit Oslo Pass frei. Tram Nr. 11, 12 bis Kjelsås)*.

Das Technische Museum von Norwegen liegt weit im Norden der Stadt am Akerselva, unweit des Sees Maridalsvannet. Gezeigt wird die Entwicklung der Technik von der Frühzeit bis heute, von der Dampfeisenbahn bis zum Düsenjet und bis zur Computertechnik.

Das **Henie-Onstad Kunstzentrum [Parkplatz, WP 129 / N59° 53‘ 19.03“**

E10° 33‘ 14.16“], liegt in Høvikodden, Sonja Henies vei 31, rund 12 km westlich vom Stadtzentrum von Oslo *(geöffnet Di - Do 11 - 19, Fr - So 11 - 17 Uhr. Eintritt, mit Oslo Pass 50% Rabatt. Busse 151 ab Sentralstasjon Hauptbahnhof bis Høvikodden; www.hok.no)*. Dank der Initiative und Stiftung des Ehepaares Sonja Henie und Niels Onstad konnte 1968 dieses moderne Kunstzentrum eingeweiht werden.

Sonja Henie war in den Zwanziger Jahren des 20. Jahrhunderts die Eislaufkönigin schlechthin, während Niels Onstad sportliche Meriten im Rudern errang.

PRAKTISCHE HINWEISE – OSLO

Oslo Visitor Center [59° 54‘ 41.14“ E10° 45‘ 01.01“], Touristinformation neben dem Hauptbahnhof Oslo S (Oslo Sentralstasjon) im Gebäude der Østbanehallen, Jernebanetorget 1, N-0154 Oslo, Callcenter Tel. +47 815 30 555 (Mo - Fr 9 - 18 Uhr); www.visitoslo.com/de/. *Geöffnet Jan. - Juni tgl. 9 - 16 Uhr; Juli - Aug. Mo - Sa 8 - 19 Uhr, So 9 - 18 Uhr; Sept. tgl. 9 - 18 Uhr; Okt. - Dez. Mo - Sa 9 - 18 Uhr, So 10 - 16 Uhr.* Touristische Informationen, Stadtpläne, Broschüren, Oslo Pass, Stadtradfahrkarten, Tickets für Stadtrundfahrten, öffentlichem Nahverkehr und Veranstaltungen, Hotelbuchungen, Geldwechsel. Innerhalb der Räumlichkeiten kostenloses WLAN und diverse Bildschirme, an denen Besucher verschiedene Informationen über Oslo abfragen können.

Informationen für Behinderte: Norges handikapforbund Oslo, Schweigaardsgt 12, N-0134 Oslo, Tel. +47 24 10 24 00; www.nhf.no/english. Der Verband gibt ein Handbuch (norwegisch und englisch) über die Zugangsmöglichkeiten diverser Einrichtungen heraus.

NAF Alarmsentral (Pannendienst) – (+47) 81 00 05 05 (Tag + Nacht).
Notarzt – 113.
Polizei – 112.
Feuerwehr – 110.
Zentrale Telefonnummern zum **Sperren verlorengegangener Kreditkarten, Handys und EC-Karten**: +49 116 116.

Stadtrundfahrten
H.M. Kristiansens, Ringnesveien 9, 0978 Oslo, Tel. +47 22 78 94 00; www.hmk.no/english/sightseeing/. U.a. mehrstündige Stadtrundfahrten täglich, zu den großen Sehenswürdigkeiten der Stadt.
Båtservice Sightseeing, Rathausplatz, Rådhusbryggen Pier 3, 0116 Oslo 1, Tel. +47 23 35 68 90; www.boatsightseeing.com. Einstündige Hafenrundfahrten sowie zwei- bis dreistündige Fjordrundfahrten. Große Ganztagestour mit Bus und Boot u.a.

Feste, Folklore
Anlässlich des **Nationalfeiertages** am 17. Mai finden diverse Veranstaltungen und ein großer Umzug über die Karl Johans gate zum Schloss statt.
Øyafestivalen, Anfang August, eines der größten Musikfestivals in Oslo, mit großen internationalen, aber auch neuen, noch unbekannten Künstlern.
Jazzfestival, Mitte August, immer mit großer internationaler Besetzung..
Oslo Kammermusikfestival, Konzertwoche in der zweiten Augusthälfte; www.visitoslo.com/de/veranstaltungen/festivals/.

RESTAURANTS

Fjord Restaurant, Kristian Augusts gate 11, Tel. +47 22 98 21 50; www.restaurantfjord.no; in der Nähe der Nationalgalerie, man serviert vorzügliche Gerichte von Meeresfrüchten. Sonntag und Montag Ruhetage.
Lofoten Fiskerestaurant, Stranden 75, Aker Brygge, Tel. +47 22 83 08 08,; www.lofoten-fiskerestaurant.no; gerne besuchtes Fischlokal.

OSLO – RESTAURANTS

Mathallen Oslo, Vulkan 5, Tel. +47 40 00 12 09; www.mathallenoslo.no; Cafés, Weinbar, Bierbar, diverse Restaurants, nur bis 19 Uhr geöffnet!
Najaden Restaurant, Bygdøynesveien 37, Tel. +47 22 43 81 80; im Seefahrtsmuseum auf der Insel Bygdøy, traditionsreiches Restaurant, norwegische Spezialitäten,
Theatercaféen, Stortingsgata 24, Tel. +47 22 82 40 50; www.theatercafeen.no; stadtbekannte Adresse im traditionellen Wiener Kaffeehausstil, gehobene Preisklasse. Tischreservierungen empfehlenswert.

HOTELS

Von den zahlreichen Hotels im Großraum Oslo sind nur einige der zentral gelegenen Häuser erwähnt.
Anker, 296 Zi., Storgata 55, Tel. +47 22 99 75 10; www.anker.oslo.no; Hotelgarage.
Bristol, 251 Zi., Kristian IV's gt. 7, Tel. +47 22 82 60 00; www.bristol.no; Restaurant, Garage.
Continental, 155 Zi., Stortingsgt. 24 - 26, Tel. +47 22 82 40 00; www.hotel-continental.no/; zentral Nähe Nationaltheater gelegen, traditionsreiches, alteingesessenes Komforthotel, Restaurant, Fitnesscenter, Parkplatz. Keine Haustiere.
Thon Hotel Munch, 180 Zi., Munchs gate 5, Tel. +47 23 21 96 00; www.thonhotels.com; Restaurant, Bar, Fitnesscenter, Parkmöglichkeit.
Scandic Solli, 189 Zi., Parkveien 68, Tel. +47 23 15 57 00; www.scandichotels.com; gepflegtes Komforthotel im westl. Innenstadtbereich Nähe Königliches Schloss, Restaurant, Bar, Fitnesscenter. Garage.

CAMPING BEI OSLO

Camping Bogstad & Turistsenter [WP 130 / N59° 57' 44.2" E10° 38' 31.8"], Ankerveien 117, 0766 Oslo; Tel. +47 22 51 08 00; www.bogstadcamping.no; 1. Jan. – 31. Dez.; im nördl. Stadtgebiet, über E18 (Oslo – Drammen) beschildert, nahe Holmenkollenschanze; weitläufig, teils eben, teils auf abfallenden Wiesen. Der hintere Platzteil mit separatem Sanitärhaus ist gut schattig. Im Sommer stark frequentiert, dadurch gelegentlich überlastete Sanitäranlagen mit zu wenig Geschirrwaschplätzen, Trockner; ca. 8 ha – 800 Stpl.; Standardsanitärausstattung; Laden, Restaurant, WLAN auf Teilen des Platzes; **V & E für Wohnmobile**; Miethütten * – *****, Bus 32 ab/bis Nationaltheater.
Camping Ekeberg [WP 131 / N59° 53' 53.7" E10° 46' 27.0"], Ekebergveien 65, 1181 Oslo; Tel. +47 22 19 85 68; www.ekebergcamping.no; 1. Mai – 30. Sept.; im östl. Stadtbereich, über E6 beschildert; schräges Wiesengelände oberhalb Oslos mit schönem Blick auf die Stadt, im Sommer oft drangvolle Enge; ca. 7 ha – 700 Stpl.; einfache Standardsanitärausstattung; Laden, Imbiss. WLAN. **V & E für Wohnmobile.** Bus Nr. 83 bis Tårnåsen.

WOHNMOBIL-STELLPLATZ IN OSLO-SKØYEN

Sjølyst Marina Bobil Parkering [Zufahrt, WP 132 / N59° 55' 13.0" E10° 40' 30.7"], Drammensveien 160, 0273 Oslo-Skøyen, Tel. +47 22 50 91 93; www.bobilparkering.no; 1. Juni – 15. Sept.; ca. 3 km westlich Oslo Stadtzentrum, Zufahrt von der E18 (Oslo – Drammen), Ausfahrt Skøyen. Zwischen der E18 und dem Bootshafen Sjølyst Marina gelegen. Zufahrt durch die Bootswerft. Stellplatz für etwa 250 Wohnmobile am Kai des Sjølyst Bootshafens an der Westseite von Bygdøy. Sanitäranlagen mit Duschen und Toiletten. Ausguss für Chemikaltoiletten hinter dem Sanitärhaus. Strom- u. Wasseranschluss. Fahrradverleih. Busse 31, 32, 33 (Haltestelle Skøyen) ins Zentrum. Geschäfte und Restaurant ca. 5 Gehminuten entfernt. Die Gebühr von NOK 300,- (inkl. Wasser, WC, Strom, Ver- und Entsorgung, Dusche Extragebühr) muss an einem Parkscheinautomat bezahlt werden. Der Platz ist von 23 bis 7 Uhr mittels Schlagbaum geschlossen.

DIE SCHNELLSTE TOUR ZUM NORDKAP

TOUR 8: OSLO – LILLEHAMMER – OTTA – DOMBÅS

Länge der Tour: Rund rund 320 km.

Die Route: Über die E6 und über **Eidsvoll, Hamar, Lillehammer** und **Otta** bis **Dombås**. **Weiter mit Tour 17 und folgende**.

Reisedauer: Mindestens ein Tag, besser zwei oder mehr Tage.

Höhepunkte: Das **Norwegische Eisenbahnmuseum** ** in Hamar – mit dem **Veteranendampfer „Skibladner“** ** auf dem Mjøsa-See – das **Freilichtmuseum Maihaugen** *** bei Lillehammer – das **Straßen- und Verkehrsmuseum** ** bei Hunderfossen.

ROUTE: *Von Oslo auf der E6 nordwärts vorbei an* ***Eidsvoll*** *und über* ***Hamar*** *zunächst bis* ***Lillehammer*** *(180 km).*

Rund 65 km nördlich von Oslo kann man nach Eidsvoll und nach Eidsvoll Verk (zwei einige Kilometer voneinander entfernte Orte).

Eidsvoll Verk gilt Norwegern als „Wiege der Freiheit“. Im historischen **„Eidsvoll Bygningen“ [Parkplatz, WP 133 / N60° 18‘ 00.3“ E11° 10‘ 08.6“]**, einer Industriellenvilla aus dem ausgehenden 18. Jh. wurde am 17. Mai 1814 von der hier einberufenen Reichsversammlung **Norwegens Verfassung** verkündet. Das Museumsgbäude kann auf Führungen (auch in englischer Sprache) besichtigt werden *(geöffnet Juni - Aug. Di - So 12 - 16 Uhr; www.mia.no/eidsvoll/en/).*

Im etwa 60 km weiter nördlich an der E6 gelegenen **Hamar** lohnt für Eisenbahnliebhaber ein Besuch im **Norsk Jernbanemuseet [Parkplatz, WP 134 / N60° 47‘ 59.7“ E11° 01‘ 38.7“], Strandvegen 16** *(geöffnet ganzjährig 11 - 17 Uhr, 1. Juli bis 19. Aug. bis 17 Uhr; Winterhalbjahr Mo geschlossen; www.norsk-jernbanemuseum.no).*

Hier im Norwegischen Eisenbahnmuseum sind neben historische Bahnhofsgebäuden, Zügen und Loko-

Eidsvoll Verk, das historische Eidsvollgebäude, Tagungsort der ersten Reichsversammlung Norwegens

motiven natürlich auch Signale, Uniformen etc. sehen. Und die 35 m lange Modelleisenbahn erfreut sich bei den Besucher größter Beliebtheit.

Den Zugang zum Freilichtteil des Museums erreicht man mit dem Nostalgiebähnchen „Tertitt", das vom Eingangsgeäude zum anderen Ende des Geländes mit Lokomotivschuppen jeweils zur vollen Stunde zwischen 11 und 16 Uhr fährt. Fahrpreis ist im Museumseintritt enthalten.

*ROUTE: 60 km weiter führt die E6 an **Lillehammer** vorbei.*

Mein Tipp! Zu den **Sehenswürdigkeiten** in Lillehammers zählt in erster Linie das besuchenswerte **Freilichtmuseum** in **Maihaugen [Parkmöglichkeit, WP 135 / N61° 6' 41.49" E10° 28' 35.26"]** *(geöffnet Jan - Mai + Sept. - Dez. Di - So 11 - 16 Uhr,1. Juni - 15. Aug. tgl. 10 - 17 Uhr; www.maihaugen.no).* Hier wird ein ausgezeichneter Überblick über Kultur, Architektur, Volkskunst, Brauchtum und Lebensweise der Menschen im Gudbrandsdal und angrenzenden Regionen vor dem 19. Jh. geboten. Dieses Museum ist mit über 150 Gebäuden, schön möblierten Bauernstuben, Speicher und Scheunen, Stallungen und Werkstätten, Sennhütten, Berghöfe etc. das bedeutendste seiner Art in Norwegen, nur noch übertroffen vom Norwegischen Volksmuseum auf Bygdøy in Oslo.

Bei ausreichend zur Verfügung stehender Zeit besichtigt man darüberhinaus:

Das modern erweiterte **Kunstmuseum [N61° 6' 55.41" E10° 27' 51.48"]** am Marktplatz Stortorget mit einer Gemäldesammlung vor allem norwegischer Künstler *(geöffnet Di - So 11 - 16 Uhr)*, dann das **Norwegische Fahrzeugmuseum [Parkplatz, WP 136/ N61° 7' 5.43" E10° 28' 0.87"]** am Lilletorget *(geöffnet Mo - Fr 11 - 15, Sommer bis 16 Uhr, Sa + So 11 - 16 Uhr)* sowie das **Norwegische Olympia Museum** *(geöffnet 1. Juni - 31. Aug. tgl. 10 - 17 Uhr; 1. Sept. - 31. Mai Di - So 11 - 16 Uhr; www.ol.museum.no) mit* Ausstellungen über die Geschichte der Olympischen Spiele (Sommer- und Winterspiele) von 1896 bis heute. Eine spezielle Abteilung ist den Olympischen Spielen 1994 in Lillehammer gewidmet.

Gleich nebenan liegt die **Håkons-Halle [N61° 7' 25.31" E10° 28' 20.86"]** mit Platz für rund 10.000 Zuschauer, Lillehammers Olympiahalle und Konzert-

und Mehrzweckhalle für Veranstaltungen aller Art.

Bemerkenswert ist schließlich noch das **Haus Bjerkebæk**, früherer Wohnsitz der Schriftstellerin (Frauenthemen) und Nobelpreisträgerin (1928) Sigrid Undset (1882 – 1949) in Lillehammer *(geöffnet Juni - Aug. tgl. 10 - 17, Sept. Sa + So 11 - 16 Uhr; www.bjerkebek.no)*.

PRAKTISCHE HINWEISE – LILLEHAMMER

Lillehammer Turistkontor, Visit Lillehammer [N61° 6′ 52.40″ E10° 27′ 41.43″], Jernebanetorget 2 (Bahnhofsgebäude), 2609 Lillehammer, Tel. + 47 61 28 98 00; www.lillehammer.com/de/. *Geöffnet Ende Juni - Mitte Aug. Mo - Fr 8 - 18 Uhr, Sa + So 10 - 16 Uhr, Ende Aug. Dez. Mo - Fr 7.30 - 16.30 Uhr.*

HOTELS

Birkebeineren Hotell/Motell, 61 Betten, Birkebeinerveien 24, Olympiaparken, Tel. + 47 61 05 00 80; www.birkebeineren.no; Restaurant, Parkplatz.
Clarion Collection Hotel Hammer, 95 Zi., Storgata 108, Tel. + 47 +47 61 26 73 73; www.nordicchoicehotels.com/hotels/norway/lillehammer; Parkplatz.
Mølla Hotell, 58 Zi., Elvegt. 12, Tel. + 47 61 05 70 80; http://mollahotell.no/en/; in einem ehemaligen Mühlengebäude, Bar mit Aussicht, Restaurant „Egon". Parkplatz.

CAMPING

Camping Lillehammer [WP 137 / N61° 6′ 9.2″ E10° 27′ 48.4″], Dampsagveien 47, Tel. +47 61 25 33 33; www.lillehammer-camping.no; Jan. – Dez.; Ausfahrt E6 Lillehammer Sentrum; fast ebenes Wiesengelände südlich des Ortes am Ostufer des Mjøsa; ca. 7 ha – 200 Stpl.; gute Standardsanitärausstattung; Kiosk, Fahrradverleih, WLAN, Internetecke. Miethütten ** - ****. **V & E für Wohnmobile**.
Camping Lillehammer Turistsenter [WP 138 / N61° 7′ 32.01″ E10° 26′ 30.43″], Sandheimsbakken 20; Tel. +47 61 25 97 10; www.lillehammerturistsenter.no; Jan. – Dez.; über E6 Ausfahrt Lillehammer Nord; breite Wiesenterrassen mit Birken, oberhalb der geräuschvollen E6, ca. 3,5 ha – 150 Stpl.; zeitgemäße Sanitärausstattung. Kiosk, WLAN, Internetecke, Motel. Miethütten *** - ****. **V & E für Wohnmobile**.

Im Maihaugen Freilichtmuseum bei Lillehammer

Hunderfossen
Camping Hunderfossen [WP 139 / N61° 13' 21.0" E10° 26' 20.4"], Tel. +47 61 27 73 00; www.hunderfossen-camping.no; Jan. – Dez.; zwischen Bahnlinie und dem Westufer des Flusses gelegen; ausgedehntes, ebenes Wiesengelände unterhalb des Hunderfossen Familieparks; ca. 2 ha – 200 Stpl.; Standardsanitärausstattung. Kiosk. **V & E für Wohnmobile.**

Biristrand
Camping Biristrand [WP 140 / N61° 1' 31.35" E10° 27' 0.36"], Biristrand, Biristrandvegen 912B, Tel. + 47 61 18 4 02; www.biristrandcamping.no; 1. Jan. – 31. Dez.; ca. 12 km südl. Lillehammer; langgestrecktes Wiesengelände zwischen Straße E6 und dem Westufer des Mjøsa-Sees; ca. 6 ha – 100 Stpl. + 80 Dau.; Standardsanitärausstattung; Laden, WLAN auf Teilen des Platzes. Miethütten ** - ****. **V & E für Wohnmobile.**

Ausflüge ab Lillehammer

Zu den beliebtesten **Ausflügen** im Sommer wird eine Fahrt auf dem **See Mjøsa** mit dem **Veteranendampfer „Skibladner"** gezählt (www.skibladner.no). Der 1856 in Dienst gestellte Schaufelraddampfer, von Einheimischen liebvoll auch „Der weiße Schwan des Mjøsa" genannt, bedient heute als Ausflugsboot die Strecke zwischen Lillehammer, Gjøvik, Hamar und Eidsvoll.

Der Mjøsa ist Norwegens größter See. Er ist gut 100 km lang und stellenweise bis 450 m tief. Und der mittlerweile über 150 Jahre alte „Skibladner" braucht heute wie früher für die Reise vom Süd- zum Nordende des See zwei Tage. Wenig geändert hat sich auch auf der Speisekarte des Schiffsrestaurants. Noch heute werden nach alter Tradition Lachs, Gurkensalat und Erdbeeren mit Sahne serviert.

*ROUTE: Weiterreise von Lillehammer auf der E6 nordwärts, vorbei an **Hunderfossen** und über **Tretten** (Abzweig Richtung Gaustal zum **Peer-Gynt-Weg**, teils steil und kurvenreich), **Ringebu** mit seiner sehenswerten **Stabkirche [N61° 30' 32.59" E10° 10' 23.10"]** (9 - 17 Uhr; www.stavechurch.no) 1 km östlich des Ortes und weiter durch das weite **Gudbrandsdal** mit dem breiten Lågen-Fluss, an dessen grünen Talhängen weit verstreut Bauernhöfe liegen, von denen viele auf eine jahrhundertelange Tradition zurückblicken können.*

Auf einer Autoreise durch Norwegen wird man irgendwann die Leistungen, die das Land in den vergangen Jahrzehnten im Straßen- und Tunnelbau vollbracht hat, bewundern.

Mein Tipp! Wer sich dafür interessiert, sollte nicht versäumen, 15 km nördlich von Lillehammer bei **Hunderfossen**, das **Norwegische Straßenbaumuseum Norsk Vegmuseum** zu besichtigen **[Parkplatz, WP 141a / N61° 13' 32.43" E10° 25' 53.39"** *(geöffnet 1. Mai - 23. Juni + 14. Aug. - 30. Sept. Di - So 10 - 15 Uhr, 24. Juni - 13. Aug. tgl. 10 - 17 Uhr, Okt. - Apr. Di - So 10 - 15 Uhr; www.vegmuseum.no)*. Es gibt ein Innenmuseum und eine Freilichtabteilung (Maschinen, Werkzeuge, Museumstunnel).

Neben der Geschichte des Straßenbaus in Norwegen erzählt das Museum mit seinen Ausstellungen und Exponaten auch etwas über die Entwicklung der Motorisierung des Landes seit 1960. Erst seit 1960 ist es in Norwegen nämlich auch Privatpersonen möglich, ein Auto zu erwerben. Davor war das nur auf Antrag und nur bestimmten Berufsgruppen möglich.

Achten Sie im Museum besonders auf das schnittige, cremefarbene Coupé des „Trollautos". Es ist das einzige noch erhaltene Exemplar von insgesamt fünf in Lunde (Telemark) gebauten Autos, die Beginn und Ende der kurzen norwegischen Autoindustrie darstellen.

Außerdem kann man den ganz in der Nähe des Straßenbaumuseums auf der westlichen Seite des Flusses Losna gelegenen **Hunderfossen Familiepark [Parkplatz, WP 141 / N61° 13' 29.64" E10° 26' 2.39"]** besuchen, mit

Märchengrotte, Wachsfigurenkabinett, Fahrgeschäften, Shows und anderen Attraktionen für die ganze Familie; Restaurants, Cafeteria, Minigolf *(geöffnet 1. Juni - 31. Aug. tgl. 10 - 17 Uhr, im Juli bis 18 Uhr; www.hunderfossen.no).*

Umweg über den Peer-Gynt-Weg

Bei ausreichend zur Verfügung stehender Zeit lohnt der Umweg über den **Peer-Gynt-Weg**, eine mautpflichtige (Münzautomat, Kreditkarte), meist unbefestigte Erdstraße, die über das Ferien- und Wintersportgebiet **Gåla/ Wadahl [N61° 30′ 43.09″ E9° 46′ 32.78″]** (Berghotels) führt. Von der Höhenstraße (bis 1.000 m) hat man bei klarem Wetter mitunter prächtige Ausblicke zum Rondanegebirge im Norden oder bis zum weit im Westen gelegenen Jotunheimengebirge. Bei Vinstra trifft man wieder auf die E6.

HAUPTROUTE

*ROUTE: E6 über **Vinstra** und **Kvam** bis **Otta** (ca. 30 km).*

Otta, eine Kleinstadt mit rund 2.500 Einwohnern im oberen Gudbrandsdal, liegt am Zusammenfluss des Otta- und des Lågenflusses. Wichtige Erwerbszweige sind Holz-, Schiefer- und Milchverarbeitung. „Otta" ist eine altnorwegische Bezeichnung für „der Bedrohliche", womit hier wohl der Ottafluss gemeint war.

Ab Otta bietet sich die Möglichkeit zu einem Abstecher nach Lom (sehenswerte Stabkirche, siehe Tour 16) und weiter ins Sognefjell/Jotunheimen.

Abstecher ins Rondanegebirge

Otta ist ein guter Ausgangspunkt für Touren in das **Rondanegebirge** (Nationalpark, ausgezeichnetes Wandergebiet) nordöstlich von Otta.

Mit dem Auto kann man ab Otta über die Rondanestraße, eine steile, gut befahrbare Serpentinenstraße, bis hinauf zur **Mysuseter [N61° 48′ 33.09″ E9° 40′ 53.82″]** (13 km, mehrere Berghotels und Gasthöfe) fahren.

Die Asphaltstraße endet an einer Weggabelung. Mautpflichtige Straßen führen von hier nach **Furusjøn [N61° 47′ 20.95″ E9° 43′ 16.73″]** (4 km), nach Vålåsjøsæter (7 km) und auf unbefestigter Erdstraße nach **Spranget** (4,5 km). In **Spranget [N61° 50′ 06.7″ E9° 43′ 53.4″]** starten vom Parkplatz am Ende der Straße in 1.086 m Höhe Wanderwege (Hütten) durch den rund 570 qkm großen **Rondane Nationalpark,** Norwegens ersten Nationalpark.

In Mysuseter beginnt der Wanderweg zur Berghütte **Peer Gynt Hytta**. Sie liegt

PRAKTISCHE HINWEISE – OTTA

Otta Turistkontor [N61° 46′ 18.57″ E9° 32′ 12.36″], Otta Skysstasjon, Bahnhof Otta, Ola Dahlsgata 1, 2670 Otta, Tel. +47 61 24 14 44; www.nasjonalparkriket.no/en/otta-tourist-information-centre/. *Geöffnet Mo - Fr 8 - 16 Uhr.*

HOTELS

Grand Gjestegård, 20 Zi., Ola Dahlsgate 3B, Tel. +47 61 23 12 00, Restaurant.
Thon Hotel Otta, 85 Zi., Ola Dahlsgate 7, Tel. +47 61 21 08 00; www.thonhotels.com/de/; Restaurant, Sauna, Parkplatz.

CAMPING

Camping Otta og Motel [N61° 46′ 18.40″ E9° 30′ 39.02″], Veggumsvegen 103, Tel. +47 61 23 03 09; www.ottacamping.no; 1. Mai – 15. Okt.; westl. Otta, im Zentrum Abzweig bei der ESSO-Tankstelle (nicht über Rv15!); zum Südufer des Ottaflusses geneigte Wiesen; ca. 1,5 ha – 60 Stpl.; Standardsanitärausstattung; Miethütten. **V & E für Wohnmobile.** Fremdenzimmer.
Camping Sæta [N61° 43′ 41.38″ E9° 32′ 39.59″], Tel. + 47 99 00 96 58; www.saeta.no; 15. Mai – 15. Sept.; ca. 5 km südl. Otta, an der E6; Wiesen am Lågen-Fluss; ca. 1 ha – 40 Stpl.; Miethütten ** - ***.

gut zweieinhalb Stunden nordwestlich von Mysuseter, etwa auf halbem Wege nach Høvringen.

ROUTE: Weiterreise von Otta auf der E6 nordwärts über ***Nord-Sel, Dovreskogen*** *und* ***Dovre*** *bis* ***Dombås*** *(46 km).*

Die alten Höfe **Laurgård** und **Romundgård** bei **Nord-Sel [N61° 50' 56.09" E9° 25' 18.68"]**, westlich der E6 an der Vågårustistraße gelegen, spielen im **Roman „Kristin Lavransdatter"** der norwegischen Schriftstellerin Sigrid Undset (1882 – 1949, 1928 Literaturnobelpreis) eine Rolle. Einer der Hintergründe des Romans ist der Gesellschaftskonflikt zwischen Christentum und heidnischen Weltanschauungen im 14. Jh.

Kristin Lavranstochter Denkmal vor der Kirche von Nord-Sel

Sel und die Höfe Jørundgård, Laurgård, Romundgård, aber auch die Almen von Høvringen und Vågårusti sind die mittelalterlichen Handlungsorte des Romans, der in nicht weniger als 70 Sprachen übersetzt worden ist.

Anlässlich der 100-Jahr Jubiläumsfeier für Sigrid Undset wurde 1982 vor der Kirche von Nord-Sel ein **Denkmal für Kristin Lavranstochter**, die Romanheldin, enthüllt.

Kurz vor der Kirche von Nord-Sel zweigt die Zufahrt zum ganz in der Nähe gelegenen **Jørundgård Mittelalterzentrum** ab *(geöffnet Ende Juni – Ende Aug. tgl. 10 - 17 Uhr; www.jorundgard.no).* Dieses Freilichtmuseum mit diversen Holzgebäuden eines rekonstruierten alten Gehöfts samt Stabkirche, wurde 1994 anlässlich der Verfilmung des Undset-Romans „Der Kranz" errichtet.

Weiterer Abstecher ins Rondanegebirge

Rund 20 km südlich von Dovre zweigt von der E6 nach Nordosten eine Serpentinenstraße bergwärts ins ca. 8 km entfernte **Høvringen [Parkplatz, WP 142 / N61° 53' 18.82" E9° 28' 33.78"]** ab, eine Hochalmsiedlung in der herrlichen Natur der Rondane-Berge und viel besuchtes Wander- und Skigebiet (Berghotels jeden Komforts).

Høvringen ist **Ausgangspunkt für Touren** ins Rondane-Gebiet. Man hat die Wahl zwischen kurzen Strecken in leichtem Gelände (z. B. zur Hütte **Smukksjøseter**, Gehzeit gut eineinhalb Stunden einfach und weiter zur **Peer Gynt Hytta**, Gehzeit nochmals gut eine Stunde einfach) und anspruchsvollen, auch mehrtägigen Touren zu den über 2.000 m hohen Gipfeln, z. B. zur 1.173 m hoch und mitten im Rondane Nationalpark gelegenen **Rondvassbu Hütte** (128 Betten).

Sehenswert auf dem Weg über die E6 nach Dombås ist ca. 15 km südöstlich von Dovre die tiefe **Rosti Schlucht** mit Wasserfällen, unterhalb der Straßentrasse.

Kurz vor **Dovre** liegt an der alten Königsstraße, die etwas östlich oberhalb parallel zur heutigen E6 verläuft (Abzweig in der Nähe der Kirche von Dovre), der **Gammel Kongsgård Tofte [N62° 0' 16.38" E9° 14' 13.86"]**. Dieses

CAMPING

Dovreskogen

Camping Dovreskogen [N61° 55' 44.79" E9° 19' 2.77"], Tel. +47 99 22 37 73; http://dovreskogencamping.no; 1. Juni – 15. Okt.; nördlich des Ortes; ebene Wiese jenseits der E6 am Ostufer des Lågenflusses; ca. 1 ha – 20 Stpl.; Miethütten ** - ****.

Rast- und Picknicktplatz [N61° 54' 38.74" E9° 21' 41.09"] an der E6, 2 km südl. von Dovreskogen; STATOIL-Tankstelle, **V & E Station**, WC, Cafeteria, Motel, Campingmöglichkeit.

Dovre

Camping Toftemo Turiststasjon [WP 143 / N61° 59' 56.06" E9° 13' 20.06"], Tel. +47 61 24 00 45; www.toftemo.no; 1. Jan. – 31. Dez.; ca. 10 km südlich von Dombås und ca. 2 km nördl. von **Dovre**, weitläufiges Wiesengelände mit lichtem Föhrenwald, hinter dem Gasthof Toftemo, zwischen E6 und Lågen-Fluss; ca. 2 ha – 150 Stpl.; Komfortausstattung; Kiosk, Restaurant, Schwimmbad. Miethütten. **V & E für Wohnmobile. Motel** mit einladendem **Restaurant.**

historische Anwesen, ein großes, altes Gehöft dessen ältesten Gebäude aus dem späten 17. Jh. stammen, war über Jahrhunderte die traditionelle Residenz der norwegischen Könige auf ihren Reisen in nördliche und westliche Landesteile war.

Wenige Kilometer südlich von Dombås zweigt bei **Vårkinn [N62° 0' 42.27" E9° 13' 40.49"]** der alte **„Kongenveien"** nach Norden ab. Der „Königsweg" führt über den 1.338 m hohen *Hardbakken* nach **Fokstua** an der E6 und ist heute ein beliebter Wanderweg. Reine Gehzeit gut drei Stunden für eine Wegstrecke.

Dombås ist ein wichtiger Verkehrsknotenpunkt der Bahn- und Straßenverbindungen nach Nord- und Westnorwegen sowie ein lebhaftes Geschäftszentrum mit Hotels, Supermärkten, einer zumindest in der Nebensaision nur sporadisch geöffneten Touristeninformation (s. u.) und Campingplätzen. Dombås, wo sich auch das Trainingszentrum des nationalen Sportverbandes befindet, ist zudem ein wichtiges Versorgungszentrum für die Dovrefjell-Region (Wandergebiet, Nationalpark) nördlich der Stadt.

ROUTE: Weiterreise ab Dombås auf der E6 nordwärts. ***Siehe Touren 17 und folgende.***

PRAKTISCHE HINWEISE – DOMBÅS

Dombås Turistkontor [Dombås Zentrum - N62° 4' 27.18" E9° 7' 35.11"], Frichgården, Dombås Zentrum, 2660 Dombås, Tel. +47 61 24 14 44; www.dovrenett.no. *Geöffnet tgl. 9 - 16 Uhr, Sommer bis 20 Uhr.*

HOTELS

Dombås Hotel, 98 Zi., Dombåsgrendi, Tel. +47 61 24 10 01; www.dombas-hotel.no, Haus mit langer Tradition, Restaurant, Sauna, Terrasse, WLAN, Parkplatz.
Norlandia Dovrefjell Hotel, 89 Zi., Svenskebakken, Tel. +47 61 24 10 05; komfortables, etwas außerhalb gelegenes Haus, Restaurant, Sauna, Schwimmbad, Terrasse, Garten. Parkplatz.

CAMPING

Camping Bjørkhol [N62° 1' 47.75" E9° 10' 30.16"], Tel. +47 61 24 13 31; www.bjorkhol.no; 1. Mai – 30. Sept.; ca. 6 km südl. Dombås. Wiese an der E6 nahe dem Lågenfluss; ca. 2 ha – 20 Stpl.; Standardausstattung; Laden. Miethütten ** - ****.

DIE SCHÖNSTE TOUR ZUM NORDKAP

(SIEHE AUCH TOURENKARTE SEITE 106)

TOUR 9: OSLO – KRISTIANSAND

Länge der Tour:	Rund 340 km, ohne Abstecher.
Die Route:	Straße E18 über **Drammen, Larvik, Porsgrunn, Arendal, Grimstad** und **Lillesand** bis **Kristiansand**.
Reisedauer:	Mindestens ein Tag.
Höhepunkte:	Die Hafenstädtchen **Risør **, Tvedestrand **, Arendal ****, **Grimstad** und **Brekkestö** ** – die **Fels- und Schärenküste** ** bei **Risør** und nördlich von Kristiansand bei **Høvåg**.

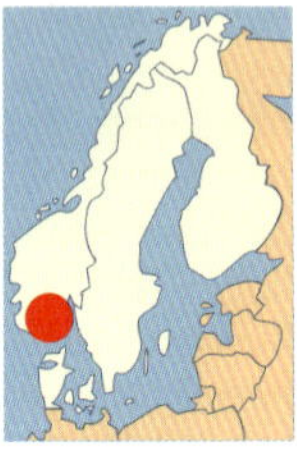

Abkürzende Alternativroute

Alternativ zur Hauptroute, die über die E18 nach Kristiansand führt, kann man den Reiseweg durch Südnorwegen erheblich abkürzen, wenn man sich gleich südwestlich von Oslo ab **Drammen** der Straße E134 bedient. Man folgt ihr über **Hokksund, Kongsberg, Notodden (Heddal Stabkirche)** und **Seljord** quer durch die Telemark über **Åmot** bis **Haukeligrend**.

Ab Haukeligrend schließlich folgt man mit **Tour 12 (Haukeligrend – Bergen)** wieder unserer Hauptroute.

HAUPTROUTE

*ROUTE: Wir verlassen Oslo über die E18 in südwestlicher Richtung. Nach 41 km erreicht man **Drammen**.*

Achtung! Entlang der E18 sind Geschwindigkeitsüberwachungsblitzer fest installiert.

Drammen ist die Verwaltungshauptstadt der Provinz Buskerud. Die Stadt am Ende des Drammenfjords kann zwar auf über 4.000 Jahre alte Siedlungsspuren verweisen, zu einem lebhaften Hafenort entwickelte sich Drammen aber erst Anfang des 17. Jh. Heute ist Drammen eine wichtige Industrie- und Hafenstadt und der fünftgrößte Industriestandort

PRAKTISCHE HINWEISE – DRAMMEN

Visit Drammen [N59° 44‘ 41.69“ E10° 12‘ 17.76“], Bragernes torg 7, 3008 Drammen, Tel. + 47 32 23 40 70; www.visitdrammen.com.

HOTELS

Scandic Park, 100 Zi., Gamle Kirkepl. 3, Tel. + 47 32 26 36 00; www.scandichotels.de/hotelsuche/norwegen/drammen/, Restaurant. Parkmöglichkeit.
Clarion Collection Hotel Tollboden, 127 Zi., Tollbugaten 43, Tel. + 47 32 80 51 00; www.nordicchoicehotels.no/tollboden; Restaurant, Terrasse, Sauna, Fitnesscenter. Parkplatz.

CAMPING

Camping Drammen [N59° 45‘ 3.5“ E10° 8‘ 2.7“], Buskerudveien 97, 3027 Drammen, Tel. +47 32 82 17 98; www.drammencamping.no; 1. Mai – Mitte Sept., Zufahrt von der E134 beschildert, ca. 4 km westl. der Stadt am Fluss Drammenselva; ca. 4 ha – 140 Stpl.; stark mit Dauercampern belegt! Kiosk. Miethütten; Standardsanitärausstattung.

des Landes mit rund 50.000 Einwohnern. Wirtschaftsschwerpunkte sind neben dem Hafenbetrieb vor allem Metall- und Papierindustrie.

Von touristischem Interesse ist die sog. **Spiralstraße „Spiralen“ [N59° 45‘ 3.49“ E10° 11‘ 51.62“]** (mautpflichtig), die am Westrand der Stadt von der E134 auf den Berg Bragerneasen führt.

Dieses Unikum von Straße ist dem Bemühen, Landschaft zu schützen, zu verdanken. Anstatt einen Steinbruch an der Bergflanke anzulegen, der nicht nur das Landschaftsbild, sondern auch das Stadtpanorama beeinträchtigt hätte, holte man den Stein aus dem Berg. So entstand von 1953 an im Laufe von etwa 10 Jahren ein 1.650 m langer, spiralenförmiger Tunnel, der in sechs Kehren auf die Bergspitze zum **Aussichtspunkt Bragernes** führt. Oben bietet sich eine herrliche Aussicht.

Außerdem sehenswert in Drammen sind das **Drammen Museum [Parkplatz, WP 144 / N59° 44‘ 14.1“ E10° 11‘ 50.6“]** mit alten Gehöften aus der Region sowie die **Kirche [N59° 44‘ 10.40“ E10° 12‘ 31.37“]** von 1667 an der Tordenskjoldsgate im Stadtteil Strømsø.

*ROUTE: Ab Drammen über die E18 südwärts. Nach etwa 40 km passiert man bei **Kopstad** den Abzweig nach **Horten.** Im weiteren Verlauf der E18 nach Süden folgen die Ausfahrten nach **Tønsberg** **Sandefjord** (Walfangmuseum), **Larvik** (Fährhafen, Industriestadt, Mineralquellen, Stadt- und Seefahrtmuseum) und **Porsgrunn**.*

*Wenn genügend Zeit zur Verfügung steht, sollte man zwischen Horten und Larvik die küstennahen Straßen 311 und 303 wählen. Sie führen näher an reizvollen Bade- und Hafenstädtchen wie **Åsgårdstrand** (Edvard Munchs ehemaliges Sommerhaus) **[N59° 21‘ 08.5“ E10° 28‘ 01.9“]** vorbei. Allerdings erfordert diese Strecke im Sommer viel Zeit und Geduld wegen hohem Verkehrsaufkommens in dieser Region.*

Tønsberg, der Hauptverwaltungsort der **Provinz Vestfold** mit fast 10.000 Einwohnern. Die im 9. Jh. gegründete Stadt gilt als die älteste Gemeinde in Norwegen.

Auch wenn Tønsberg heute nicht mehr wichtigster Handelshafen des Landes ist, sind Handel und seit dem späten 19. Jh. verstärkt auch Stahl- und Schiffsbauindustrie die maßgeblichen Wirtschaftszweige der Stadt. Der Walfang hingegen, dem Tønsberg nach seinem Niedergang im 16. Jh. 300 Jahre später seinen neuen Aufschwung mit verdankt, spielt heute keine Rolle mehr.

Die lange Tradition der Handelsseefahrt und des Walfangs lebt in Tønsberg nur noch im **Slottsfjellsmuseet** (Vestfold Landesmuseum) **[N59° 16‘ 23.29“ E10° 24‘ 23.59“]** im

Farmannsveien 30 weiter *(geöffnet tgl. 11 - 16 Uhr; www.slottsfjellsmuseeet.no)*. Dem Museum ist eine Freilichtabteilung angeschlossen.

Nur wenige Kilometer nördlich von Tønsberg liegt **Oseberg**. Dort wurde das Osebergschiff, eines der schönsten bisher wiederentdeckten Wikingerschiffe, 1904 ausgegraben. Es steht heute im Wikingerschiffe-Museum auf Bygdøy/ Oslo.

An der Küste zwischen Sandefjord und Larvik gelten **Kjerringvik** und **Ula** als gute Badeorte mit Strand. Weitere **Badestrände** findet man zwischen **Stavern** und **Helgeroa**.

Falls Sie dem nachstehend beschriebenen Abstecher nach Skien nicht folgen, bitte weiter mit **Hauptroute** weiter hinten.

Abstecher nach Skien

Nur unweit nördlich von Porsgrunn liegt die Stadt **Skien**, Ausgangspunkt der Telemarkkanalschifffahrt. Skien entstand im 12. Jh. als Handelsplatz in der Nähe eines Klosters auf der Insel Gimsøy. Zu den Sehenswürdigkeiten zählen das Regionalmuseum **„Fylkesmuseum for Telemark og Grenland" [N59° 12' 33.0" E9° 36' 44.2"]** im Brekkepark *(geöffnet 15. Mai - 31. Aug. tgl. 10 - 18 Uhr; www.telemark.museum.no)*. Zu besichtigen sind

PRAKTISCHE HINWEISE – TØNSBERG, SANDEFJORD

Tønsberg Turistkontor [N59° 16' 04.3" E10° 24' 24.9"], Tollbodengaten 22 (Rådhuset), 3104 Tønsberg, Tel. + 47 33 34 80 00; www.visittonsberg.com.
Visit Vestfold [N59° 7' 44.77" E10° 13' 36.66"], Kurbadet - Thor Dahlsgate 7, 3210 Sandefjord, Tel. +47 33 46 05 90; www.visitvestfold.com.]

HOTELS

Tønsberg
Quality Hotel Klubben, 145 Zi., Nedre Langgt. 49, Tel. + 47 33 35 97 00; www.nordicchoicehotels.com/quality/quality-hotel-klubben/; Restaurant, WLAN, Fahrradverleih.
Sandefjord
Scandic Park, 230 Zi., Strandpromenaden 9, Tel. + 47 33 44 74 00; www.scandichotels.com/hotels/norway/sandefjord-park-sandefjord/hotelklubben.no/; Restaurant, Schwimmbad, Fitnesscenter, Terrasse, WLAN. Parkplatz, Garage.

WOHNMOBIL-STELLPLÄTZE

Tønsberg
Wohnmobil-Stellplatz Bobilparkering Messa Tønsberg [WP 145 / N59°16' 51.07" E10°24' 38.36"], Stadion 12. **Zufahrt/Lage:** Von der Straße 325 (Horten – Tønsberg) Ausfahrt Stadion; am nördlichen Ortsrand von Tønsberg beim Stadion. **Geöffnet:** Ganzjährig. **Gebühr:** Bislang kostenlos. **Ausstattung:** Schotterplatz für 12 Wohnmobile. Kein Strom. Hier keine Versorgungseinrichtungen. Ein V&E-Station findet man in der Fjordgatan, ca. 1,5 km entfernt [N59° 16' 44" E10°24' 3"].

Sandefjord

Wohnmobil-Stellplatz Sandefjord Bobilhavn [WP 146 / N59° 7' 30.6" E10° 13' 16.3"], Sandefjordveien 7, Tel. + 47 33 46 61 66. **Zufahrt/Lage:** An der Straße 303 (Sandefjord – Larvik), am Bootshafen, bei der SHELL-Tankstelle und Nähe Scandic Park Hotel. **Geöffnet:** Apr. – Sept. **Gebühr:** Pauschale inkl. Ver- und Entsorgung und Strom. **Ausstattung:** Ebenes, schattenloses, asphaltiertes Rondell mit Platz für 17 Wohnmobile, V & E-Station, Stromanschlüsse, beleuchtet, Mülltonne. Im Ort beschildert.

PRAKTISCHE HINWEISE – SKIEN

Skien Turistkontor [N59° 12' 24.63" E9° 36' 34.60"], Servicesenteret Skien Kommune, Henrik Ibsensgate 2, 3724 Skien, Tel. +47 35 90 55 20; www.visittelemark.com. *Geöffnet Mo - Fr 9 - 16 Uhr.*

WOHNMOBIL-STELLPLATZ

Wohnmobil-Stellplatz Skien Bobilparkering [WP 147 / N59° 11' 6.33" E9° 35' 49.27"], Skien fritidspark, Moflatveien 38, 3733 Skien, Tel. +47 35 54 10 40; www.skienfritidspark.no. **Zufahrt/Lage:** Am Südwestrand der Stadt beim Skien Fritidspark. **Geöffnet:** 1. April – 30. September. **Gebühr:** Pauschale inkl. Ver- und Entsorgung und Strom, Extragebühr für Dusche. **Ausstattung:** Geteerte Fläche mit 25 markierten Stellplätzen, davon 5 Ganzjahresplätze; Strom, Dusche, V&E Möglichkeit. Anmelden und bezahlen an der Rezeption des Hotels Fritidspark.

das Herrenhaus *Söndre Brekke* aus dem 18. Jh., mit kulturhistorischen Sammlungen, des weiteren ein Arbeitszimmer, ein Schlafzimmer und ein Salon, die *Henrik Ibsen* bewohnte.

Rund 5 km nördlich von Skien liegt **Venstøp [N59° 14' 23.6" E9° 34' 38.1"]** *(geöffnet 15. Mai - 31. Aug. tgl. 10 - 18 Uhr)*, das Elternhaus des Dramatikers **Henrik Ibsen,** einem der bedeutendsten, sicher aber bekanntesten Söhne der Stadt Skien. Ibsen wurde in Skien 1828 geboren und verbrachte acht Jahre seiner Kindheit (1835 – 1843) in Venstøp, bevor er nach Grimstad ging (siehe dort) und dort, während seiner Lehrzeit als Apothekergehilfe, mit dem Schreiben begann.

HAUPTROUTE

ROUTE: Auf der Weiterfahrt über die streckenweise mautpflichtige E18 Richtung Kristiansand lohnen Abstecher an die Küste, z. B. nach ***Risør***.

Risør mit seinem reizvollen Hafen und den gepflegten alten Patrizierhäusern zählt zweifellos zu den einladendsten Küstenstädtchen in Sørland.

Sehenswert ist neben dem Stadtkern mit seinen strahlend weißen Häusern, die **Heilig-Geist-Kirche** aus dem 17. Jh. mit barocker Innenausstattung.

Tvedestrand ist ein weiteres dieser anziehenden kleinen Sørlandstädtchen. Es liegt an einem steilen Hang oberhalb seines reizvollen Hafens, was eine recht winkelige Straßen- und Gassenführung bedingt. Das wiederum macht den Ort an manchen Ecken noch malerischer und führte zu kuriosen Hausformen, wie z. B. dem „Bügeleisenhaus" (Strykejernet). Es wird als „schmälstes Haus Norwegens" bezeichnet. Sehenswert ist auch das Rathaus.

Zumindest bei längerem Aufenthalt lohnt eine Bootsfahrt durch die Schären und Inseln mit dem Ausflugsschiff „Søgne"

PRAKTISCHE HINWEISE – RISØR UND TVEDESTRAND

Risør Turistkontor [N58° 43' 16.36" E 9° 14' 2.25"], Torvet 1, 4950 Risør, Tel. +47 37 15 22 70; www.visitrisor.no.

Tvedestrand Turistkontor [N58° 37' 22.74" E8° 55' 52.51"], Brygga, Fritz Smiths gate 1, 4900 Tvedestrand, Tel. +47 37 19 95 00; www.tvedestrand.kommune.no/turistinformasjon.

HOTELS – RISØR

Risør Hotel, 31 Zi., Tangengt. 16, Tel. +47 37 14 80 00; http://risorhotel.no/; rustikales Mittelklassehoel in zentraler Lage, einladendes Restaurant, Terrasse. Parkmöglichkeit.

Tvedestrand

Tvedestrand Fjordhotell, 28 Zi., Fritz Smithsgt. 7, Tel. +47 37 16 03 00; www.tvedestrandfjordhotell.no/; Restaurant, naher Parkplatz.

CAMPING

Risør

Camping Sørlandet Feriesenter [WP 148 / N58° 41' 28.2" E9° 09' 47.7"], Sandnes, Tel. +47 37 15 40 80; www.sorlandet-feriesenter.no; 1. Apr. – 15. Okt.; südl. von Risør am Südufer des Sandnesfjord, ab Båssvika über die R411 südwärts bis Laget und ostwärts ca. 6 km; abseits, schön gelegenes, gestuftes, von Felsen durchsetztes Wiesengelände in waldreicher Umgebung oberhalb des Fjords, mit Sandstrand und Felsküste; ca. 4 ha – 100 Stpl. + 100 Dau.; Komfortsanitärausstattung. Laden, Imbiss, Restaurant (Sommersaison), Badelandschaft, Bootsverleih, kleiner Bootshafen, WLAN. Einladende Miethütten ** - *****; **V & E für Wohnmobile.**

Arendal, ca. 33.300 Einwohner, ist die Hauptstadt der *Provinz Aust-Agder*. Als die Stadt vor rund 350 Jahren als Hafen für die damals rasch expandierende Segelschiffahrt gegründet wurde, erstreckte sie sich über mehrere Inseln. Im Lauf der Jahre wurden die Kanäle zwischen den Inseln zugeschüttet und durch Straßen ersetzt. Die lange Seefahrertradition von Arendal wird in der renommierten Seemannsschule, eine der größten des Landes, fortgesetzt.

Recht idyllisch wirken die Straßenzüge im **alten Stadtviertel Tyholmen** noch heute. Das Viertel liegt westlich vom zentralen Bootshafen „Pollen", hinter der **Dreifaltigkeitskirche [N58° 27' 33.31" E8° 45' 56.48"]** (Trefoldighetskirke) aus dem Jahre 1888. Die Kirche, ein neugotischer Backsteinbau, fällt durch ihren 86 m hohen Turm auf.

Am Südrand von Tyholmen liegt an der Uferpromenade das **Rathaus** aus dem frühen 19. Jh. Es wird als der zweitgrößte Holzbau des Landes bezeichnet.

Zu den Sehenswürdigkeiten der Stadt zählt auch das **Aust-Agder Museum [N58° 28' 13.26" E8° 45' 35.45"]** *(geöffnet Mo - Fr 9 - 15 Uhr, Sa + So 12 - 15 Uhr; www.aaks.no)*. Es liegt nördlich der Stadt an der Ausfallstraße zur E18. Zu sehen sind kulturhistorische Sammlungen zur Geschichte der Stadt und der Region sowie eine Seefahrtabteilung.

Die Schönheit der Schärenküste offenbart sich erst richtig auf einer Bootsfahrt. Ab Arendal bieten sich mehrere Möglichkeiten dazu. Im Sommer ver-

In Risør

PRAKTISCHE HINWEISE – ARENDAL

Arendal Turistkontor [N58° 27′ 36.95″ E8° 45′ 52.61″], Sam Eydes plass 1, 4809 Arendal, Tel. +47 37 00 55 44; www.arendal.com. Apr. - Sept. Fahrradverleih. *Geöffnet Apr. - Sept. Mo - Fr 10 - 17 Uhr, Sa 10 - 16 Uhr.*

RESTAURANTS

Madame Reiersen, Nedre Tyholmsvei 3, Tel. +47 37 02 19 00; http://madamreiersen.no/; bei schönem Sommerwetter sitzt man auf der Terrasse am Hafen besonders schön; teuer; Sonntags geschlossen.

HOTELS

Clarion Hotel Tyholmen Arendal, *96* Zi., Teaterplassen 2, Tel. +47 37 07 68 00, gepflegtes, komfortables Haus, schön am Fjord gelegen, Nähe Bootsanleger, Restaurant, Sauna, Fitnesscenter.

CAMPING

Camping Nidelv [WP 149 / N58° 25′ 38.5″ E 8° 43′ 43.5″], Vesterveien 251, Tel. +47 91 18 13 27; 1. Mai – 15. Sept.; ca. 5 km südwestl. Arendal an der Rv420 in Hisøy; ca. 2 ha – 100 Stpl.; Standardsanitärausstattung; Imbiss, Restaurant, Bootsverleih, Bademöglichkeit. Miethütten ** – ****.

kehrt ab Hafen Pollen, die „Pelle Pan" regelmäßig rund um die **Insel Hisøy**. Und mit einer Fähre gelangt man zu den **Inseln Merdø** (**Merdøgård Museum**, altes Schifferhaus aus dem 18. Jh. *(geöffnet Mitte Juni - Mitte Aug. tgl. 12 - 18 Uhr)* und **Hove**.

Montags, mittwochs und freitags (Tage und Uhrzeit können sich ändern) legt die „MS Søgne" um 12.30 Uhr ab zu einer dreieinhalbstündigen Fahrt durch die herrlichen Sørlandsschären nach **Lyngør/Gjeving**. Rückfahrt gewöhnlich mit Bussen. Segeltörns werden mit dem alten englischen Segler *„Ekstrand"* angeboten. Auskunft im Touristenbüro.

Grimstad [N58° 20′ 25.6″ E8° 35′ 36.3″] (ca. 15.000 Einwohner), eine alte Handelsstadt, weist, wie viele andere Orte an der Sørlandsküste einige hübsche Straßenzüge im Stadtkern auf. Viele der herrschaftlichen Bürgerhäuser stammen aus dem Anfang des 19. Jh., als Grimstad Sitz reicher Schiffseigner, Werft- und Reedereibesitzer war.

Günstig zur Innenstadt gelegene **Parkmöglichkeiten** findet man z.B. südlich des Sportboothafens am **Einkaufszentrum Odden Senteret [N58° 20′ 19.35″ E8° 35′ 33.35″]**.

Besonderer Erwähnung bedürfte Grimstad nicht unbedingt, hätte nicht **Henrik Ibsen** seine Jugendjahre in der Stadt verbracht. Ibsen (1828 – 1906), der große norwegische Dichter und Dramatiker, war einige Jahre lang Lehrgehilfe in der alten Stadtapotheke. Dort schrieb er auch sein erstes Drama „Catalina".

Später war Ibsen als Theaterdirektor tätig und lebte danach mehr als zwanzig Jahre in Italien und Deutschland, bevor er nach Norwegen zurückkehrte. Einige seiner gesellschaftskritischen Werke, mit denen Henrik Ibsen Weltgeltung als Dramatiker errang, waren „Peer Gynt", „Nora oder ein Puppenheim", „Hedda Gabler", „Gespenster" u. a.

Im **Ibsen-Museet i Grimstad [N58° 20′ 31.34″ E8° 35′ 40.72″]** *(geöffnet 19. Juni - 21. Aug. tgl. 11 - 16 Uhr; www.gbm.no/de/ibsenmuseet/)* in der Henrik Ibsen gate 14, das auch als **Stadtmuseum** von Grimstad dient, ist heute die Apotheke eingerichtet, in der Ibsen einst lernte. Außerdem ist hier sein Wohn- und Arbeitszimmer zu sehen.

Ein Straßenzug weiter nordwestlich liegt das einladende Café Ibsen, das mit dem Prädikat „gemütlichstes Café Norwegens" ausgezeichnet wurde.

ROUTE: Weiterfahrt von Grimstad über die E18 nach Südwesten.

In **Nørholm** liegt der ehemalige Wohnsitz des Schriftstellers und Literaturnobelpreisträgers (1918) **Knut Hamsun**.

Die E18 umgeht **Lillesand**, eine kleine, hübsch gelegene Hafenstadt mit einigen reizvollen alten **Bürgerhäusern**. Lillesand ist dafür bekannt, dass es seine Industrie „versteckt". Gemeint ist, dass kleine Betriebe ihre Fabrikationsstätten äußerlich dem alten Baustil angleichen und somit das Stadtbild nicht stören. Im Carl-Knudsen-Haus aus dem 19. Jh. in der Nygårdsgata1 im Stadtzentrum und ganz in der Nähe des Stadthafens ist heute das **Lillesand By- og Sjøfartmuseum [N58°14'58.33" E8°22'45.35"]**, das Stadt- und Seefahrtmuseum, eingerichtet.

Eine bezaubernd schöne, abgeschiedene Küstenszenerie erlebt man in dem kleinen Hafenort **Brekkestö [N58° 11'**

PRAKTISCHE HINWEISE – GRIMSTAD, LILLESAND

Grimstad Turistkontor [N58° 20' 24.29" E8° 35' 38.73"], Storgata 1A, 4891 Grimstad, Tel. +47 37 25 01 68; www.visitgrimstad.com. *Geöffnet Mo - Fr 8.30 - 16 Uhr, 20. Juni - 20. Aug. Mo - Fr 9 - 18 Uhr, Sa + So 10 - 16 Uhr.*

Lillesand Turistinformasjon [N58° 14' 48.53" E8° 22 42.01"], Havnegate 10, 4790 Lillesand, Tel. +47 37 26 17 50. Im Lillesand Rød Kors Hus (Rotes Kreuz). *Geöffnet 15. Juni - 15. Aug.*

HOTELS

Grimstad

Helmershus Hotell, 30 Zi. Vesterled 23, Tel. + 47 37 04 10 22; http://helmershus.no/; zentral, Restaurant.

Lillesand

Lillesand Norge Hotel, 25 Zi., Strandgt. 3, Tel. + 47 37 27 01 44; www.hotelnorge.no; Hotel seit 1873, Restaurant, Parkplatz.

CAMPING

Grimstad

Camping Marivold Resort [WP 150 / N58° 20' 4.37" E8° 37' 0.37"], Tel. +47 37 25 70 50; www.marivold.no; 1. Apr. – 1. Okt.; ca. 4 km südl. von Vik auf einer per Straße erreichbaren Insel östlich von Grimstad, Abzweig nördlich von Grimstad von der Straße 420 ostwärts auf die Landstraße 46; Wiesengelände an waldreicher Felsküste, abgeschieden in schöner Lage, gute Badegelegenheit; ca. 6 ha – 120 Stpl.; gute Standardsanitärausstattung; Laden, Imbiss, Bootsverleih, Bootsslipanlage. Miethütten ***.

Lillesand

Camping Tingsaker [WP 151 / N58° 15' 21.48" E8° 23' 22.16"], Tel. +47 37 27 04 21, www.tingsakercamping.no; 1. Mai – 1. Sept.; östl. vom Zentrum Lillesand beschildert; geneigtes Wiesengelände an der Schärenküste mit Bademöglichkeit; ca. 2,5 ha – 100 Stpl.; Standardsanitärausstattung; Laden, Fahrradverleih. Miethütten *** - ****.

Høvag

Camping Skottevik FerieSenter [WP 152 / N58° 07' 32.3" E8° 13' 50.2"], Tel. +47 37 26 90 30; www.skottevik.no; 1. Jan. – 31. Dez.; Zufahrt von E18 ca. 2 km westlich von Høvag auf die Straße 401; weitläufiges Gelände zwischen Wald und hohen Felsriegeln in Meeresnähe. Für Touristen mehrere ebene, durch hohe Hecken unterteilte Wiesenstreifen. Boden nach Regen stellenweise tiefgründig. Zahlreiche Dauercamper; ca. 25 ha – 120 Stpl.; Komfortsanitärausstattung; Schwimmbad, Cafeteria (in Saison), Supermarkt, Restaurant mit Terrasse am Bootsanleger 300 m entfernt; zahlreiche Miethütten *** - *****. **V & E für Wohnmobile**.

46.15" E8° 20' 56.41"]. Man zweigt dazu in Sangereid von der E18 nach Süden ab und erreicht nach knapp 8 km den Ort mit seinen idyllischen Seemannshäusern. Brekkestö hatte seine große Zeit im 19. Jh., als die geschützten Gewässer hier als Winterhafen für einen Teil der norwegischen Kauffahrtseglerflotte diente.

Auf den letzten 25 km über die E18 bis Kristiansand – landschaftlich reizvoller, aber auch länger ist der südliche Umweg über die R401 – passiert man Norwegens größten Tier- und Freizeitpark **Kristiansand Dyreparken [Parkplatz, WP 153 / N58° 10' 55.22" E8° 8' 51.69"]** *(geöffnet Sommer tgl. 10 - 19 Uhr, übrige Zeit 10 - 15 Uhr; www.dyreparken.no)*. und kommt dann über die 620 m lange Hängebrücke *Varoddbrua* in das Stadtgebiet von Kristiansand. 30 m über dem Wasser überquert die Fahrbahn den Topdalsfjord, der hier die Grenze zwischen den *Provinzen Aust-Agder* und *Vest-Agder* bildet.

Kristiansand (ca. 86.700 Einw.), Hauptstadt der Provinz Vest-Agder, ist Norwegens fünftgrößte Stadt. Kristiansands Fährhafen ist einer der bedeutendsten im Süden des Landes, mit Verbindungen nach Dänemark (Hirtshals) und nach Großbritannien (Newcastle).

Die Zufahrtsstraßen nach Kristiansand sind **mautpflichtig.**

Gegründet wurde Kristiansand 1641 vom dänisch-norwegischen König Christian IV. an der Mündung des Otra-Flusses. Es sollte eine Festungsstadt zum Schutz der südnorwegischen Küste werden.

Ihre große wirtschaftliche Blütezeit erlebte die Stadt im 19. Jh. durch die Aktivitäten ihrer bedeutenden Segelschiffflotte. Heute ist Kristiansand eine Handels- und Industriestadt von Bedeutung für ganz Südnorwegen (Metallverarbeitung, Schiffsbau).

Auffallend am Stadtbild ist die schachbrettartige Anlage der Straßenzüge im alten Stadtzentrum. Hier, in den sog. **Kvadraturen** mit ihren belebten Geschäftsstraßen, sind nur noch wenige der für die Sørlandküstenstädte so typischen Holzhäuser erhalten. Die meisten wurden bei einem großen Stadtbrand vor gut hundert Jahren ein Raub der Flammen.

Überragt wird das alte Stadtzentrum vom Turm der **Domkirche [N58° 8' 46.01" E7° 59' 42.46"]** am Markt, die nach dem großen Stadtbrand 1885 neu errichtet wurde.

Die **Festung Christiansholm [N58° 8' 39.40" E8° 0' 10.97"]** liegt am Osthafen.

Die „Sørlandet" im Hafen von Kristiansand

Sie wurde 1674 von König Frederik III. von Dänemark angelegt.

Bei längerem Aufenthalt lohnen Besuche der **Kirche von Oddernes [N58° 9' 34.94" E8° 0' 47.58"]**, mit Barockkanzel von 1704 und Runenstein, die ihren Ursprung im 11. Jh. hat, sowie des **Vest-Agder-Fylkemuseums [Parkplatz, WP 154 / N58° 9' 45.04" E8° 1' 44.65"]** Vigeveien 22, *(geöffnet Mitte Juni - Ende Aug. Mo - Fr 10 - 17 Uhr, Sa + So 12 - 17 Uhr; www.vestagdermuseet.no/kristiansand/)*.

Beide Sehenswürdigkeiten, Kirche und Freilichtmuseum, liegen ein gutes Stück nordöstlich des Stadtzentrums jenseits des Otra Flusses nahe der E18 – Oddernes Kirche ca. 2 km, Fylkemuseum ca. 4 km.

Im Vest-Agder-Fylkemuseum, dem Bezirksmuseum für Vest-Agder, sind insgesamt 28 alte Gebäude zu sehen, darunter Bauernhöfe aus Vest-Agder, aus dem Setesdal und aus Kristiansand, sowie Möbel, Trachten, Kostüme und Gebrauchsgegenstände aus dem bäuerlichen und dem städtischen Alltag im 18. und 19. Jh. Sehenswert auch der Straßenzug mit alten Häusern aus dem Kvadraturen-Viertel im Zentrum von Kristiansand.

Ein historischer alter Herrensitz ist der **Gimle Gård [Parkplatz, WP 155 / N58° 9' 30.70" E8° 0' 19.45"]**, Gimleveien 21, nördlich der Innenstadt, jenseits des Otra-Flusses. Das stattliche Haupthaus eines Gehöfts, das aus der Zeit um 1800 stammt, dient heute als kulturhistorisches Museum. Das eindrucksvolle Haupthaus, ein dreigeschossiges Holzgebäude im neoklassizistischen Stil errichtet, weist prächtig ausgestattete Räume und Salons auf, allen voran der Ballsaal im Empirestil und der Goldsaal. Das Anwesen wird umgeben von einem gepflegten Landschaftsgarten im englischen Stil.

In unmittelbarer Nähe des Gimle Gård findet man das **Agder Naturmuseum** und den **Botanischen Garten**. Das Naturmuseum wurde schon 1828 gegründet und ist somit wohl eines der ältesten Museen in ganz Norwegen. Die norwegische Tier- und Pflanzenwelt, eine Mineraliensammlung, sowie die Entwicklung der südnorwegischen Natur von der Eiszeit bis zur Neuzeit, präsentiert mit moderner Ausstellungstechnik, sind einige der Themen des Naturmuseum.

Eine Sehenswürdigkeit besonderer Art findet man an der Küste südlich der Stadt (Straße 456/457 Richtung Vågsbygd), das **Møvik Fort** und das **Kanonenmuseum [Parkplatz, WP 156 / N58°5'29.53" E7°58'10.53"]**. Vom Parkplatz führt ein Fußweg hinauf zum Kanonenmuseum, das in einer gewaltigen Bastion mit einem riesigen **Geschütz** aus dem Zweiten Weltkrieg eingerichtet ist *(geöffnet 18. Juni - 20. Aug. tgl. 11 - 18 Uhr, 21. Aug. 17. Sept. Mo - Mi 11 - 15 Uhr, 21. Aug. - 17. Sept. Do - So 11 - 17 Uhr, 18. Sept. - 12. Nov. So 12 - 16 Uhr)*. Das Geschützmonstrum wiegt 337 Tonnen und hat ein Kaliber von einmaligen 38 cm. Die Granaten, die aus dem 20 m langen Kanonenlauf abgefeuert wurden, wogen 800 Kilogramm und flogen auf der maximalen Reichweite von 55 km zwei Minuten lang.

Das Geschütz gehörte zu einer Einheit von vier deutschen Geschützen auf norwegischer und vier Kanonen auf dänischer Seite. Im Sommer werden täglich Führungen durch die Anlage angeboten.

Ausflüge ab Kristiansand

Bei längerem Aufenthalt lohnt eine Bootstour durch die **Blindleia-Schären** nach **Lillesand**. Täglicher Betrieb von Ende Juni bis Anfang August. Abfahrten um 11 Uhr und 15.30 Uhr. Fahrzeit nach Lillesand ca. 2 ½ Stunden. Rückfahrt ab Lillesand um 14.30 Uhr und 19 Uhr.

Die **Setesdalbahn**, eine dampfbetriebene Veteranenbahn aus dem Jahre 1901, verkehrt ab **Grovane [Grovane Stasjon N58° 17' 42.75" E7° 58' 50.12"]**, 20 km nördlich von Kristiansand an der R405, noch auf ca. 9 km ihrer Schmalspurschienen *(4. Juni - 3. Sept. So ab Grovane 11 + 13 Uhr, 24. Juni - 5. Aug. samstags ab Grovane 13 + 15 Uhr, 21. Juni - 2. Aug. auch mittwochs ab Grovane 18 Uhr, Fahrradmitnahme möglich; http://setesdalsbanen.no/willkommen-an-der-setesdalsbanen/)*.

Die Setesdalbahn wurde 1896 in Betrieb genommen und verkehrte bis 1962 auf der 78 km langen Strecke von Kristiansand durch das Setesdal nach Byglandsfjord. Die heute zur Freude der Touristen wieder betriebene Strecke führt von Grovane nach Røyknes. Dabei meistert der Dampfzug scharfe Kurven, sowie Brücken und Tunnels und bei gemütlicher Fahrt genießt man zudem eine sehr einladende Landschaft.

Abkürzende Alternativroute

Der in diesem Reiseführer vorgeschlagene Reiseweg durch Norwegen lässt sich erheblich abkürzen – allerdings un… Verzicht auf die Sehenswürdigkeiten um Stavanger (z. B. Lysefjord und Prekestolen) und den äußersten Südwesten des Landes – wenn man von Kristiansand aus über die Straße R9 und durch das sehenswerte Setesdal direkt weiter nordwärts fährt und in Evje wieder in die beschriebene Route (Tour 11, Egersund – Haukeligrend) einsteigt.

PRAKTISCHE HINWEISE – KRISTIANSAND

Kristiansand Turistkontor [N58° 8' 43.18" E7° 59' 37.87"], Rådhusgaten 18, 4611 Kristiansand S, Tel. +47 38 07 50 00; http;//kristiansand.kommune.no. *Geöffnet Mitte Juni - 12. Aug. Mo - Fr 8 - 18 Uhr, Sa 10 - 18 Uhr, übrige Zeit Mo - Fr 8 - 15.30 Uhr.*

RESTAURANTS

Herlig Land, Markens gate 16, Tel. + 47 38 09 06 22; www.herligland.no: Restaurant, Café und Bar , die Küche serviert Pasta, Burger und Fischgerichte.

HOTELS

Clarion Hotel Ernst, 199 Zi., Rådhusgt. 2, Tel. + 47 38 12 86 00; www.nordic-choisehotels.com/hotels/norway/kristiansand/clarion-hotel-ernst/; komfortables, traditionsreiches Haus mit Atmosphäre, zentrale Lage, Restaurant, Fitnesscenter, Garage.

Best Western Plus Hotel Norge, 172 Zi., Dronningensgt. 5, Tel. + 47 38 17 40 00; www.bestwestern.fr/de/hotel-kristiansand-BEST-WESTERN-Plus-Hotel-Norge-73130; Restaurant, Fitnesscenter, Sauna, Fahrradverleih, Terrasse, WLAN, Parkplatz.

CAMPING

Camping Kristiansand Feriesenter Dvergsnestangen [WP 157 / N58° 7' 19.9" E8° 3' 57.5"], Dvergsnesveien 571, Tel. +47 38 04 19 80; www.kristiansandferiesenter.no; Anf. Jan. – Ende Dez.; südöstl. von Kristiansand bei Randesund, beschilderter Abzweig von der Rv401; stark gegliedertes Wiesengelände mit Baumbestand, an der Felsküste; ca. 10 ha – 230 Stpl.; Standardsanitärausstattung; Laden, Imbiss. Miethütten ** - ****. **V & E für Wohnmobile**.

Camping Roligheden [WP 158 / N58° 08' 49.4" E8° 1' 47.6"], Framnesveien, Tel. +47 38 09 67 22; www.roligheden.no; 1. Juni – 1. Sept.; stadtnächster Platz, im östl. Stadtbereich beschilderter Abzweig von der E18, Zufahrt durch eine Bootswerft des Jachthafens; weitläufiges, felsdurchsetztes, hügeliges Gelände, für Wohnmobile wenig ebene Stellflächen, naher Strand; ca. 3 ha – 200 Stpl.; Laden, Imbiss; Standardsanitärausstattung.

TOUR 10: KRISTIANSAND – EGERSUND

Länge der Tour: Rund 280 km. Abstecher nach Stavanger 80 km.

Die Route: Über die R456 bis **Höllen** – E39 über **Mandal** nach **Vigeland** – R460 bis **Kap Lindesnes** und zurück – E39 bis **Flekkefjord** – R44 nach **Egersund.** Ggf. **Abstecher nach Stavanger**.

Ausflüge ab Stavanger: Zum **Preikestolen**, in den **Lysefjord**.

Reisedauer: Mindestens ein Tag, besser zwei Tage (ohne Ausflüge ab Stavanger!).

Höhepunkte: Der **Sandstrand** bei Mandal * – **Kap Lindesnes** * – die **Felsküste** bei Flekkefjord ** – **Stavangers Altstadt** ** – das **Erdölmuseum** in Stavanger ** – die Aussicht vom **Preikestolen** *** – ein Ausflug **per Schiff durch den Lysefjord** ***.

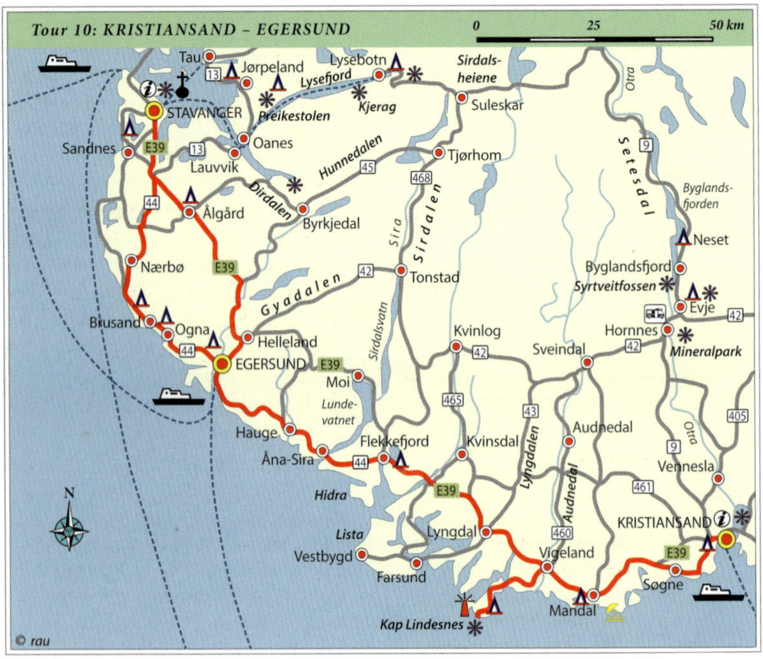

*ROUTE: Von Kristiansand auf der E39 nach **Mandal** (43 km).*

Mandal, die „südlichste Stadt Norwegens“ mit heute knapp 13.000 Einwohnern, liegt an beiden Seiten der Mündung des Mandalselva. Die Anfänge Mandals können bis ins 15. Jh. zurückverfolgt werden, als der Handelshafen Spidsboe gegründet wurde, aus dem sich die Stadt Mandal entwickelte.

Es lohnt sich, einen Spaziergang durch den **alte Stadtkern** am Westufer des Mandalselva zu machen. Dort sind schöne alte Holzhäuser erhalten. Sie stammen zumeist aus dem 18. Jh., der Zeit, in der sich Mandal durch den aufblühenden Holzhandel vom Hafenort zur Stadt entwickelte. Das erste Handelshaus gründete ausgangs des 16. Jh. Tørris Christensen Nedenes, damals als „König von Mandal" bekannt. In jener Zeit war Lachs aus dem Mandalfluss schon ein begehrter Exportartikel. Die drei Lachse im Stadtwappen erinnern daran.

Besuchenswert ist das **Stadtmuseum von Mandal [N58° 1' 36.49" E7° 27' 8.68"]** in der Store Elvegate 5 – 6. Es ist im **Andorsengården** aus dem Jahre 1805 eingerichtet. Zu sehen sind heimatkundliche Sammlungen, eine Seefahrts- und Fischereiabteilung, sowie eine Gemäldesammlung mit Werken Mandaler Künstler, wie *Gustav Vigeland* oder *Amaldus Nielsen (geöffnet Ende Juni - Mitte Aug. Mo - Fr 11 - 17 Uhr, Sa + So 12 - 17 Uhr).*

Gustav Vigeland wurde 1869 im Haus Nr. 20 im Gustav Vigelands Vei geboren **[Vigeland Hus, N58° 1' 41.21" E7° 26' 57.95"]**. Vigeland ließ sich von der Küstenlandschaft Sørlandets inspirieren. Und Zeit seines Lebens fühlte er sich eng mit seiner Heimat und mit der Natur um seine Sommervilla bei Tjøm verbunden. Das Haus ist im Privatbesitz und nicht zugänglich.

Andere historische Stadthäuser sind der **Wattnehof** aus dem Jahre 1780 (damals von Friedrich Giertzen, einem Enkel des „Königs von Mandal" errichtet), der heute als **Bondeheimsgården** bekannt ist und eine Cafeteria beherbergt; dann der **Skrivergården [N58° 1' 34.39" E7° 27' 4.79"]** in der Ytre Sandgate 25, das alte Amtmannshaus von 1766; weiter der **Christensenhof** von 1759 und die **Tingstua,** die alte Gerichtsstube von 1784 im Stadtteil Sanden. In der Tingstua, auch als „Arresten" bekannt, war bis 1970 das Stadtgefängnis eingerichtet. Heute finden dort Ausstellungen statt.

Mandals Kirche [N58° 1' 50.51" E7° 27' 34.21"] wurde nach einem Stadtbrand 1810 neu errichtet. Es entstand ein großer Holzbau im Empirestil mit 1.800 Sitzplätzen. Es soll eine der größten Holzkirchen in Norwegen sein.

Die Hauptstraße des alten Stadtkerns von Mandal ist heute eine einladende Fußgängerzone (Gågade).

Ein besonders wichtiges Datum im Festkalender von Mandal ist das große **Schalentierfest** Mitte August. Dann werden in der Stadt auf langen Tischen in den Straßen reichlich Krabben und Langusten serviert

Zu den größten Anziehungspunkten von Mandal zählt der gut 800 m lange **Sandstrand Sjøsanden** südlich der Stadt. Er ist Norwegens bekanntester und bestimmt auch meist besuchter Badestrand.

Mandal bietet seinen Besuchern ein reiches Freizeitangebot, das von Schiffsausflügen, Kanutouren oder Wildwasserrafting bis zu Elchsafaris, begleiteten Ausritten oder ausgearbeiteten

PRAKTISCHE HINWEISE – MANDAL

Turistkontoret for Lindesnesregion [N58° 1' 32.08" E7° 27' 20.92"], Buen kulturhus, Havnegata 2, 4515 Mandal, Tel. +47 38 27 83 00; www.lindesnesregionen.com. *Geöffnet Ende Mai - Mitte Aug. tgl. 10 - 19 Uhr; Mitte Aug. - Mitte Sept. tgl. 10 - 19 Uhr; Mitte Sept. - Dez. tgl. 11 - 19 Uhr; Jan. - Ende Mai tgl. 11 - 19 Uhr.*

HOTELS

Kjøbmandsgaarden, 11 Zi., Store Elvegate 57, Tel. + 47 38 26 12 76; www.kjobmandsgaarden.com; Restaurant, Terrasse, WLAN. Parkplatz. Keine Haustiere.

CAMPING

Camping Sandnes Mandal [N58° 02' 35.3" E7° 29' 44.3"], Holumsveien 133, Tel. +47 38 26 51 51; www.sandnescamping.com; 1. Mai – 1. Sept.; Zufahrt von der Rv455 ca. 4,5 km nordöstlich von Mandal; am Ostufer des Flusses Mandalseva gelegene, ebene Wiese zwischen Straße und bewaldetem Felsrücken; ca. 1,5 ha – 50 Stpl.; Standardsanitärausstattung. Bootsverleih. Miethütten. **V & E für Wohnmobile**.

Wander- oder Radtouren reicht. Details darüber hält das Touristenbüro bereit.

*ROUTE: 12 km westlich von Mandal, an der Kreuzung mit der R460, liegt **Vigeland.***

Vigeland ist ein kleiner Ort, in dem *Gustav Vigeland* einige Jahre seiner Kindheit verbrachte. Im Sommer ist im **Lindesnes Bygdemuseum/Galleri Gustav Vigeland** im Rådhusveien 9 **[N58° 5' 2.10" E7° 18' 10.08"]** u. a. eine Gustav Vigeland Ausstellung mit annähernd 80 Arbeiten des Künstlers zu sehen *(geöffnet Ende Juni – Anf. Aug. Mo – Sa 11 – 16, So 13 – 17 Uhr; www.lindesnes-bygdemuseum.net).*

Für Interessierte kann die **Valle Kirche** aus dem späten 18. Jh. einen Besuch lohnen. Neben der Kirche liegen die alten, denkmalgeschützten **Grabhügel Dronninghaug**.

*ROUTE: Die Straße R460 führt von Vigeland nach Norden in das Audne-Tal. Nach Süden führt sie kurvenreich, aber gut ausgebaut entlang einer herrlichen Felsküste hinaus nach **Lindesnes** (28 km). Insgesamt eine sehr schöne Fahrt.*

Die Straße windet sich meist unmittelbar an der Küste entlang durch schöne felsdurchsetzte Landschaft und vorbei an der herrlichen Sandbadebucht **Njervesanden** hinaus zum **Kap Lindesnes,** dem südlichsten Festlandspunkt Norwegens auf 57° 58' 53" nördlicher Breite. Von hier sind es nicht weniger als 2.518 km bis zum Nordkap!

Ein Fußweg führt vom **Parkplatz [WP 160 / N57° 59' 04.6" E7° 02' 53.6"]** mit dem **Informationszentrum** hinauf zum **Leuchtturm** auf Norwegens Südkap, das Teil einer zerrissenen Felsküste aus rosa Granit ist. Der heutige Leuchtturm wurde 1915 in Betrieb genommen und kann bestiegen werden.

Auf Kap Lindesnes war bereits Mitte des 17 Jh. das erste Leuchtfeuer eingerichtet. Neben dem heutigen Leuchtturm sind die Fundamente des alten Turmes zu sehen, dessen Leuchtfeuer lange mit Holzkohle gespeist wurde. Außerdem sind Reste von Wehrmachtsbunkern aus dem 2. Weltkrieg übrig.

*ROUTE: Von Kap Lindesnes zurück bis **Vigeland** und auf der E39 westwärts, über **Lyngdal** und **Kvinesdal** nach **Flekkefjord**.*

Die Abkürzung von Spangereid nach Lyngdal auf schmaler Landstraße ist zwar landschaftlich sehr reizvoll, aber zeitraubend.

Nordwestlich von Lyngdal führt die E39 entlang des Møska-Flusses auf neuer Trasse und durch viele Tunnels, einer davon, der Vatlandstunnelen, ist 3,2 km lang, nach Flekkefjord.

Flekkefjord mit annähernd 9.000 Einwohnern ist heute ein wichtiges

CAMPING

Lillehavn/Lindesnes

Camping Lindesnes [N57° 59' 44.0" E7° 05' 21.3"], Tel. +47 38 25 88 74; www.lindesnescamping.no; 1. Apr. – 15. Sept.; Zufahrt von der Rv460 ca. 3 km nördl. von Kap Lindesnes; kleiner, überschaubarer, ebener Wiesenplatz, zwischen Felsriegeln, zum Meer hin offen, sehr schön und ruhig gelegen, 7 befestigte Stellplätze für Wohnmobile, ca. 1,5 ha – 40 Stpl. + Dau.; einfache Sanitärausstattung. Kiosk, Bootsverleih, Bootsslipanlage, WLAN. Hütten ** - ****.

Flekkefjord

Camping Egenes Ferie og Fritidssenter [WP 159 / N58° 17' 19.80" E6° 42' 57.24"], Selandsveien 31, Egenes, Tel. +47 38 32 01 48; www.egenescamping.no; 1. Juni - 1. Sept.; Wiesengelände ca. 5 km östlich von Flekkefjord; ca. 2,5 ha – 180 Stpl.; Standardsanitärausstattung; Laden, Imbiss, Badestrand, Miethütten ** - ****. Spezielles „Asphalt-Camp" für Caravans und Wohnmobile, für Kurzaufenthalte zu ermäßigtem Preis, ca. 700 m von der Rezeption entfernt.

Bei Flekkefjord

Touristenzentrum zwischen Kristiansand und Stavanger. Eine Blütezeit erlebte die Stadt im 17. und 18. Jh. durch einen regen Handel mit Holz und Granitgestein.

Zu den Sehenswürdigkeiten in den hübschen Gassen von Flekkefjord zählt das **Vest-Agder-museet i Flekkefjord [N58° 17′ 53.49″ E6° 39′ 41.99″]**, Dr. Krafts gate 15 - 17 *(geöffnet 15. Juni - 20. Aug. Mo - Fr 11 - 17 Uhr, Sa + So 12 - 16 Uhr)*. Das sehenswerte Museum liegt im sog. „Holländerviertel" und ist im ältesten Haus der Stadt aus dem frühen 18. Jh. untergebracht ist. Eingerichtet ist es wie das Haus einer wohlhabenden Bürgerfamilie im frühen 19. Jh.

Im Sommer *(1. 6. – 31. 8.)* ist auch das **Flekkefjord Electricitet Museum** zu besichtigen, das mittels multimedialer Präsentationen über die Geschichte der Stromversorgung berichtet.

Mein Tipp! Für die Weiterreise von Flekkefjord nach Egersund sollte die Straße Rv44 „Nordsjøvegen" dem Weg über die E39 vorgezogen werden. Die Rv44 führt zwar sehr kurvenreich auf teils schmaler Straße dafür aber durch eine überaus reizvolle, vielfach von rosarot schimmernden Felsen dominierte, abgeschiedene Landschaft mit zahlreichen dunklen Seen dazwischen.

Bis Hauge ist die Rv44 für große Gespanne und Wohnmobile aber beschwerlich, da sehr kurvenreich, mit engen Wegstücken und mit Steigungen! Für sie erscheint die E39 empfehlenswerter.

Man passiert den in einem Hochtal verstreut gelegenen Flecken **Kvanvik [N58° 17′ 5.50″ E6° 32′ 33.43″]** und bald darauf **Åna-Sira [N58° 17′ 34.25″ E6° 26′ 39.01″]** am gleichnamigen Fluss (großes Wasserkraftwerk). Åna-Sira liegt bereits in der *Provinz Rogaland*, die südlichste Provinz an der norwegischen Westküste, die vom weitverzweigten Boknafjord geprägt wird.

*ROUTE: Die Straße 44 schraubt sich nach dem Ort Åna-Sira hinauf ins Vardefjell mit wuchtigen Felsmassiven, um anschließend hinunter zum **Jössingfjord** zu führen, mit dem wichtigsten Umschlaghafen für die weiter landeinwärts bei Titania abgebauten Mineralien. Ein Denkmal am Fjord erinnert an die „Altmark-Affäre" im Zweiten Weltkrieg, die erste Kriegshandlung auf norwegischem Boden.*

Ab Jössingfjord beginnt eine imposante Passfahrt. Die alte Straßentrasse mit ihren kühnen Galerien an den senkrechten Felswänden, die einstmals den Puls des Autofahrers etwas ansteigen ließ, ist noch zu erkennen, aber nicht mehr zu befahren. Sie wird durch ein modernes Tunnel und eine breite Straße umgangen.

Man erreicht **Hauge i Dalane** (*Bakkaåno Camping*, www.bakkaano-camping.no; 1. Mai – 30. Sept., ca. 2,5 km von Hauge i Dalane entfernt, mehrere Platzteile, für Wohnmobile in einer Geländemulde, abgeschieden nahe eines Baches gelegen, gute Sanitärs, Miethütten). Beachtung verdienen in Hauge i Dalane die interessante **Sogndal Kirche [Parkplatz, WP 161 / N58° 20' 42.49" E6° 17' 38.81"]** sowie die hübsche Felsküste in **Sogndalstrand** wenig südlich vom Ort.

*ROUTE: Nach weiteren 30 km kommt man nach **Egersund.***

Egersund ist ein Hafenstädtchen mit rund 14.000 Einwohnern. Vor allem der Heringsfang brachte Mitte 19. Jahrhunderts einen gewissen Wohlstand in die Stadt. Zwar laufen auch heute noch Fischkutter den Hafen von Egersund an, wirtschaftlich bedeutender für die Stadt sind aber inzwischen holzverarbeitende Industrien und die Elektronikindustrie geworden.

Egersund, das zwar schon 1607 urkundlich erwähnt wird, damals aber aus nicht viel mehr als vier oder fünf Häusern bestand, hat eine relativ alte **Kirche [N58° 27' 6.37" E5° 59' 59.79"]**, die aus dem frühen 17. Jh. stammt und im Stadtteil Eie, unweit östlich des Jaernebanveien, verdient das wenig bekannte, aber sehenswerte **Fayencemuseum [N58° 27' 10.7" E6° 00' 11.6"]**, Fabrikkgaten 2, Beachtung (*geöffnet 17. Juni - 3. Sept. tgl. 11 - 17 Uhr, übrige Zeit Mi - Fr 11 - 15 Uhr, Sa + So 11 - 17 Uhr; www.egersundfayancemuseum.no*). Es zeigt einen schönen Querschnitt durch die 133-jährige Fayenceproduktion in Egersund zeigt. Egersunds Fayencefabrik war zwischen 1847 und 1979 tätig.

Das Fayencemuseum wird vom **Dalane Folkemuseum** betreut, zu dem auch die Hauptsammlung des **Regionalmuseums [N58° 28' 21.58" E6° 1' 21.63"]** über den Bezirk Dalane gehört, das sich beim ehemaligen Amtsrichterhof **Slettebø**, rund 3 km nördlich der Stadt am Museumsveien etwas westlich der Straße 42 befindet.

Das 1910 eingerichtet Museum besteht mittlerweile aus acht Museumsgebäuden aus dem Dalanabezirk. Darunter sind das Haupthaus, diverse Werkstätten, landwirtschaftliche Gebäude, das Landschulhaus von Møgedal aus dem Jahre 1880, ein Verwalterhaus aus der Mitte des 19. Jh., ein Lusthaus und ein Wagenhaus, eine Remise, zu sehen.

Abstecher nach Stavanger

*ROUTE: **Stavanger** liegt rund 80 km nordwestlich von Egersund und ist über die E39 rasch zu erreichen. Der abwechslungsreichere Weg aber führt über die Küstenstraße R44.*

PRAKTISCHE HINWEISE – EGERSUND

Egersund Turistkontoret [N58° 27' 7.56" E6° 0' 17.21"], Elvegata 23, 4370 Egersund, Tel. +47 47 48 84 09. *Geöffnet Juni - Aug. Mo - Sa 10 - 16 Uhr.*

HOTEL

Grand Hotell, 101 Zi., Johan Feyersgt. 3, Tel. +47 51 49 60 60; www.grand-egersund.no; Restaurant, Fahrradverleih. Parkplatz.

CAMPING

Tengs bei Egersund

Camping NAF Steinsnes [N58° 28' 40.02" E5° 59' 48.27"], Jærveien 190, Tel. +47 97 40 09 66; www.steinsnescamping.no; 1. Jan. – 31. Dez.; 3 km nördl. Egersund an der Rv44, in **Tengs**, ebenes Gelände zwischen Straße und Fluss; ca. 1,5 ha – 80 Stpl.; Standardsanitärausstattung. Miethütten ** - ****. **V & E für Wohnmobile.**

Auf der Küstenstraße 44 **„Nordsjøvegen"** sind vor allem die weiten Dünen und **Sandstrände bei Brusand [N58° 32' 23.20" E5° 44' 39.16"]** an der Ognabucht ein lohnendes Sommerziel.

Stavanger am Boknefjord zählt zu den alten Städten Norwegens. Schon früh einflussreicher Bischofsitz, erhielt die Stadt im 15. Jh. Handelsrechte und entwickelte sich, nicht zuletzt dank seines geschützten Hafens, zu einer Handelsstadt von Rang mit einer ansehnlichen Flotte. Später kamen rege Aktivitäten in der Hochseefischerei hinzu. Fischverarbeitende Industrie und Werften siedelten sich an. Einen regelrechten Wirtschaftsboom erlebte Stavanger allerdings um 1970, als in der Nordsee Öl entdeckt wurde und Stavanger zum bedeutendsten Versorgungshafen für die norwegische Off-Shore-Industrie aufstieg. Mit rund 131.300 Einwohnern ist Stavanger heute die viertgrößte Stadt des Landes.

Gebührenpflichtige **Parkplätze** im Citybereich findet man am **Fisketorget** am **Strandkaien [WP 162 / N58° 58' 13.71" E5° 43' 47.62"]** an der Ostseite der in die Innenstadt reichenden Hafenbucht Vågen, dann im Norden der Innenstadt am **Havneringen (Ryfylkekaien) [N58° 58' 26.77" E5° 43' 55.80"]** und beim **Ölmuseum [N58° 58' 21.54" E5° 44' 6.94"]** etwas weiter östlich.

Am besten beginnt man den Stadtrundgang an der **Touristeninformation Destinasjon Stavanger [N58° 58' 12.3" E5° 44' 01.9"]** am **Domkirkeplassen** mitten im Zentrum. Am Domplatz erhebt sich unübersehbar der **Dom von Stavanger [N58° 58' 11.02" E5° 43' 58.07"]**.

Nachdem Sigurd Jorsalfar Stavanger im Jahre 1125 zum Bischofsitz erhoben hatte, ließ Bischof Reinald von Winchester noch im selben Jahrhundert den Grundstein zum Dom von Stavanger legen. Der Bau wurde im anglonormannischen Stil errichtet und dem Heiligen Svithun geweiht. Ein Arm des Heiligen ist die kostbarste Reliquie des Doms.

Aber die Domkirche blieb kaum ein Jahrhundert vom Feuer verschont. Schon 1272 wurden Schiff und Chor ein Raub der Flammen. Sie wurden um 1300 im gotischen Stil wieder aufgebaut.

Gleich hinter dem Dom dehnt sich der weitläufige Stadtpark **Byparken** mit dem großen See **Breivatnet**.

Vom Dom gehen wird ostwärts über den Marktplatz zum Platz **Fisketorget [Parkmöglichkeit, WP 162 / N58° 58'**

In der Altstadt von Stavanger

13.35" E5° 43' 50.21"] am Südende des Gästehafens und dort am Strandkaien an der Ostseite des Hafenbeckens entlang.

Schon wenig später passiert man das **Stavanger Maritime Museum/ Stavanger Sjøfartsmuseum (4) [N58° 58' 12.96" E5° 43' 44.23"]**, das Handels- und Seefahrtmuseum, Strandkaien 22 *(geöffnet 15. Mai - 15. Sept. tgl. 10 - 16 Uhr, Do bis 19 Uhr, übrige Zeit Di - Fr 11 - 15 Uhr, Do bis 19 Uhr, Sa + So 11 - 16 Uhr; www.stavangermaritimemuseum.no/ en/)*. Hier gibt es neben umfangreichen Ausstellungen zu Stavangers 200jähriger Seefahrtsgeschichte auch Einblick in die Handelstradition der Stadt (altes Kontor, Kaufmannswohnung, Lager u. a.).

Nordwestlich und etwas oberhalb vom Seefahrtsmuseum erstreckt sich zwischen Hafen und Øvre Strandgate der Stadtteil **Gamle Stavanger** (Alt Stavanger) **[N58° 58' 17.1" E5° 43' 35.3"]**. Ein Bummel durch die gepflasterten, ansteigenden Gassen, die gesäumt sind von meist schneeweiß gestrichenen Holzhäusern, lohnt sehr. Die meisten Häuser stammen aus dem späten 18., frühen 19. Jh. und sind sorgfältig restauriert. Besonders malerische Winkel findet man in den wenigen Quergassen, die hinab zum Hafen führen.

Den Spaziergang durch Gamle Stavanger kann man mit einem Besuch im **Norsk Hermetikkmuseum [N58° 58' 20.80" E5° 43' 31.81"]**, dem Norwegischen Konserven Museum, Øvre Strandgate 88, verbinden *(geöffnet 15. Mai - 15. Sept. tgl. 10 - 16 Uhr, übrige Zeit Di - So 11 - 15 Uhr; www.norskhermetikkmuseum.no)*. Hier ist eine fischverarbeitende Fabrikanlage, wie sie im 19. Jh. in Stavanger zu finden war, eingerichtet.

Durch eine der hübschen Quergassen am Ende der Øvre Strandgate, z. B. durch die Bildensolstræde oder die Rosenbergbakken, gehen wir wieder hinunter zum Hafen und zurück zum Fisketorget. Auf dem Weg dahin hat man einen schönen Blick über den Hafen auf die Häuserfront mit den schön restaurierten alten Speicherhäusern am gegenüberliegenden Skagenkaien mit dem Anleger der Ausflugsboote Clipper Boats und auf die dahinter leicht ansteigende Innenstadt.

Hinter der Fassadenreihe der Speicherhäuser erkennt man etwas oberhalb eine Turmspitze. Sie gehört zum **Valbergtårnet [N58° 58' 19.07" E5° 43' 53.30"]**, einem alten Feuerwachturm in der Valberggata, der zwischen 1850 und 1853 erbaut worden ist. Von dort haben Sie einen schönen Blick über den Hafen zur Altstadt und über den Fjord *(geöffnet 15. Juni - 15. Aug. tgl. 10 - 15 Uhr)*. Im Turm ist das **Nachtwächtermuseum** eingerichtet.

Sehr sehenswert, informativ und interessant ist ein Besuch im **Norsk Oljemuseum [N58° 58' 24.34" E5° 44' 3.06"]**, dem Norwegischen Erdölmuseum, Kjeringholmen, am Steinkarkaien im nördlichen Bereich des Stadtzentrums *(geöffnet 1. Juni - 31. Aug. tgl. 10 - 19 Uhr, übrige Zeit Mo - Sa 10 - 16 Uhr, So 10 - 18 Uhr; www.norskolje.museum.no)*.

Der moderne Museumsbau liegt direkt am Wasser, ähnelt äußerlich einer Ölbohrplattform und birgt im Inneren eine Vielfalt von Ausstellungen und multimedialen Präsentationen, die einen ausgezeichneten Überblick über die Geschichte der Off-Shore-Ölgewinnung, die Techniken und die entsprechenden

PRAKTISCHE HINWEISE – STAVANGER

Destinasjon Stavanger [N58° 58' 12.3" E5° 44' 1.9"], Domkirkeplassen 3, 4006 Stavanger, Tel. + 47 51 85 92 00; www.regionstavanger.com. *Geöffnet 1. Juni - 31. Aug. tgl. 9 - 18 Uhr; übrige Zeit Mo - Fr 9 - 16 Uhr, Sa bis 14 Uhr.*

HOTELS

Commandør, 35 Zi., Valberggt. 9, Tel. + 47 51 89 53 00, zentral gelegen, moderate Preise.

Clarion Collection Skagen Brygge, 110 Zi., Skagenkaien 28 - 30, Tel. + 47 51 85 00 00; www.clarionhotel.com/hotel-stavanger-norway-NO124.
Scandic Victoria, 107 Zi., Skansegaten 1, Tel. + 47 51 86 70 00, traditionsreiches Haus, Restaurant, Parkmöglichkeit.

CAMPING

Camping Stavanger Mosvangen [WP 163 / N58° 57' 08.3" E5° 42' 48.7"], Henrik Ibsengate 21 B, Tel. +47 51 53 29 71; www.stavangercamping.no. 1. April – 30. Sept.; am südl. Stadtrand von der E39 beschildert; stadtnächster, stark frequentierter Platz, unebene Wiesen, bis an den See Mosvatnet reichend, kein Badesee; unterhalb der Jugendherberge; ca. 2 ha – 150 Stpl.; Standardausstattung; Laden; 19 Miethütten. Busverbindung ins Stadtzentrum.

Sandnes

Camping Sandnes Hytte- og Campinganlegg Vølstadskogen [N58° 51' 30.27" E5° 41' 48.78"], Gamle Austvollvei 5, Tel. +47 51 62 71 20, www.volstadskogen.no; 1. Jan. – 31. Dez., Oktober bis Mai nur nach Reservierung; rund 15 km südlich von Stavanger und knapp 3 km westlich von Sandnes gelegen, über R44, R509 und R327, Campingmöglichkeit in einem lichten, naturbelassenen Waldgelände in ländlicher Umgebung, einige wenige geschotterte Stellflächen; ca. 4 ha – 50 Stpl.; Standardausstattung, V & E Möglichkeit, WLAN, 25 Miethütten *** - ****.

Industriezweige der Erdölexploration in der Nordsee geben. Parkplatz, Cafeteria, Museumsladen.

Ausflüge ab Stavanger

Zur „Kanzel" Preikestolen

Mein Tipp! **Der Preikestolen**, der Predigtstuhl, ist eine der größten Sehenswürdigkeiten in der Fjordwelt Südnorwegens. Diese Felskanzel mit ihrem flachen Plateau ragt senkrecht fast 600 m hoch aus dem Wasser des schmalen Lysefjords. Der Blick vom Preikestolen gehört zu den großen Erlebnissen auf einer Reise durch Norwegens südwestliche Provinz Rogaland.

Ausgangspunkt für Wanderungen zum Preikestolen ist die **Preikestolhütte [Parkplatz; WP 164 / N58° 59' 29.4" E6° 08' 19.2"]**. Die Preikestolhütte kann man im Sommer auf einer kombinierten Bus/Schiffsreise erreichen. In der Zeit von Ende April bis Anfang September verkehrt ein **Bus ab Tau [N59° 3' 53.63" E5° 54' 30.29"]** zur Preikestolhütte. Der Bus verkehrt im Anschluss an die Fähren Stavanger – Tau, die um 8.20 und um 9.15 in Stavanger ablegen. Die Rückfahrt mit dem Bus startet ab Preikestolhütte um 16.15 Uhr.

Fährt man mit dem eigenen Auto zur Preikestolhütte, nimmt man entweder die Fähre nach Tau und fährt von dort zurück über Jørpeland und Jøssang oder man folgt ab Stavanger zunächst der E39 bis **Sandnes** und zweigt dort ostwärts ab auf die R13 und zum **Fährhafen Lauvvik [N58° 53' 39.30" E6° 3' 19.43"]**. Überfahrt nach **Oanes** (10 Min.) und weiter Richtung **Jørpeland**.

Ca. 20 km nordwestlich von Oanes zweigt in **Jøssang** die Straße zur **Preikestolhütte** ab. Schon kurz nach dem Abzweig passiert man den schön an der Straße gelegenen **Campingplatz Preikestolen [WP 165 / N58° 59' 57.6" E6° 05' 31.6"]** (Tel. +47 48 19 39 50; www.preikestolencamping.com; Jan. – Dez., Wiesen, teils mit Hartstandplätzen, in erhöhter, ansprechender, ruhiger Lage; ca. 80 Stpl.; gute Standardausstattung; Laden, Imbiss).

Die Wanderung zum Preikestolen beginnt an der **Preikestolhütte [Parkplatz, WP 164 / N58° 59' 29.4" E6° 08' 19.2"]** (Tel. +47 51 84 02 00, geöffnet vom 1. 6. bis 3. 9., 56 Betten, Bewirtschaftung, gebührenpflichtiger Parkplatz, auch für Wohnmobile) Nach einer fast 4-stündigen (hin und zurück, 6 km), ziemlich anstrengenden, Kondition fordernden Wanderung erreicht man schließlich die Felskanzel des **Preikestolen** (auch Prekestolen). Wer unter Höhenangst leidet, dem wird schon beim Anblick der auf dem Bauch liegend nach unten schauenden Besucher schwindelig.

Die Wanderung zum Preikestolen, die teils über holperige Steinfelder führt, sollten Sie nur mit festem Schuhwerk antreten, Höhenunterschied 350 m.

Ausflug zum Kongeparken

Kongeparken [Parkplatz, WP 166 / N58° 46' 44.69" E5° 50' 18.42", 27 km südöstlich von Stavanger in **Ålgård** (Camping Kongeparken, ganzjährig, Miethütten [N58° 46' 33.2" E5° 50' 40.4"]) an der E39, einer der größten Freizeit- und Vergnügungsparks in Norwegen.

Ausflug in den Lysefjord

Mein Tipp! Bei ausreichend zur Verfügung stehender Zeit ist ein **Schiffsausflug durch den Lysefjord** empfehlenswert! Gerade bei schönem Wetter ist die Bootstour eine herrliche und bequeme Art, den Fjord zwischen seinen gigantischen Granitwänden zu erleben. Restauration an Bord. Campingmöglichkeit in Lysebotn.

U. a. bieten folgende Reedereien unterschiedliche Boostausflüge an.

Rødne Fjord Cruise, Skagenkaien 35 - 37, 4006 Stavanger, Tel. +47 51 89 52 70; www.rodne.no/news/lysefjord-sightseeing/. Hafenrundfahrten, Schiffs-/Bustouren zum Preikestolen (Dauer 3 Stunden), **Schiffsausflüge in den Lysefjord**. Die Boote verkehren ab Skagenkaien in Stavanger Jan. - Apr. + Okt. - Dez. Mi - So um 11 Uhr, Mai - Sept. tgl. um 10 Uhr und um 14 Uhr und im Juli und August zusätzlich Do - So um 12 Uhr.

Fjord Cruise Lysefjord, Tel. +47 57 63 14 00, bietet Fjordkreuzfahrten **mit Autobeförderung** (wenig Autoplätze, Reservierung ratsam Tel. +47 57 63 14 00) durch den Lysefjord bis Lysebotn und zurück an. Abfahrten von Lauvvik über Forsand, Songesand, Flørli nach Lysebotn vom 6. Juni bis 31. August täglich um 9 Uhr und um 15 Uhr.

Die Serpentinenstraße bei Lysebotn am Ende des Lysefjords

TOUR 11: EGERSUND – HAUKELIGREND

Länge der Tour: Rund 340 km
Die Route: Über die R42 und über **Tonstad** bis **Evje** – R9 bis **Haukeligrend**.
Reisedauer: Mindestens ein Tag.
Höhepunkte: Die Landschaften im **Setesdal** ** – die Stromschnellen am **Syrtveitfossen** * – Wandern auf den **Hochebenen**.

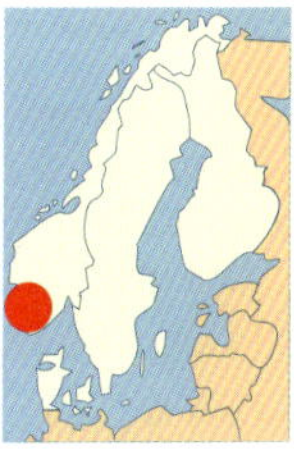

*ROUTE: Ab Egersund über die R42 nordwärts zur E39. Ihr folgen wir ein kurzes Stück ostwärts, um in **Helleland** der hier weiterführenden R42 nach Nordosten zunächst bis **Tonstad** zu folgen.*

Es beginnt eine sehr schöne Fahrt durch das sehr wilde **Gyadalen**. Das Tal wird gesäumt von mächtigen Bergstöcken. Oft steigen die Felswände fast senkrecht aus dem Tal des Wildbachs Gya. Besonders nach regenreichen Tagen stürzen unzählige Wasserfälle von den Hängen. Schließlich wird das bewaldete Hochtal bei **Bjørnestad** passiert.

11 km weiter erreicht man **Tonstad** am Nordende des langen, schmalen Sees Sirdalsvatn.

Die 750-Seelen-Gemeinde ist Zentrum der umliegenden Skigebiete und Ausgangspunkt für Touren nach Norden über die R468 ins **Obere Sirdal** und weiter über die Hochmoore bei Suleskar (zahlreiche Wandermöglichkeiten) bis Lysebotn. In die Berge bei Tonstad wurde eines der größten Wasserkraftwerke Norwegens gebaut.

*ROUTE: Die Straße 42 führt ab Tonstad zunächst am Sirdalsvatn entlang südwärts, wendet sich dann nach Osten und quert zahlreiche in Nord-Südrichtung verlaufende waldreiche Täler und Höhenzüge, bis nach rund 100 km **Hornnes** an der R9 und 5 km weiter nördlich schließlich **Evje** erreicht wird.*

Wer an Kirchenbaukunst und Kirchenmalerei interessiert ist, zweigt etwa auf halbem Wege zwischen Tonstad und Hornnes in Håland nach Süden auf die R460 ab. Nach 4 km kommt man zur **Kirche von Grindheim [N58° 26' 15.45" E7° 24' 58.9"]**, die aus dem späten 18. Jh. stammt und innen mit Rosenmalerei aus jener Zeit geschmückt ist.

Bei **Sveindal** kann ein **Freilichtmuseum** (alter Bauernhof) besichtigt werden.

Westlich von Sveindal ist man wieder in der Provinz Aust-Agder.

In **Hornnes** zählen zu den wenigen Sehenswürdigkeiten das **Freilichtmuseum Fennefoss** und die oktogonale **Kirche von Hornnes [N58° 33' 33.7" E7° 46' 21.9"]** aus dem Jahre 1828, unweit südlich von Evje gelegen. Außerdem kann man den an der Straße 9 gelegenen **Setesdal Mineralpark [Parkplatz, WP 167a / N58° 32' 59.9" E7° 46' 32.2"]** *(geöffnet Mai - Okt. Ende Juni - Mitte Aug. tgl. 10 - 18 Uhr, Anf. - Ende Juni + Mitte Aug. Anf. Sept. 10 - 16 Uhr; www.mineralparken.no)* besichtigen. Sehenswerte Skulpturen und Mineralienausstellung, Schaubergwerk, kleines Freilichtmuseum, Cafeteria. Nebenan See mit Strandbad, Bootsverleih im Sommer. Ebenfalls unmittelbar nebenan findet man den Wohnmobil-Stellplatz Hornnes.

Evje, knapp 1.500 Einwohner, eine Kleinstadt am Otra-Fluss und am Kreuzungspunkt der Straßen 42 und 9, gilt als Zentrum seltener Mineralien, die als Schmucksteine verarbeitet werden.

ROUTE: Von Evje auf der R9 nordwärts.

PRAKTISCHE HINWEISE - EVJE, HORNNES, NESET

Evje og Hornnes Turistkontor [N58° 35' 2.24" E7° 47' 57.16"], Bibliothek, Verksmoen, 4735 Evje, Tel. +47 37 93 23 46; www.setesdal.com.

CAMPING

Hornnes

Camping Hornnes [N58° 33' 12.5" E7° 46' 58.1"], Hornnesvegen 12, Tel. +47 37 93 03 05; www.hornnescamping.setesdal.com; 15. Mai – 15. Sept.; 1 km abseits der Rv9 am Abzweig der Rv42, ca. 5 km südl. Evje; wellige Wiese, teils mit hohen Nadelbäumen, auf einer Landzunge am Otra-Fluss, langer Strand; ca. 1,5 ha – 50 Stpl. + 50 Dau.; Standardsanitärausstattung. Laden, Bootsverleih. **V & E für Wohnmobile**.

Evje

Camping Odden [WP 167 / N58° 35' 05.3" E7° 47' 45.5"], Tel. +47 37 93 06 03; www.oddencamping.com; 1. Jan. – 31. Dez.; am südl. Ortsbeginn Einfahrt zwischen Supermarkt und YX-Tankstelle an der Straße 9; von Bäumen unterteilte Wiese oberhalb des Otra-Flusses; ca. 4 ha – 120 Stpl. + 60 Dau.; Standardsanitärausstattung; Kiosk, Laden, Cafeteria, Bootsverleih. Miethütten *** – *****. **V & E für Wohnmobile**.

Neset bei Byglandsfjord

Mein Tipp!* Camping Neset [WP 168 / N58° 41' 22.41" E7° 48' 18.13"]**, Tel. +47 37 93 42 55; www.neset.no; 1. Jan. – 31. Dez.; ca. 3 km nördl. Byglandsfjord an der Straße Rv9; teils hügeliges Wiesengelände auf einer Halbinsel im See Byglandsfjorden, sehr schöne Lage, Platzteil mit ebenen, befestigten Stellplätzen für Wohnmobile direkt am See; ca. 7 ha – 200 Stpl.; sehr engagierte, deutschsprechende Platzleitung. Komfortausstattung; Laden, Café, Bootsverleih, Bootsrampe, Grillhütte, Bademöglichkeit, Zahlreiche Hütten ** – **. **V & E für Wohnmobile**. Guter Ausgangspunkt für Wanderungen auf markierten Wegen auf den Hochebenen. Elchsafaris.

WOHNMOBIL-STELLPLATZ

Hornnes

Wohnmobil-Stellplatz Hornnes Mineralparken Bobilcamp [WP 169 / N58° 33' 2.41" E7° 46' 31.10"], Mineralvegen 1, Tel. +47 37 93 13 10; www.mineralparken.no. **Zufahrt/Lage:** Beim Mineralpark, am Südrand von Hornnes. **Geöffnet:** Mai – Sept. **Gebühr:** Pauschale inkl. Ver- und Entsorgung und Strom, Extragebühr für Dusche und Waschmaschine/Trockner. **Ausstattung:** Ebenes Wiesengelände unterhalb der Rv9 beim Setesdal Mineralpark. Zufahrt durch den Parkplatz des Mineralparks. Bis an einen See reichend. Ca. 1 ha - 32 Stellplätze, je mit befestigten Standspuren. Frischwasser, V & E -Einrichtung, Stromanschlüsse, Dusche, WC, Mülltonne.

Etwa 8 km nördlich von Evje liegt westlich der Straße der wilde **Syrtveitfossen [Parkplatz, WP 170 / N58° 38' 27.4" E7° 48' 41.3"]**. Auf einer Steinmole kann man weit an den tobenden Katarakt heran und fast bis in die Mitte des Otra-Flusses gehen. An der Straße Rastplatz.

Ab **Neset** beginnt eine herrliche Fahrt durch das **Setesdal**. Dieses lange Zeit fast vergessene Gebirgstal (erst um 1880 wurde eine richtige Straße angelegt) zählt zu den schönsten Tälern in Südnorwegen. Die überwältigende Landschaftsszenerie wird geprägt vom Otra-Fluss, der immer wieder Stromschnellen, Wasserfälle und Seen bildet, sowie von steilen Hängen und Felsflanken. Ein abwechslungsreiches Panorama.

Auf der Weiterfahrt passiert man hinter **Grendi** die oktogonale **Kirche von Årdal [N58° 42' 25.59" E7° 49' 27.22"]** aus dem 19. Jh. (Runenstein und nahebei die fast 900 Jahre alte Eiche „Landeeike").

Man kommt durch **Longerak**. Wenig später passiert man, immer noch dicht am Ostufer des Byglandsfords fahrend, ein kurzes Tunnel, das den Bergzug Fånefjell durchsticht und erreicht schließlich den Ort **Bygland**, mit einer Kirche aus der Mitte des 19. Jh. und dem **Freilicht-**

Steinskulptur am Mineralpark von Hornnes

Museumshof Bygland [N58° 49' 39.4" E7° 47' 47.0"]. Einige Gebäude des Gehöfts stammen aus dem 17. Jh.

Wenige Kilometer weiter nördlich wird der Byglandsfjord mit dem nördlich weiterführenden Sandnesfjord durch den Wasserarm **Storestraumen [N58° 51'**

CAMPING

Ose

Camping Reiårsfossen [WP 171 / N58° 56' 31.14" E7° 41' 26.13"], Tel. +47 37 93 41 00; 1. Mai – 1. Okt.; südl. von Ose unterhalb der Rv9, ebene Wiese in schöner Lage am Sandnesfjord angesichts des Wasserfalls Reiårsfossen; ca. 2,8 ha – 100 Stpl.; Standardsanitärausstattung; Miethütten.

Rysstad
Camping Sølvgarden Feriesenter [N59° 05′ 28.1″ E7° 32′ 25.6″], Tel. +47 37 93 61 30; www.solvgarden.no; 1. Jan. – 31. Dez.; an der Rv9 hinter dem Hotel-Restaurant Sølvgarden, Wiese am Otrafluss mit teils großzügig bemessenen, von niederen Hecken begrenzten Stellplätzen; ca. 1,5 ha – 50 Stpl.; gute Standardsanitärausstattung. Laden, Restaurant, Boots- und Fahrradverleih, Bootsslip. Miethütten. **V & E für Wohnmobile.**

Valle/Flateland
Flateland Camping [N59° 14′ 29.7″ E7° 28′ 27.8″], Valle, Tel. +47 95 00 55 00; www.flatelandcamping.no; Mitte Mai – 11. Sept.; ca. 10 km nördl. Valle, am Abzweig von Rv9 auf Rv45; naturbealssene Wiese mit Birkenreihen und Kiefern zwischen Straße Rv9 und Otra-Fluss, ansprechende Lage; ca. 1,5 ha – 50 Stpl.; Standardsanitärausstattung. V & E für Wohnmobile. Miethütten *** - *****.

01.0″ E7° 45′ 01.8″] verbunden. Der Storestraumen, über den noch die alte Steinbrücke führt, wurde um 1870 durch eine Schleuse schiffbar gemacht.

Am Nordende des Sees, der nun Åraksfjord heißt, stürzt von der westlichen Bergflanke der **Wasserfall Reiårsfossen** zu Tal.

Ose liegt nahe der Mündung des Otra-Flusses in den Åraksfjord. Im Ort stehen noch schöne alte **Speicherhäuser** (Stabburer).

Man passiert **Helle**, einen kleinen Ort mit langer Silberschmiedetradition, dann **Rysstad** mit einer **Kirche** aus dem 19. Jh., mit dem Museumshof **Heimgård** und dem **Setesdalmuseum [Parkplatz, WP 172 / N59° 05′ 43.2″ E7° 31′ 43.6″]** daneben, mit Trachten, Brauchtum, Geschichte, Kunst und Kultur im Setesdal *(geöffnet Ende Juni - Mitte Aug. Mo - Fr 8 - 15.30 Uhr, übrige Zeit Mo - Fr 10 - 15 Uhr).*

Bald darauf erreicht man **Valle**, das malerisch in einem weiten Talkessel des Setesdalen liegt. Das Setesdal ist bekannt für seine Silberschmiedekunst. Eines der Zentren dafür ist Valle. Alteingesessene Silberschmiedewerkstätten findet man auch weiter südlich in Rysstad und in Helle.

Auf der von unzähligen Seen durchsetzten **Hochebene Valleheiene** westlich von Valle, erstreckt sich ein schier unendliches **Netz von Wanderwegen**. Wanderhütten sind vorhanden.

Nur 9 km nördlich von Valle kommt man nach **Flateland**. Einen Besuch lohnt das etwas nördlich von Flateland an der Straße 9 gelegene **Setesdal-Freilichtmuseum [N59° 15′ 46.70″ E7° 29′ 21.57″]** *(geöffnet 1. Juli - 15. Aug. tgl. 11 - 17 Uhr; übrige Zeit Mo - Fr 12 - 15 Uhr; www.setesdalsmuseet.no)* mit dem beachtenswerten Rygnestadloftet, einem Speicher aus dem 16. Jh.

Alternativroute

Ab Flateland bietet sich ein **Umweg** an über die R45 nordostwärts und über **Dalen** (ca. 52 km) – mit einem **Abstecher zur Eidsborg Stabkirche** –, weiter über **Åmot /Ytre Vinje (Camping Groven [N59° 34′ 20.9″ E7° 59′ 29.8″]**, Mitte Mai - Ende Sept.) und die E134 nach **Haukeligrend**, rund 60 km.

Die **Stabkirche von Eidsborg [Parkplatz, WP 175 / N59° 27′ 52.9″ E8° 01′ 16.2″]** *(geöffnet Ende Mai - Anf. Sept. tgl. 10 - 17 Uhr, im Juli bis 18 Uhr; im Sommer täglich etwa im Stundenintervall Führungen)* ist eine der beiden letzten in der Telemark erhaltenen Stabkirchen, von einstmals 30 dieser für Norwegen so typischen Kirchenbauten. Die andere erhal-

CAMPING – DALEN

Camping Buøy Dalen Telemark [WP 173 / N59° 26′ 30.3″ E8° 00′ 27.3″], Tel. +47 45 02 13 26; www.dalencamping.com; Anf. Mai – Mitte Sept.; am südlichen Ortsrand, im Ort beschildert; überschaubare, fast ebene Wiesen beiderseits der Zufahrtsstraße, von hohen Laubbaumgruppen unterteilt. Rezeption,

Sanitärhaus und Cafeteria gegenüber; 7 ha - 100 Stpl. ; Standardausstattung, 5 Hütten. WLAN. **V & E für Wohnmobile.**

WOHNMOBIL-STELLPLATZ DALEN

Wohnmobil-Stellplatz Bobil Parkering Dalen [WP 174 / N59° 26' 43.0" E8° 01' 23.7"], ca. 1 km östlich von Dalen an der Rv45 Richtung Høydalsmo am Sportboothafen gelegen, übernachten für „bobil" 21 – 9 Uhr gebührenpflichtig, zu bezahlen am Kiosk am Platzrand; ebenes, schattenloses Wiesengelände am Bandaksee mit Badestrand, Platz für ca. 25 Wohnmobile, 8 Stromanschlüsse, 2 Wasserhähne, Picknicktische. Abwasserentsorgung und Chemikaltoilettenentleerung nicht am Stellplatz, nur auf Camping Buøy (s. o.) gegen Gebühr.

tene Kirche ist die Heddal Stabkirche bei Notodden.

Erbaut wurde die Eidsborg Stabkirche um 1200. Der ursprünglich fast quadratische Kirchenraum zwischen den vier tragenden Holzpfeilern (Stäbe – Stabkirche) wird von einem spitzen Satteldach mit Türmchen überragt.

Die Stabkirche von Eidsborg war dem Schutzpatron der Seefahrer und Reisenden St. Nikolaus von Bari geweiht.

Von der wunderschön proportionierten Stabkirche führt ein Fußweg zum rund 100 m entfernten **Volkskunde- und Freilichtmuseum Vest-Telemark** (ehemals Lårdal Bygdemuseum, *geöffnet wie Stabkirche*). Im Ausstellungsgebäude wird Kunsthandwerk und Volkskunst aus dem 18. und 19. Jh. gezeigt.

HAUPTROUTE

*ROUTE: Der Weg nach **Haukeligrend** folgt ab Flateland weiter der Straße 9 nordwärts.*

Etwa 18 km weiter weist bei **Moen** ein Hinweisschild auf den alten Saumpfad **Byklestigen** hin, der, bevor die Straße ausgangs des 19. Jh. durch das Setesdal gebaut wurde, ein Teil des alten Weges durch das Tal war. Abwechslungsreicher Spaziergang, ca. 1 km.

Hovden ist das Zentrum des Ferien- und Wandergebiets in der **Hochebene Setesdalsheiene** und vielbesuchter Ausgangspunkt für Wandertouren, z. B. zur **Sloaroshytta** (Selbstverpflegung, 14 Betten) am Langevatnet, Gehzeit 5 Stunden, oder über Breiva und Væringsstöl zur **Bleskestadmoenhytta** (Selbstverpflegung, 14 Betten), Gehzeit 9 Stunden.

*ROUTE: Der höchste Punkt der Straße wird nach **Bjåen** (Ausgangspunkt für Wanderungen) am See **Sessvatn** in 917 m Höhe erreicht. Schließlich führt die Straße 9 in vielen Kehren steil hinab nach **Haukeligrend** an der E134 in der Provinz Telemark.*

HOTELS

Bei Haukeligrend

Hotels liegen rund 10 km westlich von Haukeligrend beim Wintersportort **Vågslid.**

Vågslidtun Hotell, Vågslidtun 19, 120Zi., Tel. +47 35 07 05 85; www.vagsli.no; Restaurant, Terrasse, Garten mit Grillmöglichkeit, WLAN. Parkplatz.

CAMPING

Edland

Camping Velemoen [N59° 43' 57.78" E7° 36' 45.29"], Vinjeveien 3724, 3895 Edland, Tel. +47 35 07 01 09; www.velemoen.no; 15. Mai – 1. Okt.; ca. 3 km östl. Haukeligrend an der E134; ca. 1,5 ha – 30 Stpl., Standardsanitärausstattung. Miethütten *** - ****.

HAUKELIGREND – RØLDAL – SKÅNEVIK – BERGEN

Länge der Tour: Rund 280 km + 2 Fähren.

Die Route: Auf der E134 über **Røldal** und **Skarsmo** über **Kyrping** nach **Haland/Lauareide** – R48 bis **Skånevik** – Fähre nach **Utåker** – R48 über **Rosendal** bis **Årnes** – Fähre nach **Gjermundshamn** – R48 bis **Tysse** – R7 bis **Trengereid** – E16/E39 bis **Bergen**.

Reisedauer: Mindestens ein Tag, für Bergen mindestens ein weiterer Tag.

Höhepunkte: Die Fahrt über das **Haukelifjell** * – Wandern auf der **Hardangervidda** ** – die **Røldal Stabkirche** ** – Abstecher zum Wasserfall **Låtefoss** *** bei Skarsmo – der Wasserfall **Langfoss** *** – die Strecken entlang des **Åkrafjords** und des **Hardangerfjords** – Baronie und Park in **Rosendal** ** – **Bergens Hafenviertel Bryggen** *** – **Gamle Bergen** **.

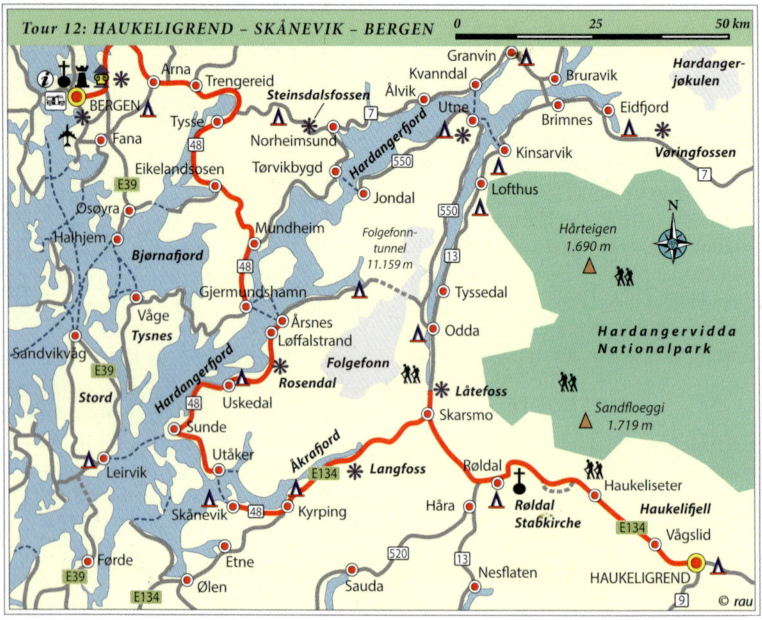

*ROUTE: Ab **Haukeligrend** auf der E134 nach Nordwesten.*

Hinter Haukeligrend beginnt die Straße langsam anzusteigen. Sie führt hinauf nach **Vågslid**, einem etwa 900 m hoch gelegenen Wintersportgebiet, das mitten in einem seenreichen Hochplateau, dem **Haukelifjell**, liegt. Die Landschaft hier oben nimmt gebirgsähnlichen Charakter an. Bei der **Prestegård Turisthytte** passiert man den gut 1,5 km langen **Prestegård Tunnel**. Wenig später kommt man an der **Haukeliseter Hall** und an der **Haukeliseter Fjellstue [N59° 49′ 25.93″ E7° 11′ 39.66″]** am Ståvatnet vorbei.

Diese Hotels bzw. bewirtschafteten Gebirgshütten sind Ausgangspunkte für ausgedehnte **Wandertouren** in die südlich gelegene **Setesdalsheiene** oder in die riesige, sich nach Norden erstreckende **Hardangervidda**. Diese Hochebene soll die größte ihrer Art in ganz Europa sein. Große Teile (3.430 qkm) wurden 1981 zum **Nationalpark** erklärt.

So um die 1.000 Höhenmeter zieht sich die schier endlos erscheinende, sehr vegetationsarme und von zahllosen Seen zwischen Granitbuckeln durchsetzte Hochfläche weit nach Norden bis in die Nähe des Gletschers Hardangerjökulen.

Wandern auf der Hardangervidda Tourenvorschläge

Die gesamte Hardangervidda ist ein ganz hervorragendes, im Sommer auch stark frequentiertes Gebiet für mehrtägige Wandertouren. Zahlreiche Hütten stehen zur Verfügung, die von verschiedenen Wandervereinen betreut werden. Einer der Vereine ist *Den Norske Turistforening* in Oslo; *www.turistforeningen.no.*

Eine der vielen möglichen Touren wäre eine Durchquerung der Hardangervidda in Nordsüdrichtung, von **Haukeliseter** nach **Haugastøl** an der Straße 7, ca. 22 km westlich von Geilo. Die Tour dauert mindestens sechs Tage!

1. Tag: Haukeliseter – Hellevassbu, 7 Stunden, Hütte in 1.160 m, Selbstbedienung, 26 Betten.

2. Tag: Hellevassbu – Litlos, 5 Stunden, bewirtschaftete Hütte in 1.180 m, 52 Betten.

3. Tag: Litlos – Sandhaug, 7 Stunden, bewirtschaftete Hütte in 1.250 m, 80 Betten.

4. Tag: Sandhaug – Bjoreidalshytta, 6 Stunden (kürzere Etappen mit Übernachtungen in den Privathütten **Hellehalsen** oder **Trondsbu** nach telefonischer Absprache möglich), privat bewirtschaftete Hütte.

5. Tag: Bjoreidalshytta – Krækkja, 5 Stunden, bewirtschaftete Hütte in 1.162 m, 66 Betten.

6. Tag: Krækkjahytta – Haugastøl, 5 Stunden, privat geführtes Berghotel, Bahnstation.

*ROUTE: Weiterfahrt von der Haukeliseter Fjellstue auf der E134 nach Westen. Nach weiteren sieben Kilometern Fahrt durch die überaus eindrucksvolle Berglandschaft des Haukelifjell erreicht man das Ostportal des fast 6 km langen **Haukelitunnels**. Weiter bis **Røldal**.*

Blick auf Røldal

Sommerweg über den Dyrskar-Pass

Direkt vor dem Tunneleingang zweigt rechts ein kleines Sträßchen ab. Die alte Straßentrasse (befestigt, aber schmal) führt über den 1.148 m hohen **Dyrskar-Pass** mit prächtigem Panoramablick und erreicht nach etwa 6 km wieder die E134.

Diese vor allem bei schönem Wetter überaus lohnende Fahrt scheint allerdings für Wohnwagengespanne ungeeignet! Sie sollten lieber den bequemeren Weg durch den Haukelitunnel nehmen.

Der Weg über den Dyrskar-Pass kann bis weit in den Juni hinein wegen Schnee gesperrt sein!

Bleibt man dagegen auf der Hauptstraße E134 passiert man den Haukelitunnel, später den etwa 1 km langen **Svandalsflonatunnel**.

Seit dem Haukelitunnel befinden wir uns in der **Provinz Hordaland** mit Bergen als Provinzhauptstadt. Hordalands wild zerklüftete Küste wird von den großen Fjorden Hardanger, Bjørna und Bømla maßgeblich geprägt.

Bald taucht unterhalb der E134 **Røldal** auf. Sehenswert ist neben dem kleinen Dorfmuseum die **Stabkirche von Røldal [WP 176 / N59° 49′ 51.2″ E6° 49′ 16.5″]** aus dem frühen 13. Jh. Im Inneren sieht man u. a. eine schön gearbeitete Kanzel und ein wundertätiges Pilgerkreuz über dem Chor.

Bei der Kirche liegen Reste eisenzeitlicher Hünengräber.

ROUTE: Hinter Røldal folgt die E134 ein Stück dem See Røldalsvatnet, um dann in Serpentinen über die ***Hordalia Bergstraße*** *hinauf ins Røldalsfjellet zu führen. Es bieten sich sehr schöne Ausblicke. Durch zwei Tunnels, 5 km und 2,5 km lang, gelangt man hinab ins Hochtal von* ***Seljestad****.*

Nach Seljestad passiert man das Wintersportgebiet bei ***Solfonn*** *und erreicht kurz darauf den Abzweig der Straße 13 bei* ***Skarsmo****.*

Achtung Routenalternativen!

In **Skarsmo** kann man sich entscheiden, ob man der weiter unten beschriebenen **Hauptroute** (E134) über Skånevik und Rosendal/Løffalstrand oder lieber der Route über **Odda** (R13) und das mautpflichtige **Folgefonntunnel** (R551) folgen möchte.

Auf letzterem Weg würde man eine Fährpassage (Skånevik – Utåker) einsparen, dafür aber schlagen die

PRAKTISCHE HINWEISE – RØLDAL

Røldal Turistinformasjon [N59° 49′ 57.12″ E6° 49′ 7.85″], Kyrkjevegen 27, 5760 Røldal, Tel. +47 53 64 20 23; www.roldal.no.

CAMPING

Camping Saltvold

Camping Saltvold [N59° 49′ 52.7″ E6° 49′ 15.4″], Kyrkevegen 31, Tel. +47 53 64 72 45; 1. Juni – 30. Sept.; im Ort Nähe Stabkirche; ca. 2 ha – 90 Stpl.; einf. Standardausstattung; Miethütten ** - *****.

Camping Røldal & Hyttegrend [N59° 49′ 50.8″ E6° 49′ 39.1″], Kyrkjevegen 49, Tel. +47 53 64 71 33; www.roldal-camping.no; 1. Jan. – 31. Dez.; Wiese nahe der Stabkriche; ca. 1 ha – 50 Stpl. + Dau.; Standardsanitärausstattung. Miethütten ** - *****.

Camping Skysstasjon Røldal [N59° 49′ 54.80″ E6° 49′ 4.66″], Kyrkjevegen 24, Tel. +47 53 64 73 85; www.skysstasjonen.no; 1. Jan. – 31. Dez.; ebene Wiese, Nähe Stabkirche; ca. 2 ha – 30 Stpl.; Standardsanitärausstattung. Miethütten ** - ****.

Camping Seim [N59° 49′ 46.63″ E6° 48′ 36.66″], Seimsvegen 35, Tel. +47 53 64 73 71; www.seimcamp.no; 1. Jan. – 31. Dez.; Zufahrt von der E134 südwestl. des Ortes; ca. 1,5 ha – 30 Stpl.; Miethütten * - ****. **V & E für Wohnmobile**.

HOTELS – SKÅNEVIK

Skånevik Fjordhotel, 51 Zi., Tel. +47 53 77 07 00; www.fjordhotellet.no; komfortables Mittelklassehotel in ansprechender Lage am Fjord; Restaurant, Terrasse, Garten, Sauna, Fahrradverleih, WLAN. Parkplatz.

CAMPING – KYRPING

Camping Kyrping [WP 177 / N59° 44' 41.9" E6° 6' 41.9"], Tel. +47 53 75 51 00; www.kyrping-camping.no; 1. Jan. – 31. Dez.; durch die wellige Geländeform mehrfach unterteilte Wiesen in reizvoller Lage am Åkrafjord, mit kleinen idyllischen Buchten zwischen Felsen, stark mit Dauercampern belegt; ca. 3 ha – 100 Stpl.; Standardsanitärausstattung; Laden, Imbiss im Sommer, Bootsverleih. Miethütten * - *****. **V & E für Wohnmobile.**

Mautgebühren für den Folgefonntunnel zu Buche. Ab Løffalstrand stößt man wieder auf die Hauptroute.

Mein Tipp! Wer sich für imposante Wasserfälle begeistern kann, sollte aber – auch wenn man sich für die Hautproute über Skånevik entscheidet – auf alle Fälle die wenigen Kilometer von Skarsmo auf der R13 nordwärts bis zum 170 m hohen Zwillingswasserfall **Låtefoss [N59° 56' 54.4" E6° 34' 58.5"]** fahren.

HAUPTROUTE

*ROUTE: Bei **Skarsmo** wendet sich die E134 nach Südwesten und folgt nun durch das **Sørdalen** und am **Åkrafjord** entlang rund 43 km nach Südwesten.*

Es ist eine sehr reizvolle Fahrt durch das **Sørdalen** entlang eines wilden Gebirgsbaches, der immer wieder durch tosende Wasserfälle auf sich aufmerksam macht.

Ab **Fjæra** zieht die Straße durch etliche Tunnels hoch über dem herrlichen **Åkrafjord** entlang.

Einige Kilometern südwestlich von Fjæra stürzt von der linken Bergflanke unübersehbar und unüberhörbar der gewaltige **Langfoss [Parkplatz, WP 178 / N59° 50' 48.55" E6° 20' 28.22"]** hinab zum Fjord. Insgesamt toben die Wasser des Falls in wilden Schleiern und Kaskaden über 600 m tief zu Tal. Nach längeren Regenfällen ist der Anblick besonders imposant.

Bei **Tjelmeland** kann man hinab nach **Kyrping** abzweigen, das schön am Åkrafjord liegt.

Imposant, der Wasserfall Låtefoss

ROUTE: *Wenige Kilometer südlich von* ***Tjelmeland*** *zweigt von der E134 bei Lauareide die R48 nach Westen ab. Ihr folgen wir und erreichen nach 14 km kurvenreicher Fahrt den* ***Fährhafen Skånevik*** *am gleichnamigen Fjord. Von hier verkehren Fähren nach Matre und nach* ***Utåker.*** *Die* ***Fähren nach Utåker*** *verkehren täglich zwischen ca. 7 und 22 Uhr bis zu 15 mal, Fahrtdauer rund 20 Minuten. Weiter ab Utåker auf der Straße 48 über* ***Sunde, Uskedal*** *und* ***Rosendal*** *zum* ***Fährhafen Årsnes.***

Sehenswert in **Rosendal** ist – neben der turmlosen **Kvinnherad Kirche** aus dem 13. Jh. – das **Renaissanceschloss „Baroniet" [N59° 59" 24.2" E6° 01' 47.7"]** *(geöffnet 13. Mai - 1. Juli + 14. Aug. - 3. Sept. 11 - 16 Uhr; 2. Juli - 13. Aug. 10 - 17 Uhr, stündliche Führungen; Gärten 9 - 19 Uhr; www.baroniet.no).* Der Adelssitz aus dem 17. Jh., dessen vier Gebäudeflügel sich um einen Innenhof gruppieren, liegt mitten in einem herrlichen, sehr gepflegten Park mit alten Bäumen und romantischen Wasserläufen. Schönes **Café mit Gartenterrasse.**

Herrlich ist die Landschaft am **Hardangerfjord** besonders im späten Frühling, wenn etwa Ende Mai die Obstbäume weiß und rosa blühen und die leuchtend grünen Wiesenhänge übersät sind mit gelbem Hahnenfuß und Löwenzahn. In eigentümlichem Kontrast stehen dann die noch schneebedeckten Bergkuppen, die sich im tiefblauen, klaren Wasser des Fjordes spiegeln. Unzählige Wasserfälle stürzen, weißen Schleiern gleich, von den Bergen. Nahezu 170 km weit erstreckt sich der Hardangerfjord mit seinen vielen Verzweigungen in das Land.

ROUTE: *In* ***Årsnes*** *nehmen wir die* ***Fähre nach Gjermundshamn.*** *Sie verkehrt täglich zwischen ca. 6 und 22 Uhr bis zu 13 mal, Fahrtdauer rund 25 Minuten.*

Mein Tipp! **Gespannfahrer** sollten für die Weiterreise ab Gjermundshamn den Weg südwestwärts über die Rv49 nach **Våge** in Betracht ziehen, um von dort die **Fähre nach Halhjem** (zwischen 5.40 Uhr, Sa ab 6.40 Uhr, So ab 8 Uhr und 21.45 Uhr bis 15 Abfahrten täglich, Fahrzeit ca. 40 Minuten) zu nehmen und über die E39 nach Bergen weiterzureisen. Grund für diese Überlegung ist das letzte, teils schmale Stück der R48 zwischen **Eikelandsosen** und **Tysse** kurz vor der Einmündung in die Rv7 und später E16.

ROUTE: *Von Gjermundshamn über die Rv48 nordwärts nach* ***Tysse*** *(49 km).*

PRAKTISCHE HINWEISE – ROSENDAL, USKEDAL

Kvinnherad/Rosendal Turistinformasjon [N59° 59' 13.09" E6° 0' 25.22"], 5470 Rosendal, im Zentrum, Skålafjæro, Tel. +47 53 48 42 80; www.visitsunnhordland.no. *Geöffnet Juni - Aug. tgl. 10 - 19 Uhr; übrige Zeit Mo - Fr 8 - 15.30 Uhr.*

HOTELS

Rosendal

Rosendal Fjordhotel, 95 Zi., Rosendalsvegen 46, Tel. +47 53 48 80 00; www.rosendal-fjordhotel.no; komfortables Mittelklassehotel, ansprechend am Fjord gelegen, Restaurant, Sauna, Fitnesszentrum, Garten, Tennis. WLAN. Parkplatz.

Rosendal Turisthotel, 14 Zi., Skålagata 17, Tel. +47 53 47 36 66; www.rosendalturisthotell.no; kleines, gemütliches Gasthaus aus dem späten 19. Jh., zentral gelegen, Restaurant.

CAMPING

Uskedal

Camping Rabben Feriesenter [N59° 55' 50.57" E5° 51' 26.63"], Tel. +47 40 84 73 87; www.rabbencamping.no; 1. Mai – 15. Sept.; Campingmöglichkeit bei der weißen Kirche, zwei ebene Wiesen am Storsundet; Standardsanitärausstattung. Kiosk, WLAN. Miethütten.

Ab Tysse erreicht man nach ca. 14 km die gut ausgebaute E16 (einige Tunnels, mautpflichtig) und über ***Ytre Arna*** *rasch die Stadt* ***Bergen [Turistinformasjon - N60° 23' 40.3" E5° 19' 26.4"]*** *(50 km).*

Bergen, die große alte Handels- und Hafenstadt an der norwegischen Westküste, zählt zu den reizvollsten und besuchenswertesten Städten Norwegens. Alleine schon die von Fjorden und Bergzügen geprägte Lage der Stadt machen sie zu einem anziehenden Reiseziel.

Bergen kann auf eine lange Geschichte zurückblicken, die seit eh und je von Seefahrt und Handel geprägt wird.

Schon 1070 legte hier König Olav Kyrre einen Hafen an. Bergen ist somit eine der ältesten Stadtgründungen Norwegens. Die günstige Lage des Hafens ließ ihn rasch an Bedeutung gewinnen und machte ihn schon früh zu einem einflussreichen Seehandelszentrum. Wie bedeutend Bergen damals schon war zeigt die Tatsache, daß die Stadt vom 12. bis ins 13. Jh. 200 Jahre lang Norwegens Hauptstadt war.

Im 14. Jh. nutzten hanseatische Kaufleute die günstige Lage der Stadt und trugen maßgeblich mit dazu bei, aus Bergen das größte Hafen- und Handelszentrum Skandinaviens zu machen. Längs des Hafens **Vågen** stehen an den Bryggen heute noch die spitzgiebeligen Handelshäuser aus der Hansezeit, die das Hafenviertel prägen. Das große Geld machten die hanseatischen „Pfeffersäcke" mit Salz, das sie mit ihren Koggen aus deutschen Landen anlandeten und dafür Fisch (Stockfisch), das traditionelle Freitagsessen gutgläubiger Christenmenschen, mit in die Hansestädte nahmen.

Zwar wurde Bergen 1702 von einer verheerenden Feuersbrunst fast vollständig zerstört, dennoch war die Stadt um 1800 nach wie vor die wohlhabendste und einflussreichste des Landes. Ein weiterer großer Stadtbrand veränderte 1916 abermals das Gesicht Bergens.

Heute ist Bergen immer noch bedeutende Handels- und Hafenstadt mit zunehmenden Aufgaben im Versorgungsbereich der norwegischen Off-Shore-Ölförderung. Es ist mit rund 272.000 Einwohnern die zweitgrößte Stadt Norwegens und es ist, mit viermal mehr Regen als im Landesdurchschnitt, die regenreichste Stadt des Landes.

Bergen ist aber auch eine Stadt mit einer lebendigen, langjährigen Kulturtradition. *Ole Bull*, der große Violinvirtuose, gründete hier das erste *Theater* Norwegens. Das städtische

Blick über die Hafenbucht auf Bergens historisches Stadtviertel Bryggen

Symphonieorchester kann auf eine über 200jährige Geschichte zurückblicken.

Einen Ruf, der über die Grenzen der Stadt hinaus reicht, hat das ehrwürdige, bereits 1765 gegründete *Bergen Filharmoniske Orkester*. Und längst haben die *Bergen Festspiele*, die jedes Jahr im Mai/Juni stattfinden, internationale Anerkennung gefunden.

Parken in der Innenstadt – Parken in der Innenstadt auf **Straßenparkplätzen** (meist mit Parkgebührautomaten) ist auch in Bergen ein großes Problem. Und selbst wenn man einen Straßenparkplatz findet, ist die Parkdauer oft so stark eingeschränkt, dass ein ausgedehnter Stadtspaziergang kaum möglich ist. Und es ist dringend anzuraten, die Parkdauer nicht zu überschreiten! Strafzettel können in Norwegen teuer werden.

Wohnmobilfahrern kann eigentlich nur empfohlen werden, das Fahrzeug auf dem Stellplatz an den **Bergenshallen [WP 186 / N60° 21' 15.91" E5° 21' 31.48"]**, Vilhelm Bjerknes vei 24 (geöffnet Anfang Juli bis Ende September, siehe weiter hinten) oder auf einem Campingplatz abzustellen (was Gespannfahrer auch tun sollten) und von dort mit öffentlichen Verkehrsmitteln zur Stadtbesichtigung aufzubrechen.

Wer mit seinem Pkw unterwegs ist, hat es etwas einfacher. Bergens größtes **Parkhaus ByGarasjen (24) [WP 179 / N60° 23' 17.29" E5° 19' 58.20"]**, Fjøsangerveien 4, Tel. +47 55 56 99 70; www.bergenparkering.no, ist täglich rund um die Uhr geöffnet und bietet 2.265 Parkplätze. Das gebührpflichtige Großparkhaus liegt in Zentrumsnähe (ca. 5 Min. bis Torget) am Busbahnhof und in Bahnhofsnähe.

Die Zufahrten in den Innenstadtbereich, der übrigens durch einen Tunnel unter dem Fløyen komplett umgangen werden kann, sind **mautpflichtig!** Automatisch-elektronische Erfassung durch scannen des Kennzeichens, Rechnung kommt per Post, falls man sich nicht bei AutoPASS registriert hat (siehe unter „Mit dem Auto durch Skandinavien - Norwegen - Straßenmaut in Norwegen").

Stadtspaziergang

Wir beginnen unseren **Stadtrundgang** im Zentrum Bergens an der Südwestseite des Torget am **Touristeninformationsbüro „Torghallen"(4) [N60° 23' 40.25" E5° 19' 26.41"]**, Strandkaien 3. Untergebracht ist die Touristeninformation in einem neuen, recht futuristisch anmutenden, langen, viereckigen Gebäude. Das gläserne Erdgeschoss des Gebäudes dient als einladende Fischmarkthalle. Hier können Sie sich Krabben, Hummer und Co. auch gleich fachmännisch zubereiten lassen und an Ort und Stelle genießen.

Die Infoschalter der Touristeninformation sind im Obergeschoss untergebracht. Von dort hat man einen schönen Blick auf den Stadthafen.

Wenn Sie vorhaben, viele Museen zu besichtigen und auf Ihrer Stadtbesichtigung ausgiebig die öffentlichen Verkehrsmittel benutzen wollen, sollten Sie über die Vorteile der **Bergen Karte** nachdenken. Man kann die Karte u. a. in der Touristeninformation kaufen (siehe auch unter „Praktische Hinweise" am Ende der Etappe).

Gleich rechts neben dem Touristeninformationsbüro erstreckt sich Bergens zentraler Marktplatz **Torget (1) [N60° 23' 41.5" E5° 19' 31.1"]** mit dem Seefahrtdenkmal von Dyre Vaa am Ostende des Hafenbeckens Vågen. Auf dem Torget findet werktags von 8 bis 15 Uhr ein lebhafter Markt statt. Aus dem ehemals üppig bestückten Fischmarkt ist heute mehr ein touristisch orientierter Trödlermarkt geworden. An den Torget schließt das Gebäudeensemble **Zachariasbryggen** an (Läden, Restaurants, Fischlokale).

Unweit südöstlich des neuen Touristeninformationsbüros „Torghallen" sieht man am Platz Vågsallmenningen den beachtenswerten repräsentativen Renaissancebau der ehemaligen Bergener Börse, die auch den Beinamen **Fresko-Halle (31) [N60° 23' 38.75" E5° 19' 32.32"]** trägt. Der Bau stammt aus der Mitte das 19. Jh. und ist im Inneren mit Fresken von Axel Revold (1887 – 1962) ausgemalt. Man erkennt drei

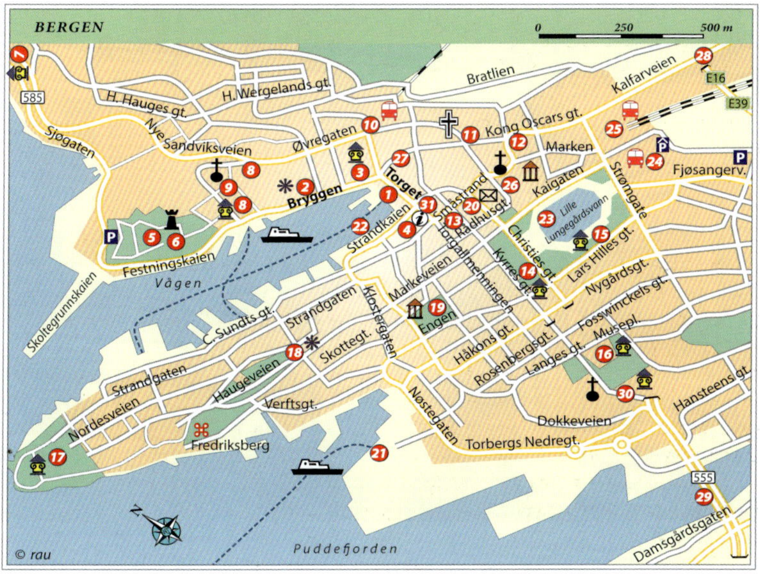

*BERGEN, Zentrum – **1** Torget, Marktplatz, Fischmarkt – **2** Bryggen – **3** Hanseatisches Museum – **4** Neu Markthalle, Touristeninformation – **5** Bergenhus Festung – **6** Håkonshalle, Rosenkrantzturm – **7** Fischereimuseum – **8** Bryggenmuseum u. Schøtstuene – **9** Marienkirche – **10** Standseilbahn auf den Fløyen – **11** Domkirche – **12** Lepramuseum – **13** Galleriet – **14** Kunstgewerbemuseum – **15** Städtisches Kunstmuseum, Bergener Kunstverein, Rasmus Meyers Sammlung – **16** Botanischer Garten, Naturhistorische Sammlung – **17** Aquarium – **18** Klosteret, Platz und alte Gassen – **19** Theater – **20** Post – **21** Hurtigruten Schiffe – **22** Strandkaiterminal, Hochgeschwindigkeitskatamarane nach Stavanger, Haugesund, zum Hardangerfjord, Sognefjord, Nordfjord – **23** Lille Lungegårdsvann – **24** Busbahnhof, Bergens Storsenter, Großparkhaus – **25** Bahnhof – **26** Rathaus – **27** Korskirken – **28** Ein-/Ausfahrt Fløyfjellstunnel – **29** Puddefjordsbroen – **30** Schifffahrtsmuseum, Kulturhistorisches Museum – **31** Fresko-Halle*

Hauptmotive: Nordland-Wand, Bergen-Wand und Welt-Wand.

Nur wenig weiter nordwärts kommt man zur markanten Holzhäuserzeile an den **Bryggen (2) [N60° 23' 45.0" E5° 19' 31.8"]**, früher auch Tyske Bryggen (Deutsche Brücke), an der Nordseite des Hafenbeckens Vågen. Hier war einstmals das Zentrum der Handelskontore der hanseatischen Kaufleute.

Prägend für das hiesige Stadtviertel und überaus fotogen sind die **Giebelfassaden der Holzhäuser** im Bryggenviertel. Viele der Gebäude stammen noch aus dem frühen 18. Jh. Hier lag das Zentrum des Warenumschlags, mit Speichern, Geschäften und den Zentralen der großen Handelshäuser der Hanse.

Schlendern Sie durch die schmalen Gassen, in denen sich heute kleine Boutiquen, Geschäfte und Restaurants (z. B. „Tracteursted" oder „Enhjørningen") angesiedelt haben.

Wenn Sie mehr über die Zeit der Hanse und ihre Kaufmannsgilden in Bergen erfahren wollen, sollten Sie nicht versäumen, das **Hanseatisk Museum**, das **Hanseatische Museum (3) [N60° 23' 44.7" E5° 19' 32.8"]** zu besuchen *(geöffnet 1. Mai - 31. Aug. Mo - Sa 11 - 16 Uhr, So 12 - 17 Uhr; 1. Sept. - 31. Okt. So 12-17 Uhr; Feb. - Apr. So 12 - 17 Uhr; Eintritt gilt auch für Schøtstuene; www.museumvest.no)*. Das Museum ist am Ostende der Bryggen im „Finnegården", einem der am besten erhaltenen Holzgebäude der Stadt, untergebracht und im Stil ei-

An den Bryggen in Bergen

nes Kaufmannskontors des 16. Jh. eingerichtet.

Wir gehen die Bryggen entlang nach Westen, vorbei an den malerischen Häuserfronten. Ein gutes Stück weiter erhebt sich die **Festung Bergenhus (5) [N60° 23′ 56.86″ E5° 19′ 7.41″].** Die Ursprünge dieser befestigten Königsresidenz gehen zurück ins frühe 12. Jh., als König Øystein Magnusson (1103 – 1122), ein Enkel des Stadtgründers Olav Kyrre, die Bedeutung des Handelsortes erkannte und seinen Lebensnerv, den Hafen, durch eine Festung sichern ließ.

Später wurde Bergenhus unter König Håkon Håkonsson Zug um Zug in eine befestigte, aus Stein errichtete Residenz verwandelt. Damals um 1250 entstand auch die **Håkonshalle (6)**, eine große Repräsentationshalle des mittelalterlichen norwegischen Königshauses, die 1261 anlässlich der Hochzeit und Krönung von König Magnus Håkonsson eingeweiht wurde *(geöffnet 15. Mai - 15. Sept. tgl. 10 - 16 Uhr; 16. Sept. - 14. Mai tgl. 12 - 15 Uhr, Führungen; www.bymuseet.no).*

Schließlich erhielt Bergenhus um 1560 unter dem Schlosshauptmann Erik Rosenkrantz eine ansprechende Fassade und der ehemals schlichte **Rosenkrantzturm** an der Südostseite der Burganlage wurde in einen repräsentativen Wohnturm mit etwas freundlicherer Renaissancefassade umgebaut *(geöffnet 15. Mai - 15. Sept. tgl. 9 - 16 Uhr, 16. Sept. - 14. Mai So 12 - 15 Uhr; www.bymuseet.no).*

Noch ein Stück weiter stadtauswärts kommt man zum **Norges Fiskerimuseum (7) [Parkmöglichkeit, WP 180 / N60° 24′ 29.6″ E5° 19′ 19.0″],** dem Norwegischen Fischereimuseum, in der Sandviksboder 20 - 24 *(geöffnet Juni - Aug. tgl. 10 - 18 Uhr; www.museumvest.no).* Das Museum gibt Einblick in die lange Geschichte der norwegischen Fischerei und Fischindustrie.

Von der Festung Bergenhus gehen wir wieder stadteinwärts, vorbei am Hotel Clarion Collection, und die Straße Dreggsalmenningen am Hotel Radisson Blue Royal nordwärts (links).

Gleich hinter dem Hotel findet man das besuchenswerte **Bryggens Museum (8) [N60° 23′ 53.59″ E5° 19′ 20.81″],** das sich mit der kulturhistorischen und archäologischen Seite des Bryggenviertels befasst. Historische Fundamentsreste, Ausstellungen zu Handel, Schifffahrt und Handwerk im Spätmittelalter, gemütliches Museumscafé *(geöffnet 15. Mai - 31. Aug. tgl. 10 - 16 Uhr; übrige Zeit Mo - Fr 11 - 15 Uhr, Sa + So 12 - 16 Uhr; www.bymuseet.no).*

Hinter dem Museum liegen in der Øvregaten 50 die **„Schøtstuene" (8)** mit alten Gesellschaftsräume und Festsälen aus der Hansezeit.

In unmittelbarer Nähe erheben sich die viereckigen Doppeltürme der **Marienkirche (9) [N60° 23' 56.3" E5° 19' 22.3"].** Die dreischiffige Basilika wurde im 12. Jh. im romanischen Stil errichtet und ist in großen Teilen aus jener Zeit nahezu unverändert erhalten geblieben *(geöffnet 29. Mai - 15 Sept. Mo - Fr 9 - 16 Uhr; übrige Zeit Di - Fr 11 - 12.30 Uhr)*

Die Marienkirche zählt zu den ältesten Bauwerken in Bergen. Der außen eher schlichte Kirchenbau birgt im Inneren einige bemerkenswerte Kunstschätze wie den dreiflügeligen **Altar**. Er stammt aus dem späten 15. Jh. und wird einem Handwerker aus Lübeck zugeschrieben.

Von größtem kunstgeschichtlichen Wert ist die **Barockkanzel** der Kirche. Sie besteht aus einem turmhohen, reich gegliederten Baldachin und der eigentlichen Kanzel. Dort sind in acht säulenbegrenzten Feldern die acht christlichen Kardinalstugenden, symbolisiert durch Frauengestalten mit Attributen, dargestellt. Zu ihnen zählen Glaube (mit Buch und Kreuz), Hoffnung (Taube und Anker) und Liebe (zwei Kinder).

Auf dem Boden der Kirche liegen alte Grabsteine aus dem 15. bis 17. Jh. von wohlhabenden deutschen Kaufleuten, Reedern und Kirchenmännern. Außerdem sind an den Wänden der Seitenschiffe Epitaphe (Erinnerungstafeln) an namhafte und verdiente Bürger der Stadt zu sehen.

Das große Triumphkreuz über dem Mauerbogen zum Chor wurde um 1550 von Mitgliedern der hanseatischen Kaufmannsgilde gestiftet.

Gehen Sie zurück bis Ecke Bryggen/ Torget und dort über die Vertlidsalmenningen nordwärts bis zur Øvregaten, dann stoßen Sie auf die Talstation der **Standseilbahn Fløibanen (10) [N60° 23' 46.9" E5° 19' 42.4"],** die auf den 320 m hohen **Fløyen** fährt. *Die Bahn (www.floibanen.no) verkehrt ganzjährig Mo - Fr 7.30 Uhr bis 23 Uhr, Sa + So 8 - 23 Uhr, jede halbe Stunde. Fahrzeit ca. 7 Minuten.* Inhaber der Bergen Karte können die Fløibanen gratis benutzen. Besonders bei klarem Wetter ist die Aussicht auf Stadt, Hafen und Umgebung den Abstecher wert. Auf dem Fløyen gibt es ein Restaurant und Spazierwege über die waldreichen Höhen.

Weiter südöstlich von der Talstation liegt in der Lille Øvregate die **Domkirche (11) [N60° 23' 38.1" E5° 19' 49.1"],** die Kathedrale von Bergen. Die ältesten Partien des Baus gehen zurück bis ins 12. Jh., Chor und Turm dagegen stammen aus dem 13. Jh. und sind im gotischen Stil errichtet.

Noch etwas weiter östlich, Richtung Bahnhof, findet man im St. Jørgens Hospital in der Kong Oscars Gate 59 das **Lepramuseum (12) [N60° 23' 30.1" E5° 19' 58.8"].** Es ist untergebracht in einem ehemaligen Hospital für Leprakranke *(geöffnet 15. Mai - 31. Aug. tgl. 11 - 15 Uhr; www.bymuseet.no)*. Das Museum befasst sich mit norwegischen Pionieren im Kampf gegen die Leprakrankheit, wie z. B. dem Arzt *Armauer Hansen*.

Man kann nun über die Kong Oscars gate zurück zum Torget gehen und passiert auf diesem Wege die **Korskirken (27) [N60° 23' 41.24" E5° 19' 41.40"]** (Kreuzkirche), ein Renaissancebau aus dem 17. Jh.

Wir halten uns links, gehen über den Torget (1) südwärts, passieren das **Kaufhaus Galleriet (13).**

Geht man nach dem Kaufhaus links durch die Rådhusgaten, erreicht man gleich darauf die Olav Kyrres Gate, der wir rechts (südwärts) folgen.

Schräg gegenüber vom Hotel Radisson Blue Norge liegt das **Vestlandske Kunstindustrimuseum**, das **Kunstgewerbemuseum (14),** Nordahl Brunsgate 9 *(geöffnet 15. Mai - 14. Sept. tgl. 11 - 17 Uhr; übrige Zeit Di - So 12 - 16 Uhr; www.kunstmuseene.no)*. Das Museum gibt Einblick in norwegisches und skandinavisches Kunsthandwerk, darunter Keramiken und Goldschmiedearbeiten. Man sieht aber auch schöne Antiquitäten aus Europa und Übersee. Sehenswert auch die Abteilung über chinesische Kunst.

Wenn Sie vom Kunstgewerbemuseum weiter nach Osten gehen und die Christies gate überqueren, gelangen Sie in die Rasmus Meyers Alleé. Dort finden Sie eines der interessantesten Museen der Stadt, das **Städtische Kunstmuseum „Bergen Billedgalleri" (15) [N60° 23' 23.98" E5° 19' 31.95"]** mit der **Stenersens Sammlung** *(geöffnet tgl. 11 - 17 Uhr, Winterhalbjahr Mo geschlossen; www.kunstmuseene.no)*. Neben dem Städtischen Kunstmuseum liegt das Haus des **Bergener Kunstvereins [N60° 23' 23.15" E5° 19' 35.74"]** (wechselnde Ausstellungen zeitgenössischer Kunst, *geöffnet wie Städtisches Kunstmuseum, s. o)*.

Ein kurzes Stück weiter ist die **Rasmus Meyers Sammlung [N60° 23' 22.51" E5° 19' 39.43"]** (norwegische Maler und Künstler aus dem 18. Jh. und bis um 1915) untergebracht *(geöffnet wie Städtisches Kunstmuseum, s. o)*. Breiten Raum nimmt eine Sammlung mit Werken von Edvard Munch ein. Außerdem sieht man Werke von J. C. Dahl, Tidemand, Gude, Chr. Krogh oder Harriet Backer.

Die Reihe der Museen an der Rasmus Meyers allé schließt schließlich das **Bergen Kunstmuseum im Lysverket-Bau [N60° 23' 21.81" E5° 19' 43.87"]** ab *(geöffnet wie Städtisches Kunstmuseum, s. o)*. Die städtische Galerie zeigt Kunst vom 15. Jh. bis in die Gegenwart. U. a. sieht man niederländische Barockmeister oder russische Ikonenmalerei. Besondere Aufmerksamkeit verdient die Stenersens Sammlung mit Werken moderner Künstler wie Edvard Munch, Paul Klee (Nordeuropas größte Paul Klee Sammlung!) oder Pablo Picasso.

Im südlichen Stadtteil Sydneshaugen findet man am Haakon Sheteligs plass auf dem Universitätsgelände neben dem **Botanischen Garten** noch drei Museen:

Das **Naturhistorische Museum „De Naturhistoriske Samlinger" (16) [N60° 23' 16.1" E5° 19' 18.1"]**, Muséplass 3, präsentiert botanische, geologische und zoologische Sammlungen *(geöffnet wie Kulturhist. Museum, s. u)*.

Am Südrand des Botanischen Gartens liegt am Haakon Sheteligs plass 10 das **Kulturhistorische Museum (30) „De Kulturhistoriske Samlinger" [N60° 23' 12.86" E5° 19' 12.85"]** *(geöffnet 1. Juni - 31. Aug. Di - Fr 10 - 16 Uhr, Sa + So 11 - 16 Uhr, 1. Sept. - 31. Mai Di - Fr 10 - 15 Uhr, Sa + So 11- 16 Uhren; Eintritt gilt am gleichen Tag auch für Naturhist. Museum)*. Das Kulturhistorische Museum der Stadt zeigt u.. a. Sammlungen aus Westnorwegen, aus dem Altertum, dem Mittelalter und der Neuzeit, außerdem archäologische Funde.

Das Sjøfartsmuseet (30) [N60° 23' 13.1" E5° 19' 9.23"], Haakon Sheteligs plass 15 *(geöffnet Juni -- Aug. Mo - Fr 10 - 16 Uhr, Sa + So 11 - 16 Uhr; Sept. - Mai tgl. 11 - 15 Uhr; www.bsj.uib.no)*. Das Schifffahrtsmuseum dokumentiert die Entwicklung der langen Seefahrtgeschichte Bergens.

Auf der Landzunge **Nordnes**, ganz am Nordwestrand der Stadt, liegt das **Bergen Aquarium (17) [Parkmöglichkeit, WP 181 / N60° 24' 0.1" E5° 18' 16.9"]**, Nordnesbakken 4 *(geöffnet Mai - Aug. tgl. 9 - 18 Uhr, Fütterungszeiten 11, 12, 13, 14, 15 17 Uhr, Sept. - Apr. tgl. 10 - 16 Uhr, Do, Sa + So bis 18 Uhr; sonst tgl. 10 - 18 Uhr; Fütterungszeiten 12 + 15 Uhr; www.akvariet.no)*. Man erreicht das Aquarium mit Bussen der Linie 11 ab Stadtzentrum. Zu Fuß gehen Sie ab Stadtmitte etwa 20 Minuten. Das Aquarium zählt zu den modernsten seiner Art in Nordeuropa.

Der Rückweg in die Stadt sollte Sie über die Straße Haugeveien und den Klosterberg **Klosteret (18) [N60° 23' 41.6" E5° 18' 57.4"]** führen, einen überaus hübschen kleinen Platz, der umgeben ist von schönen alten Häusern.

Lohnend ist ein Besuch in **Gamle Bergen [begrenzte Parkmöglichkeit, N60° 25' 05.8" E5° 18' 36.5"]**, einem Freilichtmuseum, das im Stadtteil **Sandviken**, Nyhavnsveien 4, nordwestlich vom Zentrum liegt *(geöffnet 2. Mai - 14. Mai + 1. Sept. - 17. Sept. tgl. 10 - 15 Uhr, 15. Mai - 31. Aug. 9 - 16 Uhr; www.bymuseet.no)*. In „Alt Bergen" mit seinen urigen Pflasterstraßen wurden etwa 40 alte, für das alte Stadtbild Bergens typische Holzhäuser wieder aufgebaut und im Stil des 18. und 19. Jh. eingerichtet. U. a. sieht man Stadtwohnungen des gehobenen Bürgertums, Läden und Werkstätten. Das Innere der Häuser kann nur auf Führungen besichtigt werden. Es gibt ein Restaurant.

Ausflüge ab Bergen

Die **Fantoft Stabkirche [Nähe Stabkirche - N60° 20' 26.4" E5° 21' 15.2"]** *(geöffnet 15. Mai - 15. Sept. tgl. 10.30 - 18 Uhr)* stammte ursprünglich aus der Mitte des 12. Jh. Sie war eine der wenigen noch komplett erhaltenen Kirchen dieser Art in Norwegen aus der Mitte des 12. Jh. 1992 brannte die Kirche bis auf die Grundmauern nieder, ist aber längst nach alten Plänen und unter Verwendung historischer Materialien wieder originalgetreu rekonstruiert worden.

Die Stabkirche liegt etwa 5 km südlich von Bergen im Stadtteil Paradis, Abzweig von der E39.

Ein Stück weiter südwestlich auf dem Weg nach Troldhaugen kann **Gamlehaugen [N60° 20' 37.11" E5° 20' 18.24"]**, die Residenz des norwegischen Königs bei seinen Besuchen in Bergen, besichtigt werden *(geöffnet 1. Juni - 31. Aug. Mi, Do, Fr + So Führungen von 45 MIn. Dauer 12, 13+ 14 Uhr; www.gamlehaugen.no)*. Das Anwesen ist während Besuchen des Königs für die Öffentlichkeit allerdings geschlossen. Der Park der Residenz ist ganzjährig und unentgeltlich zugänglich.

Troldhaugen [Parkplatz, WP 182 / N60° 19' 23.24" E5° 20' 3.22"], ehemaliger Wohnsitz des Komponisten *Edvard Grieg*, liegt etwa 10 km südlich vom Stadtzentrum. Man verlässt die E39 Richtung Nestun und zweigt bei Hop nach Troldhaugen ab. Vom Parkplatz 5 Minuten Fußweg zum Grieghaus *(geöffnet Mai - Sept. tgl. 9 - 18 Uhr; Okt. - Apr. tgl. 10 - 16 Uhr; Juni, Juli + Aug. täglich Konzerte um 13 Uhr; www.troldhaugen.com)*.

Grieg ließ sich Troldhaugen 1885 bauen und wohnte dort mit seiner Frau 22 Jahre lang bis zu seinem Tod. Das kleine gemütliche Holzhaus liegt mitten in einem wunderschönen Park oberhalb des Fjords. Das Innere des Hauses ist mit altem Mobiliar ausgestattet. Im Park sind Edvard Grieg und seine Frau Nina beigesetzt.

Edvard Grieg (1843 – 1907) ist Norwegens weltberühmter Komponist. Seine oft von Volksweisen inspirierten Kompositionen, sein Klavierkonzert in a-moll, Opus 16, das einzige Klavierkonzert übrigens das Grieg schrieb, und natürlich die Musik zu Ibsens Peer Gynt, zeu-

In Gamle Bergen

gen nicht nur von seinem musikalischen Genie, sondern auch von einer innigen Verbundenheit mit der norwegischen Landschaft.

Mit einer Schwebeseilbahn ist der 642 m hohe **Ulriken** zu erreichen, gute Wandermöglichkeiten, ganzjährig geöffnetes Café. Die **Talstation [Parkmöglichkeit, WP 183 / N60° 22' 26.17" E5° 21' 48.54"]** liegt südöstlich der Stadt, beschilderter Abzweig von der E39, die Bergstation in 607 m Höhe. Die Seilbahn auf den Ulriken verkehrt von Mai bis Sept. regelmäßig zwischen 9 und 21 Uhr alle 30 Minuten, im Winter bis Sonnenuntergang.

Westlich der Bergener Innenstadt liegt im **Stadtteil Laksevåg** (Strasse 582), Alléen Nr. 26, das herrschaftliche Anwesen **Damsgård [Parkmöglichkeit, WP 184 / N60° 22' 59.54" E5° 18' 4.59"]** *(geöffnet Juni - Aug. tgl. 12 - 16 Uhr, im Sommer Führungen um 12 + 14 Uhr, So auch 13 Uhr; www.bymuseet.no)*. Den noblen Landsitz hat sich im 18. Jh. ein wohlhabender „Generalkrigskommisær" namens Gyldenkrantz errichten lassen.

PRAKTISCHE HINWEISE - BERGEN

Bergen Turistinformasjon [N60° 23' 40.25" E5° 19' 26.41"], „Torghallen", Strandkaien 3, neben Fischmarkt, N-5012 Bergen, Tel. +47 55 55 20 00; www.visitbergen.com/de/. *Geöffnet Juni, Juli + Aug. 8.30 - 22 Uhr; Mai + Sept. tgl. 9 - 20 Uhr; übrige Jahreszeit Mo - Sa 9 - 16 Uhr).*

Mit der **Bergen Card** erhalten Sie Vergünstigungen bei diversen Einrichtungen Bergens wie Museen oder öffentlichen Verkehrsmittel während Ihres Stadtbesuches. Die Karte ist für einen Gültigkeitszeitraum von 24 Stunden (240 NOK/25 €), von 48 Stunden (310 NOK/32€) oder von 72 Stunden (380 NOK/41€) zu haben; www.visitbergen.com/bergen-card).

RESTAURANTS

Bryggen Tracteursted, Bryggestredet 2, Mai - Sept. 10 - 23 Uhr, Okt. - Apr. 17 - 23 Uhr, Tel. +47 55 33 69 99; www.bryggentracteursted.no; das „älteste Wirtshaus Norwegens", in einem historischen Hansehaus in Bryggen, rustikales Ambiente, gute norwegische Küche, teuer, stark frequentiert. Tischreservierung empfehlenswert.

Bryggeloftet, Bryggen 11, Tel. +47 55 30 20 70; www.bryggeloftet.no; gemütliches Ambiente, Blick auf den Hafen, gute Küche, Fischspezialitäten, teuer.

Enhjørningen, Bryggen 29, Tel. +47 55 30 69 50; in einem im Stil eines Hansehauses des 17. Jh. rekonstruierten Gebäude im Bryggen-Viertel, gepflegtes Fischrestaurant, im Sommer tgl. 16 - 23 Uhr, Tischreservierung ratsam.

HOTELS

Augustin, 110 Zi., C. Sundtsgate 22 - 24, Tel. +47 55 30 40 00; www.augustin.no/en/; gepflegtes Haus der mittleren Preisklasse, zentral, in Gehnähe zum Torget, Restaurant, Fitnesscenter, WLAN. Öffentliche Parkmöglichkeit. Keine Haustiere erlaubt.

Scandic Hotel Neptun, 105 Zi., Valkendorfsgate 8, Tel. +47 55 30 68 00; www.scandichotels.com/hotelsuche/norwegen/bergen/scandic-neptun/; Stadthotel in zentraler Lage, mittlere Preislage; teils mit Gemälden norwegischer Künstler ausgestattet, empfehlenswertes Restaurant „Pascal Mat og Vin", WLAN. Tiefgarage.

Thon Hotel Orion, 219 Zi., Bradbenken 3, Tel. +47 55 30 87 00; www.thonhotels.no/; gehobene Preisklasse, beim Rosenkrantzturm gelegen, Fitnesscenter, WLAN. Keine Haustiere erlaubt.

CAMPING

Haukeland bei Bergen

Camping Bratland [N60° 21′ 06.1″ E5° 26′ 06.0″], Bratlandsveien 6, Tel. +47 55 10 13 38; www.bratlandcamping.no; 1. Mai – 15. Sept.; ca. 15 km östl. Bergen; kleinere Anlage, geschotterterte Fläche und Wiesenstreifen an der Straße 580. Standardsanitärausstattung. Laden WLAN. **V & E für Wohnmobile.** Miethütten ** - *****.

Camping Lone [WP 185 / N60° 22′ 26.3″ E5° 27′ 25.36″], Haukeland, Hardangerveien 697, Tel. +47 55 39 29 60; www.lonecamping.no; Anf. Jan. – Mitte Dez.; ca. 20 km östl. Bergen an der Straße 580; drei große, geschotterte Flächen für Caravans und Wohnmobile mit Stromanschluss, sowie ebene Wiesen, zwischen SHELL-Tankstelle und einem See gelegen, in landschaftlich reizvoller Lage; ca. 4 ha – 200 Stpl.; zeitgemäße Sanitäreinrichtungen. Bootsverleih, WLAN auf Teilen des Platzes, Internetecke. **V & E für Wohnmobile**; Miethütten ** - ****. Größter Platz östlich von Bergen, stark frequentiert.

Breitstein bei Bergen

Camping Bergen Campingpark [N60° 29′ 7.51″ E5° 22′ 56.50″], Travparkvegen 65; 5111 Breistein, Tel. +47 55 24 88 08; www.bcp.no; Jan. - Dez.; ca. 15 km nordöstlich der Innenstadt von Bergen, Zufahrt von der E39 Richtung Knarvik und Abzweig zur Travbane; neue Einfahrt über die Nordre Brurås 26; Dauercamper- und Hüttensiedlung, die auch Touristen aufnimmt, neben der Trabrennbahn; ca. 1,5 ha – 35 Stpl für Touristen (Wohnmobile und Caravans), plus 10 Stpl. für Zelte; Standardsanitärausstattung; Miethütten; Motel mit 12 Zi.; Cafeteria.

WOHNMOBIL-STELLPLATZ

Wohnmobil-Stellplatz Bergenshallen [WP 186 / N60° 21′ 15.91″ E5° 21′ 31.48″], Vilhelm Bjerknes vei 24. – Zufahrt/Lage: Der einfache Platz liegt ca. 5 km südlich des Stadtzentrums von Bergen vor der Eissporthalle Bergenshallen, zu erreichen über die Straße 582 (Bergen Zentrum - Nesttun). **Geöffnet:** Von Anfang Mai bis Ende August, 24 Stunden täglich zugänglich, Aufenthalt max. 72 Stunden. **Gebühr:** Pauschale inkl. Ver- und Entsorgung und Strom, Parkscheinautomat. **Ausstattung:** 28 Stellplätze auf Asphalt, für große Fahrzeuge über 8 m etwas beengt. Keine Toiletten und Duschen. Einige Stromanschlüsse. Trinkwasser. Grauwasserentsorgung möglich, aber umständlich. Supermarkt „Sletten senter“ und Straßenbahnhaltestelle „Sletten“ (fährt 6 x pro Stunde, NOK 29 pro Person, ist im Bergenpass enthalten) in der Nähe.

TOUR 13: BERGEN – VOSS

Länge der Tour:	Rund 180 km, ohne Abstecher.
Die Route:	Über die E16 bis **Trengereid** – R7 bis **Granvin** – R13 bis **Voss**.
Reisedauer:	Mindestens ein Tag. Direkter Weg auf der E16 und über **Dale** höchstens ein halber Tag.
Höhepunkte:	Der **Steinsdalsfossen** * in Fossatun – die Fahrt entlang des **Hardangerfjords** ** – die **Fahrt über das Fjell** nach Voss.

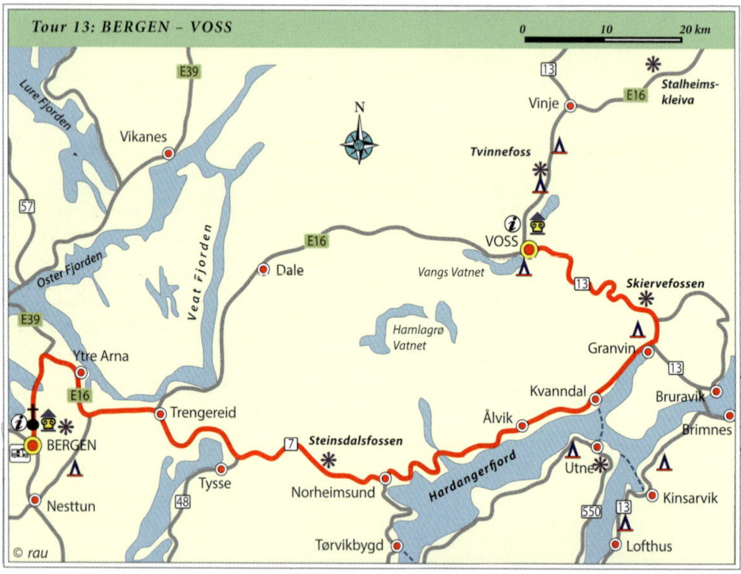

***ROUTE:** Auf der E39/R585 über **Paradis** (Fantoft Stabkirche), **Hop** (Abzweig zum Grieg Haus) zunächst südwärts bis **Nesttun**. Ab Nesttun dann auf der R580 nordwärts über **Haukeland** und **Espeland** bis **Indre Arna** an der E16. Der E16 folgen wir ein kurzes Stück ostwärts bis **Trengereid**. Ab Trengereid nehmen wir die Straße R7, die ostwärts über **Norheimsund**, **Ålvik** und **Kvanndal** nach **Granvin** führt (rund 140 km).*

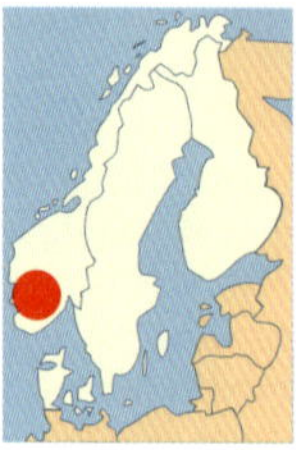

Abkürzende, schnelle Alternativroute

***ALTERNATIVROUTE:** Ab Bergen bis zur E16 bei **Trengereid** (wie Hauptroute). Ab Trengereid bleibt man aber auf der E16, die nordostwärts nach **Voss** führt (rund 100 km).*

Die bestens ausgebaute E16 führt durch reizvolle Landschaft, besonders zwischen **Dale** und **Voss**. Durch die zahlreichen Tunnels ist die Strecke zwar relativ rasch zu bewältigen (reine Fahrzeit eine gute Stunde bis Voss), dafür sieht man aber von der Landschaft weniger.

Details über Voss finden Sie weiter hinten auf dieser Tour.

HAUPTROUTE

ROUTE:** Unsere **Hauptroute** folgt ab **Trengereid** der R7, die bei **Haga/Tysse

CAMPING

Bei Granvin

Camping Espelandsdalen [N60° 35' 31.5" E6° 48' 22.0"], Tel. +47 56 52 51 67; www.espelandsdalencamping.no; 1. Mai – 1. Sept.; von der Rv13 ab auf die Rv572, 7 km Richtung Ulvik; kleiner Platz am See Espelandsvatnet; Miethütten * - **.

Camping Flatlandsmo [N60° 35' 37.59" E6° 34' 59.88"], Flatlandsmoen 6, Tel. +47 56 51 78 08; www.flatlandsmo.no; Jan. – Dez.; an der Rv13, etwa auf halbem Wege zwischen Granvin und Voss; Wiesen am See Monsvatnet; ca. 2,5 ha – 80 Stpl.; Standardsanitärausstattung; Kiosk, Miethütten ** - ***, Gästehaus.

Øvre Eidfjord

Camping Sæbø [WP 187 / N60° 25' 33.1" E7° 07'16.0"], Tel. +47 53 66 59 27; www.saebocamping.com; 1. Mai – 20. Sept.; Zufahrt von der Rv7, Wiesengelände in schöner Lage am Eidfjordvatnet; ca. 2,5 ha – 100 Stpl. + Dau.; Standardsanitärausstattung. **V & E für Wohnmobile**; Miethütten ** - ****.

die Fjordküste verlässt und durch ein enger werdendes Tal und durch Tunnels hinauf auf das **Hochplateau Kvamskogen** *(Ski- und Wandergebiet mit Hütten und Liften, NAF Kro & Camping) führt. Es ist eine sehr reizvolle Fahrt!*

Weiter westlich, vor der Fahrt hinab in die **Schlucht Tokagjelet** (Tunnels), bieten sich schöne Ausblicke nach Südosten zum Gletscher Folgefonn.

Im Tal sollte man in **Fossatun** links der Straße auf den wilden Wasserfall **Steinsdalsfossen [Parkplatz, WP 188 / N60° 22' 12.3" E6° 06' 23.0"]** achten. Ein Fußweg führt hinter dem Wasservorhang hindurch. Nahebei ein Café.

ROUTE: In ***Norheimsund*** *stößt die Straße wieder auf den Hardangerfjord, an dem sich die Rv7 kurvenreich und teils etwas schmal entlang schlängelt. Über* ***Ålvik*** *erreicht man die* ***Fährstation Kvanndal****.*

Ab Kvanndal – noch bis 1945 war der Ort ohne Straßenverbindung – verkehren Fähren nach ***Utne*** *(Hardanger Folkemuseum, Camping Lothe og Badeplass) sowie nach* ***Kinsarvik****.*

Weiterreise von Kvanndal auf der R7 bis ***Granvin****.*

Der Steinsdalsfossen

Abstecher zum Vöringfoss

*ROUTE: In **Granvin** (Freilichtmuseum, Touristkontor, nur im Sommer geöffnet; www.granvin.kommune.no/) südostwärts und durch das 7,5 km lange **Vallavik Tunnel,** die anschließende **Hardangerbrücke** und ein weiteres Tunnelsystem auf der Rv7 (Kreisverkehr im Tunnel) ostwärts nach **Eidfjord.***

*Von Eidfjord auf der Rv7 ostwärts über **Øvre Eidfjord** und auf schon im 17. Jh. bekannter Straßentrasse (Infotafeln an den Rastplätzen) kurvenreich durch das imposante **Måbødalen** und durch mehrere Tunnels hinauf auf die Hochebene der **Hardangervidda**. Sehr schöne Fahrt!*

Am Ostrand von **Øvre Eidfjord** liegt unmittelbar an der Straße Rv7 das moderne Museumsgebäude des **Hardangervidda Naturzentrums [Parkplatz, WP 189 / N60° 25' 22.82" E7° 8' 3.40"]** *(geöffnet 1. Apr. - 31. Okt. tgl. 10 - 18 Uhr, im Sommer 9 - 20 Uhr; www.hardangervidda.org)*. Die Ausstellungen geben Einblick in Natur, Kultur, Fauna und Flora der Hardangervidda, die angrenzenden Täler und Gletscher. Sehr sehenswert: Ein 225° Panoramafilm.

Oben auf der Hardangervidda bei **Fossli** (Parkplatz, Cafeteria, Ausflugstram „Troll-Tram") donnert der imposante **Wasserfall Vøringsfoss [Parkplatz, WP 190 / N60° 25' 32.31" E7° 14' 47.29"]** fast 150 m senkrecht in dunkle, kaum einsehbare Tiefen.

Volkstanz im Freilichtmuseum von Voss

Umweg über Ulvik

Wer auf der Suche nach schönen Wandergebieten ist, fährt von Granvin bis **Bruravik** und dort nordwärts nach **Ulvik**, einem viel besuchten und hübsch am Ulvikfjord gelegenen Sommerferienort *(Camping Ulvik Fjordcamping* [N60° 33' 53.81" E6° 54' 26.86"], Ende Mai – Ende September).

HAUPTROUTE

*ROUTE: Im weiteren Verlauf unserer Route **von Granvin nach Voss** führt die Straße 13 am Ostufer des dunklen Granvinvatnet vorbei. **Granvin Kirche** aus dem 18. Jh.*

Wenige Kilometer weiter beginnt eine sehr **schöne Passfahrt**, die in engen, übereinander liegenden Serpentinen angesichts des tosenden **Wasserfalls Skjervefossen** bergan führt. Immer wieder schöne Ausblicke zurück und hinab ins Tal.

Voss in der *Provinz Hordaland*, eine Kleinstadt mit ca. 7.000 Einw. (Großgemeinde ca. 14.000 Einw.), ist wichtiger Verkehrsknotenpunkt an der E16, mit Bahnanschluss (Bergen – Myrdal – Oslo).

Dank seiner günstigen Lage zwischen dem Hardangerfjord im Süden und dem Sognefjord im Norden hat sich Voss zu einem wichtigen Fremdenverkehrsort und bedeutenden Wintersportgebiet entwickelt. Darü-berhinaus bietet sich die Stadt als günstiger Ausgangspunkt für Ausflüge zum Nærøyfjord und zur berühmten Flåmbahn an.

Voss ist aber auch Sitz der Ole Bull Akademie, die als wichtiges Zentrum für Volksmusik in Norwegen fungiert.

Voss, eine vergleichsweise alte

Siedlung, wurde im 2. Weltkrieg allerdings durch Bombenangriffe stark in Mitleidenschaft gezogen, so dass das Straßenbild heute von modernen Bauten geprägt wird. Lediglich die **Kirche von Voss [N60° 37' 43.37" E6° 24' 57.77"]** aus dem 13. Jh. in der Stadtmitte ist unversehrt und nahezu unverändert erhalten geblieben. Im Inneren sind Stilelemente der Renaissance (Kanzel) zu sehen.

Empfehlenswert ist ein Besuch des **Folkemuseums Voss** im **Museumshofs Mølstertunet [N60° 38' 01.1" E6° 24' 48.3"]** *(geöffnet Mitte Mai - 31. Aug. tgl. 10 - 17 Uhr; 1. Sept. - Mitte Mai Mo - Fr 10 - 15 Uhr, So 12 - 15 Uhr; www.vossfolkemuseum.no)*. Das Freilichtmuseum liegt nördlich der Stadt in schöner Hanglage. Mølstertunet besteht aus 16 alten Gebäuden. Die ältesten stammen aus dem 16. Jh. Der Hof war bis 1927 bewirtschaftet.

Im westlichen Stadtbereich liegt nördlich der Straße E16/R13 **Finnesloftet [N60° 37' 38.12" E6° 23' 44.56"]** *(geöffnet Ende Juni - 15. Aug. tgl. 10 - 16 Uhr)*, ein beeindruckendes altes Holzgebäude, das 1250 als Gildehaus oder adeliger Bankettsaal errichtet wurde und aus jener Zeit unverändert erhalten geblieben ist. Es zählt zu den größten nicht sakralen Holzbauten in Norwegen.

Prächtige Ausblicke auf die Landschaft um Voss genießt man vom 660 m hohen Aussichtspunkt auf dem **Hangursfjell** (Restaurant). Von der Talstation nordwestlich vom Stadtzentrum bringt Sie eine Kabinenseilbahn in nur vier Minuten hinauf zum Aussichtspunkt. Die Bahn verkehrt im Sommer täglich zwischen 11 und 17 Uhr alle 15 Minuten. Im Juli verkehrt ein Sessellift weiter bis in 800 m Höhe.

Oben auf dem Hangursfjell bieten sich vielfältige Wandermöglichkeiten. Wanderkarten gibt es in den Sportgeschäften in Voss.

PRAKTISCHE HINWEISE – VOSS

Voss Turisteninformasjon [N60° 37' 40.59" E6° 25' 9.76"], Skulegata 14, 5701 Voss, Tel. +47 40 61 77 00; www.visitvoss.no. *Geöffnet Juni - Aug. Mo - Fr 8 - 19 Uhr, Sa 9 - 19 Uhr, So 12 - 19 Uhr, übrige Zeit Mo - Fr 8.30 - 16 Uhr, Sa 9 - 15 Uhr.*

HOTELS

Fleischer's, 115 Zi., Evangervegen 13, Tel. +47 56 52 05 00; www.fleischers.no; komfortables, traditionsreiches Firstclass Hotel, Haupthaus in einem historischen Gebäude aus dem 19. Jh., Restaurant, Sauna, Schwimmbad, Tennis, Hotelterrasse, WLAN. Öffentliche Parkmöglichkeiten.

Park Hotel Vossevangen, 131 Zi., Uttragata 1 - 3, Tel. +47 56 53 10 00; www.parkvoss.no; gepflegtes, komfortables Firstclass Hotel mit entsprechenden Preisen, größtes Haus am Platz, zentral gelegen, Restaurant, Café, Nachtclub, Piano-Bar, WLAN. Parkplatz.

CAMPING

Camping Voss [N60° 37' 29.4" E6° 25' 20.6"], Tel. +47 56 51 15 97; www.vosscamping.no; Mitte Mai – 30. Sept.; im Ort von der E16 (Voss – Dale) beschilderter Abzweig; teils im Föhrenwald; ansprechende Lage mit Blick auf See und Berge; ca. 2 ha – 50 Stpl.; Standardsanitärausstattung; WLAN auf Teilen des Platzes, Internetecke. Miethütten; beheiztes Freibad nebenan.

Der Campingplatz in Voss wird besonders in den Ferienmonaten stark frequentiert! Wem das Gedränge hier dann zu groß wird, kann auf kleinere, etwas einfachere, aber mindestens genau so schön gelegene Plätze an der Straße E16 nach Gudvangen ausweichen (z. B. **Camping Tvinde [N60° 43' 33.1" E6° 29' 21.1"]**, ganzjährig, Miethütten, kleiner Platz unterhalb des vielbesuchten geräuschvollen Wasserfalls Tvindefossen, sowie **Camping Taulen [N60° 45' 09.1" E6° 30' 02.7"]**, sehr einfacher Platz, ca. 10 km nördl. Voss wunderschön an einem rauschenden Wildbach unterhalb eines bewaldeten Berges gelegen).

TOUR 14: VOSS – LÆRDAL – LOEN

Länge der Tour: Rund 290 km + Fähre Fodnes – Mannheller.

Die Route: E16 über **Vinje** bis **Gudvangen** – R50 über **Flåm** nach **Aurland** – Höhenstraße über **Horndalen** oder durch das längste Tunnel der Welt nach **Lærdal** – R5 über **Kaupanger, Sogndal** und **Færland** nach **Skei** – E39 bis **Byrkjelo** – R60 nach **Loen**.

Alternativroute: Mit der Fähre durch den **Nærøyfjord**.

Abstecher: Zur **Hopperstad Stabkirche** bei Vik. Zur **Borgund Stabkirche** bei Lærdal. Zum **Briksdalsgletscher** bei Olden.

Reisedauer: Mindestens zwei Tage, ohne Fahrt mit der Flåmbahn und ohne Abstecher/Wanderungen.

Höhepunkte: Die **Hopperstad Stabkirche** *** – die Serpentinenstraße **Stalheimskleiva** * – eine Schifffahrt durch den **Nærøyfjord** *** – eine Fahrt mit der **Flåmbahn** ** – der Blick auf den **Aurlandsfjord** *** – Fahrt über die Hochfläche des **Horndalen** * – das **Lærdaltunnel** ***, das längste Tunnel der Welt *** – die **Borgund Stabkriche** *** – das **Norsk Bremuseum** * bei Fjærland – Wanderung zum **Briksdalsgletscher** ***.

*ROUTE: Von Voss über die E16/ R13 nordwärts zunächst bis **Vinje** und weiter auf der E16 über **Stalheim** und durch das **Nærøytal** zum Fährhafen **Gudvangen** (46 km).*

Nach gut 10 km sieht man linkerhand den **Tvindefoss** rund 150 m tief zu Tal stürzen (Parkplatz, Kiosk). Direkt unterhalb des Wasserfalls liegt der relativ kleine **Campingplatz Tvinde [N60° 43' 33.1" E6° 29' 21.1"]**, (1. Jan. - 31. Dez., ca. 40 Stpl., 21 Miethütten; www.tvinde.no). Wenige Kilometer weiter liegt der sehr einfache **Campingplatz Taulen [N60° 45' 09.1" E6° 30' 02.7"]**.

Alternativroute

Alternativ zu unserer Hauptroute über Gudvangen kann man ab **Vinje [N60° 47' 30.1" E6° 30' 30.7"]** aber auch der R13 nordwärts folgen (Wintersperre Nov. - Mai). Nach 48 km erreicht man **Vik/Viksøyri (Camping Vik ** [N61° 5' 19.4" E6° 34' 42.3"]**, Mitte Mai - Ende Sept., 8 Miethütten, V&E).

Wenige Kilometer westlich des Ortes liegt die überaus sehenswerte und wunderschön erhaltene **Hopperstad Stabkirche [N61° 4' 39.60" E6° 34' 10.79"]** *(geöffnet Mitte Mai - Ende Sept. tgl. 10 - 17 Uhr; Mitte Juni - Mitte Aug. tgl. 9 - 19 Uhr; www.stavechurch.com).* Alleine schon das gewaltige, vielfach gestufte und schindelgedeckte Giebeldach beeindruckt den Besucher. Die Kirche stammt aus dem frühen 12. Jh. und hat seitdem unverändert und nahezu unbeschadet alle Wirrnisse der Zeit überstanden. Eine wahre Sehenswürdigkeit.

Will man nicht den ganzen Weg zurück nach Vinje fahren, nimmt man ab Viksøyri die R13 vollends bis **Vangsnes** und dort die **Fähre nach Hella**. Ab Hella führt die R55 ostwärts am Sognefjord entlang nach **Sogndal** (37 km). Dort trifft man wieder auf die Hauptroute (siehe weiter hinten).

HAUPTROUTE

13 km östlich von Vinje passiert die E16 den Abzweig zum schön gelegenen

Die Hopperstad Stabkirche bei Vik

Berghotel Stalheim (s. u.). Ihm ist ein **Freilichtmuseum** angeschlossen, das als Gruppe von mindestens 10 Personen nach Absprache mit dem Hotel besichtigt werden kann; www.en.stalheim.com/museum/.

Die Weiterfahrt vom Hotel über die enge, steile **Stalheimskleiva-Straße [N60° 50' 17.7" E6° 41' 03.9"]**, die in 13 Haarnadelkurven mit bis zu 18%! Gefälle, begleitet vom Sivlefoss, talwärts führt, ***sollte nicht mit Wohnwagen unternommen werden!*** Es ist dann besser Stalheim auf der gut ausgebauten E16, die hier durch zwei längere Tunnels führt, zu umfahren.

Man kann auch von der Talseite der Stalheimskleiva-Straße bis zur 3. Serpentine hinaufwandern. Von dort hat man den schönsten Blick auf den Sivlefall. Die Trassenführung der alten Stalheimstraße ist an sich schon eine Sehenswürdigkeit und ein wirklich bemerkenswertes Beispiel kühner Straßenbaukunst.

Gudvangen (Provinz Sogn og Fjordane) liegt in einem von steilen Bergwänden eingefassten Tal am Ende des Nærøyfjords, einem Ausläufer des

S - GUDVANGEN

Gudvangen Fjordtell, 38 Zi., Tel. +47 48 07 55 55; www.gudvangen.com; 1. Mai - 30. Sept.; Restaurant. Parkplatz
Vossestølen Hotel, 29 Zi., Oppheimsvegen 87, Tel. +47 56 52 99 99; www.voss-hotel.no; 1. Mai – 30. Sept.; etwas westlich von **Oppheim** an der E16 schön am Oppheimsvatnet gelegen, Restaurant, Café.
Hotel Stalheim, 124 Zi., Tel. +47 56 52 01 22; www.stalheim.com; Anf. Mai – Ende Sept.; sehr schön gelegenes Berghotel, Restaurant.

CAMPING - GUDVANGEN

Camping Vang [N60° 52' 17.7" E6° 49' 43.2"], Tel. +47 57 63 39 26; www.vang-camping.no; 15. Mai – 10. Sept.; an der E16 kurz vor Gudvangen; ebene Wiesen; ca. 1 ha – 35 Stpl.; einfache Standardausstattung; Miethütten ** - ****.
Camping Gudvangen [N60° 52' 24.3" E6° 49' 50.5"], Tel. +47 99 38 08 03; www.vistigudvangen.com; 5. Apr. – 30. Okt., an der E16 kurz vor Gudvangen; ebene Wiese; ca. 1,5 ha – 40 Stpl.; einfache Standardausstattung; Miethütten ** - ****.

WOHNMOBIL-STELLPLATZ

Wohnmobil-Stellplatz Gudvangen [N60° 52' 43.4" E6° 50' 35.7"], V & E Station (gegen Gebühr) und Wohnmobil-Stellplätze (WC, Duschen) an der SHELL-Tankstelle in Gudvangen am Tunnelbeginn.

Sognefjords, und vielleicht einer der schönsten Fjorde in Norwegen.

Alternativroute durch den Nærøyfjord

Mein Tipp! Eine sehr empfehlenswerte Routenalternative – wenn auch eine etwas teure Alternative, vor allem, wenn man auch einen Platz für sein Fahrzeug auf der Fähre benötigt – ist der Weg **mit der Fähre** von **Gudvangen** durch den engen, imposanten **Nærøyfjord**, den anschließenden **Aurlandsfjord**, den **Sognefjord** und schließlich durch den **Lærdalsfjorden** nach **Kaupanger.** Der Sognefjord ist mit einer Länge von 204 km der längste Fjord der Welt – und einer der schönsten ganz Norwegens. Besonders in der Hauptreisezeit im Juli ist die Strecke stark frequentiert und Autoplätze sind dann knapp, was zu längeren Wartezeiten führen kann!

Die Schiffstour wird übrigens zu den **schönsten Fjordfahrten** in Norwegen gezählt! Und auf der relativ langen Passage bietet sich genügend Zeit, die prächtige Fjordlandschaft zu genießen. Ein besonderes Reiseerlebnis!

Die nicht gerade billigen Fähren verkehren ab Gudvangen: 15. Mai –14. Sept. um 12 Uhr; 1. Juni - 31. Aug. um 12 + 18 Uhr; 1. Juli - 21. Aug. um 9, 12, 15, 18 Uhr; 15. Juli - 10. Aug. um 9, 12, 13.30, 15, 18 Uhr, Fahrzeit 2,5 Stunden, *die Zeiten können sich ändern*; www.fjord2.com.

HAUPTROUTE

ROUTE: Folgt man unserer ***Hauptroute*** *auf dem Landwege nach Lærdal, fährt man von* ***Gudvangen*** *weiter auf der E16 in nordöstlicher Richtung und durch das 11,4 km lange* ***Gudvangentunnel*** *nach* ***Flåm****.*

Flåm, lange nicht viel mehr als eine beschauliche Bahnstation, präsentiert sich dem Besucher heute als turbulentes, touristisches Zentrum mit großer moderner Molenanlage für Kreuzfahrt- und Ausflugsschiffe, mit Promenade, Restaurant, Zugrestaurant in zwei Eisenbahnwaggons aus den 20er Jahren, mehreren großen Souvenirläden, Fahrradverleih, Fahrkartenschalter für die Flåmbahn und diverse Ausflüge, sowie großem **Parkplatz [WP 191 / N60° 51' 49.6" E7° 06' 56.2"]**.

Klein dagegen nimmt sich mittendrin das alte **Bahnhofsgebäude** aus, in dem heute das **Flåmsbanemuseet** eingerich-

Im Nærøyfjord

tet ist *(geöffnet ganzjährig tgl. 9 - 20 Uhr, Eintritt frei; www.visitflam.com/de/se-og-gjore1/se/flamsbana-museet/)*.

Ein schöner **Wander- und Fahrradweg** führt von Flåm am Fjord entlang knapp 4 km Richtung Aurland bis zum **Otternes Heimatmuseum**.

Fahrt mit der Flåmsbahn

Die **Flåmsbahn**, nicht nur eine viel besuchte Touristenattraktion, sondern auch ein Meisterstück des Eisenbahnbaus, führt von **Flåm** südwärts durch das enge, steile Flåmsdalen von Meereshöhe hinauf zur 867 m hoch gelegenen Station **Myrdal** an der Hauptbahnstrecke Oslo – Bergen. Auf der 20 km langen Strecke, die in 45 Minuten bewältigt wird, fährt der Zug durch 20 Tunnels und Galerien mit übereinanderliegenden Schleifen und Kehren. Unterwegs Fotostopp am 200 m hohen **Kjosfossen Wasserfall**.

Radwandern auf dem alten Bahnarbeiterweg

Der Rallarvegen, der alte Bahnarbeiterweg, stammt noch aus dem ausgehenden 19. Jh. aus der Zeit, als die Bahntrasse Oslo – Bergen über die kargen Höhen des Kallingskarvet gebaut wurde.

Heute ist der Rallarvegen nicht nur ein überaus beliebter Rad- und Wanderweg,

PRAKTISCHE HINWEISE - FLÅM, AURLAND

Flåm Turistinformasjon [N60° 51' 47.07" E7° 6' 55.16"], 5743 Flåm, Tel. +47 57 63 21 06; www.visitflam.com/de/. *Geöffnet Apr. - Okt. tgl. 9 - 18 Uhr, Okt. - März Do - Sa 9 - 15 Uhr.*

Flåmbahn-Information: www.visitflam.com/de/se-og-gjore1/aktiviteter/flamsbana/.

Aurland Turistinformasjon [N60° 54' 20.76" E7° 11' 19.73"], Heradshuset, Postboks 53, 5741 Aurland, Tel. +47 91 79 41 64; www.sognefjord.no. *Geöffnet Juni, Juli und August geöffnet.*

HOTELS

Flåm

Fretheim Hotel, 121 Zi., Tel. +47 57 63 63 00; www.fretheim-hotel.no; traditionsreiches Komforthotel, teils in einer Villa aus dem 19. Jh. eingerichtet, moderner Anbau, Restaurant, Café, Pub, Terrasse, WLAN. Parkplatz.

Myrdal
Vatnahalsen Høyfjellshotell, 40 Zi., Tel. +47 57 63 37 22; www.vatnahalsen.com; ansprechendes Berghotel, Restaurant, Sauna, Terrasse, WLAN.

Aurland
Aurland Fjordhotell, 30 Zi., Tel. + 47 57 63 35 05; www.aurland-fjordhotel.com; in Aurland, Café, Terrasse, WLAN. Parkplatz.

CAMPING

Flåm
Camping Flåm og Vandrarheim [N60° 51′ 46.0″ E7° 06′ 35.4″], Nedre Brekkevegen 12, Tel. +47 57 63 21 21; www.flaam-camping.no, 1. März – 31. Okt.; westlich der Bahnstation; Terrassen und ansteigende Wiesen in ansprechender Lage am Ortsrand; ca. 2,5 ha – 90 Stpl.; Standardsanitärausstattung; Laden, Miethütten ** - ****. **V & E für Wohnmobile**. Jugendherberge.

Aurland
Camping Lunde [N60° 53′ 59.7″ E7° 12′ 22.2″], Tel. +47 99 70 47 01; www.lunde-camping.no; 1. Apr. – 1. Okt.; an der Rv50, ca. 2 km östl. Aurland Nähe Kreisverkehr E16; langgestreckte, ebene Wiesen in sehr schöner Lage zwischen Straße und Aurlandselva; ca. 1,5 ha – 80 Stpl.; Standardsanitärausstattung; Hütten ** - ****. **V & E für Wohnmobile**.

sondern auch ein kulturhistorisches Denkmal. Flåm ist Start- bzw. Endpunkt des rund 80 km langen Radwanderweges Rallarvegen, der von Haugastøl (an der R7 westlich von Geilo) her kommt. Falls Sie in Flåm starten, können Sie den sehr anstrengenden Aufstieg (fast 900 m Höhenunterschied) nach Myrdal mit der Bahn überbrücken.

HAUPTROUTE

*ROUTE: Weiterreise von **Flåm** auf der E16 nordwärts und über **Otternes** nach **Aurland** (8 km).*

Zu den Sehenswürdigkeiten in **Aurland** zählen die gotische **Vangen-Kirche** aus dem 13. Jh. und das Heimatmuseum des **Otternes Bauerndorfs [N60° 52′ 32.34″ E7° 8′ 56.13″]** *(Mitte Juni - Mitte Aug. tgl. 11 - 18 Uhr)*. Die Hofanlage zwischen Aurland und Flåm besteht aus einer Gruppe von 27 historischen Bauernhäusern, die teilweise aus dem 17 Jh. stammen.

Von Aurland aus lässt sich **Lærdal** durch das 24,5 km lange, mautfreie **Lærdals Tunnel,** den bislang längsten Straßentunnel der Welt, rasch und bequem erreichen.

Mein Tipp! Hat man es dagegen nicht allzu eilig, lohnt – noch dazu bei schönem Wetter – **die Fahrt auf der Bergstraße Aurlandsvegen [Zufahrt - N60° 53′ 55.70″ E7° 12′ 36.13″] über die Hochfläche am Hornsnipa** nach **Sæbø**, die gewöhnlich nur zwischen 20. Mai und 15. Oktober geöffnet ist! Um auf die Hochfläche zu gelangen, fährt man von Aurland zunächst ein kurzes Stück am Ostufer des Aurlandsfjords nordwärts Richtung Höydal, zweigt aber schon kurz hinter Aurland rechts (ostwärts)

Blick auf den Aurlandsfjord vom „Stegastein" aus

ab auf die schmale Bergstraße, die in vielen engen Serpentinen steil hinauf nach **Bjørgo** führt. ***Für Caravangespanne und sehr ausladende Wohnmobile ist dieser Weg m. E. nicht geeignet!*** Die Trasse ist am Aufstieg bei Aurland steil und schmal und am Ende bei Sæbø einspurig und sehr eng!

Unterwegs hat man vom **Aussichtspunkt „Stegastein" [N60° 54' 30.5" E7° 12' 43.7"]** mit seiner spektakulären **Aussichtsrampe** an der Straße (Parkplatz, Toiletten) einen **traumhaft schönen Blick** hinab auf den tief unten liegenden Aurlandsfjord.

Die beeindruckende Fahrt – insgesamt sind es 45 km von Aurland nach Sæbø – durch die von Seen durchsetzte Moränenlandschaft mit schönen Ausblicken auf die umliegenden Berge führt vorbei am 1.692 m hohen **Hornsnipa** und weiter durch das **Horndalen** hinab nach **Sæbø/Erdal** am Südufer des Lærdalsfjorden. Nach 4 km ostwärts weiter erreicht man Lærdal (Lærdalsøyri).

Lærdal hat in seiner hübschen Altstadt **Gamle Lærdalsøyri** eine ganze Reihe schöner alter Häuser, Holzhäuser meist, aus dem 18. Jh. und 19. Jh. erhalten.

Zu den neueren Touristenattraktionen zählt das **Norsk Villakssenter [Parkplatz, WP 192 / N61° 5' 58.12" E7° 28' 48.91"]** *(geöffnet Mai + Sept. 12 - 20 Uhr; Juni - Aug. tgl. 10 - 20 Uhr; www.norsk-villakssenter.no; Touristeninformation)*, das Norwegische Wildlachszentrum (Aquarien, Videofilmpräsentation, Fliegenbinderwerkstatt, Cafeteria, Souvenirladen).

Abstecher zur Borgund Stabkirche

*ABSTECHER: Von **Lærdal** südwärts bis zur Einmündung in die E16 (auch Zufahrt zum Lærdalstunnel). Wir folgen der E16 in östlicher Richtung. Nach knapp 20 km erreicht man ein neues 4,5 km langes Tunnel. Wir nehmen hier die sog. „Historik Rute" statt des Tunnels. Nach knapp 4 km erreicht man die sehenswerte **Borgund Stabkirche.***

Rund 20 km östlich der Ausfahrt des Lærdalstunnels führt die Straße durch eine Schlucht, in der der lachsreiche Lærdalselvi über den **Sjurhaugfossen** talwärts stürzt.

Später passiert man das kuriose **„Vindhella"-Denkmal [N61° 02' 36.7" E7° 47' 46.2"]**, das an den ersten mutigen Automobilisten – einen Holländer namens Beduin – der im Sommer 1901 von Kristiania (Oslo) kommend, wagemutig das Lærdal per Auto durchquerte.

Unmittelbar hinter erwähntem Gedenksteins sind **Reste der alten Verkehrswege** durch das Lærdal erhalten, so der „Gamle Kongeveien" bzw.

PRAKTISCHE HINWEISE – LÆRDAL

Lærdal Touristinformation [N61° 6' 0.26" E7° 28' 54.93"], Øyraplassen 14, Gamle Lærdalsøyri, Norsk Villakssenter, Postboks 122, 6886 Lærdal, Tel. +47 48 27 75 26; www.sognefjord.no. *Geöffnet Juni - Aug. tgl. 10 - 17 Uhr, Juli 10 - 18 Uhr.*

HOTELS

Lindstrøm Hotel, 86 Zi., Øyraplassen 1, Tel. +47 57 66 69 00; www.lindstroem-hotel.no; geöffnet 1. 5. – 30. 9., in Gamle Lærdalsøyri, teilweise in einem hübschen Holzgebäude aus dem 19. Jh., Restaurant, Garten, WLAN. Parkplatz.

Lærdal Hotel, 85 Zi., Habnavegen 5, Tel. +47 57 66 77 00; www.lerdalhotel.no; moderner Hotelbau direkt am Sognefjord gelegen, Restaurant, Parkplatz

CAMPING

Camping Lærdal Ferie og Fritidspark [WP 193 / N61° 06' 02.5" E7° 28' 13.5"], Grandavegen 5, Tel. +47 57 66 66 95; www.laerdalferiepark.com; Anf. März – Ende Nov.; Zufahrt von der E16 am nordwestlichen Ortsrand, nahe des Fodnestunnels (Rv5); ebenes Wiesengelände; ca. 2 ha – 100 Stpl.; gute Standardsanitärausstattung, zeitgemäße Sanitärs; Laden, Imbiss, Boots- und Fahrradverleih, WLAN. **V & E für Wohnmobile.** Miethütten ****.

Sverrestien Weg zwischen Husum und Kyrkjestølane, das ca. 33 km weiter nordöstlich liegt. Am historischen Reitweg Sverrestien sollen 1177 die Bauern vom Lærdal König Sverre erwartet haben.

In der Nachbarschaft nicht weit davon entfernt sieht man links der Straße das traditionsreiche, über hundert Jahre alte **Hotel Husum** (12 Zi., Tel. + 47 57 66 81 48, war bei unserem letzten Besuch geschlossen, Wiedereröffnung ungewiss!), das durch seinen verspielten „Zuckerbäckerstil" auffällt.

Rund 4 km östlich des Husum Hotels liegt an der Straße gegenüber der berühmten Stabkirche von Borgund das modernes **Borgund Besucher- und Informationszentrum [Parkplatz, WP 194 / N61° 02' 53.2" E7° 48' 48.7"]** u. a. mit einer interessanten Ausstellung zur Geschichte der Stabkirchen Norwegens; Cafeteria, Souvenirs *(geöffnet 1. Mai - 30. Sept. tgl. 10 - 17 Uhr; 11. Juni - 21. Aug. tgl. 8 - 20 Uhr, geschl. am 17. Mai; www.stavechurch.com).*

Die **Borgund Stabkirche** gilt als die am besten erhaltene, typischste Stabkirche des Landes. Der eindrucksvolle, vom konservierenden Teeranstrich dunkle Kirchenbau entstand schon in der Mitte des 12. Jh. Sie ist aus jener Zeit so gut wie unverändert erhalten geblieben und ist nach der Stabkirche von Urnes die zweitälteste noch existierende Kirche dieser Art in ganz Norwegen.

In der Nähe liegt **Camping Hyttesenter og Borgund [N61° 04' 02.0" E7° 49' 18.6"],** Tel. +47 57 66 81 71; 15. Mai – 10. Okt.; ca. 500 m vom Tunnelausgang entfernt, 1,5 km nördl. der Borgund-Stabkirche, ebene Wiese an der E16; ca. 1 ha – 40 Stpl.; einfache Standardausstattung, Imbiss; Miethütten.

HAUPTROUTE

*ROUTEN: Von Lærdal auf der Rv5 und durch das 6,6 km lange Fodnestunnel zum **Fährhafen Fodnes** (8 km).*

Die **Autofähren zwischen Fodnes und Mannheller** verkehren zwischen 1 Uhr und 24 Uhr regelmäßig in kurzen Intervallen, Fahrzeit 15 Minuten.

*ROUTE: Von Mannheller durch das 3 km lange Amlatunnel und über **Kaupanger** (eine der ältesten Stabkirchen Norwegens) nach **Sogndal.** Ab Sogndal auf der R5 über Fjærland bis Skei an der E39. Unterwegs passiert man drei teils über 6 km lange Tunnels.*

Die Borgund Stabkirche

35 km nordwestlich von Sogndal erreicht man **Fjærland** am Nordende des gleichnamigen Fjords. Hier kann man das moderne **Norsk Bremuseum [Parkplatz, WP 195 / N61° 25' 23.2" E6° 45' 40.4"]** besichtigen *(geöffnet Apr. - Okt. tgl. 10 - 16 Uhr, von Juni bis Aug. tgl. 9 - 19 Uhr; www.bre.museum.no)*. Sehr anschauliche Präsentationen und interessante Ausstellungen über die Entwicklung der Gletscher in Norwegen und den Einfluss der Gletscher auf das Klima.

Auf der Weiterfahrt nach Skei kommt man einige Kilometer weiter nördlich von Fjærland, kurz vor dem östlichen Portal des Fjærlandstunnels, an der Eiszunge des **Bøyabreen** vorbei, einen Ausläufer des Jostedalgletschers. Eine schmale, 300 m lange Schotterstraße führt zum **Aussichtspunkt an der Brevasshyta [N61° 28' 59.0" E6° 45' 05.3"]** mit herrlichem Blick zum nahen Gletscher (großer Parkplatz, Cafeteria).

Skei präsentiert sich als ein wenig beeindruckender Marktflecken im Bezirk Jølster.

*ROUTE: Von Skei auf der E39 nach **Byrkjelo** (20 km). Ab Byrkjelo Abzweig auf die R60 und ab dem Berggasthof „Karistova" hinab zum **Innvikfjord** und vorbei an **Olden** schließlich nach **Loen**.*

Loen am Ostende des Innvikfjords, einem der vielen Arme des gut 100 km langen Nordfjords gelegen, ist ein Zentrum des Fremdenverkehrs.

Zu den wenigen Sehenswürdigkeiten des Ortes selbst zählt die achteckige **Kirche** aus dem 19. Jh. Sie liegt etwas abseits der Straße zum Lovatn.

Ausflug zum Briksdalsgletscher

Um zum **Briksdalsgletscher** (www.briksdalsbre.no) zu gelangen, fährt man von Loen auf der R60 6 km südwärts bis

PRAKTISCHE HINWEISE – SOGNDAL

Sogndal Turistinformasjon [N61° 13' 50.16" E7° 6' 8.65"], Parkvegen 5, Mix Kiosk Parkbygget, 6856 Sogndal, Tel. +47 99 23 15 00; www.sognefjord.no. *Geöffnet Ende Mai - Ende Okt. tgl. 10 - 20 Uhr.*

HOTELS

Quality Hotel Sogndal, 115 Zi., Gravensteinsgata 5, Tel. +47 57 62 77 00; www.qualityhotelsogndal.no; gutes Mittelklassehotel, Restaurant, Terrasse, Garten, WLAN. Öffentliche Parkmöglichkeit.

CAMPING

Sogndal

Camping Kjørnes [WP 196 / N61° 12' 42.3" E7° 07' 15.6"], Tel. +47 97 54 41 56; www.kjornes.no; 1. Jan. – 31. Dez.; rund 3 km südöstlich von Sogndal unterhalb der Straße 5 Richtung Kaupanger; langgestreckter Wiesenstreifen am Sogndalfjord, in aussichtsreicher, schöner Lage; ca. 2 ha – 100 Stpl.; Standardsanitärausstattung. Bootsslipanlage, WLAN, Internetecke. **V & E für Wohnmobile.** Miethütten ** - ****.

Fjærland

Camping Bøyum [N61° 25' 23.0" E6° 45' 26.7"], Tel. +47 57 69 32 52; www.boyumcamping.no; 1. Jan. – 31. Dez.; Zufahrt über Rv5; in ansprechender Lage; ca. 1 ha – 50 Stpl.; Standardsanitärausstattung; Kiosk, Fahrradverleih. **V & E für Wohnmobile.** Miethütten ****.

Byrkjelo

Camping Byrkjelo [N61° 43' 49.36" E6° 30' 28.93"], Tel. +47 91 73 65 97; www.byrkjelo-camping.no; 1. Mai – Mitte Sept.; Wiesengelände mit Baumbestand am südl. Ortsrand an der E39, ansprechende Lage; ca. 2 ha – 50 Stpl.; Standardsanitärausstattung. Schwimmbad, WLAN. **V & E für Wohnmobile.** Miethütten ** - ****.

Olden und zweigt dort auf die Straße durchs Oldedalen ab. Dieses wunderschöne Gebirgstal erstreckt sich rund 20 km nach Süden, ist von langen, türkisgrünen Seen unterbrochen und wird von bis zu 1.700 m hohen Bergen gesäumt.

Bei klarem Wetter erkennt man schon von weitem die Hauben der umliegenden Gletscher und am Südende des Tals das bläuliche Weiß des Melkevollbreen. Die Straße endet unterhalb des Berg-gasthofs **Briksdalsbre Fjellstove [Parkplatz, WP 197 / N61° 39' 48.87" E6° 49' 15.86"]** (Restaurant, Zimmer, gebührenpflichtiger **Parkplatz.** *Camping Melkevoll Bretun.*

Beim Gasthof beginnt der Weg, der – im mittleren Teil ziemlich steil und in Serpetinen, aber immer gut begehbar

HOTELS

Loen

Alexandra Hotel, 189 Zi., Tel. +47 57 87 50 00; www.alexandra.no; renommiertes Firstclass-Hotel der gehobenen Preislage, Restaurants, Café, Bar, Fitnesscenter, Schwimmbad, Tennis, Fahrradverleih, Parkplatz.

Olden

Olden Fjordhotell, 60 Zi., Tel. +47 57 87 04 00; www.olden-hotel.no; Haus der Mittelklasse, Zimmer mit Balkon und Fjordblick, Restaurant, WLAN. Parkplatz. Keine Haustiere.

CAMPING

Loen

Camping Tjugen [N61° 52' 4.79" E6° 52' 30.21"], Tel. +47 57 87 76 17; www.tjugen.no; 1. Mai – 30. Sept.; ca. 2 km östl. Loen, oberhalb des Bergbaches Lovatn; ansteigende Wiesen mit Terrassen; ca. 1,5 ha – 30 Stpl. + Dau.; Standardsanitärausstattung. Kiosk, WLAN, Internetecke. **V & E für Wohnmobile.** Miethütten *** - ****.

Camping Sande [N61° 51' 05.6" E6° 54' 43.8"], Tel. +47 41 66 91 92; www.sande-camping.no; 1. Jan. – 31. Dez.; ca. 6 km südöstl. Loen; hügelige Wiesen und Terrassen am Lovatn, in ausgesprochen schöner Lage mit Blick über den See bis zu den Gletscherkuppen des Kjenndalsbreen; ca. 2 ha – 40 Stpl. + 40 Dau; Komfortausstattung; Laden, Café, Restaurant, Fahrrad- und Bootsverleih, Sauna, WLAN, Internetecke. Treff- u. Ausgangspunkt für Gletscherwanderungen. **V & E für Wohnmobile**. Miethütten ** - *****.

Olden

Camping Gryta [N61° 44' 27.9" E6° 47' 26.2"], Tel. +47 57 87 59 50; www.gryta.no; 1. Mai – 1. Okt.; ca. 13 km südl. Olden; zwischen der Straße zum Briksdalsgletscher und dem grünen Oldevatn gelegen, breite Wiesenterrassen, in herrlicher Berglandschaft mit Gletscherblick; ca. 2 ha – 70 Stpl.; Standardsanitärausstattung; Kiosk, Fahrrad- und Bootsverleih, WLAN. **V & E für Wohnmobile**. Miethütten *** - ****.

Olden Camping Gytri [N61° 44' 20.7" E6° 47' 22.7"], Tel. +47 57 87 59 50; www.oldencamping.com; 1. Mai – 30 Sept.; ca. 13 km südlich von Olden an der Straße zum Briksdalsgletscher, kleiner Terrassenplatz in herrlicher Lage am See, mit Gletscherblick; ca. 1 ha – 50 Stpl.; Standardsanitärausstattung; Kiosk, Fahrrad- und Bootsverleih, WLAN, Internetecke. **V & E für Wohnmobile.** Miethütten **.

Briksdalsbre

Camping Melkevoll Bretun [N61° 39' 53.74" E6° 48' 58.73"], Tel. +47 57 87 38 64; www.melkevoll.no; 1. Mai – 15. Sept.; kleiner Platz fast am Ende der Straße von Olden nach Briksdal, in eindrucksvoller Berglandschaft, ganz in der Nähe der **Briksdalsbre Fjellstove** (Tel. +47 57 87 68 00; www.briksdalsbre.no; 10 Gästezimmer; teils mit Dusche/WC); ca. 1,5 ha – 70 Stpl.; Cafeteria in der Fjellstove (Berghütte). Sauna, WLAN, Internetecke. Fußweg zum Briksdalsgletscher etwa 1 Stunde.

– hinaufführt zur Gletscherzunge des Briksdalsbreen. Es ist eine wunderschöne Wanderung, vorbei an einem mächtigen, tosenden Wasserfall, später entlang an einem malerischen Wildbach und durch die eindrucksvolle Gebirgslandschaft hinauf bis zum Gletscher. Eine gute Stunde wird man zu Fuß unterwegs sein. Gutes Schuhwerk ist zu empfehlen!

Wer nicht zu Fuß zum Gletscher gehen will oder kann, kann sich mit motorisierten „Trollmobils" hinauf bis fast an die immer weiter zurückweichende Gletscherzunge bringen lassen. Das allerletzte Stück des Weges muss aber immer noch zu Fuß zurückgelegt werden!

Wandermöglichkeiten

Eine der schönsten **Touren für geübte und bergerfahrene Wanderer** ist – ausgehend von Loen – der Weg auf den 1.848 m hohen **Skåla.** Auf dem schneebedeckten Gipfel ist ein Steinturm errichtet, der als Schutzhütte dient. Der Weg dauert insgesamt etwa 8 Stunden und sollte nur mit passender Ausrüstung angetreten werden! Bergunerfahrenen Wanderern wird für den Gipfelgang ein Bergführer empfohlen (Infos im Turistbüro).

Man kann auch nur das erste Teilstück des Weges bis **Tjugen Seter** gehen (2 Stunden) oder bis zum **Skålasee** (ca. 6 Std.).

Eine andere sehr schöne Bergwanderung ist der Weg zur Alm **Bødal Seter**. Man fährt bis Bødal am Nordostufer des Loenvatnet (auch Lovatn) und kann von dort in etwa 3 bis 4 Stunden bis zur Almhütte gehen, die inmitten von Bergen, Gletschern und Wasserfällen liegt. Die Wanderung kann bis zum Bødalsgletscher ausgedehnt werden (ca. zweieinhalb Stunden). Knapp 5 Kilometer Richtung Bødal Seter sind für Autos erlaubt (Mautstraße).

Ausflug nach Kjenndal

Die Straße ins Lodalen zweigt beim Hotel Alexandra ab und führt meist einspurig (Ausweichstellen) am Nordostufer des Lovatnet entlang.

Ab **Sæta** verkehrt im Sommer das Ausflugsboot „M/B Kjenndal" über den Lovatnet bis Kjenndal (Café Kjenndalstova).

Nach ca. 15 km endet die geteerte Straße und führt als unbefestigte, gebührenpflichtige Privatstraße weiter bis **Kjenndal [N61° 46′ 45.5″ E7° 00′ 40.2″]** (Café-Restaurant „Kjenndalstova", Tel. +47 90 53 40 87; www.kjenndalsstova.no; Fahrrad- u. Bootsverleih). Zugang und günstige Wandermöglichkeit zum Gletscher Kjenndalsbreen.

Vor Beginn der Privatstraße nach Kjenndal sieht man an der Bergseite eine **Gedenktafel**. Sie erinnert an verheerende Erdrutsche die hier im Januar 1905 niedergingen. Die Erd- und Gesteinslawine stürzte in den See Lovatnet und löste eine riesige Flutwelle aus, die 61 Menschen das Leben kostete, mehrere Bauernhöfe hinwegfegte und die Fähre 400 m weit an Land schleuderte.

Briksdalsgletscher, abnehmende Tendenz

TOUR 15: LOEN– GEIRANGER – TROLLSTIGEN – ÅNDALSNES

Länge der Tour:	Rund 150 Straßenkilometer + 2 Fähren.
Die Route:	Über R60 und über **Stryn** bis **Hellesylt** – Autofähre bis **Geiranger** – Abstecher auf der R63 zur **Djupvasshytta** – R63 ab Geiranger bis **Eidsdal** – Autofähre nach **Linge** – R63 über **Trollstigen** bis **Åndalsnes**.
Abstecher:	Von Åndalsnes nach **Ålesund** (125 km einfache Strecke) und zur **Insel Runde**.
Reisedauer:	Mindestens ein Tag, besser zwei Tage. Jeweils ein separater Reisetag zusätzlich für die Abstecher nach Ålesund und nach Runde .
Höhepunkte:	Mit der Fähre durch den **Geirangerfjord** *** – Fahrt hinauf Richtung **Djupvasshytta/Dalsnibba** *** – die Passstraße **Ørneveien** ** – die Serpentinenstraße **Trollstigen** *** – der **Stadtblick auf Ålesund** * – eine Wanderung zu den **Vogelfelsen auf Runde** **.

Die folgende Route führt durch **unvergleichliche Berg- und Fjordlandschaften**, die mit Fug und Recht zu den schönsten in ganz Norwegen gezählt werden können. Entsprechend groß ist das Interesse und der Andrang der Besucher, besonders im Ferienmonat Juli.

*ROUTE: Von Loen auf der R15/R60 nordwestwärts nach **Stryn** (11 km).*

Stryn, ca. 7.000 Einwohner, liegt an einem Nordausläufer des verzweigten Innvikfjorden.

Östlich von Stryn liegt der See Strynsvatn. Dort findet man an der Straße 15 bei **Oppstryn** in ansprechender Lage das **Jostedalsbreen Nasjonalparksenter [WP 197a / N61° 54' 38.2" E7° 02' 53.2"]** *(geöffnet Mai 10 - 16 Uhr, Juni 10 - 17 Uhr, Juli 10 - 18 Uhr, Aug. + Sept.. 11 - 15 Uhr; www.jostedalsbre.no)*. Zu sehen gibt es hier ein natur- und kulturgeschichtliches **Museum**, mit Filmen, Ausstellungen und einem Gebirgspflanzengarten. Naturpfad zum Gletscher.

Achtung Routenalternativen! Falls Sie auf die nachstehend geschilderte Alternativroute verzichten, bitte weiter mit **„Hauptroute"**.

Abkürzende Routenalternative

Diese landschaftlich überaus reizvolle Route (eine Sommerroute, denn der Abschnitt hinab nach Geiranger ist während des Winters und gelegentlich bis in den Juni hinein gesperrt!) kürzt den Reiseweg zwar etwas ab, allerdings unter Verzicht auf die Fahrt mit der Fähre durch den legendären Geirangerfjord. Und diese Fjordfahrt gilt als absolutes Highlight einer Norwegenreise. Man sollte nicht darauf verzichten!

Und **Gespannfahrer** sollten daran denken, dass der Straßenabschnitt der R15 hinab nach Geiranger vom Straßenbauamt als „für Wohnwagen grundsätzlich abzuraten" eingestuft ist.

HAUPTROUTE

*ROUTE: Der weitere Verlauf unserer **Hauptroute** führt von **Stryn** über die R15/R60 westwärts bis **Kjøs** am **Hornin-***

PRAKTISCHE HINWEISE – STRYN

Stryn Turistinformasjon [N61° 54' 14.58" E6° 43' 26.44"], Per Bolstad plas, Perhusvegen 24, 6880 Stryn, Tel. +47 57 87 40 54; www.nordfjord.no. *Geöffnet Juni - Aug. Mo - Fr 9 - 18 Uhr, Sa + So 10 - 17 Uhr, Sept. - Dez. Mo - Fr 9 - 16 Uhr..*

HOTELS

Stryn Hotel, 69 Zi., Visnesvegen 1, Tel. + 47 57 87 07 00; www.strynhotel.no; Komforthotel, Restaurant, Bar, Garten, WLAN. Öffentliche Parkmöglichkeit.
Hjelle Hotel, 35 Zi., Tel. + 47 57 87 27 50; www.hjelle.com; in Hjelledalen; Café Garten, Strand, Fitnesscenter, WLAN. Parkplatz.

CAMPING

Camping Kleivenes [N61° 55' 42.86" E6° 50' 56.82"], Riksvej 15, Kleivenes, Tel. +47 90 64 50 91; www.kleivenes.no; 1. Mai – 15. Okt.; an der R15, ca. 7 km östl. Stryn, am Westende des Strynsvatn; kleine Campingwiese an der Straße; ca. 1 ha – 50 Stpl.; Standardsanitärausstattung. Kiosk, Bootsverleih, WLAN auf Teilen des Platzes. Miethütten *** – *****.
Camping Mindresunde [N61° 56' 00.9" E6° 53' 11.5"], Tel. +47 57 87 75 32; www.mindresunde.no; Anf. Jan. – Ende Dez.; über R15 ca. 10 km östl. Stryn; kleine Campingwiese am See; ca. 1 ha – 30 Stpl. + Dau.; Standardsanitärausstattung; **V & E für Wohnmobile.** Miethütten ** – ****.
Camping Strynsvatn [N61° 55' 54.1" E6° 55' 18.9"], Tel. +47 57 87 75 43; www.strynsvatn.no; Jan. - Dez.; ca. 12 km östl. Stryn, terrassierter Hang mit Obstbäumen oberhalb des Sees und der R15; ca. 2 ha – 30 Stpl. + 60 Dau.; Komfortausstattung; Laden, Sauna, Bootsverleih, WLAN, Internetecke. **V & E für Wohnmobile.** Miethütten ** – ****.

PRAKTISCHE HINWEISE – HELLESYLT

Hellesylt Turistinformasjon [N62° 5′ 2.98″ E6° 52′ 13.24″], Peer Gynt Galleriet, Samfunnshuset, 6218 Hellesylt, Tel. +47 94 81 13 32; www. hellesylt. info/tag/hellesylt-no/.

CAMPING

Camping Hellesylt [N62° 5′ 0.4″ E6° 52′ 19.8″], Hellesyltvegen 64, Tel. +47 90 20 68 85; www.hellesyltturistsenter.no; 15. Mai – 30. Sept.; Zufahrt von der R60, am Südostrand des Ortes; ca. 1 ha – 50 Stpl.; Standardsanitärausstattung. Café, Restaurant, Einkaufsmöglichkeit und zum Fähranleger ca. 200 m.

Camping Stadheimfossen og Hytter [N62° 4′ 31.6″ E6° 53′ 45.0″], Tel. +47 90 83 02 61; www.stadheimfossen.no; 1. Mai – 30. Sept.; Straße 80 südöstlich des Ortes, Wiesengelände am Bygdelva; ca. 1 ha – 40 Stpl.; Kiosk. **V & E für Wohnmobile**. Miethütten ** – *****.

***dalsvatn**. Der fischreiche See zählt zu den größten Seen in Westnorwegen. Mit einer Tiefe von 604 m ist er außerdem der **tiefste See in Europa**. Ab Kjøs führt die R60 über **Grodas** und durch das **Hornindal** zur **Fährstation Hellesylt** am Südende des Sunnylvsfjords in der Provinz Møre og Romsdal. In der Nähe der Fährstation sieht man den herrlichen **Hellesyltfoss** in den Fjord stürzen.*

In Hellesylt ist ein Besuch in der **Peer Gynt Galleriet [N62° 5′ 2.98″ E6° 52′ 13.24″]** lohnend *(geöffnet Juni - Aug. tgl. 11 - 19 Uhr)*. Hier sind die Holzschnitzereien von Oddvin Parr ausgestellt, die Henrik Ibsens weltberühmte Geschichte von Peer Gynt darstellen. Cafeteria. Touristeninformation.

Tipp und Alternativroute für Gespannfahrer

Gespannfahrer wird interessieren, dass die gesamte Strecke (R63) von der **Djupvasshytta** (Dalsnibba) bis **Geiranger** und weiter nordwärts über die spektakulären Serpentinenstraßen **Ørneveien** und **Trollstigveien** vom norwegischen Straßenbauamt als „für Wohnwagen grundsätzlich abzuraten" eingestuft sind!

Wohnwagenfahrern wäre also zu empfehlen, ab **Stryn** bis **Hellesylt** zu fahren, den Caravan am Fährhafen zu parken (oder sich auf einem der Campingplätze zur Übernachtung einzumieten), dann mit der Fähre (Fahrzeit einfache Strecke ca. 1 Stunde 10 Min.) solo nur mit dem Pkw nach Geiranger zu reisen und dort die Abstecher auf die Passstraßen **Ørneveien** im Norden und **Dalsnibba** im Süden zu unternehmen. Anschließend nimmt man die Fähre zurück nach Hellesylt.

Zurück in Hellesylt, fährt man weiter auf der R60 über **Stranda (Camping Stranda Feriesenter [N62° 18′ 21.93″ E6° 56′ 54.63″]**, Tel. +47 45 16 40 00, 1. Jan. – 31. Dez.) nach **Sykkylven**, nimmt ab dem benachbarten **Aursnes** die **Fähre nach Magerholm** (tgl. zwischen 6 und 24 Uhr ca. alle 20 Min., Fahrzeit 15 Min.) und erreicht kurz darauf **Ålesund** (siehe weiter hinten).

Ab Ålesund reist man dann über die E136 nach **Åndalsnes** (Campings, siehe dort) und unternimmt von dort aus, wieder solo, den Abstecher auf den **Pass Trollstigveien [Abzweig zum Pass, N62° 31′ 55.06″ E7° 44′ 11.17″]**.

Der eben erwähnte Weg für Wohnwagenfahrer über Stranda und Ålesund kommt generell auch dann in Betracht, wenn die Pässe der R63 nach Geiranger und über die Trollstigen nach Åndalsnes wegen Schnee gesperrt sind, was gewöhnlich zwischen Oktober und Ende Mai (gelegentlich bis in den Juni hinein) der Fall ist.

HAUPTROUTE

Ab **Hellesylt** verkehren regelmäßig **Autofähren nach Geiranger** und zwar 1. Mai bis 30. September täglich um 9.30, 12.30, 15.30 und 18.30 Uhr, sowie zwischen 1. Juni und 31. August zusätzlich um 8.00, 11.00, 14.00 und 17.00 Uhr, im Oktober 9.30, 12.30 und 15.30. Fahrzeit 65 Minuten. Änderungen möglich! **Info** unter www.visitflam.com/en/se-og-gjore1/aktiviteter/fjord-cruise-geirangerfjorden/.

Eine Fahrt **mit der Fähre durch den Geirangerfjord** (seit 2005 UNESCO-Welterbe) gehört zu den großen Attraktionen einer Norwegenreise. Entsprechend ist der Andrang im Sommer. Wartezeiten an den Fährstationen einplanen!

In der Tat ist es ein eindrucksvolles Erlebnis, durch den schmalen, langgezogenen Fjord, mit seinem ruhigen, tiefen Wasser, gesäumt von hoch und steil aufragenden Bergwänden zu fahren, von denen zahlreiche Wasserfälle stürzen.

Berühmt sind die Wasserfälle *„Brudesløret"* (Brautschleier, linkerhand, Nordseite) *„Friaren"* (Freier, rechterhand, Südseite) und natürlich *„De Syv Søstre"* (die sieben Schwestern, linkerhand, Nordseite), dessen sieben Wasserschleier gut 250 m tief fast im freien Fall in den Fjord stürzen. Wenn man die steilen, kargen Hänge am Fjord sieht ist man überrascht, dass selbst kleinste Grasflächen landwirtschaftlich genutzt wurden, was kleine Gehöfte, die sich an die Bergflanken klammern, beweisen. Die Höfe sind längst verlassen.

Zwischen Hellesylt und Geiranger wird den Passagieren ein besonderer Service geboten. In verschiedenen Sprachen werden sie über alles Sehenswerte im Fjord über Bordansagen informiert.

Geiranger selbst ist ein kleiner, enger Ort, der im Sommer voll und ganz vom Fremdenverkehr beherrscht wird und aus allen Nähten zu platzen droht.

Abstecher zum Dalsnibba

Sehr empfehlenswert ist ein Abstecher von Geiranger auf der Straße 63 nach Süden. Man passiert die weiße, achteckige **Kirche von Geiranger**, dann das Union Hotel, später den **Campingplatz Vinje** und kommt schließlich zum **Aussichtspunkt Flydalsjuvet [Parkplatz, WP 198 / N62° 05' 22.9", E7° 13' 23.0"]**. Von dort hat man einen **prächtigen Ausblick auf Geiranger**, den Fjord und die Serpentinen des Ørneveien an der Nordseite des Fjords – das Norwegenmotiv schlechthin.

Später führt die Straße in gut 20 Kehren hinauf Richtung **Dalsnibba**. Die Aussicht von der Straße in die umliegende grandiose Fjord- und Bergwelt ist überwältigend. Bei der **Djupvasshytta [N62° 1' 49.15" E7° 16' 32.12"]** in 1.030 m Höhe zweigt von der Straße

Der Geirangerfjord

PRAKTISCHE HINWEISE – GEIRANGER

Geiranger Turistinformasjon [N62° 6' 7.98" E7° 12' 19.52"], Geirangervegen 2, Gamle Ferjekai, 6216 Geiranger, Tel. +47 70 26 30 99; www.visitgeirangerfjord.com. *Geöffnet 1. Mai - Mitte September tgl. 10 - 16 Uhr, im Sommer tgl. 9 - 17 Uhr, übrige Zeit im Norsk Fjordsenter Mo - Sa 10 - 15 Uhr.*

HOTELS

Geiranger, 146 Zi., Tel. +47 70 26 30 05; www.hotel-geiranger.no; *geöffnet 1. Mai – 30. Sept.;* Restaurant, Terrasse, WLAN. Parkplatz.

Grande Fjord Hotell, 48 Zi., Tel. +47 70 26 94 90; www.grandefjordhotel.com; *geöffnet 1. Mai – 30. Sept.;* Restaurant. Terrasse, WLAN. Parkplatz. Keine Haustiere.

CAMPING

Camping Geiranger [WP 199 / N62° 5' 59.2" E7° 12' 15.7"], Tel. +47 70 26 31 20; www.geirangercamping.com; 10. Mai – 20. Sept.; westl. vom Fährhafen; ebene Wiesen am Fjord in ansprechender Lage; ca. 1,5 ha – 140 Stpl.; gute Standardsanitärausstattung. Kiosk, Bootsverleih, Bootsslipanlage und Bootssteg, WLAN auf Teilen des Platzes, Internetecke. **V & E für Wohnmobile.**

Camping Geirangerfjorden Feriesenter [N62° 6' 52.53" E7° 11' 3.58"], Tel. +47 95 10 75 27; www.geirangerfjorden.net; Ende Apr. - Ende Sept.; unterhalb der Straße R63 ca. 2 km nordwestlich von Geiranger; auf kleiner Halbinsel gelegenes, teils ebenes Wiesengelände mit Geländestufen in herrlicher Lage direkt am Geirangerfjord; ca. 1 ha - 50 Stpl.; Standardsanitärausstattung. Kiosk. Bootsverleih, Slipanlage und Bootssteg, WLAN. **V & E für Wohnmobile.** Miethütten.

Camping Grande og Hytteutleige [N62° 6' 56.20" E7° 11' 3.49"], Tel. +47 70 26 30 68; www.grande-hytteutleige.no; 1. Mai – 31. Okt.; unterhalb der R63 knapp 2 km nordwestlich Geiranger. Terrassenplatz am Fjord in prächtiger Lage; ca. 1 ha - 20 Stpl.; Standardsanitärausstattung. WLAN. **V & E für Wohnmobile.** Miethütten ** – ****.

Camping Vinje [N62° 05' 41.6" E7° 13' 05.0"], Tel. +47 70 26 30 17; www.vinje-camping.no; 1. Juni – 10. Sept.; an der Straße 63 etwa 2 km südl. Geiranger Richtung Dalsnibba; recht schräge Wiesen bei einem Wasserfall, schöne Lage oberhalb des Ortes; ca. 1,5 ha – 80 Stpl.; Standardsanitärausstattung. **V & E für Wohnmobile**. Miethütten ****.

WOHNMOBIL-STELLPLATZ

Wohnmobil-Stellplatz Solhaug Camping [WP 200 / N62° 6' 28.94" E7° 10' 51.07"], Homlungvegen, Tel. + 47 70 26 30 76. **Zufahrt/Lage:** In Geiranger Richtung Camping Geiranger und noch ca. 2,5 km entlang des Südwestufers des Geirangerfjords bis Homlung. **Geöffnet:** Anf. Mai – Ende Sept. **Gebühr:** Pauschale inkl. Ver- und Entsorgung, Extragebühr für Strom und Dusche. **Ausstattung:** Wiese mit Schotterstellflächen bei Miethütten von Solhaug Camping mit Platz für ca. 30 Wohnmobilen. Stromanschlüsse, Frischwasser, Grauwasser- und Chemikaltoilettenausguss, Dusche, WC, beleuchtet, videoüberwacht, Mülltonne.

R63 die Bergstraße ab (Mautgebühr NOK 130,-/ ca. € 14,-), die in vielen Kehren und mit stattlichen Steigungen hinauf auf das Gipfelplateau des **Dalsnibba [Parkplatz, WP 201 / N62° 2' 55.09" E7° 16' 12.27"]** (1.476 m) führt (Cafeteria mit

Souvenirshop). Die Straße ist von Mai bis Oktober je nach Wetterlage befahrbar. Im August 2016 wurde eine Aussichtsplattform mit Glasgeländer über dem 500 tiefen Abgrund fertiggestellt, der sog. „Geiranger Skywalk". Bei gutem Wetter großartige Ausblicke in die Bergwelt und hinab zum Geirangerfjord. Einfach wunderbar!

Die Passstraße Trollstigveien

HAUPTROUTE

ROUTE: *Weiterreise ab* ***Geiranger*** *auf der R63 zunächst am Fjord entlang nach Nordwesten, dann über die Passstraße* ***Ørnesvingen*** *zum Fährhafen* ***Eidsdal.***

Nach einigen Kilometern verlässt die Straße den Fjord und führt in elf imposanten Kehren bergwärts. Die Serpentinenstraße ist bekannt als **Ørnesvingen** (auch Ørnesvegen oder Ørnesveien, Adlerweg). Von den **Aussichtspunkt [N62° 07' 34.8" E7° 10' 02.7"]** an der Straße gelingen einzigartig schöne Blicke auf den von dunklen Felswänden gesäumten, schmalen Geirangerfjord und zurück bis ans Fjordende in Geiranger.

Später passiert die Straße an der **Korsmyra-Höhe** (624 m) ihren höchsten Punkt, um dann hinunter zur **Fährstation Eidsdal** am Norddalsfjord zu führen.Ab Eidsdal verkehren **Fähren nach Linge**. Im Sommer zwischen 6 und 23 Uhr, bis zu 38 Abfahrten, Fahrtdauer 10 Minuten.

ROUTE: *In* ***Linge*** *zweigt die R63 ab. Ihr folgen wir über* ***Valldal*** *und über die berühmte* ***Passstraße Trollstigveien*** *nordostwärts bis* ***Åndalsnes.***

Rund 20 km nordöstlich von Linge überquert die Straße R63 die Felsschlucht **Gudbrandsjuvet [Parkplatz, WP 202 / N62° 19' 50.86" E7° 28' 15.15"]**, eine enge, nur 5 m breite, aber 20 m tiefe Klamm mit wildem Wasserfall *(einfache Campingmöglichkeit Gudbrandsjuvet Camping).*

Später, ab **Langdal**, führt die Straße R63 durch das karge, halbrunde **Meiardalen** und erreicht schließlich in fast 860 m Höhe am oberen Ende des **Trollstigveien** den **Parkplatz** am neuen **Visitor Center „Trollstigen Mountain Lodge" [WP 203 / N62° 27' 11.8" E7° 39' 50.0"]** mit Restaurant und Ausstellung, das vom Architekten Reiulf Ramstad in sehr modernem Stil entworfen wurde.

Die kühne Passstraße **Trollstigen** oder **Trollstigveien** (gesperrt von Mitte Oktober bis Ende Mai, Anfang Juni) zählt wohl zu den bekanntesten Straßen in Norwegen. Die Straße wurde 1936 fertiggestellt.

In weiten Kehren führt sie oft einspurig mit Ausweichstellen in 11 Kurven talwärts und überwindet dabei auf halbem Wege den Wasserfall **Stigfossen**, der eine Fallhöhe von annähernd 180 m hat. Fahrzeuge sind erlaubt bis zu einer Gesamtlänge von 12,4 m.

Seit jeher war der Trollstigveien (Weg der Zwerge, Trolle) ein wichtiger Übergang von Sunnmøre ins Romsdal. Aber bis zur Fertigstellung der heutigen Straße, war es ein gefährlicher, steiler Saumpfad.

Bevor Sie sich aber auf die Talfahrt machen, gehen Sie zum neu angelegten, über einen Treppenweg erreichbaren, spektakulären **Aussichtspunkt Stigrøra** (ca. 5 Min.) direkt über dem in die Tiefe stürzenden Wasserfall Stigfossen mit grandiosen Ausblicken. Von dort kann man fast die ganze Trasse überblicken und man sieht auf die Bergketten

CAMPING – EIDSDAL

Camping Solvang [N62° 11' 44.17" E7° 8' 26.31"], Tel. +47 90 11 83 02; www.solvang-camping.com; 15. Mai – 30. Sept.; ca. 8 km südl. von Eidsdal an der R63, Wiesenstreifen zwischen Straße und einem bewaldeten Hang, in schöner Lage, ca. 2 ha – 50 Stpl.; Standardsanitärausstattung. Miethütten.

Camping Ytterdal [N62° 15' 42.45" E7° 10' 8.58"], Tel. +47 70 25 90 13; 1. Apr. – 30. Sept.; oberhalb der Fährstation in Eidsdal; ca. 2 ha – 35 Stpl. + Dau.; Standardsanitärausstattung. **V & E für Wohnmobile.** Miethütten ***.

WOHNMOBIL-STELLPLATZ BEI LANGDAL

Wohnmobil-Stellplätze Langdal [WP 204 / N62° 21' 51.6" E7° 33' 35.9"]. – Ca. 10 km südwestlich der Trollstigen beschilderter Abzweig von der R63 zu **zwei Naturstellplätzen**. Die unbefestigte Erdstraße passiert etwa 100 m nach dem Abzweig von der Hauptstraße ein kleines, eingeebnetes Rondell in einem abgeschiedenen Tal am rauschenden Wildbach mit **6 Stellplätzen** und Wasserhahn, aber keine Entsorgungsmöglichkeit. Gebührenpflichtig, s. u.!

Rund 800 m weiter, am imposanten Wildbach entlang auf einspuriger Erdstraße, kommt man zum zweiten Platz mit **15 nummerierten Stellplatzkojen** im Birkenhain. Einige der Stellplätze können nach langem Regen tiefgründig sein! Für Wohnmobile über 7 m sind die Platzverhältnisse hier m. E. zu beengt! Einsam und abgeschieden gelegen. Wasserhahn, Erdklosett. WC-Entsorgung nicht erlaubt! **Gebührenpflicht!** Es wird abends kassiert. Falls man früh schläft, Geld im Kuvert hinter Scheibenwischer klemmen.

der **Trolltindane** (1.795 m) im Osten und auf die Gipfel *Bispen* (1.786), *Kongen*, *Dronningen* (1.614 m) und *Karitind* (1.356 m) im Westen.

Im Tal stößt man – nach dem Trollstigen Camping – an der Sogge Bru auf die Straße E136. Wenige Kilometer weiter nordwestlich liegt Åndalsnes.

Åndalsnes, am Südostende des Romsdalsfjords gelegen, ist ein wichtiger Verkehrsknotenpunkt (Endpunkt der Raumabahn) und lebhafter Industrieort. Das Stadtbild trägt neuzeitliche Züge. Das frühere Åndalsnes wurde im 2. Weltkrieg durch Bomben fast vollständig zerstört.

Abstecher nach Ålesund und zur Insel Runde

ABSTECHER: ***Ålesund*** *liegt 122 km westlich von Åndalsnes und ist über die E136 bequem zu erreichen. Die Straße folgt lange dem Südufer des Romsdalsfjords, passiert den 6.594 m langen Innfjordtunnel, nach 22 km* ***Måndalen*** *(Camping Måna [N62° 32' 6.74" E7° 26' 30.32"], kleiner einfacher, aber hübsch gelegener Platz am Fjord, Miethütten), später den* ***Fährhafen Vikebukt*** *(Verbindungen nach Molde) und schließlich* ***Tresfjord*** *am Südende des gleichnamigen Fjords. Südlich des Ortes liegt ein Museumshof [N62° 30' 56.61" E7° 8' 19.05"] mit mehreren Gebäuden teils aus dem 17. Jh.*

Die Straße E136/E39 zieht nun landeinwärts, quert die Örskog-Berge, um bei ***Sjøholt*** *auf den Storefjord zu stoßen. Nach weiteren 35 km erreicht man* ***Ålesund****.*

Die Inseln, auf denen **Ålesund** liegt, auch die vielen vorgelagerten Inseln, sind uraltes Siedlungsgebiet. Der Wikingerfürst Gangerolv soll von

PRAKTISCHE HINWEISE – ÅNDALSNES

Åndalsnes og Romsdal Turistinformasjon [N62° 34′ 2.52″ E7° 41′ 25.62″], Jernbanegata 1, 6301 Åndalsnes, Tel. +47 71 22 16 22; www.visitandalsnes.com.

HOTELS

Grand Hotel Bellevue, 86 Zi., Åndalsgata 5, Tel. +47 71 22 75 00; www.grandhotel.no; zentral gelegenes Stadthotel, Restaurant, Terrasse, Sauna, WLAN. Parkplatz.

CAMPING

Camping Åndalsnes [WP 205 / N62° 33′ 8.3″ E7° 42′ 13.6″], Tel. +47 71 22 16 29; www.andalsnes-camping.net; 1. Mai – 15. Sept.; ca. 2 km südl. Åndalsnes beschilderter Abzweig von der E136; Grasgelände mit Baumbestand, bis an den Raumafluss reichend; ca. 6 ha – 200 Stpl. + Dau.; Standardsanitärausstattung; Kiosk, Restaurant, Bootsverleih; WLAN, Internetecke. **V & E für Wohnmobile**. Miethütten ** – *****.

Camping Mjelva [WP 206 / N62° 32′ 22.1″ E7° 43′ 30.4″], Mjelva, Tel. +47 71 22 64 50; www.mjelvacamping.no; 10. Mai – 10. Sept.; ca. 3 km südl. Åndalsnes beschilderter Abzweig von der E136; Waldgelände; ca. 3 ha – 100 Stpl.; Standardsanitärausstattung. Laden, Imbiss, Fahrradverleih, WLAN auf Teilen des Platzes, Internetecke. **V & E für Wohnmobile.** Miethütten *** – *****.

Camping Trollstigen Gjestegård [N62° 29′ 55.2″ E7° 40′ 18.0″], Isterdalen, Tel. +47 94 84 97 5571 22 11 12; www.trollstigen.no; 1. Mai – 30. Sept.; rund 10 km südl. von Åndalsnes und ca. 4 km vom Abzweig von der E136 an der Straße R63 Richtung Trollstigen; ebene Wiesen in ansprechender Tallage; ca. 2 ha – 35 Stpl.; gute Standardausstattung; Laden, Cafeteria, Fahrrad- und Bootsverleih. Miethütten ****, Zimmer im **Gasthof.**

Camping Trollveggen [N62° 29′ 40.3″ E7° 45′ 30.0″], Horgheimseidet, Tel. +47 71 22 37 00; www.trollveggen.com; 10. Mai – 20. Sept., ca. 10 km südl. Åndalsnes abseits der E136, Zufahrt unter der Bahnlinie hindurch zum Platz; mehrere flache Wiesenterrassen im Romsdal, bei einem Wasserfall des Raumaflusses, in ansprechender Lage unterhalb der Trolveggen Wand direkt gegenüber des Romsdalshorns; 4 ha – 50 Stpl.; Standardsanitärausstattung. Kiosk, WLAN, Internetecke. **V & E für Wohnmobile**. Miethütten ****.

der Insel Giske vor Ålesund stammen. Er ging als Gründer des französischen Herzogtums Normandie im Jahre 911 in die Geschichte ein. In Frankreich kennt man den Wikinger besser unter dem Namen Rollo.

Ein trauriges Datum in den Annalen der Stadtgeschichte ist das Jahr 1904. Damals brannte in einer einzigen Sturmnacht die ganze Stadt ab. In einer groß angelegten Aktion, an der sich auch Kaiser Wilhelm II. mit Finanzmitteln beteiligte, entstand in relativ kurzer Zeit eine völlig neue Stadt im damals populären Jugendstil.

Das einheitliche **Stadtbild** mit seinen hübschen Jugendstilfassaden und den markanten Speicherhäusern am Hafenbecken Brosundet sind es u. a., welche die Innenstadt von Ålesunds prägen und einen Abstecher hierher durchaus lohnen.

Seit einigen Jahren präsentiert die Stadt in ihrem **Nationalen Jugendstilzentrum [N62° 28′ 16.00″ E6° 9′ 3.80″]** in der Apotekergata 16 Ausstellungen zu Ålesunds Architekturgeschichte und des norwegischen Jugendstildesigns. Das Museum liegt mitten in der Stadt am Brosund-Kanal in der Apotekergate 16 und ist im Gebäude der alten Schwanenapotheke eingerichtet *(geöffnet 1. Juni - 31. Aug. tgl. 10 - 17 Uhr; 1. Sept. – 31. Mai Di – So 11 – 16; www.jugendstilsenteret.no)*.

Mit zu den größten Attraktionen zählt eine Fahrt auf den 189 m hohen Hausberg **„Aksla" [N62° 28′ 28.6″ E6° 09′ 55.6″].**

Der Blick von der Terrasse mit Glaspavillon des **Höhenrestaurants Fjellstua [WP 207 / N62° 28' 27.99" E6° 9' 51.10"]** *(geöffnet Kafé tgl. 11 - 18 Uhr, Restaurant tgl. 18 - 22 Uhr, Parkmöglichkeiten; www.fjellstua.no)* über die auf Inseln verteilte, vom Wasser umschlossene Stadt, mit der Kulisse der umliegenden Schärengürtel und gezackten Sunnmøre-Berge im Westen, ist zweifellos eine der schönsten Stadtansichten in Norwegen.

Ein Treppenweg mit 418 Stufen führt vom Stadtpark (Denkmal des Wikingerfürsten Gangerolv und Gedenkstein an Kaiser Wilhelm II.) auf den Aussichtsberg im Osten der Stadt.

Die Fjellstua auf dem Berg Aksla ist aber glücklicherweise auch mit dem Auto zu erreichen. Man muss dazu ein Stück ostwärts (Richtung Åndalsnes) fahren und von der E136 abzweigen. Der Abzweig und die Auffahrt durch ein Wohngebiet ist mit **„Fjellstua"** ausgeschildert. Ein Sendemast oben kann zur Orientierung dienen. Wegen diverser Engstellen im oberen Bereich und der recht beschränkten Parkplatzverhältnisse oben, scheint uns die Auffahrt für Caravans ungeeignet!

Das **Ålesund Museum [N62° 28' 17.80" E6° 9' 24.84"]** *geöffnet 1. Mai - 1. Okt. Mo - Fr 9 - 16 Uhr, Sa + So 12 - 16 Uhr; Jan. - Apr. + Nov. - Dez. Di - Fr 9 - 15 Uhr; http://sunnmoremuseum.no/english/aalesunds-museum/)*, liegt in der Rasmus Rønnebergsgate 16, im östlichen Stadtgebiet, unweit vom Rathaus. Es befasst sich vor allem mit der Entwicklungsgeschichte der Stadt vor und nach dem großen Stadtbrand von 1904. Sonderabteilungen dokumentieren Bootsbau und Fischerei in Ålesund.

Zu den Attraktionen der Stadt zählt auch der **Atlanterhavsparken (Atlantik-Meerpark)** mit dem **Ålesund Aquarium [Parkplatz, WP 208 / N62° 27' 57.17" E6° 6' 1.13"]** *(geöffnet 1. Juni - 31. Aug. So - Fr. 10 - 18 Uhr, Sa 10 - 16 Uhr, übrige Zeit Mo - Sa 11 - 16 Uhr, So 11 - 18 Uhr; www.atlanterhavsparken.no)*. Es gilt als größte Aquarienanlage in ganz Skandinavien. Der Meerpark liegt in **Tueneset**, ca. 3 km westlich von Ålesund. Neben diversen Ausstellungen, kleineren und größeren Aquarien beeindruckt vor allem das große Panorama-fenster (18 x 4 m, 26,5 cm starke Acrylscheibe), das den Blick frei gibt in das riesige **Atlantikbecken**. In diesem Meerwassertank mit über vier Millionen Wasser kann man die Meeresfauna bestaunen, so wie sie in den Schären und in den Tiefen des Storfjords anzutreffen ist. Fischfütterung durch Taucher um 13 Uhr. Im Freigelände ist ein Robbenbecken angelegt. Cafeteria. Souvenirladen. Parkplatz.

Östlich vom Ålesunder Stadtzentrum, etwa auf halbem Wege nach Spjelkavik, liegt in **Borgundgavlen** das **Sunnmøre Freilichtmuseum [WP 209 / N62° 28' 7.78" E6° 14' 11.25"]** *(geöffnet 1. Mai - 30. Sept. Mo - Fr 10 - 16 Uhr, So 12 - 16 Uhr, Sa im Juli 10 - 16 Uhr; übrige Zeit Di - Fr 10 - 15 Uhr, So 12 - 16 Uhr; www.sunnmore.museum.no*. An die 40 alte Bauernhöfe und Wohn- und Wirtschaftsgebäude aus der Region wurden hier zusammengetragen und geben Einblick in die Baukunst und in die Wohn- und Lebensverhältnisse in Sunnmøre in früheren Zeiten. Außerdem kulturhistorisches und archäologisches Museum. Bootsbauabteilung.

Unmittelbar beim Sunnmøre Freilichtmuseum liegt die aus dem 12. Jh. erhaltene **Kirche von Borgund**. Sie konnte nach dem Brand von 1904 unter Verwendung alter Baufragmente rekonstruiert werden. Beachtung verdienen die Holzschnitzereien und die Decke des Kirchenraumes *(geöffnet 1. Juni - 31. Aug. Di - So 10 - 14 Uhr)*.

Nahebei wurde in **Borgundkaupangen**, einem mittelalterlichen Handelsplatz, ein **Mittelaltermuseum** eingerichtet, das die Grabungsfunde aus dem ehemaligen Markt- und Hafenstädtchen zeigt. Das Museum ist über den Gebäuderesten des „Årestue-Komplexes" aus dem 11./12. Jh. errichtet *(geöffnet wie Freilichtmuseum)*.

Bei ausreichend zur Verfügung stehender Zeit lohnt ein **Ausflug auf die Insel Hareid** und dort nach **Brandal**, nördlich vom Fährhafen Hareid, zum **Ishavsmuseet Aarvak**, 6062 Brandal *(geöffnet Juni - Aug. tgl. 11 - 17 Uhr, Apr., Mai,*

Lohnt den Abstecher – der Panoramablick auf Ålesund vom Aussichtsberg Aksla aus

Sept., Okt. tgl. 12 - 16 Uhr; www.ishavsmuseet.no). Das Polar- oder Eismeermuseum Aarvak wurde 1981 gegründet. Es befasst sich in erster Linie mit der langen norwegischen Tradition des Robbenfangs sowie mit anderen Aktivitäten im Polargebiet. Eine der größten Sehenswürdigkeiten des Museums ist das denkmalgeschützte, 1912 in Bergen gebaute und später mehrfach umgebaute Eismeerschiff „Aarvak".

Abstecher zur „Vogelinsel" Runde

Ab Ålesund, Hafen Brosundet, werden im Sommer mehrmals wöchentlich **Bootstouren u. a. zur „Vogelinsel Runde"** angeboten.

Mein Tipp! Die Fahrt nach Runde ist ein abwechslungsreicher Ausflug durch eine reizvolle Inselwelt, die durch Brücken und Dämme verbunden ist. Lediglich zwischen **Sulesund** und **Hareid** auf der

PRAKTISCHE HINWEISE – ÅLESUND

Ålesund Turistinformasjon [N62° 28' 27.96" E6° 9' 18.74"], Skateflukaia, 6002 Ålesund, Tel. + 47 70 16 34 30; www.visitalesund.com. *Geöffnet Juni - Aug. tgl. 8.30 - 18 Uhr, übrige Zeit Mo - Fr 9 - 16 Uhr.*

HOTELS

Atlantica First Hotel, 73 Zi., Rasmus Rønnebergsgt. 4, Tel. +47 70 12 91 00; www.firsthotels.no, Komforthotel in zentraler Lage, gehobene Preislage; Restaurant, Parkplatz.

Thon Hotel Ålesund, 105 Zi., Kongensgt. 27, Tel. +47 70 12 29 38; www.thonhotels.no/aalesund; einfacheres Stadthotel, Parkmöglichkeit.

Scandic Parken, 197 Zi., Storgt. 16, Tel. +47 70 13 23 00; obere Preisklasse, Restaurant, Sauna, Parkmöglichkeit.

CAMPING

Camping Volsdalen [N62° 28' 8.90" E6° 11' 54.25"], Sjømannsveien, Tel. +47 70 12 58 90; www.volsdalencamping.no; 1. Mai – 1. Sept.; ca. 2 km östl. Ålesund Zentrum, Abzweig von der E136 südwärts; kleine, einfache Übernachtungsmöglichkeit, unebene, mehrfach unterteilte Wiesen, teils bis an den Fjord reichend; ca. 1 ha – 50 Stpl.; Standardsanitärausstattung; Laden; Miethütten. **V & E für Wohnmobile**.

WOHNMOBIL-STELLPLATZ

Wohnmobil-Stellplatz Hjelsetgården „Bobil Parkering" Ålesund [WP 210 / N62° 28' 34.9" E6° 09' 28.8"], Sorenskriver Bulls Gate. **Zufahrt/Lage:** Zufahrt vom Zentrum über Notensgata und Skansegata, am nördlichen Stadtrand vorbei am Radisson Hotel, danach beschilderte Einfahrt, an der Hafenmole unterhalb von Wohnhäusern gelegen. **Geöffnet:** 1. Mai – 30. Sept. **Gebühr:** Pauschale inkl. Ver- und Entsorgung und Strom. **Ausstattung:** Geteerte, ebene Fläche mit 30 Stellplätzen. Sanitäranlagen mit WC, Duschen und Waschbecken, V & E-Säule für Wohnmobile.

Insel Hareidlandet ist eine Fähre zu benutzen (zwischen 6 und 23 Uhr bis zu 31 Abfahrten, Fahrzeit ca. 30 Min.).

Runde, Norwegens südlichster „Vogelfelsen", ist eine kleine, gerade mal viereinhalb Kilometer lange Insel südwestlich von Ålesund. Die weit im rauhen Atlantik gelegene Insel ist für ihre **Seevogelkolonien** berühmt. Über 30 Vogelarten wurden hier registriert, die im Frühsommer (Mitte Juni bis Mitte/Ende Juli) zu Tausenden an den steilen, nach Südwesten zum offenen Meer abfallenden Klippen ihrem Brutgeschäft nachgehen. Jedes Jahr bevölkern über 170.000 Vogelpaare die halsbrecherisch steilen Klippen über dem Meer. Vor allem Dreizehenmöwen, Papageientaucher, Trottellummen, Kormorane, Thordalken, Basstölpel, Eissturmvögel, Sturmschwalben etc. nisten hier, teils auf kaum handbreiten Gesteinssimsen.

Ein Fußweg Führt hinauf zum **Klippenrand über den Vogelfelsen** unweit des schön am Meer gelegenen Campingplatzes Goksøyr. Vom Campingplatz geht man etwa 20 Minuten, anfangs recht steil, über Wiesen (Gatter bitte immer schließen!) hinauf an den Rand der Steilküste.

Zugang zum Vogelschutzgebiet nur auf freigegebenen Wegen! Achten Sie unbedingt darauf, die markierten Wege nicht zu verlassen und respektieren Sie bitte Verbotsschilder im Naturschutzgebiet.

Die Gewässer um die Insel Runde sind ein beliebtes Tauchrevier. Vor Jahren hoben Taucher weit über eine halbe Tonne an Gold- und Silbermünzen aus dem am 8. März 1725 vor der Insel im Sturm gesunkenen holländischen Kauffahrer „Akerendam" und weitere Wracks warten darauf, entdeckt zu werden.

Im Sommer werden ab Runde und ab Goksøyr bei gutem Wetter bis zu drei mal täglich Bootsrundfahrten um die Insel angeboten.

ABSTECHER: *Von Runde zurück über Ålesund nach Åndalsnes.*

CAMPING – INSEL RUNDE

Mein Tipp! – Camping Goksøyr [WP 211 / N62° 24' 15.20" E5° 37' 29.47"], Tel. +47 70 08 59 05; www.goksoeyr-camping.com; 1. Jan. – 31. Dez.; zum Meer hin abfallende Wiesen, sowie geschotterte Stellflächen am Meer für Wohnmobile, in schöner, ruhiger Lage; ca. 5 ha – 50 Stpl.; Standardsanitärausstattung; Laden, Imbiss, Waschmaschine, Trockner, WLAN, Internetecke; Miethütten, Fremdenzimmer. **V & E für Wohnmobile.** Knut Goksøyr, der Campingplatzbesitzer, gibt fundierte Auskünfte und Tipps zur Vogelbeobachtung und zu **Ausflugsmöglichkeiten** in die nähere und weitere Umgebung. **Organisierte Bootsfahrten** zu den Vogelfelsen.

TOUR 16: ÅNDALSNES – DOMBÅS

Länge der Tour: Rund rund 105 km, ohne Abstecher.

Die Route: Über die E136 bis **Dombås**.

Abstecher: E6 bis **Otta** (46 km), R 15 bis **Lom** (62 km).

Reisedauer: Mindestens ein halber Tag. Abstecher über Otta nach Lom mindestens ein weiterer Tag.

Höhepunkte: Die Fahrt durch das **Romsdal** * – Wandern auf dem **„Kongenveien"** – Wandern im **Rondanegebirge** *** – die **Stabkirche *** in Lom**.

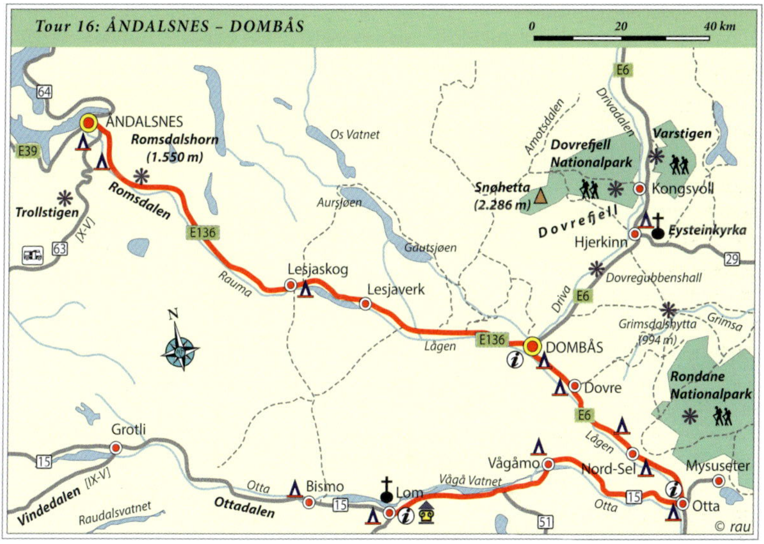

***ROUTE:** Von Åndalsnes auf der E136 südostwärts nach **Dombås** (105 km).*

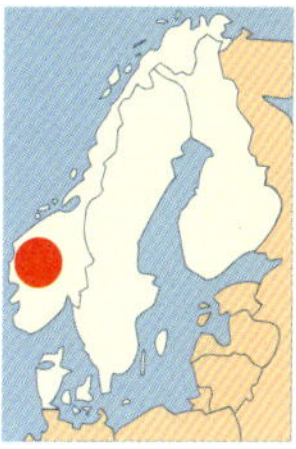

Unterwegs passiert man an der Sogge bru den Abzweig der R63 zum Trollstigen-Pass (siehe Tour 15, Loen – Geiranger – Trollstigen – Åndalsnes).

Wenig später erkennt man linkerhand den spitzen Kegel des 1.550 m hohen, steil aufragenden **Romsdalshorn**. Der Berg stellt heute noch eine Herausforderung für unternehmungslustige Bergsteiger dar.

Rechts sieht man die senkrecht aufragenden, glatten, bedrohlich dunklen Wände der **Trolltindane** (Camping siehe bei Åndalsnes).

Im weiteren Verlauf nach Südosten folgt die E136 dem Raumafluss mit seinem glasklaren, hellgrünen Gletscherwasser durch das ansteigende, enger werdende **Raumadalen**. Anfangs ist das Tal so eng und die Felswände so steil und hoch, dass angeblich an manchen Stellen ein halbes Jahr lang kein Sonnenstrahl die Talsohle erreicht, etwa bei **Marstein [N62° 27' 31.21" E7° 49' 32.36"]** oder bei der **Kirche von Kors** (Altarbild aus dem 18. Jh.).

Bei **Verma** überquert die Raumabahn auf der schönen alten Steinbrücke **Kylling bru [N62° 20' 17.43" E8° 3' 34.88"]** den Raumafluss.

Nach weiteren 25 km passiert man den schmalen, langgezogenen See

Lesjaskogsvatnet, nun bereits in der *Provinz Oppland*.

Man kommt durch **Lesja** mit einer **Kirche** von 1748 mit sehenswertem Kirchenraum und dem **Freilichtmuseum Lesja Bygdetun** mit 11 typischen Holzhäusern aus der Region.

16 km weiter erreicht man schließlich Dombås an der E6.

Dombås ist ein wichtiger Verkehrsknotenpunkt der Bahn- und Straßenverbindungen nach Nord- und Westnorwegen sowie ein lebhaftes Geschäftszentrum mit Hotels, Supermärkten, einer zumindest in der Nebensaison nur sporadisch geöffneten Touristeninformation (Tel. + 47 61 24 14 44) und Campingplätzen. Darüber hinaus ist Dombås ein wichtiges Versorgungszentrum für die **Dovrefjell-Region** (Wandergebiet, Nationalpark) nördlich der Stadt.

Abstecher über Otta nach Lom

*ROUTE: Ab Dombås folgen wir der E6 südwärts über **Dovre** und **Nord-Sel** zunächst bis **Otta** (46 km).*

Schon wenige Kilometer südlich von Dombås zweigt bei **Vårkinn** der alte **„Kongenveien“** nach Norden ab. Der „Königsweg“ führt über den 1.338 m hohen *Hardbakken* nach **Fokstua** an der E6 und ist heute ein beliebter Wanderweg. Reine Gehzeit gut drei Stunden für eine Wegstrecke.

Sehenswert auf dem Weg von Dombås nach Otta ist kurz vor Dovre der **Gammel Kongsgård Tofte [N62° 0' 16.38" E9° 14' 13.86"]**, ein großes, altes Gehöft, das

PRAKTISCHE HINWEISE – DOMBÅS

Dombås Turistkontor [Dombås Zentrum - N62° 4' 27.18" E9° 7' 35.11"], Frichgården, Dombås Zentrum, 2660 Dombås, Tel. +47 61 24 14 44. *Geöffnet tgl. 9 - 16 Uhr, im Sommer bis 20 Uhr.*

HOTELS

Dombås Hotel, 98 Zi., Dombåsgrendi 1, Tel. +47 61 24 10 01; www.dombas-hotel.no, Haus mit langer Tradition. Restaurant, WLAN, Parkplatz.

Dovrefjell Hotel, 89 Zi., Svenskebakken, Tel. +47 61 24 10 05; www.dovrefjell-hotell.no/; komfortables, etwas außerhalb gelegenes Haus. Restaurant, Sauna, Schwimmbad, Fahrradverleih, Terrasse. Parkplatz.

CAMPING

Dombås

Camping Bjørkhol [N62° 1' 47.75" E9° 10' 30.16"], Tel. +47 61 24 13 31; www.bjorkhol.no; 1. Mai – 30. Sept.; ca. 6 km südl. Dombås. Wiese an der E6 nahe dem Lågenfluss; ca. 2 ha – 20 Stpl.; Standardsanitärausstattung; Laden; Miethütten ** - ****.

Dovre

Camping Toftemo Turiststasjon [WP 212 / N61° 59' 56.06" E9° 13' 20.06"], Tel. +47 61 24 00 45; www.toftemo.no; 1. Jan. – 31. Dez.; ca. 10 km südlich von Dombås und ca. 2 km nördl. von **Dovre**, weitläufiges Wiesengelände mit lichtem Föhrenwald, hinter dem Gasthof Toftemo, zwischen E6 und Lågen-Fluss; ca. 2 ha – 150 Stpl.; Komfortausstattung; Laden, Imbiss; Schwimmbad; Miethütten. **V & E für Wohnmobile. Motel** mit einladendem Restaurant.

Dovreskogen

Camping Dovreskogen [N61° 55' 44.79" E9° 19' 2.77"], Tel. +47 99 22 37 73; http://dovreskogencamping.no; 1. Juni – 15. Okt.; nördlich des Ortes; ebene Wiese jenseits der E6 am Ostufer des Lågenflusses; ca. 1 ha – 20 Stpl.; Miethütten ** - ****.

Rast- und Picknicktplatz [N61° 54' 38.74" E9° 21' 41.09"] an der E6, 2 km südl. von Dovreskogen; STATOIL-Tankstelle, V & E Station, WC, Cafeteria, Motel, Campingmöglichkeit.

lange die traditionelle Residenz der norwegischen Könige auf ihren Reisen in nördliche und westliche Landesteile war.

In **Dovre** zählt die schiefergedeckte **Kirche [N61° 59' 18.17" E9° 14' 51.02"]** von 1740 zu den Sehenswürdigkeiten.

Landschaftlich reizvoll ist ca. 15 km südöstlich von Dovre die tiefe **Rosti Schlucht** mit Wasserfällen, unterhalb der Straßentrasse, in waldreicher Berglandschaft.

Abstecher in die Rondane-Berge

Rund 20 km südlich von Dovre zweigt von der E6 nach Nordosten eine Serpentinenstraße bergwärts ins ca. 8 km entfernte **Høvringen [Parkplatz, WP 213 / N61° 53' 18.82" E9° 28' 33.78"]** ab. Im Laufe der Jahrzehnte hat sich diese Hochalmsiedlung in der herrlichen Natur der Rondane-Berge zu einem viel besuchten Wander- und Skigebiet entwickelt. Neben einer Reihe teils recht anspruchsvoller Wanderwege findet man hier viele Beherbergungsbetriebe, von der einfachen Berghütte mit Selbstverpflegung bis hin zum Gebirgshotel mit allem Komfort (www.nasjonalparkriket.no/en/).

HAUPTROUTE

*ROUTE: Weiterreise auf der E6 südostwärts Richtung **Otta**.*

Die alten Höfe **Laurgård** und **Romundgård** bei **Nord-Sel [N61° 50' 56.09" E9° 25' 18.68"]**, westlich der E6 an der Vågårustistraße gelegen, spielen im **Roman „Kristin Lavransdatter"** der norwegischen Schriftstellerin Sigrid Undset (1882 – 1949) eine Rolle.

Kurz vor der Kirche von Nord-Sel zweigt die Zufahrt zum ganz in der Nähe gelegenen **Jørundgård Mittelalterzentrum** ab *(geöffnet 9. Juni - 19. Aug. tgl. 10 - 17 Uhr; www.jorundgard.no)*.

Otta, eine Kleinstadt mit rund 1.700 Einwohnern im oberen Gudbrandsdal, liegt am Zusammenfluss des Otta- und des Lågenflusses. Wichtige Erwerbszweige sind Holz-, Schiefer- und Milchverarbeitung. „Otta" ist eine altnorwegische Bezeichnung für „der Bedrohliche", womit hier wohl der Ottafluss gemeint war.

Otta ist ein guter Ausgangspunkt für Touren in das **Rondanegebirge** (Nationalpark, ausgezeichnetes Wandergebiet nordöstlich von Otta.

Mit dem Auto kann man ab Otta über die Rondanestraße, eine steile, gut befahrbare Serpentinenstraße, bis hinauf zur **Mysuseter [N61° 48' 33.09" E9° 40' 53.82"]** (13 km, mehrere Berghotels und Gasthöfe) fahren.

*ROUTE: Von Otta auf der R15 westwärts über **Vågåmo** nach **Lom** (62 km).*

PRAKTISCHE HINWEISE - OTTA

Otta Turistkontor [N61° 46' 18.57" E9° 32' 12.36"], Otta Skysstasjon, Bahnhof Otta, Ola Dahlsgata 1, 2670 Otta, Tel. +47 61 24 14 44; www.nasjonalparkriket.no/en/otta-tourist-information-centre/. *Geöffnet Mo - Fr 8 - 16 Uhr.*

HOTELS

Grand Gjestegård, 20 Zi., Ola Dahls Gate 313, Tel. +47 61 23 12 00, Restaurant.
Norlandia Hotel Ottall, 85 Zi., Ola Dahls Gate 7, Tel. +47 61 21 08 00; www.otta.norlandia.no; Restaurant, Sauna, Parkplatz.

CAMPING

Camping Otta og Motel [N61° 46' 18.40" E9° 30' 39.02"], Veggumsvegen 103, Tel. +47 61 23 03 09; www.ottacamping.no; 1. Mai – 15. Okt.; westl. Otta, im Zentrum Abzweig bei der ESSO-Tankstelle (nicht über R15!); zum Südufer des Ottaflusses geneigte Wiesen; ca. 1,5 ha – 80 Stpl.; Standardsanitärausstattung; Laden; Miethütten. **V & E für Wohnmobile.** Fremdenzimmer..
Camping Sæta [N61° 43' 41.38" E9° 32' 39.59"], Tel. + 47 99 00 96 58; www.saeta.no; 15. Mai – 15. Sept.; ca. 5 km südl. Otta, an der E6; Wiesen am Lågen-Fluss; ca. 1 ha – 40 Stpl.; Miethütten ** - ***.

Die Stabkirche in Lom

Lom – Die große Sehenswürdigkeit des heute stark vom Fremdenverkehr geprägten Ortes ist die **Stabkirche von Lom [Parkplatz, WP 214 / N61° 50' 20.5" E8° 33' 59.3"]** im nordwestlichen Ortsbereich an der Rv15 *(geöffnet 15. Mai - 11. Juni + 4. - 24. Sept. tgl. 10 - 16 Uhr; 12. Juni - 20. Aug. tgl. 9 - 19 Uhr; 21. Aug. - 3. Sept. tgl. 9 - 17 Uhr; www.stavkirke.no).*

Die Kirche entstand im 12. Jh. als Basilikabau unter Anlehnung an romanische Stilelemente, was sich an den Rundbögen der Portale und im Mittelschiff zeigt.

Markant im sehr harmonischen äußeren Erscheinungsbild der Kirche ist der hohe, spitze Turm.

Im Inneren sind die Holzsäulen, die das hohe Mittelschiff bilden und das Dach tragen, durch sog. Andreas-Kreuze verbunden. Sie stellen gleichzeitig ein schmückendes Element der interessanten Holzarchitektur dar.

Im 16. Jh. wurde die Kirche von Lom durch Querschiffe erweitert und erhielt so eine Kreuzform. In jener Zeit wurde auch der heute sichtbare Turm errichtet. Innen sind die Schnitzereien an der Chorschranke, die Malereien an der Holzdecke im Chorraum, der Altar und die Barockkanzel mit Akanthusschnitzerei aus dem späten 18. Jh. sehenswert. Die Kanzel wurde von Jacob Sæterdalen, einem lokalen Künstler, gearbeitet. Die Gemälde stammen von Eggert Munch aus Vågå, der sie Anfang des 18. Jh. gemalt haben soll.

Interessant ist ein Besuch im **Lom Bygdemuseum Presthaugen [N61° 50' 17.1" E8° 33' 48.4"]** *(geöffnet Ende Juni - Anf. Aug. Di - So 11 - 16 Uhr; www.gudbrandsdalsmusea.no/avdelingar/lom-bygdemuseum/)* besteht aus mehreren alten Gebäuden eines Loms-Hofs, aus Speichern, Stallungen, Austraghäusern. All diese historischen Blockhäuser stammen aus der Umgebung von Lom. Sie zeigen, wie ein typischer Loms-Hof im 18. Jh. ausgesehen haben mag. Von historischer Bedeutung ist die **Olavsstugu**, ein kleines Blockhaus am inneren Hofplatz im Freilichtmuseum. Der Überlieferung nach soll hier König Olav Haraldssohn auf seinen Reisen übernachtet haben.

Eine der neueren Attraktionen in Lom ist das **Norsk Fjellmuseum – Jotunheimen Nasjonalparksenter [N61° 50' 16.74" E8° 33' 57.54"]**, das Norwegische Gebirgsmuseum *(geöffnet 15. Mai - 25. Juni + 21. Aug. - 8. Okt. Mo - Fr 9 - 16 Uhr; 26. Juni - 20. Aug. bis 19 Uhr; www.norskfjellsenter.no).* Im Museum, das ganz in der Nähe der markanten Stabkirche liegt, ist auch die **Touristeninformation** untergebracht.

Die Ausstellungen in dem vorwiegend naturhistorischen Museum befassen sich mit nahezu allen Aspekten der interessanten norwegischen Bergwelt von der Ökologie bis hin zur Kulturgeschichte ihrer Bewohner.

Im **Fossheim Steinsenter**, einer umfangreichen Mineraliensammlung, erfahren Sie alles über die Gesteinsarten und Mineralien der Region *(geöffnet Mai - Sept. tgl. 10 - 16 Uhr, im Sommer bis 18 Uhr; www-fossheimsteinsenter.no)*. Angeschlossen ist eine Werkstatt für Kunsthandwerk und Schmuck.

Mein Tipp: Bei ausreichend zur Verfügung stehender Zeit ist ein Ausflug von Lom westwärts auf der R15 hinauf in die **Bergwelt des Sognefjell** ein Muss.

CAMPING – LOM

Camping Nordal Turistsenter [Zufahrt, WP 215 / N61° 50‘ 17.0“ E8° 34‘ 11.1“], Tel. +47 61 21 93 00; www.nordalturistsenter.no; 15. Mai – 15. Sept.; an der Rv15 am östl. Ortsrand, Einfahrt bei der ESSO-Tankstelle; meist ebenes Wiesengelände unterhalb der Straße, in Gehnähe zur Lom Stabkirche; ca. 3 ha –120 Stpl.; Komfortausstattung; Sauna, Solarium, Restaurant; **V & E für Wohnmobile** an der Tankstelle; zahlreiche Miethütten ** - ****; **18-Hotel-Zimmer.**

Ein weiterer Campingplatze ist **Lom Camping [N61° 50‘ 00.0“ E8° 33‘ 31.6“],** Sognefjellvegen 27, Tel. +47 61 21 99 50; www.lomcamping.no; Apr. – Anf. Okt.; mit Motel, **V & E für Wohnmobile**, an der R55 am Südwestrand von Lom Richtung Sognefjell.

Stabkirchen

Bis in die heutige Zeit ist Holz eines der beliebtesten Baumaterialien in Norwegen geblieben. Aus dem jahrhundertelangen Umgang mit Holz hat sich schon früh eine Kunstfertigkeit der Verarbeitung und Anwendung dieses Materials herausgebildet. Schlagende Beweise dafür sind die wiedergefundenen schlanken Wikingerschiffe, vor allem aber auch die Stabkirchen.

Im 11. und 12. Jahrhundert muss ein wahrer Bauboom mit Stabkirchen geherrscht haben. In den 200 Jahren entstanden etwa 800 dieser Gotteshäuser. Doch scheinen die Handwerksmeister und Planer damals noch nicht so recht von der Christianisierung durchdrungen gewesen zu sein. Die grausigen Drachenköpfe an den Giebeln und allerlei Fabelgetier, die gerne in Ornamenten an den Portalen dargestellt werden, weisen deutlich darauf hin, dass auch die Mythologie aus Wikingertagen noch lebendig war. Vielleicht sind Kreuz und Drachenkopf auf den Dachgiebeln der Stabkirchen ein Symbol dafür, wie dicht beieinander christliche Lehre und heidnisches Gedankengut im Leben der damaligen Zeit noch lagen.

Der Name **„Stavkirke“** oder **„Stabkirche“** leitet sich von der Konstruktionsweise dieser für Norwegen so typischen Kirchenbauten ab. Auf einen kurzen Nenner gebracht, sind es die auf einem mächtigen, rechteckigen Basis-Bohlenrahmen stehenden, senkrecht nach oben ragenden hölzernen Pfeiler oder „Stäbe“, die zum Sammelbegriff für diese Kirchenbauart führten. Diese „Stäbe“ sind das statische Herz, sie tragen die ganze Konstruktion und bilden gleichzeitig das Kirchenschiff.

Eines der schönsten Beispiele norwegischer Stabkirchen-Baukunst stellt –neben der **Stabkirche von Lom** oder der **Hopperstad-Stabkirche** bei Vik – die **Borgund-Stabkirche** im Lærdal (E16) dar, ein Meisterwerk aus Kiefernholz aus dem 12. Jh. Unversehrt und ohne verändernde Umbauten ist sie aus jener Zeit erhalten geblieben.

An der Außenseite umläuft den gesamten Bau samt Apsis unten ein dachbewehrter „Arkadengang" (Svalgang), der die eigentliche Kirchenwand vor den Unbilden des Wetters schützt und ehemals als Sammel- und Treffpunkt der weit verstreut lebenden Kirchengemeinde diente. Die Bauelemente, auf Nut und Feder gearbeitete Wandbretter, sind zugleich Zierde und lassen die „Handschrift" von Schiffszimmerleuten vermuten.

Die größte Stabkirche in Norwegen, die **Heddal-Stabkirche,** findet sich nahe Notodden in der Telemark. Sie stammt aus dem Jahre 1148 und wurde 1954 renoviert.

Und an der ältesten Stabkirche ganz Norwegens, der in **Urnes** aus dem Jahre 1090, sind eigentümlich verschlungene Fabeltierornamente, teils Pferd, teils Drachen, teils Schlange, noch gut erhalten.

Die Stabkirche von Urnes, Norwegens älteste

TOUR 17: DOMBÅS – TRONDHEIM

Länge der Tour: Rund 200 km, ohne Abstecher und Umwege.

Die Route: Über die E6 und über **Hjerkinn, Oppdal, Berkåk** und **Støren** bis **Trondheim.**

Alternativroute: Über **Røros**.

Reisedauer: Mindestens ein Tag, ohne Wanderungen oder Stadtbesichtigung.

Höhepunkte: **Wandern auf dem Dovrefjell** ** – Wandern im **Trollheimen Gebirge** ** – die **Bergwerksstadt Røros** ** – der **Nidarosdom in Trondheim** *** – der **historische Stiftsgården** ** – das **Häuserensemble am Nidelva** – das **Ringve Musikinstrumentenmuseum** *** bei Trondheim – der Stadtblick von der **Festung Kristiansten** **.

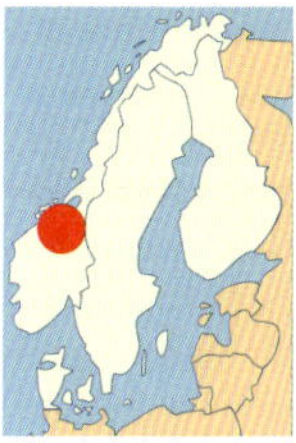

*ROUTE: Ab **Dombås** auf der E6 über **Hjerkinn** nach **Oppdal.***

Hinter Dombås führt die Straße E6 hinauf ins **Dovrefjell**, vorbei an der **Fokstua** in einem Hochmoorgebiet, am Abzweig des „Königsweges“, heute ein beliebter Wanderweg.

Große Teile (256 qkm) des Dovrefjells um den 2.286 m hohen **Snøhetta**, der höchsten Erhebung in dieser Berglandschaft, sind zum **Nationalpark Dovrefjell** erklärt worden.

Etwa 20 km nach Dombås erreicht man den schönen Hotel-Berggasthof **Dovregubbenshall**. Ganz in der Nähe des Gasthofs sieht man eine alte **Steinbrücke**, über die ehemals der „Königsweg“ führte.

Wenige Kilometer weiter passiert man die **Gautåseter Berghütte** und erreicht kurz darauf **Hjerkinn**. Hier zweigt die R29 nach Osten Richtung Folldal ab (Alternativroute über Røros).

Falls Sie auf den nachstehend geschilderten Umweg über Røros verzichten, bitte weiter mit **„Hauptroute“** weiter hinten.

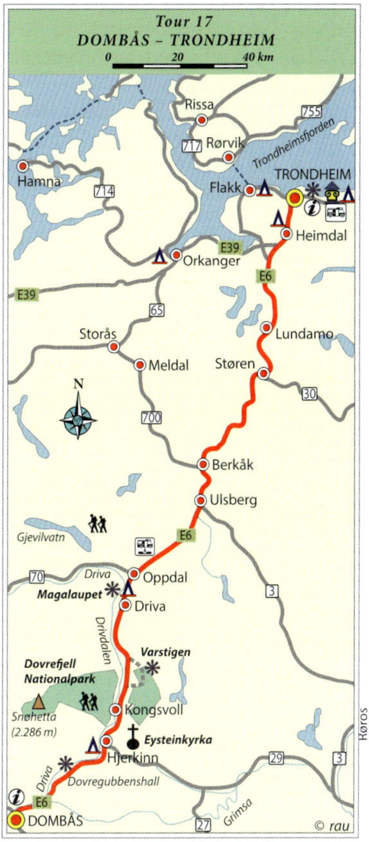

Alternativroute über Røros

*ALTERANTIVROUTE: **Røros** liegt rund 150 km nordöstlich unserer Hauptroute, der E6, und ist über die Straßen R29, R3 und R30 zu erreichen.*

Røros, die alte Grubenstadt Norwegens, entstand ab 1644, als hier von Hans Olsen Aasen auf der Rørosvidda reiche Kupfervorkommen entdeckt worden waren und mit deren Abbau begonnen wurden. Mit seinem profitablen **Røros Kobberverk** (Kupferwerk) wurde das Städtchen im norwegischen Bergland nahe der Grenze zu Schweden rasch zu einem der größten Industriebetriebe Skandinaviens.

In Røros sind noch eine ganze Reihe alter, größerer und kleinerer, recht rustikal wirkender Blockhäuser und Gebäude aus Holz erhalten, in denen viele der Bergarbeiterfamilien lebten. Diese Blockhäuser, ein in dieser Form einmaliges Häuserensemble, geben der **Bergstad,** dem alten Stadtteil von Røros (UNESCO Weltkulturerbe), der sich um das Kupferwerk gruppiert, noch heute ein ganz besonderes Gepräge.

In der **Kupferhütte Smelthytta [N62° 34' 36.86" E11° 23' 26.44"],** in der man über dreihundert Jahre lang Kupfer schmolz, bis der Betrieb 1977 eingestellt wurde, ist heute eine Abteilung des sehenswerten **Rørosmuseet** eingerichtet *(geöffnet 20. Juni - 15. Aug. tgl. 10 - 18 Uhr; übrige Zeit Mo - Fr 11 - 15 Uhr, Sa + So 11 - 14 Uhr; www.rorosmuseet.no/en/).*

*ALTERNATIVROUTE: Ab Røros auf der R30 in nordwestlicher Richtung nach **Støren** (103 km) an der E6 und damit wieder an unsere Hauptroute nach **Trondheim**.*

HAUPTROUTE

*ROUTE: Die E6 führt von Hjerkinn hinab nach **Kongsvoll** und weiter durch das Drivdalen nach **Oppdal** (50 km).*

Knapp 15 km nördlich von Kongsvoll kommt man an der **Kongsvoll Fjellstue [N62° 18' 11.8" E9° 36' 18.4"]** vorbei, einem uralten, traditionsreichen ehemaligen Gehöft, der heute als urig-rustikaler Gasthof **Kongsvold Kro** mit 32 Gästezimmern in schön restaurierten Holzhäusern fungiert *(Tel. + 47 90 08 48 02; www.kongsvold.no).*

Die E6 führt weiter durch das schöne **Drivdalen** mit dem tosenden Wildbach Driva.

Nach rund 9 km führt rechts der Straße der alte Weg **Vårstigen [WP 216 / N62° 22' 54.2" E9° 38' 26.8"]** bergwärts (Parkplatz mit Toilette). Der 1182 erstmals erwähnte Gebirgssteig galt lange als gefährlichster Teil des Königsweges nach Trondheim. Heute ist der Vårstigen ein rund 7 km langer Wanderweg mit herrlichen Ausblicken ins Drivdalen.

Das Drivdalen ist bekannt für seine Schiefersteinbrüche. Es heißt, dass der Drivdalschiefer als einziger in der Welt beim Brechen eine so schöne Bruchkante ergibt, dass er ohne große

PRAKTISCHE HINWEISE – RØROS

Røros Turistinformasjon [N62° 34' 29.29" E11° 22' 58.08"], Peder Hiortsgata 2, 7374 Røros, Tel. +47 72 41 00 00; www.roros.no/de/. *Geöffnet Mitte Juni - Mitte Aug. Mo - Sa 9 - 18 Uhr, So 10 - 16 Uhr, übrige Zeit Mo - Fr 9 - 15.30 Uhr, Sa 9 - 15.30 Uhr.*

HOTEL

Bergstadens Hotell, 89 Zi., Osloveien 2, Tel. +47 72 40 60 80; www.bergstaden.nochoice.no; Bar, Restaurant, Nachtclub. Parkplatz.

CAMPING

Camping Håneset [N62° 34' 1.97" E11° 21' 12.57"], Havsjøveien 131, Tel. +47 72 41 06 00; 1. Jan. – 31. Dez.; Wiesengelände; rund 2 km südlich des Ortszentrums, zu erreichen über die R30; ca. 1 ha – 50 Stpl.; einfache Standardsanitärausstattung. Miethütten ** - ****.

Camping Bergstaden, Johan Falkbergets Vei 34, Tel. +47 72 41 15 73; 1. Mai - 30. Sept.; an der R30, etwa 1 km nördlich von Røros; ca. 1,5 ha – 50 Stpl.; einfache Standardsanitärausstattung. Miethütten.

Nachbearbeitung z. B. als Treppenstufen verwendet werden kann.

12 km südlich von Oppdal und nördlich vom Engan Bahnhof findet man die **Schlucht Magalaupet [N62° 30' 3.39" E9° 35' 18.62"]** mit einem tosenden Wildbach, der hier als einstiger Gletscherabfluss mehrere sog. Strudellöcher oder **„Gletschermühlen"** geformt hat.

Oppdal, eine Gemeinde mit rund 3.500 Einwohnern, am Abzweig der Westverbindung R70 von der E6 gelegen, ist das Zentrum des hiesigen Schieferabbaus. Größere Holzverarbeitungsbetriebe.

Zudem ist Oppdal ein gern besuchter Wintersportort mit zahlreichen Liftanlagen, ca. 45 km Abfahrtspisten und insgesamt mehr als 180 km Langlaufloipen, 12 km davon beleuchtet. Wintersaison ist von Ende November bis Ende April.

Seit kurzem bildet sich Oppdal mehr und mehr zu einem Zentrum jüngerer Sportarten aus, wie Drachenfliegen von den umliegenden Bergen oder River-Rafting durchs Drivdalen zum Beispiel. Organisierte Touren.

Zu den Sehenswürdigkeiten des Ortes zählt das **Oppdal Freilichtmuseum [N62° 35' 55.1" E9° 42' 11.1"]** *(geöffnet 25. Juni - 20. Aug. Do + Fr 11 - 15 Uhr, So 11 - 16 Uhr; www.oppdalsmuseet.no/deutsch-sprache/)* im Museumsvegen nördlich des Stadtzentrums. 25 historische Holzgebäude, Bergbauernhöfe, Scheunen, Mühlen, Vorratshäuser etc. geben Einblick in das ländliche, bäuerliche Leben vergangener Jahrhunderte. Beachtung verdient auch die **Kirche von Oppdal**, ein Holzbau mit kreuzförmigem Grundriß aus dem Jahre 1651. Die Kirche liegt etwa drei Kilometer westlich des Stadtzentrums an der R70.

Unterhalb der Kirche ist das **Gräberfeld von Vang** zu erkennen. Aus den annähernd 1.000 Hügelgräbern (die meisten stammen aus dem 6. Jh.) wurden zahlreiche eisenzeitliche Funde geborgen.

Bei längerem Aufenthalt mit der Absicht zu Bergwanderungen empfiehlt sich ein Abstecher in das **Trollheimen Gebirge** nordwestlich von Oppdal.

Einer der zentralen Ausgangspunkte für Bergwanderungen ist die **Gjevilvasshytta [N62° 41' 50.97" E9° 25' 13.03"]** am von Bergen umrahmten See Gjevilvatnet. Die Gebirgshütte ist bewirtschaftet und kann mit dem Auto erreicht werden. Abzweig ca. 10 km westlich von Oppdal, in **Festa bru**, von der R70 nordwärts und über eine Mautstraße zur Hütte.

Die Wandermöglichkeiten durch das Trollheimen sind überaus vielfältig und werden eigentlich nur von der Ausdauer des Wanderers und von der zur Verfügung stehenden Zeit beschränkt.

*ROUTE: Von Oppdal auf der E6 über **Fagerhaug, Ulsberg, Berkåk** und **Støren** (Einmündung der R30 aus Røros) nach **Trondheim**, 115 km.*

Rund 15 km nördlich von Oppdal passiert man in **Fagerhaug** den **Oppdalporten Rast- und Picknickplatz [WP 217 / N62° 39' 25.4" E9° 52' 52.5"]**, mit Picknicktischen, Toiletten, Gasthaus, Motel, Tankstelle, Stellplatz und **V & E für Wohnmobile.**

CAMPING BEI OPPDAL

Camping Magalaupe [N62° 29' 46.86" E9° 34' 58.59"], Tel. + 47 72 42 46 84; www.magalaupe.no; 1. Jan. - 31. Dez.; etwas abseits und unterhalb der E6 und der Bahnlinie gelegen; langgestreckte Wiese in schöner, aber geräuschvoller Lage am Driva Gebirgsfluss, zur Magalaupet-Klamm ca. 1 km; ca. 1,5 ha – 50 Stpl.; Kiosk; **V & E für Wohnmobile**. Miethütten ** - ****.

Camping Smegården [N62° 32' 3.37" E9° 37' 31.71"], Driva, Tel. + 47 91 67 47 50; www.smegarden.no; 1. Jan. – 31. Dez.; an der E6, ca. 8 km südl. Oppdal; Wiesen im weiten Drivdal; ca. 2 ha – 60 Stpl.; Standardsanitärausstattung; **V & E für Wohnmobile;** Miethütten.

Fast in der Mitte Norwegens, wenn man die Nord/Süd-Ausdehnung des Landes betrachtet, liegen die *Provinzen Süd-* und *Nord-Tröndelag*. Hauptverwaltungsort, kulturelles und wirtschaftliches Zentrum dieser Region mit großer Vergangenheit ist Trondheim.

Mit annähernd 168.000 Einwohnern ist **Trondheim** die drittgrößte Stadt Norwegens.

Trondheim, das auf eine mehr als 1.000-jährige Geschichte zurückblicken kann – 1997 feierte man 1.000-jähriges Jubiläum – liegt am Südufer des weit ins Landesinnere reichenden Trondheimsfjords, dort wo der Fluss Nidelva in den Fjord mündet.

Im Jahre 997 gründete der junge, gerade erst zum Christentum bekehrte Wikingerkönig **Olav Tryggvasson** an der Mündung des Nidelva seinen Königshof **Nidaros**. Rasch entwickelte sich eine Stadt mit prosperierendem Hafen, die bald das Machtzentrum des Königreichs wurde. Der Einfluss der Wikinger reichte damals über England und Frankreich bis ins Mittelmeer und über Island und Grönland bis an die Küste Nordamerikas.

Nur drei Jahre nach der Stadtgründung fällt Olav Tryggvasson im Kampf gegen dänische und schwedische Truppen.

Ihm folgt auf dem Thron König **Olav II. Haraldsson**, ein leidenschaftlicher Verfechter des Christentums. Er fällt nach 30jähriger Regentschaft am 29. Juli 1030 bei **Stiklestad** im Kampf für die neue Religion, die zur Staatsreligion ernannt wird. Olav II., nun mit dem Beinamen „der Heilige" versehen, wird in Nidaros beigesetzt. Sein Mythos ist so groß, dass er bald Norwegens Nationalheiliger wird. Das Grab Olavs des Heiligen wird Mittelpunkt eines ausgeprägten Pilgerkults und eines rasch erstarkenden kirchlichen Machtzentrums.

1070 wird an der Stelle des Olavsgrabes der Grundstein zur Kathedrale gelegt.

1152 wird Trondheim Sitz der norwegischen Erzbischöfe. Die nun von der Stadt am Nidelva ausgehenden weltlichen wie religiösen Impulse prägen die Entwicklung des ganzen Landes, die einerseits erst mit der Dänenherrschaft Ende des 15. Jh., andererseits mit der Reformation 1537 enden.

Schon während der Union mit Dänemark (1397 – 1814) beginnt die politische Ausstrahlung der Stadt zu schwinden. Nidaros wird unter der Dänenherrschaft umbenannt in **Tronthjem**. Und mit der Entmachtung der Trondheimer Erzbischöfe in der Zeit

Trondheim, Blick über den Nidelva zum Nidarosdom

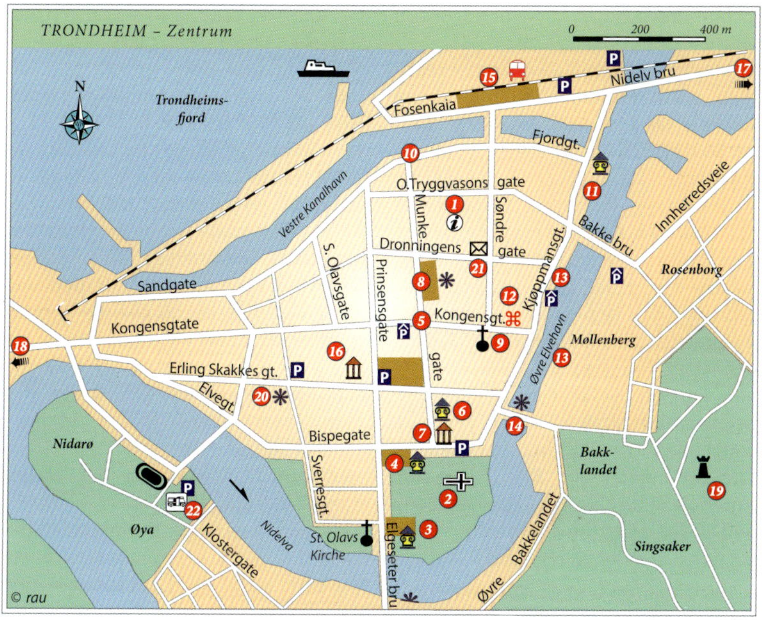

*TRONDHEIM – **1** Information – **2** Nidarosdom – **3** Erzbischofspalais – **4** Kunstgalerie – **5** Torvet, Marktplatz, Tryggvasson Denkmal – **6** Kunstindustriemuseum – **7** Rathaus – **8** Stiftsgården – **9** Vår Frue Kirke – **10** Ravnkloa, Munkeholmfähre – **11** Seefahrtmuseum – **12** Kirchenruine – **13** Bryggene, alte Speicherhäuser – **14** Gamla Brua – **15** Bahnhof – **16** Trøndelag Theater – **17** zum Musikinstrumentenmuseum Ringve – **18** zum Volksmuseum – **19** Festung Kristiansten – **20** Museum der Universität Trondheim – **21** Postamt – **22** Wohnmobil-Stellplatz*

der Reformation sinkt die Bedeutung der Stadt weiter. Selbst das Symbol des Christentums im Norden, der Nidaros Dom, beginnt zu verfallen.

Bis ins 17. Jh. war Trondheim eine Stadt aus Holz gebaut, mit engen Gassen („Veitene") zwischen den Häuserzeilen. Feuer waren häufige Heimsuchungen. Bei der Feuersbrunst von 1681 wurde nahezu die ganze Stadt ein Raub der Flammen.

Wirtschaftlich lebt Trondheim immer schon von seinem Hafen, von der Handelsschifffahrt, vom Fisch-, Holz- und Kupferexport. Die alten Speicher- und Handelshäuser am Nidelva zählen heute zu den Sehenswürdigkeiten der Stadt.

Prosperität und wirtschaftlicher Aufschwung, der vor allem nach der Loslösung von Dänemark 1814 wieder einsetzte, ermöglichten auch Einrichtungen des gesellschaftlichen Lebens. So wurde 1861 das „Norwegische Theater in Trondheim" eröffnet, das viele Jahre hindurch seinen festen Platz in der Theaterwelt behauptete. Aber die Theatertradition der Stadt ist noch älter. Schon 1803 wurde in Trondheim das erste öffentliche Theater Norwegens eingerichtet.

Die Zufahrt zu Trondheims Innenstadt ist **mautpflichtig!**

Parken an Parkuhren an der Straße ist bei Stadtbesichtigungen etwas problematisch, weniger weil man keinen Platz findet, sondern vielmehr weil die Parkdauer an vielen Parkuhren auf 30 Minuten beschränkt ist.

Besser ist es, einen **Straßenparkplatz mit Parkscheinautomat** (z. B. am Hauptbahnhof Sentralstasjon) zu finden. Bei Parkscheinautomaten darf (je nach Gegend) bis zu fünf Stunden geparkt werden. Generell ist Parken an der Straße nur an Plätzen erlaubt, die mit „P mot avgift" (gebührenpflichtiges Parken) beschildert sind!

Wohnmobilfahrer können versuchen, einen **Parkplatz/Stellplatz beim Stadion [WP 219 / N63° 25' 34.71" E10° 22' 56.03"]** in Gehnähe zur Innenstadt zu ergattern.

Sollten Sie Trondheim lieber auf einer **Tour mit dem Fahrrad** kennenlernen wollen, was an einem sonnigen Sommertag sicher ein Vergnügen sein kann, ist das kein Problem. Die Stadt bietet ihren Einwohnern einen Service, den auch Touristen in Anspruch nehmen können. An bestimmten belebten Orten und zentralen Plätzen der Stadt findet man zwischen Mai und Oktober Fahrradständer mit **Stadtfahrrädern (Bysykkels)**. Nähere Infos über Standorte und Preise gibt's im Touristenbüro und bei www.bysykler.no/en-trondheim.

Wir beginnen unseren **Stadtrundgang** durch die Innenstadt von Trondheim an der **Nidaros Domkirche (2) [N63° 25' 36.75" E10° 23' 43.07"]**. *Geöffnet Jan. - Apr. Mo - Sa 9 - 14 Uhr, So 13 - 16 Uhr; Mai Mo - Fr 9 - 15 Uhr, Sa 9 - 14 Uhr, So 13 - 16 Uhr; Juni - Aug. Mo - Fr 9 - 18 Uhr, Sa 9 - 14 Uhr, So 13 - 17 Uhr; Sept. - Dez. Mo - Sa 9 - 14 Uhr, So 13 - 16 Uhr. Der Turm ist von Anfang Juni - Mitte Aug. geöffnet, separater Eintritt. Orgelkonzerte im Sommer tgl. a. So 13 Uhr. Juni - Aug. tägliche Führungen in deutscher Sprache. Besucherzentrum mit Laden und Café neben dem Dom; www.nidarosdomen.no.*

Die Nidaros Domkirche ist eines der größten mittelalterlichen Sakralbauten in Nordeuropa und Wahrzeichen der Stadt. Begonnen wurde mit dem Bau um 1070, als über dem Grab Olavs des Heiligen eine Kathedrale entstehen sollte. Unterbrochen durch Brände und andere Widrigkeiten, war der Dom um 1320, nach 250 Jahren, fertiggestellt.

Neben den kunstvollen Glasfenstern verdient vor allem die Westfassade mit ihrem reichen Figurenschmuck (Heilige, Könige und Bischöfe) Beachtung.

1814 erkor die Verfassungsgebende Versammlung zu Eidsvoll den Nidaros Dom zum Symbol der neuen Norwegischen Nation und legte fest, dass der Dom, wie schon im Mittelalter, wieder die Krönungskirche aller zukünftigen norwegischen Könige sein sollte.

Südlich vom Dom schließt sich der Gebäudekomplex des **Erkebispegården [N63° 25' 33.91" E10° 23' 47.32"]**, des **Erzbischöflichen Palais (3)** an. Dieses älteste, nicht sakrale Bauwerk in Norwegen entstand im 12. Jh. und war bis zur Reformation die Residenz des Erzbischofs. Die diversen Gebäudeflügel des weitläufigen Anwesens werden heute für unterschiedliche Zwecke genutzt *(geöffnet Mitte Juni - Mitte Aug. Mo - Fr 10 - 17, Sa 10 - 15, So 12 - 16 Uhr, übrige Zeit bis 14 Uhr geöffnet und Mo + Di geschlossen).*

In einem Flügel ist im ehemaligen Zeughaus die sog. **„Rüstkammer"** mit dem **Museum der Widerstandsbewegung**.

Im Südflügel des Bischofspalais ist das als „Museum des Jahres" ausgezeichnete **Museum** eingerichtet. Ausgestellt sind u. a. die Originalskulpturen des Nidaros Doms und archäologische Funde, darunter die Münzwerkstatt des Erzbischofs.

Einen Höhepunkt unter den Exponaten im Erzbischöflichen Palais stellt die Ausstellungen der **norwegischen Reichsinsignien** dar die in einem mittelalterlichen Gewölbe der Residenz ausgestellt sind *(geöffnet Anf. Juni - Anf. Aug. 9 - 17.30 Uhr, Sa 10 - 15 Uhr, So 12 - 16 Uhr; übrige Zeit Mo - Fr 10 - 15 Uhr, Sa 11 - 15, So 12 - 16 Uhr)*. Zu sehen ist die norwegische Krone, Krönungsmantel und andere Krönungsinsignien, die für die Norweger einen sehr großen symbolischen Wert haben.

Im Nordflügel schließlich, dem ältesten Teil des Gebäudes ist die **Erzbischöfliche Residenz** mit der großen Halle und den Privatgemächer der Bischöfe zu besichtigen *(Führungen auf Norwegisch und Englisch).*

Westlich, neben dem Nidaros Dom, findet man in der Bispegata 7b die **Galerie** des städtischen Kunstvereins **„Trondhjems Kunstforening" (4)** *(geöffnet Di - So 12 - 16 Uhr)*. Vornehmlich werden Arbeiten norwegischer Künstler aus dem 19. Jh. bis in unsere Zeit gezeigt.

Vom Dom gehen wir die breite Munkegate (links gleich das **Rathaus**, Munkegate 1 - 7 **[N63° 25' 41.05" E10° 23'**

47.13"]) stadteinwärts. Im Haus Nr. 5 auf der rechten Seite ist das **Nordenfjeldske Kunstindustriemuseum (6) [N63° 25' 43.31" E10° 23' 45.93"]**, das Nationalmuseum für Kunsthandwerk, untergebracht *(geöffnet 1. Juni - 20. Aug. Mo - Sa 10 - 17 Uhr, So 12 - 17 Uhr, übrige Zeit bis 15 Uhr; https://nkim.no/)*. Gezeigt werden erlesene Möbel, Silber-, Glas- und Keramikgegenstände.

Wir gehen weiter bis zum zentralen Marktplatz **Torvet (Torget - 5 -) [N63° 25' 49.09" E10° 23' 42.59"]** (großes Einkaufszentrum mit 37 Geschäften). Dort sieht man auf einer hohen **Steinsäule** das Standbild des Stadtgründers Olav Tryggvasson. Rund um den Torvet findet man Geschäfte, Supermärkte, Einkaufszentren, Restaurants.

Unser Stadtspaziergang führt uns über den Marktplatz an dessen Nordseite. Dort folgen wir weiter der Munkegate. Nach wenigen Metern sieht man an der rechten (östlichen) Straßenseite den **Stiftsgården (8) [N63° 25' 53.53" E10° 23' 40.99"]** *(geöffnet 1. Juni - 20. Aug. Mo - Sa 10 - 15, So 12 - 15 Uhr, Führungen obligatorisch, Start zur vollen Stunde)*. Dieses stattliche Patrizierpalais ließ sich um 1775 die als ehrgeizig geschilderte Witwe Geheimrätin Cecilie Christine Schøller errichten. Der mächtige Bau gilt als das größte Holzgebäude in ganz Nordeuropa. Es dient heute noch als königliche Residenz, wenn sich der Monarch in Trondheim aufhält. Für Besucher ist der Stiftsgården dann geschlossen!

Am Ende der Munkegate, am Hafen, liegt die Fischmarkthalle **Ravnkloa (10)**. Dort findet man auch die Anlegestelle der Boote zur Insel Munkholmen **[N63° 26' 2.22" E10° 23' 34.87"]**.

Zurück bis zum Torvet. Dort folgen wir der Kongensgate nach Osten. Rechts erkennt man den gedrungenen Bau der Liebfrauenkirche **„Vår Frue Kirke" (9) [N63° 25' 49.40" E10° 23' 51.13"]**. Die Ursprünge dieses Kirchenbaus gehen zurück bis ins 13. Jh.

Die Kongensgate mündet in die Kjøpmannsgate am Fluss Nidelva. Man kann nun nach Norden bis zum **Trondhjems Sjøfartmuseum (11) [N63° 26' 4.05" E10° 24' 17.85"]**, Fjordgata 6A, gehen *(geöffnet 1. Juni - 31. Aug. Mo - Fr 9 - 14 Uhr, Sa + So 12 - 16 Uhr; 1. Sept. - 31. Mai Mo geschlossen; www.trondheimsjofart.no)*. Das Seefahrtmuseum ist im ehemaligen „Sklaveriet", Trondheims altem Zuchthaus aus dem 18. Jh., untergebracht. Das relativ kleine Museum hat schöne Sammlungen von Schiffsmodellen,

Ein malerisches Gebäudeensemble, Trondheims Speicherhäuser am Nidelva

Galionsfiguren und Gerätschaften zur Navigation.

Wir gehen die Kjøpmannsgate nach Süden und kommen dabei an den alten **Speicherhäusern (13) [N63° 25' 51.6" E10° 24' 11.8"]** am Nidelva vorbei. Viele der Holzbauten sind schön restauriert und beherbergen Gaststätten, wie das „Dickens" oder das „Havfruen", sowie Büros und Läden.

An der **Gamle Bybrua (Alte Stadtbrücke - 14 -) [N63° 25' 41.92" E10° 24' 2.37"]**, die wegen des schön gearbeiteten Holzportals nicht zu verkennen ist, vorbei und über die Bispegate zurück zum Dom.

Sehenswertes außerhalb des Stadtzentrums von Trondheim

Westlich der Stadt, in **Sverresborg**, findet man das **Trøndelag Folkemuseum [Parkmöglichkeit, N63° 25' 16.28" E10° 21' 24.85"]** *(geöffnet tg. 10 - 17 Uhr; www.sverresborg.no)*. Das Freilichtmuseum mit annähernd 60 typischen alten Gebäuden aus Trøndelag gruppiert sich um die Reste der von König Sverre im 12. Jh. errichteten Burg Sion.

Großgehöfte, Stadthäuser, alte Werkstätten u. a. sind hier wieder aufgebaut worden. Und natürlich gibt es auch eine echte Stabkirche zu sehen, nämlich die „Haltdalen Stabkirche", die aus dem Jahre 1170 stammt.

Das **Ringve Museum [Parkmöglichkeit, N63° 26' 50.14" E10° 27' 18.86"]**, Norwegens Nationalmuseum für Musik und Musikinstrumente, liegt in **Lade**, Lade Allé 60, 4 km nordöstlich von Trondheim *(geöffnet Ende Juni - Mitte Aug. tgl. 11 - 17 Uhr, übrige Zeit bis 15 Uhr; www.ringve.no)*.

Das im „Ringve Gård", einem stattlichen Gutshof aus dem 17. Jh. untergebrachte Museum befasst sich fast ausschließlich mit Musikinstrumenten. Die interessanten, seltenen und oft auch recht exotisch anmutenden Instrumente stammen aus allen Teilen der Welt.

Das Museum besteht aus zwei Teilen, die in zwei Gebäuden, die sich um den Innnenhof des Herrensitzes gruppieren, untergebracht sind. Es handelt sich einmal um **„Das Museum im Hauptgebäude"** (vornehmlich historische und recht kostbaren Musikinstrumente) und zum anderen um **„Das Museum im Heuboden"** (Stationen der Musikgeschichte von der „Erfindung des Klaviers" über die Abteilungen „Jazz, Hot & Swing" oder „Rock & Pop" bis zur „Hausmusik").

Die **Festung Kristiansten (19) [Parkplatz, N63° 25' 36.25" E10° 24' 43.71"]** ist auf einer Anhöhe östlich der Stadt gelegen. Schon von weitem sieht man den massigen, weißen Turm der Anlage von 1681. **Schöner Stadtblick** von der Festung. Solange die Flagge auf dem Festungssturm weht, sind die Festungstore geöffnet.

Bootausflug zur „Mönchsinsel"

Zumindest bei längerem Aufenthalt lohnt ein Bootsausflug zur **Insel Munkholmen**. Die „Mönchsinsel" war schon um das Jahr 1000 von Benediktinermönchen besiedelt, die hier ein Kloster – wahrscheinlich das erste im Norden – gegründet hatten. Gefängnis- und Festungsmuseum (Führungen). Im Sommer ist Munkeholmen ein beliebter Ausflugsort mit **Bademöglichkeit** und **Restaurant**.

Von Ende Mai bis Anfang September verkehrt ab Ravnkloa täglich zwischen 10 und 18 Uhr stündlich eine Fähre zur Insel Munkholmen. Halbstündliche Führungen durch die Festung.

PRAKTISCHE HINWEISE – TRONDHEIM

Visit Trondheim, Trondheim Turistinformasjon [N63° 25' 56.8" E10° 23' 51.7"], Nordre gate 11, 7011 Trondheim, Tel. +47 73 80 76 60; www.visittrondheim.no. *Geöffnet Mo - Sa 9 - 18 Uhr, im Sommer tgl. 9 - 18 Uhr! Zeiten veränderlich!*

RESTAURANTS

Havfruen, Kjøpmannsgata 7, Tel. +47 73 87 40 70; www.havfruen.no; renommiertes Fischlokal, gehobene Preislage, beliebte Kellerbar. Sonntag Ruhetag.

Vertshuset Tavern, Sverresborg Allé 11, Tel. +47 73 87 80 70; www.tavern.no; historisches Gasthaus von 1739, einstmals in der Innenstadt, heute beim Trøndelag Freilichtmuseum **im Stadtteil Sverresborg** gelegen. Uriges, rustikales Ambiente, norwegische Küche und traditionsreiche Hausmannskost wie Rømmegrøt (norwegische Spezialität, ein Brei aus Milch, Sauerrahm und Weizenmehl), moderate bis mittlere Preislage.

HOTELS

City Living Schøller Hotel, 50 Zi., Dronningens gt. 26, Tel. + 47 73 87 08 00; www.cityliving.no; zentrale Lage, moderate Preise.

Quality Hotel Augustin, 136 Zi., Kongensgt. 26, Tel. + 47 73 54 70 00; www.hotel-augustin.no; zentral gelegenes Mittelklassehotel, Restaurant, mittlere Preisklasse.

Thon Hotel Prinsen, 81 Zi., Kongensgate 30, Tel. + 47 73 80 70 00; www.prinsen-hotell.no; zentral gelegenes Mittelklassehotel, Restaurant, WLAN, Parkmöglichkeiten.

CAMPING

Flakk/Bosberg

Camping Flakk [N63° 27′ 0.83″ E10° 12′ 0.12″], Flakkvegen 49, Tel. +47 94 05 46 85; www.flakk-camping.no; 1. Mai – 3. Sept.; über R715 ca. 13 km westl. Trondheim, an der Fährstation am Trondheimsfjord; hügelige Wiesen am Fjord; ca. 2 ha – 70 Stpl. + 30 Dau.; einfache Standardsanitärausstattung; Laden, Imbiss; **V & E für Wohnmobile**; Miethütten ** - ***.

Malvik/Vikhammer

Camping Storsand Gård [WP 218 / N63° 25′ 56.9″ E10° 42′ 28.0″], Malvikvegen, Tel. +47 73 97 65 60; www.storsandcamping.no; 15. Mai – 1. Sept.; ca. 15 km östlich von Trondheim, E6 Ausfahrt 45 Richtung Malvik/Vikhammer, nördl. der alten E6 (Trondheim – Narvik) gelegen; von der Rezeption über eine schmale Brücke über eine in einem tiefen Geländeeinschnitt verlaufende Bahnlinie zum Platz; weitläufiges, teils ebenes, teils hügeliges, teils terrassiertes Gelände, durch Baumgruppen, Waldteil und Platzstraßen unterteilt, zum Fjord hin abfallend, dort Terrassen mit befestigten Stellplätzen in ansprechender Lage; im nördlichen Platzteil zahlreiche Miethütten; von den äußeren Stellplätzen teils weite Wege zu den Sanitäranlagen; ca. 12 ha – 220 Stpl. + Dau.; Standardsanitärausstattung. Imbiss, Kiosk, WLAN, **V & E für Wohnmobile;** Miethütten ** - ****.

WOHNMOBIL-STELLPLATZ

Wohnmobil-Stellplatz Bobilparkering Trondheim [WP 219 / N63° 25′ 34.71″ E10° 22′ 56.03″], Krognesgata, Ecke Klostergatavor. **Zufahrt/Lage:** Vor dem Øya Stadion auf der Halbinsel Øya am Nidaelv südwestlich des Stadtzentrums, der Beschilderung „Trondheim Spektrum" folgen. Fußgängerbrücke in die Stadt. Der Platz liegt in Gehnähe zum Nidaros Dom. **Geöffnet:** Ganzjährig. **Gebühr:** Bislang gebührenfrei. **Ausstattung:** Gemischter Parkplatz mit 12 markierten Stellplätzen für Wohnmobile, max. Aufenthalt 24 Std. Keinerlei Sanitär- oder V & E-Einrichtungen, keine Stromanschlüsse. Es soll ein Mindestabstand zwischen den Fahrzeugen von 3 m gehalten werden, was bei der starken Frequentierung aber oft nicht eingehalten wird und dann zu drangvoller Enge führt. Es wird gebeten, auf den Plätzen vor dem Stadion und nicht vor Trondheim Spektrum zu parken!

In Trondheim besteht die **Möglichkeit zum Befüllen von Propangasflaschen** bei ***Propan Senteret [N63° 23′ 53.80″ E10° 24′ 17.06″],*** *Bratsbergvegen 25, 7037 Trondheim, Tel. + 47 73 96 38 00; www.propansenteret.no (in norwegischer Sprache).* Ob dieser Service auch weiterhin bestehen wird, war bis Drucklegung dieser Auflage leider nicht in Erfahrung zu bringen! *Geöffnet Mo - Fr 7 - 17 Uhr, Sa 10 - 14 Uhr.*

TOUR 18: TRONDHEIM – MOSJØEN

Länge der Tour: Rund 390 km über E6. Ohne Abstecher. Die küstennahe Alternativroute via R17 ist ca. 150 km länger, + 1 Fähre.

Die Route: Über die E6 bis **Mosjøen.**

Alternativroute: Über R17 und über **Høylandet, Foldereid** und **Brønnøysund** nach **Mosjøen**.

Reisedauer: Mindestens ein Tag über die E6. Zwei Tage über die R17.

Höhepunkte: Das historische **Stiklestad** * – Blick zum **Berg Torghattan** – **Mosjøens Sjøgata.**

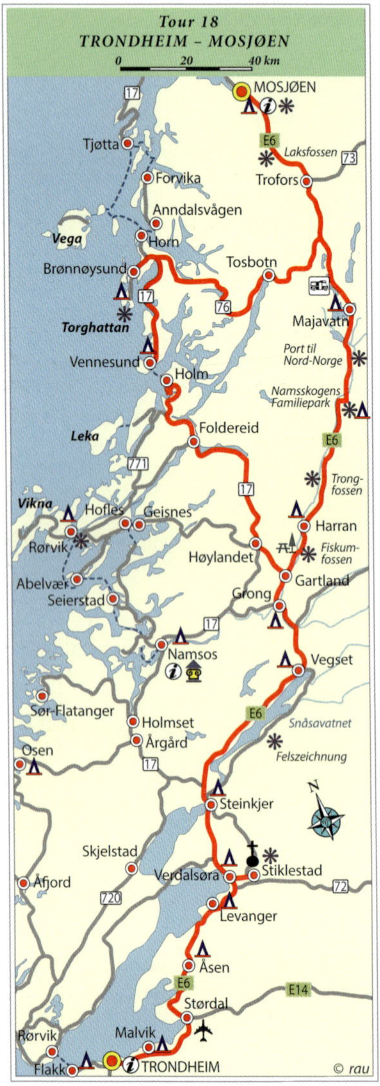

HAUPTROUTE VIA E6

Über die E6 nach Mosjøen

*ROUTE: Unsere **Hauptroute** folgt ab Trondheim der E6 nach Osten. Die zwischen **Runheim** und **Hommelvik** mautpflichtige Straße ist autobahnähnlich ausgebaut. Nach 33 km kommt man durch **Stjørdal** (Flughafen; Abzweig der E14 nach Schweden). Weiterreise auf der E6 nordwärts und über **Åsen** zunächst bis **Verdal/Verdalsøra** (54 km).*

Abstecher nach Stiklestad

*ABSTECHER: In Verdalsøra auf der R757 ostwärts nach **Stiklestad**, ca. 6 km.*

Die kleine, ländliche Gemeinde **Stiklestad** ist ein bekannter Festspielort in Norwegen.

In der historischen **Schlacht von Stiklestad** fiel am 29. Juli 1030 der zum Christentum übergetretene Wikingerkönig Olav II. Haraldsson „der Heilige", im Kampf für den Glauben, für die Einigung des Reiches und gegen den Dänenkönig Knut. Der Überlieferung nach starb König Olav schwer verwundet an einen Stein gelehnt.

Genau an dieser Stelle steht heute die **Stiklestad Kirche [Parkmöglichkeit, WP 220 / N63° 47′ 46.81″ E11° 33′ 39.22″]**. Sie wurde zwischen 1150 und 1180 im romanischen Stil erbaut. Das Taufbecken

CAMPING

Åsen

Camping Gullberget [N63° 37' 22.9" E11° 04' 03.5"], Tel. +47 74 05 61 51; 1. Mai – 31. Okt.; an der alten E6, jetzt Straße 79, ca. 2 km nördl. Åsen; ebene Wiesen hinter einem Wohnhaus, durch Hecken in Stellflächen unterteilt; ca. 1,5 ha – 30 Stpl.; Kiosk, WLAN, Internetecke; Miethütten ** - ****; **V & E für Wohnmobile**.

Levanger

Camping Levanger [WP 221 / N63° 44' 22.24" E11° 16' 44.19"], Tel. +47 40 00 70 06; www.levangercamping.no; 1. Jan. – 31. Dez.; Wiesengelände am südwestlichen Ortsrand an einer Bucht des Trondheimsfjorden, hinter „Levanger Bowling"; ca. 3 ha – 100 Stpl., stark mit Dauercampern belegt; Standardsanitärausstattung; WLAN; Miethütten *****. **V & E** für Wohnmobile.

Verdal

Camping Stiklestad [N63° 46' 23.33" E11° 34' 48.49"], Tel. +47 90 16 66 49; www.stiklestadcamping.no; 1. Mai – 31. Okt.; in Verdalsøra über die R757 ca. 7 km ostwärts, durch Stiklestad; Wiesen am Verdalselva; ca. 2 ha – 80 Stpl.; Miethütten.

stammt noch aus der Gründungszeit der Kirche.

Etwa 400 m von der Kirche entfernt findet man das **Freilichttheater [N63° 47' 48.84" E11° 33' 53.59"]**. Hier wird jedes Jahr um den 29. Juli, dem Todestag König Olavs des Heiligen, und am darauffolgenden Sonntag das *„Olsokspiel"* aufgeführt.

In Verbindung mit dem Olavsfest werden Theatervorstellungen, Konzerte, Seminare und gelegentlich auch ein Mittelaltermarkt veranstaltet.

Unmittelbar beim Freilichttheater dient ein schöner alter Gutshof als **Freilichtmuseum**. Insgesamt kann man 30 gut erhaltene Holzgebäude und Blockhäuser aus dem 17. und 18. Jh. sehen.

Im Haupthaus, das aus dem 18. Jh. und aus der Gegend um Stiklestad stammt, ist ein überaus gemütliches, mit altem Mobiliar ausgestattetes **Café** eingerichtet.

Stiklestad

HAUPTROUTE VIA E6

*HAUPTROUTE: Der weitere Verlauf unserer Reise folgt der E6 von Verdalsøra nach Norden über **Røra, Steinkjer** und am langgestreckten, schön in waldreicher Landschaft gelegenen See **Snåsavatnet** entlang bis **Grong**.*

Im Ortsteil **Egge** nordwestlich von Steinkjer ist im Fylkesmannsgården, einem Gehöft aus dem 19. Jh., das **Egge Museum [N64° 1′ 19.85″ E11° 27′ 57.15″]** eingerichtet *(geöffnet Mitte Juni - Mitte Aug. tgl. 10 - 16 Uhr; https://eggemuseum.no/)*. Dieses Heimat- und Regionalmuseum mit Freilichtabteilung veranschaulicht mit seinen Ausstellungen das Leben der hiesigen Landbevölkerung und der Bauern. Im Obergeschoss ist eine alte Straßenzeile rekonstruiert. In der Nähe des Museums wurde ein Schwert aus der Zeit um 900 n. Chr. gefunden, das heute im Museum in Trondheim zu bewundern ist.

*ROUTE: Ab Grong führt die E6 über **Gartland** und **Harran** durch das bewaldete, landschaftlich sehr reizvolle Namdalen nach Nordosten.*

Achtung Routenalternativen!

Spätestens in Gartland müssen Sie sich entscheiden, ob Sie den schnelleren Weg unserer **Hauptroute via E6**, oder den Weg über die **küstennahe R17** (unsere **Alternativroute über R17**) nehmen wollen.

Der Weg über die Alternativroute ist rund 150 km länger und auch teurer, da zwischen Holm und Vennesund eine Fähre zu benutzen ist, was je nach Länge des Wohnmobils relativ kostspielig ist.

Übrigens: Falls Sie der auf weite Strecken landschaftlich wirklich reizvollen Straße 17 über ihre gesamte Länge von Steinkjer bis nach Løding bei Bodø folgen, befahren Sie die vermutlich teuerste Straße Norwegens. Teuer deswegen, weil Sie unterwegs nicht weniger als sechsmal eine Fähre benutzen müssen. Und für ein Wohnmobil unter 6 m Länge waren dafür zuletzt gut 100 Euro an Fährgebühren zu berappen! Wohnmobilisten mit Fahrzeugen über 6

PRAKTISCHE HINWEISE – STEINKJER

Innherred Turistinformasjon Steinkjer [Parkplatz, N64° 0′ 44.19″ E11° 29′ 28.01″], Sjøfartsgata 2A, 7714 Steinkjer, Tel. +47 74 40 17 16; www.visitinnherred.com. *Geöffnet Mo - Fr 8 - 16 Uhr.*

HOTELS

Quality Hotel Grand, 113 Zi., Kongensgt. 37, Tel. + 47 74 16 47 00; komfortables Mittelklassehotel in zentraler Lage, 2 Restaurant, Sauna.

Best Western Tingvold Park Hotel, 55 Zi., Gamle Konkavei 47, Tel. +47 74 14 11 00; www.tingvoldhotel.no; Restaurant, Sauna, Hotelgarten.

CAMPING:

Steinkjer

Camping Guldbergaunet & Sommerhotell [WP 222 / N64° 1′ 21.80″ E11° 30′ 24.11″], Elvenget 34, Tel. +47 74 16 20 45; www.steinkjercamping.no; 1. Jan. – 31. Dez.; Wiesen am Fluss, östlich des Ortes beim gleichnamigen Hotel; ca. 2 ha – 100 Stpl.; Standardsanitärausstattung; Miethütten *****.

Snåsa

Camping Vegset [N64° 15′ 48.34″ E12° 15′ 58.41″], Tel. +47 93 20 67 54; Ostern – 1. Okt.; an der E6; in ansprechender Lage am Nordostende des Snåsavatnet, neben dem Gasthof Snåsa Kro; Miethütten ** - ****.

Grong

Camping Langnes [N64° 27′ 34.06″ E12° 18′ 46.54″], Tel. +47 47 68 83 33, 1. Mai – 30. Sept.; Zufahrt von der E6 ca. 2 km südlich des Ortes; Wiesengelände in ansprechender Umgebung; ca. 1,5 ha – 50 Stpl.; Standardsanitärausstattung; Kiosk im Sommer, Internetecke. Miethütten ****.

m Länge müssen noch viel tiefer in die Tasche greifen.

Falls Sie sich für die Weiterreise über die E6 entscheiden, bitte weiter mit **„Hauptroute via E6"** weiter hinten.

Alternativroute über R17

ALTERNATIVROUTE R17: Bei ***Gartland*** *von der E6 nordwestwärts auf die R775 bis* ***Høylandet.*** *Hier trifft man auf die R17, der wir nordwärts über* ***Foldereid*** *bis zur* ***Fährstation Holm*** *folgen.*

Foldereid ist ein kleiner Ort an der Brücke über den weit ins Land reichenden, sehr schmalen Meeresarm Indre Folda.

Abstecher nach Rørvik

Ab Foldereid bietet sich ein Abstecher auf der Straße R770 westwärts nach **Rørvik** (55 km) und in die wild zerklüftete Inselwelt von **Vikna** an. Wer weit abgeschiedene Küstenlandschaften liebt, kommt hier auf seine Kosten.

Rørvik (Camping Nesset [N64° 52' 23.0" E11° 15' 46.1"], Tel. +47 74 39 06 60, Mitte Mai – Mitte Sept.; ca. 2 km nördl. der Stadt; einfacher Platz in fast ebener Wiesenmulde mit Stellplätzen zwischen den verstreuten Miethütten; ca 40 Stpl. V&E; Miethütten) liegt sehr hübsch inmitten eines Inselarchipels am Naerøysund.

Besichtigen kann man in Rørvik das **Küstenmuseum „Norveg" [Parkplatz, WP 223 / N64° 51' 36.92" E11° 14' 3.69"]** von Nord-Trøndelag mit der „Woxengs Samlinger", Strandgate 7, *(geöffnet tgl. 10 - 16 Uhr; www.kystmuseetnorveg.no).*

Von Rørvik den gleichen Weg zurück nach Foldereid.

ALTERNATIVROUTE R17: 22 km nördl. von ***Foldereid*** *erreicht die R17 den* ***Fährhafen Holm*** *in der Provinz Nordland.*

Ab **Holm** verkehren laufend **Autofähren nach Vennesund**. Abfahrten zwischen 6 und 22 Uhr bis zu neunmal, Fahrzeit 20 Minuten. Vennesund ist ein kleines, abgeschiedenes Küstendorf auf der Insel Sømna.

Auf der Weiterfahrt über **Vik** (Freilichtmuseum Sømna Bygdetun,

PRAKTISCHE HINWEISE – BRØNNØYSUND

Brønnøysund Turistinformasjon [Parkmöglichkeit, WP 224 / N65° 28' 31.47" E12° 12' 44.05"], Sømnaveien 92, 8900 Brønnøysund, Tel. +47 75 01 80 00; www.visithelgeland.com. *Geöffnet 20. Juni - 14. Aug. Mo - Fr 9 - 19 Uhr, Sa + So 11 - 17 Uhr; übrige Zeit Mo - Fr 10 - 15 Uhr.*

HOTELS

Thon Hotell Brønnøysund, 59 Zi., Svalveien 11, Tel. +47 75 00 89 00; www.thonhotels.no; zeitgemäßes, zentral gelegenes Komforthotel, WLAN, Restaurant, Fahrradverleih. Parkplatz.

CAMPING

Torghattan
Camping Torghatten [N65° 23' 36.2" E12° 5' 57.2"], Tel. +47 75 02 54 95; in der Feriensaison oft stark frequentierte Wiesen bei einem Bauernhof an der Küste, 12 km südwestl. von Brønnøysund beim Berg Torghattan. Einfache Standardsanitärausstattung.

Vennesund
Camping Vennesund [N65° 12' 57.76" E12° 2' 33.80"], Tel. +47 75 02 73 75; www.vennesund.no; 1. Jan. – 31. Dez.; Wiesenhang in ansprechender Lage, im hinteren Platzteil von Wald umgeben, bei einem Gasthaus unmittelbar an der Fähranlegestelle (Cafè, Kiosk); ca. 2 ha – 40 Stpl.; einfache, nicht mehr ganz zeitgemäße Sanitäreinrichtungen; Miethütten *** - ****. Fremdenzimmer. Für jedermann zugängliche **V & E-Station für Wohnmobile** vor der Platzzufahrt.

Hotel, Restaurant) nach Norden hat man nach ca. 25 km bei gutem Wetter einen schönen Ausblick nach Westen auf den 260 m hohen, markanten, abgerundeten **Berg Torghattan**. Mitten durch den Felsen geht ein riesiges Loch (35 m hoch, 15 bis 20 m breit, 160 m tief).

Natürlich ist eine solche Kuriosität von Sagen und Legenden umwoben. Hier heißt es, dass das Loch von einem Pfeil stammt, den der sagenhafte Riese Hestmann auf einer Verfolgungsjagd durch den Berg jagte. Und in der Sagenwelt ist der Berg auch kein Berg, sondern der Hut des Königs von Sømna, der ihn nach aufsässigen Trollen auf der Insel Torget geschleudert haben soll.

Von **Brønnøysund** aus kann man bis an den Fuß des Berges Torghattan fahren. Die Straße endet nach 12 km an einem **Parkplatz [WP 225 / N65° 23' 43.68" E12° 5' 49.31"]** vor dem Campingplatz Torghattan (siehe weiter oben). Es führt ein guter Weg hinauf bis in die Nähe des Lochs, Gehzeit rund 30 Minuten.

*ALTERNATIVROUTE R17: Man kann von Brønnøysund auf der R17 weiter nordwärts reisen (mehrere Fähren). Der Weg unserer Alternativroute aber führt auf der 76 ostwärts durch idyllische Fjordlandschaften nach **Tosbotn** und weiter nach **Brenna** an der E6 (100 km). Auf der E6 weiter nordwärts nach **Mosjøen** (45 km).*

HAUPTROUTE VIA E6

Rund 10 km nördlich von Grong und etwa 4 km vor **Harran** liegt an der E6 ein einladender **Rast- u. Picknickplatz** oberhalb des Namsenflusse mit schöner Aussicht, Picknicktischen und Toiletten.

Etwa auf halbem Wege von Garland nach Harran kommt man am Abzweig zum gewaltigen **Wasserfall Fiskumfossen [Parkplatz, WP 226 / N64° 32' 36.95" E12° 27' 15.79"]** am Namsenfluss vorbei, der trotz des Stauwehrs noch recht imposant ist. Der Namsenfluss ist einer der großen Lachsflüsse in Norwegen. Eine

WOHNMOBIL-STELLPLATZ NÖRDLICH VON MAJAVATN

Camping-Rasteplass Svenningsvatn [WP 227 / N65° 19' 31.1" E13° 22' 42.4"], 17 km nördlich von Majavatn Zufahrt an der E6; ein von der staatlichen Forstverwaltung angelegter **Stellplatz für Wohnmobile und Caravans**. Das relativ große Areal liegt schön am See Svenningsvatnet. Zahlreiche eingeebnete, geschotterte Stellplatzbuchten zwischen Birken und Nadelbäumen mit Platz für **30 Wohnmobile bzw. Caravans**. Es gibt einen Grillplatz mit Hütte, Picknicktische, Mülltonnen und Toiletten. Der Platz ist jederzeit zugänglich, aber **gebührenpflichtig**! Man findet an der Platzeinfahrt einen grünen Briefkasten vor mit Anmeldeformularen, Kugelschreiber und Umschlag fürs Gebührengeld. Formular ausfüllen, in anhängenden Umschlag das Gebührengeld legen, Quittungsabschnitt ausfüllen und abreißen und Umschlag mit Geld in Kassenbox werfen. Quittung gut sichtbar ins Auto legen!

CAMPING

Svenningdal
Camping Svenningdal [N65° 26' 40.75" E13° 24' 5.14"], Tel. +47 99 54 18 30; www.svenningdal-camping.no; 1. Jan. – 31. Dez.; ca. 40 km nördlich von Nordlands Porten zwischen E6 und Fluss Svenningelva gelegen; zum Fluss hin geneigtes Wiesengelände in ansprechender Lage, im Hintergrund bewaldete Berge; ca. 5 ha – 60 Stpl.; gute Standardsanitärausstattung; Kiosk, WLAN, Miethütten.

Harran
Camping Harran [N64° 33' 32.40" E12° 28' 59.59"], Tel. +47 74 33 29 90, 1. Juni - 20. Aug.; Einfahrt am südl. Ortsrand von Harran bei der STATOIL-Tankstelle. 2 km nördlich des Namsen Laksakvarium; ebene Wiesen mit hochstämmigen Birken unterhalb der E6, bis an den Namsenfluss reichend; ca. 1,5 ha – 70 Stpl. **V & E für Wohnmobile**. Miethütten ** - ****.

An der Sjøgata in Mosjøen

Lachstreppe von 291 m Länge, die längste Lachstreppe Europas wie es heißt ermöglicht es Lachsen an ihre Laichplätze zu gelangen.

Ganz in der Nähe des Fiskumfossen finden Sie das **Namsen Laksakvarium [N64° 32' 34.19" E12° 27' 13.96"]** (www.namsen-laksakvarium.no) mit 55.000-Liter-Aquarium für Wildlachse. **Restaurant „Fossen"**. Natürlich wird hier Lachs serviert.

30 km weiter nordöstlich von Harran liegen **Trones** mit dem **Namsskogan Familiepark [Parkplatz, WP 228 / N64° 44' 35.28" E12° 50' 51.14"]**, eine Tier-, Natur- und Freizeitpark für die ganze Familie und dem **Namsskogan Hotell og Camping ([N64° 44' 33.53" E12° 50' 40.15"]**, Tel. +47 74 33 36 00; www.hotellet.no; ca. 2 ha – 85 Stpl.; Miethüten ****), sowie der **Trongfoss Wasserfall**, etwas abseits der E6.

Später passiert die E6 den Ort **Namsskogan** und 2,5 km nördlich von **Smalåsen** in 310 m Höhe das **„Porten til Nord-Norge" [WP 229 / N65° 6' 2.85" E13° 20' 33.34"]**, das **„Tor nach Nordnorwegen"**. Es markiert die Grenze zwischen den Fylker (Provinzen) Nord-Trøndelag und Nordland. Parkplatz, Touristeninfo, Kiosk, Souvenirs, Toiletten.

Etwa 30 km weiter kommt man am schön in bewaldeter Hügellandschaft gelegenen **See Majavatn** vorbei. 17 km nördlich von Majavatn passiert man die Zufahrt zum **Camping-Rasteplass Svenningsvatn [WP 227 / N65° 19' 31.1" E13° 22' 42.4"]** s. o.

Nochmals rund 8 km weiter trifft man in Brenna auf die Einmündung der R76 aus Brønnøysund (siehe auch „Alternativroute über R17" weiter vorne).

18 km nördlich von **Trofors** sollte man auf den Abzweig von der neuen E6 auf die alte E6 achten. Man gelangt hier zum recht breiten und imposanten **Wasserfall Laksforsen [Parkplatz, WP 230 / N65° 37' 30.4" E13° 17' 29.4"]**. Am Rand des tosenden Falls wurde eine 200 m lange Lachsleiter angelegt. Parkplatz, Cafeteria „Laksfors", Souvenirshop, WC.

Abermals 40 km weiter erreicht man schließlich **Mosjøen.**

Mosjøen ist eine langgestreckte Gemeinde ganz am Südostende des Vefsnefjords. Die Stadt mit rund 10.000 Einwohnern verdankt ihre Prosperität heute in erster Linie einem großen Aluminiumwerk im Norden der Stadt, einer Großweberei, der holzverarbeitenden

Industrie sowie eines großen karbonverarbeitenden Werks.

Ein Umweg von der Umgehungsstraße durch die Innenstadt lohnt allemal.

Parkmöglichkeiten findet man an der **Elvegata [WP 231 / N65° 50' 5.08" E13° 11' 33.73"]** im südwestlichen Stadtbereich, oder am in nördlichen Stadtbereich an der **Skervosen [N65° 50' 25.43" E13° 11' 18.43"]** hinter dem Einkaufszentrum.

Vor allem an der **Sjøgata** am Ufer der Vefsna-Mündung liegt eine ganze Reihe alter Lager-, Wohn- und Fischerhäuser aus dem 18. und 19. Jh. Wie es heißt, soll dies das längste zusammenhängende Holzhausviertel in Nordnorwegen sein.

In den vergangenen Jahrhunderten wurden hier die landwirtschaftlichen Produkte aus dem Hinterland umgeschlagen. Im Kaigebäude **Jakobsenbrygga [N65° 50' 13.36" E13° 11' 18.25"]** gibt eine Ausstellung Einblick in das Leben und die Arbeitswelt im alten Mosjøen.

In einigen Gebäuden an der Sjøgata sind heute gepflegte Restaurants eingerichtet.

Nicht all zu weit von der Sjøgata liegt am Vefsna-Ufer das **Helgeland Museum [N65° 50' 13.36" E13° 11' 18.25"]** (ehem. Vefsn Museum, *geöffnet 15. 6. - 15. 8. Mo - Fr 8. - 15.30 Uhr, So 11 - 16 Uhr)* ein 1909 gegründetes Freilichtmuseum, das 12 historische Gebäuden in dieser Altstadtregion von Mosjøen und eine große heimatkundliche Sammlung umfasst. Die Gebäude mit ihren originalgetreu restaurierten Einrichtungen stammen aus der Zeit vom 17. bis ins 19. Jh. Es gibt ein Café in der Museumsanlage.

PRAKTISCHE HINWEISE – MOSJØEN

Mosjøen Turistinformasjon [N65° 50' 19.56" E13° 11' 13.63"], Sjøgata 2, 8656 Mosjøen, Tel. +47 75 01 80 00; www.visithelgeland.com; www.helgelands-info.no. *Geöffnet 20. Juni - 31. Aug. Mo - Fr 10 - 16 Uhr, Sa + So 11 - 17 Uhr.*

HOTELS

Fru Haugans Hotell, 84 Zi., Strandgata 39, Tel. +47 75 11 41 00; www.fruhaugans.no, historisches Haus in einem 200 Jahre alten Gebäude, Restaurant.

Mosjøen Hotell, 34 Zi., Vollanveien 35, Tel. +47 75 17 11 55; www.mosjoenhotell.no; Restaurant.

Lyngengården Hotell, 41 Zi., Vollanveien 15, Tel. +47 75 17 48 00; lyngengardenhotell.no/; Restaurant.

CAMPING

Camping Mosjøen [WP 232 / N65° 50' 05.3" E13° 13' 11.4"], Kippermoen, Tel. +47 75 17 79 00; www.mosjoencamping.no; Anf. Jan. – Ende Dez.; am südlichen Ortsrand, zwei schmale, langgestreckte Wiesenstreifen mit einigen befestigten Stellplätzen, zwischen E6 und einem Wäldchen; ca. 6 ha – 100 Stpl. + Dau; Standardsanitärausstattung. Kiosk, Fahrradverleih, WLAN. Miethütten ** - ****, 32 Zimmer. **V & E für Wohnmobile** am Platzeingang.

Stellplatz am Store Svenningsvatn nördlich von Majavatn

TOUR 19: MOSJØEN– SVOLVÆR/LOFOTEN

Länge der Tour: Rund 450 km (ohne Abstecher) bis Fährhafen Skutvik, + 1 Fähre. Lofotentour rund 300 km.

Die Route: E6 über **Mo i Rana** und **Fauske** bis **Ulvsvåg** – R18 bis **Skutvik** – Fähre nach **Svolvær/Lofoten.**

Abstecher: Zur **Grønligrotte** und zum **Svartisgletscher**. Von Fauske nach **Bodø**.

Reisedauer: Mindestens ein Tag bis Svolvær, ohne Abstecher nach Bodø. Abstecher zum Svartisen ein zusätzlicher Tag. Lofotentour mindestens zwei weitere Tage.

Höhepunkte: Die **Nordlandküste** *** – die **Grønligrotte** *** – Abstecher zum **Svartisgletscher** ** – der **Mahlstrom** bei Bodø – das **Luftfahrtmuseum** *** in Bodø – der historische Handelshof **Kjerringøy** * – die **Lofotenlandschaften** *** – die **malerischen Küstenorte** *** der Lofoten.

Tourenkarte siehe nächste Seite

Die folgende Etappe führt durch die **Provinz Nordland**, mit gut 38.000 qkm Norwegens zweitgrößte, längste, aber auch schmälste Provinz.

In der Provinz Nordland quert man den Polarkreis, kommt endlich in den Bereich der Mitternachtssonne, passiert die engste, nur etwa 6 km breite Landstelle Norwegens und kann einen Abstecher zum Svartisen, dem zweitgrößten Gletschergebiet des Landes, unternehmen.

Nordland gilt aber auch als die Region Norwegens mit den vielleicht schönsten Küstenabschnitten. Sicher aber zählt die Küste Nordlands zu den zerklüftetsten und inselreichsten des Königreichs. Die Provinz weist nicht weniger als 14.000 km Küstenlinie auf!

Einer dieser unvergleichlichen, inselreichen Küstenstriche liegt 65 km nordwestlich von Mosjøen bei **Sandnessjøen** an der R17 auf der **Insel Alsten**.

Das herrliche Landschaftspanorama der Insel Alsten wird von der prächtigen Bergkette **„De Syv Søstre"** (Die Sieben Schwestern) an der Ostseite von Alsten geprägt.

Routenalternative

Alternativ zum schnelleren Weg nach Norden über die E6, bietet sich die **Route über die küstennahe R17** an. Es ist allerdings ein zeit- und kostenaufwendi-

CAMPING – ZWISCHEN MOSJØEN UND MO I RANA

Camping Korgen [N66° 4' 27.97" E13° 50' 19.42"], Tel. +47 75 19 11 36; www.korgen-camping.no; 1. Juni – 10. Sept.; bei **Korgen**, ca. 49 km nördlich von Mosjøen gelegen, Abzweig von der E6 bei der STATOIL-Tankstelle, beschildert; ebenes Wiesengelände wetlich der E6 am Fluss Røssåga; ca. 1 ha – 30 Stpl.; Standardsanitärausstattung; Bootsverleih, WLAN. Miethütten ** - ****.

Camping Bjerka [N66° 09' 06.0" E13° 50' 24.0"], Nergårdsgaten 27, Tel. +47 75 19 05 47; www.bjerkacamping.no, Mitte Mai – Mitte Sept.; neben der YX-Tankstelle und hinter dem Bjerka Kro og Motell und Supermarkt, an der E6, ca. 32 km südl. Mo i Rana; naturbelassene, fast ebene Wiesen mit lichtem Birkenbestand, bis an einen Fluss reichend; vom Sørfjord durch die E6 getrennt, ansprechend gelegen; ca. 1,5 ha – 70 Stpl.; Standardsanitärausstattung; WLAN. Miethütten ** - ****. Motel. **V & E für Wohnmobile**. Cafeteria und Restaurant ganz in der Nähe.

ger Weg, vielleicht die teuerste Route ganz Norwegens.

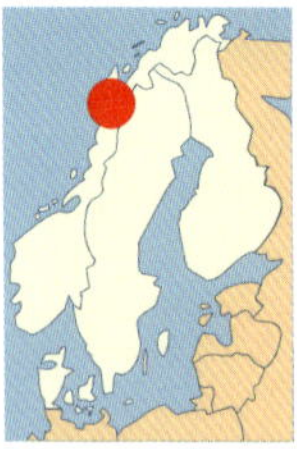

Obwohl die Strecke bis hinauf nach Løding landschaftlich sehr reizvoll ist, der schnellste Weg ist das aber wirklich nicht.

Nördlich von Brønnøysund liegen nämlich nicht weniger als fünf, teils lange Fährpassagen, die die Fahrt über die R17 aber zu einem unvergesslichen Urlaubserlebnis werden lassen. Denn auf kaum eine andere Art lässt sich die herrliche Küste der Provinz Nordland mit mehr Muse betrachten als vom Meer und vom Schiff aus. Und unter Kennern zählt eine Schiffsreise entlang der Nordlandküste schon immer mit zu den schönsten Eindrücken einer Norwegenreise.

HAUPTROUTE E6

*ROUTE: Ab **Mosjøen** weiter über die E6 und durch eine seendurchsetzte Berglandschaft nach **Osen** und weiter durch das 8,6 km lange **Korgfjell-Tunnel**, einem der längsten Straßentunnels in Norwegen, hinab nach **Korgen** (49 km). **Rastplatz [N66° 02‘ 56.0“ E13° 36‘ 38.5“]** mit Toiletten unweit des südlichen Tunnelportals.*

Abstecher zum Røssvatnet

In **Korgen** bietet sich Gelegenheit über die R806 südwärts nach **Røssvassbukt** (38 km) **[N65° 53‘ 22.10“ E14° 4‘ 21.69“]** an Norwegens zweitgrößtem Stausee **Røssvatnet** (Wandern, Angeln) abzuzweigen.

Wer gerne Bergwanderungen unternimmt, sollte in **Olderneset** (am Ostrand von Korgen gelegen), nach Osten ins **Okstindangebirge** abzweigen. Das Gebirge unweit der schwedischen Grenze, mit einem über 40 qkm großen Gletscherfeld und Gipfeln über 1.900 m (Oksskolten 1.915 m), ist mit Wanderwegen und Hütten (unbewirtschaftet) recht gut erschlossen. Allerdings sind viele Touren, vor allem im alpi-

PRAKTISCHE HINWEISE – MO I RANA

Mo i Rana Turistinformasjon [N66° 18′ 26.4″ E14° 08′ 04.4″], O. T. Olsens gate 1, 8622 Mo i Rana, Tel. +47 75 01 80 0013 92 00; www.visithelgeland.com. *Geöffnet 20. Juni - 14. Aug. Mo - Fr 9 - 19 Uhr, Sa + So 11 - 17 Uhr, 1. Mai - 19. Juni + 15. Aug. - 31. Aug. Mo - Fr 10 - 16 Uhr.*

HOTELS

Scandic Meyergården, 150 Zi., Fr. Nansensgt. 28, Tel. +47 75 13 40 00; www.meyergarden.no; gutes Mittelklassehotel; Restaurant, Terrasse, Fitnesscenter, WLAN. Parkplatz.

CAMPING

Camping Mo i Rana [WP 233 / N66° 19′ 03.3″ E14° 10′ 47.2″], Hammerveien 8, Tel. +47 96 23 23 33, Tel. +47 75 14 41 44; www.moiranacamping.no; 1. Juni – 1. Sept.; Zufahrt von der E6 Richtung Narvik am östl. Ortsrand von Mo i Rana; fast ebene, gepflegte Wiesen in einer Geländesenke, teils von Wald umgeben, bis an einen Fluss reichend; ca. 3 ha – 100 Stpl.; Standardsanitärausstattung. **V & E für Wohnmobile** am Platzeingang. Miethütten *** - ****. Am Rande 44-Zimmer-Motel.

nen und Gletscherbereich, nur geübten und bergerfahrenen Bergwanderern zu empfehlen!

*ROUTE: Von Korgen geht es über **Bjerka** und am Ranafjord entlang nach **Mo i Rana** (42 km). In Mo i Rana bietet sich zum letzten Mal die Möglichkeit nach Westen zur Nordlandküste und zur R17 abzuzweigen!*

Mo i Rana (ca. 17.000 Einw.) ist eine Industriestadt mit großen Eisen- und Stahlwerken. Zu den Sehenswürdigkeiten gehört das **Rana Helgeland Museum [N66° 19′ 43.92″ E14° 5′ 38.71″]** mit dem Freilichtmuseum **Stenneset Bygdetun** *(geöffnet 20. Juni - 20. Aug. So 12 - 17 Uhr)* mit einer Sammlung zur regionalen Kunst- und Kulturgeschichte.

Abstecher zur Grønligrotte und zum Svartisgletscher

Mein Tipp! Wenn Sie die Grønligrotte **und** den Svartisgletscher besuchen wollen, sollten Sie für diesen **Abstecher mindestens einen ganzen separaten Tag** vorsehen!

*ABSTECHER: Etwa 12 km nordöstlich von Mo i Rana zweigt bei **Røssvoll** von der E6 eine nicht klassifizierte Straße westwärts zur **Grønligrotte** und weiter zum **Svartisgletscher** ab. Vorbei am Flugplatz Mo i Rana folgt die Straße dem schönen Røvass Fluss.*

In **Røssvoll** findet man am Abzweig der Straße zum Svartisen einen großen **Parkplatz [N66° 21′ 24.5″ E14° 19′ 19.1″]** mit einem interessanten **Denkmal.** Es erinnert an Karl Johann, den legendären Spezialisten und Erforscher des Svartisen Gletschergebiets. 1958 erhielt Karl Johann für seine Erforschung des Svartisengletschers in Oslo die größte Auszeichnung, die einem norwegischen Bürger zuteil werden kann.

Nach 8 km trifft man auf den Abzweig (hier Möglichkeit, auch zur Marmorslottet-Gletschermühle westwärts abzuzweigen), der hinauf zum **Berggasthof Grønlihytta** und zur **Grønligrotte** führt. Der letzte Teil der rund 2 km langen Auffahrt ist recht steil und unbefestigt! Nach etwa 1 km passiert man den Park- und Startplatz des Wanderweges zur **Setergrotte**. Gespanne lassen den Hänger tunlichst hier stehen.

Schließlich endet die Straße am großen **Parkplatz** weiter oben beim **Berggasthof Grønlihytta [WP 234 / N66° 24′ 50.76″ E14° 16′ 0.36″]**, in dem auch Fremdenzimmer vermietet werden, Cafeteria. Der Höhleneingang liegt von dort nur ein kurzes Stück entfernt.

Die Höhle kann nur auf Führungen (Dauer ca. 45 Min.) besichtigt werden *(geöffnet 20. Juni - 15. Aug. 10 - 18 Uhr, Führungen zu jeder vollen Stunde, ab 16. Aug. Führungen alle zwei Stunden von 10 - 16 Uhr; www.gronligrotta.no/gronligrotta-engelsk.htm)*.

Nehmen Sie Gummistiefel und eine wasserdichte Jacke mit. In der Höhle ist es feucht und bei der Begehung geht es stellenweise durch den Höhlenbach. Der Weg durch die Höhle ist nicht sonderlich gut präpariert. Gelegentlich muss man sich mit beiden Händen an Handläufen festhalten, um nicht in den reißenden unterirdischen Bach (mit Wasserfall) zu fallen. Wer nicht wirklich gut zu Fuß ist oder Kleinkinder bei sich hat, dem kann die Begehung nicht empfohlen werden. Für alle Anderen wird der Höhlenbesuch, eben weil nicht alles penibel präpariert ist und ein richtiges „Höhlengefühl" aufkommt, als beeindruckendes Erlebnis sein.

Ein Stück unterhalb der Grønligrotte führt vom schon erwähnten Parkplatz an der Zufahrtsstraße ein etwas längerer Fußweg zur **Setergrotta**. Die Setergrotta ist eine weitere von über 200 Höhlen in der Region Rana. Ihr System ist auf etwa 2.400 m erforscht und man nimmt an, dass sich noch Kilometer unerkundeter Gänge anschließen.

Auch diese Höhle ist nur auf Führungen zu begehen. Anmeldung in der Grønlihytta. In die Setergrotta gibt es im Sommer *(geöffnet 17. Juni - 20. Aug., Führungen Mo, Di, Mi, Do, So um 15 Uhr, im Juli auch um 11.30 Uhr; www.setergrotta.no; Tel. + 47 95 97 44 97)*. Der Eintritt ist mit NOK 350,-/ca. € 38,- relativ teuer. Dafür bekommt der Besucher auch Helm mit Kopfleuchte, Overall und Gummistiefel ausgeliehen. Allein an der offenbar notwendigen Ausrüstung lässt sich schon erkennen, dass eine Besichtigung der Setergrotta keine gemütliche Begehung, sondern schon mehr eine zünftige, schwierigere Höhlentour ist.

Fahrt zum Svartisen

Die Straße führt am Abzweig zur Grønligrotte vorbei weiter nordwärts und entlang des breiten, grünen Gletscherbaches Røvass Richtung Svartisen. Schließlich endet die Straße – die letzten 5 km sind unbefestigt – nach 14 km am **Parkplatz [WP 235 / N66° 29' 28.92" E14° 11' 48.72"]** am Svartisvatnet.

Hier am Ende der Straße findet man einen Kiosk und eine Campinggelegenheit (gegen Gebühr). **Mein Tipp:** Die Parkplatzparzellen und ein kleines wunderschön am See gelegenes, etwas mooriges Wiesenareal an der **Svartisdalhytta** können als **Wohnmobil-Stellplatz** genutzt werden. Die Stellplätze sind gebührenpflichtig. Es gibt Wasser und ein WC.

Viel ist von hier aus vom rund 370 qkm großen **Svartisen**, dem „Schwarzen Eis", allerdings noch nicht zu sehen.

Man kann aber mit Booten über den See Svartisvatnet zu einer Anlegestelle unterhalb eines Felshangs an der Westseite des Sees fahren. Die Boote verkehren etwa ab 20. Juni bis ca. 31. August zwischen 10 und 18 Uhr immer zur vollen Stunde. Fahrtdauer 20 Minuten.

An der Anlegestelle am Westufer des Sees beginnt ein etwas anstrengender Fußmarsch (ca. 2,5 km) zu einem weiteren See unterhalb des **Østerdalsisen**, einem der 60 Ausläufer des Svartisgletschers. Festes Schuhwerk ist empfehlenswert.

Zurück zur E6 bei **Røssvoll**.

HAUPTROUTE E6

ROUTE: Die E6 zieht nordöstlich von **Mo i Rana** *durch das waldreiche Dunderlandsdalen, passiert* ***Krokstrand Camping [N66° 27' 44.5" E15° 05' 39.1"]*** *an der Brücke über die Rana, in einem Birkenwald am Fuße des Kjerringfjells am Ranaelva gelegen (geöffnet 1. Juni – 31. Aug.; 60 Stpl., Miethütten) und quert 80 km nordöstlich von Mo i Rana auf dem Saltfjellet in fast 700 m Höhe den* ***Polarkreis****.*

Der Polarkreis, 66° 33' 03.8" nördlicher Breite, ist durch das **Polarsirkelsenteret,** das Polarkreiszentrum an der E6, nicht zu übersehen. In diesem modernen Informationszentrum mit **großem**

Das Polarkreiszentrum an der E6

Parkplatz [WP 236 / N66° 33' 02.7" E15° 19' 14.3"] (Stellplatzmöglichkeit ohne jede Einrichtung) befindet sich eine Polarkreis-Ausstellung, eine Cafeteria, ein Sonderpostamt und ein großer Souvenirladen. Gegen Gebühr kann man sich die informative, schön gemachte Multivisionsshow „Nord Norge" ansehen.

Ganz in der Nähe des Polarkreises erinnert eine von einem Stern gezierte Steinsäule an jugoslawische Kriegsgefangene, die hier im 2. Weltkrieg beim Bau der Straße und der Bahntrasse ums Leben kamen. Ein ähnliches Denkmal erinnert an russische Kriegsgefangene.

Nördlich des Polarkreises kann im Sommer die **Mitternachtssonne** und im Winterhalbjahr die **Polarnacht** erlebt werden. Die Zeitspannen, in denen man diese Phänomene erleben kann, nehmen nach Norden hin zu, soll heißen, dass die Sonne hier am Polarkreis zwischen 12. Juni und 1. Juli, in Bodø nur zwischen 4. Juni und 8. Juli nicht untergeht, während sie am Nordkap schon vom 14. Mai bis 29. Juli nachts nicht hinter dem Horizont verschwindet und es auf Spitzbergen vom 20. April bis 22. August 24 Stunden lang taghell ist.

Die Landschaft hat seit Mo i Rana ihr Gesicht merklich verändert. Längst liegt die Baumgrenze hinter uns. Die weiten Hügel werden nur noch von niederen Beerensträuchern, Gestrüpp und Mosen bedeckt.

*ROUTE: Die E6 führt weiter nordwärts, durch das karge Hochtal des Saltfjells (Passhöhe 692 m), dann am herrlichen Lønselva, der über Felsterrassen talwärts strömt, über **Storjord/Saltdal** hinab nach **Rognan.***

Storjord/Saltdal liegt am Abzweig der R77 ins **Junkerdalen** und weiter nach Schweden. Das Junkerdalen ist ein vorzügliches Wandergebiet mit Touristeninformation, Motel und Camping.

Unmittelbar an der E6 liegt das **Saltdal-Turistsenter [WP 237 / N66° 48' 48.2" E15° 23' 59.3"]**. Hier findet man eine große Tankstelle samt Raststätte, Toiletten, ein Motel, einen Kinderspielplatz, einen **Campingplatz** (Mai - Sept., 115 Stpl.; www.saltdal-turistsenter.no), Miethütten und ein Schwimmbad.

Gleich nebenan sieht man das **Nordland Nasjonalparksenteret**, ein ringförmig angelegter Ausstellungs- und Informationspavillon. Es gibt **vier große Ausstellungsthemen** – Geologie

Mitternachtssonne und Polarnacht

Eine interessante Besonderheit der Regionen nördlich des Polarkreises ist die Mitternachtssonne im Sommer bzw. die Polarnacht im Winter. In Nordskandinavien geht von Mitte Mai bis Mitte Juli die Sonne nicht unter. Selbst auf der Höhe von Stockholm ist im Hochsommer bereits gegen 2.30 Uhr Sonnenaufgang. Dafür ist von Dezember bis in den Januar hinein die Sonne in Nordskandinavien überhaupt nicht zu sehen und in südlichen Landesteilen ist um den 21. Dezember herum gegen 15 Uhr schon wieder Sonnenuntergang.

Ein altes Märchen der Samen erzählt, warum es Mitternachtssonne und Nordlicht gibt:

Gott war am Ende der Erschaffung der Welt angelangt. Zufrieden betrachtete er sein Werk, das ihm wohlgeraten schien. Nun hatte er aber in seinen Händen noch etwas übrig vom Material, aus dem die Erde geschaffen war. Aber es waren lauter Dinge, die ihm nicht mehr verwendbar erschienen. Da gab es noch einige riesige Flächen Ödland, ein paar Fjorde, Wildflüsse waren übrig, Rentiermoos und viele Felsbrocken. Damit diese Reste niemanden stören sollten, warf sie der Schöpfer weit nach Norden an den Rand der Welt, da wo niemand lebte. So entstand die Tundra, der nördlichste Teil Lapplands. Aber siehe da, auch in diesen unwirtlichen Erdenzipfel wanderten Menschen. Und so schenkte ihnen der Herr zum Trost und zur Freude die Mitternachtssonne und das geheimnisvoll strahlende Nordlicht.

Das magische Schauspiel des Polarlichts ist in der am längsten dauernden Jahreszeit, dem Winter, zu sehen. Die Finnen, wie die Sami, teilen die Winterzeit gerne in zwei Hälften ein, in die Zeit der Dunkelheit und in die Zeit der wiederkehrenden Sonne.

„Kaamos“ ist die lange Zeit der Dunkelheit. Wochenlang geht die Sonne nicht auf. Ab Ende November verabschiedet sie sich für rund fünfzig Tage. Vollständige Finsternis herrscht aber auch dann nicht. Das Licht der Sterne bricht sich tausendfach auf dem hell glitzernden Schnee und taucht alles in ein mystisches Dämmerlicht.

Ein befreiendes Aufatmen geht durch die Menschen im hohen Norden, wenn Ende Januar, etwa zu Beginn des zweiten Winterabschnittes, die Sonne wieder über den Horizont klettert. Kaamos, die dunkle Jahreszeit, ist auch die Zeit der Rentierwanderungen nach Süden.

Ein kurzer Übergang zum Sommer ist der Frühling. Schon unter den letzten Resten des Schnees blühen die ersten Moosblumen. Und nun geht alles sehr schnell. Die Natur legt ein atemberaubendes Tempo vor. Die Zeit zum Blühen, Gedeihen und Reifen ist extrem kurz.

Zur Mittsommerzeit, so um den 20. Juni, ist Lappland am hellsten und von da ab am wärmsten. Bis 35 Grad Wärme können erreicht werden. Schon zeitig im Frühjahr haben sich die Rentierherden wieder aufgemacht, um nach Norden zu ziehen und auf den luftigen Höhen der Tunturis und an den Küsten des Eismeeres den Mückenschwärmen zu entgehen. Dann ist ganz Skandinavien auf den Beinen. Und zum Fest der Mittsommerwende hält es niemanden zu Hause.

Aber schon im September kann auf den Höhen, noch zaghaft zwar, der erste Schnee fallen. Die Natur beginnt sich auf die lange, kalte, lichtarme Jahreszeit vorzubereiten. Und als wollte sie zeigen was in ihr steckt, verwandelt sich das Laub der Birken, das Moos und das Heidekraut in ein leuchtendes Farbenfest. Diese in Lappland „Ruska“ genannte Jahreszeit ist der farbenprächtige Höhepunkt des Herbstes, für Kenner sowieso die schönste Jahreszeit in Lappland.

und Landschaft, Fauna und Flora, Siedlungsgeschichte und Leben in der Natur und schließlich Schutz der Natur.

Rund 7 km südlich von Rognan kommt man am großen **Rast- und Picknickplatz „Saltdalen" [N67° 01' 01.1" E15° 21' 00.9"]** vorbei, der zwischen E6 und Saltdalselva liegt; Toiletten, Picknicktische.

Am Nordrand von **Rognan** bietet sich Gelegenheit zum Freilichtmuseum **Saltdals Museum [N67° 6' 5.67" E15° 25' 38.76"]** abzuzweigen *(geöffnet 20. Juni - 20. Aug. Di - So 11 - 17 Uhr; www.nordlandsmuseet.no/de/saltdal-museum/)*. Zu sehen gibt es einen historischen Kapitänshof, Abteilungen über Fischfang, Bootsbau, Landwirtschaft, sowie das „Blutweg-Museum", das sich mit dem Schicksal von Kriegsgefangenen während des Zweiten Weltkriegs befasst.

*ROUTE: Die E6 führt schließlich am Ostufer des Saltdalsfjords entlang über **Finneid** nach **Fauske**, einem wichtigen Verkehrsknotenpunkt am Abzweig der R80 nach **Bodø**.*

Fauske ist die Stadt des Marmors, und zwar des schönen rosaroten Marmors.

Bei ausreichend zur Verfügung stehender Zeit sei besonders Bergwanderern ab **Finneid**, unweit südlich von Fauske, ein Abstecher auf der R830 ostwärts in die 36 km entfernte Grubenstadt **Sulitjelma [N67° 7' 58.90" E16° 4' 35.61"]** empfohlen. Sulitjelma liegt landschaftlich sehr reizvoll von Bergen und Gletschern umgeben am See Langvatnet. **Grubenmuseum** über Bergbau und Schwefelgewinnung *(geöffnet 17. Juni - 13. Aug. tgl. 11 - 17 Uhr; www.nordlandsmuseet.no/de/sulitjelma-gruvenmuseum/)*. Zahlreiche **Wandermöglichkeiten** zu Berghütten.

Der Aussichtsberg **Jakobsbakken [N67° 5' 40.83" E16° 0' 21.47"]**, 9 km südlich von Sulitjelma, in der Nähe einer bewirtschafteten Berghütte am Kjelvatnet *(25 Zi., geöffnet März - 15. Okt.)*, kann auch per Straße erreicht werden.

Verzichtet man auf den nachfolgend geschilderten Abstecher nach Bodø, bitte weiter mit **Hauptroute** weiter hinten!

PRAKTISCHE HINWEISE – ROGNAN UND FAUSKE

Saltdal kommune [N67° 6' 5.16" E15° 23' 39.84"], Kirkegata 23, 8250 Rognan, Tel. +47 75 68 20 00; www.saltdal-kommune.no. *Geöffnet Mo - Fr 8 - 15.30 Uhr.*

Salten Reiseliv Turistinformasjon [N67° 15' 27.71" E15° 23' 5.48"], Sjøgata 46, 8200 Fauske, Tel. +47 47 64 88 90; www.fauske.kommune.no. *Geöffnet 19. Juni - 13. Aug. Mo - Fr 11 - 18 Uhr, Sa 11 - 17 Uhr, So 12 - 16 Uhr.*

HOTELS

Rognan

Rognan Hotell, 60 Zi., Håndverkeren 14, Tel. +47 75 69 00 11; www.rognan-hotell.no; komfortables Mittelklassehotel, Restaurant, Fitnesscenter, Terrasse, Garten, WLAN. Parkmöglichkeit.

Fauske

Fauske Hotell, 92 Zi., Storgata 82, Tel. +47 75 60 20 00; www.fauskehotell.no; Mittelklassehotel in zentraler Lage, Restaurant, WLAN. Parkplatz.

CAMPING

Rognan

Camping Rognan Fjordcamp [N67° 6' 11.08" E15° 24' 32.60"], Sandbakilveien 16, Tel. +47 75 69 00 88; www.rognanfjordcamp.no; 1. Mai – 15. Sept.; Zufahrt an der Umgehungsstraße E6 beschildert; ebene Wiesen vor einer Gruppe von Miethütten, teils mit Baumbestand, am Saltdalsfjord; ca. 2 ha – 80 Stpl.; Standardsanitärausstattung; Boots- und Fahrradverleih; Miethütten ** - ****. **V & E für Wohnmobile.**

Fauske

Camping Fauske og Motell [N67° 14' 23.4" E15° 25' 11.6"], Leivset, Tel. +47 75 64 84 01; 1. Jan. – 31. Dez.; ca. 3 km südl. Fauske, an der E6; Wiesengelände im Birkenwald; ca. 1 ha – 50 Stpl.; Standardsanitärausstattung; WLAN. **V & E für Wohnmobile;** Miethütten ** - *****. Motel.

Camping Lundhøgda og Cafe [N67° 14' 42.1" E15° 20' 10.1"], Lundveien 62, Tel. +47 97 53 98 94; www.lundhogdacamping.no/de/home-de/; 1. Jan. – 31. Dez.; 2 km westl. Fauske beschilderter Abzweig von der R80 (Fauske – Bodø); ebene, gekieste, vegetationslose Fläche im Eingangsbereich sowie schräge Wiesenteile und Geländestufe unterhalb des zentralen Versorgungsgebäudes, für große Wohnmobile nur wenig geeignete Stellflächen; ca. 1,5 ha – 50 Stpl.; Standardsanitärausstattung; WLAN, Internetecke, nicht mehr zeitgemäße Duschen; Café; Miethütten ** - ****. **V & E für Wohnmobile**.

Abstecher nach Bodø

ABSTECHER: 63 km westlich von Fauske, über die gut ausgebaute R80 bequem zu erreichen, liegt ***Bodø.***

Bodø (ca. 46.000 Einwohner) ist Verwaltungszentrum der Provinz Nordland, bedeutendste Handels- und Hafenstadt an Nordlands Küste und ein wichtiger Luftwaffen- und Marinestützpunkt des Landes.

Als Bodø 1816 Stadtrechte verliehen wurden hatte die „Stadt" gerade mal 55 männliche Einwohner. 1875 konnte man schon auf die stolze Zahl von 1.478 Einwohnern verweisen. 1940 wurde Bodø bei Bombenangriffen fast vollständig zerstört. Nach dem Wiederaufbau bot Bodø ein völlig anderes Stadtbild.

Die **Mitternachtssonne** ist in der Gegend um Bodø zwischen **4. Juni** und **8. Juli** zu sehen. Vier Tage vor und nach obigen Daten ist die Sonne um Mitternacht immer noch teilweise über dem Horizont sichtbar.

Zu den touristischen **Sehenswürdigkeiten** der von moderner Nachkriegsarchitektur geprägten Stadt zählen: Das **Nordland Provinzmuseum [N67° 16' 54.79" E14° 22' 56.34"]** in der Prinsensgate 116, nicht weit von der Domkirche entfernt, *(geöffnet 17. Juni - 27. Aug. tgl. 11 - 17 Uhr, übrige Zeit Mo - Fr 9 - 15 Uhr; www.nordlandsmuseet.no/de/nordlandsmuseet/)*. Das Museum ist in einem der ältesten Gebäude der Stadt aus dem 19. Jh. untergebracht und zeigt vor allem Sammlungen zur Fischerei- und Samikultur in Nordland.

Die **Domkirche [N67° 16' 56.44" E14° 22' 51.33"]** (Bodø ist Bischofssitz) in der Kongensgate ist ein massiver Basilikabau, der 1956 fertiggestellt wurde. Im Inneren sind die 12 m hohe Fensterfront über dem Altar mit Glasmalerei, die Kreuzigungsgruppe unter dem Chorbogen und schließlich die Fensterrosette an der Westfassade bemerkenswert. Der markante, durchbrochene Glockenturm steht separat.

Nicht nur für Technikfans ist das **Norwegische Luftfahrtmuseum [Parkplatz, WP 238 / N67° 16' 35.05" E14° 24' 40.43"]** eine sehr besuchenswerte Sehenswürdigkeit *(geöffnet 1. Juni - 31. Aug. tgl. 10 - 19 Uhr; übrige Zeit Mo - Fr. 10 - 16, Sa + So 11 - 17 Uhr; www.luftfart.museum.no)*. Hier erfahren Sie fast alles über die norwegische und internationale Luftfahrtgeschichte.

Zu den spektakulären Ausstellungsstücken zählen u. a. eine „Tante" JU 52 auf Schwimmern (eine weltweite Rarität), ein amerikanisches Spionageflugzeug vom Typ U 2, ein De Haviland 88 Mosquito Aufklärer, ein U-Bootjäger Spitfire MK IX, u. a. Und ein besonderes Erlebnis ist natürlich der Flugsimulator. Vom Tower herrlicher **Panoramablick** auf Bodø und die Berge.

Etwa 3 km östlich des Stadtzentrums findet man die **Bodin Kirche [N67° 16' 26.86" E14° 26' 4.11"]** aus dem 13. Jh., eine der ältesten Kirchen Nordlands. Sie steht auf einem Platz, der wahrscheinlich schon in vorchristlicher Zeit als Opferstätte diente. Renaissancekanzel aus der Mitte des 17. Jh. und barocker Altaraufsatz.

PRAKTISCHE HINWEISE – BODØ

Bodø Turistinformasjon [Parkmöglichkeit, WP 239 / N67° 17' 4.18" E14° 22' 39.73"], Tollbugata 13, 8006 Bodø, Tel. +47 75 54 80 00; www.visitbodo.com. *Geöffnet Juni - Aug. Mo - Fr 9 - 20 Uhr, Sa + So 10 - 18 Uhr; übrige Zeit Mo - Fr 9 - 15.30 Uhr.*

HOTELS

Scandic Bodø, 114 Zi., Sjøgata 23, Tel. +47 75 54 70 00; www.scandichotels.com/Hotelssuche/norwegen/bodo/scandic-bodo/; Restaurant, Fahrradverleih, WLAN. Öffentliche Parkmöglichkeit.

Thon Hotel Nordlys, 147 Zi., Moloveien 14, Tel. +47 75 53 19 00; www.thonhotels.com/nordlys/; Restaurant, Bar, WLAN. Parkplatz.

CAMPING

Camping Bodøsjøen [WP 240 / N67° 16' 10.6" E14° 25' 29.7"], Båtstøveien 1, Tel. +47 75 56 36 80; www.bodocamp.no; 1. Jan. – 31. Dez.; östl. des Stadtzentrums beschilderter Abzweig von der R80 südwärts, Nähe Bodin Kirche; ebene Wiesen am Saltfjord; ca. 3 ha –140 Stpl.; einfache Standardsanitärausstattung; Miethütten ** - ****. **V & E für Wohnmobile**.

Camping Saltstraumen Pluscamp [N67° 14' 07.3" E14° 37' 14.8"], Saltstraumen, Knaplund, Tel. +47 75 58 75 60; www.saltstraumen-camping.no; 1. Jan. – 31. Dez.; rund 33 km südöstl. Bodø an der R17 in **Saltstraumen**, in Gehnähe zum Saltstraumen Zentrum oberhalb des Mahlstroms; ebene, geschotterte Fläche, durch Fahrwege und niedere Zäune unterteilt; neben einer Gruppe von Miethütten; ca. 1,5 ha – 80 Stpl. + Dau.; Standardsanitärausstattung; Kiosk, WLAN. Miethütten *** - ****. **V & E für Wohnmobile**.

WOHNMOBIL-STELLPLÄTZE BODØ

Wohnmobil-Stellplatz Bobilparkering Bodø sentrum [WP 241 / N67° 16' 51.57" E14° 22' 31.42"], Hålogalandsgata 11. **Zufahrt/Lage:** Zentral nahe Fährhafen gelegen. **Geöffnet:** Ganzjährig. **Gebühr:** Pauschale inkl. Ver- und Entsorgung, Parkscheinautomat. **Ausstattung:** 4 Wohnmobil-Stellplätze auf Großparkplatz mit V & E Station, keine Stromanschlüsse und Sanitäranlagen, keine Abfallbeseitigung.

Løpsvika bei Bodö

Wohnmobil-Stellplatz Parking Løpsvika [WP 242 / N67° 19' 19.97" E14° 28' 42.64"], Arnoldas Vei. **Zufahrt/Lage:** Von Bodö ca. 9 km nordostwärts auf der R834 Richtung Kjerringøy. Zwischen Straße R834 und Sandbucht nördlich von Løpsvika. **Geöffnet:** 1. Juni – 1. Okt. **Gebühr:** Pauschale inkl. Ver- und Entsorgung, Extragebühr für Strom. **Ausstattung:** Platz auf Wiese und Schotter für ca. 50 Wohnmobile. Frischwasser, Ver- und Entsorgungseinrichtung, Strom, WC.

Wohnmobil-Stellplatz Bobilparkering Bodø-Rønvik [WP 243 / N67° 17' 37.0" E14° 24' 26.9"], Tegelverkveien 1. **Zufahrt/Lage:** Nordöstlich der Innenstadt auf Wiese und Asphalt neben der ESSO-Tankstelle mit Platz für 15 Wohnmobile. **Gebührenpflichtig**. Strom, V & E möglich, Dusche, Toilette.

Im Norden von Bodø kann man zum Aussichtspunkt auf dem 150 m hohen **Røvikfjellet [Parkplatz, N67° 18' 0.62" E14° 26' 22.74"]** fahren. Restaurant mit Aussichtsterrasse. Besonders schön an einem klaren Abend zur Mitternachtssonne.

Abstecher zum Saltstraumen

*ABSTECHER: 19 km östlich von Bodø, in **Løding**, Abzweig auf die R17 nach Süden, noch rund 10 km bis zur Meerenge **Saltstraumen.***

Der Saltstraumen, eines der erstaunlichsten Naturphänomene an der Norwegischen Küste, die stärkste Gezeitenströmung der Welt, lässt sich an der von einer langen, hohen Betonbrücke überspannten Meerenge rund 30 km südöstlich von Bodø beobachten.

Hervorgerufen werden die früher bei den Seefahrern sehr gefürchteten **Gezeiten- oder Mahlströme** an Meerengen durch die Wasserstandsdifferenzen zwischen Ebbe und Flut. Sie betragen an der Küste Nordnorwegens mehrere Meter. Durch enge Sunde zwischen den Inseln wird der Austausch des Wassers zwischen Fjord und offenem Meer verzögert. Die Wasser stauen sich an den Engstellen und schießen dann mit reißender Geschwindigkeit, gefährliche Strudel und Strömungen bildend, durch die „Nadelöhre".

Besonders an zwei bis drei Tagen während der Springfluten bei Neu- und Vollmond, sind die rauschenden, gurgelnden Bewegungen der Wassermassen ein richtiges Naturschauspiel. Im Touristenbüro in Bodø kann man Listen bekommen, die die stärksten Strömungszeiten genau angeben.

Vom **Parkplatz** unter der Brücke führen Fußwege ans felsige Ufer. Der Parkplatz wird von Wohnmobilisten als Übernachtungsstellplatz genutzt (gebührenpflichtig von 22 Uhr bis 08 Uhr).

Außerdem findet man hier, östlich der Kirche Saltstraumen, das **Saltstraumen Museum [WP 244 / N67° 13' 58.76" E14° 37' 11.12"]** *(geöffnet 1. Juni - 1. Sept. Mi, Sa, So 13 - 17 Uhr; www.saltstraumen-museum.no)*, mit Ausstellungen über die 10.000-jährige Geschichte der Region samt 15-minütiger Multivisionsshow, Naturlehrpfad, Touristeninformation, Cafeteria und Grillplatz.

Abstecher von Bodø nach Kjerringøy

40 km nördlich von Bodø liegt in imposanter Küstenlandschaft der alte Handelsposten **Kjerringøy** der heute als Freilichtmuseum dient *(geöffnet 20. Mai - 3. Sept. tgl. 11 - 17 Uhr; übrige Zeit Sa 11.30 - 15 Uhr; http://nordlandsmuseet.no/de/kjerringoy-handelssted/)*. Auf dem Weg nach Kjerringøy über die Straße 834 muss **zwischen Festvåg und Misten eine Fähre** benutzt werden, Überfahrtdauer 10 Minuten.

Kjerringøy (um 1879 zeitweilig Aufenthaltsort des Autors und Nobelpreisträgers Knut Hamsun) war vor allem im 19. Jh. eines der wichtigsten Handelszentren in Nordnorwegen. 15 historische Gebäude, darunter eine Kirche, das Haupthaus, ein Ladengeschäft, eine Bäckerei, ein Feuerstellenhaus, ein Speicherhaus u. a., sind erhalten.

Mit der Fähre von Bodø nach Moskenes/Lofoten

Eine abwechslungsreiche, allerdings auch etwas kostenintensive Variante für die Weiterreise bietet eine Überfahrt mit der **Autofähre von Bodø nach Moskenes** auf der gleichnamigen Lofoteninsel. Die Fähren verkehren zwischen Anfang Juni und Ende August mehrmals täglich, in der Nebensaison weniger häufig (Änderungen möglich). Die Überfahrt dauert 4 Stunden.

*ABSTECHER: Von **Bodø** zurück nach **Fauske** und zur E6.*

HAUPTROUTE E6

*ROUTE: Der weitere Verlauf unserer **Hauptroute** führt über **Fauske**, die E6 und über den Fährhafen **Bognes** auf die **Lofoten**.*

Man passiert **Straumen** und gelangt durch etliche Tunnels an den Leirfjord und nach **Sommerset**, einer ehemaligen Fährstation.

Die hier ordentlich ausgebaute E6 passiert auf dem weiteren Weg nach Norden mehrere Tunnels (es gibt hier übrigens keine Alternative zur E6), umgeht den Leirfjord, überquert die schöne Bergkette des Horndalsfjells mit dem See **Kobbvatnet** (**Kobbvatn Camping [Abzweig von der E6 - N67° 37' 24.6" E15° 55' 50.4"]**, Tel. +47 75 69 58 50; 15. Mai – 30. Sept., Miethütten) unterhalb der Straße und erreicht – vorbei am **Kobbvassgrenda Rastplatz [N67° 38' 20.8" E15° 55' 37.1"]** mit herrlichem Blick auf den grünen See Kobbvatnet und Berge – nach dem 4,7 km langen Kobbskar-Tunnel den Ort **Mørsvikbotn** *(Camping Mørsvikbotn)* am Mørsvikfjord.

Schließlich zieht die E6 hinunter nach **Sagelva/Tømmerneset** am Südende des Sagfjords. Hier Abzweig von der E6 zu einem **Rast- und Picknickplatz [WP 245 / N67° 54' 00.4" E15 51' 23.6"]** mit WC + Wohnmobil-Entsorgungsstation, kostenfrei.

Vom Rastplatz führt ein Fußweg zu einem Felsen oberhalb des Flusses. Zu sehen (besser: zu erahnen) ist jenseits des Wasserlaufs die prähistorische, annähernd 5.000 Jahre alte **Felszeichnung** (Helleristninger) eines Rentiers. Imposant auch der Fluss in seinem Felsbett mit abgebrochenen Uferrändern.

Weiter östlich der E6 reicht der Hellemofjord, ein Arm des Tysfjords, weit nach Südosten ins Landesinnere. An seinem Ende liegt **Hellemobotn** an der **engsten Landstelle Norwegens**. Die schwedische Grenze ist von dort nur noch genau 6,3 km entfernt.

CAMPING – ZWISCHEN STRAUMEN UND SKUTVIK

Straumen

Camping Strømhaug [N67° 20' 45.5" E15° 35' 44.2"]; Tel. +47 75 69 71 06; www.stromhaug.no; Anf. Jan. – Ende Dez.; fast ebenes Wiesengelände; ca. 1 ha – 40 Stpl.; Standardsantiärausstattung; **V & E für Wohnmobile**; Miethütten ** - ****.

Mørsvikbotn

Camping Mørsvikbotn [N67° 42' 29.0" E15° 51' 22.9"], Tel. +47 75 59 51 18; Mitte – 1. Sept.; an der E6, ca. 2 km nördl. des Kobbskaret Tunnels; ebene, baumbestandene Wiesen unterhalb der E6 am Ende des Mørsvikfjord in schöner Lage; ca. 0,5 ha – 30 Stpl.; Standardsanitärausstattung; Miethütten ** – ***.

Tømmerneset

Camping Tømmerneset [N67° 54' 24.5" E15° 52' 21.1"], Tel. +47 75 77 29 55; 1. Juni – 1. Sept.; ca. 1 km südl. Tømmerneset; Wiesen mit Nadelbäumen zwischen E6 und Sagfjord in schöner Lage; ca. 1 ha – 30 Stpl.; Standardsanitärausstattung; Miethütten ** – ****.

Ulvsvåg

Camping Ulvsvåg Fjordcamping og Gjestgiveri [N68° 6' 55.8" E15° 51' 57.1"], Tel. +47 75 77 15 73; www.gjestgiveriet.net; 1. Mai – 30. Sept.; an der Gabelung E6/R81; einfache Campingmöglichkeit am Fjord hinter einem Gasthaus mit Fremdenzimmern und Restaurant; Miethütten.

Hamsund/Hamarøy

Camping Hamarøy Fiskecamping [N68° 05' 01.9" E15° 38' 34.5"], Tel. +47 75 77 03 95; www.hamaroyfiskecamp.no; 1. Jan. – 31. Dez.; an der R81 rund 15 km westlich Ulvsvåg/E6; schräge Wiese unterhalb des Knut-Hamsun-Zentrums; ca. 1,5 ha – 35 Stpl.; Standardsanitärausstattung; Laden, Restaurant; Miethütten. Motel.

Skutvik

Camping Ness [N68° 00' 25.9" E15° 24' 57.5"], Tel. +47 75 77 13 88; www.ness-camping.no; 15. Mai - 15. Sept.; bei Ness ca. 4 km südöstl. Skutvik; Wiese am Fjordufer; 2 ha - 30 Stpl.; einfache Standardsanitärausstattung; Fahrradverleih. Miethütten ** - *****.

WOHNMOBIL-STELLPLATZ – SKUTVIK

Wohnmobil-Stellplatz Bobil- und Caravanparkering Skutvik [N68° 0' 50.99" E15° 19' 52.34"]. Zufahrt/Lage: Am Südrand von Skutvik zwischen Strand und Sportboothafen, in Nähe des Fähranlegers. **Geöffnet:** Ganzjährig. **Gebühr:** Pauschale inkl. Ver- und Entsorgung und Strom. **Ausstattung:** Schattenlose Wiese schön gelegen am Sagfjord. Frischwasser, Grauwasserentsorgung, Strom. Sanitäranlagen geplant.

Routenalternative ohne Lofoten-Abstecher

Verzichtet man auf den Umweg über die Lofoten und Vesterålen Inseln, folgt man **ab Ulvsvåg** zwangsläufig weiter der E6 und nimmt in **Bognes** die **Fähre nach Skarberget**. Die Fähren (Rute 18-611) verkehren von 6. Juni bis 30. Sept. zwischen 5.35 und 22.45, Abfahrten ca. alle 60 - 70 Min. In der übrigen Zeit etwas weniger häufige Abfahrten. Fahrzeit 25 Min. (www.rutebok.no/nriiisstatictables/tables/ruter/t/18-611.htm). Weiter auf der E6 nach Narvik (Tour 20).

Über Lødingen auf die Lofoten

Sollte Ihnen unterwegs doch noch der Sinn nach einem Abstecher auf die Lofoten oder Vesterålen stehen, bietet sich in **Bognes** nochmals Gelegenheit dazu.

Ab Bognes verkehren nämlich auch Fähre nach **Lødingen/Vesterålen [N68° 25′ 12.3″ E15° 59′ 38.0″]**. Die Fähren ab Bognes (Rute 18-703) verkehren zwischen 5.15 Uhr und 22.45 Uhr, Abfahrten ca. alle 45 Min., übrige Zeit etwas weniger häufig. Fahrzeit 60 Min. (www.torghatten-nord.no).

Von Lødingen fährt man wenige Kilometer nordwärts zur E10, die auch als „King Olavs Veg" bekannt ist. Der E10 folgen wir nach Nordwesten und kommen ca. 10 km nördlich von Lødingen vorbei am **Kåringen Turistsenter [N68° 26′ 52.3″ E15° 57′ 00.5″]** mit Campingmöglichkeit.

Die gut ausgebaute E10 führt später durch mehrere Tunnels, darunter den 6,4 km lange Sørdaltunnelen und den 3,3 km langen und 105 m tiefen Seetunnel Sløverfjordtunnelen, über **Gullesfjordbotn (Camping Gullesfjord [N68° 31′ 55.0″ E 15° 43′ 38.7′]**, Tel. +47 91 59 75 50; www.gullesfjordcamping.no; ganzjährig, ebene Wiese an der E10, umgeben von Bergketten, die bis in den Sommer mit Schnee bedeckt sind, Café, Miethütten), **Hanøy** und **Fiskebøl** nach **Svolvær [Torget, N68° 13′ 54.80″ E14° 33′ 53.25″]** auf der Lofoteninsel Austvågøya, dem Ausgangspunkt unserer Lofotentour, (102 km).

Lofotentour

ROUTE: In ***Ulvsvåg*** *zweigt die R81 nach Westen ab. Sie führt über* ***Oppeid*** *und* ***Hamsund*** *auf die Insel Hamarøy mit ihren bizarren Berggipfeln. Die Straße endet schließlich nach 36 km in* ***Skutvik****, einem wichtigen Hafen der Lofotenfähren.*

In **Hamsund** können das Elternhaus des Schriftstellers Knut Hamsun sowie das moderne **Knut-Hamsun-Zentrum [WP 246 / N68° 05′ 01.9″ E15° 38′ 34.5″]** besichtigt werden *(geöffnet 1. Juni – 21. Aug. tgl. 10 - 18 Uhr; übrige Zeit Mo - Fr 10 - 15.30 Uhr, Sa + So 11 - 17 Uhr; www.hamsunsenteret.no/en/).*

Ab **Skutvik verkehren Autofähren nach Svolvær** auf der Lofoteninsel Austvågøy. Die Fähren (Rute 18-751) verkehren von Anfang Juni bis Ende Aug. bis zu drei mal täglich. In der übrigen Zeit weniger häufige Abfahrten. Fahrtdauer rund zwei Stunden (www.torghatten-nord.no).

Nähert man sich mit der Fähre der **Inselwelt der Lofoten** – *Lofoten* soll soviel wie „Luchsfüße" heißen – erkennt man bald die bizarren Bergkegel und zackigen Grate der „Lofotwand" aus dem ruhigen, grauen und so fischreichen Meer emporsteigen. Fast anthraziten glänzen die glatten, blanken, steilen Felsen, die höchstens etwas Moos als Vegetation dulden.

Das Lofotengebirge zählt zu den ältesten der Welt. Geformt in die uns heute sichtbare Gestalt wurde es vor allem von den Gletschern der letzten Eiszeit vor ungefähr 10.000 Jahren.

Erst um die Wende zum 20. Jahrhundertwende wurden die sieben großen Inseln der Lofoten – **Røst, Værøy, Moskenesøya, Flakstadøya, Vestvågøya, Gimsøya** und **Austvågøya** – richtiggehend besiedelt. Zwar sind bei Ausgrabungen Spuren von 4.000 Jahre alten Siedlungen gefunden worden – auch die Wikinger hatten hier schon Hafensiedlungen, wie die Reste einer Wikingerburg bei Borg auf Vestvågøya oder bei Halsneset (Leknes) beweisen – aber von längerem Bestand waren diese Ansiedlungen nicht. Heute leben auf den Lofoten, die ein Territorium von fast

1.230 qkm umfassen, ständig rund 26.000 Menschen.

Das Wetter auf den Lofoten und auch auf den nördlich benachbarten Vesterålen ist eine ziemlich wechselhafte Angelegenheit. Lange beständige Wetterlagen gehören zu den Ausnahmen. Klare, sonnige und windstille Tage können rasch mit windigem Nieselwetter wechseln. Zwar können die Tagestemperaturen auch auf den Lofoten Extremwerte von 30 Grad im Juni und Juli erreichen, in den genannten Monaten aber werden die Durchschnittswerte kaum über 11 oder 12 Grad hinausgehen.

In der Regel – aber auch beim Wetter bestätigen Ausnahmen die Regel – soll in der Zeit zwischen April und Juni der wenigste Niederschlag fallen, während es zwischen Oktober und Dezember viel regnet und auch schneit.

Svolvær (ca. 4.000 Einwohner) ist der Hauptverwaltungsort der Lofoteninseln und wichtigster Fischereihafen (fischverarbeitende Industrie) der Region.

Einen großen **Parkplatz in Svolvær** findet man in der Lofotgata 33 vor dem **AMFI-Einkaufscenter [WP 247 / N68° 14' 01.8" E14° 33' 33.0"]**.

Zu den wenigen Sehenswürdigkeiten der Stadt zählen das **Rathaus [N68° 13' 55.98" E14° 33' 45.37"]** wegen des Gemäldes von Gunnar Berg „Schlacht im Trollfjord", das im Rathaus hängt, weiter das **Künstlerzentrum [N68° 13' 53.07" E14° 33' 56.38"]** am Torvet (Marktplatz), eine Kunstgalerie regionaler Künstler. Interessant ist schließlich die Installation **Magic Ice [N68° 13' 46.32" E14° 34' 0.40"]** am Hurtigruten-Anleger *(geöffnet 1. Juni - 31. Aug. tgl. 11 - 23 Uhr; 1. Sept. - 31. Mai tgl. 18 - 22 Uhr; www.magicice.no)*, die mittels multimedialer Präsentationen mit Musik- und Lichteffekten Einblick in die Naturgeschichte der Region und die lange Fischereitradition gibt.

Aber auch die **Felsen „Svolværgeita" (Svolværgeiß)**, die von der Stadt aus zu sehen sind, zählen zu den Attraktionen Svolværs. Die Felsen, die erst 1910 erstmals bezwungen wurden, gelten unter Bergsteigern als recht schwieriges Klettergebiet.

Es werden **Bootsausflüge** angeboten, von denen die in den schmalen, von steilen, blanken Felsen flankierten **Trollfjord** (legendäre Trollfjordschlacht) oder zur Walstation **Skrova** besonders lohnen.

Die **Mitternachtssonne** ist in der Höhe von Svolvær zwischen **28. Mai** und **14. Juli** zu sehen.

In **Kabelvåg-Storvågen,** heute eine Gemeinde mit fast 2.000 Einwohnern und

Lofoten, Kvalvik bei Hamnøy

ca. 5 km südwestlich von Svolvær gelegen, können Sie das interessante **Lofotmuseet [N68° 12′ 27.6″ E14° 27′ 15.0″]** besichtigen *(geöffnet Jan. - Apr. + Sept. - Dez. Mo - Fr 11 - 15 Uhr; 1. Mai - 31. Mai + 16. - 31. Aug. tgl. 11 - 15 Uhr; 1. Juni - 15. Aug. tgl. 10 - 18 Uhr; www.lofotmuseet.no).*

Dieses **Regionalmuseum der Lofoten** ist an der Stelle des alten Ortsteils **Storvågan** errichtet. Mittelpunkt der Museumsanlage ist das historische Gehöft eines „Fischerdorfbesitzers" mit einem Wohnhaus aus dem Jahre 1810, mit Schul- und Gesellschaftsraum, Fischerhütten, Bootsschuppen und einer Sammlung von Nordlandbooten. Und natürlich ist eine Ausstellung über die Lofotenfischerei zu sehen.

Ganz in der Nähe des Lofotmuseums liegt das **Lofotakvariet [N68° 12′ 28.8″ E14° 27′ 04.4″]**, mit nicht weniger als 23 größeren und kleineren Aquarien, mit Seehundbecken, Ausstellungen, Multivisionsshow, Souvenirshop und Cafeteria *(geöffnet Feb. - Apr. + Sept. - Nov. So - Fr 11 - 15 Uhr; Mai tgl. 11 - 15 Uhr; Juni - Aug. tgl. 10 - 18 Uhr; www.lofotakvariet.no).*

Zudem findet man in Storvågen die **Kunstgalerie Espolin Johnson.**

Storvågen war übrigens eines der allerersten Fischerdörfer auf den Lofoten. Hier wurde schon vor über 1.000 Jahren nach Dorsch gefischt und Stockfisch produziert.

Und hier bei Storvågen lagen auch die Anfänge des mittelalterlichen Handelszentrums **Vågar,** die erste Stadt in Nordnorwegen, wie es heißt. Reste der Siedlung wurden vor einiger Zeit ausgegraben.

PRAKTISCHE HINWEISE – SVOLVÆR/KABELVÅG

Svolvær Turistinformasjon [N68° 13′ 54.80″ E14° 33′ 53.25″], Svolvær Torg, Marktplatz, 8301 Svolvær, Tel. +47 76 07 05 75; www.lofoten.info. *Geöffnet 2. Juni - Ende Aug. Mo - Fr 9 - 20 Uhr, Sa 10 - 14 Uhr; übrige Zeit Mo - Fr 9 - 15.30 Uhr.*

HOTELS

Svolvær

Vestfjord Hotell, 63 Zi., Fiskergata 46, Tel. +47 76 07 08 70; www.vestfjordhl.no; in zentraler Lage, Restaurant, WLAN. Parkplatze. Keine Haustiere.

Scandic Hotel Svolvær, 147 Zi., Lamholmen, Tel. +47 76 07 22 22; www.scandichotels.com/Hotels/Norway/Svolvaer/; auf einer Insel (Brücke) im Hafen, Restaurant, Fitnesscenter, WLAN. Öffentliche Parkmöglichkeit.

Kabelvåg

Nyvågar Rorbuhotell, Storvåganveien 22, Tel. +47 76 06 97 00; www.classicnorway.com/hotels/nyvagar-rorbuhotell; modern eingerichtete „Fischerhütten" mit Zimmern, Stube, Küche, Bad, Restaurant, WLAN, Fahrradverleih, teuer. Parkplatz.

CAMPING

Kabelvåg

Camping Sandvika Fjord og Sjøhuscamping [WP 248 / N68° 12′ 20.3″ E14° 25′ 32.8″], Ørsvågveien 45, Tel. +47 76 07 81 45; www.sandvika-camping.no; 1. Mai – 30. Sept.; ca. 9 km westl. Svolvær beschilderter Abzweig von der E10 und ca. 1 km schmale Straße; mehrere kleine, teils unebene Wiesenstücke zwischen hohen Felsriegeln in schöner Lage am Meer; ca. 3 ha – 100 Stpl.; Standardsanitärausstattung. Fahrradverleih; Miethütten ** – ****. **V & E** für Wohnmobile.

Camping Ørsvågvær i Lofoten [WP 249 / N68° 12′ 23.9″ E14° 25′ 35.4″], Tel. +47 76 07 81 80; www.orsvag.no; 1. Mai – 30. Sept.; ca. 9 km westl. Svolvær beschilderter Abzweig von der E10 und ca. 1 km schmale Straße; im Rahmen

V&E

des Lofoten Turist- og Rorbusenter mehrere kleine Wiesenstücke zwischen hohen Felsriegeln in ausgesprochen schöner Lage am Meer; ca. 2 ha – 100 Stpl.; Standardsanitärausstattung; öffentliches Hallenbad; Miethütten ** - ****. **V & E für Wohnmobile.** Motel.

WOHNMOBIL-STELLPLÄTZE

Svolvær

Wohnmobil-Stellplatz Bobilparkering Svolvær [WP 250 / N68° 13' 39.0" E14° 33' 29.2"], Vorsetøyveien. **Zufahrt/Lage:** Auf der Halbinsel Vorsetøya am südlichen Rand des Stadtzentrums im Industriegebiet an der Hafeneinfahrt; ebene, vegetationslose, staubige Schotterfläche, beleuchtet, mit Platz für ca. 50 Wohnmobile. **Geöffnet:** Ganzjährig. **Gebühr:** am Parkscheinautomat bezahlen, man erhält Zugangscode zu Sanitärhäuschen (Toiletten, Dusche). Strafgebühr NOK 750,- wenn Parkschein nicht deutlich sichtbar am Auto angebracht ist. Zum Stadtzentrum ca. 1,2 km.

Lyngvaer

Wohnmobil-Stellplatz Lofoten Bobilcamping [WP 251 / N68° 13' 27.1" E14° 13' 08.1"], Kleppstad, Tel. +47 90 51 99 77; www.lofoten-bobilcamping.no. **Zufahrt/ Lage:** Ca. 20 km westlich Svolvær, unterhalb der E10 in schöner, aussichtsreicher Lage am Gimsøya Straumen. **Geöffnet:** Anf. Apr. – Ende Sept. **Gebühr:** Pauschale inkl. Ver- und Entsorgung, Extragebühr für Strom. **Ausstattung:** Breite, flache Wiesenterrassen mit überwiegend 50 geschotterten Stellplätzen zwischen E10 und Bucht, von Bergen umgeben; zeitgemäße, aber etwas knapp bemessene Sanitärs; Grillhütte, Einrichtungen für Angler, Bootssteg, Bootsverleih, WLAN. V & E für Wohnmobile.

Nach Süden bis Å

Mein Tipp! Für einen **Abstecher** auf der E10, dem „Kong Olavs Veg", hinunter nach **Reine** oder gar bis **Å** auf der Insel Moskenesøya sollten Sie sich auf alle Fälle Zeit nehmen! Sehen Sie dafür mindestens einen ganzen Tag vor.

*ROUTE: Schon 15 km westlich von Svolvær, nach dem Straßentunnel, sollte man von der E10 südwärts auf die R816 abzweigen. Nach 6 km erreicht man **Henningsvær.***

Der Fischerort **Henningsvær [Parkmöglichkeit, WP 252 / N68° 9' 24.70" E14° 12' 24.95"]** liegt hübsch auf einer Insel, die über zwei Brücken zu erreichen ist. Der Ort lässt sich auch gerne als „Venedig der Lofoten" bezeichnen.

*ROUTE: Zurück zur E10. Die Hauptverkehrsader E10 führt bei **Kleppstad** auf einer Brücke auf die **Insel Gimsøya,** schon wenige Kilometer weiter über die Sundklakkstraumen-Brücke auf die **Insel Vestvågøya** und zieht dann südwärts über **Borg** nach **Leknes.***

Rund 14 km nördlich von Leknes passiert man **Borg** und das **Wikingermuseum Lofotr [Parkplatz, WP 253 / N68° 14' 43.8" E13° 45' 24.5"]** *(geöffnet 1. Juni - 15. Aug. tgl. 10 - 19 Uhr; Mai + 16. Aug. - 15. Sept. tgl. 10 - 17 Uhr; übrige Zeit Mi - Sa 12 - 15 Uhr; www.lofotr.no).* In einem originalgetreu rekonstruierten Wikingerhaus, das mit seinem riesigen Schindeldach aussieht, wie ein kieloben liegendes Wikingerboot, erhält man Einblick in die Kulturgeschichte der Wikinger.

Wie das Original ist auch die Rekonstruktion in fünf große Räume aufgeteilt, den Wohnraum, die Eingangshalle, die Gildhalle, das Lager und den Stall, der fast die Hälfte des Gebäudes einnimmt. Im Wikingerhaus sind Grabungsfunde ausgestellt, die in der Nähe gemacht wurden.

Zum Museum gehört auch ein Nachbau eines Wikingerschiffes, dem das Gokstadschiff als Vorlage gedient haben soll. Das Schiff liegt ein gutes Stück vom Museum entfernt.

Bei ausreichend zur Verfügung stehender Zeit lohnen ab Leknes Abstecher in die Küstenorte **Ballstad** (R818, 19 km) und/oder **Stamsund** (R815/817, 16 km), einem hübschen Lofotendorf und wichtigen Fischereihafen.

Ballstad, mitten in einer reizvollen Küstenszenerie gelegen, zählt zu den malerischsten Fischerdörfern auf den Lofoten.

*ROUTE: Von **Leknes** über **Lilleeidet** und durch den Nappstraumentunnel, der unter dem Sund hindurch auf die **Insel Flakstadøya** führt. Die Straße E10 endet schließlich nach rund 50 km in **Å** auf der **Insel Moskenesøya**, dem südwestlichsten per Straße erreichbaren Ort auf den Lofoten.*

Bei **Kilanplass** kann man südwärts nach **Nusfjord [Parkplatz, WP 254 / N68° 02′ 03.8″ E13° 20′ 48.6″]** fahren. Zum Parkplatz, der oft von Wohnmobile belegt ist, die den Platz als Stellplatz nutzen, führt eine sehr steile Auffahrt hinauf. Das sehr malerisch zwischen Felsen gelegene Fischerdorf mit seinen traditionellen Fischerunterkünften und dem hübschen Gasthof Oriana Kro steht auf der UNESCO-Liste der erhaltenswerten Kulturdenkmäler.

1 km südlich von **Flakstad** führt die E10 an einem einladenden **Rast- und Picknickplatz [WP 255 / N68° 06′ 12.3″ E13° 17′ 05.9″]** vorbei. Herrliche Meeresbucht „Skagsanden Beach" mit Sandstrand, Picknicktische, WC. Der Platz wird von Wohnmobilfahrern auch als Stellplatz genutzt. Ganz in dr Nähe liegt zwischen E10 und einer Bucht mit Weißem Sandstrand das Wiesengelände von **Skagen Camping [N68° 6′ 11.58″ E13° 17′ 41.39″]**, Tel. +47 95 03 52 83.

Ramberg macht mit seinem weißen Sandstrand auf sich aufmerksam.

Später sollte man bei der Kåkern-Brücke von der E10 zum **Sund Fischereimuseum und Schmiede** (ehem. Motormuseum) von **Sund [N68° 0′ 19.05″ E13° 12′ 26.84″]** von **Sund** abzweigen *(geöffnet Ende Mai - Anf. Sept. tgl. 10 - 18 Uhr)*. Das kleine, aber recht interessante Museum befasst sich mit der Motorisierung und Instandhaltung von Fischkuttern in den vergangenen 100 Jahren.

Nach besagter Kåkern-Brücke befindet man sich auf der **Insel Moskenesøya.**

Wenige Kilometer weiter passiert man den schönen gelegenen **Rast- und Picknickplatz „Akkarvikodden" [WP 256 / N67° 57′ 44.6″ E 13° 09′ 14.0″]** in herrlicher Lage mit Blick auf Hamnøy, Picknicktische, WC.

Im Ort **Hamnøy** findet man gleich am Ortsbeginn eine **Ver- und Entsorgungsstation für Wohnmobile [N67° 56′ 54.1″ E13° 08′ 11.6″]** mit Frischwasser und Ausguss für Abwässer.

Hamnøy mit seinem fotogenen Fischereihafen liegt überaus malerisch vor einer ganz prächtigen Bergkulisse. Die vor allem im Juni voll mit Kabeljau behangenen Fischtrockengestelle vor den roten Rorbuer machen die ganze Szenerie zu einem Lofotenmotiv wie aus dem Bilderbuch.

Der alte Handelsort und Fischereihafen **Reine [Zentrum, N67° 56′ 4.42″ E13° 5′ 17.40″]** auf der Insel Moskenesøya ist bekannt für seine malerische Umgebung.

Besichtigen kann man z. B. **Dagmars Dukke- og Leketøymuseum [Parkplatz, N67° 56′ 29.78″ E13° 6′ 40.00″]**, ein Puppen- und Spielzeugmuseum, Insel Sakrisø *(geöffnet Ende Mai - Ende Aug. tgl. 10 - 18 Uhr, Sommer bis 20 Uhr)*. In der Ausstellung mit mehr als 1.500 Puppen und Teddys aus der Zeit von 1860 bis 1965 können Sie „eine Reise zurück in die Kindheit" machen.

Hamnøy, Lofoten

Moskenes [Touristeninformation, Parkplatz, WP 257 / N67° 53' 58.91" E13° 2' 47.25"] ist ein wichtiger Fährhafen auf den Lofoteninseln mit regelmäßigen Verbindungen nach Værøy, Røst und Bodø.

In **Sørvågen** können Sie im **Norwegischen Telekommunikationsmuseum [N67° 53' 27.54" E13° 1' 32.01"]** vorbeischauen *(geöffnet Ende Juni - Ende Aug. tgl. 11 - 17 Uhr)*. Die Ausstellungen „Dorsch, Telegraf und Telefon" dort befassen sich z. B. mit der leitungsgebundenen Telegrafie, mit der Funktelegrafie und mit der Funktelefonie.

Å „am Ende der Welt", der Ort mit dem wohl kürzesten Namen, hat in der Ortsmitte einige alte Häuser aus der Mitte des 19. Jh. aufzuweisen.

Die Straße E10 endet am Südrand von Å nach einem Straßentunnel an einem großen **Parkplatz [WP 258 / N67° 52' 50.38" E12° 58' 41.60"]** mit Touristeninformationspavillon. Lt. Tafel ist Übernachten auf dem Parkplatz nicht erlaubt. Ein Fußweg führt hinab zum Fischerdorfmuseum. Ein weiterer kurzer Fußweg führt zum Aussichtspunkt „am Ende der Welt".

In Å ist das **Norsk Fiskeværsmuseum Å [N67° 52' 53.26" E12° 58' 54.46"]**, das Norwegische Fischerdorfmuseum, sehenswert, einer der wenigen alten Handelsorte der Lofoten, der in seiner ur-

CAMPING ZWISCHEN RAMBERG UND Å

Fredvang

Camping Fredvang Strand og Skjægårdscamping [WP 259 / N68° 05' 49.3" E13° 09' 41.1"], Tel. +47 76 09 42 33; www.fredvangcamp.no; Ende Mai – Anf. Sept. Beschilderter Abzweig von der E10 bei Finnbyen, nordwestwärts noch knapp 4 km teils über Sundbrücken, letzter Kilometer der Zufahrt Schotterweg. Sehr schön gelegener Platz am Meer in abgeschiedener Umgebung. Fast ebenes, naturbelassenes Wiesengelände in einer Geländemulde, Sandstrand angrenzend; ca. 4 ha – 100 Stpl.; einfache Ausstattung mit nicht mehr ganz zeitgemäßen Sanitäranlagen. WLAN.

Ramberg
Camping Ramberg & Gjestegård [N68° 5' 31.01" E13° 14' 3.67], Tel. +47 76 09 35 00; www.ramberg-gjestegard.no; Anf. Jan. – Ende Dez.; ca. 2 ha – 30 Stpl.; Standardsanitärausstattung. Laden, Restaurant, WLAN, Boots- und Fahrradverleih; **V & E für Wohnmobile**; Miethütten ****.

Moskenes
Camping Moskenes [WP 260 / N67° 54' 0.75" E13° 3' 6.64"], Tel. +47 99 48 94 05; 15. Mai – 15. Sept.; in Moskenes unweit östlich des Fährhafens gelegen; ebenes Gelände, teils Schotter, teils Wiesen für Zelte, in ansprechender Lage; ca. 2 ha – 100 Stpl.; Standardausstattung; **V & E für Wohnmobile.**

Å
Camping Moskenesstraumen [N67° 52' 41.95" E12° 58' 51.08"], Tel. +47 76 09 11 48; Juni – Mitte Sept.; im südlichen Ortsbereich; einfache Stellmöglichkeit für Wohnmobile und Caravans auf kleinem Geländerondell, ca. 10 Stpl.

sprünglichen Form erhalten blieb. Man sieht u. a. die älteste Trankocherei ganz Norwegens *(geöffnet 30. Mai - Ende Aug. tgl. 9 - 19 Uhr; übrige Zeit Mo - Fr 10 - 17 Uhr; www.museumnord.no/fiskevarsmuseum/).*

Im **Lofoten Tørrfiskmuseum [N67° 52' 57.21" E12° 59' 2.84"]**, dem Trockenfischmuseum der Lofoten und einzigem Stockfischmuseum der Welt *(geöffnet 30. Mai - Ende Aug. tgl. 9 - 19 Uhr; übrige Zeit Mo - Fr 10 - 17 Uhr)*, erfahren Sie alles über die Herstellung und den Verkauf von Trockenfisch, Norwegens ältestem Exportartikel.

Südlich des berggezackten Eilands Moskenesøya fließt der **Moskenstraumen**, der gefürchtete **Mahlstrom**, den Jules Verne in seinem Roman „Reise zum Mittelpunkt der Erde" erwähnt und der durch Erzählungen Edgar Allan Poes über den Kreis der Seeleute hinaus bekannt wurde.

Ebenfalls südlich von Moskenesøya liegen die Vogelinseln **Værøy** und **Røst** im offenen Atlantik. Die Inseln sind ab Reine oder ab Bodø per Schiff zu erreichen.

Luftgetrockneter Stockfisch, eine Lofotenspezialität

TOUR 20: SVOLVÆR/LOFOTEN – TROMSØ

Länge der Tour: Rund 465 km, ohne Abstecher, + 1 Fähre.

Die Route: Über die E10 von **Svolvær/Lofoten** bis **Fiskebøl** – Fähre nach **Melbu/Vesterålen** – E10 über **Sortland/Strand** (evtl. Abstecher nach **Andenes**, 100 km einfach) bis **Bjerkvik** (evtl. Abstecher nach **Narvik**, 38 km einfach) – E6 bis **Nordkjosbotn** – E8 bis **Tromsø**.

Reisedauer: Mindestens ein Tag, besser zwei Tage.

Höhepunkte: Die Landschaften der **Vesterålen** – das **Hurtigrutenmuseum** in Stokmarknes – die Stadt **Tromsø** ** und ihre Museen.

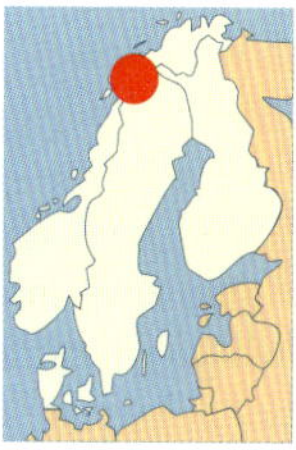

*ROUTE: Von **Svolvær** über die E10 nordwärts bis zum **Fährhafen Fiskebøl.***

Auf dem Weg von Svolvaer nach Fiskebøl genießt man eine wunderschöne **Aussicht [WP 261 / N68° 18′ 53.6″ E14° 42′ 52.3″]** auf herrlich bizarre Berge und, etwa 16 km nördlich von Svolvær, auf die Landzunge **Sildpollen (Kapelle) [N68° 19′ 19.7″ E14° 42′ 55.8″]** mitten im Austnesfjord.

Abkürzende Routenalternative

Eine erhebliche Abkürzung des Reiseweges – unter Verzicht auf die Fahrt über Stokmarknes nach Andenes – ist der Weg ab Fiskeøl über die **„Lofast"-Querverbindung** auf der E10 nach **Gullesfjordbotn** und weiter nach **Narvik**.

HAUPTROUTE

Ab **Fiskebøl** mit der **Autofähre** über den Hadselfjord nach **Melbu** auf der **Insel Hadseløya**, die bereits zum Archipel der Vesterålen gehört.

Die Fähren verkehren zwischen 7.10 Uhr und 22.10 Uhr im Abstand von ca. 90 Minuten. Fahrtdauer 25 Minuten.

*ROUTE: Ab Melbu weiter auf der E10 nach **Stokmarknes.***

Im Hafen von **Stokmarknes** sieht man am Anleger der Hurtigrutenschiffe ein Denkmal für Richard Whit, dem legendären Gründer der Reederei der Hurtigruten.

PRAKTISCHE HINWEISE – STOKMARKNES, SORTLAND, BØ

Vesterålen Reiseliv Sortland Turistinformasjon [N68° 41' 46.68" E15° 24' 54.06"], Kjøpmannsgata 2, 8400 Sortland, Tel. +47 76 11 14 80; www.visitvesteralen.com.

CAMPING

Stokmarknes

Camping Stokmarknes [N68° 33' 10.96" E14° 55' 25.60"], Rådhusgata 1, Tel. +47 76 15 26 96; 1. Juni – 31. Aug.; knapp 1 km südöstlich des Ortes, Zufahrt im Ort von der R82 über die Ivar Bergsmo gate, die letzten 400 m sind unbefestigt; kleiner Übernachtungsplatz in einem Birkenhain unterhalb eines steilen Hangs in waldreicher Umgebung; 1 ha – 40 Stpl.; einfache Standardausstattung; Miethütten **.

Sortland

Camping Sortland & Motell [WP 262 / N68° 42' 10.40" E15° 23' 30.85"], Vesterveien 51, Tel. +47 76 11 03 00; www.sortland-camping.no; Anf. Jan. – Ende Dez.; im Ortsbereich; ca. 3 ha – 100 Stpl.; einfache Standardausstattung; Laden, Cafeteria; Miethütten ** - ****. Motel.

WOHNMOBIL-STELLPLÄTZE

Melbu bei Stokmarknes

Wohnmobil-Stellplatz Bobilparkering Melbu Småbåthavn [WP 263 / N68° 29' 41.3" E14° 48' 48.2"], Neptunveien 8. **Zufahrt/Lage:** Kahle, ebene, geschotterte Fläche an der Hafeneinfahrt von Melbu. **Geöffnet:** Ganzjährig. **Gebühr:** Pauschale inkl. Ver- und Entsorgung und Strom. **Ausstattung:** Platz für ca. 30 Wohnmobile. Frischwasser und Stromanschlüsse, Mülltonne. V & E-Station beim Rema 1000 Supermarkt, ca. 1000 m entfernt.

Stø/Insel Bø

Wohnmobil-Stellplatz Stø Bobilcamp [WP 264 / N69° 1' 9.39" E15° 6' 31.86"], Tel. +47 97 53 36 48; www.stobobilcamp.no/en/. **Zufahrt/Lage:** Von Sortland auf der R820/R821 ca. 54 km nordwärts bis zum Ende der Straße, in Stø am Hafen gelegen. **Geöffnet:** 1. Mai - 15. Sept. **Gebühr:** Pauschale inkl. Ver- und Entsorgung, Extragebühr für Strom. **Ausstattung:** Kleiner, fast ebener, für Wohnmobile eingerichteter Campingplatz mit geschotterten Stellflächen, ansprechend gelegen, mit Sicht aufs Meer; ca. 2 ha – 30 Stpl.; Sanitäranlagen, Strom, Frischwasser, V & E-Möglichkeit, Restaurant, WLAN. Miethütten.

Vor dem besuchenswerten **Hurtigruten Museum [N68° 34' 10.28" E14° 54' 42.19"]** kann man die M/S „Finnmarken", das erste Hurtigrutenschiff, Baujahr 1956, in seiner vollen Pracht und Größe bestaunen.

*ROUTE: Von Stokmarknes nach **Skagen** auf der **Vesterålen-Insel Langøya**. 25 km weiter liegt **Sortland**.*

Abstecher auf die Insel Bø

17 km westlich von Sortland zweigt die Straße R821 nordwärts ab. Die Straße führt über **Myre** und endet nach rund 40 km in **Stø/Insel Bø [N69° 1' 10.23" E15° 7' 34.94"]** mit prächtiger Sicht aufs offene Meer. Tägliche **Walsafaris** von Anfang Juni bis Ende August (Tel. +47 747 38 46 21; www.arcticwhaletours.com). Wohnmobil-Stellplatz s. o.

Von Stø zurück nach Sortland.

*ROUTE: Die R820 führt bei **Sortland** über eine Bogenbrücke über den Sortlandsund hinüber nach **Strand.***

Abstecher nach Andenes

Nach der Brücke zwischen Sortland und Strand führt die Straße R82 über **Forfjord**, **Buknesfjord**, **Risøyhamn** und **Åse** nordwärts auf die **Insel Andøya**. Nach rund 100 km erreicht man **Andenes**

Der Golfstrom

In den nördlichen Breiten Europas herrschen erstaunliche klimatische Verhältnisse, die es an anderen Stellen unseres Globus' so weit im Norden nicht gibt. Wo sich ewiger Frost ausbreiten sollte, wie in der Taiga oder in Labrador, wachsen Erdbeeren. Häfen bleiben im langen Winter eisfrei, wie der von Narvik, die Häfen auf den Lofoten oder in Kirkenes. Natürlich weiß man heute längst, dass dafür der Golfstrom verantwortlich ist.

Aber woher kommt diese Warmwasserheizung Nordeuropas? Ausgangspunkt des Golfstromes ist der *Golf von Mexiko*. Durch intensive Sonneneinstrahlung erwärmt sich das Meer dort rasch. Die sich ausdehnenden, stark erwärmten Wassermassen strömen durch die Meerenge am Florida-Tor in den Atlantik, wobei Geschwindigkeiten bis zu 2,5 m/sec. erreicht werden. Der Wasserstrom wird nun durch die Luftströmung nach Norden gedrängt, schiebt sich entlang der nordamerikanischen Küste und später quer über den Atlantik bis nach Nordeuropa.

Auf seinem Weg nach Nordosten teilt sich der „Fluss im Meer" in mehrere Zweige, und zwar in den **Nordäquatorialstrom**, in den **Floridastrom** und in den **Yukatanstrom**. Einer davon, der an Irland und Schottland vorbei bis ins Eismeer reicht, ist der **Golfstrom**.

Auf dem 12.000 km langen Weg sinkt die Wassertemperatur natürlich ab. Sind am Ausgangspunkt 20°C zu messen, so können im Eismeer immerhin noch 5 – 6°C registriert werden. Diese wenigen Grade über Null genügen aber, Norwegen im Schnitt 20°C höhere Temperaturen zu bescheren, als sie ohne den Golfstrom entstehen würden.

Am Hardangerfjord blühen Ende Mai schon die Obstbäume. Recht erstaunlich, wenn man bedenkt, dass auf dem gleichen Breitengrad auf dem Südkap Grönlands kilometerdicke Gletscher liegen. Oder nehmen wir den Lyngenfjord, der etwa auf 69° nördlicher Breite liegt. Kartoffeln und Erdbeeren werden hier angebaut. Auf dem gleichen Breitengrad, in der russischen Taiga zum Beispiel, herrscht immerwährender Bodenfrost.

Bereits im 17. Jahrhundert war diese Naturerscheinung „Golfstrom" der damaligen Seemacht Spanien bekannt, wurde aber lange als großes Geheimnis gehütet. Denn durch Kenntnis und Ausnutzung der einzelnen Strömungszweige war es den Caravellen der spanischen Armada möglich, die neuen Kolonien Mittelamerikas schneller zu erreichen.

Noch auf den Seekarten des mächtigen Britischen Empire fehlte lange ein entsprechender Hinweis. Also stampften die Segler der Royal Navy mühevoll wie eh und je auf den alten Routen buchstäblich gegen den Strom nach Boston und Philadelphia. Gut gemeinte Ratschläge der erfahrenen Walfänger aus Nantucket, die die Strömung lange schon zu ihren Gunsten nutzten, wurden nicht ernstgenommen.

(Hotels, Camping Andenes [N69° 18' 12.24" E16° 3' 55.41"], 1. Juni - 31. Aug., Tel. +47 41 34 03 88).

Viel Abwechslung bietet der 100 km weite Weg nach Andenes, einer ehemals holländischen Walfangstation, nicht gerade. Aber im Sommerhalbjahr, etwa zwischen Ende Mai und Mitte September, werden ab Andenes sog. **Walsafaris** angeboten.

Vieles über Wale und Walforschung erfahren Sie im **Walzentrum [N69° 19' 27.69" E16° 7' 4.55"]** in Andenes *(geöffnet 25. Mai - 19. Juni + 21. Aug. - 31. Aug. tgl. 8.30 - 16 Uhr; 20. Juni - 20. Aug. tgl. 8.30 - 19 Uhr; 1. - 15. Sept. tgl. 10.30 - 15 Uhr; übrige Zeit Mo - Fr 9 - 15 Uhr; www.whalesafari.com/?lang=de)*. Im Sommer (Juni bis August) besteht ab Andenes eine **Fährverbindung nach Gryllefjord** auf der Insel Senja, ggf. eine Abkürzung der Weiterreise ab Andenes nach Norden.

HAUPTROUTE

*ROUTE: Weiterfahrt von der **Sundbrücke bei Sortland** über die R85 in östlicher Richtung. Man passiert nach 28 km in dem Flecken **Gullesfjordbotn** (Camping Gullesfjord [N68° 31' 55.0" E15° 43'*

*38.7"], Tel. +47 91 59 75 50; www.gullesfjordcamping.no; ganzjährig, ebene Wiese an der E10/R85, umgeben von Bergketten, Café, Miethütten) auf die E10, weiter 18 km ostwärts zur **Fährstation Lødingen** (Stellplatz und Fährverbindungen nach Bognes an der E6) und nach weiteren 48 km den Abzweig der R83, die nordwärts nach **Harstad** führt (27 km) und kommt nach neuerlichen 64 km zur E6 bei **Bjerkvik** zur E6. Von hier weiter nordwärts oder Abstecher südwärts nach **Narvik** (38 km).*

Neue Straßentrasse der E6 nördlich von Narvik. Narvik erreicht man nun rascher auf der 1,5 km langen Fjordbrücke Hålogalandbrua und Tunnels und erspart sich den 22 km langen Weg um die Bucht Rombakken.

Abstecher nach Narvik

Narvik verdankt seine Entwicklung und Bedeutung in erster Linie seinem großen, ganzjährig eisfreien Erzhafen in Nordnorwegen und den reichen Erzvorkommen im schwedischen Kiruna. 1883 wurde eigens für den Transport des Erzes eine Eisenbahnlinie von Kiruna nach Narvik gebaut, die nach 9 Jahren schwierigsten Trassenbaus durch die legendären „Rallar" (Eisenbahn-Wanderarbeiter) eröffnet werden konnte. In Narvik waren spezielle Verladekais für das aus Schweden antransportierte hochwertige Erz errichtet worden. Bald machte der Erzumschlag Narvik zu einer der wichtigsten Hafenstädte in Norwegen.

Zwischenzeitlich gehören die Hafeneinrichtungen für die Erzverladung zu den modernsten der Welt. Jährlich werden hier mehr als 25 Mio. Tonnen Erz verladen.

Narvik war im 2. Weltkrieg, nicht zuletzt wegen des Erzumschlags, ein hart umkämpfter Hafen. 1940 erlitt die Stadt bei der Rückeroberung aus Wehrmachtsbesetzung durch norwegische und alliierte Truppen starke Zerstörungen und wurde nach dem Krieg im modernen Stil wieder aufgebaut. Das **Freiheitsdenkmal** (Mutter mit Kind) von Finn Eriksen, das mitten auf dem Marktplatz steht, erinnert an die Kriegswirren.

Bis 1984 bestand von Narvik nach Schweden nur die Bahnverbindung. Seit 1984 ist die bestens ausgebaute „Nordkalottenstraße" über das schwedische Wintersport- und Nationalparkgebiet Abisko bis Kiruna fertiggestellt (175 km).

Das **Ofotenmuseum [N68° 25' 54.06" E17° 25' 31.75"]**, untergebracht im ehemaligen Verwaltungsgebäude der „NSB-Ofotbahn" aus dem Jahre 1912, ist ein bescheidenes Regionalmuseum mit kunstgewerblichen, fischereihistorischen und heimatkundlichen Sammlungen, sowie Anschauungsmaterial über den Eisenbahnbau und die Erzverschiffungsanlage *(geöffnet Mo - Fr 10 - 15 Uhr; 19. Juni - 11. Aug. Mo - Fr 10 - 16 Uhr, Sa + So 12 - 15 Uhr; www.museumnord.no/en/narvik/).*

Beachtung verdienen auch das **Kriegsmuseum [N68° 26' 16.74" E17° 25' 41.52"],** Kongens Gate 39, *(geöffnet Sommer Mo - Fr 10 - 20, Sa 10 - 18 Uhr, So 12 - 18 Uhr; übrige Zeit Mo - Fr 11 - 15 Uhr; https://narviksenteret.no/)* am zentralen Marktplatz mit dem erwähnten Freiheitsdenkmal, oder die Lokomotive **„Bifrost"** am Bahnhof, das letzte Exemplar einer der im schwedischen Trollhättan 1882 für die Erzbahn gebauten Lokomotiven.

Schließlich zählen die etwa 3.000 Jahre alten **Felszeichnungen** im Park **Brennholtet [N68° 26' 41.24" E17° 25' 45.65"]**, knapp 1 km nordwestlich vom Bahnhof, zu den Sehenswürdigkeiten in Narvik.

Bei längerem Aufenthalt ist – neben einer Stadtrundfahrt mit Besichtigung von Teilen der Erzkais – eine Fahrt mit der Seilbahn (knapp 8 Min.) auf das **Narvikfjell** (656 m) lohnend. Prächtige Aussicht bei klarem Wetter bis zu den Lofoten. Restaurant. Startplatz für Drachen- und Gleitschirmflieger. Beginn der **Downhill-Strecke** für Mountainbiker. Ausgangspunkt für Bergwanderungen. Die **Seilbahn-Talstation [Parkplatz, WP 265 / N68° 26' 16.16" E17° 26' 56.37"]** liegt ca. 1 km östlich vom Bahnhof.

Die **Mitternachtssonne** ist in Narvik zwischen **24. Mai** und **19. Juli** zu sehen.

PRAKTISCHE HINWEISE – NARVIK

Narvik Turistinformasjon Visit Narvik [N68° 26‘ 29.4“ E17° 26‘ 23.8“], Kongens gate 41-43, 8505 Narvik, Tel. +47 76 96 56 00; www.visitnarvik.com. *Geöffnet 20. Juni - 21. Aug. Mo - Fr 10 - 19 Uhr, Sa + So 10 - 18 Uhr, übrige Zeit Mo - Fr 10 - 16 Uhr, Sa 10 - 16 Uhr, So 12 - 16 Uhr.*

HOTELS

Quality Hotell Grand Royal, 161 Zi., Kongensgate 64, Tel. +47 76 97 70 00; www.nordicchoicehotels.com/Narvik/; Restaurant, Fitnesscenter, WLAN. Parkplatz.

Best Western Narvik Hotell, 90 Zi., Skistuaveien 8, Tel. +47 76 96 48 00; www.narvikhotell.no; Restaurant, Bar, WLAN. Parkplatz. Bei der Seilbahn-Talstation.

CAMPING

Camping Hærsletta [N68° 28‘ 19.98“ E17° 39‘ 24.01“], Tel. +47 76 95 55 95; www.narvikherslettacamping.no; 20. Mai – 20. Sept.; kleiner Übernachtungsplatz bei **Trædal**, schräge Wiese an der E6 ca. 18 km nördlich von Narvik am Abzweig der E10 (Richtung Lålea in Schweden) gelegen; ca. 1 ha – 12 Stpl.; einfache Standardsanitärausstattung; Miethütten ** -***.

WOHNMOBIL-STELLPLATZ

Wohnmobil-Stellplatz Bobilparkering Narvik [WP 266 / N68° 26‘ 29.61“ E17° 25‘ 4.20“], Brugata 8. **Zufahrt/Lage:** Im nordwestlichen Stadtgebiet. Beschilderung „Tourist Parking“ folgen. Im Stadtzentrum am großen Kreisverkehr von der E6 (Kongens gate) westwärts ab in die Brugata, vorbei am AMFI-Supermarkt und über zwei Eisenbahnbrücken. **Geöffnet:** Ganzjährig. **Gebühr:** Kostenlos. **Ausstattung:** Parkplatz mit ca. 15 Stellplätzen für Wohnmobile neben dem Idrettenshus (Narvik Schwimmhalle). Ohne jegliche Einrichtungen.

HAUPTROUTE

*ROUTE: Weiterreise ab **Bjerkvik** (oder ab Narvik) auf der E6 nordwärts über **Storfossen** und über das Gratangsfjell nach **Fossbakken** und weiter über **Bardufoss** bis **Nordkjosbotn** (148 km).*

Rund 10 km nördlich von **Fossbakken** passiert man auf der E6 den **Abzweig zum 3 km entfernten Polar Park [WP 267 / N68° 41‘ 30.20“ E18° 6‘ 38.79“]** *(geöffnet 20. Juni - 31. Aug. tgl. 10 - 18 Uhr; übrige Zeit bis 16 Uhr; www.polarpark.no).* In dem weitläufigen Naturgehege in waldreicher Umgebung kann man auf Spaziergängen Braunbären, Luchsen, Vielfraßen, Rotfüchse, Moschusochsen, Wölfen, Hirschen, Rentieren, Dachsen und diversen Haustieren begegnen. Hunde sind im Polarzoo nicht erlaubt!

15 km nördlich von Fossbakken liegt direkt an der E6 das **Freilichtmuseum Bardu Bygdetun [N68° 48‘ 33.2“ E18° 10‘ 55.1“]**, mit schönen alten Häusern und sehenswerter **Mineraliensammlung**.

Kurz darauf kommt man durch **Setermoen,** fährt durch das waldreiche Bardutal und kann schließlich bei **Bardufoss** auf die R853 und zum Wasserfall **Målselvfossen** (ca. 3 km) mit

WOHNMOBIL-STELLPLATZ – FOSSEBAKKEN / POLAR PARK

Wohnmobil-Stellplatz Polar Park [WP 267 / N68° 41‘ 30.20“ E18° 6‘ 38.79“]. Zufahrt/Lage: Parkplatz vor dem Eingang zum Polar Park. **Geöffnet:** Juni bis August. **Gebühr:** Gebührenpflichtig. Anmeldung und Bezahlung am Kiosk des Polar Zoos. **Stellplatz:** Ausgewiesene Stellplätze für Wohnmobile. Geebnete, teils gekieste Stellplatzbuchten mit Stromanschlüssen. **Ausstattung:** Ausguss für Womo-Abwässer gegen Gebühr, Schlüssel erforderlich. Frischwasserhahn mit Schlauch. WC, Cafeteria, Souvenirladen; www.polarpark.no.

Nordeuropas längster Lachstreppe (450 m) abzweigen.

ROUTE: 61 km nordöstlich von ***Bardufoss*** *erreicht man* ***Nordkjosbotn*** *am Ostende des Balsfjords und damit den Abzweig der E8, die nordwestwärts über* ***Ramfjordbotn*** *(Camping, siehe unter Tromsø) ins 73 km entfernte* **Tromsø**.

Zwischen Bardufoss und Nordkjosbotn liegen an der E6 mehrere **Rast- und Picknickplätze [N69° 08' 27.9" E18° 35' 52.4"]** mit Toiletten, teils mit Touristeninfo bzw. Sami-Souvenirs.

Tromsø liegt recht malerisch an der Ostseite der **Insel Tromsøya**. Eine hohe, 1.036 m lange **Bogenbrücke, die Tromsøbrua,** verbindet das Stadtzentrum mit dem Gemeindeteil Tromsdalen auf dem Festland.

An der Ostseite der Brücke, im Stadtteil Tromsdalen, sieht man auf einer kleinen Anhöhe die markante **Ishavskatedralen,** die **Eismeerkathedrale [N69° 38' 52.3" E18° 59' 17.7"]**. Die Kirche ist ein architektonisches Meisterwerk von Jan Inge Hovig. Im Inneren wird der Blick des Betrachters von den großflächigen Glasmalereien gefesselt *(geöffnet 1. Juni - 15. Aug. Mo - Sa 9 - 19 Uhr, So 13 - 19 Uhr;16. Aug. - 31. Dez. tgl. 15 - 18 Uhr; Jan. - März tgl. 14 - 18 Uhr; www.ishavskatedralen.no)*.

Eine markierte Zufahrt führt an der Eismeerkathedrale vorbei, rechts ab und bergwärts zur **Talstation der Seilbahn Fjellheisen [Parkplatz, WP 268 / N69° 38' 28.69" E18° 59' 8.02"]** *(geöffnet 15. Mai - 15. Aug. tgl. 10 - 01 Uhr; 16. Aug. - 14 Mai tgl. 10 - 22 Uhr, letzte Abfahrt 30 Minuten vor Schließung, halbstündliche Abfahrten; www.fjellheisen.no)*. Die Schwebeseilbahn führt auf den 412 m hohen **Storsteinen**, prächtiger Blick auf Stadt, Sund und Inseln.

Ausgrabungsfunde und Felszeichnungen weisen darauf hin, dass auf Tromsøya schon vor ungefähr 4.500 Jahren Menschen gelebt haben müssen. Zur eigentlichen Stadtgründung kam es erst im 13. Jh., als König Håkon Håkonsson auf Tromsøya eine Kirche errichten ließ und im Stadtteil Skansen, am Westende der heutigen Sundbrücke, eine Hafensiedlung gründete. Erst 1794 erhielt Tromsø Stadtrechte und das Recht auf selbständigen Handel. Ihre große Blütezeit erlebte die Stadt Tromsø vor allem im 19. Jh. Damals entstanden viele der stattlichen Speicher am Hafen.

Natürlich etablierten sich Handelshäuser in der Stadt, die naturgemäß beste Verbindungen mit dem Ausland pflegten. So blieb es nicht aus, dass die Damen die Handelskontakte auf die von ihnen geliebte Weise nutzten. Sie waren immer nach der neuesten Mode gekleidet. Wie konnte es da ausbleiben, dass Tromsø einen weiteren Beinamen erhielt – „Paris des Nordens". Ebenfalls im 19. Jh. wurde Tromsø mehr und mehr zum Ausgangspunkt für Eismeer- und Polarexpeditionen. Zu Zeiten der kühnen Erforschung des Nordpols war Tromsø eine wichtige Station, bevor man weiter nach Spitzbergen zog und von dort zu den eigentlichen Forschungsreisen in polare Regionen aufbrach. Und bald wurde Tromsø mit Beinamen belegt wie „Tor zur Arktis" oder „Eismeerstadt".

Roald Amundsen, der große norwegische Polarforscher, startete in Tromsø zu vielen seiner Expeditionsreisen. 1926 überquerte er zusammen mit der italienischen Nobile-Expedition im Luftschiff den Nordpol. Zwei Jahre später, am 18. Juni 1928, war Amundsen an Bord des französischen Suchflugzeugs „Latham", das die Rettungsaktion nach dem nördlich von Spitzbergen verschollenen, von Nobile gesteuerten Luftschiff „Italia" unterstützen sollte. Die „Latham" stürzte ab, alle 11 Besatzungsmitglieder, darunter auch Amundsen, kamen ums Leben.

Die Bewohner von Tromsø haben Amundsen am Hafen ein würdiges Denkmal gesetzt.

Während des Zweiten Weltkriegs war Tromsø kurze Zeit Hauptstadt des unbesetzten Norwegens. Am 12. November 1944 versenkten englische Bomber vor Tromsø das deutsche Schlachtschiff „Tirpitz".

Die **Mitternachtssonne** ist in Tromsø zwischen **20. Mai** und **22. Juli** zu sehen.

Blick von Tromsø zur Eismeerkathedrale

Tipps zur Stadtbesichtigung

Öffentliche, gebührenpflichtige **Parkplätze** findet man beim Busterminal hinter dem Touristeninformationsbüro beim Hurtigrutenkai **[Parkplatz, WP 269 / N69° 38' 50.0" E18° 57' 34.7"]**. Außerdem gibt es einen großen Parkplatz beim **Polaria Museum [WP 270 / N69° 38' 39.2" E18° 56' 56.6"]**. Darüberhinaus existiert eine riesige unterirdische Parkanlage (Trygg Parkering, max. Einfahrtshöhe 2,30 m!) in Felstunnels, die rund um die Uhr geöffnet ist. Parken am Straßenrand ist stark reglementiert und für längere Stadtbesuche kaum tauglich.

In der Sødre Tollbugate 11, an der Nordseite des Hafenbeckens im **historischen Stadtteil Skansen**, ist in einem alten Zollspeicherhaus von 1830 das sehr sehenswerte **Polarmuseum [N69° 39' 8.79" E18° 57' 48.93"]** untergebracht *(geöffnet 15. Juni - 15. Aug. tgl. 9 - 18 Uhr; übrige Zeit tgl. 11 - 17 Uhr; www.polarmuseum.no)*. Zugang für Rollstuhlfahrer lt. Museum möglich.

Viele der Schaubilder des Polarmuseums werden durch Tonkulissen noch interessanter. Wichtige Ausstellungsthemen stehen im Zusammenhang mit den Forschungsarbeiten, mit den Lebensumständen, der Überwinterung oder der Jagd in Polargebieten. Tromsø wäre aber nicht das „Tor zur Arktis", wenn das Museum nicht breiten Raum den großen Expeditionen von Fridtjof Nansen, der sich z. B. zwischen 1893 und 1896 mit dem Polarexpeditionsschiff „Fram" zum Nordpol driften ließ, und Roald Amundsen einräumen würde.

Gehen Sie hinter dem Polarmuseum herum und an den Kaianlagen stadteinwärts bis zur **Flytebrygga [N69° 39' 4.56" E18° 57' 34.34"]**, direkt neben dem großen Kaufhaus Domus. An der Anlegestelle sind immer Kutter zu finden, die fangfrischen Fisch, Krabben etc. anbieten.

Genießen Sie von hier den Blick über den betriebsamen Hafen, zur Sundbrücke und zur Eismeerkathedrale.

In der Sjøgata 1 ist das **Nordnorwegische Kunstmuseum [N69° 38' 53.77" E18° 57' 34.41"]** untergebracht *(geöffnet tgl. 10 - 16 Uhr; https://www.nnkm.no/)*. Zugang für Rollstuhlfahrer lt. Museum möglich. Neben Keramiken, Zeichnungen, Kunsthandwerk, Grafik etc. wird eine Gemäldeausstellung mit Werken Nordnorwegischer Maler vom 19. Jh. bis heute gezeigt.

Stadteinwärts liegt der Marktplatz **Stor Torget [N69° 39' 4.68" E18° 57'**

32.37"] mit einem Denkmal der verschollenen Seefahrer und Fischer.

Gehen Sie über den Marktplatz hinauf bis zur Grønnegate mit dem Holzbau der **Vår Frue Kirke [N69° 39' 5.78" E18° 57' 24.26"]**, der Katholischen Kirche Tromsøs aus dem Jahre 1862 rechts und dem modernen Bau des **Kulturhaus** links.

Rechts neben der Katholischen Kirche ist das supermoderne **Einkaufszentrum** *„Veita Senter"* entstanden.

Nördlich der Grønnegate steht in einer kleinen Parkanlage das **Denkmal König Håkons VII.** Es erinnert an die Monate Mai und Juni 1940, als Tromsø kurzzeitig Hauptstadt des nicht besetzten Norwegens war und König Håkon und Kronprinz Olav in Tromsø residierten, bevor sie nach England emigrieren mussten.

Wir gehen zurück bis zur Hauptstraße Storgata und folgen ihr südwärts (rechts).

Man erreicht den Stadtpark Richard Withs Plass mit der **Domkirche [N69° 38' 55.70" E18° 57' 21.55"]** linkerhand. Der Kirchenbau der protestantischen Kathedrale Tromsøs stammt aus dem Jahre 1861 und gilt als eine der größten aus Holz errichteten Kirchen in Norwegen.

Man kann nun über die Kirkegate Richtung Hafen (Anlegestelle der Hurtigrutenschiffe) gehen und kommt dabei über den Platz mit dem **Amundsen-Denkmal**.

Das **Touristeninformationsbüro [N69° 38' 52.84" E18° 57' 38.06"]** findet man in der Kirkegate 2.

Geht man ab der Domkirche die Storgata weiter nach Süden, passiert man nach geraumer Zeit die **Brauereigaststätte „Ølhallen" [N69° 38' 44.87" E18° 57' 1.97"]**, eine in Tromsø sehr traditionsreiche, für Norwegen aber überaus bemerkenswerte, sprich seltene Einrichtung.

Noch ein Stück weiter liegt linkerhand (östlich) am dortigen Hafen in der Hjalmar Johansensgate 12 der futuristische Bau des Erlebniszentrums **Polaria [Parkplatz, WP 270 / N69° 38' 39.2" E18° 56' 56.6"]** *(geöffnet 18. Mai - 1. Sept. tgl. 10 - 19 Uhr; 1. Sept. - 17. Mai tgl. 10 - 17 Uhr; www.polaria.no)*. Cafeteria, Souvenirladen. Für Rollstuhlfahrer lt. Museum zugänglich. Zu erreichen mit Buslinie 28. Aus der Ferne mutet das moderne Ausstellungsgebäude des Polaria an, wie gewaltige Eisschollen, die sich bei der Eisdrift übereinander geschoben haben und nun aus dem Meer ragen.

Erlebnisse, Wissen und Polarabenteuer sind die Ausstellungsthemen im Polaria Informations- und Erlebniszentrum. Sehenswert ist der **Panoramafilm über Svalbard**, Dauer 18 Minuten.

In unmittelbarer Nachbarschaft zum Polaria hat in einem modernen Glasbau die **„Polstjerna" [N69° 38' 38.10" E18° 57' 2.24"]** für den Rest ihrer Tage „festgemacht" *(geöffnet 15. Juni - 15. Aug. tgl. 11 - 17 Uhr)*. Die „Polstjerna" ist ein noch ganz aus Holz gebauter Robbenfänger. Das ausgezeichnet erhaltene und restaurierte Schiff entstand 1949 und hat im Laufe der Zeit nicht weniger als 33 Fangreisen in die Arktis überstanden.

Nicht weit südwestlich vom Polaria Museum liegt in der Hjalmar Johansens gate ein **Wohnmobil-Stellplatz [WP 271 / N69° 38' 35.9" E18° 56' 49.9"]**. Aufenthalt max. 3 Tage. Gebühr am Parkautomaten Mo - Sa tagsüber, So und nachts frei. Einen Block weiter südwestlich findet man an der Hjalmar Johansens gate eine **Tømme Stasjon [N69° 38' 33.5" E18° 56' 43.0"]**, eine Ver- und Entsorgungsstation für Wohnmobile.

Gut 3 km südlich des Stadtzentrums liegt im Lars Thørvigs veg 10 das **Tromsø Museum [Parkplatz, WP 272 / N69° 38' 6.45" E18° 54' 47.46"]** *(geöffnet 1. Juni - 31. Aug. tgl. 9 - 18 Uhr; 1. Sept. - 31. Mai Mo - Fr 9 - 16.30 Uhr, Sa 12 - 15 Uhr, So 11 - 16 Uhr; https://uit.no/tmu)*. Die Ausstellungen sind lt. Museum für Rollstuhlfahrer zugänglich. Cafeteria, Museumsladen. Parkplatz. Man kann auch mit Bussen der Linie 28 ab Storgata zum Museum gelangen.

Das 1872 eingerichtete und seit 1976 von der Universität Tromsø betreute Museum – Nordnorwegens ältestes Museum übrigens – besteht aus drei großen Abteilungen – dem **Aquarium**, dem **Folkemuseum** und dem großen **Kulturgeschichtlichen Museum** mit großen Abteilungen über Geologie, Archäologie, Botanik, Zoologie, Meereskunde und Samische Kultur.

Viele Besucher sind von der Nordlicht-Ausstellung mit der sog. „Nordlicht-maschine" angetan, während andere sich vor allem für die neue Abteilung über das Leben der Menschen während der Steinzeit in Nordnorwegen interessieren. Der Besuch des Museums ist empfehlenswert! Eintrittskarten gelten für Museum und Aquarium.

PRAKTISCHE HINWEISE – TROMSØ

Tromsø Turistinformasjon [N69° 38′ 52.84″ E18° 57′ 38.06″], Kirkegate 2, 9253 Tromsø, Tel. +47 77 61 00 00; www.visittromso.no/en/. *Geöffnet 1. Apr. - 31. Mai + 1. Sept. - 31. Okt. Mo - Fr 9 - 16 Uhr, Sa 10 - 16 Uhr; Juni Mo - Fr 9 - 19 Uhr, Sa + So 10 - 18 Uhr; 1. Juli - 31. Aug. Mo - Fr 9 - 17 Uhr, Sa + So 10 - 17 Uhr; Jan. - März Mo - Fr 9 - 19 Uhr, Sa + So 10 - 18 Uhr; Nov. + Dez. Mo - Fr 9 - 17 Uhr, Sa + So 10 - 16 Uhr.*

HOTEL

Scandic Ishavshotel, 214 Zi., Frederik Langesgate 2, Tel. +47 77 66 64 00; www.scandichotels.de/Norwegen/Tromso/; zentral am Hafen gelegenes Firstclass Hotel am Kai mit Blick über den Sund zur Eismeerkathedrale. Restaurant, WLAN. Parkplatz, Garage.

CAMPING

Camping Tromsø [N69° 38′ 54.8″ E19° 00′ 55.2″], Tromsdalen, Elvestrandvegen 10, Tel. +47 77 63 80 37; www.tromsocamping.no; 1. Jan. – 31. Dez.; ca. 1,5 km östl. der Sundbrücke und der Eismeerkathedrale. Neuer Platz gegenüber dem bisherigen Campinggelände (Miethütten) am Tromsdalselva, ebenes Gelände teils mit befestigten Stellplätzen; im Sommer stark frequentiert; ca. 3 ha – 50 Stpl.; Standardsanitärausstattung; Kiosk, Imbiss, WLAN auf Teilen des Platzes, Internetecke; **V & E für Wohnmobile**. Miethütten ** - ****.

Skittenelv/Krokelvdalen

Camping Skittenelv [N69° 46′ 38.35″ E19° 22′ 56.27″], Ullstindveien 736, Tel. +47 46 85 80 00; www.skittenelvcamping.no; 1. Jan. – 31. Dez.; von der Tromsø-Sundbrücke noch ca. 24 km über die Küstenstraße nordostwärts; fast ebene Wiesen zwischen Straße und Meeressund, in schöner Landschaft, ruhig gelegen; ca. 2 ha – 60 Stpl. + Dau.; Standardsanitärausstattung; Imbiss und Laden im Sommer, Schwimmbad, Sauna, Bootsverleih, **V & E für Wohnmobile.** Miethütten ** - ****.

Ramfjordbotn

Camping Ramfjord [N69° 30′ 58.7″ E19° 14′ 54.7″], Tel. +47 77 69 21 30; www.ramfjordcamp.no; 1. Jan. – 31. Dez.; ca. 30 km südöstl. Tromsø unterhalb der E8; kleines, ebenes Gelände unterhalb der E8 am Ende des Ramfjord, einige befestigte Stellplätze; im hinteren Platzteil Birkenwälchen, Wildbach und eine Reihe von kleinen Miethütten, ca. 1 ha – 30 Stpl; einfach Standardsanitärausstattung; Sauna, Fahrradverleih, WLAN. Miethütten ** – ****.

WOHNMOBIL-STELLPLATZ

Wohnmobil-Stellplatz Tromsø Bobilparkering Parking Hålogaland Teater [WP 271 / N69° 38′ 35.9″ E18° 56′ 49.9″], Hjalmar Johansens gate. **Zufahrt/Lage:** Vom Stadtzentrum südwärts Richtung Polaria Museum, ca. 100 m davon entfernt, Parkplatz am Hålogaland Teater. **Geöffnet:** Ganzjährig. **Gebühr:** Pauschale inkl. Ver- und Entsorgung am Parkscheinautomaten zu bezahlen, Mo - Sa tagsüber, So und nachts frei. **Ausstattung:** Frischwasser und Ver- und Entsorgungseinrichtung 100 m entfernt. Kein Strom, keine Sanitäranlagen. Aufenthalt max. 3 Tage. Zum Stadtzentrum ca. 5 Min. zu Fuß.

Wohnmobil-Versorgungsstation Tromsø Tømme Stasjon [N69° 38′ 33.5″ E18° 56′ 43.0″], südwestlich des Polaria-Museum an der Hjalmar Johansens gate in Nähe des Hålgoland Teaters gelegen. V & E kostenlos. Beschildert.

TOUR 21: TROMSØ – ALTA

Länge der Tour: Rund 310 km + 2 Fähren.

Die Route: Über die E8 bis **Fagernes** – R91 bis **Breivikeidet** – Fähre nach **Svensby** – R91 bis **Lyngseidet** – Fähre nach **Olderdalen** – E6 bis **Alta.**

Reisedauer: Mindestens ein Tag.

Höhepunkte: Die prächtige **Berglandschaft** der Lyngenalpen am **Lyngenfjord** *** – die **prähistorischen Felszeichnungen** ** von Alta – Wandern in der **Finnmarksvidda.**

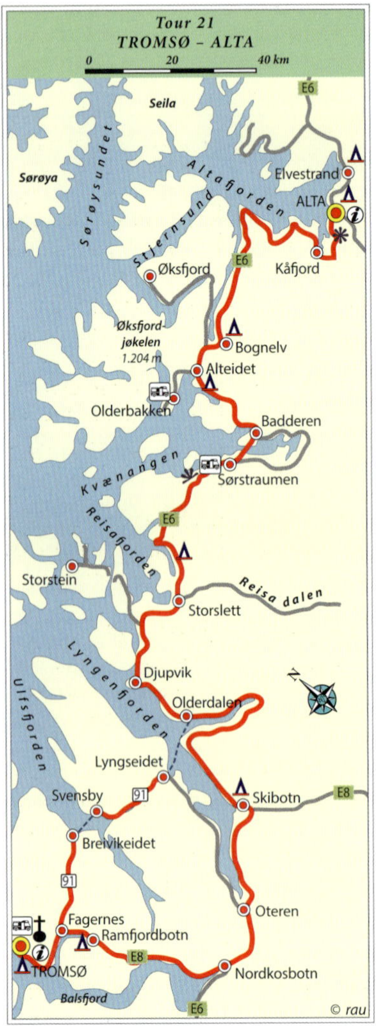

Routenalternativen!

Für den ersten Teil dieser Etappe bieten sich **zwei Routenvarianten** an.

Zum einen kann man über die E8 zurück bis **Nordkjosbotn** fahren und dort der E6 nordwärts über **Skibotn** und um den Kåfjord herum nach **Olderdalen** folgen (188 km). Der Vorteil dieses längeren Weges: Man erspart sich die Kosten für zwei Autofähren!

Andererseits ist auch der nachstehend als „**Hauptroute**" geschilderte Reiseweg **über Breivikeidet** landschaftlich überaus reizvoll.

HAUPTROUTE

*ROUTE: Von **Tromsø** über die E8 zurück bis **Fagernes.** Dort auf der R91 nordostwärts, quer durch die Halbinsel Tromsø, zur **Fährstation Breivikeidet**.*

Ab **Breivikeidet** verkehren regelmäßig **Autofähren über den Ullsfjord nach Svensby** (Heimatmuseum Lyngen Bygdetun, geöffnet im Sommer) auf der Halbinsel Lyngen. Zwischen ca. 6 und ca. 21.30 Uhr gibt es bis zu 14 Abfahrten alle 50 Minuten; Fahrtdauer 25 Minuten. Auf der Überfahrt kann man ein herrliches **Bergpanorama** mit dem stolzen, 1.596 m hohen, vergletscherten **Storetind** auf der Halbinsel Lyngen genießen.

*ROUTE: Weiterreise ab **Svensby** auf der R91 mit Blick auf den Fornesbreen*

Djupvik am Lyngenfjord

(1.567 m) im Süden weiter zur **Fährstation Lyngseidet.**

In **Lyngseidet** nimmt man die Fähre über den Lyngenfjord nach **Olderdalen** an der E6. Fähren verkehren zwischen ca. 8 und ca. 21.30 Uhr bis zu 11 mal. Fahrzeit 45 Minuten. ***Mein Tipp:*** Die Abfahrtszeiten der Fähren in Lyngseidet sind übrigens so gelegt, dass man die Fähren dort problemlos erreicht, wenn man nach Ankunft in Svensby zügig, aber unter Einhaltung der erlaubten Geschwindigkeiten, nach Lyngseidet fährt.

ROUTE: Weiterreise von der Fährstation ***Olderdalen****, über die E6 nordwärts und über* ***Storslett*** *(119 km ab Olderdalen),* ***Sekkemo*** *und* ***Bognelv*** *(90 km ab Nordreisa) bis* ***Alta*** *(85 km ab Bognelv).*

Immer wieder sieht man auf der **sehr reizvollen Fahrt am Lyngenfjord** entlang große Fischgestelle am groben Kiesstrand stehen. Diese für die nordischen Fjordufer so typischen, satteldachförmigen Lattengerüste hängen nach einer guten Fangsaison oft bis in den Juni hinein voller Kabeljau, der luftgetrocknet wird. Trocken- oder auch Stockfisch ist noch heute ein unentbehrlicher Grundbestandteil zahlreicher norwegischer Gerichte.

Sehr beeindruckend sind die Küstengestade an diesen für uns eher abweisend und kühl anmutenden Meeresarmen so hoch im Norden, etwa bei **Djupvik**. Weit kann der Blick ungehindert schweifen, von der einsamen, steinigen Küste wenigen farbigen Häusern auf den Wiesen bis hinüber zu den dunklen, stellenweise vom ewigen Schnee bedeckten Bergzügen auf der Lyngenhalbinsel im Westen.

ROUTE: Kurvenreich zieht die E6 um den verzweigten Reisafjord und erreicht ***Storslett*** *am Südende des Fjords.*

Abstecher ins Reisadalen

Wer Zeit mitbringt, kann ab **Storslett** einen Abstecher südwärts in das **Reisadalen/Reisa Nasjonalpark** unternehmen.

Die Straße R865 führt durch eine überaus reizvolle Landschaft und endet nach 44 km in **Bilto [N69° 28′ 55.14″ E21° 28′ 37.49″]**. Von dort kann man per Boot flussaufwärts durch die Reisaschlucht bis zur **Nedresfosshytta** weiterreisen (ca. 3 Stunden). Auf der Bootsfahrt sieht man im Nordosten den 270 m hohen **Mollesfoss**, einen der höchsten Wasserfälle in Norwegen. Ein Wanderweg führt von der Nedrefosshytta zum etwa

CAMPING

Storslett

Camping Fjord Sandnes [N69° 49' 49.9" E21° 11' 16.3"], Tel. +47 77 76 49 15; www.sandnesfjordcamping.no; Ende Mai – Ende Sept.; ca. 10 km nordöstl. Storslett, Wiesen zwischen E6 und Fjord, ca. 3 ha – 50 Stpl.; einfache Standardsanitärausstattung; WLAN auf Teilen des Platzes. Miethütten.

Bognelv/Langfjordbotn

Camping Altafjord [N70° 01' 40.6" E22° 17' 04.6"], Tel. +47 78 43 80 00; www.altafjord-camping.no; 1. Juni – 30. Sept.; unebenes, Terrassengelände in ansprechender Lage mit Ausblick, oberhalb der E6 bei einem ehemaligen Gehöft; ca. 1,5 ha –60 Stpl.; Standardsanitärausstattung; Sauna, Bootsverleih; Miethütten.

Storeng bei Burfjord

Camping Arctic Fjord Camp 70° Nord [N70° 00' 31.5" E22° 01' 13.4"], Tel. +47 97 47 32 39; www.arcticfjordcamp.yolasite.com; Juni - Sept.; rund 8 km nördlich von Burfjord und ca. 1 km westlich der E6 gelegen, unbefestigte, einspurige Zufahrt, vorbei am Friedhof; fast ebene Wiesenstreifen mit markierten Stellplätzen in ansprechender, ruhiger Lage am Kvænangsfjord; ca. 20 Stpl., Standardsanitärausstattung; **V & E-Station**.

eine Stunde entfernten **Imofossen,** einem anderen imposanten Wasserfall.

HAUPTROUTE

*ROUTE: Auf der E6 passiert man etwa 30 km nach **Storslett/Nordreisa** auf einer schönen Fahrt in 402 m Höhe das **Kvænangsfjell.***

Seit alters her schlagen die Kautokeino-Sami auf den abgeschiedenen Höhen des Kvænangsfjell gerne ihr Sommerlager auf. Sami in ihren bunten Trachten treten dem durchreisenden Urlauber allerdings nur noch als Souvenirverkäufer in schnell am Straßenrand provisorisch aufgeschlagenen Buden gegenüber.

Wenn die E6 auf den Kvænangenfjord stößt, genießt man von der Straße aus einen **prächtigen Ausblick** auf den Fjord und die Insel Skorpa, auf der regelmäßig Seevögel nisten und brüten.

Hier liegt oberhalb der E6 das Gasthaus **Gildetun Fjellstua [N69° 53' 54.04" E21° 36'1 3.83"]**.

Abstecher zum Gletscher Øksfjordjøkulen

Nördlich von Alteidet beschilderter Abzweig zum **Øksfjordjøkulen-Gletscher**. Die Stichstraße (letztes Stück einspurig) endet nach gut 8 km an einem kleinen **Parkplatz [N70° 04' 58.4" E22° 00' 29.3"]**, oberhalb des Jøkelfjorden, ein traumhaftes Plätzchen (Toiletten), das auch zu einer Übernachtungsrast einlädt.

Der Parkplatz ist Ausgangspunkt eines **Wanderweges zum Øksfjordjøkelen-Gletscher**, Weglänge 7,8 km, Gehzeit rund 3 Stunden ein Weg. Gutes Schuhwerk ist erforderlich, da steinig und holprig. Im Sommer werden auch Bootsausflüge zum Gletscher angeboten. Der Øksfjordjøkelen gilt als einziger Gletscher Norwegens, der ins Meer kalbt.

Man fährt den gleichen Weg zurück zur E6 und weiter nach **Bognelv** (Camping s.o.).

HAUPTROUTE

*ROUTE: Die E6 führt am Langfjord entlang bis zu seiner Mündung in den Altafjord und weiter nach **Alta**.*

An der Landzunge, da wo die Straße E6 einen scharfen Knick nach Süden macht, bietet sich abermals ein herrlicher **Blick auf Norwegens Fjordlandschaft** und auf das weite Rund der Buchten des Altafjords. Bei klarem Wetter sind im

WOHNMOBIL-STELLPLÄTZE

Sørstraumen

Wohnmobil-Stellplatz Sørstraumen Bobilplass, [WP 273 / N69° 50' 32.1" E21° 52' 12.9"]. Zufahrt/Lage: Ca. 500 m westlich der Sørstraumen-Brücke, Zufahrt von der E6 beschildert. **Geöffnet:** Ganzjährig. **Gebühr:** Pauschale inkl. Ver- und Entsorgung, Strom, WC. **Ausstattung:** Wiesengelände am Kvænenfjord mit Platz für 20 Wohnmobile, auch für Caravans, Frischwasser, 2 Toiletten. Gelegentlich Fischverkauf unterm Holzboot, ca. 300 m entfernt Tankstelle und Laden.

Jøkelfjord

Wohnmobil-Stellplatz „Jøkelfjord-Bobil-Camp" [WP 274 / N70° 03' 43.4" E21° 55' 48.4"]. Zufahrt/Lage: Ca. 3 km westlich des Abzweigs zum Gletscherparkplatz (Øksfjordjøkelen) bzw. 10 km nordwestlich der E6 gelegen. Unbefestigte, steile Zufahrt hinab zum Platz. Für Womos größer als Ducato, Sprinter o. ä. nicht geeignet! **Geöffnet:** Mai bis Oktober. **Ausstattung:** Privat geführter, gebührenpflichtiger Stellplatz auf sehr kleiner, ebener, geschotterter Fläche in herrlicher Lage am Jøkelfjord. Platz für etwa 5 Wohnmobile. Stromanschlüsse, WC, Dusche, Grillhütte. V&E Einrichtung. Wunderschöne Ausblicke zum Gletscher und in die Fjordlandschaft.

Norden die Eisgipfel des Seilandsjökulen (985 m) zu erkennen.

Etwa 17 km bevor man Alta erreicht, passiert man den Ort **Kåfjord.** Bei Interesse kann hier das **Tirpitz-Museum [WP 275 / N69° 55' 50.79" E23° 1' 0.12"]** besichtigt werden *(geöffnet 15. Juni- 15. Aug. tgl. 10 - 17 Uhr; www.tirpitz-museum.no)*. Die Ausstellung mit annähernd tausend Fotos und Zeitdokumenten befasst

Am Jøkulfjorden, Blick zum Gletscher Øksfjordjøkulen

Nordlicht

Polarlicht oder **Nordlicht** (aurora borealis) sind Erscheinungen am nächtlichen Himmel in polaren Zonen, die der Wissenschaft lange Zeit Rätsel aufgaben.

Wenn sich in den langen Winternächten der Himmel streifenweise hellgrün färbte, oder wenn stundenlang ein in bläulichem Licht erstrahlender, übernatürlicher Vorhang vom Himmel zu hängen schien, wurden Märchen und Sagen der Tundrabewohner, der Sami oder Eskimos, lebendig.

Böse Geister sollen auf der Suche nach armen Seelen sein, Verstorbenen wird angeblich mit dem Nordlicht ins ewige Leben geleuchtet und die Richtigkeit von Vorhersagen wird heute noch von so manchem an die Erscheinung dieses überwältigenden Naturschauspiels geknüpft.

Die Hypothese eines Herrn Mairan Anfang des 18. Jahrhunderts war, dass Polarlicht eine „Folge der in den Luftkreis eintretenden Sonnenatmosphäre" sei. Und der britische Nordpolforscher Sir John Franklin (1786 – 1847), kam der Sache ebenfalls schon recht nahe. Er bezeichnete das Nordlicht als „elektrisches Gleichgewicht zwischen der Polarluft und derjenigen, der gemäßigten Erdstriche" und brachte somit Nordlicht als erster in Verbindung mit atmosphärischer Elektrizität.

Von der Sonne werden ständig durch gewaltige Ausbrüche elektrisch geladene Teilchen ins All geschleudert. Und nicht selten sind diese Sonnenwinde so enorm, dass sie bis an das Kraftfeld der Erde heranreichen. Durch das Magnetfeld der Erde können sie aber nicht in die Erdatmosphäre eindringen. Nur an den Polen, Polarlicht ist ja im nördlichen Polargebiet ebenso zu sehen, wie im südlichen, ist es möglich, dass diese elektrisch aufgeladenen Teilchen auf die Atmosphäre treffen und dabei diese mystischen Lichtschleier hervorrufen.

Wissenschaftlich erklärt ist heute die Erscheinung Nordlicht. Aber das schmälert nicht im geringsten die geheimnisvolle Stimmung angesichts der blassblau oder hellgrün über dem dämmrigen Nachthimmel der Polarzonen wallenden Geistervorhänge.

sich mit dem deutschen Schlachtschiff „Tirpitz", dem seinerzeit größten Schlachtschiff der Welt, das während des Zweiten Weltkriegs am 12. November 1944 in der Bucht von Tromsø kampfunfähig gebombt und versenkt wurde. Der Altafjord diente in jenen Jahren als größte deutsche Marinebasis im Norden. Die Schlachtschiffe „Scharnhorst" und „Tirpitz" hatten hier über mehrere Jahre ihren Stützpunkt, an dem zeitweise über 20.000 deutsche Soldaten stationiert waren.

Alta, die 9.000-Seelen-Gemeinde am Altafjord, ist das Zentrum der Altagroßgemeinde (14.300 Einw.), die sich aus den Gemeinden *Bossekop, Elvebakken* und *Bukta* zusammensetzt. Landwirtschaft, Schieferbrüche, Bergbau, Fischerei, Handel und Dienstleistungsgewerbe sind die wichtigsten Wirtschaftszweige.

Die **Mitternachtssonne** ist in Alta **von 17. Mai bis 26. Juli** zu erleben.

In Alta länger verweilen werden wohl nur passionierte Angler, die im Altaelva, dem angeblich lachsreichsten Fluss der Welt, ihr Glück versuchen wollen.

Interessante sind die **prähistorischen Felsbilder von Hjemmeluft**.

PRAKTISCHE HINWEISE – ALTA

Alta Turistinformasjon [N69° 57′ 51.4″ E23° 16′ 23.7″], Bjørn Wirkolasvei 11, 9510 Alta, Tel. +47 99 10 00 22; www.visitalta.no. *Geöffnet 15. Feb. - 31. März tgl. 9 - 18 Uhr, 1. Apr. - 14. Juni + 16. Aug. - 14. Feb. Mo - Fr 8.30 - 16 Uhr; 15. Juni - 15. Aug. tgl. 9 - 20 Uhr.*

HOTELS

Park Hotell Alta, 34 Zi., Markedsgata 6, Alta Sentrum, Tel. +47 78 45 74 00; www.parkhotell.no. Sauna.

Scandic Alta, 241 Zi., Løkkeveien 61, Tel. +47 78 48 27 00; modernes Komforthotel am Rande des Gewerbegebietes, Restaurant, Sauna.

Thon Hotel Vica, 24 Zi., Fogdebakken 6, Stadtteil Bossekop, Tel. +47 78 48 22 22; www.thonhotels.no/vicaalta; Restaurant, WLAN, Schwimmbad, Sauna, Parkplatz.

CAMPING

Alle drei nachstehend aufgelisteten Campingplätze liegen rund 4 km südlich von Alta in **Øvre Alta** (Zufahrt von der R93, Alta – Kautokeino) an der gleichen Straße nahe beieinander.

Alta

Camping Camp Alta [N69° 55′ 39.6″ E23° 16′ 03.6″], ehemals Wisløff Camping, Steinfossveien 25, Tel. +40 07 73 99; www.campalta.no/; 1. Jan. – 31. Dez.; beschilderter Abzweig von der R93; ebene Wiesen am Fluss Altaelva; ca. 2 ha – 50 Stpl.; Standardsanitärausstattung; WLAN; **V & E für Wohnmobile.** Miethütten *** - *****.

Camping Alta River [N69° 55′ 44.7″ E23° 15′ 41.2″], Steinsfossveien 5, Tel. +47 94 03 27 79; www.alta-river-camping.no;. 1. Jan. – 31. Dez.; beschilderter Abzweig von der R93; ebene Wiesen am Fluss Altaelva; ca. 2 ha – 90 Stpl.; Standardsanitärausstattung. Sauna. **V & E für Wohnmobile**. Miethütten *** - *****.

Camping Alta Strand og Apartment [N69° 55′ 38.2″ E23° 16′ 14.0″], Steinfossveien 29, Tel. +47 78 43 40 22; www.altacamping.no; 1. Jan. – 31. Dez.; beschilderter Abzweig von der R93, ebenes Wiesengelände teils von Birkenwald umgeben, bis an den Altaelva reichend, dort eine Reihe von Miethütten. Spielplatz und Grillplatz in der Platzmitte; ca. 1,5 ha – 40 Stpl.; Standardsanitärausstattung, bei starker Platzbelegung zu geringe Sanitärausstattung; Sauna. Miethütten ** - *****, 10 Fremdenzimmer.

Im Vorort **Hjemmeluft**, am Südwestrand von Alta (gut beschilderter Abzweig von der E6), wurden im Frühjahr 1973 auf den glatten Felsen oberhalb der Bucht am Ende des Altafjords **Felszeichnungen** (Helleristninger) entdeckt, deren Anzahl zwischenzeitlich auf etwa 3.000 Abbildungen geschätzt wird. Forscher stellten fest, dass die in den Fels geritzten Bilder um 2.000 bis 4.000 vor unserer Zeitrechnung entstanden sein müssen, also annähernd vier- bis sechstausend Jahre alt sind.

Abgebildet sind Tiere und Menschen in verschiedenen Situationen. Man sieht Jagdszenen mit Bären, Rentieren und Elchen, aber auch Menschen in Booten, mit Pfeil und Bogen, auf Rentierjagd, bei Zeremonien etc. Im Eingangsbereich des denkmalgeschützten Küstenbereichs mit den Felsbildern ist ein modernes **Besucherzentrum [WP 276 / N69° 56′ 48.5″ E23° 11′ 20.4″],** Altaveien 19, eingerichtet worden. Zufahrt von der E6 beschildert. Es gibt reichlich Parkplätze und im Museumsgebäude eine Cafeteria.

Sehenswert sind die Ausstellungen im **Alta Museum,** das Teil des Besucherzentrums ist *(geöffnet 13. Mai - 11. Juni + 21. Aug. - 10. Sept. tgl. 9 - 17 Uhr; 12. Juni - 20. Aug. tgl. 8 - 20 Uhr; übrige Zeit Mo - Fr 9 - 15 Uhr, Sa + So 11 - 16 Uhr; www.al-*

tamuseum.no). Die unterschiedlichen Abteilungen des Museums geben Einblick in die Kulturgeschichte der Altaregion von der Zeit der Felszeichnungen bis zum Christentum. Man sieht Sammlungen über samisches Kunsthandwerk, über den Schieferabbau und über die Fluss- und Fjordfischerei. Andere Themen sind das Marktgeschehen in Alta und der Schatzfund aus der Wikingerzeit, die Kriegsereignisse in der Finnmark, sowie das Nordlicht und die Gewinnung von Kupfererzen.

Prähistorische Felsritzungen bei Alta

Vom Besucherzentrum aus führt ein gut präparierter **Fußweg** teils über Holzstege durch das ganze, ausgedehnte Gebiet dieser prähistorischen „Freilichtgalerie". Wichtige Punkte sind mit Nummern markiert. Dazu gibt es im Besucherzentrum eine Broschüre mit detaillierten Erklärungen, auch in deutsch. Die Felsbilder von Alta sind in die UNESCO-Liste über bewahrenswerte Kulturschätze aufgenommen.

Am Fjordufer sind in einer besonderen Abteilung des Museums einige bemerkenswerte typische Fischerboot zu sehen, wie sie im Altafjord benutzt wurden.

Ausflug zu Nordeuropas grösstem Canyon

Bei längerem Aufenthalt lohnt ein Tagesausflug zum **Alta Canyon** bei **Sautso**. Man fährt zunächst auf der R93 von Alta **Richtung Kautokeino**, zweigt aber schon nach 8 km [Abzweig - N69° 53′ 43.39″ E23° 14′ 30.74″] auf die alte Reichsstraße links ab. Sie führt am Altaelva entlang und erreicht nach 17 km den Berggasthof **Gargia Fjellstue [N69° 48′ 22.53″ E23° 29′ 23.59″]** (ganzjährig, 40 Betten, Restaurant, Tel. + 47 78 43 33 51; www.gargiafjellstue.no).

Von hier kann man die Schlucht auf einem Fußmarsch (ca. 4 Stunden hin und zurück) erreichen.

Oder man fährt auf einem alten Fahrweg weiter Richtung **Bæskades**. Nach etlichen Kilometern erkennt man einen Sendemasten. In seiner Nähe führt vom Fahrweg ein markierter Fußweg (ca. 6 km, 2 Stunden einfach) nach Osten zum **Alta Canyon**, der mehrere Kilometer langen und bis zu 600 m tiefen Felsschlucht des Altaelva, Nordeuropas größtem Canyon.

Auf organisierten, im Sommer regelmäßig durchgeführten Ausflügen ist es möglich, zum 110 m hohen Staudamm bei Sautso zu fahren. Dort werden Führungen durch das **Alta Kraftwerk** angeboten. Man kann dort z. B. durch ein Panoramafenster in den Stausee und zur Staumauer sehen. Es wird eine Multivisionsshow gezeigt.

Vom Kraftwerk ist eine Wanderung zum Alta Canyon (ca. 7 km) möglich. Details über die jeweils gültigen Abfahrtszeiten und Preise erhält man im Touristenbüro.

TOUR 22: ALTA – NORDKAP – KARASJOK

Länge der Tour: Rund 505 km. Abstecher nach Hammerfest 58 km einfach.

Die Route: Über die E6 bis **Skaidi** – Abstecher über R94 nach **Hammerfest** und zurück – E6 bis **Olderfjord/Russenes** – E69 über **Honningsvåg** bis zum **Nordkap** – E69 zurück bis **Olderfjord/Russenes** – E6 über **Lakselv** bis **Karasjok.**

Reisedauer: Mindestens zwei Tage mit Stopp am Nordkap.

Höhepunkte: Der Panoramablick auf **Hammerfest** * vom Berg Salen – Mitternachtssonne am **Nordkap** ** – Sekt und Kaviar in der **Nordkaphalle** genießen.

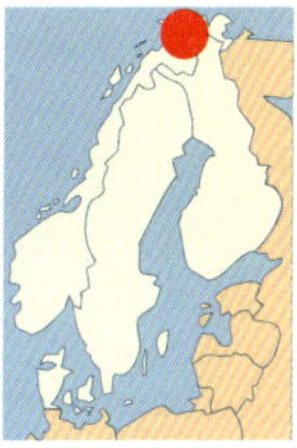

Ab Alta führt die E6 durch niedere, mit zunehmender Höhe mehr und mehr zurückweichende Birkenwälder bergan. Schließlich verläuft die Straße am Lachsfluss Reppafjordelva entlang hinab nach **Skaidi**. Skaidi ist weniger eine Ortschaft, als vielmehr eine wichtige Straßenkreuzung Hotel (Tel. +47 78 41 55 00; www.skaidihotel.no), mit STATOIL-Tankstelle, mit Touristeninformation und V&E Station für Wohnmobile.

Abstecher nach Hammerfest

*ABSTECHER: Ab **Skaidi** über die R94 nach **Hammerfest (Insel Kvaløya)**, 57 km.*

Hammerfest (ca. 9.400 Einw.) nimmt für sich in Anspruch, die nördlichste Stadt der Welt zu sein (70° 39′ 48″ nördliche Breite). Gegründet wurde Hammerfest als Stadtgemeinde offiziell am 17. Juli 1789, damals angeblich mit nicht mehr als 40 Einwohnern. Dank lebhafter Küsten- und Hochseefischerei, durch Fischhandel und später auch Fischverarbeitung (heute ist Hammerfest Heimathafen einer der größten Trawlerflotten des Landes und Sitz einer international operierenden Fischverarbeitungsfabrik) nahm die Stadt einen langsamen, aber stetigen Aufschwung.

Fast genau 100 Jahre nach der Stadtgründung fiel 1890 nahezu ganz

Panoramablick auf Hammerfest vom Berg Salen

Hammerfest einem Großfeuer zum Opfer. Im gleichen Jahr übrigens bekam Hammerfest als erste Stadt Europas elektrische Straßenbeleuchtung.

Zugegebenermaßen ist die Lage der Stadt Hammerfest an der geschützten Hafenbucht recht reizvoll. Besonders vom 86 m hohen **Aussichtsberg Salen [N70° 39' 43.67" E23° 41' 26.86"]**, im Osten der Stadt, direkt über dem Hafen, genießt man einen **prächtigen Panoramablick.**

Man kann über einen steilen Fußweg ab Ole Olsen's Plass am Hafen hinaufwandern. Per Auto muss man den Weg von der Durchgangsstraße etwas suchen. Man folgt der Beschilderung Camping Storvannet bergwärts, fährt am Campingplatz vorbei bergwärts.

Auf dem Salen finden Sie das Panorama-Restaurant **Turistua.** Geöffnet 1. Juni bis 15. August.

Die Mitternachtssonne ist in Hammerfest von **16. Mai** bis **27. Juli** zu erleben.

In der Kirkegata 21, im Gebäude, in dem auch das Touristenbüro untergebracht ist, kann man das **Gjenreisningsmuseet [N70° 39' 43.33" E23° 40' 39.04"]**, das **Wiederaufbaumuseum** für Finnmark und Nord-Troms besichtigen *(geöffnet 1. Juni - 16. Aug. tgl. 10 - 16 Uhr; übrige Zeit Mo - Fr 9 - 15 Uhr, Sa + So 11 - 14 Uhr; www.gjenreisningsmuseet.no)*. Es vermittelt Einblicke in die Geschichte der Finnmark von der Steinzeit bis heute. Breiten Raum nimmt die Stadtgeschichte in der Zeit vor, während und nach dem Zweiten Weltkrieg ein.

Ein interessantes Monument liegt im nördlichen Stadtteil Fuglenes – die **Meridiansäule [N70° 40' 12.00" E23° 39' 48.21")**. König Oscar II. ließ die runde Granitsäule mit bronzener Erdkugel zur Erinnerung an die erste präzise Vermessung der Erdgröße in den Jahren 1816 bis 1852 errichten.

Schließlich verdient die moderne, recht markante **Hammerfest Kirche [N70° 39' 42.32" E23° 40' 31.61"]** am südlichen Stadtrand Beachtung (farbenprächtige Glasmalereien an der Giebelwand).

Interessantes über die lange Fischfangtradition in Hammerfest erfährt man in den Museumsräumen des **Isbjørnklubben [N70° 39' 51.56" E23° 40' 44.27"]** - The Royal and Ancient Polar Bear Society, Hamgata 3 *(geöffnet Juni + Juli Mo - Fr 8 - 19 Uhr, Sa + So 8 - 16 Uhr; Aug. - Mai Mo - Fr 9 - 16 Uhr, Sa + So 10 - 14 Uhr; www.isbjornklubben.no)*. Gegen eine nicht allzu hohe Gebühr können Sie übrigens Klubmitglied in der weltweit berühmten Königlichen Eisbär Gesellschaft werden.

PRAKTISCHE HINWEISE – HAMMERFEST

Hammerfest Turistinformasjon [N70° 39′ 52.71″ E23° 40′ 51.56″], Hamnegata 3, 9600 Hammerfest, gleich neben dem Busbahnhof und dem legendären Isbjørnklubben, Tel. +47 78 41 21 85; www.visithammerfest.net. *Geöffnet Juni - Aug. Mo - Fr 8 - 19 Uhr, Sa + So 9 - 16 Uhr; übrige Zeit Mo - Fr 9 - 16 Uhr, Sa + So 9 - 13 Uhr.*

HOTELS

Thon Hotel Hammerfest, 53 Zi., Strandgata 2 - 4, Tel. +47 78 42 96 00; www.thonhotels.no; zentrale Lage; Restaurant „Benoni", Bar, WLAN, Parkplatz.

Scandic Hotel Hammerfest, 86 Zi., Sørøygata 15, Tel. +47 78 42 57 00; zentrale Lage, Restaurant, WLAN, Parkplatz..

Skytterhuset Hotell, 75 Zi., Skytterveien 24, Tel. +47 78 42 20 10; www.skytterhuset.no; etwas außerhalb des Stadtzentrums gelegen, Restaurant, Parkplatz.

CAMPING

Camping Storvannet [N70° 39′ 32.85″ E23° 42′ 46.02″], Storvannsveien 103, Tel. +47 78 41 10 10; 1. Juni – 30. Sept.; in der Stadt beschilderter Abzweig bergwärts, kleine Wiese an einem See, unterhalb eines markanten Wohnblocks gelegen; ca. 1 ha – 40 Stpl.; einfache, nicht mehr ganz zeitgemäße Standardsanitärausstattung; 8 Miethütten.

Olderfjord/Russenes

Camping Russenes / Olderfjord Hotel [WP 277 / N70° 28′ 40.1″ E25° 04′ 02.9″], Tel. +47 78 46 37 11; www.olderfjord.no; 1. Apr. – 31. Okt.; an der E69; Campinggelegenheit bei einer Touristenstation mit Gasthof „Russenes Kro" und **Hotel**; ca. 2,5 ha – 100 Stpl. (stark mit Dauercampern belegt!); Standardsanitärausstattung; Laden, Restaurant, Sauna. WLAN. 35 Zimmer, 14 Miethütten ** – ****.

So geruhsam die Stadt auf den Besucher auch wirken mag, auf der Insel Melkøya ein gutes Stück vor Hammerfest, wird modernste Technik realisiert. Dort entstand „Snøhvit" (Schneewittchen), eine der größten und modernsten Anlagen zur Verflüssigung von Erdgas.

Von Hammerfest **zurück bis Skaidi** (E6).

HAUPTROUTE

*ROUTE: Von **Skaidi** auf der E6 über eine Tundrahochebene bis **Olderfjord** am gleichnamigen Seitenarm des Porsangerfjords. In Olderfjord zweigt nach Nordwesten die E69 zum **Nordkap** ab (129 Straßenkilometer), der wir folgen. Westlich der Straßengabelung liegt **Russenes/ Ruoššajárga.***

Abstecher nach Havøysund

Wer gerne wirklich abgelegene, touristisch fast noch unbeleckte Landschaften aufsucht (was von der Nordkapinsel Magerøya zumindest im Juli schon lange nicht mehr behauptet werden kann!), dem bietet sich in **Smørfjord**, 4 km nordwestlich von Olderfjord, Gelegenheit, auf der erst seit 1987 durchgehend befahrbaren R889 nach **Havøysund,** einem der größten Fischerhäfen der Finnmark, abzuzweigen (ca. 90 km). Havøysund besitzt nicht nur Norwegens nördlichste Gemeindeverwaltung und eine der größten Fischereiflotten des Landes, sondern auch das **Måsøy Museum [N70° 59′ 46.03″ E24° 39′ 27.63″]**, Kirkeveien 3, das über die Küstenkultur in Norwegisch-Lappland, über die Lebensweise der Menschen hier und über die Fischindustrie informiert *(geöffnet 25. Juni - 24. Aug. Mo - Fr 10 - 16, Sa 11 - 16, So 14 - 17 Uhr; www.masoy.kommune.no)*.

HAUPTROUTE

Die Nordkapstraße E69 folgt ab Olderfjord der Küstenlinie des

Porsangerfjords und verschafft immer wieder eindrucksvolle Ausblicke auf die Eismeerküstenlandschaft.

Man passiert das 2.980 m lange Skarbergtunnel.

Die **Nordkapinsel Magerøya** ist über ein **Straßen- und Tunnelsystem** (insgesamt 28,6 km), das teils unter dem Meer verläuft, zu erreichen. Der Tunnel unter dem Magerøy-Sund zählt mit 6,87 km Länge zu einem der längsten unterseeischen Straßentunnel der Welt. An seinem tiefsten Punkt liegt der Tunnel 212 m unter dem Meeresspiegel. Die beiden anderen auf das Modernste ausgestatteten Tunnel, die durch das Honningsvågfjell auf die Insel Magerøya führen, sind 4,4 km lang.

Der wichtige Fischereihafen **Honningsvåg [N70° 58′ 57.10″ E25° 58′ 3.11″]** (ca. 3.600 Einw.) ist der Hauptort der 437 qkm großen Insel Magerøya.

Zu den bescheidenen Sehenswürdigkeiten der Hafenstadt zählt das **Nordkapmuseum - Maritim Museum [N70° 58′ 57.51″ E25° 58′ 6.54″]**, Holmen 1 *(geöffnet 14. Juni - Aug. tgl. 10 - 19 Uhr; www.kystmuseene.no/northcape.107296.en.html)*. Mit kulturhistorischen Sammlungen und Ausstellungen wird u. a. über die Fischerei und den Nordkaptourismus berichtet.

PRAKTISCHE HINWEISE - HONNINGSVÅG

Nordkapp Turistinformasjon [N70° 58′ 57.10″ E25° 58′ 3.11″] Fiskeriveien 4D, beim Nordkapmuseum, 9750 Honningsvåg, Tel. +47 78 47 70 30; www.nordkapp.no. *Geöffnet Mai - Sept. Mo - Fr 9 - 16 Uhr, Okt. - Apr. Mo - Fr 11 - 14 Uhr.*

HOTELS

Scandic Hotel Brygge Honningsvåg, 42 Zi., Vågen 1, Tel. +47 78 47 72 50; Restaurant, WLAN, Parkplatz.

Scandic Hotel Honningsvåg, 174 Zi., Nordkappgata 4, Tel. + 47 78 47 72 20; Restaurant, Parkplatz.

Skipsforden/Kamøyvær

Scandic Hotel Nordkapp, 290 Zi., **Skipsfjorden**, Tel. + 47 78 47 72 60; Restaurant, Parkplatz.

CAMPING

Camping Nordkapp [WP 278 / N71° 1′ 36.33″ E25° 53′ 28.52″], Skipsfjorden, Tel. +47 78 47 33 77; www.nordkappcamping.no; 1. Mai – 30. Sept.; in Skipsfjord an der E69, ca. 8 km nördl. Honningsvåg Richtung Nordkap; ca. 5 ha – 100 Stpl.; Standardsanitärausstattung; Imbiss, WLAN auf Teilen des Platzes; Miethütten ** – ****; 10 Zimmer. V & E **für Wohnmobile**.

Skarsvåg

Camping Kirkeporten [N71° 6′ 28.40″ E25° 48′ 49.08″], Storvannsveien 2, Tel. +47 78 47 52 33; www.kirkeporten.no; 15. Mai – 15. Sept.; am südwestl. Ortsrand von Skarsvåg; kleine, einfache Campingmöglichkeit, teils auf ebener, geschotterter Fläche zwischen Campinghütten und dem See Storvannet, ca. 2 ha – 40 Stpl.; Kiosk, Cafeteria, Internetecke. Miethütten ** – ***.

WOHNMOBIL-STELLPLATZ

Auf dem **Nordkapplateau [WP 279 / N71° 10′ 5.66″ E25° 46′ 57.38″]** (Eintritt!) findet man eine Campingmöglichkeiten in Form eines Stellplatzes auf windiger Schotterfläche (ohne jegliche Einrichtung) vor der Nordkaphalle. In der Nordkaphalle gibt es Toiletten, Cafeteria, Restaurant.

Das Nordkap – Ziel vieler Reiseträume, von Norwegens Südküste 2.518 km entfernt

Nordkap

Das Nordkap [Parkplatz, WP 279 / N71° 10′ 5.66″ E25° 46′ 57.38″] (www.nordkapp.no/de/) auf 71° 10′ 21″ nördlicher Breite, liegt 34 km nördlich von Honningsvåg.

Das 307 m hohe, fast senkrecht zum Eismeer abfallende Felsplateau gilt als der nördlichste per Straße erreichbare Punkt Europas. Die Betonung liegt aber auf „per Straße erreichbar". Denn das weiter nordwestlich gelegene Kap Knivskjellodden ragt noch ein paar Kilometer weiter nach Norden.

Ab Honningsvåg führt die E69 (Wintersperre von ca. Mitte Oktober bis Ende Mai) durch eine fast außerirdisch anmutende, kahle Landschaft, ohne Strauch, ohne Baum, nur in windgeschützten Mulden mit Islandmoos, Flechten und höchstens etwas knöchelhohem Gestrüpp bewachsen.

Nach dem Anstieg ins Vestfjordfjellet (336 m) genießt man von der Straßenkehre einen weiten Blick über den Tufjorden nach Westen.

Später taucht in der Ferne links der Straße die weiße Kugel einer Radarstation auf und wenig später hat man, nach Tausenden von Kilometern, das eigentliche Ziel und einen der Höhepunkte der Reise erreicht – das Nordkap.

An einer **Zahlstation** an der Zufahrt zum Nordkap muss Eintritt bezahlt werden – stattliche 270 !!! Kronen pro Person, was rund satten 30 Euro pro Person entspricht! Die Gebühr schließt Parkerlaubnis für 48 Stunden Aufenthalt, Eintritt zur Nordkaphalle und zum Videokino ein. Campen ist auf einem eigens dafür vorgesehenen Areal bei der Nordkaphalle gestattet (keine Wasser- oder Stromanschlüsse, Sanitäranlagen in der Nordkaphalle).

Wildes Campen ist zwischenzeitlich auf der ganzen Nordkapinsel verboten! Das Verbot wird scharf überwacht! Zuwiderhandlungen oder „nicht umweltgerechtes Verhalten" werden mit hohen Geldbußen belegt.

Der englische Seefahrer Richard Chancellor, 1553 mit seinem Segler „Edward Bonaventura" auf der Suche nach einem nördlichen Seeweg nach China, nannte das bis dahin namenlose Kap „North Cape".

Millionenfach fotografiert, der Stahlglobus auf dem Nordkap – N71° 10' 21"

Als erster „Tourist" wird 1664 der italienische Pfarrer Francesco Negri verzeichnet.

Etwa ab dem Ende des 18. Jh. wurde in wohlbetuchten Gesellschaftskreisen eine Seereise ins Nordmeer mit Besuch des Nordkaps ein beliebter Ausflug mit „Expeditionscharakter". Die Damen und Herren mussten damals allerdings von der Anlegestelle in der Hornvika-Bucht, östlich des Kaps, einen beschwerlichen Aufstieg zum Plateau auf sich nehmen.

Zu sehen gibt es auf dem völlig kahlen, steinigen Nordkap-Plateau neben Felsen, Meer und Himmel einen stählernen Globus, einen kleinen Obelisken zum Gedenken an König Oskar II., der das Nordkap 1873 besuchte, sowie eine Marmorbüste des Herzogs von Orleans, Louis Phillipe. Der spätere „Bürgerkönig" (1830 – 1848) besuchte das Nordkap 1795, während die Grande Nation von den Wirren der Revolution erschüttert wurde.

Und neben der Nordkaphalle sieht man die 1989 geschaffenen Skulpturen „Kinder der Erde", die die grenzüberschreitende Freundschaft, Hoffnung, Freude und Zusammenarbeit symbolisieren sollen.

Die **Mitternachtssonne** ist vom Nordkap aus vom **14. Mai** bis **29. Juli** zu erleben.

Aber auch in den Tagen vor und nach den eben genannten Daten ist hier – sofern Wolken keinen Strich durch die Rechnung machen – ein Sonnenuntergang ein grandioses Erlebnis.

„Hier stehe ich endlich an der äußersten Spitze der Finnmark – ja, am Ende der Welt. Hier wo die Welt endet, nimmt auch meine Neugier ein Ende und ich kehre zufrieden nach Hause zurück, wenn Gott es will" schrieb Francesco Negri über seinen Nordkapbesuch im Jahre 1664.

Aber: Die bequemen Verkehrswege durch Norwegen bis direkt zum Nordkap führen Jahr für Jahr mehr Besucher hierher. Und ein mitternächtliches Beobachten der über die Kimm ziehenden Sommersonne genießt man – zumindest in der Hauptreisezeit – inzwischen im Bade eines babylonischen Stimmengewirrs, das von hunderten von Touristen aus aller Herren Länder stammt, die kurz vor Mitternacht mit einer wahren Busarmada angefrachtet werden. In der Nordkaphalle stolpert man dann über lagernde Touristen, quält sich an endlosen Schlangen am Postschalter vorbei, wo der begehrte Nordkapstempel täglich auf sackweise abtransportierte Postkarten gehämmert wird, sucht oft vergeblich nach einem freien Tisch in der Cafeteria und wird durch den riesigen Souvenirsupermarkt geschoben. Romantisch ist es dann am nördlichsten Punkt Europas wahrlich nicht mehr! Ihren Nordkapbesuch können Sie übrigens mit dem Erwerb eines „Nordkap Diploms" krönen (gibt's im Souvenirshop).

Die Nordkaphalle [Parkplatz, WP 279 / N71° 10′ 5.66" E25° 46′ 57.38"] *(geöffnet von 18. Mai bis 17. Aug. tgl. 11 - 01 Uhr; 18. Aug. - 31. Aug. tgl. 11 - 22 Uhr; 1. Sept. - 17. Mai tgl. 11 - 15 Uhr; im Winter ist das Nordkap nur mit Bustouren ab Honningsvag zu erreichen; www.nordkapp.no/de/aktiviteten/item/nordkapphallen/)*, ein riesiger Touristenpavillon, ist das infrastrukturelle Zentrum am Nordkap.

Heute findet der Besucher hier in wohlig warmer Atmosphäre u. a. das **Kompasset-Café und Restaurant**, ein **Postamt**, einen großen **Souvenirmarkt**, die sog. **Thai-Nische** (1989 zur Erinnerung an König Chulalongkorn von Siam eingerichtet, der das Nordkap 1907 besuchte), die kleine ökumenische **St. Johannes-Kapelle**, die gerne für Trauungen benutzt wird, und ein **Video-Kino** mit 225-Grad-Leinwand. Dort wird ein recht spektakulär gemachter Film über das Nordkap und seine Umgebung gezeigt. Der Besuch des Films lohnt sehr!

Durch einen tief im Nordkap-Fels verlaufenden Tunnelgang mit einigen Schaubildern in der Wand, gelangt man zur großen **Royal Nordkap Halle**. An einer Seite ist die aus dem Fels gesprengte, unterirdische Halle von einem 80 qm großen Panoramafenster (mit Terrasse) abgeschlossen, das den Blick auf das Meer bzw. die Mitternachtssonne erlaubt.

Die Royal Nordkap Halle ist bewirtschaftet. Hier können Sie, an amphitheatralisch angeordneten Bartischchen sitzend, bei Sekt und Kaviar das Nordkapabenteuer ausklingen lassen.

Auf der Rückreise, die ab dem Nordkap zwangsläufig nur nach Süden führen kann, bietet sich nach 13 km Gelegenheit, nach **Skarsvåg**, dem „nördlichsten Fischerdorf der Welt" und Norwegens nördlichster Gemeinde abzuzweigen (Camping siehe unter „Praktische Hinweise - Honningsvåg). Ein nur schwer erkennbarer Fußweg führt von Skarsvåg zum Felsen **„Kirkeporten"** (Kirchenpforte), ca. 30 Minuten Gehzeit. Interessanter Blick zum Nordkap. Und zwischen 24 und 2 Uhr scheint die Mitternachtssonne durch das Felsentor.

Ein anderer Abstecher führt 13 km nördlich von Honningsvåg westwärts zum Fischereihafen **Gjesvær**. Es werden z. B. Hochseeangeltörns und sog. Safaris zu den vorgelagerten Vogelfelsen angeboten.

*ROUTE: Ab Honningsvåg zurück bis **Russenes/Ruoššajárga/Olderfjord** an der E6 und weiter auf der E6 südwärts, am Westufer des Porsangerfjords entlang, über **Billávoutna/Indre Billefjord** und **Stabbursnes** nach **Leavdnja/Lakselv**, 156 km.*

Östlich von **Indre Billefjord** kann man zu einer Gruppe markanter weißer Dolomitfelsen im Meer, die als **„Die Trolle im Trollholmsund"** bekannt sind, abzweigen [Abzweig - N70° 17′ 7.69" E25° 4′ 18.75"]. 5 km Stichstraße dorthin.

Die Straße endet an einem Parkplatz, von dort markierter Fußweg noch ca. 1 km.

Über die „Trolle im Trollholmsund" gibt es eine hübsche samische Geschichte.

Man erzählt sich, dass eines Nachts eine Schar von Trollen auf dem Weg über die Finnmarksvidda war. Sie hatten eine riesige Kiste voller Gold bei sich, die sie an der Küste weit im Norden sicher verstecken wollten.

Langsam ging die Nacht zu Ende und die Trolle versuchten nun fieberhaft am Porsangerfjord ein Loch zu graben, in dem sie ihren Schatz verbergen konnten. Aber so sehr sie sich auch mühten, kein Loch war groß genug, um den Schatz aufnehmen zu können. Also wanderten sie weiter. Aber gerade als sie den Porsangerfjord überqueren wollten, ging die Sonne auf. Und alle leichtsinnigen Trolle, die sich vor den ersten Sonnenstrahlen nicht rechtzeitig versteckten, wurden zu Stein.

PRAKTISCHE HINWEISE – STABBURSNES, LAKSELV

Visit Porsanger Turistinformasjon [N70° 2' 35.13" E24° 57' 31.57"], Akkøyringen 35, N-9700 Lakselv, Tel. + 47 97 41 23 57; www.visitporsanger.no.

HOTELS

Lakselv Hotell, 44 Zi., Karasjokveien, E6, Tel. +47 78 46 54 00; www.lakselvhotell.no; knapp 2 km außerhalb von Lakselv; Restaurant, Sauna.

CAMPING

Stabbursnes

Camping Stabbursdalen Feriesenter [N70° 10' 37.5" E24° 54' 30.9"], Tel. +47 78 46 47 60; www.stabbursdalen.no; 1. Jan. – 31. Dez., an der E6 ca. 15 km nördlich von Lakselv, gegenüber Nasjonalpark Senter; Wiese hinter einigen Miethütten; ca. 1 ha – 30 Stpl.; Imbiss; 30 Miethütten ** – *****.

Lakselv/Leavdnja

6 km nördlich von Lakselv passiert die Straße E6 einen schön am Vesterbotn gelegenen **Rast- und Picknickplatz [N70° 06' 14.1" E24° 55' 06.1"]**, Picknicktische, Toilette.

Stabbursnes ist Ausgangspunkt für Touren in den **Stabbursdalen Nasjonalpark.** Das 96 qkm große Natur- und Landschaftsschutzgebiet erstreckt sich westlich vom Porsangerfjord. Es ist ein artenreiches Eldorado der Pflanzen-, Tier- und Vogelwelt. Einige der Bäume dort sollen 500 Jahre alt sein. Im Park gibt es eine ganze Reihe markierter Wanderwege. Infos darüber im Naturhaus.

In Stabbursnes findet man das **Stabbursnes Naturhus og Museum [Parkplatz, WP 280 / N70° 10' 47.25" E24° 54' 32.63"]** *(geöffnet 1. - 18. Juni + 19. Aug. - 31. Aug. tgl. 11 - 18 Uhr; 19. Juni - 18. Aug. tgl. 9 - 20 Uhr; übrige Zeit Di + Do 9 - 15, Mi 12 - 18 Uhr; www.stabbursnes.no).* In diesem Natur- und Informationszentrum erfahren Sie alles über Fauna und Flora im Stabburdsdalen und über den nördlichsten Kiefernwald dort.

Eindrucksvolle Landschaftsbilder sieht man in den Videopräsentationen, die im Museum gezeigt werden. Interessant ist der Film „Skábma - Gedanken über acht Jahreszeiten", der die samischen Jahreszeiten im hohen Norden schildert. Man erhält Auskunft über Wanderwege und Touren im Nationalpark.

In **Lakselv** können Sie sich entscheiden, ob Sie den rund 500 km langen **Abstecher nach Kirkenes** und/oder auf die **Varanger Halbinsel** unternehmen wollen. Siehe auch **„Mobil Reisen: NORWEGEN"** aus dieser Reiseführerreihe.

*ROUTE: Ab Lakselv auf der E6 weiter südwärts über **Skoganvarre** nach **Karasjok/Kárášjohka** (74 km).*

Karasjok/Kárášjohka ist Kreisgemeinde. Die Stadt mit knapp 2.700 Einwohnern, von denen viele zu den heute noch etwa 100 nomadisierenden Samifamilien zählen, ist kulturelles und gesellschaftliches Zentrum im norwegischen Teil des Samilandes.

Dokumentiert wird der Anspruch Karasjoks „Hauptstadt der Samen" zu sein u. a. mit dem neuen **Sameting**, dem Parlament der Sami. Es gilt als architektonisches Monument des ersten Ureinwohner-Parlaments der Welt.

Typisches Merkmal der Trachten der Karasjok-Sami ist übrigens die sternförmige bunte Mütze.

Die Lappmark, die Heimat der „Sami" oder „Samen", wie sie sich selbst nennen, beschränkt sich keineswegs nur auf die norwegische Finnmark, sondern schließt Finnisch- und Schwedisch-Lappland und den nordwestlichen Teil Russlands mit ein. Allerdings leben heute rund zwei Drittel des gut 30.000 Seelen zählenden Samivolkes in Norwegen und sind norwegische Staatsbürger.

Karasjok als Kulturzentrum der in der Finnmark lebenden Sami, gewährt mit diversen Ausstellungen und Museen Einblick in die interessante Samenkultur und in die Lebensweise dieses Nomadenvolkes.

Dazu zählen die **„Samiske Samlinger – Samische Sammlung“**, Mari Boine geaidnu 17 *(geöffnet 12. Juni - 20. Aug. tgl. 9 - 18 Uhr; 21. Aug. - 3. Sept. Mo - Fr 9 - 18 Uhr, Sa + So 11 - 18 Uhr; Jan. - 11. Juni + 3. Sept. - 21. Dez. Mi + Do 9 - 15 Uhr, So 12 - 16 Uhr; http://riddoduottarmuseat.com/)*. Die Ausstellungen befassen sind mit der Kultur- und Kunstgeschichte des Samivolkes. Interessant auch die angeschlossene Freilichtabteilung und Sami-Siedlung.

Eine zentrale, besuchenswerte Informationsstelle ist **Sápmi [WP 281 / N69° 28‘ 24.2“ E25° 30‘ 20.7“]**, der Kultur- und Themenpark „Land der Samen“, Leavnnjageaidnu 1/ Porsangerveien 1 *(geöffnet 12. Juni - 13. Aug. tgl. 9 - 19 Uhr; Jan. - 4. Juni + 14. - 31. Aug. tgl. 9 - 16 Uhr; 1. Sept. - 23. Dez. Mo - Fr 9 - 16 Uhr, Sa 11 - 15 Uhr; www.visitsapmi.no)*.

Neben einem großen **Parkplatz** findet man hier nicht nur das Büro der **Touristeninformation**, einen Souvenirladen und eine Cafeteria, sondern auch Ausstellungen zu nahezu allen Bereichen des samischen Alltags.

Darüber hinaus bieten ein ethnischer Themenpark, ein **Freilichtmuseum**, das nahezu alle Aspekte der samischen Kultur und Geschichte anschaulich präsentiert, sowie eine **Videopräsentation** Einblick in die Welt der Samen.

Außerdem werden hier samische Aktivitäten veranstaltet.

Ebenfalls zum Themenpark Sápmi gehört **Storgammen**, „Die große Hütte“, ein einem großen Erdhaus nachempfundenes Restaurant mit typisch lappländischem Ambiente. Die Gäste sitzen hier auf mit Rentierfell belegten Bänken um eine zentrale Feuerstelle.

ROUTE: ***Weiterreise** durch **Finnland** bzw. durch **Schweden**, siehe folgende Touren.*

PRAKTISCHE HINWEISE – KARASJOK/KÁRAŠJOHKA

Karasjok Touristinformation Sápmi [N69° 28‘ 24.2“ E25° 30‘ 20.7“], Leavnnjageaidnu 1/ Porsangerveien 1, 9730 Kárášjohka/Karasjok, Tel. +47 78 46 88 00; www.visitsapmi.no. *Geöffnet wie Sápmi s. o.*

HOTEL

Scandic Hotel Karasjok, 56 Zi., an der E6, Leavnnjageaidnu 49 (Porsangerveien 1), Tel. + 47 78 46 88 60; neben dem Themenpark Sápmi; Gammen-Restaurant (auch samische Spezialitäten), Sauna, Fitnesseinrichtungen, Parkplatz.

CAMPING

Camping Karasjok og Vandrerhjem [N69° 28‘ 07.6“ E25° 29‘ 05.7“], Ávjovárgeaidnu (Kautokeinoveien), Tel. +47 78 46 61 35; www.karacamp.no; 1. Jan. – 31. Dez.; an der R92 Richtung Kautokeino; von Wald begrenzte Wiesenstreifen oberhalb des Kárášjohka-Flusses, ca. 3 ha – 50 Stpl.; gute Standardsanitärausstattung. WLAN; Sauna, Fahrradverleih, WLAN. Miethütten ** - *****. Jugendherberge.

V&E-Station [N69° 28‘ 21.77“ E25° 30‘ 38.16“], im Ort, auch für größere Wohnmobile geeignet, Bodenauslass, Frischwasser. Stellplatz-Möglichkeit.

RÜCKREISE DURCH FINNLAND

6 TOUREN – CA. 8 TAGE

TOUR 23: KARASJOK (N) – IVALO (FIN)

Länge der Tour:	Rund 160 km, ohne Abstecher.
Die Route:	Über die Straße 92 und 4/E75 bis **Inari** – Straße 4/E75 bis **Ivalo**.
Reisedauer:	Mindestens ein Tag.
Höhepunkte:	Das **Sami Museum** in Inari – Abstecher in den **Lemmenjoen Nationalpark**.

Falls man für die **Rückreise** nicht den Weg durch Finnland sondern durch Schweden wählt, bitte weiter mit Tour 29 (Karasjok (N) – Luleå (S).

*ROUTE: Vom norwegischen **Karasjok** aus erreicht man auf der Straße 92 nach 18 km die norwegisch-finnische Grenze und den finnischen Grenzort **Karigasniemi** (Camping Tenorinne, Anf. Juni - Ende Sept., Tel. +358 (0)40 83 32 84 87; www.tenorinne.com) am Fluss Anarjokka.*

Die gut ausgebaute Straße führt in einem ständigen Auf und Ab weiter über **Kaamasmukka** nach **Huutojärvi** und stößt schließlich auf die Straße 4/E75. Etwas weiter südlich passiert man **Kaamanen** (Camping Jokitörmä [N69° 05′ 29.0″ E27° 11′ 08.8″], 1. Juni – 30. Sept, Tel. +358 (0)16 67 27 25; www.jokitorma.net). 29 km weiter ist man in **Inari**.

Beachten Sie bitte, in Finnland besteht ein **Zeitunterschied** von einer Stunde. Beispiel: MEZ 12 Uhr = Finnland 13 Uhr.

Inari mit ca. 7.000 Einwohnern, von denen annähernd 2.000 der samischen Volksgruppen angehören, ist eine stark vom Tourismus geprägte Gemeinde. Sie liegt am Südwestufer des Sees Inarijärvi, Finnlands zweitgrößtem See. Die Angaben über die Größe des Sees schwanken. Denn die exakte Vermessung des riesigen Gewässers gestaltet sich durch die vielen Inseln – es sollen mehr als 3.000 sein – und durch die zerrissene Uferlinie überaus schwierig.

Inari ist ein idealer Ausgangspunkt für Kanu- oder Wildwassertouren, für

Wildniswanderungen oder Bootsausflüge auf dem Inarisee. Wer sich gerne in der Natur bewegt, findet in und um Inari vielfältige Möglichkeiten und Angebote – im Sommer wie im Winter.

Zu den Sehenswürdigkeiten in Inari zählt das **Siida Sami Museum [WP 282 / N68° 54' 35.7" E27° 00' 49.6"]** am nördlichen Ortsrand *(geöffnet 1. Jun. - 31. Aug. tgl. 9 - 19 Uhr; Sept. tgl. 9 - 18 Uhr; Okt. - Mai Di - So 10 - 17 Uhr, letzter Einlass 30 Min. vor Schließung; www.siida.fi)*. Es ist ein absolutes Muss auf einer Reise durch Lappland.

Das sehr sehenswerte Siida-Museum zeigt in einem modernen Gebäude neben der Fauna und Flora dieser Region auch das Kulturgut und das Leben der Sami. Ein erst 2003 in der Nähe von Inari gefundener Silberschatz zeigt schöne geflochtene Halskränze mit fein verzierten Anhängern.

Für das angrenzende Freilichtmuseum wurden aus verschiedenen Teilen Nordfinnlands wurden Gebäude hierhergebracht und wieder aufgebaut. So entstand eine Museums-Siedlung, die sich mit verschiedenen Lebens- und Arbeitsbereichen des samischen Alltags befasst.

Ab Inari werden Ausflüge mit Booten zur **Ukko-Insel** angeboten, einem alten Naturheiligtum der Samen, nordöstlich von Inari gelegen. Die Insel ist dem samischen Fischgott Ukko geweiht.

Auf der Festlandseite, gegenüber der Insel, liegt die **Wildmarkkirche Pielpajärvi**, ein beliebtes Wanderziel. Man erreicht sie auf einem 7 km langen Wanderweg (Kansanopisto), mit Booten oder per Wasserflugzeug. Die kleine Holzkirche entstand Mitte des 18. Jh. und diente den in der Umgebung ansässigen Sami als Gotteshaus bis Inari im 19. Jh. das urbane Zentrum der Region wurde.

Ein beliebter Abstecher von Inari führt nach **Lemmenjoki**. Man erreicht die Flussstation Lemmenjoki über die Straße 955 und fährt ca. 35 km nach Südwesten bis **Menesjärvi**. Kurz danach zweigt man westwärts nach **Lemmenjoki** im **Nationalpark Lemmenjoen (Lemmenjoen Kansallispuisto)** ab, das man nach weiteren 10 km erreicht.

Der 70 km lange Fluss Lemmenjoki ist quasi der Nerv im Lemmenjoki Nationalpark, dem größten seiner Art in Finnland. Im Nationalpark bietet sich eine Vielzahl an Outdoormöglichkeiten.

An der Straße nach Lemmenjoki liegt der kleine **Campingplatz Valkeaporo Lemmenjoki [N68° 43' 44.5" E26° 21' 25.2"]**, Lemmenjoentie 134, Tel. +358 (0)400 39 46 82; www.valkeaporo.fi; 1. Juni – 30. Sept. Kleine, überschaubare Campingwiese, hübsch zwischen Wald und See gelegen. Bootsausflüge

PRAKTISCHE HINWEISE – INARI

Inari Info im Siida Museum, Inarintie 46, 99870 Inari, Tel. +358 (0)40 168 96 68; www.inarilapland.org. *Geöffnet 1. Juni - 31. Aug. tgl. 9 - 19 Uhr, übrige Zeit Mo - Fr 10 - 17 Uhr.*

HOTELS

Inarin Kultahovi, 29 Zi., Saarikoskentie 2, Tel. +358 (0)16 51 17 100; www.hotelkultahovi.fi; direkt am Wildwasserfluss Juutua. Restaurant „Aanaar", Garage.

CAMPING

Camping Lomakylä Inari [N68° 54' 07.8" E27° 02' 11.2"], Inarintie 26, Tel. +358 (0) 50 36 05 318; www.visitinari.fi; 1. Jan. – 31. Dez.; am südl. Ortsrand zwischen Straße 4/E75 und See; schräge Wiesen am See mit befestigten Stellplätzen, ca. 2 ha – 50 Stpl.; gute Standard-Sanitärausstattung; Kiosk im Sommer, Sauna, WLAN, Bootslipanlage mit Bootssteg, Bootsverleih. WLAN. Miethütten. **V & E für Wohnmobile**.

Camping Uruniemi [N68° 54' 04.2" E27° 04' 08.4"], Uruniementie 7, Tel. +358 (0)50 37 18 826; www.uruniemi.fi/Deutsch; 1. Juni – 20. Sept.; ca. 2 km südl. Inari, leicht geneigte Wiese am See unterhalb der Straße 4/E75; ca. 4 ha – 55 Stpl.; Standard-Sanitärausstattung; Cafeteria, Sauna; Miethütten. Boots-, Kanu- und Fahrradverleih.

zu den Ravadafällen des Lemmenjoki, sowie Touren zu Goldwaschclaims und Kanutouren.

Die Straße endet am Feriendorf **Ahkun Tupa/Lemmenjoen Lomamajat** am Fluss Lemmenjoki. Es gibt Miethütten und ein Café-Restaurant; www.ahkuntupa.fi.

Von Lemmenjoki verkehren von Mitte Juni bis Mitte September täglich zweimal Boote zu den Stromschnellen von **Ravadasköngäs** und nach **Kultalan Hamina** im Goldgebiet am Lemmenjoki. 1946 wurde am Lemmenjoki tatsächlich etwas Gold gefunden und kurzzeitig entwickelte sich so etwas wie ein Miniaturgoldrausch, der aber bald wieder abebbte.

Die Anlegestellen Ravadasköngäs und Kultalan Hamina sind Ausgangspunkte für Wildniswanderungen auf markierten Pfaden im **Nationalpark Lemmenjoen**. Es gelten gewisse Verhaltensvorschriften bzgl. Campieren, Feuerstellen, Fischen etc. Unbedingt ein wirksames Mittel gegen Stechmücken (Spray, Stift) mitnehmen!

Mein Tipp! Ende August beginnt im hohen Norden schon der Herbst. Erste Nachtfröste stellen sich ein. Die lästigen Mücken verschwinden dann und das Laub färbt sich prächtig. Kenner schätzen diese Ruska-Zeit von Ende August bis Ende September als ausgezeichnete **Wanderzeit.** Außerdem führen Bäche und Flüsse dann in aller Regel am wenigsten Wasser und lassen sich zu Fuß leichter überqueren.

Die **Mitternachtssonne** ist im Bereich um Inari und Ivalo von **22. Mai** bis **22. Juli** zu sehen.

Ivalo liegt 39 km südöstlich von Inari. Die Stadt ist ein Verkehrsknotenpunkt mit Flughafen, dem nördlichsten in Finnland, und Verwaltungs- und Versorgungszentrum der Region mit Hospital, Geschäften und Hotels.

Eine wichtige Straßenverbindung führt von Ivalo zur russischen Grenze.

Im Winter ist Ivalo Ausgangspunkt für sog. Arktische Safaris, für Wildnisferien in der verschneiten Tundra, Skitouren, Rentier-Safaris oder Schneemobil-Trekking Touren. Infos über solche Pauschalarrangements gibt es in den Touristenbüros.

PRAKTISCHE HINWEISE – IVALO

Tourist Information Ivalo [N68° 39‘ 23.6“ E27° 32‘ 20.4“], Ivalontie 10/ Piiskuntie 2, 99800 Ivalo, Tel. +358 (0)40 16 89 668; www.inarisaariselka.fi.

HOTEL

Hotel Ivalo, 94 Zi., Ivalontie 34, Tel. +358 (0)16 68 81 11; www.hotelivalo.fi; gehobenes Mittelklassehotel, mehrere Restaurants, darunter das gemütliche Blockhausrestaurant „Kammi“, Schwimmbad, 3 Saunas, Internetecke, Parkplatz.

CAMPING

Camping Ivalo River [N68° 37′ 29.08″ E27° 32′ 33.11″], Kerttuojantie 1, Tel. +358 (0)40 03 95 046; www.ivalorivercamping.com; 7. Juni – 6. Jan.; ca. 4 km südlich von Ivalo; Wiese nahe der Straße 4/E75, durch die Straße vom Fluss Ivalojoki getrennt; Campingmöglichkeit bei der SEO-Tankstelle, Restaurant, im Sommer Live-Musik; einfache Standard-Sanitärausstattung. **V & E für Wohnmobile.** Miethütten.

Camping Ukonjärven Lomakylä [N68° 44‘ 12.5“ E27° 28‘ 38.9“], Ukonjärventie 141, Tel. +358 (0)16 66 75 01; www.ukolo.fi; 15. Mai – 15. Sept.; Straße 4/E75, ca. 10 km nördl. Ivalo beschilderter Abzweig und noch 1 km; naturbelassenes Waldgelände mit geschotterten Stellflächen in schöner, ruhiger Lage am See Ukonjärvi; ca. 9 ha – 50 Stpl.; Standard-Sanitärausstattung; Restaurant, WLAN, Sauna; Miethütten. **V & E für Wohnmobile.**

TOUR 24: IVALO – ROVANIEMI

Länge der Tour:	Rund 360 km.
Die Route:	Über Straße 4/E75 bis **Sodankylä** – Straße 5/E63 bis **Kemijärvi** – Straße 80 bis **Rovaniemi**.
Reisedauer:	Mindestens ein Tag.
Höhepunkte:	Die Aussicht vom **Kanuspää-Berg** * – Wandern im **Uhro Kekkonen Nationalpark** – „Goldwaschen" in **Tankavaara** – Museen in **Rovaniemi**.

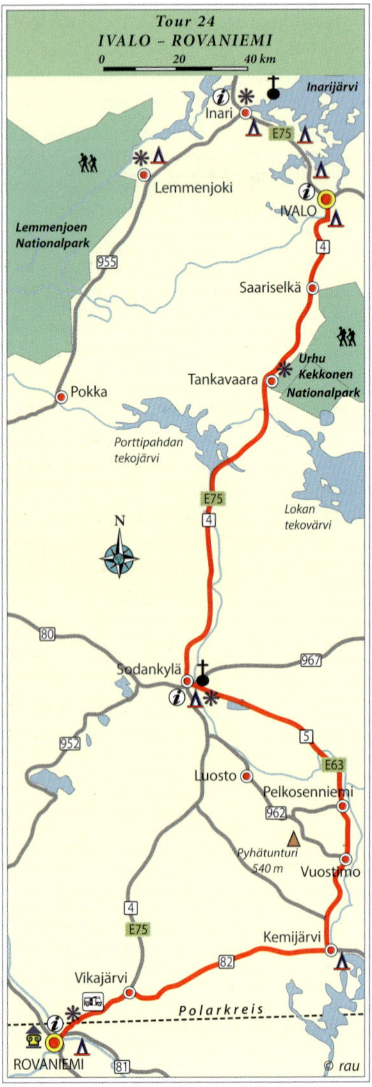

*ROUTE: Über die gut ausgebaute Straße 4/E75 (achten Sie auf Rentiere, die gelegentlich die Straße queren) erreicht man rasch **Saariselkä.***

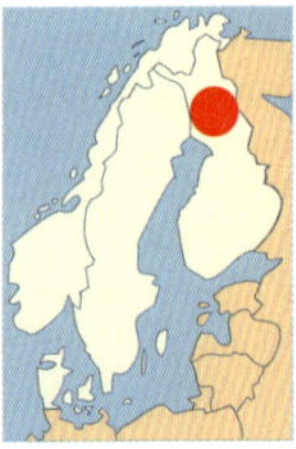

Saariselkä (www.saariselka.fi/de/) ist Ausgangspunkt für Wander- und Skitouren.

Wenige Kilometer nördlich des Ortes hat man vom 448 m hohen **Kaunispää**, zu dem von der Hauptstraße eine Straße führt, einen weiten Blick auf die umliegenden Wälder und Höhen. Der Berg gehört bereits zum Urho Kekkonen Nationalpark (Urho Kekkonen Kansallispuisto). Man findet oben ein Restaurant und einen Souvenirshop (Tuliaistupa).

Östlich der Straße 4/E75 bis hin zur russischen Grenze erstreckt sich der 2.550 qkm große **Urho Kekkonen Nationalpark (Urho Kekkonen kansallispuisto),** ein nahezu unberührtes Stück Wald- und Tundralandschaft. Höchste Erhebung im Park ist der 718 m hohe Sokosti. Eine Ausstellung im **Besucherzentrum Koilliskaira [Parkplatz, WP 283 / N68° 10' 38.06" E27° 5' 51.54"]** in Tankavaara zeigt alles Wissenswerte über den Nationalpark, seine besondere Natur und die Freizeitmöglichkeiten *(geöffnet Ende Mai - Ende Aug. Mo - Fr 10 - 17 Uhr; Ende Aug. - Ende Sept. Mo - Fr 9 - 16 Uhr; www.nationalparks.fi/tankavaaravisitorcentre/).*

Einige Kilometer südlich von Saariselkä liegt im Flecken **Kakslauttanen** ein Hotel aus Glashütten, die im Winter in Iglus ver-

Mitternachtssonne am Inarisee

wandelt werden und als Eishotel dienen; www.kakslauttanen.fi.

Rund 32 km weiter südlich liegt beim Ort Tankavaara das **Goldwäscherdorf Tankavaara Kultamuseo [WP 284 / N68° 10' 44.2" E27° 05' 52.3"]**, Kultakuja 35 *(geöffnet 1. Juni - 30. Sept. tgl. 9 - 17 Uhr; 1. Okt. - 31. Mai Mo - Fr 10 - 16 Uhr; www.kultamuseo.fi)*. Einer Art Western- und Goldgräberstädtchen nicht unähnlich, dreht sich hier alles ums Gold. Im **Goldmuseum** erfährt der Besucher alles über die Goldgräberorte der Welt.

Gold wurde schon Mitte des vergangenen Jahrhunderts nicht nur bei Tankavaara sondern auch im Ivalojoki, im Lemmenjoki und anderen Flüssen Lapplands gefunden und bis um 1900 auch gefördert.

Später versiegten die Goldadern, der Abbau wurde unlukrativ. Seitdem suchen hier nur noch ausgesprochene Optimisten und Touristen nach dem legendären „Mutterfelsen", um den sich so viele Sagen Lapplands ranken, ähnlich wie um den im Rhein versunkenen Goldschatz der Nibelungen.

Im weiteren Verlauf der ca. 100 km langen Strecke nach Süden ändert sich die Landschaft. Die weiten baumlosen Tundragebiete sind von unermesslich weiten Wäldern abgelöst worden. Diese Waldgebiete sind für den Autofahrer recht eintönig, bieten so gut wie keine Abwechslung und nur selten gibt es Ausblicke in die Landschaft.

Man erreicht **Sodankylä,** einst Lappensiedlung, heute moderne Stadt. Neben dem **Heimatmuseum Sodankylän Kotiseutumuseo [N67° 24' 13.02" E26° 35' 19.65"]**, Hampputörnmäntie 16 *(geöffnet 18. Mai - 21. Aug. tgl. 12 - 18 Uhr; www.lapinmuseot.fi/sodankyla)* südlich der Innenstadt, zählt vor allem die **Vanha Kirkko**, die **Alte Kirche von Sodankylä [N67° 24' 53.7" E26° 35' 46.4"]** *(geöffnet Anf. Juni - Mitte Aug. tgl. 9 - 18 Uhr)* in der Kemijärventie zu den Sehenswürdigkeiten der Stadt. Der schlichte Holzbau entstand im Jahre 1689 und gilt als eine der ältesten Holzkirchen in ganz Finnland. Sie ist seit ihrer Entstehung um das Jahr 1689 unverändert geblieben.

Ursprünglich diente die Kirche den Sami aus Sodankylä, Kittilä, Savukoski und Pelkosenniemi als Gotteshaus, nachdem ihnen der legendäre Lapplandpfarrer und Missionar Gabriel Tuderus den Schamanenkult und ihre Naturreligion rigoros verboten hatte. Solche Lappenkirchen waren mehr-

PRAKTISCHE HINWEISE – SODANKYLÄ

Sodankylän Matkailu Oy / Tourist Information [N67° 24' 51.8" E26° 35' 33.2"], Jäämerentie 3, 99 600 Sodankylä, Tel. +358 (0)4 07 46 97 76; www.sodankyla.fi. *Geöffnet Mo - Fr 9 - 17 Uhr, Mitte Juni - Mitte Aug. auch Sa 10 - 15 Uhr.*

HOTEL

Sodankylä Hotel, 54 Zi., Unarintie 15, Tel. +358 (0)16 61 71 21; www.sodankylahotelfi; Restaurant, Sauna, Pub, samstags Livemusik. Parkplatz.

CAMPING

Camping Sodankylä Nilimella [WP 285 / N67° 25' 02.0" E26° 36' 27.0"], Keluskentie 5, Tel. +358 (0)16 61 21 81; www.nilimella.fi; 1. Juni – 30. Aug.; an der Straße 5/E63 östlich von Sodankylä Richtung Kemijärvi; durch Straße zweigeteiltes unebenes Wiesengelände; ca. 4 ha – 100 Stpl.; Standardsanitärausstattung; Imbiss, Sauna; Miethütten. **V & E für Wohnmobile.**

Camping Orakoski [WP 286 / N67° 20' 20.0" N26° 39' 06.2"], Jäämerentie 68, Tel. +358 (0)16 61 19 65; Ende Mai – Ende Aug.; an der Straße 4/E75, ca. 10 km südl. von Sodankylä; Wiesenstreifen im Birken- und Kiefernwald am See; ca. 5 ha – 100 Stpl.; Mindestsanitärausstattung; Miethütten.

fach im Jahr das Zentrum von großen Kirchenfesten, zu denen die nomadisierenden Sami aus der ganzen Umgebung kamen. Diese Feste waren für sie ein gerne genutzter Anlass zur Kommunikation, für Handel und Märkte.

Keine 300 m entfernt von der Alten Kirche steht die schöne **Skulptur ‚Das Rentier und der Lappländer'**. Die Bronzeskulptur wurde zu Ehren der Rentierzucht, dem wichtigen Haupterwerb vieler samischer Familien, 1970 von von Ensio Seppänen gestaltet und hier errichtet.

Eine sehr interessante, leider nur wenige Wochen im Sommer geöffnete Sehenswürdigkeit bei Sodankylä ist das ca. 12 km südöstlich der Stadt am Ostufer des Flusses Kitinen gelegene sog. **Aurorahaus Revontulikota Pohjan Kruunu [N67° 19' 44.28" E26° 41' 53.55"** (Annäherungswert!)], Välisuvonnontie 13 *(http://www.visitsodankyla.fi/de/reisen/zu-sehen-und-zu-besuchen.php)*. In dem einem Zelt nachempfundenen Gebäude mit Glasdach veranstaltet das Geophysikalische Observatorium Polarlichtvorführungen.

Auf dem Lampivaar-Fjell, ca. 38 km südöstlich von Sodankylä und südlich der Gemeinde **Luosto,** liegt 1 km westlich der Straße 962 der **Parkplatz [WP 287 / N67° 08' 13.7" E26° 55' 19.9"]** der **Amethyst-Grube** von Luosto, **Lampivaara Ametistikaivos**. Vom Parkplatz führt ein 2,5 km langer Fußweg zur Tagebaumine in schöner Berglandschaft des Pyhä-Luoston-Nationalparks.

Die Mine ist *geöffnet 1. Juni - 15. Aug. tgl. 11 - 17 Uhr; 16. Aug. - 30. Sept. tgl. 11 - 16 Uhr; Okt. Di - Sa 11 - 15 Uhr; www.amethystmine.fi.* Sie ist die einzige dieser Art in Europa. Auf Führungen erhält der Besucher Informationen über die Geheimnisse des mystischen Amethyststeines und darf seinen eigenen Glücksstein schürfen.

Die **Mitternachtssonne** ist um Sodankylä von **30. Mai** bis **12. Juli** zu sehen.

*ROUTE: Der direkte Weg nach **Rovaniemi** (130 km) führt über die Straße 4/E75.*

Umweg über Kemijärvi

*UMWEG: Der Umweg über Kemijärvi ist rund 70 km länger als der direkte Weg nach Rovaniemi und führt von Sodankylä über die Straße 5/E63 nach Südosten Richtung **Kemijärvi**.*

Nach 61 km bietet sich nach dem Ort **Pelkosenniemi** die Gelegenheit nach Westen auf die unbefestigte Straße 962 abzuzweigen und über Pyhä-järvi zum 540 m hohen **Pyhätunturi** (ca. 20 km), zu fahren. Es war einst die Opferstätte der Samen. Das Gebiet um den Berg wurde bereits 1938 zum Nationalpark **Pyhätunturi Nationalpark / Pyhätunturi kansallispuisto** erklärt (www.pyha.fi). Die Gegend ist bekannt für gute Wandermöglichkeiten. Beim Nationalparkzentrum steht der ganzjährig geöffnete **Pyhä Caravan Site [N67° 01′ 09.3″ E27° 15′ 13.5″]** zur Verfügung, 110 Stellplätze, Tel. +358 (0)16 62 04 00; www.pyha.fi/en/pyhatunturi/palvelut/hotels-and-accommodation/.

*UMWEG: 15 km weiter stößt man bei **Vuostimo** wieder auf die Hauptstraße und erreicht nach 34 km **Kemijärvi** am gleichnamigen See.*

Kemijärvi mit annähernd 9.000 Einwohnern, ist die nördlichste und mit einer Gemarkungsfläche von 3.504 qkm drittgrößte Stadt in Finnland. Das Gebiet um Kemijärvi ist seit dem 16. Jh. permanent besiedelt und seit dem frühen 18. Jh. ein wichtiger Handels- und Marktplatz der Region. Heute ist die Stadt nicht nur Zentrum der Holzindustrie, sondern auch Mittelpunkt der Verwaltung, Bildung und Dienstleistung im ganzen nordöstlichen Lappland.

Zu den wenigen Sehenswürdigkeiten in der Stadt zählt das **Kemijärvi Museum [N66° 43′ 11.68″ E27° 24′ 7.57″]**, Sepänkatu 4 *(geöffnet 10. Juni - 31. Aug. Mo - Sa 10 - 16 Uhr)*, ein Regionalmuseum, das sich mit bäuerlichem Kunsthandwerk und Textilien aus den beiden vergangenen Jahrhunderten befasst.

*ROUTE: Weiterreise über die Straße 80 südwestwärts. Nach rund 60 km stößt man bei **Vikajärvi** auf die Straße 4/E75, überquert bald darauf den **Polarkreis** – hier hat sich ein nicht zu übersehender Hort des Touristenrummels etabliert – und erreicht wenig später **Rovaniemi.***

Am Polarkreis bei Rovaniemi

Aufgrund seiner Nähe zum Polarzirkel wurde Rovaniemi zur Heimat des Weihnachtsmanns erklärt. Am **Polarkreis Napapiiri** (66° 33′ 07″ Nord) nördlich von Rovaniemi, an der Straße 4/E75

PRAKTISCHE HINWEISE – KEMIJÄRVI

Touristeninformation [N66° 42′ 52.36″ E27° 25′ 59.34″], Vapaudenkatu 8, 98100 Kemijärvi, Tel. +358 (0)40 18 92 050; www.visitkemijarvi.fi.

HOTELS

Kemijärvi, 38 Zi., Vapaudenkatu 4, Tel. +358 (0)46 56 12 020; www.hotellikemijarvi.fi; bescheidenes Mittelklassehotel im Stadtzentrum; kein Restaurant, Sauna.

CAMPING

Camping Kemijärvi [N66° 42′ 57.5″ E27° 25′ 09.5″], Hietaniemenkatu 7, Tel. +358 (0)16 81 36 40; www.visitkemijarvi.fi; 1. Juni – 31. Aug.; im westlichen Ortsbereich beschilderter Abzweig an der Brücke über den Kemijoki; ebenes Wiesengelände; ca. 2 ha – 80 Stpl.; Standardsanitärausstattung; Kiosk, Boots- und Fahrradverleih. **V & E für Wohnmobile**.

Richtung Ivalo, ist das **„Werkstattdorf des Weihnachtsmanns"** entstanden, großer **Parkplatz [WP 288 / N66° 32' 36.81" E25° 50' 39.85"]**. Im sog. **Santa Claus Village** *(geöffnet Jan. - Mai + Sept. - Nov. tgl. 10 - 17 Uhr; Juni - Aug. 9 - 18 Uhr; Dez. tgl. 9 - 19 Uhr; www.santa-clausvillage.info/de/)*. Es fällt einem der Werbespruch ein „Ja ist denn heut' schon Weihnachten". Wer sich nicht daran stört, der kann hier an jedem Tag im Jahr im Nikolausambiente Weihnachtssouvenirs erstehen. Cafeterias, Restaurant, zahlreiche Souvenirläden.

Nicht genug damit. Die Stadtväter Rovaniemis halten ihre Stadt offenbar nicht nur für das „pulsierende Herz Lapplands", sondern neuerdings auch für die Weltmetropole des ganzjährigen Weihnachtsgeschäfts. Denn nur 2 km vom „Werkstattdorf des Weihnachtsmanns" entfernt findet der interessierte Besucher den **Santapark [N66° 32' 24.6" E25° 48' 01.7"]**, Tarvantie 1 *(geöffnet 26. Juni - 12. Aug. Di – Sa 10 - 18 Uhr; 18. Nov. - 13. Jan. tgl. 10 - 18 Uhr; www.santapark.com)*. In diesem unterirdischen **Freizeit- und Vergnügungspark** kann man gegen Eintritt das ganze Jahr über Weihnachtsstimmung erleben.

Lohnt einen Besuch, das Arktikum-Museum

Rovaniemi, eine neuzeitlich wirkende Stadt mit etwa 61.700 Einwohnern, liegt am Zusammenfluss von Ounasjoki und Kemijoki, ist Verwaltungshauptort der Provinz Lappland und Universitätsstadt und wird auch als „Tor nach Lappland" bezeichnet.

Urkundlich erwähnt wurde Rovaniemi wie es heißt schon im 15. Jh. Zur eigentlichen Stadtgründung aber kam es erst 1929 und Stadtrechte erhielt Rovaniemi erst 1960.

Im zweiten Weltkrieg wurde die Stadt stark in Mitleidenschaft gezogen und vollständig niedergebrannt.

Nach den Kriegswirren – Rovaniemi hatte damals kaum 8.000 Einwohner – erhielt der finnische Architekt *Alvar Aalto* den Auftrag zur Neuplanung des Stadtbildes. Er konzipierte ein modernes urbanes Zentrum, dessen Straßen wie man sagt, in der Form eines Rentiergeweihs angelegt sein sollen.

Zu den Sehenswürdigkeiten in der geschäftigen Stadt zählen die von Alvar Aalto 1975 entworfene **Lappia Halle**, Jorma Etontie 8 A, ein Kongress- und Konzertzentrum, sowie das neue **Rathaus,** Hallituskatu 7, das aus dem Jahre 1988 stammt. Neben der Lappia Halle liegt das Bibliotheksgebäude, ebenfalls nach Entwürfen von Aalto 1965 errichtet.

Bemerkenswert ist auch das Gebäude des **Kunstmuseums** in der Lapinkävijäntie 4 aus dem Jahre 1986. Präsentiert werden neben wechselnden Ausstellungen häufig Werke aus der Kunstsammlung der Stiftung Jenny und Antti Wihuri.

Wirklich lohnend ist ein Besuch im **Arktikum [N66° 30' 24.9" E25° 43' 30.0"]**, Pohjoisranta 4 *(geöffnet 1. Juni - 31. Aug. tgl. 9 - 18 Uhr; übrige Zeit Di - So 10 - 18 Uhr; www.arktikum.fi/en/)*, das durch sein markantes Glasgewölbe am Fluss auffällt.

Das Artikum ist ein Forschungszentrum und **Museum** für Lappland und die arktischen Regionen. Es vermittelt durch seine Exponate, Bilder und Computerprogramme einen Einblick in die arktische Natur und in die Lebensweisen, Sitten, Kulturen und Naturreligionen der Völker Sibiriens und der Inuit in Alaska, Grönland und Kanada.

Die Ausstellungen über die Provinz Lappland befassen sich mit der Kulturgeschichte des Samivolkes von der Frühzeit bis heute.

Breiter Raum wird auch der wechselvollen Geschichte Rovaniemis eingeräumt.

Schließlich kann noch das **Lappland Waldmuseum Lapin Metsämuseo [N66° 28′ 41.58″ E25° 45′ 20.47″]**, Metsämuseontie 7 *(geöffnet 1. Juni - 31. Aug. Mi - So 11 - 17 Uhr; www.lapinmetsamuseo.fi/deutsch/)*, mit seinen Gebäuden, Gegenständen und Fotografien, die Einblick in das Leben der Waldarbeiter in Lappland geben, besichtigt werden.

Rund 22 km nördlich von Rovaniemi liegt bei Norvajärvi ein deutscher Soldatenfriedhof, auf dem 2.500 Gefallene beigesetzt sind. Am Eingang zu der monumentalen Grabstätte eine moderne Pieta.

Die **Mitternachtssonne** ist in Rovaniemi von **6. Juni** bis **5. Juli** zu sehen.

PRAKTISCHE HINWEISE – ROVANIEMI

Rovaniemi Tourist Information Matkailuneuvonta [N66° 30′ 08.0″ E25° 43′ 50.3″], Lordinaukio, Lordi Square, Maakuntakatu 29 - 31, 96200 Rovaniemi, Tel. +358 (0)16 34 62 70 (+358 (0)40 82 90 676); www.visitrovaniemi.fi. *Geöffnet im Sommer tgl. 10 - 15 Uhr, sonst Mo - Fr 9 - 17 Uhr.*

HOTELS

Scandic Rovaniemi, 167 Zi., Koskikatu 23, Tel. +358 (0)16 46 06 000; www.scandichotels.com/hotels/countries/finland/rovaniemi/; Firstclasshotel in zentraler Lage, Restaurant, Bar, Sauna, Parkplatz.

Rantasipi Hotel Pohjanhjovi, 212 Zi., Pohjanpuistikko 2, Tel. +358 (0)16 33 711; www.rantasipi.fi; Firstclasshotel mit ausgezeichnetem Restaurant, Bar, Schwimmbad, Garage.

CAMPING

Camping Ounaskoski [WP 289 / N66° 29′ 50.9″ E25° 44′ 37.9″], Jäämerentie 1, Tel. +358 (0)16 34 53 04; www.ounaskoski-camping-rovaniemi.com; 20. Mai – 24. Sept.; südöstlich der Stadt gelegen, Zufahrt von der Straße 4/E75, Ausfahrt Rovaniemi, zur Straße 78 Richtung Ranua, gleich nach dem Ostende der Flussbrücke beschilderter Abzweig; noch in Gehnähe zur Stadt; gepflegte, langgestreckte eingezäunte Wiesenstufen mit einigen Birken und Nadelbäumen, bis an den Kemijoki reichend, mit Blick zur Stadt; befestigte Stellplätze, Zeltwiese am Fluss; ca. 2,5 ha – 120 Stpl.; gute Standardsanitärausstattung; Laden, WLAN auf Teilen des Platzes, Sauna. **V & E für Wohnmobile.**

Camping Napapiirin Saari-Tuvat [WP 290 / N66° 31′ 02.0″ E25° 50′ 40.1″], Kuusamontie 96, Tel. +358 (0)16 35 60 045; www.saarituvat.fi; 1. Jan. – 31. Dez.; rund 5 km östlich der Stadt zwischen Straße 81 Richtung Kuusamo und dem Kemijoki; gepflegtes, schattenloses Wiesengelände bei einem Hüttendorf oberhalb des Flusses; ca. 3 ha – 150 Stpl.; Standardsanitärausstattung; Kiosk, WLAN; Miethütten. **V & E für Wohnmobile.**

WOHNMOBIL-STELLPLATZ

Wohnmobil-Stellplatz Joulupukin Pajakyla, Santa Claus Village [WP 291 / N66° 32′ 34.10″ E25° 50′ 35.99″], Joulumaantie 1, Napapiiri. **Zufahrt/Lage:** An der Straße 4/E75 am Polarkreis Napapiiri beim Santa Claus Village ca. 9 km nordöstlich von Rovaniemi gelegen. **Geöffnet:** Ganzjährig. **Gebühr:** Kostenlos. **Ausstattung:** Asphaltierte Fläche für 40 Wohnmobile, beleuchtet, WC, Mülltonnen. Kein Campingverhalten erlaubt. Max. Aufenthaltsdauer 24 Stunden.

TOUR 25: ROVANIEMI – KAJAANI

Länge der Tour: Rund 440 km, ohne Abstecher.

Die Route: Über die Straße 81 bis **Kuusamo** – Straße 5/E63 bis **Kajaani**.

Reisedauer: Mindestens ein Tag.

Höhepunkte: Der **Wasserfall Auttiköngäs** – Wandern im **Oulanka Nationalpark** – **Kainuu Regionalmuseum** in Kajaani.

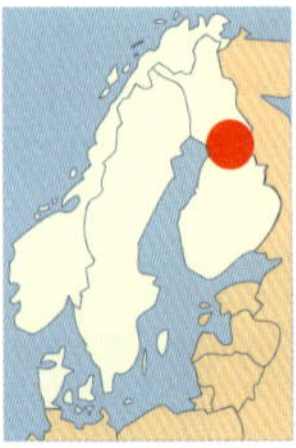

Schnelle Alternativroute

Schneller gegenüber der weiter unten geschilderten Hauptroute ist der direkte Weg nach Kajaani auf der Straße 78 über **Ranua, Pudasjärvi** und **Paltamo**.

Einen Besuch lohnt auf dieser Strecke der **Arktischen Wildparks Ranuan Eläinpuisto [Parkplatz, WP 292 / N65° 56' 36.69" E26° 28' 8.57"]**, *(geöffnet 1. Juni - 31. Aug. 9 - 19 Uhr; sonst tgl. 10 - 16 Uhr; www.ranuazoo.com)* ca. 80 km südlich von Rovaniemi gelegen. Auf Wegen und Holzbrücken kann man durch das ausgedehnte Gehege spazieren und in Skandinavien heimische Tiere beobachten. Zu sehen sind Elche und Bären natürlich, dann Luchse, Wölfe, Vielfraße und Eisbären und viele Vogelarten. Camping siehe nächste Seite.

HAUPTROUTE

ROUTE: Ab Rovaniemi über die Straße 4/E75 in nordöstlicher Richtung und schon kurz nach der Flussbrücke ostwärts auf die Straße 81 Richtung ***Posio*** *und* ***Kuusamo*** *(185 km).*

Bis **Autti** folgt die Straße 81 dem Lauf des Kemijoki.

Rund 6 km östlich von Autti zweigt links (nordwärts) eine ca. 1 km lange Schotterpiste, die an einem Parkplatz, im Sommer mit Café, endet. Vom Parkplatz mit Feuerstelle und Picknickplatz führt ein kurzer Fußweg zum **Wasserfall Auttiköngäs [WP 293 / N66° 17' 18.2"**

CAMPING – RANUA

Camping Ranua Zoo [N65° 56' 41.3" E26° 27' 46.5"], Rovaniementie 29, Tel. +358 (0)16 35 51 921; www.ranuazoo.com; 1. Mai – 30. Sept.; ca. 5 km nordwestlich von Ranua an der Straße 78 und ca. 300 m vom Ranua Zoo entfernt gelegen, Anmeldung am Ticket Office des Ranua Zoos; ebenes, überschaubares Wiesengelände, von Wald umgeben. 42 geteerte Stellplätze, alle mit Stromanschluss, einige auch mit Kabelanschluss, komfortable Sanitäranlagen, großer Kinderspielplatz. Komfortable Campingküche, Behinderten-Sanitärraum, Grillplatz. **V & E für Wohnmobile**. GoKart-Bahn nebenan, Holiday Village Gulo Gulo gegenüber.

E27° 12' 03.9"], der sich durch eine schmale Felsschlucht zu Tal stürzt.

Der Kemijoki diente lange Zeit zum Holzflössen. Eine Holzrinne ermöglichte den Flössern, die Baumstämme über Stromschnellen in der Schlucht zu bringen.

Würde man dem Fluss aufwärts folgen, träfe man nach rund 15 km auf die etwa 20 km lange **Schlucht von Korouoma**, deren Felswände stellenweise 100 m hoch aufragen. Es gibt einen 26 km langen Wanderweg, der aber nur erfahrenen und geübten Wanderern zu empfehlen ist.

Im weiteren Verlauf der Route passiert man **Posio**, einen Ort der Keramikindustrie. Kuriose Sehenswürdigkeit dort ist das **Internationale Kaffeetassen Museum** und das Heimatmuseum im **Keramikkunstzentrum Pentik Design [N66° 06' 45.8" E28° 10' 48.0"]**; www.pentik.com/en/.

Ein kurzes Stück weiter östlich überquert die Straße 81 auf einer Brücke den Yli Kitka-See, der hier nur wenige hundert Meter breit ist. Hier bieten sich wunderschöne Ausblicke über den See.

ROUTE: Nach rund 35 km stoßen wir schließlich auf die Straße 5/E63, der „Via Karelia", und biegen südwärts ab nach ***Kuusamo****.*

Kuusamo, 1868 gegründet und heute eine modern anmutende Stadt mit rund 15.800 Einwohnern, ist das wirtschaftliche und administrative Zentrum im Nordosten Finnlands. Die Stadt liegt mitten in einer seenreichen Waldlandschaft und ist daher wichtiger Ausgangspunkt für Freizeit- und naturverbundene Urlaubsaktivitäten im Sommer wie im Winter.

Kuusamo war in den Russisch-Finnischen Krieg 1944 verwickelt. Hilfe kam durch unterstützende deutsche Truppen. Diese retteten die **Kirchenglocken** der Stadt vor den anrückenden russischen Truppen, indem sie die Glocken kurzerhand auf dem Friedhof vergruben. Die Glocken waren lange verschollen und erst viel später konnte der damalige Kommandant das Versteck nennen.

Ein eher bescheidenes **Freilichtmuseum [N65° 57' 32.7" E29° 12' 20.3"]** mit einer Handvoll kleiner, historischer Holzhäuser liegt am südöstlichen Ortsrand.

Lohnend ist ein Abstecher zum 20 km nördlich von Kuusamo gelegenen

PRAKTISCHE HINWEISE – POSIO

Posio Tourist Information [N66° 6' 56.39" E28° 10' 56.37"], Maaninkavaarantie 5, 97900 Posio, Tel. +358 (0)44 76 74 218; www.posio.fi.

CAMPING

Camping Himmerki Lomakeskus [N66° 04' 55.2" E28° 17' 00.3"], Himmerki 8, Tel. +358 (0)440 35 26 02; www.himmerki.com; 1. Jan. – 31. Dez.; Abzweig ca. 8 km östlich von Posio, etwa 1 km abseits der Straße 81; Waldcamping in hügeligem Gelände an schönem See; Standardausstattung; Gasthaus, Sauna; 24 Miethütten.

PRAKTISCHE HINWEISE – KUUSAMO

Kuusamo Tourist Bureau [N65° 57' 21.0" E29° 09' 33.2"], Torangintaival 2, 93600 Kuusamo, Tel. +358 (0)40 86 08 365; www.ruka.fi/de/kuusamo-info. *Geöffnet Mo - Fr 9 - 17 Uhr, Sa 10 - 16 Uhr, So 12 - 16 Uhr.*

HOTELS

Holiday Club Rantatropiikki, 123 Zi., Kylpylätie 5, Tel. +358 (0)3 06 86 40 00; www.holidayclubresorts.com/resorts/kuusamontropiikki/; Mittelklassehotel mit Wellnesseinrichtungen aller Art, bemerkenswert ist das tropische Hallenbad. Restaurant, Parkplatz.

Sokos Hotel Kuusamo, 150 Zi., Kirkkotie 23, Tel. +358 (0)20 12 34 693; www.sokoshotels.fi/kuusamo/sokos-hotel-kuusamo; Restaurant, Fitnesscenter, Sauna, Fahrradverleih, WLAN. Parkplatz.

CAMPING

Camping Kuusamonportti [N65°49'57.87" E29°15'27.40"], Kajaanintie 151, Tel. +358 (0)44 56 67 685; www.kuusamonportti.fi/en/; 1. Jan. – 31. Dez.; ca. 15 km südlich von Kuusamo beschilderter Abzweig von der Straße 5/E63. Gelände im lichten Föhrenwald zwischen Straße und See bei einem Hotel; 1,5 ha – 40 Stpl.; Mindestausstattung; Imbiss, Restaurant. Miethütten.

Rukatunturi beim Ort **Ruka**. Um den 462 m hohen Rukatunturi (schöne Aussicht) hat sich das **Wintersportzentrum Rukankylä [N66° 10' 04.5" E29° 08' 21.0"]** etabliert, eines der beliebtesten Wintersportgebiete in Finnland mit Loipen, Liften und Abfahrtspisten. Ein Sessellift führt auch im Sommer zum Gipfel. Und wer möchte, kann auf einer 1 km langen Sommerrodelbahn wieder hinabfahren.

Eines der schönsten Gebiete für Wanderungen liegt rund 50 km nördlich von Kuusamo im **Oulanka Nationalpark Oulangan Kansallipuisto**, der sich über fast 270 qkm zwischen der Straße 5/E63 und der russischen Grenze erstreckt.

Besonders die **Stromschnellen von Kiutaköngäs**, für die der Park berühmt ist, sowie die **Myllykoski Fälle** sind beliebte Besuchspunkte, liegen sie doch an der „kleinen Bärenrunde" genannten, 9 km langen Wanderroute, die sich von Juuma noch an anderen Stromschnellen und am Wasserfall Jyvärä vorbeiführen.

Der 80 km lange, markierte **Wanderweg „Karjunkierros", die „Große Bärenrunde"**, an der Zeltplätze und Übernachtungshütten liegen, verbindet alle wichtigen Sehenswürdigkeiten und Naturschönheiten im Nationalpark, wie den **Canyon des Flusses Oulandkjoki** oder die fast 50 m hoch aufragenden **Ristikallio Klippen**. Im Park gibt es einen **Campingplatz** beim **Oulanka National Park Visitor Center (Oulangan Luontokeskus) [N66° 22' 6.10" E29° 18' 46.97"]**, Liikasenvaarantie 132 *(geöffnet Juni - Sept. tgl. 10 - 18 Uhr; Feb. - Mai + Okt. tgl. 10 - 16 Uhr; sonst Di - Sa 10 - 16 Uhr, Tel. +358 (0)20 63 96 850; www.ruka.fi/de/oulanka-national-park-visitor-centre)* mit Informationen über den Park und einer Ausstellung über Flora und Fauna. Zu erreichen ist das Center von Ruka über die Straße 5/E63 Richtung Kemijärvi und Straße 950 Richtung Juuma.

Juuma mit seiner Hängebrücke über die Niskakoski Stromschnellen (Camping- und Sommercafé) ist wichtiger Ausgangspunkt für ausgedehnte Wildnistouren.

ROUTE: Rund 65 km südlich von Kusamo passiert die dem Auge in der nur ab und zu von Seen aufgelockerten Waldlandschaft nur wenig Abwechslung bietende Straße 5/E63 den Ort ***Peranka.***

Nach Osten zweigt hier die Straße 919 ab, die in das **Wandergebiet um Hossa** führt, rund 90 km markierte Wanderwege. Zentrum der Freizeitaktivitäten ist das **Hossa Naturzentrum** am See Öllöri,

Tel. +358 (0)50 38 44 692; *geöffnet Juni - Sept. tgl. 9 - 20 Uhr; März - Mai + Okt. tgl. 10 - 16 Uhr; www.hossa-kylmaluoma.fi)*. Hier gibt es Informationen zu Wandertouren, Wanderkarten, Karten für die Kanustrecken, Fischlizenzen, die Anmeldung für **Camping Karhunkainalo [N65° 28′ 04.7″ E29° 31′ 03.9″]** (März – Okt.) und für die Ferienhütten, Ausstellungen über Fauna und Flora der Region, ein Auditorium und ein Café-Restaurant.

Etwa 9 km südlich von Peranka findet man an der Straße 5/E63 den mit „Alassalmen Muistomerkki" beschilderten **Rast- u. Picknickplatz [N65° 17′ 44.3" E29° 04′ 09.6"]** in schöner Lage am See. Toiletten, Picknicktische, Feuerstelle, Mülltonne.

Ca. 30 km nördlich von Suomussalmi tauchen links der 5/E63 die Figuren des **„Stillen Volkes" Hiljainen Kansa [WP 294 / N65° 05′ 37.1" E28° 54′ 14.6"]** auf. Es ist das Werk des Künstlers Reijo Kela und umfasst fast 1.000 Vogelscheuchen ähnliche Figuren in bunten Kleidern, mit Torfköpfen und Heufrisuren. Es ist ein eigenwilliges, interessantes Kunstwerk, dessen Sinn vom Künstler nicht beantwortet wird. Jeder soll seine eigenen Schlussfolgerungen ziehen. Es ist wohl auch von Bedeutung, dass, wenn das „Stille Volk" entkleidet wird, was zweimal im Jahr geschieht, an dieser Stelle etwa tausend Kreuze verbleiben.

Im Sommer werden auf offenem Feuer frisch gekochter Kaffee und Pfannkuchen mit Himbeermarmelade angeboten. Kleine Souvenir- und Infohütte *(geöffnet 19. Juni - 6. Aug. tgl. 9 - 18 Uhr; 5. - 18. Juni + 7. - 13. Aug. tgl. 10 - 17 Uhr; 14. Aug. - 24. Sept. 9 - 17 Uhr; Eintritt frei)*.

ROUTE: Schließlich erreicht man ***Ämmänsaari*** *und den Abzweig nach* ***Suomussalmi.***

Abstecher nach Suomussalmi und zum Winterkriegsmonument

Ab **Ämmänsaari** kann man nordwärts zum Ort **Suomussalmi** abzweigen. In dem Städtchen am ausgedehnten See Kiantajärvi sind die steinzeitlichen **Felsmalereien Hossan Värikallio** im Wandergebiet Hossa zu besichtigen.

Das **Kotiseutumuseo**, ein **Heimatmuseum,** findet man im alten Ortskern Suomussalmis in der Kirkkotie 35 *(geöffnet Mitte Juni - Ende Aug. Di - So 10 - 18 Uhr)*. Das Freilichtmuseum zeigt einige alte Bauernhöfe mit Exponaten über die Lebensart der Bevölkerung Ende des 19. Jh.

„Das Stille Volk"

PRAKTISCHE HINWEISE – SUOMUSSALMI

Suomussalmi Tourist Information, Jalonkaarre 3 - 5, Jalonniemi Haus (nahe der Straße 5), 89601 Suomussalmi (Ämmänsaari), Tel. +358 (0)8 61 55 55 45; www.suomussalmi.fi.

HOTEL

Kiannon Kuohut, 73 Zi., Jalonkatu 1, Tel. +358 (0)8 71 07 70; www.kiannonkuohut.fi/; Restaurant, Schwimmbad, Garage.

CAMPING

Camping Kiantajärvi [WP 295 / N64° 52′ 14.3″ E28° 59′ 51.7″], Juntusrannantie 24, Tel. +358 (0)440 71 12 09; 1. Juni – 30. Sept.; an der Straße 912 ca. 3 km östlich von Ämmänsaari; Wiesengelände im Birkenwäldchen, schön am Kiantajärvi-See gelegen; ca. 4 ha – 100 Stpl.; Mindestausstattung; Miethütten.

Folgt man der Straße 912 ostwärts Richtung Kuhmo, findet man am nächsten Abzweig zur sog. **Museumsstraße Raatteen tie** das **Kriegsdenkmal Raatee„Flammen-Monument“** von Alvar Aalto, eines von vielen entlang dieser Straße, die letztendlich nach Raate an der russischen Grenze führt. Hier wütete der russisch-finnische Winterkrieg 1939/40.

Am Abzweig zur Straße nach Raate liegt das erst 2003 eingeweihte **Winterkriegsmonument Raatteen Portti Talvisodan Monumenti [N64° 50′ 52.6″ E29° 19′ 39.4″]**, Raatteentie 2. Hunderte von Felsbrocken bilden diese Erinnerungsstätte. Die Anzahl der Steine entspricht der Anzahl der hier Gefallenen. Das Zentraldenkmal trägt 105 Kupferglöckchen, eines für jeden Tag des Winterkrieges.

Je nach zur Verfügung stehender Zeit kann man auf der Straße 912 (Via Karelia) noch weitere 50 km südostwärts fahren und nach dem Ort Saarivaara auf eine 22 km wellige Erdstraße nach **Kuivajärvi [N64° 39′ 33.4″ E30° 06′ 23.8″]** abzweigen, einem der wenigen noch existierenden karelischen Dörfer in Finnland. Der Flecken Kuivajärvi, eine Handvoll Holzhäuser samt einer orthodoxen Kirche, liegt am Ende der Straße an einem schö-

Das Winterkriegsmonument Raatteen Portti

nen See, der die russische Grenze bildet. Gegenüber der orthodoxen Kirche findet man das **Gasthaus „Domnan Pirtti"** mit einigen Übernachtungszimmern und einer Cafeteria *(geöffnet 1. - 31. Juli tgl. 10 - 17 Uhr, Tel. +358 (0)40 18 43 423; www.domnanpirtti.fi/de/)*.

HAUPTROUTE

*ROUTE: Von Ämmänsaari auf der Straße 5/E63 über **Hyrynsalmi** (32 km) nach **Kajaani** (70 km).*

Am Ortsbeginn von **Hyrynsalmi [N64° 40' 29.1" E28° 30' 27.0"]** sieht man rechts der Straße eine imposante **Holzkirche** aus dem 18. Jh.

Kajaani (ca. 38.000 Einw.), Hauptort der Landschaftsregion Kainuu, liegt am Fluss Kajaaninjoki, der die Seen Nusjärvi im Osten der Stadt mit dem Oulujärvi, Finnlands viertgrößten See, verbindet. Der Fluss prägt wesentlich das Stadtbild. Er spielte als Handels- und Transportweg eine bedeutende Rolle bei der Entstehung Kajaanis.

Der Schwedenkönig Karl IX. hatte 1604 veranlasst, das immer wieder von Grenzkriegen mit Russland erschütterte Gebiet durch eine Festung am Kajaaninjoki zu befrieden. Nun begann sich im Schatten der Burg eine Ansiedlung zu entwickeln, der der schwedische Gouverneur Pietari (Per) Brahe 1651 Stadtrechte verlieh. Reste der Festung, die im Krieg zwischen Schweden und Russland 1716 zerstört wurde – damals wurde auch der größte Teil der Stadt niedergebrannt – sind am Flussufer im westlichen Stadtbereich noch zu sehen.

Der Fluss durch die Stadt war vor allem in der zweiten Hälfte des 19. Jh. wichtiger Transportweg für im Hinterland gewonnenen Teer, der in Fässern zum Hafen von Oulu am Bottnischen Meerbusen gebracht wurde.

Als sich im 16. und 17. Jh. die europäische Segelschifffahrt durch die neuen Entdeckungen jenseits des Atlantiks stürmisch entwickelte, errang Finnland eine führende Stellung als Teerproduzent. Teer wurde damals aus Kienspänen in sog. Teergruben gewonnen und wurde nun in großen Mengen für die Abdichtung und Pflege der Segelschiffe gebraucht.

Große Söhne der Stadt sind der frühere Staatspräsident *Urhu Kekkonen*, der in seiner Kindheit hier zur Schule ging und *Elias Lönnrot*, der Sagen und Gedichte seiner Heimat und vor allem im benachbarten Karelien zusammentrug und so um 1835 Finnlands Nationalepos „Kalevala" schuf.

Zu den Sehenswürdigkeiten der Stadt zählen das von Carl Ludwig Engel 1831 erbaute **Rathaus**, dann das **Kajaani Kunstmuseum [N64° 13' 36.61" E27° 43' 39.29"]** in der Linnankatu 14 *(geöffnet So-Fr 10 - 17 Uhr, Mi 10 - 20 Uhr; www.kainuu.fi)* und schließlich das **Kaijaanin Regional Museum [N64° 13' 17.83" E27° 44' 16.06"]**, Asemakatu 4 *(geöffnet Mo, Di, Do, Fr 12 - 16 Uhr, Mi 12 - 20 Uhr; www.kainuu.fi)*, das sich mit der wirtschaftlichen und kulturellen Vergangenheit

PRAKTISCHE HINWEISE – KAJAANI

Kajaani Touristen Information [N64° 13' 25.7" E27° 43' 57.4"], Pohjolankatu 13, 87100 Kajaani, Tel. +358 (0)86 15 52 555; www.kajaani.fi/en/tourism.

HOTELS

Scandic Kajanus, 181 Zi., Koskikatu 3, Tel. +358 (0)86 16 41; www.scandichotels.fi/kajanus; Restaurant, Fitnesscenter, Sauna, Wasserpark. Parkplatz.

Sokos Hotel Valjus, 84 Zi., Kauppakatu 20, Tel. +358 (0)86 15 02 00; www.soko shotels.fi; Restaurant, Sauna, WLAN.Parkplatz.

CAMPING

Camping Hotel Kainuun Portti [N64° 12' 36.6" E27° 39' 25.4"], Mainuantie 350, Tel. +358 (0)86 13 30 00; www.kainuunportti.fi; 1. Mai – 30. Sept; Übernachtungsmöglichkeit für Caravaner und Wohnmobilisten im Hof des Hotels.

und Entwicklung der Region Kainuu und des östlichen Teils der Provinz Oulu und der Kulturgeschichte der Stadt und ihres Umfeldes beschäftigt. Das Museum besitzt u. a. eine Kunstausstellung und befasst sich in separaten Abteilungen mit der Geschichte des Teertransports und mit dem Nationalepos Kalevala.

Abstecher nach Paltaniemi

Bei ausreichend zur Verfügung stehender Zeit lohnt ein Abstecher ins 10 km nordwestlich von Kajaani gelegene **Paltaniemi [N64° 16' 38.1" E27° 39' 42.0"]** am See Oulujärvi.

Im Ort stößt man auf die alte **Holzkirche [N64° 17' 34.40" E27° 39' 31.38"** *(geöffnet 9. Juni - 19. Aug. 10 - 18 Uhr)*, die einen Besuch wert ist. Die Kirche wurde von Johan Simonpoika Knubb, der einer sehr wohlhabenden Familie aus der Gegend entstammte, 1726 fertiggestellt. Malereien von Emanuel Granberg schmücken Wände und Decken des Kirchenraumes aus. Besonders das Deckengemälde mit Szenen aus dem Alten Testament und der Leidensgeschichte Christi diente früher dem Bibelunterricht.

Allerdings legte der Kirchenmaler einen so deutlichen Realismus in seine Werke, dass Teile des Gemäldes „das letzte Gericht" übermalt werden musste. Angeblich erschreckte sich die Kirchengemeinde beim Anblick der drastischen Motive der „Höllenqualen" und der „ewigen Verdammnis" zu sehr.

Neben der Kirche ist noch der sog. **‚Stall des Zaren'** zu besichtigen,einst anlässlich eines Besuchs von Zar Alexander I. angelegt, sowie **Hövelö**, das Geburtshaus des Dichters Eino Leino.

Weiter draußen am See hat man vom hohen Ufer einen schönen Blick auf den weiten Oulujärvi und den breiten Strand.

Abstecher nach Kuhmo

Der Weg von Kajaani nach **Kuhmo** ist zwar weit, nämlich ca. 100 km pro Strecke, aber die drei Sehenswürdigkeiten dort sind den weiten Weg wert.

Besuchenswert in Kuhmo ist das **Juminkeko Visitor Centre [N64° 7' 35.43" E29° 30' 47.30"]**, Kontionkatu 25 *(geöffnet Mo – Fr. 12 – 18 Uhr, im Juli tgl. 12 – 18 Uhr; www.juminkeko.fi)*. Das Ausstellungs- und Informationszentrum für das Kalevala Epos und für karelische Kultur ist in einem futuristisch anmutenden Holzgebäude untergebracht.

Zentrales Thema aller Ausstellungen hier ist – neben der Pflege der Volkstradition in Bezug zur Kalevala-Dichtung und der Erforschung der Ursprünge der finnischsprachigen Kultur – wie erwähnt, das Kalevala Epos, dessen unterschiedlichsten Aspekte wie Literatur, darstellende Kunst und Musik beleuchtet werden. Darüber hinaus verfügt das Zentrum über die größte Sammlung von Kalevalaübersetzungen.

Eine weitere Sehenswürdigkeit von Kuhmo ist das **Naturmuseum Petola Luontokeskus Petola [N64° 07' 16.6" E29° 34' 54.3"]**, Lentiirantie 342, Hiitola, *(geöffnet tgl. 9 - 17 Uhr; www.suurpedot.fi; www.luontoon.fi)*. Das moderne Naturhistorische Museum und Informationszentrum hat sich den vier einheimischen Wildtieren Bär, Wolf, Luchs und Vielfraß verschrieben.

Das **Winterkriegsmuseum Talvisotamuseo [N64° 07' 01.6" E29° 35' 13.4"]**, *Kainuuntie 82, (geöffnet 1. - 30. Juni Mo - Fr 9 - 16 Uhr; 1. Juli - 31. Aug. Mo - So 9 - 16 Uhr)*, zeigt Fotos, Landkarten und andere Erinnerungsstücke aus dem russisch-finnischen Winterkrieg 1939/40.

CAMPING BEI KUHMO

Camping Lentuankoski [N64° 11' 05.4" E29° 34' 35.0"]; Lentuankoskentie 435, Tel. +358 (0)40 77 30 050; 1. Juni – Mitte September; Zufahrt von der Straße 912 westwärts noch 4 km. Wiesenhügel zwischen Flusslauf und Seeufer. Ca. 2 ha – 40 Stpl.; einfache Standardsanitärausstattung.

TOUR 26: KAJAANI – SAVONLINNA

Länge der Tour: Rund 420 km.

Die Route: Über die Straße 5/E63 bis **Iisalmi** und **Kuopio** – Straßen 17 und 23 bis **Varkaus** – Straßen 5, 464 und 14 bis **Savonlinna**.

Reisedauer: Mindestens ein Tag.

Höhepunkte: Der **Blick ** vom Puijo Aussichtsturm** in Kuopio auf die Seenplatte – die **Klöster Valamo** und **Lintula** – die **Burg in Savonlinna** – die **Seenplatte** *** bei Savonlinna.

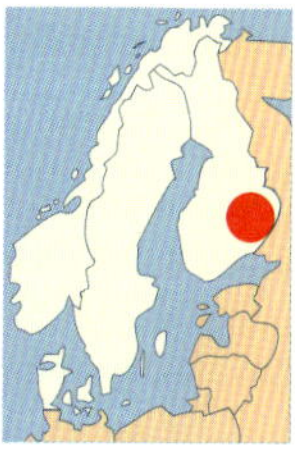

*ROUTE: Von Kajaani auf der Straße 5/ E63 südwärts bis **Iisalmi** (83 km).*

Die Stadt **Iisalmi** liegt am Nordrand der riesigen **Saimaa-Seenplatte** am Zusammenfluss von vier Seen.

Iisalmi, was in der Sprache der Sami soviel bedeutet wie „Nacht-Sund", ist neben seiner Funktion als wichtiger Verkehrsknotenpunkt und Wirtschafts- und Holzverarbeitungszentrum der Region Ober-Savo ein ausgezeichneter Ausgangspunkt für Bootstouren. Ein markierter Wasserweg z. B. führt hinab bis in das Gebiet der Saimaaseen.

Eng verbunden ist die Stadtgeschichte – Iisalmi erhielt erst 1891 Stadtrechte – mit dem Finnischen Krieg von 1808/09. Sven Tuuve (oder Dufva), der damals die Brücke über den Fluss Koljonvirta verteidigte und damit einen Sieg der Truppen Sandels ermöglichte, ist als Held in die Annalen der Stadt eingegangen.

Zu den Sehenswürdigkeiten in Iisalmi zählt in erster Linie das **Karelisch-Orthodoxe Kulturzentrum [N63° 33' 36.3" E27° 11' 37.0"]**, Kyllikinkatu 8 *(geöffnet 1. Juni - 31. Aug. 9 - 18 Uhr; sonst bis 16 Uhr)*, mit sehenswerten Ausstellungen über byzantinische und orthodoxe Kirchenkunst. Schöne Ikonensammlung, 80 Modelle von orthodoxen Kirchen und Kapellen u. a.

Außerdem kann man besichtigen: Das **Heimat- und Stadtmuseum** *(geöffnet tgl. 12 – 20 Uhr)* in der Kivirannantie

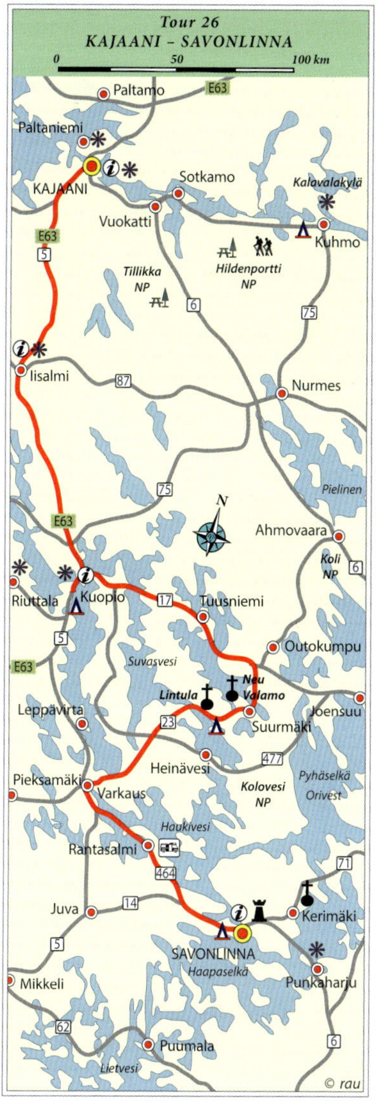

5, das **Naturmuseum** im Kulturzentrum in der Kirkkopuistonkatu 9, weiter das **Brauereimuseum** (eines der ersten seiner Art in Skandinavien, jährliches Bierfestival „Oluset" im Juli) am Stadthafen. Dort findet man auch das „Kuappi", das kleinste Restaurant der Welt. In dem nur 3,6 qm großen Haus finden im Gastraum und auf der Terrasse je zwei Personen Platz.

Schließlich ist die **Alte Kirche [N63° 34' 48.24" E27° 10' 18.51"]** an der Straße nach Kajaani im Norden der Stadt, eine Holzkirche in Kreuzform, die 1779 im gustavianischen Stil von Simo Silven erbaut wurde, sehenswert.

Literatur- und Kunstliebhaber werden das **Juhani Aho Museum [N63° 35' 44.56" E27° 10' 9.08"]** nicht versäumen wollen, das ca. 4 km nördl. der Stadt liegt (Ouluntie) und eine Sammlung des bekannten finnischen Schriftstellers Juhani Aho zeigt.

Übrigens: In und um Iisalmi gibt es eine Reihe recht **kurioser Festivals und Wettbewerbe**. So werden im nahen Ort Lapinlahti z. B. die Finnischen Meisterschaften im „Kühe rufen" ausgetragen, in denen die Bauern beweisen, dass ihre Kühe ihren Rufen folgen und von den Weiden zurückkommen.

In Sonkajärvi dagegen wird darum gewetteifert, wer Champion im „Ehefrauen tragen" wird und in Pielavesi belustigt man sich am „Stiefelweitwurf-Wettbwerb" (Rekord über 54 m) oder an einem Ruderwettbewerb, bei dem immer zwei Männer in einem Boot sitzen, aber jeder in die entgegengesetzte Richtung des anderen rudert.

23 km westlich von Iisalmi liegt **Runni**, ein Kurort, der für seine im 18. Jh. entdeckten Heilquellen bekannt ist.

*ROUTE: Rund 82 km südlich Iisalmi lohnt von der Straße 5/E63 ein Abstecher hinein nach **Kuopio**.*

Kuopio, 1782 vom schwedischen König Gustav III. gegründet und heute eine moderne Stadt mit ca. 107.000 Einwohnern, ist Hauptort der gleichnamigen Provinz und ein Zentrum des Bootsverkehrs im Saimaagebiet. Besuchenswert sind die Museen der Stadt.

Das **Kuopio Museum [N62° 53' 31.3" E27° 41' 11.9"],** Kauppakatu 23 *(geöffnet Di - Sa 10 - 17 Uhr; www.kuopionmuseo.fi))* befasst sich in zwei interessanten Museen mit der Kulturgeschichte der Region, mit der Stadtgeschichte, mit Brauchtum und Naturgeschichte der Region Savo.

Im **Freilichtmuseum Kortteli Museo Alt Kuopio [N62° 53' 21.0" E27° 41' 05.7"]** in der Kirkkokatu 22 *(geöffnet 15. Mai - 31. Aug. Di - Sa 10 - 17 Uhr, sonst Di - Sa 10 - 15 Uhr; www.korttelimuseo.kuopio.fi)* sind aus der Umgebung von Kuopio zusammengetragene, typische und ihrer Zeit entsprechend eingerichtete Bauwerke aus dem 19. Jh. zu sehen, während sich das **Kunstmuseum Kuopion taidemuseo** *(geöffnet Di - Sa 10 - 17 Uhr; www.taidemuseo.kuopio.fi)* in der Kauppakatu 35 mit finnischer Kunst aus verschiedenen Jahrhunderten befasst.

Etwas Außergewöhnliches für den skandinavischen Raum ist das

PRAKTISCHE HINWEISE – IISALMI

Iisalmi Tourist Service, Kauppakatu 14, 74100 Iisalmi, Tel. +358 (0)40 35 51 632; www.iisalmi.fi/In-english/.

HOTELS

Sokos Hotel Koljonvirta, 80 Zi., Savonkatu 18, Tel. +358 (0)10 7856 100; www.sokoshotels.fi/en/iisalmi; Restaurants, Parkplatz.

CAMPING

Camping Koljonvirta [WP 296 / N63° 35' 32.1" E27° 09' 45.0"], Ylemmäisentie 6, Tel. +358 (0)17 825 252; Mitte Mai – Ende Sept.; nördl. von Iisalmi; ausgedehntes Wiesengelände am Fluss; ca. 15 ha – 300 Stpl.; Standardsanitärausstattung; Restaurant, Boots- und Fahrradverleih; Miethütten. **V & E für Wohnmobile.**

Blick vom Aussichtsturm Puijo auf die Seenplatte bei Kuopio

Orthodoxe Kirchenmuseum Suomen Ortodoksinen Kirkkomuseo [N62° 53' 57.1" E27° 39' 52.6"] in der Sinnauskapellintie *(geöffnet Di - Sa 12 - 16 Uhr; www.ortodoksinenkirkkomuseo.fi/en/)*. Es widmet sich der recht bewegten Geschichte der Orthodoxen Kirche in Finnland und zeigt sehr schöne, seltene Ikonen aus dem 17. und 18. Jh., liturgische Gegenstände, Gewänder und Exponate aus karelischen Kirchen und Klöstern.

Zu den Sehenswürdigkeiten Kuopios zählen weiter der **Marktplatz Kauppatori [N62° 53' 31.0" E27° 40' 44.1"]** (täglich außer Sonntag bis 15 Uhr bunter Markt), das **Rathaus** von 1884, die **Kathedrale** von 1815, der Blumengarten, das **Victor Barsokevits Photographic Center**, Kuninkaankatu 14 - 16 und der **Botanische Garten** der Universität.

Keinesfalls versäumen sollte man – auch bei einem nur kurzen Aufenthalt – eine Fahrt auf den etwa 230 m hohen **Hügel Puijo**, der etwas nördlich vom Zentrum liegt. Dort findet man den 75 Meter hohen **Puijo Turm [N62° 54' 34.1" E27° 39' 20.3"]** *(geöffnet 30. Apr. - 26. Aug. Mo - Sa 10 - 21 Uhr, So 10 - 19 Uhr; sonst Mo - Do 11 - 19 Uhr, Fr - Sa 11 - 21 Uhr, So 11 - 16 Uhr; www.puijo.com/en/)* mit **Drehrestaurant und Aussichtsplattformen**. Der Ausblick von dort oben auf das herrliche Labyrinth der Seenplatte mit ihren bewaldeten Inseln und auf die Stadt ist beeindruckend und das um so mehr, als man sonst im oft flachen Terrain der finnischen Landschaft kaum oder nur nach langer Wanderung von einem erhöhten Standpunkt aus einen Blick auf die Landschaft genießen kann.

Im Sommer werden in Kuopio zwischen Anfang Juni und Mitte August zahlreiche **Schiffsausflüge** angeboten, die von eineinhalbstündigen Rundfahrten über ausgedehnte Ganztagestouren bis zu einwöchigen Kreuzfahrten in die Seenlandschaft reichen. Eine der Tagestouren führt z.B. zum *Valamo Kloster* am Heinävesi See (Beschreibung siehe weiter unten).

Bei ausreichend zur Verfügung stehender Zeit lohnt auch ein Ausflug zum

PRAKTISCHE HINWEISE – KUOPIO

Kuopio Touristinformation [N62° 53' 29.92" E 7° 40' 43.71"], Kauppakesku Apaja, Kauppakatu 45, 70110 Kuopio, Tel. +358 (0)1 71 82 584; www.kuopiotahko.fi. *Geöffnet Mo - Fr 9 - 16 Uhr.*

HOTELS

Hotel Alba, 126 Zi., Ahlmaninkatu 4, Tel. +358 (0)14 63 63 11; hotelalba.fi/en/; gutes Mittelklassehotel ca. 500 m vom Zentrum entfernt beim Busbahnhof, Restaurant „Huviretki", Sauna.

Scandic Hotel Kuopio, 137 Zi., Satamakatu 1, Tel. +358 (0)17 19 51 111; www.scandichotels.com; ca. 1 km vom Zentrum entfernt am Kallavesi-See gelegen, Restaurant „Mesimarja", Bar, Café, Hallenbad, Strand, Saunas. Parkplatz.

CAMPING

Camping Rauhalahti Holiday Center [WP 297 / N62° 51' 52.3" E27° 38' 27.6"], Rauhankatu 3, Tel. +358 (0)1747 30 00; www.rauhalahti.com; Ende Mai – Ende Aug.; 5 km südlich Kuopio von der Straße 5/E63 Ausfahrt 67; gepflegtes, ebenes Wiesengelände mit asphaltierten Stellplätzen, durch Büsche und Birkenreihen aufgelockert und von Wald umgeben. Separat ausgewiesene Zeltwiesen; ca. 15 ha – 250 Stpl.; gute Standardsanitärausstattung; Restaurant, Laden, Imbiss, Sauna, Boots- und Fahrradverleih, Bootssteg; Miethütten. **V & E für Wohnmobile.**

ca. 45 km westlich von Kuopio gelegenen **Bauernmuseum Riuttalan Talomuseo Riuttala [N62° 59' 06.4" E27° 07' 01.0"]** *(geöffnet Mitte Juni - 31. Aug. tgl. 11 - 18 Uhr; www.riuttala.fi).* Die letzten 7 km der Zufahrt sind nicht geteert. Das Freilichtmuseum zeigt u. a. Finnlands größte Scheune, eine Windmühle, eine Rauchsauna und andere Bauernhäuser.

ROUTE: Anstelle des rascheren Weges von Kuopio über die Straße 5/E63 nach Varkaus (78 km) empfiehlt sich ein östlicher ***Umweg zu den Klöstern Lintula*** *und* ***Neu Valamo*** *nahe der Straße 23. Dazu verlässt man Kuopio über die Straße 5/E63 in nördlicher Richtung, zweigt aber schon nach rund 8 km ostwärts ab auf die*

Kloster Neu-Valamo

CAMPING BEI HEINÄVESI/KARVIO

Camping Karvio [WP 298 / N62° 30′ 74.2″ E28° 38′ 13.2″], Takunlahdentie 2, Tel. +358 (0)17 56 36 03; www.karvionlomakeskus.fi; 1. Mai – 15. Sept.; ca. 20 km westlich Suurmäki an der Straße 23 am Nordufer des Kermajärvi gelegen; Wiesengelände am See; ca. 10 ha – 150 Stpl.; Standardsanitärausstattung; Restaurant, Imbiss, Sportboothafen. Miethütten. **V & E für Wohnmobile**. Zu den Klöstern Valamo und Lintula jeweils ca. 10 km.

*Straße 17 Richtung **Joensuu**. Nach 79 km verlässt man bei **Kuusjärvi** die Straße 17 und folgt der Straße 477 südwärts. Nach 25 km stößt man bei **Suurmäki** auf die Straße 23, der wir wenige Kilometer nach Westen bis zum Abzweig (Beschilderung „Uusi Valamo") zum **Kloster Neu-Valamo** folgen.*

Das orthodoxe **Mönchskloster Uusi Valamo/Neu-Valamo [WP 299 / N62° 33′ 42.1″ E28° 47′ 37.2]** *(geöffnet Sommer Mo - Sa 7.30 - 21 Uhr, So 8 - 21 Uhr; Winter So - Do 8 - 18 Uhr, Fr - Sa 7 - 21 Uhr; www.valamo.fi)* wurde hier erst im Jahre 1940 gegründet.

Die Geschichte des Klosters reicht aber zurück bis ins 12. Jh. Wie es in der Ordenschronik heißt, hatte damals ein griechischer Mönch mit Namen Sergej zusammen mit seinem aus Karelien stammenden Schüler und Begleiter Hermann auf der Insel Valamo im Ladoga See eine Brudergemeinschaft gegründet, die rasch Zulauf hatte und sich im Mittelalter zu einem namhaften Ordenshaus entwickelte. Das Kloster wurde Wallfahrtsort und ein geistiges Zentrum der orthodoxen Kirche.

1940 mussten die Mönche Kloster Valamo verlassen und siedelten sich hier auf der Gemarkung der Gemeinde Heinävesi an. 1977 konnten die Klosterkirche eingeweiht und viele der wertvollen Ikonen, darunter die der wundertätigen Gottesmutter von Konevitsa, und kostbare liturgische Geräte von Alt-Valamo hierher gebracht werden.

***ROUTE:** Vom Kloster Neu-Valamo zurück zur Straße 23 und 21 km westwärts bis zum Abzweig (Beschilderung „Lintulan Luostari") nordwärts zum **Kloster Lintula** (knapp 10 km).*

Das **Nonnenkloster Lintula, Lintulan Luostari [WP 300 / N62° 34′ 16.1″ E28° 35′ 27.1″]** *(geöffnet 1. Mai - 30. Aug. tgl. 10 - 17 Uhr, Führungen; www.lintulanluostari.fi)* liegt an der Karelischen Landenge auf dem ehemaligen Landgut des Geheimrats *Feodor Petrovits Neronov*. Neronov und seine Frau Aleksejevna wollten hier um die Jahrhundertwende einen Frauenverein der Heiligen Dreieinigkeit gründen, der dann 1905 in ein von russischen Nonnen betriebenes Frauenkloster umgewandelt wurde. Das Kloster entwickelte sich rasch, wurde allerdings von den Vorwirren der Oktoberrevolution erfasst und am Karfreitag des Jahres 1916 fast vollständig niedergebrannt. Nahezu alle Klosterschätze wie Ikonen, Reliquien, Messgewänder und Bücher gingen verloren.

1919 begann der Wiederaufbau der Klosterkirche. Aber im Winterkrieg musste das Kloster im November 1939 erneut evakuiert werden und die Anlage wurde abermals zerstört. 1946 konnte das Kloster von Lintula wieder aktiviert werden. Heute leben in der Abtei noch etwa 10 Klosterfrauen. Einer der wichtigsten Erwerb des Klosters ist die Herstellung von Kirchenkerzen.

Die moderne Klosterkirche, vom Architekten Vilho Suonmaa errichtet und 1973 von Erzbischof Paavali eingeweiht, kann besichtigt werden.

ROUTE:** Weiterreise über die Straße 23 südwestwärts nach **Varkaus**, dort auf der Straße 5 8 km südwärts und Abzweig südostwärts auf die Straße 464 nach **Savonlinna.

Savonlinna (schwedisch *Nyslott*), eine Stadt mit fast 36.000 Einwohnern, ist eines der bedeutenden Fremdenverkehrs-

Die Burg Olavinlinna in Savonlinna

zentren im Saimaagebiet und eine Basis der Binnenschifffahrt auf der ostfinnischen Seenplatte [Schiffsanlegestelle, N61° 52′ 08.9″ E28° 52′ 29.0″].

Ende des 15. Jh., als die Stadt vom damaligen dänischen Vizekönig und dänischen Grafen Erik Axelsson Tott gegründet wurde, lag Savonlinna an der Ostgrenze des schwedisch-finnischen Königreiches. Dieser weit vorgeschobene Vorposten des Reiches musste mit einer starken Festung auf einer kleinen Sundinsel gesichert werden, in deren Schutz nun die Stadt entstehen konnte.

Als Schutzpatron der Stadt erkor man den hl. Olav von Norwegen. Nach ihm ist die Stadtfestung „Olavinlinna" benannt.

1639 erhielt Savonlinna, das sich nun schon über mehrere Inseln erstreckte, vom finnischen Statthalter Per Brahe Stadtrechte. In den Kriegswirren mit Russland besetzten die Truppen von Zar Peter dem Großen die Stadt und nahmen die Festung ein. Die russische Besatzung dauerte sieben Jahre.

In den Friedensvereinbarungen von 1721 erhielt Schweden die Burg Olavinlinna zwar wieder zurück, aber nur für eine kurze Zeit von etwas mehr als zwanzig Jahren, dann fiel Savonlinna endgültig an das Zarenreich. Erst in den Abkommen von 1812 erlaubte Russland die Errichtung des Großfürstentums Finnland, zu dem auch Savonlinna mit seiner Burg gehörte. Nun konnte eine stetige Entwicklung in dem sich langsam zum autonomen Staat entwickelnden Finnland einsetzen.

Natürlich zählt die **Burg Olavinlinna [Parkplatz, WP 301 / N61° 51′ 51.3″ E28° 53′ 44.7″]** *(geöffnet 1. Juni - 14. Aug. tgl. 11 - 18 Uhr; 15. Aug. - 18. Dez. + 2. Jan. - 31. Mai Mo - Fr 10 - 16 Uhr, Sa + So 11 - 16 Uhr; www.olavinlinna.fi)* heute zu den Sehenswürdigkeiten der Stadt. Die Festung liegt auf einer kleinen Insel im Sund Kyrönsalmi südlich der Innenstadt. Vom **Parkplatz** ganz in der Nähe des Provinzmuseums führt ein Fußweg zur Burg, die man schließlich über eine bewegliche Pontonbrücke erreicht.

In der Burg mit ihren gewaltigen Festungsmauern und dominanten Rundtürmen, die von den schroffen Felsklippen hochragen, kann man verschiedene Bastionen, Festungstürme, wie den Turm des Heiligen Eric, den Glockenturm oder den sog. Kirchturm sowie Säle und Räumlichkeiten der Hauptburg, wie den Burgsaal oder den recht schlichten Königssaal besichtigen.

Seit 1912 ist der Schlosshof jedes Jahr im Juli Schauplatz des vierwöchigen internationalen **Savonlinna Opera Festivals**. Die ersten Opernfestspiele 1912 standen unter der Leitung der finnischen Sopranistin Aino Ackté, der es ein Anliegen war, die Oper einem breiten Publikum näher zu bringen.

Das **Provinzmuseum Savonlinnan maakuntamuseo**, Riihisaari, *(geöffnet 1. Juli - 8. Aug. tgl. 11 - 18 Uhr; sonst Di -So 11 - 17 Uhr; www.savonlinna.fi/museo)* wurde in seiner heutigen Form erst 1985 gegründet. Es liegt ganz in der Nähe der Burg Olavinlinna. Die Ausstellungen, die in einem Holzbau aus dem 19. Jh., der ehemals als Getreidespeicher diente untergebracht sind, befasst sich eingehend mit der Kulturgeschichte des Saimaagebietes und der ostfinnischen Provinz Savo, einer der ältesten und historischsten des Landes.

Andere Schwerpunkte des Museums sind Ausstellungen zur Geschichte der Navigation auf den Saimaaseen, zur Fischerei, Flößerei und Dampfschifffahrt.

Zum Museum gehören vier Museumsschiffe, die ganz in der Nähe vertäut liegen. Man sieht den alten dampfbetriebenen Teerfrachter „Mikko", den Dampfschoner „Salama", den Passagierdampfer „Savonlinna", eines jener typischen Saimaaschiffe, und einen Bugsierer.

Das **Kunstmuseum**, Olavinkatu 40, *(geöffnet Di - So tgl. 11 - 17 Uhr, Juli bis 20 Uhr)* zeigt neben Bildern, Skulpturen und Fotografien wechselnde Ausstellungen.

Zu den schönsten **Ausflügen** ab Savonlinna zählt eine Kreuzfahrt ins Saimaaseengebiet.

PRAKTISCHE HINWEISE – SAVONLINNA

Savonlinna Touristinformation [N61° 52' 8.22" E28° 52' 55.49"], Puistokatu 1, 57100 Savonlinna, Tel. +358 (0)6 00 30 007; *www.visitsavonlinna.fi/de/.*

HOTELS

Pietari Kylliäinen, 39 Zi., Olavinkatu 15, Tel. +358 (0)15 51 830; www.pietarikylliainen.fi; zentral gelegenes Mittelklassehotel, Restaurant.

Seurahuone, 84 Zi., Satamakatu 1, Tel. +358 (0)20 75 71 356; www.savonlinna-seurahuone.fi, 2 Restaurants, Café, Nachtclub und Tanzrestaurant „Mefisto". In schöner Lage am Hafenbecken.

CAMPING

Camping Savonlinna Vuohimäki [WP 302 / N61° 51' 43.7" E28° 48' 14.7"], Vuohimäentie 60, Tel. +358 (0)15 53 73 53; www.suncamping.fi; Mitte Juni – Mitte Aug.; ca. 7 km südwestl. der Stadt, beschilderte Zufahrt von der Straße 14; sehr schön gelegenes, terrassiertes Wiesengelände mit Hartstandplätzen am Pihlajavesi-See; Fußweg zum Seeufer; ca. 15 ha – 150 Stpl.; Standardsanitärausstattung; Imbiss, Sauna, Internetecke, Boots- und Fahrradverleih, Ponyreiten; Miethütten. V & E **für Wohnmobile.**

TOUR 27: SAVONLINNA – HELSINKI

Länge der Tour: Rund 410 km, ohne Abstecher.

Die Route: Über die Straße 6 und über **Punkaharju** und **Imatra** bis **Lappeenranta** – Straßen 6 und 26 bis **Hamina** – Straße E18 über **Porvoo** bis **Helsinki**.

Reisedauer: Mindestens ein Tag.

Höhepunkte: Das **Saimaaseengebiet** ** – die hübsche Hafenstadt **Lappeenranta** * – der Rathausplatz von **Hamina*** – die Hafenstadt **Kotka** und die **Fischerhütte des Zaren** * – **Porvoos Altstadt** *.

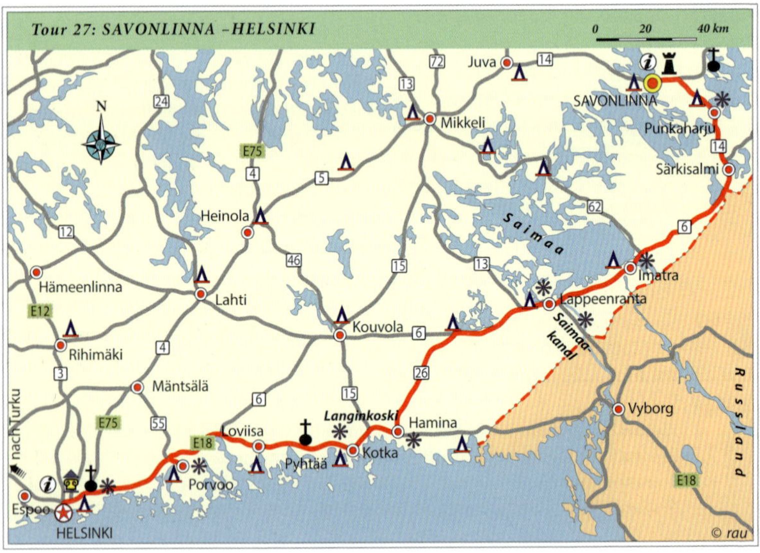

Auf der Weiterreise von Savonlinna, der „Perle des Saimaa", südostwärts nach **Punkaharju**, kann man nach 7 km einen Abstecher nach **Kerimäki** machen (10 km).

Anlass des Abstechers ist die riesige **Kirche von Kerimäki [WP 303 / N61° 54' 44.9" E29° 17' 2.6"]** von 1847 *(geöffnet 5. - 25. Juni tgl. 10 - 16 Uhr; 26. - 30. Juni + 1. - 13. Aug. tgl. 10 - 18 Uhr; 1. - 31. Juli tgl. 10 - 19 Uhr)*, die als größtes aus Holz errichtetes Kirchenbauwerk der Welt gilt. Der Kirchenraum misst stattliche 45 m in der Länge, 42 m in der Breite, erreicht unter der zentralen Kuppel eine Höhe von 37 m und bietet Platz für 3.300 Besucher! Angeblich soll sie deshalb so groß geraten sein, weil sich der Baumeister mit dem Maßstab vertat, denn die Pläne hatten die Einheit Zoll, er aber ließ in Ellen bauen.

Die **Landschaft des Saimaa** ist in seiner Art fast einzigartig. Der Beiname Finnlands „Land der tausend Seen" hat im **Saimaaseengebiet** nun wirklich seine Berechtigung.

Begonnen hat es mit der Bildung dieses für Finnland so typischen Landschaftscharakters während der Eiszeit. Kilometerdicke Eisschichten bedeckten vor rund 6.000 Jahren das Land. Die Gletscher gruben auf ihrer Wanderung zum Meer tiefe Mulden in die weicheren Gesteinsmassen. Als das Eis schließlich zu den Polen hin abschmolz, überspülte nachdrängendes Meerwasser das Land. Nach der Entlastung von den Eismassen hob sich das Terrain, die Wasser flossen wieder ab und nur die Mulden, die heutigen Seen also, blieben gefüllt zurück.

Über eine enge Landbrücke, den 7 km langen Landkamm Punkaharju, eine in Urzeiten entstandene Eiszeitmoräne, führt unser Weg nach **Punkaharju**. Hier sollte man die alte Straßentrasse benutzen. Sie ist mit **„Harjualue Ridge Area" [N61° 47' 57.9" E29° 18' 26.0"]** (Straße 4792) beschildert und führt erhöht über dem See parallel zur heutigen Hauptstraße jenseits der Bahnlinie.

Ein neues Museum ist westlich von Punkaharju entstanden, das **Lusto Finnisch Forestmuseum Suomen Metsämuseo [WP 304 / N61° 47' 57.9" E29° 19' 11.9"]** *(geöffnet Mai - Sept. tgl. 10 - 17 Uhr, Juni + Aug. bis 19 Uhr; sonst Di - So 10 - 17 Uhr; www.lusto.fi)*, ein Museum und Wissenschaftszentrum für Waldkultur.

Nicht nur Kunstliebhaber sollten sich einen Besuch im **Kunstzentrum Retretti Johanna Oras [N61° 48' 12.9" E29° 17' 18.2"]**, Tuunaansaarentie 3, bei Punkaharju *(geöffnet Jun. + Aug. tgl. 10 - 17 Uhr; Juli tgl. 10 - 18 Uhr)*, nicht entgehen lassen. Es ist eines der größten seiner Art in ganz Skandinavien und bietet in riesigen, teils unterirdischen Felshallen wechselnde Ausstellungen berühmter Maler. Andere Abteilungen befassen sich mit elektronischer Kunst (computerunterstützte Kunst, Laserkunst u. ä.).

In der Nähe der Kunststätte liegt der Freizeitpark **Punkaharju Kesämaa-Sommerland**.

ROUTE: Auf der Weiterreise folgen wir der Straße 14 nach Südosten und treffen nach 19 km in ***Särkisalmi*** *auf die Straße 6, der wir südwestwärts bis* ***Imatra*** *folgen. Die Straße verläuft hier recht nahe der russischen Grenze. Bei* ***Joukio*** *z. B. ist sie nur noch durch die Bahnlinie von der Grenze getrennt.*

Die Stadt ***Imatra*** *erreicht man, indem man von der Straße 6 der Beschilderung ‚Imatrankoski' folgt.*

Imatra (ca. 28.000 Einw.) ist heute eine wichtige Industriestadt in Südkarelien.

PRAKTISCHE HINWEISE – PUNKAHARJU

Punkaharju Touristinformation [N61° 47' 59.14 E29° 19' 12.69"], Lustontie 1, Punkaharju, Tel. +358 (0)15 34 51 00; www.visitpunkharju.fi. *Geöffnet Juni - Aug. tgl. 10 - 19 Uhr, Mai + Sept. tgl. 10 - 17 Uhr, sonst Di - So 10 - 17 Uhr.*

HOTEL

Punkaharjun Valtionhotelli, 24 Zi., Harjutie 596, Tel. +358 (0)15 51 13 11; www.hotellipunkaharju.fi. Schönes Holzgebäude alten Stils, ursprünglich 1845 als Waldhütte Zar Nicholas I. erbaut, zählt es heute zu den bekannten Traditionshotels Finnlands. Restaurant. 15 Ferienhütten am See. Die Küche bietet neben finnischen auch russische Spezialitäten. Geöffnet 25. Mai - 1. Sept.

CAMPING

Camping Punkaharjun Resort [WP 305 / N61° 47' 52.5" E29° 17' 44.3"], Tuunaansaarentie 4, Tel. 02 90 07 40 50; www.punkaharjuresort.fi; 1. Jan. – 31. Dez.; Zufahrt von der Straße 14 rund 10 km nordwestl. von Punkaharju; weitläufiges Gelände überwiegend im lichten, hügeligen Birken- und Föhrenwald, am See Pihlajavesi mit Sandstrand gelegen; ca. 10 ha – 400 Stpl.; gute Standardsanitärausstattung; Restaurant mit Seeblick, Laden, Imbiss, Sauna, Grillhütte, Bootsverleih, Bootsanlegesteg, Tennis; Miethütten. **V & E für Wohnmobile.**

Gleich neben dem Campingplatz liegt der Freizeitpark **Punkaharju Kesämaa-Sommerland** mit großer Badelandschaft und Wasserrutschbahn.

CAMPING - IMATRA

Camping Imatra Ukkoniemi [N61° 12' 24.6" E28° 43' 37.2"], Leiritie, Tel. +358 (0)4 52 55 00 72; www.suncamping.fi; 2. Juni – 28. Aug.; Straße 6 Ausfahrt 63 Richtung Camping Imatran Ukkoniemi/Kylpylä Spa Hotel, Abzweig am Friedhof. Waldgelände oberhalb des Saimaasees mit Sandstrand; Standard-Sanitärausstattung; Imbiss, Grillhütte, Minigolf. Miethütten.

Zur Besichtigung des „Imatrankoski" parken an der Brücke über die **Vuoksi-Schlucht** und hinter dem Valtionhotelli.

Am Hotel Valtionhotelli ganz in der Nähe der Brücke über das meist leere Flussbett des Vuoksi (Imatrankoski) findet man **Parkplätze [WP 306 / N61° 10' 10.2" E28° 46' 16.3"]**.

Seit über 200 Jahren ist die Gegend bekannt geworden wegen des imposanten **Imatrankoski**, den berühmten Stromschnellen des Vuoksi-Flusses, der hier in einer Schlucht in den Saimaasee fließt und weiter südöstlich Richtung Russland letztendlich in den Ladogasee mündet.

Ein Anziehungspunkt ist der Wasserfall seit 1772, als die Zarin Katharina II. samt Gefolge dieses Naturschauspiel bewunderte. Und mit dem Bau des Valtionhotelli (Staatshotel), Torkkelinkatu 2 *(Tel. 05 62 52 000; www.rantasipi.fi)* im Jahr 1903 direkt an der Vuoksischlucht begann sich ein Tourismus für Leute mit Rang und Namen zu etablieren.

1929 wurde der Vuoksi-Wasserfall zur Wasserkraftgewinnung gezähmt. Heute schaut der Besucher tagsüber in ein leeres, von Felsbrocken übersätes Flussbett zwischen steilen Felswänden. Das Naturschauspiel wird auf „Knopfdruck" veranstaltet. In der Zeit von Ende Juni bis Mitte August werden die Schleusen jeden Tag um 18 Uhr geöffnet, um das Schauspiel des ungezähmten Flusses zu „reanimieren".

Einen Besuch lohnt das **Kunstmuseum Taido Museo [N61° 11' 29.7" E28° 46' 36.5"]**. Das 1951 gegründete Kunstmuseum, eines der ersten seiner Art in Finnland, ist heute im modernen Kulturzentrum von Imatra beheimatet. Ursprung des Kunstmuseums ist die Sammlung des Kunstmäzen Jalo Sihtola (1882 – 1969). Ausgestellt sind in erster Linie Werke finnischer Maler, sowie moderne Kunst aus Schweden, Frankreich und Italien, darunter Werke von Picasso, Chagall und Renoir.

*ROUTE: Weiterreise ab Imatra auf der Straße 6 nach **Lappeenranta**, ca. 47 km.*

Lappeenranta (schwedisch Villmanstrand), eine Stadt mit annähernd 72.000 Einwohnern am Südrand des Saimaasees, ist das wirtschaftliche und bildungstechnische Zentrum im Süden Kareliens. Dank seiner grenznahen Lage und durch die Straßen- und Schiffsverbindungen, ist die Stadt außerdem ein bedeutender Knotenpunkt um Verkehr mit Russland. Die verkehrsstrategische Bedeutung nahm noch zu, als 1968 der 43 km lange Saimaakanal wiedereröffnet werden konnte und damit der Wasserweg vom Saimaasee durch russisches Territorium in die Ostsee bei Vyborg wieder frei war.

1649 ließ die schwedische Königin Christina hier auf einer schmalen Landzunge im Saimaasee an der Stelle eines schon seit dem Mittelalter aktiven Marktfleckens die Stadt gründen. Lange war der Teerhandel ein wichtiger Wirtschaftsfaktor in Lappeenranta.

Zu Beginn des 18. Jh. erbauten die Schweden hier eine Festungsanlage und machten Lappeenranta zur Garnisonsstadt. Bald gab es Aufstände des Adels, die schließlich in einem verheerenden Stadtbrand endeten.

Ausgangs des 18. Jh. gehörte Lappeenranta zu Russland und konnte während der Zarenzeit, als Finnland Großfürstentum war, bereits seine Bedeutung als Verkehrsknotenpunkt im Handelsverkehr mit Russland ausbauen. Spätestens seit Beginn des 19. Jh. machte sich Lappeenranta aber auch einen Namen als Kur- und Badeort.

Einen Besuch lohnt in der historischen, von Festungswällen umgebenen

Altstadt Linnoitus [N61° 04' 00.3" E28° 10' 58.9"] (Festung) aus dem 18. Jh. nördlich der Innenstadt (Beschilderung ‚Satama' (Hafen) folgen) und oberhalb des Hafenbeckens. Beiderseits der gepflasterten Kristii-nankatu, die mitten durch die Festungsstadt führt, liegen die historischen Bauten.

Zunächst kommt man zum **Kavallerie Museum Ratsuväkimuseo** *(geöffnet 6. Juni - 14. Aug. Mo - Fr 10- 18 Uhr, Sa + So 11 - 17 Uhr, war im Sommer 2017 wegen Renovierungsarbeiten geschlossen, Wiedereröffnungstermin fraglich)*, das ganz in der Nähe des Vyborg Tores in der Kristiinankatu 13 im ältesten Haus der Stadt untergebracht ist, das nach seiner Errichtung im Jahre 1772 lange als Quartier der Garde diente.

Ein kurzes Wegstück weiter liegt linkerhand das **Kunstmuseum Südkareliens Etelä-Karjalan taidemuseo**, Kristiinankatu 8 - 10 *(geöffnet Anf. Juni – Ende Aug. Mo -Fr 10 - 18 Uhr, Sa + So 11 - 17 Uhr; übrige Zeit Di – So 11 – 17 Uhr)*, das in zwei ehemaligen Kasernengebäuden eingerichtet ist. Ausgestellt sind vornehmlich Gemälde, aber auch Skulpturen von Künstlern aus Ostfinnland und Vyborg.

Gegenüber vom Kunstmuseum sieht man die der Jungfrau Maria gewidmete **Orthodoxe Kirche**, die älteste orthodoxe Kirche in Finnland. Sie wurde 1785 geweiht.

Fast am nördlichen Ende der Straße kommt man zum **Südkarelien Museum Etelä-Karjalan Museo**, Kristiinankatu 15 *(geöffnet 5. Juni - 20. Aug. Mo - Fr 10 - 18 Uhr, Sa + So 11 - 17 Uhr, Winter Di - So 11 - 17 Uhr; www.lappeenranta.fi/linnoitus)*. Die Ausstellungen, untergebracht in den ehemaligen Magazinen der russischen Kasernenanlage, basieren im wesentlichen auf den Sammlungen der Stadtmuseen von Lappeenranta, Vyborg und Käkismalmi.

Unterhalb der Festungsstadt Linnoitus, an der **Satamatie/Hafenpromenade [WP 307 / N61° 03' 54.9" E28° 11' 11.1"]**, findet man einen **Parkplatz/ Rastplatz** in schöner Lage an der Hafenbucht, 100 m von der Anlegestelle der Ausflugsboote, Cafeterias und Restaurantschiffen entfernt. Zur Altstadt hinauf sind es keine 5 Gehminuten. Am Nordende der Hafenpromenade werden im Sommer kunstvolle Wunderwerke in Form von Sandburgen gebaut.

Sehenswert in der Stadt selbst sind das **Alte Rathaus**, ein hübscher Holzbau mit Uhrentürmchen aus dem Jahre 1829, weiter der **Aussichtsturm** mit Cafeteria, dann im Stadtpark die **Lappee Kirche [N61° 3' 30.60" E28° 11' 19.04"]** von

PRAKTISCHE HINWEISE – LAPPEENRANTA

Lappeenranta Touristeninformation [N61° 3' 23.34" E28° 11' 25.03"], Brahenkatu 1, 53100 Lappeenranta, Tel. +358 (0)5 66 77 88; www.visitlappeenranta.fi/en/. *Geöffnet Mo - Fr 10 - 17 Uhr, Sa 10 - 16 Uhr.*

HOTELS

Scandic Patria, 133 Zi., Kauppakatu 21, Tel. +358 (0)5 67 75 11; www.scandichotels.com/sf/; Firstclasshotel im Stadtzentrum, Restaurant, Garage.

Sokos Hotel Lappee, 206 Zi., Brahenkatu 1, Tel. +358 (0)5 67 861; www.sokoshotels.fi; Restaurant, Schwimmbad, Garage.

CAMPING

Camping Huhtiniemi [WP 308 / N61° 03' 16.3" E28° 09' 03.6"], Kuusimäenkatu 18, Tel. +358 (0)5 45 15 555; www.huhtiniemi.com; 15. Mai – 31. Aug.; an der Straße 6 Richtung Kouvola rund 2 km westl. der Stadt; überschaubares, eingezäuntes, im hinteren Teil leicht geneigtes Wiesengelände im hochstämmigen Mischwald, neben der Jugendherberge. Teils befestigte Stellplätze. Zum Saimaasee gut 300 m; ca. 10 ha – 300 Stpl.; einfache, aber funktionelle Sanitärausstattung; Imbiss, Boots- und Fahrradverleih, Sauna. Miethütten. **V & E für Wohnmobile.**

Juhana Solonen aus dem Jahre 1794 mit einem Altarbild von Aleksandra Frosterus-Såltin und schließlich die **Lauritsala Kirche [N61° 4' 13.31" E28° 15' 25.65"]**, 7 km östlich der Innenstadt. Der moderne, schwungvoll himmelwärts strebende Kirchenbau wurde 1969 nach Plänen der Architekten Toivo Korhonen und Jaakko Laapotti errichtet.

Am östlichen Stadtrand von Lappeenranta befindet sich das **Saimaa Kanal Museum Saimaan Kanava Museo [WP 309 / N61° 04' 22.5" E28° 18' 17.6"]**, Sulkuvartijankatu 16, *(geöffnet 12. Juni - 15. Aug. tgl. 11 - 18 Uhr; Parkplatz; http://www.etelakarjalanmuseot.fi/saimaan-kanavan-museo/).* Das Museum liegt an der **Alten Schleuse von Mälkiä** und wurde anlässlich des 150. Jahrestag der Eröffnung des Kanals eingerichtet. Die Ausstellungen erinnern an die Baugeschichte und die wirtschaftliche Bedeutung des Kanals in der Saimaaseenregion und zeigt Dokumente, Fotos, Bauwerkzeuge aus der Zeit des Kanalbaus Mitte des 19. Jh.

Mein Tipp! Ab Lappeenranta werden im Sommer eine ganze Reihe von Bootsausflügen in das Saimaaseengebiet angeboten. Zum Angebot gehören auch eintägige **Schiffsausflüge durch den Saimaa-Kanal nach Vyborg** (Viipuri) in Russland. Ein Visum nur für die Schiffstour ist nicht notwendig. Allerdings müssen Sie Ihren Reisepass dabei haben! Sollten Sie sich für einen Aufenthalt in Vyborg entschließen, ist aber ein Visum notwendig. Informationen und (mögl. rechtzeitige) Buchungen im Touristenbüro von Lappeenranta.

*ROUTE: Man kann ab Lappeenranta auf der Straße 6 über Kouvola rasch Richtung Helsinki reisen. Empfehlenswerter ist jedoch der Weg über die Straße 7/E18, die ab **Hamina** entlang der Küste nach Westen führt. Unterwegs lohnen Abstecher nach **Hamina, Kotka** und **Porvoo** unweit südlich der E18.*

Hamina, eine ehemalige Garnisonsstadt an der Südküste Finnlands, überrascht mit einer bemerkenwerten Stadtarchitektur. Der schöne **Rathausplatz Raatihuoneentori [N60° 34' 10.11" E27° 11' 54.83"]** ist wirklich sehenswert.

Das Rathaus in der Mitte wird umrahmt von repräsentativen Holzpalais im russischen Stil, sowie einer orthodoxen Kirche und der Kirche von Hamina, von Carl Ludwig Engel erbaut. Das **Touristenbüro** *(geöffnet 29. Mai - 31. Aug.*

Der Rathausplatz in Hamina

Mo - Fr 9 - 17 Uhr, Sa + So 10 - 15 Uhr) findet man in der Kaivokatu 6 **[N60° 34' 5.43" E27° 11' 29.57"]**, ca. 800 m westlich vom Rathausplatz.

Gleich daneben, in der Kadettikoulunkatu 2, liegt das älteste Haus der Stadt Hamina aus dem Jahre 1760, in dem heute das **Stadtmuseum** eingerichtet ist *(geöffnet Juni - Aug. Di - So 10 - 16 Uhr; übrige Zeit Mi - So 12 - 16 Uhr)*. Das Gebäude diente 1783 als Verhandlungsort der Zarin Katharina der Großen mit dem schwedischen König Gustav III.

Schräg gegenüber sieht man den spitzen Portalturm durch den man zur russisch-orthodoxen **Peter und Paul Kirche** kommt *(geöffnet 6. Juni - 28. Aug. Di - So 12 - 16 Uhr, Änderung möglich!)*.

Und falls Sie sich nach dem Stadtspaziergang etwas erholen wollen, können Sie z. B. im **Kahvila Huovila,** einem hübschen, urgemütlichen Konditorei-Café in der Fredrikinkatu 1, am Ende des Tanelinkula-Palais an der Westseite des Rathausplatzes, eine Pause einlegen.

Alle zwei Jahre findet im Sommer in der Hamina Bastion das berühmte **Hamina Tattoo** statt (www.haminatattoo.fi). Halb Finnland trifft sich dann hier zur Pflege von Volksmusik, Militärmusik, Volkstänzen und anderer Traditionen.

Kotka erreicht man auf der Straße 7/ E18 nach ca. 12 km.

Zu den Sehenswürdigkeiten der Stadt zählt heute vor allem das **Maritimzentrum Merikeskus Vellamo [WP 310 / N60° 28' 17.1" E26° 56' 40.2"]**, Tornatorintie 99, Kantasatama, Zentrum *(geöffnet Di, Do - So 10 - 17 Uhr, Mi 10 - 20 Uhr; www.merikeskusvellamo.fi)*. Der riesige, moderne, futuristische Museumsbau beherbergt zwei Museen, das Finnische Maritim Museum und das Museum von Kymenlaasko.

Die wichtigsten Themen der Ausstellung sind Seehandel, Reisen zur See, Schiffsbau, Navigation u. a., unterstützt von Ausstellungen mit nautischen Geräten, Fotographien u. a.

Im Freigelände und an den Molen des Museums sieht man mächtige Ladekräne und diverse historische Schiffe wie den **Eisbrecher „Tarmo"** (Tatkraft), den ältesten Eisbrecher der Welt, der 1907 in England gebaut wurde.

Das **Meeresmuseum „Maretarium" [N60° 27' 39.5" E26° 56' 57.1"],** Sapokankatu 2, *(geöffnet 5. Juni - 31. Aug. tgl. 10 - 19 Uhr; 1. Sept. - 5. Dez. Mi 12 - 19 Uhr, Do - So 10 - 17 Uhr; www.maretarium.fi)* zeigt die Unterwasserwelt der finnischen Südküste.

Lohnend ist ein Besuch der sog. **Kaiserlichen Fischerhütte Langinkoski [WP 311 / N60° 29' 24.9" E26° 53' 16.0"]** *(geöffnet 1. Mai - 31. Mai tgl. 10 – 16 Uhr; 1. Juni - 31. Aug. tgl. 10 - 18 Uhr; Sept. tgl. 10 - 16 Uhr; www.langinkoskimuseo.com)*. Das stattliche Waldpalais liegt ca. 5 km nordwestlich des Stadtzentrums, der Beschilderung „Keisarillinnen Kalastusmaja" folgen.

Zar Alexander II. hatte sich die prächtige Jagdhütte 1889 an den

PRAKTISCHE HINWEISE – KOTKA

Kotka Touristinformation [N60° 28' 02.1" E26° 56' 51.1"], Keskuskatu 6, Stadthaus, Kotka, Tel. +358 (0)5 23 44 424; www.visitkotka.fi.

CAMPING

Camping Santalahti Holiday Park [WP 312 / N60° 26' 15.7" E26° 51' 53.5"], Santalahdentie 150, Tel. +358 (0)5 26 05 055; www.santalahti.fi; 27. Apr. – 30. Sept.; über die Ausfahrt 73 der E18 erreichbar, ca. 5 km südwestl. des Stadtzentrums von Kotka gelegen; weitläufiges, an drei Seiten von Wald umgebenes, etwas hügeliges, stellenweise von großen Findlingen durchsetztes Wiesengelände mit hochstämmigen Nadelbäumen und Birken. Mit geteerten Stellplätzen jeweils mit Wasserhahn und Stromanschluss; ca. 4 ha – 150 Stpl.; gute Standard-Sanitärausstattung; Imbiss, Waschmaschine, Sauna, WLAN; 43 Miethütten. **V & E für Wohnmobile**. Badestrand 200 m.

Stromschnellen des Kymijoki erbauen lassen, um sich hier beim Lachsfang vom anstrengenden Hofzeremoniell zu erholen. Im heutigen Museum sind die Salons im Originalzustand der Zarenfamilie zu sehen.

Auf dem Weg nach Porvoo lohnt ein Abstecher zur **Kirche von Pythää** (Pythää kk). Die schindelgedeckte Kirche mit schöner Ausschmückung und einer bemerkenswerten Kanzel besitzt ein prächtiges gotisches Rippengewölbe ausgemalt mit Rankenornamenten.

Porvoo (schwedisch Borgå) am Fluss Porvoonjoki (oder Borgå Å) ist eine sehr alte Stadt, präzise Finnlands zweitälteste Stadt.

Der schwedische König Magnus Eriksson hat Borgå 1346 Stadtrechte verliehen. Schon damals hatte sich Porvoo/ Borgå im Schutze einer Burg aus einem Handelsplatz zu einem stattlichen Hafen entwickelt. Von jener Burg ist allerdings nicht viel mehr als der Stadtname geblieben. Borgå bedeutet nämlich nichts anderes als die „Burg am Fluss".

Porvoos Innenstadt teilt sich im Grunde in zwei Bereiche, in die etwas hügelige **Altstadt** im Norden mit der markanten, erhöht gelegenen Domkirche und in die **Neustadt** im südlichen Teil, die um 1830 von Carl Ludwig Engel im Empirestil konzipiert worden ist. Dazwischen liegen die Hauptstraße Mannerheiminkatu und der Marktplatz mit dem attraktiven **Stadthaus [N60° 23' 40.6" E25° 39' 35.9"]** von 1893 an der Südseite des Platzes.

Zu den am besten erhaltenen Stadthäusern im Empirestil, die man besichtigen kann, zählt das **Runeberg-Haus [N60° 23' 25.38" E25° 39' 48.35"]** in der Aleksanterinkatu 3, eine Querstraße der Runeberginkatu. Das Haus war der Wohnsitz des Studienrates *Johan Ludwig Runeberg* (1804 – 1877) und seiner Frau Frederika. Runeberg wurde in Finnland als Schriftsteller, ja als „Nationaldichter" bekannt. Er schrieb die Verse zur finnischen Nationalhymne „Vårt land". Nebenan **Walter Runeberg Skulpturensammlung** *(geöffnet 2. Mai - 30. Sept. tgl. 10 - 16 Uhr; www.visitporvoo.fi).*

Abwechslung verspricht ein kurzer Spaziergang durch die Altstadt **Gamla Borgå** oder *Vanha Porvoo* mit ihren romantischen Winkeln, Pflasterstraßen und roten Boots- und Speicherhäusern am Fluss.

Am einfachsten beginnt man am kleinen Platz **Krämaretorget [N60° 23' 40.2" E25° 39' 52.9"]**, westlich der Mannerheiminkatu und geht durch die breite Straße bis zum **Alten Rathaus [N60° 23' 43.07" E25° 39' 29.07"]**, das man an seinem Uhrtürmchen erkennt. Das Rathaus beherbergt heute das **Historische Museum**, das Heimatmuseum der Stadt *(geöffnet 2. Mai - 31. Aug. Mo - Sa 10 - 16 Uhr, So 11 - 16 Uhr; sonst Mi - So 12 - 16 Uhr; www.porvoonmuseo.fi).* Das Rathaus von Porvoo aus dem Jahre 1764 ist übrigens das erste aus Stein errichtete Rathaus in Finnland.

Schräg gegenüber vom Rathaus, an der Nordostseite des Rathausplatzes, liegt in der Edelfeltinpolku 3 das **Edelfelt-Vallgren Museum** *(15. - 31. Mai + 1. - 15. Sept. Di - So 10 - 14 Uhr, 1. Juni - 31. Aug. Di - So 10 - 16 Uhr).* Das Museum erinnert an den Maler Albert Edelfelt (1854 – 1905) und an den Bildhauer Ville Vallgren (1855 – 1940).

Neben dem Edelfelt-Vallgren Museum liegt links das **Alte Kaplanshaus**, das besichtigt werden kann.

Auf unserem Rundgang gehen wir nun ein kurzes Stück zurück und nach dem Edelfelt-Vallgren Museum links die recht romantische **Gasse Ralinginkaju** hinauf.

Oben, in der Vuorikatu, gehen wir links zur **Domkirche [N60° 23' 48.63" E25° 39' 29.05"]** mit ihrem massiven Turm. Der Dom wurde zu Beginn des 15. Jh. auf den Mauern eines älteren Gotteshauses errichtet. Die meisten Kirchenschätze gingen während des „Großen Unfriedens" verloren, als bei Aufständen das Kirchendach einstürzte.

Ein historisches Ereignis für ganz Finnland fand 1809 im Dom zu Porvoo statt. Zar Alexander I. hatte – nachdem Finnland an Russland gefallen war – ei-

In Porvoos Altstadt

nen Reichstag nach Porvoo einberufen und hier im Dom feierlich versprochen, die Gesetze und die Religionsfreiheit Finnlands zu respektieren.

Vom Dom gehen wir hinunter zur alten Brücke über den Fluss Porvoojoki. Über sie verlief einst die älteste Landstraße Finnlands von Turku nach Vyborg. Vom jenseitigen Ufer (großer **Parkplatz, WP 313 / N60° 23′ 44.1″ E25° 39′ 18.7″**) hat man einen schönen Blick auf die Stadt und den Fluss. Auf der der Stadt zugewandten Uferseite gehen wir wieder stadteinwärts zurück zum Alten Rathaus und weiter zum Ausgangspunkt.

Im Sommer verkehren vom Flusshafen in Porvoo **Passagierschiffe** (www.royalline.fi) nach Helsinki und es werden **kurze Kreuzfahrten** (www.saaristolinja.com/auf-deutsch/) in die Schären vor der Küste angeboten.

*ROUTE: **Helsinki** liegt nur knapp 50 km weiter südwestlich. Man erreicht die finnische Hauptstadt rasch auf der Autobahn E18.*

PRAKTISCHE HINWEISE – PORVOO

Porvoo City Touristinformation [N60° 23′ 20.03″ E25° 39′ 31.54], Läntinen Aleksanterinkatu 1, 06100 Porvoo, Tel. +358 (0)4 04 89 98 01; www.visitporvoo.fi/visit-porvoo..

HOTELS

Seurahovi, 37 Zi., Rauhankatu 27, Tel. +358 (0)19 54 761; www.seurahovi.fi; gutes Mittelklassehotel mit Restaurant. Garage.

CAMPING

SunCamping Porvoo Kokonniemi [N60° 22′ 46.96″ E25° 39′ 59.51″], Uddaksentie 17, Tel. +358 (0)45 25 50 074; www.suncamping.fi; Ende Mai – Ende Aug.; ca. 2 km südl. der Stadt, am Südwestufer des Flusses Porvoojoki; gepflegtes Wiesengelände mit Busch- und Baumbestand; ca. 8,5 ha – 70 Stpl.; Standardsanitärausstattung. Sauna, Fahrradverleih, Minigolf; Miethütten. **V & E für Wohnmobile**.

TOUR 28: HELSINKI / HELSINGFORS

Reisedauer: Mindestens ein ganzer Tag.

Höhepunkte: Helsinkis **Senatsplatz** und **Domkirche** ** – der **Markt am Hafen** – die **Uspenski Kathedrale** * – **Helsinkis Museen** – ein Bummel auf der **Esplanade** – **Turku Burg** und **Seefahrtmuseum** **.

Helsinki liegt sehr schön auf einer von Inseln umgebenen, buchtenreichen Landzunge an der finnischen Südküste.

Die finnische Hauptstadt mit etwa 621.000 Einwohnern, gerne auch mit dem Beinamen „Tochter der Ostsee" belehnt (wer die „Eltern" waren, konnte nicht eruiert werden, vielleicht Stockholm und St. Petersburg?), ist eine relativ junge Stadt und nach ihrem Erscheinungsbild im Kern eine Stadt des Empirestils.

Die Anfänge der Stadtgeschichte gehen zurück ins 16. Jh., als der Schwedenkönig *Gustav Wasa* an der Mündung des Flüsschens Vantaa weiter nördlich der heutigen Innenstadt 1550 den Handelsplatz ***Helsingfors*** gründete. Helsingfors sollte sich in den Ostseehandel einmischen, der lange von den hanseatischen Handelshäusern kontrolliert wurde. Vor allem aus dem Warenverkehr mit dem baltischen Handelszentrum Reval (Tallinn) in Estland wollte man Profit ziehen.

Und natürlich war Helsingfors auch eine verteidigungspolitische Rolle gegenüber dem mächtiger werdenden Russland zugedacht.

Allerdings kam der Handel nicht so recht in Schwung. Stadtbrände behinderten immer wieder den Aufbau. Und zu Beginn des 17. Jh. fiel die ganze Stadt dem „roten Hahn" zum Opfer. Nichts außer die Fundamente einer Kirche sind vom damaligen Helsingfors übriggeblieben.

Königin Christina von Schweden befahl um 1640, die Stadt neu zu errichten, diesmal aber näher am Meer, auf der Halbinsel, auf der sich Helsinki heute ausdehnt.

1748 begann man mit dem gigantischen Bau der Seefestung Sveaborg (Suomenlinna), die sich über mehrere Inseln vor der Hafeneinfahrt erstreckt. Einen rasanten Aufschwung erlebte Helsinki, damals immer noch eine kleine Hafenstadt mit Holzhäusern und kaum mehr als 3.000 bis 4.000 Einwohnern, aber immer noch nicht. Wieder vernichtete ein Brand 1808 große Teile der Stadt.

Zwischenzeitlich hatten sich allerdings die politischen Verhältnisse im Lande dramatisch verändert. Finnland war 1809 zum zwar autonomen, aber doch stark von Russland beeinflussten Großherzogtum geworden und *Zar Alexander I.* bestimmte, dass die Hauptstadt des neuen Großherzogtums von Turku, der bisherigen Hauptstadt des Landes, 1812 nach Helsinki verlegte werden sollte. Wahrscheinlich lag die alte Hauptstadt dem Zaren zu nahe an der Einflusssphäre des Rivalen Schweden.

Nun kam Bewegung in die Stadtentwicklung. Großzügig wurde von *Johan Albrecht Ehrenström* die neue Stadt konzipiert. Als Stadtbaumeister engagierte man 1816 keinen geringeren als den damals schon namhaften Architekten *Johann Carl Ludwig Engel* (1778 – 1840) aus Berlin, einen Schüler Schinkels. Aus Engels Feder, der ein Meister des Neoklassizismus war, stammen die meisten der repräsentativen Bauten, die noch heute das Bild der Innenstadt von Helsinki prägen.

Und diese Bauten vermitteln auch einen Eindruck von der Pracht und dem Wohlstand, den die nun rasant aufstrebende Ostseehandelsstadt ausgangs des

*HELSINKI – **1** Information – **2** Marktplatz – **3** Rathaus – **4** Präsidentenpalais – **5** Uspenski Kathedrale – **6** Kaivopuisto Park – **7** Mannerheim Museum – **8** Senatsplatz – **9** Universität – **10** Regierungspalais – **11** Dom – **12** Bahnhof – **13** Nationaltheater – **14** Botanischer Garten – **15** Kunstmuseum – **16** Hauptpostamt– **17** Parlament – **18** Nationalmuseum – **19** Temppeliaukio Kirche – **20** Stadtmuseum – **21** Finlandia-Halle – **22** Flughafenbusse – **23** Olympia Stadion – **24** Sibelius Denkmal – **25** Busbahnhof – **26** Nationaloper – **27** Vergnügungspark Linnanmäki – **28** Stadttheater – **29** Alte Markthalle – **30** Sinebrychoffin taidemuseo – **31** Tennispalatsi Kamppi – **32** Naturhistorisches Museum – **33** Designmuseum*

19. Jh. entwickelte. Die breite und großzügig angelegte und in der Mitte mit einem schön begrünten Park versehene Esplanade könnte ohne weiteres mit Boulevards in Paris konkurrieren.

1828 wurde die Universität von Turku nach Helsinki verlegt und sieben Jahre später erschien hier die erste Ausgabe des Nationalepos „Kalevala". Um die Jahrhundertwende hatte Helsinki bereits rund 80.000 Einwohner. 1952 war die Stadt Austragungsort der 15. Olympischen Sommerspiele.

Für kurze Zeit stand die finnische Hauptstadt im Zentrum des Weltinteresses, als hier 1975 die Staatsoberhäupter von 35 Ländern zusammenkommen und die Schlussakte der Konferenz über Sicherheit und Zusammenarbeit in Europa (KSZE) unterzeichnen.

1983 fand in Helsinki wieder ein sportliches Großereignis statt – die erste Leichtathletik-Weltmeisterschaft.

Schließlich bewies Helsinki 1990 mit dem Gipfeltreffen von US-Präsident George Bush mit dem Präsidenten der UdSSR Michail Gorbatschow abermals seinen Ruf als internationaler Konferenzort.

Finnische Architektur ist spätestens seit Alvar Aalto ein internationaler Begriff geworden. Beispiele dafür sind in Helsinki das Stadttheater, die Kongress- und Konzerthalle Finlandia, die Temppeliaukio Kirche und die neue Oper, die Ende 1993 fertiggestellt wurde.

Tipps zur Stadtbesichtigung

Stadtbesichtigungen unternimmt man am einfachsten zu Fuß und bedient sich bei etwas weiter entfernten Sehenswürdigkeiten öffentlicher Verkehrsmittel. Die Sehenswürdigkeiten in der Innenstadt liegen nicht allzu weit auseinander.

Wenn Sie viele Besichtigungen vorhaben und ausgiebig die öffentlichen Verkehrsmittel benutzen wollen, dann besorgen Sie sich die **Helsinki Card** (www.helsinkicard.com) im Touristenbüro an der Esplanade, an den Häfen oder im Hauptbahnhof. Die Karte, erhältlich für 1, 2 oder 3 Tage, kostete jüngst zwar – € 41,40/€ 50,40/€ 59,40 pro Erwachsener und € 20,70/€ 25,20/€ 29,70 je Kind ab 7 Jahren – aber sie bietet viele Vorteile. Die Helsinki Card verschafft Ihnen z. B. freie Fahrt mit allen Verkehrsmitteln der städtischen Verkehrsbetriebe HKL inkl. Fährbooten sowie einer Stadtrundfahrt pro Erwachsenen. Darüber hinaus gewährt die Karte freien Eintritt zu 28 Sehenswürdigkeiten und Museen und man erhält Ermäßigungen in manchen Restaurants, in Konzerten u. a.

Mein Tipp! Eine relativ bequeme und preiswerte Art sich zum Preis eines Einzelfahrscheins (vorausgesetzt man unterbricht die Fahrt nicht) einen ersten Eindruck von der Stadt zu verschaffen, ist eine Fahrt mit der Straßenbahn der **Ring-Linie 3T**, mit der Sie wieder an ihren Ausgangspunkt zurückkehren können. Die Bahn ist ganz normales Verkehrsmittel für jedermann und kann deshalb in der betriebsamen Zeiten des Berufsverkehrs sehr gut besetzt sein. Bequemer hat man es in der Zeit zwischen 10 und 15 Uhr und dann wieder nach 18 Uhr. Im Touristen Informationsbüro gibt es die Broschüre „3T Sightseeing" (auch in deutscher Sprache) über den genauen Verlauf der Tramlinie und über die Sehenswürdigkeiten entlang der Strecke. Fahrtdauer rund eine Stunde.

Es wird eine ganze Reihe von begleiteten **Stadtrundfahrten** per Bus, mit Fremdenführung (auch deutschsprachig), angeboten. Abfahrtspunkte sind der Bahnhofsplatz und die Fährterminals. Dauer der Rundfahrten von 1 ½ bis 2 ½ Stunden.

Stadtrundfahrten per Bus, aber auf eigene Faust, gelingen am einfachsten, wenn man sich der **Hop On Hop Off Busse** bedient (www.citytour.fi/). Die Busse verkehren von 1. Mai bis 30. September täglich ab Senatsplatz zwischen 10 und 16 Uhr, mindestens alle 30 bis 40 Minuten. Die Busse passieren auf Ihrer Rundtour alle wichtigen Sehenswürdigkeiten der Stadt.

Vom Marktplatz Kauppatori am Stadthafen und vom Hakaniemi-Platz an Nordrand der Innenstadt, verkehren im Sommer **Rundfahrt- und Ausflugsboote** zu diversen Zielen, z. B. zur Festungsinsel Suomenlinna oder nach Seurasaari zum Freilichtmuseum. Kurzrundfahrten starten ab 10 Uhr stündlich.

Stadtbesichtigung

Ausgangspunkt für unseren Stadtrundgang ist der **Marktplatz Kauppatori (2) [N60° 10′ 3.06″ E24° 57′ 15.12″]** mitten im pulsierenden Leben am Hafen der Stadt. Markt wird Mo - Fr zwischen 6.30 und 18 Uhr, Sa bis 16 Uhr und im Sommer auch sonntags 10 - 17 Uhr abgehalten. Hier findet man – neben Garküchen und Imbissständen – Blumen, herrliches Gemüse, frische Früchte, Obst und je nach Jahreszeit allerlei Beerenarten und Pilze. Am Pier wird direkt vom Boot Fisch verkauft. Im Oktober findet hier der traditionsreiche *Strömlingsmarkt* statt, der auf das 18. Jh. zurückgeht.

Mitten auf dem Marktplatz sieht man einen Steinobelisken mit dem vergoldeten russischen Doppeladler. Dieser sog. **„Stein der Zarin"** erinnert an Zar Nikolaus I., der 1833 zusammen mit Alexandra Feodorovna, der Zarin, Finnland einen Besuch abstattete. Während der russischen Revolution wurde der das alte System symbolisierende Adler vom Obelisken gestürzt und erst 1972 wieder an seinen angestammten Platz zurückgebracht.

Das langgestreckte hellblaue Gebäude an der Nordseite des Marktplatzes ist das **Rathaus (3)**. Der dreigeschossige Bau wurde 1833 nach Plänen von C. L. Engel errichtet, diente zunächst als Hotel und wurde erst im Jahre 1913 zum Stadthaus umfunktioniert.

Rechts davon schließen sich das Gebäude der Schwedischen Botschaft, der Oberste Gerichtshof und das **Präsidentenpalais (4),** Pohjois-esplanadi 1, an. Das Gebäude fungierte anfangs als privates Stadthaus, das man 1843 nach Plänen von Engel zu einer Residenz des Zaren umbaute.

Seit 1919 dann war das Stadtpalais Amtssitz und Dienstwohnung des finnischen Präsidenten, bis jüngst die neue Präsidentenresidenz *Mäntyniemi* im nordwestlichen Stadtteil Meilahti fertiggestellt wurde. Auf Führungen kann das Palais besichtigt werden; www.helsinkiexpert.fi.

An der östlichen Seite der Hafenbucht sieht man die goldverzierten Türme der **Uspenski Kathedrale (5) [N60° 10′ 06.1" E24° 57′ 30.9"]**, Pormestarinrinne 1, aufragen *(geöffnet Di - Fr 9.30 - 16 Uhr, Sa 10 - 15 Uhr, So 12 - 15 Uhr; www.hos.fi/kirkot/uspenskin-katedraali/)*. Die orthodoxe Kirche, die größte ihrer Art in den nordischen Ländern übrigens, liegt auf einem kleinen Hügel auf der **Insel Katajanokka** und wurde 1868 nach Plänen des Architekten Gronostajew errichtet. Die Kirche ist der „entschlafenen Jungfrau Maria" geweiht. Die sehenswerte Ikonenwand im Inneren vor dem Altarraum ist eine Arbeit des russischen Künstlers Tschilschow. Vom Kirchenvorplatz hat man einen schönen Blick auf die Stadt.

Gehen Sie vom Markt ein Stückchen an der diesseitigen (westlichen) Kaimauer nach Süden in Richtung des markanten rotweißen Backsteinbaus die **Alte Markthalle Vanha Kauppahalli (29) [N60° 9′ 51.21" E24° 57′ 15.43"]**, Eteläranta, *(geöffnet Mo - Sa 8 - 18 Uhr; http://vanhakauppahalli.fi/)*. Sie stammt aus dem Jahr 1889 und ist seither nicht nur bei den Einheimischen, sondern auch bei Touristen der Stadt ein beliebter Anziehungspunkt und Einkaufsziel (Restaurants). Neben feinen Back-,

Helsinkis hübsche Havis Amanda

Fleisch- und Wurstwaren werden auch Souvenirs angeboten.

Von der Kaimauer und der Anlegestelle der Fähren der Silja Line hat man einen **guten Blick über den Hafen**, den Markt, das Rathaus und die dahinter aufragende Kuppel des Doms.

Ganz am Südende der Halbinsel dehnt sich das gepflegte Wald- und Parkgelände **Kaivopuisto (6)** aus, das im 19. Jh. Helsinkis Kurpark war. Mitte des 19. Jh. fungierte Helsinki als recht mondäner Kurort, der vor allem vom russischen Adel besucht wurde. Neben den Botschaftsresidenzen verschiedener Länder findet man am Ostrand des Parks das **Mannerheim-Museum (7) [N60° 9' 31.76" E24° 57' 37.25"]**, Kalliolinnantie 14 *(geöffnet Fr - So 11 - 16 Uhr, Führungen obligatorisch; www.mannerheim-museo.fi)*. Der finnische Marschall *Carl Gustaf Mannerheim* war 1867 in Louhisaari bei Turku geboren worden, diente 30 Jahre lang in der Kaiserlich Russischen Armee, leitete zwischen 1906 und 1908 eine Expedition durch Zentralasien, führte 1917/18 den finnischen Freiheitskampf, spielte eine zentrale Rolle in den ersten Jahren der finnischen Unabhängigkeit und wurde schließlich von 1944 bis 1946 finnischer Staatspräsident. Mannerheim lebte hier von 1924 bis zu seinem Tode im Jahre 1951.

An der Westseite des Marktplatzes steht am Beginn des breiten Boulevards Pohjoisesplanadi die Statue der wohlgeformten **Havis Amanda**. Die hübsche Bronzedame – eine Arbeit des Bildhauers Ville Vallgren aus dem Jahre 1908 – ist zum Wahrzeichen Helsinkis geworden. Jedes Jahr, in der Nacht des 1. Mai (*vapunaatto*), wird sie von jungen Leuten und Studenten umlagert, die dann durch das Brunnenbecken zu ihr hinaufsteigen, sie umarmen und ihr ihre weißen Studentenmützen aufsetzen.

Von der Havis Amanda gehen wir über die Pohjoisesplanadi hinüber zum **Touristen-Informationsbüro (1) [N60° 10' 04.5" E24° 57' 03.7"]**, Pohjoisesplanadi 19 und weiter durch die Unioninkatu nordwärts bis zum **Senatsplatz Senaatintori (8)**, Unioninkatu 29. Er ist der Mittelpunkt des klassizistischen Stadtbildes.

Bis zu Beginn des 19. Jh. war der Platz umgeben von Holzbauwerken wohlhabender Handelshäuser. Während der Auseinandersetzungen im schwedisch-russischen Krieg, in dem Schweden Finnland an Russland verlor, fiel 1809 das ganze Viertel einem Großfeuer zum Opfer.

Bei der großzügigen Neuplanung des Platzes, zeichnete Carl Ludwig Engel, der sich schon in Reval und in St. Petersburg einen Namen als Stadtarchitekt gemacht hatte, die Pläne. Nun entstanden repräsentative Bauwerke im neoklassizistischen bzw. Empirestil.

Auf dem Senatsplatz sieht man ein **Denkmal** mit der Statue des Zaren Alexander II. (1855 – 1881), die Walter Runeberg 1894 geschaffen hat. Die allegorischen Figuren, die das Denkmal umgeben, symbolisieren das Gesetz, die Wissenschaften, die Kunst, den Frieden und die Arbeit. Das Denkmal ist auch deswegen bemerkenswert, da es das einzige Zarendenkmal außerhalb Russlands ist, zumindest im nordwesteuropäischen Raum.

Links sieht man die Gebäude der **Universität (9)** von Helsinki, die 1827 von Turku nach Helsinki verlegt worden war und damals Kaiserliche Alexander Universität hieß.

Die rechte Seite des Senatsplatzes wird vom Komplex des **Regierungspalais (10)** eingenommen, das als bedeutendstes architektonisches Werk von Engel angesehen wird. Früher Sitz des Kaiserlichen Senats, beherbergt es heute die Kanzlei- und Sitzungsräume der Landesregierung und die Diensträume des Ministerpräsidenten.

Dominiert aber wird der Senatsplatz von der Säulenfassade und der darüber aufragenden Kuppel des **Doms von Helsinki (11) [N60° 10' 13.33" E24° 57' 5.83"]** *(geöffnet Juni - Aug. tgl. 9 - 24 Uhr, sonst tgl. 9 - 18 Uhr)*. Eine mächtig breite Freitreppe führt zu dem Kirchenbau hinauf, der nach Zeichnungen von Engel zwischen 1830 und 1852 errichtet wurde. Nach dem Tode Engels im Mai 1840 führte Lohrmann die Bauarbeiten fort und änderte die Pläne Engels etwas ab. So fügte er der Hauptkuppel vier kleinere Ecktürmchen an und ließ die Seitenpavillons errichten. Zar Nikolaus I. (1825 – 1855) verfügte, dass die Giebel mit Figuren und Plastiken versehen werden sollten. Den Auftrag dazu erhielten die aus Deutschland stammenden Bildhauer Wederow und Schievelbein. Auch das Altargemälde mit dem Motiv der Kreuzabnahme, das der deutsch-russische Maler T. K. von Neff schuf, ist eine Stiftung des Zaren.

Der Dom ist dem Schutzheiligen der Seefahrer und des Handels, dem hl. Nikolai (Nikolaus) geweiht. Die Namenswahl des Kirchenheiligen war wohl auch eine Reminiszenz an den Zaren Nikolaus I.

In dem hohen, fast runden und recht schlichten Kirchenraum stehen drei Skulpturen großer Reformatoren. An der Altarseite rechts sieht man *Mikael Agricola* und links die runde Kanzel. Agricola lebte zwischen 1509 und 1557, war ein Schüler Luthers und Melanchthons, gilt als der große Reformator Finnlands und ging nach seiner Übersetzung des Neuen Testaments ins Finnische als Begründer der finnischen Schriftsprache in die Geschichtsbücher ein.

An der Orgelseite rechts sieht man *Melanchthon* (1497 – 1560), Humanist, Reformator und Mitarbeiter Luthers und links *Martin Luther* (1483 – 1546).

Südlich des Senatsplatzes liegt das **Stadtmuseum Helsinki (20)**, Aleksanterinkatu 16 *(geöffnet Mo - Fr 911 - 19 Uhr, Sa + So 11 - 17 Uhr; www. helsinginkaupunginmuseo.fi).* Unter dem Ausstellungmotto „Am Horizont Helsinki" gibt es Einblick in 450 Jahre Stadtentwicklung.

Vom Senatsplatz gehen wir über die Aleksanterinkatu, eine der Hauptgeschäftsstraßen der Stadt, westwärts bis zur Mikonkatu oder bis zur Keskuskatu. Dort folgen wir einer der Straßen rechts (nordwärts) bis zum **Bahnhof (12) [N60° 10' 14.1" E24° 56' 30.5"]**. Der Bahnhof wurde 1919 eingeweiht und präsentiert sich als ein bemerkenswertes Granitbauwerk. Der namhafte finnische Architekt Eliel Saarinen wollte mit dieser Arbeit einen ersten Schritt hin zum sog. „Stil neuer Sachlichkeit" tun. Die Lampen haltenden Monumentalfiguren beiderseits des Eingangs schuf Emil Wikström. Unter dem Bahnhofsplatz erstreckt sich ein Einkaufszentrum das täglich bis 22 Uhr geöffnet ist.

Am Senatsplatz, Mittelpunkt der Empirestadt, vorne Denkmal für Zar Alexander II., im Hintergrund Helsinkis Dom

Am Nordende des Bahnhofsplatzes, rechts vom Bahnhof, sieht man das **Nationaltheater (13)**. Die Pläne zu diesem recht rustikal wirkenden Granitbau stammen aus der Feder des Architekten Onni Tarjanne aus dem Jahre 1902.

Hinter dem Nationaltheater erstreckt sich ein Park zu dem auch der **Botanische Garten der Universität (14) [N60° 10' 33.49" E24° 56' 46.75"]** gehört.

An der Südseite des Bahnhofsplatzes findet man das **Kunstmuseum Ateneum (15) [N60° 10' 12.89" E24° 56' 38.10"]**, Kaivokatu 2 *(geöffnet Di + Fr 10 - 18 Uhr, Mi + Do 10 - 20 Uhr, Sa + So 10 - 17 Uhr; www.ateneum.fi)*. In der größten Kunstsammlung Finnlands werden Gemälde, Skulpturen, Zeichnungen, Aquarelle und Grafiken ausgestellt.

Die Staatliche Kunstgalerie oder Finnische Nationalgalerie zeigt Arbeiten vornehmlich finnischer Künstler vom 19. Jh. bis heute, aber auch Arbeiten nicht finnischer Bildhauer und Maler (u. a. van Gogh, Gauguin, Modigliani) des 19. und 20. Jahrhunderts.

Das Museum entstand aus einer bescheidenen Sammlung der Finnischen Gesellschaft für Kunst, der Zar Alexander zu Zeiten, als Finnland Großherzogtum war, eine kleine aber feine Kollektion stiftete und mit dem Wunsch verband, damit eine ständige Kunstausstellung für das finnische Volk einzurichten. Heute besitzt das Museum einen Kunstschatz von etwa 15.000 Gemälden und Skulpturen. Einige der wertvollsten Werke stammen aus der sog. „Goldenen Aera", die ausgangs des 19. Jh. die finnische Kunst prägte. Im Zuge der nationalen Selbständigkeit entfaltete sich damals eine lebhafte Kunstszene. Große Namen aus jener Zeit sind *Albert Edelfelt* mit seinen historischen Motiven, *Akseli Gallen-Kallela*, der Themen aus dem Epos Kalevala verarbeitete, *Pekka Halonen*, der für seine Winterszenen bekannt wurde oder *Eero Järnefelt*, der gerne den einfachen „Mann auf der Straße" porträtierte. Sehr sehenswert ist auch die Abteilung mit Werken des 20. Jh.

Unter der Schirmherrschaft der Nationalgalerie steht noch ein weiteres Museum, das **Museum für Ausländische Kunst, Sinebrychoff Taidemuseo [N60° 9' 45.54" E24° 55' 56.94"]**, am Bulevardi Nr. 40, *(geöffnet Di, Do, Fr 11 - 18 Uhr, Mi 11 - 20 Uhr, Sa + So 10 - 17 Uhr; www.sinebrychoffintaidemuseo.fi/)* im Südwestteil der Stadt in der Nähe der Brauerei Sinebrychoff. Im Museum werden vor allem ausländische Künstler präsentiert. Darunter findet man alte flämische, holländische und italienische Meister, eine schwedische Porträtsammlung, französische Malerei, Miniaturen, eine Sammlung von Möbeln, Silber und Porzellan und eine Abteilung für russische Ikonenmalerei.

Relativ neu ist das **Museum für zeitgenössische Kunst Kiasma**, Mannerheiminaukio 2, *(geöffnet Di + So 10 - 17 Uhr, Mi - Fr 10 - 20.30 Uhr, Sa 10 - 18 Uhr; www.kiasma.fi/en/)*, das Werke finnischer und internationaler Künstler präsentiert.

Unser Rundgang führt vom Bahnhofsplatz nach Westen zum **Hauptpostamt (16) [N60° 10' 15.92" E24° 56' 15.48"]**, Asemaaukio 5, rechts. Das hier untergebrachte **Postmuseum** *(geöffnet Mo - Fr 9 - 18 Uhr, Sa + So 11 - 16 Uhr; https://www.postimuseo.fi/en)* zeigt die 360jährige Geschichte der Post in Finnland.

Von hier sollte man einen kleinen Umweg zum neuen Verkehrs- und **Einkaufszentrum Kamppi** an der Urho Kekkonen Katu 1 machen, das mit einer neuen Metro-Station, vielen Geschäften, Kneipen und Restaurants zum Shopping und Einkehren einlädt.

Man stößt auf die Mannerheimintie, eine der Hauptverkehrsadern der Stadt. Hier wenden wir uns nach rechts und folgen der Straße nordwärts.

Schon kurz darauf sieht man auf der gegenüberliegenden, westlichen Straßenseite den mächtigen grauen Granitbau des **Parlamentsgebäudes (17) [N 60° 10' 21.66" E 24° 56' 1.73"]**, Mannheimintie 30 *(Führungen auch in Englisch Sa 11 + 12.30 Uhr; www.eduskunta.fi)*. Der Architekt Sirén, der 1920 mit der Planung beauftragt worden war, wollte hier ein Bauwerk im Stil eines „monumentalen Klassizismus" errichten.

Einen Straßenzug weiter nördlich trifft man in der Mannerheimintie Nr. 34 auf das **Finnische Nationalmuseum Suomen kansallismuseo (18) [N60° 10' 29.60" E24° 55' 55.55"]** *(geöffnet Di - So 11 - 18 Uhr; http://www.kansallismuseo.fi/fi/kansallismuseo)*. Die Eingangshalle ist mit Deckenmalereien und Motiven aus dem Nationalepos „Kalevala" von Akseli Gallen-Kallela dekoriert. Von prähistorischen Funden der ersten Siedler, über Sammlungen mittelalterlicher Kirchenkunst bis hin zur ethnologischen Entwicklung des Landes werden Geschichte und Kultur Finnlands und seiner Bevölkerung veranschaulicht.

Gegenüber dem Nationalmuseum erhebt sich an der Töölö-Bucht die **Finlandia-Halle (21)**, Mannerheimintie 13 e *(Shop geöffnet Mo - Fr 9 - 19 Uhr, Führungen auch in Englisch)*. Das moderne Kongress- und Konzertzentrum wurde 1971 nach einem Entwurf von Alvar Aalto errichtet. 1975 fand hier das berühmte KSZE-Gipfeltreffen statt.

Einige Straßenzüge weiter westlich des Nationalmuseums liegt in der Lutherinkatu 3 die 1969 nach Plänen der Architekten Timo und Tuomo Suomalainen fertiggestellte **Temppeliaukio Kirche (19) [N60° 10' 20.7" E24° 55' 29.9"]** *(geöffnet Di, Do, Fr 10 - 12 Uhr; Mo + Mi 10 - 12.45 + 14 - 17.15 Uhr; Sa 10 - 18 Uhr, So 11.45 - 13.45 + 15.30 - 18 Uhr; keine Besichtigung während der Gottesdienste)*. Der moderne Kirchenraum, der auch Felsendom genannt wird, wurde aus dem gewachsenen Felsen herausgearbeitet und mit einer großen Kupferkuppel überdeckt. Durch die gute Akustik ist er ein beliebter Konzertraum.

Ein gutes Stück weiter nördlich – etwa auf halbem Wege sieht man rechts den modernen Bau der neuen **Nationaloper (26)** – liegt das **Olympiastadion (23) [Parkplatz, WP 314 / N60° 11' 01.0" E24° 55' 37.0"]**, Paavo Nurmientie. Straßenbahnlinien 3B, 3T, 4, 7A, 7B und 10 bis Haltestelle Sallinkatu. 1952 war die Sportstätte mit Platz für 50.000 Zuschauer Austragungsort der 15. Olympischen Sommerspiele.

Mit dem Lift kann man hinauf zur Aussichtsplattform auf dem 72 m hohen Stadionturm fahren *(2016 - 2019 geschlossen wegen Renovierung; www.stadion.fi/olympiastadion-von-helsinki)*. Schöner Blick auf die Stadt.

Das **Finnische Sportmuseum Suomen Urheilumuseo** *(2016 - 2019 geschlossen wegen Renovierung des Stations; www.urheilumuseo.fi)* im Stadion er-

Der markante Turm des Olympiastadions und das Denkmal für Finnlands legendären Langstreckenläufer Paavo Nurmi

Das Sibelius-Denkmal

innert an Höhepunkte im finnischen Sportgeschehen. So sieht man z. B. Sprintschuhe und Stoppuhr von Paavo Nurmi, dem „fliegenden Finnen". Vor dem Stadion erinnert ein Denkmal von Wäinö Aaltonen an den großen finnischen Rennläufer Paavo Nurmi.

Auf einem Teil des **Parkplatzes vor dem Olympiastadion** ist Parken für 24 Stunden erlaubt.

Vom Olympiastadion kann man zur Haltestelle Sallinkatu an der Hauptstraße Mannerheimintie gehen und mit der Straßenbahn, am besten mit der Linie 10, zurückfahren bis zur Haltestelle am Erottaja Theater am Westende der Esplanadi und von dort zurück zum Ausgangspunkt am Marktplatz spazieren. In der Parkanlage an der Esplanadi erinnert ein Denkmal an den Verfasser der finnischen Nationalhymne, Johan Ludwig Runeberg.

Am Ostende der Esplanadi, ganz in der Nähe der Figur Havis Amanda, dort wo wir unseren Stadtspaziergang begonnen haben, liegt am Rande der kleinen Parkanlage das Lokal *Kappeli Café-Brasserie*, das in einem hübschen Gebäude aus der Mitte 19. Jh. eingerichtet ist. Im Sommer Konzerte auf der Musikbühne davor.

Im nördlichen Stadtbereich erinnert das **Sibelius Denkmal (24) [N60° 11' 00.0" E24° 54' 57.7"],** Mechelininkatu 38, an den großen finnischen Komponisten *Jean Sibelius* (1865 – 1957). Zu den Werken Sibelius' zählt z.B. die symphonische Dichtung „Finlandia". Das Monument auf einem Felsblock wurde von der finnischen Bildhauerin Eila Hiltunen geschaffen. Es besteht aus hunderten von Stahlröhren, einer Orgel nicht unähnlich, und einer Metallbüste des Komponisten. Man erreicht das Denkmal auch mit dem Linienbus 18 ab Hauptbahnhof.

Das große **Seurasaari Freilichtmuseum [N60° 11' 17.6" E24° 53' 04.1"]** *(geöffnet 1. Jun. - 31. Aug. tgl. 11 - 17 Uhr; 15. - 31. Mai + 1. - 15. Sept. Mo - Fr 9 - 15 Uhr, Sa + So 11 - 17 Uhr; www.kansallismuseo.fi/en/seurasaari-openairmuseum)* liegt sehr schön auf einer bewaldeten Insel nordwestlich der Innenstadt. Man erreicht das Gelände mit der Buslinie 24 ab Station Erottaja beim Schwedischen Theater.In dem 1909 gegründeten Freilicht-museum sind alte historische Gebäude aus dem ganzen Lande zusammengetragen worden. Eines der ältesten ist die Kirche von Karuna aus dem ausgehenden 17. Jh. Interessant ist auch der Gutshof von Kahiluoto oder das Gehöft Antti (mit Restaurant).

Jedes Jahr wird auf Seurasaari ein großes Mittsommerfest gefeiert. Zu den Darbietungen gehören eine Mittsommer-Hochzeit, Volkstanz, Trachten, Spiel und Tanz und ein gewaltiges Mittsommerfeuer.

Auf der Festlandseite in der Nähe der Landbrücke zur Insel ist das **Wohnhaus und Amtssitz Tamminiemi** des ehemaligen, von 1956 bis 1986 amtierenden finnischen Staatspräsidenten **Urho Kekkonen** in ein Museum verwandelt worden *(geöffnet Mi - So 11 - 17 Uhr; www.kansallismuseo.fi/en/Tamminiemi)*. Ausgestellt sind Geschenke von ausländischen Staatsgästen und andere Erinnerungsstücke an seine politische Laufbahn.

Vor allem bei schönem Sommerwetter ist ein Ausflug zur **Seefestung Suomenlinna** eine hübsche Abwechslung. Man erreicht die Festungsinseln in 15 Minuten mit Booten, die im Sommer regelmäßig den ganzen Tag bis spät abends ab der Anlegestelle am Marktplatz verkehren. Wenn Sie im Winter in Helsinki sein sollten, können Sie mit dem Bus über die zugefrorene See zur Seefestung fahren, vorausgesetzt natürlich, der Winter ist streng und das Eis dick genug.

Die Festung Suomenlinna (oder Sveaborg) wurde während der Schwedenherrschaft über Finnland Mitte des 18. Jh. unter der Leitung des Festungsbaumeisters Augustin Ehrensvärd angelegt. Sie sollte ein unüberwindliches Bollwerk gegenüber den Angriffen Russlands werden. Aber schon während des schwedisch-russischen Krieges wurden die Bastionen, die sich über zwei Inseln erstrecken, 1808 von russischen Truppen eingenommen und dienten dann bis zur Unabhängigkeitserklärung Finnlands im Jahre 1917 als russische Garnison. Heute UNESCO Weltkulturerbe.

Neben den Militäranlagen, Befestigungen, Kasematten und Parkanlagen ist vor allem das **Suomenlinna-Museum** besuchenswert *(geöffnet Ende Apr. - Ende Okt. 11 - 21 Uhr; Juni + Juli 11 - 22 Uhr; 2. Mai - 30. Sept. tgl. 10 - 18 Uhr; 1. Okt. - 30. Apr. tgl. 10.30 - 16.30 Uhr; www.suomenlinna.fi/en/visitor/museums/suomenlinna-museum/)*. Es erzählt die Geschichte der Festung vom 18. Jh. bis in die Neuzeit, was besonders durch die alle halbe Stunde gezeigte Multivisions-Show „Suomenlinna Experience" veranschaulicht wird.

Weitere Museen auf Suomenlinna sind: Das das **Puppen- und Spielzeugmuseum**, das **Ehrensvärd-Museum** (Offizierswohnung aus dem 18. Jh.), das **Kriegs-museum**, das **Zollmuseum**, das Küstenartilleriemuseum und das **U-Boot Vesikko**.

Linnanmäki (27) [N60° 11' 21.97" E24° 56' 25.68"], Tivolikuja 1, Finnlands größter Vergnügungspark *(geöffnet Ende Apr. - Anf. Sept. 13 - 21 Uhr; Juli 11 - 22 Uhr; www.linnanmaki.fi)* liegt nördlich der Innenstadt und bietet Abwechslung für Groß und Klein. Es gibt Achterbahnen und andere Fahrgeschäfte, einen Aussichtsturm mit Drehplattform, ein Theater. Man erreicht den Park mit den Straßenbahnen 3B und 3T. Zum Park Linnanmäki gehört das **Meeresmuseum Sealife**, Tivolitie 10, *(geöffnet Mo - Di 10 - 17 Uhr, Mi - So 10 - 19 Uhr; sonst Mo, Di, Do, Fr, So 10 - 17 Uhr, Mi + Sa 10 - 19 Uhr; www.visitsealife.com)*.

Weitere Museen in Helsinki:

Design Museum (33) [N60° 9' 46.91" E24° 56' 47.01"], Korkeavuorenkatu 23 *(geöffnet Juni - Aug. tgl. 11 - 18 Uhr; sonst Di 11 - 20 Uhr, Mi - So 11 - 18 Uhr; www.designmuseum.fi)*. Das Museum stellt die Entwicklung des finnischen Kunstgewerbes und die der industriellen Formgebung von der zweiten Hälfte des 19. Jh. bis heute dar.

Museum für Finnische Architektur Suomen rakennustaiteen museo [N60° 9' 47.61" E24° 56' 52.41"], Kasarmikatu 24 *(geöffnet Di - So 11 - 16 Uhr, Mi bis 20 Uhr; www.mfa.fi)*, Ausstellungen, Bildarchiv, Architekturbibliothek. Straßenbahn 10, Bus 17.

Kriegsmuseum Sotamuseo [N61° 29' 2.32" E21° 47' 53.98"], Marinkatu 1 *(geöffnet Di - Do 11 - 17 Uhr, Fr - So bis 16 Uhr; www.sotamuseo.fi)*, kriegshistorische Sammlungen, Waffen, Uniformen vom 17. Jh. bis heute.

PRAKTISCHE HINWEISE – HELSINKI

Helsinki City Tourist Information - Helsingin kaupungin matkailuroimisto [N60° 10' 04.5" E24° 57' 03.7"], Pohjoisesplanadi 19, PL 28, 00099 Helsinki, Tel. +358 (0)9 31 01 33 01; www.visithelsinki.fi/de/. *Geöffnet 15. Mai – 14. Sept. Mo - Sa 9 - 18 Uhr, So 9 - 16 Uhr; 15. Sept. - 14. Mai Mo - Fr 9 - 18 Uhr, Sa + So 10 - 16 Uhr.*

HOTELS

Crowne Plaza Helsinki * [N60° 10' 48.41" E24° 55' 40.60"]**, 349 Zi., Mannerheimintie 50, Tel. +358 (0)20 04 81 01; www.crowneplaza-helsinki.fi; gegenüber des Opernhauses, obere Preislage, zentral, 2 Restaurants, Bar, Schwimmbad, Spa & Wellnesscenter, Fitnesscentr, Sauna,WLAN. Garage.

Hotel Kämp *** [N60° 10' 4.38" E24° 56' 50.00"]**, 179 Zi., Pohjoisesplanadi 29, Tel. +358 (0)9 58 40 95 20; www.hotelkamp.fi; die angesagte Adresse für Liebhaber nostalgischer Hoteladressen mit Stil, illustrem Gästebuch und Ausstrahlung. Das teure Kämp, im Stil der Nationalromantik erbaut, schrieb finnische Hotelgeschichte. 2 Restaurants, davon eines mit asiatischer Küche. Wellness- und Fitnesseinrichtungen, Sauna, Terrasse, WLAN. Garage.

CAMPING

Camping Rastila [WP 315 / N60° 12' 23.2" E25° 07' 16.3"], Karavaanikatu 4, Tel. +358 (0)9 31 07 85 17; www.rastilacamping.fi; 1. Jan. – 31. Dez.; Ausfahrt Nr. 3 von der E18 (Ring 1) ca. 13 km östlich von Helsinki und auf der Straße 101 noch 6 km Richtung Nordsjö, beschildert; städtischer Platz, im Sommer stark frequentiert; langgestrecktes, durch Fahrwege und Hecken unterteiltes, teils von Wald, teils von Wohnhäusern begrenztes Gelände, in der Nähe einer Bucht mit Badestrand; praktische Parzellierung; ca. 9 ha – 180 Stpl.; Standardsanitärausstattung. Restaurant, Sauna, WLAN, Fahrradverleih. 35 Miethütten. Laden nahebei. **V & E für Wohnmobile**. Metro-Station in Gehnähe. Per U-Bahn 17 Min. zum Stadtzentrum Helsinki.

Espoo

SunCamping Espoo Oittaa [WP 316 / N60° 14' 20.9" E24° 39' 20.3"], Kunnarlantie 31, Tel. +358 (0)45 25 50 077; Ende Mai – Ende Aug.; in **Espoo**, ca. 18 km westlich von Helsinki, beschilderte Zufahrt von der Straße 1/E18, Ausfahrt Espoo und noch 4 km nordwärts; Wiesengelände in waldreicher Umgebung, bis nahe an einen See mit Strand reichend, hörbare Straße und Flugplatz; ca. 10 ha – 250 Stpl.; Standardsanitärausstattung. Sauna. Miethütten. **V & E für Wohnmobile.**

Arabia-Fabrik und Museum [N60° 12' 29.77" E24° 58' 30.98"], Hämeentie 135 *(geöffnet Di - Fr 12 - 18 Uhr, Sa + So 10 - 16 Uhr, Fabrikladen Mo - Fr 10 - 20 Uhr, Sa + So 10 - 16 Uhr)*, erzählt die Geschichte der letzten 130 Jahre dieser Porzellanmanufaktur.

Abstecher nach Turku

*ROUTE: **Turku/Åbo**, die große finnische Hafenstadt und bedeutender Fährhafen im Verkehr mit Schweden, liegt knapp 170 km westlich von Helsinki.*

Wer auf Badefreuden aus ist, sollte auf dem Weg nach Turku über das hübsche Städtchen **Tammisaari/Ekenäs** nach Süden zur Landzunge bei **Hanko/Hangö** (Camping), der südlichsten Landspitze Finnlands, abzweigen.

Turku/Åbo (ca. 178.000 Einw.), Finnlands älteste und heute des Landes drittgrößte Stadt, wurde schon Anfang des 13. Jh. gegründet.

Kein Schwedenkönig ist für die Stadtgründung verantwortlich, sondern Papst Gregor. Er hatte veranlasst, am Fluss Aurajoki, an dessen Mündung Turku liegt, einen Bischofssitz zu errichten. Im Zusammenhang damit entstand ein Dominikanerkloster. Die weltlichen Herren legten 1280 den Grundstein zur

Die Burg von Turku

Burg von Turku. In ihrem Schutze konnten sich Handel und Seefahrt entwickeln.

1680 wurde in Turku die erste Universität Finnlands gegründet. Turku war damals die bedeutendste Metropole und folglich auch die Hauptstadt des Landes.

Im 19. Jh. dann, als Finnland als Großfürstentum unter russische Vorherrschaft geriet, wurde die Hauptstadt nach Helsinki verlegt.

Im September des Jahres 1827 brannte Turku zwei Tage lang. Viele der öffentlichen Gebäude wurden zerstört. Als Folge der Katastrophe wurde die Universität in die neue Hauptstadt Helsinki verlegt.

Damals geriet Turku vielleicht auch politisch an den Rand des Geschehens, wirtschaftlich konnte es aber dank seines wichtigen Hafens seine Stellung zurückerobern und weiterhin behaupten. Auch in Turku entstanden nach dem großen Brand viele der Stadtbauten nach Plänen des Architekten C. L. Engel.

Nach der Erringung der Unabhängigkeit erhielten Kultur und Wissenschaft im ganzen Lande neue Impulse. Und in Turku wurde wieder eine Universität gegründet, 1917 die schwedischsprachige Universität Åbo Akademie und 1919 die finnischsprachige Universität Turun Yliopisto.

Einer der wohl populärsten Söhne der Stadt ist zweifellos der legendäre Langstreckenläufer *Paavo Nurmi*. Er lebte von 1897 bis 1973 und errang in seiner langen und erfolgreichen Leichtathletiklaufbahn, während der er an drei Olympiaden teilnahm, nicht weniger als neun Gold- und drei Silbermedaillen. Nurmi stellte viele Weltrekorde auf. In der Stadt auf einer Straßeninsel nahe der Auro-Brücke erinnert ein Denkmal von Wäimö Aaltonen an den Läufer Nurmi.

Neben einigen schönen neoklassizistischen Gebäuden am Alten Markt zählen zu den **historischen Sehenswürdigkeiten** der Stadt in erster Linie der **Dom** am Nordostende und die **Burg** am Südwestende der Innenstadt.

Der **Dom [N60° 27′ 05.1″ E22° 16′ 40.8″]** in der Tuomiokirkkotori 20, aus dem 13. Jh., stand ehemals im Zentrum der Stadt. Heute liegt er, nachdem sich der Mittelpunkt Turkus an das nordwestliche Ufer des Aurajoki verlagert hatte, am Nordostrand der Innenstadt in einem parkähnlichen Gelände am Ostufer des Flusses.

Sehenswert im Dom, der nach dem Stadtbrand von 1827 vollständig wieder aufgebaut worden ist, sind die

Wandgemälde im Chorgewölbe. Ein Motiv dort zeigt den Reformator Agricola, wie er seine finnische Übersetzung des Neuen Testaments dem Schwedenkönig Gustav Wasa überreicht.

Namhafte Persönlichkeiten und gekrönte Häupter fanden im Dom ihre letzte Ruhestätte, so Königin Karin Månsdotter (sehenswerter Marmorsarkophag). Bemerkenswert sind die Glasmalereien der Fenster von Wladimir Schwertschkoff.

Nicht weit vom Dom entfernt findet man in der Piispankatu 17 das **Sibelius-Museum** *(geöffnet Di - So 11 - 16 Uhr, Mi 10 - 18 Uhr; www.sibeliusmuseum.fi/en/)* mit Sammlungen von Musikinstrumenten und in der Piispankatu 14 das **Bürgerhausmuseum** „Ett Hem" *(geöffnet Mai - Sept. tgl. a. Mo 12 - 15 Uhr)* mit sehenswerter Möblierung und seltenen Kunstgegenständen.

Das **Doppel-Museum Aboa Vetus & Ars Nova [N60° 26' 59.19" E22° 16' 23.72"],** Itäinen Rantakatu 4 – 6 *(geöffnet Apr. - Sept. tgl. 11 - 19 Uhr; sonst Di -So 11 - 19 Uhr; www.aboavetusarsnova.fi)* beherbergt einerseits das archäologisch-historische Museum und andererseits das Museum für moderne Kunst.

In der Luostarinmäki befindet sich das **Handwerksmuseum Luostarinmäki [N60° 26' 48.40" E22° 16' 33.84"]** *(geöffnet Mitte Apr. - Mitte Sept. tgl. 10 - 18 Uhr, bis Ende Sept. 10 - 15 Uhr; www.museumcentreturku.fi)*. Als 1827 fast ganz Turku in Flammen stand, wurde dieser Hügel Luostarinmäki vom Feuer verschont. Diesem Umstand ist es zu verdanken, dass die wenigen Holz- und Handwerkshäuser dieses alten Viertels erhalten blieben.

In rund 30 Werkstätten des Freilichtmuseums wird das Leben und die Arbeit der Stadtbevölkerung im 18. und 19. Jh. gezeigt.

Auf einem Hügel am Südostufer des Aurajoki findet man in einem Park – neben dem Stadttheater, dem Schwimmstadion *Samppalinna* und dem Sommertheater – das **Wäinö Aaltonen-Museum [N60° 26' 42.21" E22° 15' 35.52"],** Itäinen Rantakatu 38, *(geöffnet Di - So 11 - 19 Uhr)* das Plastiken des berühmten finnischen Bildhauers zeigt.

Ein Stück weiter südwestlich des Dom liegt am jenseitigen Aurajoki-Ufer das **Apothekermuseum und Qwensel-Haus [N60° 26' 54.61" E22° 16' 4.41"],** Läntinen Rantakatu 13 *(geöffnet Di - So 10 - 15 Uhr, Okt. + Nov. geschlossen)*, ist untergebracht im ältesten erhaltenen großbürgerlichen Haus Turkus, 1700 erbaut. Die Räume sind noch im Rokoko- und im gustavianischen Stil ausgestattet und zeigt den luxuriösen Lebensstil während der schwedischen Zeit. Im Ladenbereich ist ein Apothekenmuseum aus dem 18. Jh. mit Apothekerwohnung und historischem Laboratorium eingerichtet.

Auf der nördlichen Flussseite ist in einem wuchtigen Granitgebäude zwischen Marktplatz und Bahnhof das **Kunstmuseum Puolalanpuisto [N60° 27' 13.90" E22° 15' 43.00"]**, Aurakatu 26, untergebracht *(geöffnet Di - Fr 11 - 19 Uhr, Sa + So 11 - 17 Uhr)*. Ausgestellt ist die Sammlung des Kunstvereins von Turku, die sich mit finnischer Kunst seit dem 19. Jh. befasst.

Ein gutes Stück flussabwärts liegen an der Linnankatu am Ufer des Aurajoki einige historische Segelschiffe, die zum **Meereszentrum und Seefahrtmuseum „Forum Marinum" [Parkplatz, WP 317 / N60° 26' 11.2" E 22° 13' 58.2"]** gehören *(geöffnet 1. Juni - 27. Aug. tgl. 11 - 19 Uhr; sonst Di - So 11 - 19 Uhr; Museumsschiffe Jun. - Aug. tgl. 11 - 19 Uhr; www.forum-marinum.fi)*. Der erste Windjammer, die **„Suomen Joutsen"** (Finnischer Schwan), ein Dreimaster, wurde 1902 in Frankreich gebaut, segelte dann auf der Salpeterroute zwischen Europa und Südamerika, später in den zwanziger Jahren unter deutscher Flagge und ging 1930 an die finnische Marine. Für sie tat sie bis 1988 – zuletzt als Seefahrtsschule – Dienst.

Der andere Segler ist das Museumsschiff **„Sigyn"**, die 1887 in Göteborg vom Stapel lief und 1939 als Museumsschiff der Åbo Akademie gestiftet. Der Dreimaster mit seiner Barken-Takelage soll der letzte noch existierende aus Holz gefertigte Frachtensegler sein. Außerdem können die ehem. Fähre **„MS Bore"** sowie zwei Kriegsschiffe, das Minenschiff

„Keihässalmi“ und das Kanonenboot **„Karjala“**, besichtigt werden.

Die Ausstellungen nebenan im neu errichteten Museumsgebäude berichten über Schiffe und Seefahrer, Seerouten, das Lotsenwesen, den Zoll- und Küstenschutz und die Finnische Marine.

Nicht zu übersehen ist die am Hafen gelegene **Burg von Turku [WP 318 / N60° 26′ 06.5″ E22° 13′ 32.8″]**, Linnankatu 80, ein trutziger Bau mit zwei mächtigen, viereckigen Türmen *(geöffnet 5. Juni - 3. Sept. tgl. 10 - 18 Uhr; sonst Di - So 10 - 18 Uhr; http://www.turku.fi/en/turkucastle)*. 1280 für den königlichen Statthalter (praefectus Finlandiae) und seine Truppen errichtet, behielt die Burg bis ins 19. Jh. ihre wichtige strategische Bedeutung.

Im 16. Jh. hatte die Festung umfangreiche Erweiterungen erfahren, u. a. wurde damals der prächtige **Festsaal** ausgebaut.

Im zweiten Weltkrieg erlitt die Burg starke Beschädigungen. In den 50er Jahren baute man sie nach alten Plänen originalgetreu wieder auf.

In der Burg ist das **Historische Stadtmuseum** eingerichtet. Dort sind kulturhistorische Objekte, Textilien, Kostüme, Silber-, Zinn-, Glas- und Porzellansammlungen aus dem 17. Jh. und später ausgestellt.

Ein beliebtes Ausflugsziel ist das Städtchen **Naantali [N60° 27′ 33.0″ E22° 12′ 55.1]**, die „Sonnenstadt Finnlands“ (Touristeninformation, Camping [N60° 27′ 44.1″ E 22° 01′ 43.1″]), ca. 15 km nordwestlich von Turku, mit einer hübschen **Altstadt** und einer Klosterkirche aus dem Mittelalter.

Ganzjährig bestehen regelmäßige **Fährverbindungen von Turku nach Stockholm**, siehe auch unter „Wie kommt man hin? – Fährverbindungen“ weiter vorne im Buch.

Umfangreiche Details über Stockholm (Sehenswürdigkeiten, Museen, Ausflüge, Hotels, Camping- und Wohnmobilstellplätze u. a.) lesen Sie bitte in **Tour 32 - Stockholm** weiter hinten.

PRAKTISCHE HINWEISE – TURKU

Touristeninformation Turku [N60° 26′ 58.7″ E22° 16′ 04.6″], Aurakatu 2, 20100 Turku, Tel. +358 (0)2 26 27 444; www.visitturku.fi. *Geöffnet Mo - Fr 8.30 - 18 Uhr; Mai - Sept. Sa + So 9 - 16 Uhr; Okt. - Apr. Sa + So 10 - 15 Uhr.*

HOTELS

Cumulus Turku, 101 Zi., Eerikinkatu 30, Tel. +358 (0)2 21 81 000; www.cumulus.fi; Mittelklassehotel im Zentrum von Turku, neu renoviert, Restaurant, Garage.
Sokos Hotel Seurahuone, 80, Eerikinkatu 23, Tel.+358 (0)2 33 73 01; Mittelklassehotel zentral gelegen, Restaurant „Sevilla“, Garage.

CAMPING

Camping Ruissalo [WP 319 / N60° 25′ 32.8″ E22° 05′ 52.8″], Ruissalo Saarontie 25, Tel. +358 (0)2 26 25 101; 1. Juni – 31. Aug.; E18 in Richtung Turku Hafen (Satama) und noch 7 km weiter südwestwärts vorbei am Ruissalo Spa Hotel; von Wald umgebenes Campinggelände, überwiegend uneben, leicht hügelig; ca. 15 ha – 400 Stpl.; einfache Standardsanitärausstattung; Imbiss, Sauna, Bootssteg, Minigolf, Internetecke. Badegelegenheit. Miethütten. **V & E für Wohnmobile**. Bushaltestelle auf dem Platz (Linie 8 nach Turku).

RÜCKREISE DURCH SCHWEDEN

6 TOUREN – CA. 10 TAGE

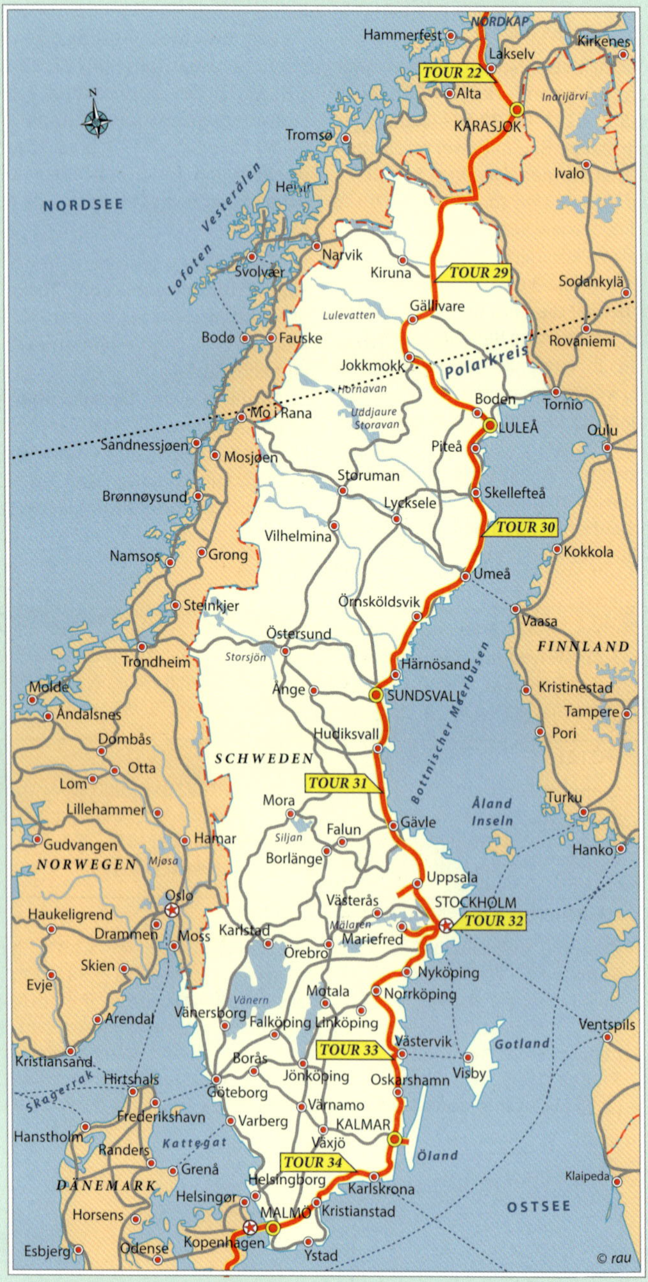

TOUR 29: KARASJOK (N) – LULEÅ (S)

Länge der Tour: Rund 740 km, ohne Abstecher.

Die Route: Über die Straßen 92/93 bis **Kautokeino** – Straße 93 über **Enontekiö** (FIN) bis **Palojoensuu** – E8 bis **Kaaresuvanto/ Karesuando** (FIN/S) – Straße 45 über **Svappavaara** und **Gällivare** bis **Jokkmokk** – Straße 97 bis **Luleå**.

Reisedauer: Etwa zwei Tage.

Höhepunkte: Das **Sami-Museum in Karasjok** – Wandern im **Abisko Nationalpark** *** – die **Alte Kirche** und das **Museum in Jokkmokk** – Luleås „Altstadt" **Gammelstaden** *.

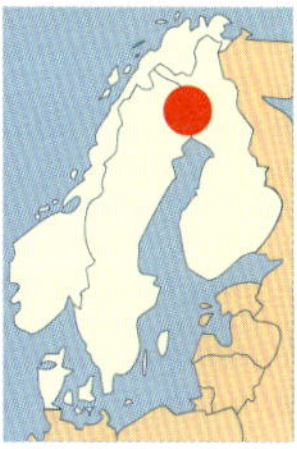

ROUTE: Vom Nordkap zurück bis ***Olderford****, dort weiter auf der E6 am Westufer des Porsangerfjords entlang über* ***Indre Billefjord*** *und* ***Lakselv*** *nach* ***Karasjok.*** *Details siehe* ***Tour 22!***

Von Karasjok über ***Kautokeino*** *nach* ***Enontekiö*** *in Finnland und von dort weiter an die finnisch-schwedische Grenze bei* ***Karesuando****.*

Ab Karesuando schließlich auf der Straße 45 quer durch den äußersten Norden Schwedens über ***Övre Soppero*** *und* ***Vittangi*** *nach* ***Svappavaara****. In Svappavaara trifft man auf die E10 aus Kiruna.*

Abstecher nach Kiruna

Kiruna [Zentrum, Folkets Hus; WP 320 / N67° 51' 21.8" E20° 13' 31.9"], Schwedens weltbekannte Erzstadt, liegt rund 47 km nordwestlich von Svappavaara. Nach seiner Gemarkungsfläche von sage und schreibe 20.000 qkm ist Kiruna zwar größte Gemeinde Schwedens, auf den Besucher wirkt Kiruna aber eher kleinstädtisch.

Die **Mitternachtssonne** ist in Kiruna übrigens **vom 28. Mai bis 14. Juli** zu sehen.

Eine Stadt zieht um – Im Mai 2017 wurde damit begonnen, die bisherige Stadt Kiruna in ein neues, 5 km entferntes Stadtzentrum Schritt für Schritt

PRAKTISCHE HINWEISE – KIRUNA

Kiruna Lappland Turistbyrå [N67° 51′ 20.8″ E20° 13′ 33.4″], Folkets Hus, Lars Jansonsgatan 17, 981 31 Kiruna, Tel. +46 (0)980 18 880; www.kirunalapland.se/en/. *Ganzjährig geöffnet Mo - Fr 8.30 - 18 Uhr, Sa 8.30 - 16 Uhr.*

CAMPING

Camping Ripan [WP 321 / N67° 51′ 37.4″ E20° 14′ 26.1″], Campingvägen 5, Tel. +46 (0)980 63 000; www.ripan.se; 1. Jan. - 31. Dez.; am nördl. Stadtrand von Kiruna, Zufahrt in der Stadt beschildert; Geländestufen in einem Geländeeinschnitt, teils geteerte, überwiegend geschotterte, nummerierte Stellplätze, teils von Wohnhäusern, teils von einem Miethüttendorf begrenzt, unterhalb der Rezeption Wiesenterrassen für Zelte; ca. 9 ha – 120 Stpl.; einfache Standardausstattung; Restaurant, Sauna, Fahrradverleih, Internetecke, Minigolf. Ungünstiges Preis-/Leistungs-Verhältnis. Beheiztes Schwimmbad ganz in der Nähe. **V & E für Wohnmobile.**

umzusiedeln. Dieser Umzug soll es dem Grubenbetreiber und wichtigstem Arbeitgeber LKAB ermöglichen, zu expandieren und neue Erzgruben zu erschließen. Das Ganze soll bis 2040 abgeschlossen sein.

Kiruna ist eine junge Gemeinde, rund hundert Jahre alt. Sie verdankt ihr Entstehen dem Erzabbau, mit dem im Jahre 1900 im größeren Umfang begonnen wurde. Heute werden jährlich an die 12 Millionen Tonnen Roherz produziert, das zur Zeit in Tiefen zwischen 500 und 750 m abgebaut wird. Kirunas Erzgrube, genauer gesagt eine 540 m tiefe **Besucher Schau-Mine,** kann auf geführten Touren (Gebühr) besichtigt werden. Führungen: Mitte Juni - Anf. Aug. um 9, 11, 13 und 15 Uhr; übrige Zeit 9 und 15 Uhr; Dauer 2 Std. 45 Min.; Start am Touristenbüro/Folkets Hus s. o.

Abstecher nach Abisko

Für Liebhaber eindrucksvoller Landschaftsbilder und für Freunde handfester Trekkingtouren ist ein Abstecher auf die

Blick zum Berg „Lapporten" bei Abisko in Nordschweden

Straße E10 nordwestwärts nach **Abisko** ein Muss.

Bei **Abisko [WP 322 / N68° 21' 03.1" E18° 49' 53.5"]** (Camping, Hotels, Touriststation; www.svenskaturistforeningen.se/de/Entdecken-Sie-Schweden/Unterkunft-o-Aktivitaeten/Lappland/Fjallstationer/STF-Abisko-Bergstation/, Tel. +46 (0)980 402 00; www.abisko.nu) erstrecken sich drei weit über Schweden hinaus bekannte Nationalparks und **Wandergebiete** – der 1909 eingerichtete, 75 qkm große **Abisko Nationalpark** mit dem markanten Berg **„Lapporten"** (samisch „Tjuonavagga", Lappentor), dann der **Nationalpark Vadvetjåkka** an der norwegischen Grenze sowie das Gebiet um den 2.111 m hohen **Kebnekaise** ein gutes Stück weiter südlich.

HAUPTROUTE

*ROUTE: Weiterreise von **Svappavaara** bis **Gällivare**. Dort weiter auf der Straße 45 südwärts nach **Jokkmokk**.*

In **Gällivare** lohnt ein Besuch der **Lappkyrka**, der alten Samikirche. Der Beschilderung „Andra Sidan" folgend, passiert man die schöne weiße, neue Kirche von Gällivare und zweigt gleich nach dem Bahnübergang rechts ab zur alten Lappkyrka mit Parkplatz.

In **Porjus**, etwa 45 km nördlich von Jokkmokk, liegt am Fluss Stora Lule älv eines der größten **Wasserkraftwerke [WP 323 / N66° 57' 15.8" E19° 48' 01.2"]** des Landes. Im „Allaktivitetshus", dem alten Kraftwerk von 1914, ist heute ein **Museum** eingerichtet. Darüber hinaus findet man hier einen einladenden **Picknickplatz** unterhalb des Kraftwerks und der Staumauer. Oberhalb an der Straße 45 **Rastplatz** mit Toiletten und Chemikalausguss. Ein Treppenweg führt hinab zum Stausee.

Jokkmokk ist seit jeher ein wichtiges kulturelles und wirtschaftliches Zentrum im dünn besiedelten nördlichen Lappland. Und Jokkmokk ist ein alter Siedlungsplatz der Lule-Sami, einer nordsamischen Bevölkerungsgruppe, die sich hier schon weit vor dem 16. Jh. angesiedelt hat.

Das Phänomen der **Mitternachtssonne** ist in Jokkmokk **zwischen 12. Juni und 3. Juli** zu erleben.

Zu den **Sehenswürdigkeiten** von Jokkmokk zählen die **alte Kirche** und das **Heimatmuseum**. Die **Gamla Kyrka [N66° 36' 15.2" E19° 49' 48.0"]**, abseits

CAMPING – GÄLLIVARE UND JOKKMOKK

Camping Gällivare [N67° 07' 44.9" E20° 40' 14.7"], Tel. +46 (0)970 10 010; www.gellivarecamping.com; Jan. – Dez.; an der Straße 45 südöstlich des Ortes, Wiesengelände am Fluss Linaälven; 2 ha – 50 Stpl.; Standardausstattung. Sauna; 12 Miethütten.

Jokkmokk

Camping Jokkmokk Camping Center [WP 324a / N66° 35' 40.5" E19° 53' 33.0"], Notudden, Tel. +46 (0)971 12 370; www.jokkmokkcampingcenter.com; Mitte Mai – Mitte Sept.; ca. 3 km östlich von Jokkmokk, zwischen der Straße 97 und dem Flüsschen Lilla Luleälv; ausgedehntes Wiesen- und Waldgelände; ca. 6 ha – 200 Stpl. + Dau.; Standardausstattung; Laden, Imbiss, Restaurant; Schwimmbad, Boots- und Fahrradverleih, 60 Miethütten. **V & E für Wohnmobile.**

RAST- UND STELLPLATZ

Rastplatz Lappeasuando [N67° 29' 27.82" E21° 7' 13.52"], ca. 15 km südlich von Svappavaara an der Straße 45 an der Brücke über den Kalix älv. Großer Parkplatz mit separaten Teilen für LKW, Caravans und Wohnmobile. Diese **Stellplätze** verfügen über Stromanschlüsse, Gebühr am Münzautomat. Ausgestattet mit Wasserentnahmestelle, Toiletten, Chemikalausguss, Müllcontainer, Picknicktische. **Gasthaus** mit Fremdenzimmer, Cafeteria.

der Hauptstraße in der Köpmangatan gelegen (Abzweig von der Hauptstraße am „Restaurang Opera" und ICA-Supermarkt), mit ihrem separaten Glockentürmchen, ist ein dunkelroter Holzbau, der ursprünglich aus dem Jahre 1607 stammt.

Einen Besuch lohnt besonders das **Heimatmuseum Ájtte [Parkplatz, WP 324 / N66° 36' 14.7" E19° 50' 35.6"]**, Kyrkogatan 3 *(geöffnet Mitte Juni - Mitte Aug. tgl. 9 - 18 Uhr; übrige Zeit Di - Fr 10 - 16 Uhr, Sa + So 12 - 16 Uhr; www.ajtte.com/deutsch/)*. Ájtte, das **„Schwedische Fjäll- und Samimuseum"**, befasst sich schwerpunktmäßig mit der samischen Kultur, den Traditionen und naturverbundenen Lebensweisen der Sami. Ausstellungsthemen sind z. B. Trachten und Silber, Religion und Mythen, Siedlungsgeschichte, Alltags- und Nomadenleben, Rentierzucht.

*ROUTE: Von Jokkmokk auf der Straße 97 über **Voullerim** (archäologisches Freilichtmuseum) nach **Luleå** (165 km).*

Luleå, an der Nordwestküste des Bottnischen Meerbusens gelegen, wurde 1621 an der Stelle einer schon im 15. Jh. geweihten St. Peters-Kirche gegründet.

Allerdings diente der Hafen schon seit viel längerer Zeit als Handelsplatz. Obwohl die Expansion der Stadt nur langsam voran schritt, wurde der Hafen für die reger werdende Schifffahrt doch bald zu eng. Man sah sich gezwungen, den Hafen und damit auch die Stadt etwa 10 km weiter meerwärts zu verlegen.

Es dauerte jedoch sehr lange und bedurfte eines königlichen Dekrets, die Leute dazu zu bewegen, vom alten **Gammelstad** ins neue Luleå zu ziehen. Erst Mitte des 17. Jh. besiedelte sich die Neustadt. Der neue Hafen bot doch bessere Möglichkeiten für den Handel und den Umschlag der aus dem Inland über den Fluss Luleälven herangeschafften Güter wie Holz, Felle, Fische oder Teer.

Einen richtigen Aufschwung erlebte Luleå, schon damals einer der nördlichsten Häfen des Landes, aber bis zum Ende des 18. Jh. nicht. Brände und Verwüstungen durch russische Kosaken bedeuteten arge Rückschläge für die Stadt, die damals noch eher einem Dorf glich, wie Carl von Linné auf seiner lappländischen Reise im Jahre 1732 über Luleå notierte. Werftindustrie, die mit dem Zeitalter der Dampfmaschine wieder abebbte und der Versuch, das aus dem Inland angelieferte Erz zu verarbeiten, blieben ohne nachhaltigen Erfolg.

Eine wirkliche Wende in der Stadtentwicklung kam erst mit dem Bau der Erzbahn von Gällivare nach Luleå. Nun konnte das Erz aus Kiruna bequem an die Ostsee transportiert und hier weiterverarbeitet und verschifft werden. Heute zählen die Hüttenwerke von Luleå zu den modernsten in Europa.

Zu den **Sehenswürdigkeiten** des modernen Luleå gehört vor allem das **Norrbottens Museum [N65° 34' 55.60" E22° 8' 17.54"]**, Storgatan 2 *(geöffnet 15. Juni - 15. Aug. tgl. 11 - 17 Uhr; übrige Zeit Di - Fr 10 - 16, Sa + So. 11 - 16 Uhr; Eintritt frei)*. Dieses interessante Regionalmuseum im zentralen Hermelinsparken gibt Einblick in die Entwicklung der Stadt und in die Lebensweise in Norrbotten in früheren Jahrhunderten. Sehr umfangreich ist die Sammlung von Gegenständen aus dem samischen Kulturkreis.

Ein Museum, das seine Ausstellungen in unserem Medienzeitalter gerechter Form präsentiert, ist das **Haus der Technik**.

Luleå ist flächenmäßig Schwedens größtes Bistum. Der **Dom [N65° 34' 57.14" E22° 8' 51.83"]** in seiner heutigen Form, mit seinem weithin sichtbaren, spitzen, 67 m hohen Turm, stammt aus der Zeit des ausgehenden 19. Jh. Er wurde aber 1983 umfassend restauriert.

Luleås Altstadt, die **Gammelstad [N65° 38' 42.59" E22° 1' 39.93"]**, liegt rund 10 km nordwestlich des Stadtzentrums. Besichtigen kann man hier u. a. die mittelalterliche **Nederluleå Kirche** *(geöffnet tgl. 12 - 16.30 Uhr; im Sommer tgl. 9 - 18 Uhr; www.lulea.se/gammelstad)*, die von zahlreichen kleinen sog. Kirchenhäusern – es sollen über 400 sein – umgeben ist. Sehenswert im Kircheninneren ist der schön geschnitzte Flügelaltar aus einer Antwerpener

Werkstatt aus der Zeit um 1520 und das mittelalterliche Chorgestühl. Dieser „Kirchenstadt" schließt sich das **Freilichtmuseum Hägnan** an. Hier sind u. a. zwei Norrbottenhöfe aus dem 18. Jh. zu sehen.

In Luleås Gammelstad

PRAKTISCHE HINWEISE - LULEÅ

Luleå Turistcenter [Parkplatz - N65° 35' 6.17" E22° 9' 3.08"], Kultur Hus, Skeppsbrogatan 17, 972 34 Luleå, Tel. +46 (0)920 45 70 00; www.lulea.nu/besoekare/turistinformation/. *Geöffnet Mo - Fr 10 - 17 Uhr.*

Gammelstads Turistbyrå, Kyrktorget, Gammelstad, Tel. +46 (0)920 45 35 81; www.lulea.se/gammelstad. *Geöffnet Sommer tgl. 9 - 18 Uhr; übrige Zeit Di - Do 10 - 12, 13 - 16 Uhr.*

HOTEL

Elite Stadshotellet Luleå ****, 135 Zi., Storgatan 15, Tel. +46 (0)920 27 40 00; www.elite.se; zentral gelegenes, komfortables Mittelklassehotel, Restaurant, Parkplatz.

CAMPING

Camping First Camp Luleå [WP 325 / N65° 35' 44.3" E22° 4' 20.0"], Arcusvägen 110, Tel. +46 (0)92060 300; www.firstcamp.se; Jan. – Dez., Zufahrt von der E4 Richtung Karlsvik westlich der Stadt, am Nordufer des Luleälv; bei **Karlsvik**, einem ehemaligen Standort der Hüttenindustrie gelegen; das fast ebene Wiesengelände mit Hartstandplätzen liegt teils in lichtem Nadelwald, reicht bis an die Bucht der Flussmündung und ist Teil eines Freizeitparks mit großem Freibad; ca. 15 ha – 450 Stpl. + Dau.; Standardausstattung; Laden, Restaurant, Sauna, WLAN. **V & E für Wohnmobile**. 74 Miethütten.

TOUR 30: LULEÅ - SUNDSVALL

Länge der Tour: Rund 550 km, ohne Abstecher.

Die Route: Über die E4 und über **Piteå, Skellefteå, Umeå** und **Örnsköldsvik** bis **Sundsvall**.

Reisedauer: Mindestens ein Tag.

Höhepunkte: Pietås **„Riviera des Nordens“** – die Landschaft der **Hohen Küste** – Wandern im **Nationalpark Skuleskogen** – das **Murberget Freilichtmuseum** *** von Härnösand – die **Museen in Sundsvall**.

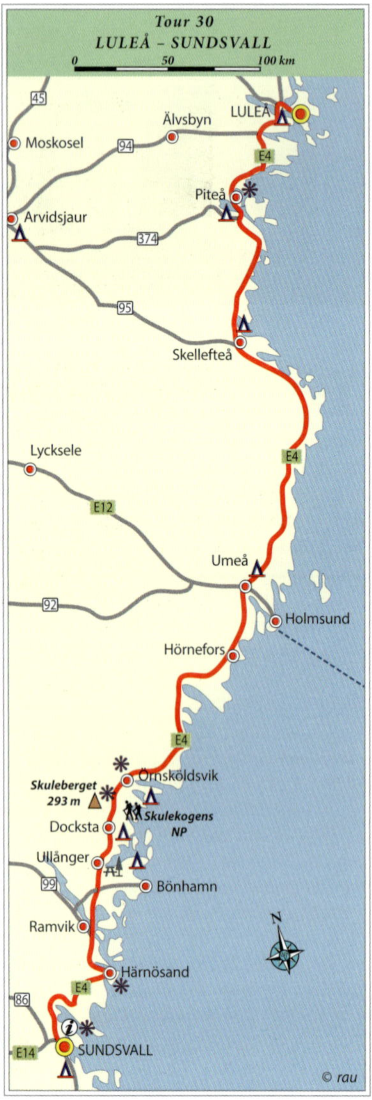

Piteå liegt teils auf dem Festland, teils auf der Halbinsel Piteholmen. Zu den historischen Bauwerken der Stadt zählen z. B. die **Kirche** aus dem 17. Jh. oder das alte **Rathaus**, Storgatan 40, das auch das **Piteå Museum [N65° 18' 58.00" E21° 28' 59.22"]** *(geöffnet Mo - Fr 9 - 16, Sa 11 - 15 Uhr; www.piteamuseum.nu)* beherbergt.

Die inselreiche Bucht um Piteå gilt im Lande als eine der sonnreichsten und wärmsten Gegenden in Nordschweden, die wegen der **langen Strände** südlich von Piteå mitunter als **„Riviera des Nordens“** bezeichnet wird.

*ROUTE: Über **Byske** erreicht man 85 km südlich von Piteå **Skellefteå**.*

Skellefteå mit annähernd 76.000 Einwohnern ist einer der großen Industriestandorte in der **Region Västerbotten** mit dem größten Hafen an der Westküste des Bottnischen Meerbusens. Von touristischem Interesse sind das **Nordanå Kulturzentrum** und der **Nordanåpark Bonnstan** mit dem **Skellefteå Museums Lanthandel [N64° 44' 58.17" E20° 56' 25.76"]** und mit historischen Bauwerken aus der Region.

*ROUTE: Knapp 140 km südlich von Skellefteå erreicht man **Umeå**.*

Umeå ist Verwaltungshauptstadt der schwedischen **Provinz Västerbotten**

PRAKTISCHE HINWEISE - PITEÅ, BYSKE, SKELLEFTEÅ, UMEÅ

Piteå Turistbyrå [Parkplatz - N65° 19'' 13.2" E21° 28' 32.9"], Bryggargatan 14, 941 63 Piteå, Tel. +46 (0)911 933 90; www.pitea.se. Zentral beim Busbahnhof gelegen. *Geöffnet 12. Juni - 13. Aug. Mo - Fr 9 - 18 Uhr, Sa + So 10 - 16 Uhr, übrige Zeit Mo - Fr 10 - 17 Uhr.*

Umeå Turistbyrå [N63° 49' 35.5" E20° 15' 55.10"], Rådhusesplanaden 6A, 902 26 Umeå, Tel. +46 (0)90 16 16 16; www.visitumea.se/de/. *Geöffnet Mo - Fr 10 - 17 Uhr, Sa 11 - 15 Uhr.*

CAMPING

Piteå

Camping Pite Havsbad [WP 326 / N65° 14' 11.9" E21° 32' 42.7"], Hotellvägen 50, Tel. +46 (0)911 32 700; www.pite-havsbad.se/en/; Mitte Juni – Ende Aug.; südöstl. der Stadt, beschildert; Wiesengelände mit Waldanteil bei einem der größten Freizeitzentrum Schwedens mit Tropenbad und Wellnesseinrichtungen; 7 ha – 500 Stpl. + 150 Dau.; Standardsanitärausstattung; beheiztes Schwimmbad, Restaurant, Bar, Laden. Miethütten. **V & E für Wohnmobile.**

Byske

Camping Byske Havsbad [WP 327 / N64° 56' 51.9" E21° 14' 4.8"], Bäckgatan 40, Tel. +46 (0)912 61 290; www.byskehavsbad.se; Jan. - Dez., Vollservice Mitte Ende Juni - Anf. Aug.; 1,5 km östlich von Byske an der E4; weitläufiger Platz am Meer und der Mündung des Flusses Byskeälven, flacher Sandstrand; 15 ha – 450 Stpl. + zahlreiche Dau; Standardsanitärausstattung; Laden, Restaurant,Schwimmbad, Fahrradverleih, Internetecke, umfangreiches Freizeitangebot. **V & E für Wohnmobile.** Miethütten.

Rastplatz

Rastplatz Byske [N64° 56' 54.32" E21° 10' 50.78"], Parkplatz an der E4 am südlichen Ortsrand von Byske, jederzeit zugänglich, ausgestattet mit Frischwasserhahn, Toiletten, Chemikalausguss, Grillplatz. Nur in Süd-Nord-Fahrtrichtung erreichbar.

Skellefteå

Camping Skellefteå [WP 328 / N64° 45' 41.1" E20° 58' 30.2"], Mossgatan, Tel. +46 (0)910 73 55 00; www.skelleftacamping.se; 1. Jan. – 31. Dez., Vollservice Mitte Juni – Anf. Aug.; am nördl. Stadtrand an der E4; Grasgelände am Waldrand, teils laut durch nahe Straße; ca. 6 ha – 300 Stpl.; gute Standardsanitärausstattung; Laden, Imbiss, Fahrradverleih. **V & E für Wohnmobile.** Miethütten. **Quick Stop.**

Umeå

Camping First Camp Umeå [WP 329 / N63° 50' 35.5" E20° 20' 26.5"], Nydalasjön 2, Tel. +46 (0)90 70 26 00; www.firstcamp.se/umea; 1. Jan. - 31. Dez.; nördl. der Stadt, Zufahrt über die E4; Gelände im Freizeitpark Nydala, mit Freibad, Sporteinrichtungen und einem ausgedehnten Hüttendorf; ca. 7 ha – 350 Stpl.; Standardsanitärausstattung; Laden, Restaurant. Miethütten. **V & E für Wohnmobile.**

und seit 1965 auch Universitätsstadt. Gegründet wurde die Stadt offiziell im Jahre 1622, jedenfalls nach den Chroniken der Stadt. Es ist aber überliefert, dass Umeå mindestens schon 100 Jahre früher existierte. Nur sind aus jener frühen Zeit keine Stadturkunden erhalten.

Umeå wurde während der russisch-schwedischen Kriege zu Beginn des 18. Jh. arg in Mitleidenschaft gezogen. Es wurde geplündert und gebrandschatzt. Oft geschah das im Winter, wenn die Truppen die zugefrorene Ostsee als bequeme Abkürzung nutzten. 1721 brannte die Stadt nach einem Überfall völlig nie-

Naturnah und viel Platz, Camping in Nordschweden

der. Und noch 1809 hielten sich russische Truppen in Umeå auf.

Das heutige Stadtbild wirkt modern, freundlich und überraschend grün durch die vielen Birkenalleen, die der Stadt zu ihrem Beinamen „Stadt der Birken" verholfen haben.

Umeå, oder genauer Holmsund, ist wichtiger Hafen für den **Fährverkehr mit Vaasa in Finnland**.

Zu den wenigen Sehenswürdigkeiten von Umeå zählt in erster Linie das **Freilichtmuseumsgelände Gammlia** *(geöffnet Di - Fr 10 - 17 Uhr, Mi bis 21 Uhr, Sa + So 11 - 17 Uhr; www.vbm.se/en/home.html)*, mit dem **Västerbottens Museum [Parkplatz, WP 330 / N63° 49' 44.75" E20° 17' 24.54"]**, dem Regionalmuseum von Västerbotten. Das Museumsgelände liegt rund 2 km (oder 20 Gehminuten) östlich des Stadtzentrums. Sehr einladend ist das **Sävargården Wärdshus,** ein traditionsreiches Gasthaus im Freilichtmuseum.

Örnsköldsvik, eine Industrie- und Hafenstadt, hat dem Besucher nichts sonderlich Aufregendes zu bieten. Die Stadt liegt in der **Provinz Ångermanland** und

PRAKTISCHE HINWEISE – ÖRNSKÖLDSVIK

Örnsköldsvik Turistbyrå [N63° 17' 18.94" E18° 42' 48.87"], Lasarettsgatan 5, 891 33 Örnsköldsvik, Tel. +46 (0)660 881 00; www.ornskoldsvik.se. *Geöffnet Mo - Do 10 - 17 Uhr, Fr 12 - 17 Uhr, Sa 10 - 15 Uhr.*

CAMPING – DOMSJÖ

Camping Gullviks Havsbad & Stugby [WP 331 / N63° 12' 58.87" E18° 49' 43.78"], Tel. +46 (0)660 745 82; Mitte Mai – 30. Sept.; ca. 15 km östl. der E4 und 8 km östl. von **Domsjö**; lichtes, leicht terrassiertes Waldgelände an der buchtenreichen Küste südl. von Örnsköldsvik; ca. 7 ha – 170 Stpl. für Touristen, ansonsten überwiegend Dauercamper; Standardsanitärausstattung; Laden, Imbiss, Restaurant, beheiztes Schwimmbad, Fahrradverleih, WLAN, Internetecke. Miethütten. **V & E für Wohnmobile.**

erhielt ihren Namen nach *Per Abraham Örnsköl*, der im 18. Jh. der Provinz Ångermanland als Landeshauptmann vorstand.

Besichtigen kann man das **Örnsköldsviks Museum og Konsthall [Parkplatz, WP 332 / N63° 17' 23.1" E18° 43' 32.5"]**, Backgatan 4/Läroverksgatan 1, im Stadtzentrum nicht sehr weit vom Stora Torget entfernt *(geöffnet Di - Sa 11 - 16 Uhr)*. Das Museum beherbergt kulturhistorische Sammlungen der Gemeinde, Gegenstände aus dem Kulturkreis der Sami Nolaskogs sowie ångermanländisches Kunsthandwerk.

Einen schönen Blick auf Stadt und Hafen hat man vom **Varvsberg** aus (Restaurant, Skisprungschanze, Startpunkt des Fernwanderweges Höga Kustenleden).

Knapp 40 km südlich von Örnsköldsvik liegt westlich der E4 der 293 m hohe **Skuleberget [N63° 4' 32.03" E18° 20' 59.31"]**. Die markante, nach Osten steil abfallende Anhöhe liegt mitten in einer anmutigen, sehr bergigen und bewaldeten Landschaft.

Vom Skuleberget hat man eine **herrliche Aussicht auf die Küste** und ins Umland. Die bewirtschaftete **Gipfelhütte** erreicht man bequem mit einem **Sessellift [Lift-Talstation, WP 333 / N63° 4' 15.84" E18° 19' 54.34"]** an der weniger steilen Südseite des Berges.

Wer es sich konditionell zutraut und wenigstens ein bisschen Berg- und Klettererfahrung hat, kann den Berg auch über die steile Ostflanke erobern. Ein fest installiertes Stahlseil bietet Halt für Kletterseil und Karabinerhaken.

Am Fuße der Ostwand liegt das **Informationszentrum „Högakusten Naturum" [Parkplatz, WP 334 / N63° 4' 18.60" E18° 21' 25.42"]**. Hier sind Informationen über den Höga-Kusten Nationalpark erhältlich *(geöffnet tgl. 10 - 17 Uhr, im Sommer tgl. 9 - 19 Uhr; www.naturumhogakusten.se)*. Es gibt ein Café und naturkundliche Ausstellungen über die Küstenregion.

Wandern im Nationalpark Skuleskogen und auf dem Hohe-Küsten-Weg

Östlich der E4 erstreckt sich zwischen Straße und Küste der **Nationalpark Skuleskogen**. 1984 wurde dieses 30 qkm große Gebiet, eine geologisch wie ökologisch überaus eigenwillige und interessante Mischung aus Waldflächen, Hochgebirge, Wildmark und Meeresküste, unter Naturschutz gestellt. Man kann den Nationalpark auf weit über 100 km markierten Wanderwegen erkunden.

Das vielleicht eindrucksvollste Ziel im Nationalpark ist die 6 m schmale, 40 m tiefe, 200 m lange, von senkrechten Wänden gesäumte **Felsschlucht Slåttdalsskrevan**.

Einen Teil der Wanderwege bildet der **„Höga-Kusten-Leden"**. Dieser Hohe-Küsten-Weg ist insgesamt 130 km lang und verläuft von **Veda** an der Mündung des Ångermanälven bis hinauf zum **Varsberg** bei Örnsköldsvik. Entlang des Weges findet man Übernachtungshütten und Jugendherbergen.

*ROUTE: Über **Docksta, Nyadal** und **Veda**, Ausgangspunkt des Küstenwanderweges, erreicht man **Härnösand**.*

Das alte, durch einen Sund zweigeteilte Handels- und Seefahrerstädtchen **Härnösand** (ca. 28.000 Einw., Touristeninformation, Hotels) lohnt einen Stopp.

Vor allem durch den alten Stadtkern, der jenseits des Sundes auf der Insel Härnön liegt und den kleinstädtisch wirkenden **Ortsteil Östanbäcken** mit hübschen Häuserzeilen sollte man einen Spaziergang machen. Zu den bemerkenswerten Bauwerken der Stadt zählt das neoklassizistische **Rathaus** aus dem Jahre 1791 mit schönem runden Säulenvorbau und der neoklassizistische **Dom** im Stadtpark.

Es empfiehlt sich ein Besuch im **Murberget Freilichtmuseum Länsmuseet Västernorrland [N62° 38' 41.79" E17° 55' 40.9"]** *(geöffnet tgl. 11 - 16 Uhr, 23. Juni - 13. Aug. tgl. 12 - 17 Uhr; www.murberget.se)* von Härnösand. Etwa 80 alte Bauwerke, Gehöfte, Scheunen, Sennereien, Bauernhäuser,

CAMPINGS UND RASTPLÄTZE IN DER REGION HÖGA-KUSTEN

Docksta
Camping „Kustladan" Docksta & Vandrarhem [N63° 01′ 47.0″ E18° 18′ 37.9″], Skoved 302, Tel. +46 (0)613 13 064; www.dockstavandrarhem.nu; 1. Mai – 15. Sept.; ca. 4 km südlich von Docksta, leicht schräges Wiesengelände direkt an der E4 gelegen, unterhalb des einladenden **Restaurants** mit Campingrezeption; ca. 2 ha – 50 Stpl.; Standardsanitärausstattung. Restaurant, Sauna, Miethütten. Guter Ausgangspunkt für Ausflügen entlang des Höga-Kusten-Leden.

Norrfällsviken bei Mjällom
Camping Norrfällsviken [WP 335 / N62° 58′ 25.4″ E18° 31′ 34″], Hamnvägen 61, Tel. +46 (0)613 213 82; www.norrfallsvikenscamping.com; 1. Mai - Ende Okt.; auf einer Halbinsel in der Küstenlandschaft Höga Kusten. Zufahrt von der E4 bei Ullånger und noch 30 km, beim Fischerdorf Norrfällsviken gelegen; Wiesengelände; 10 ha – 200 Stpl.; Standardsanitärausstattung. Laden, einladendes Fischrestaurant, Pub, Schwimmbad, WLAN auf Teilen des Platzes, Internetecke, Bootssteg, Bootskran. Miethütten. Strandbad. **V & E für Wohnmobile. Quick Stop.**

Ramvik
Camping Snibbens [N62° 47′ 56.5″ E17° 52′ 11.3″], Snibben 109, Tel. +46 (0)612 405 05; www.snibbenscamping.com; 7. Mai – 31. Aug.; ca. 2 km von der Högakustenbron (E4) entfernt, an der Straße 90 landeinwärts Richtung Kramfors; Wiesengelände am Ångermansälv; ca. 4 ha – 60 Stpl.; Standardsanitärausstattung. Restaurant, Boots- und Fahrradverleih, WLAN, Internetecke. Miethütten. **V & E für Wohnmobile. Quick Stop.**

Rastplatz
Rastplatz Ullånger „Höga Kusten"[N62° 59′ 45.2″ E18° 09′ 55.5″] direkt an der E4 am See mit Badeplatz, Picknicktischen, Wasserhahn mit Schlauch, Waschbecken im Freien, Toiletten, Müllcontainer, Kiosk tagsüber im Sommer. Info über die Höga-Kusten-Region.

Schulgebäude, Kirchen, Stadthäuser, Handwerkerläden sind hier zu bewundern.

Sundsvall, eine große betriebsame Stadt mit fast 95.000 Einwohnern in der **Region Medelpad**, Verkehrsknotenpunkt am Abzweig der wichtigen Querverbindung nach Norwegen, der E14, ist Nordschwedens größte Stadt und ein wichtiges Zentrum der schwedischen Holzindustrie und des Holzumschlags.

Gustav II. Adolf gilt als Stadtgründer. Er verlieh Sundsvall 1621 Stadtrechte. Sundsvall teilte im 18. Jh. das Schicksal vieler schwedischer Küstenstädte. Große Teile gingen 1721 in Flammen auf. Als dann 1888 abermals eine Feuersbrunst durch die Stadt wütete, war vom alten Sundsvall nicht mehr viel übrig.

Nach dem Wiederaufbau hatte sich die Stadt gewandelt. Die breiten Straßenzeilen im Zentrum wurden nun gesäumt von stattlichen Bauten im Stil der Neorenaissance, des Jugendstils, oder sie waren dem Gotischen nachempfunden.

Die namhaftesten Architekten des ausgehenden 19. Jh. wurden damals nach Sundsvall verpflichtet. Noch heute ist es Stadtbild der Innenstadt, die unter anderem einen Besuch in Sundsvall durchaus lohnt.

Das berühmte ehemalige *Hotel Knaust* ist z. B. einer jener Repräsentationsbauten aus einer Zeit, als Sundsvalls Stadtplaner sich an Stockholm, Paris oder Berlin orientierten.

Zu den Sehenswürdigkeiten von Sundsvall zählt vor allem das ausgezeichnete und preisgekrönte **Sundsvall-Museum [Parkplatz, WP 336 / N62° 23′ 31.71″ E17° 18′ 44.04″]** *(geöffnet*

Mo - Fr 10 - 19 Uhr, Sa + So 11 - 16 Uhr; www.sundsvall.se), das über wirtschaftliche und kulturelle Schwerpunkte in der Stadtentwicklung berichtet.

Etwa 2 km von Sundsvalls Stadtmitte entfernt findet man auf dem **Norra Stadsberget [Parkplatz, WP 337 / N62° 23' 56.21" E17° 17' 42.37"],** das **Hantverks & Sjöfartsmuseum,** Gustav Adolfsvägen *(geöffnet Juni - Aug. tgl. 9 - 19 Uhr; übrige Zeit 11 - 16 Uhr),* ein Regionalmuseum mit einer interessanten, ausgedehnten Freilichtabteilung mit vielen alten Gehöften, sowie mit Ausstellungen über Schifffahrt, Volkskunde in Medelpad und Kunsthandwerk.

Einen sehr schönen Stadtblick genießt man vom 22 m hohen Aussichtsturm hinter dem Restaurant „Grankotten".

PRAKTISCHE HINWEISE – SUNDSVALL

Sundsvall Turistbyrå [N62° 23' 25.4" E17° 18' 23.9"], Stora Torget, 85230 Sundsvall, Tel. +46 (0)60 658 58 00; www.visitundsvall.se. *Geöffnet Mo - Fr 11 - 18 Uhr, Sa 11 - 15 Uhr, im Sommer Mo - Fr 10 - 18 Uhr, Sa 10 - 16 Uhr.*

HOTELS

First Hotel Strand ****, 203 Zi., Strandgatan 10, Tel. +46 (0)60 64 19 50; www.firsthotels.com/Our-hotels/Hotels-in-Sweden/Sundsvall/First-Hotel-Strand/; Garni, Sauna, Fitnesscenter, WLAN. Parkmöglichkeit. Keine Hunde.

CAMPING

Camping Fläsian [WP 338 / N62° 21' 30.7" E17° 22' 12.4"], Norrstigen 15, Tel. +46 (0)60 55 44 75; www.sundsvallcamping.se; Jan. – Dez.; Zufahrt über E4 4 km südl. Sundsvall, weiter Richtung Bredsand; mehrere Geländestufen an einer Ostseebucht und unterhalb der Straße, teils lichter hochstämmiger Nadelwald, Bucht mit Fels- und Sandstrand, im hinteren Platzteil Blick auf eine Industrieanlage; ca. 7 ha – 160 Stpl. + Dau.; Standardsanitärausstattung; Kiosk, Sauna, Miethütten. **V & E für Wohnmobile. Quick Stop.**

Njurunda
Camping Bergafjärden [WP 339 / N62° 16' 6.0" E17° 26' 55.9"], Bergafjärden, Tel. +46 (0)60 345 98; www.bergfjarden.nu; 8. Mai – 14. Sept.; ca. 17 km südl. Sundsvall und 5 km östl. der E4; Waldgelände am Meer, recht ansprechend und relativ ruhig gelegen; ca. 6 ha – 230 Stpl. + 120 Dau.; Standardsanitärausstattung; Laden. Imbiss, Sauna. Miethütten. **V & E für Wohnmobile.**

TOUR 31: SUNDSVALL – STOCKHOLM

Länge der Tour: Rund 400 km, ohne Abstecher.
Die Route: Über die E4 und über **Gävle** und **Uppsala** bis **Stockholm**.
Reisedauer: Mindestens ein Tag.
Höhepunkte: Der **Dom** ** in Uppsala – **Schloss Skokloster** **.

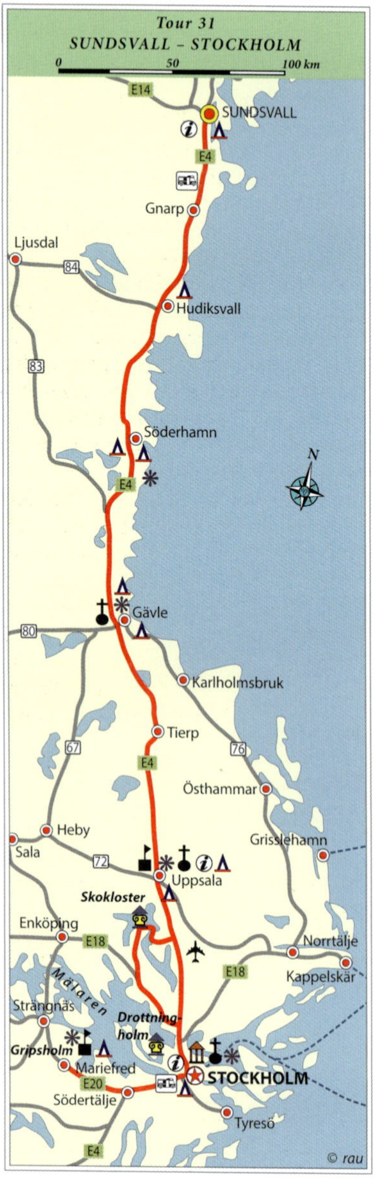

Hudiksvall, 82 km südlich von Sundsvall in der **Region Hälsingland** gelegen, ist die nächste größere Küsten- und Hafenstadt.

Zu den bescheidenen Sehenswürdigkeiten zählt das **Hälsinglands Regionalmuseum [N61° 43′ 40.56″ E17° 6′ 27.06″]** in der Storgatan.

Söderhamn, eine Hafen- und Industriestadt mit kaum 12.000 Einwohnern, liegt 78 km weiter südlich.

Wie so viele andere schwedische Küstenstädte am Bottnischen Meerbusen ist auch Söderhamn eine Gründung König Gustavs II. Adolf, der der Stadt – wahrscheinlich nicht zuletzt wegen der damals wichtigen Waffenproduktion hier – entsprechende Privilegien verlieh.

Besichtigen kann man in Söderhamn, das einen etwas kleinbürgerlichen Eindruck hinterlässt, das **Stadtmuseum [N61° 18′ 3.25″ E17° 2′ 40.10″]** in der Oxtorgsgatan 8, die **Ulrika-Eleonora-Kirche [N61° 18′ 13.12″ E17° 3′ 0.73″]** aus dem ausgehenden 17. Jh. und das mit „Utsiktorn" beschilderte **Schlösschen Oskarsborg [N61° 18′ 2.94″ E17° 3′ 30.82″]** mit Aussichtsturm.

*ROUTE: Weiterreise auf der E4 südwärts (Rastplatz bei Hagsta mit Toilette, Chemikalausguss, Grillplatz). Nach 76 km erreicht man die Stadt **Gävle**.*

Gävle, eine bedeutende Hafen- und Industriestadt, ist Verwaltungszentrum des Bezirks **Gästrikland**. Der Hafen nimmt eine herausragende Funktion als Umschlagplatz für die bei Falun und in Dalarna geförderten Erze und für die

Produkte aus der großen Stahlstadt Sandviken wahr.

Gävle wurde schon im 15. Jh. als Stadt erwähnt und um 1580 ließ König Johan III. ein **Stadtschloss [N60° 40' 20.8" E17° 08' 42.1"]** errichten, das nun als Residenz der Landesregierung dient.

Das heutige Stadtbild aber stammt vornehmlich aus dem 19. Jh., als sich Gävle zu einem bedeutenden Industriestandort entwickelte. Das repräsentative **Rathaus** der Stadt stammt aus der Zeit um 1780 und ist nach Plänen des Architekten Adelcrantz errichtet.

Zu den bedeutenden Sakralbauten Gävles zählt in erster Linie die **Dreifaltigkeitskirche [N60° 40' 21.55" E17° 8' 13.35"]** aus der Mitte des 17. Jh.

Gävle besitzt interessante Museen:

Das **Länsmuseet [N60° 40' 26.48" E17° 8' 58.07"]** in der Södre Strandgatan 20 fungiert als Heimatmuseum und befasst sich mit Volkskunde, Kunst- und Kulturgeschichte der Region Gästrikland, mit der Historie der Stadtentwicklung und der Seefahrt u. ä.

Und **Sveriges Järnvägsmuseum [Parkplatz, WP 340 / N60° 39' 41.44" E17° 10' 16.94"]** in der Rälsgatan 1 ist eines der größten Eisenbahnmuseen in Schweden. Ausgestellt sind u. a. eine Sammlung historischer Lokomotiven, erste elektrische Loks, Motorwagen, Modelleisenbahnen, Uniformen, Fahrkarten, Signale u. v. m.

*ROUTE: Weiterreise über die E4 nach **Uppsala**.*

Uppsala (ca. 150.000 Einw.) ist Hauptstadt der **Provinz Uppland**, Bischofssitz, Universitätsstadt und nach Stockholm, Göteborg und Malmö Schwedens viertgrößte Stadt. Die Ursprünge Uppsalas gehen zurück auf ein bedeutendes heidnisches Kultzentrum des Swearreiches, das nördlich der heutigen Stadt in **Gamla Uppsala** (Alt-Uppsala) lag.

Als im 11. Jh. das Geschlecht der Swearfürsten ausstarb, begannen christliche Missionare von Süden her nach Uppsala vorzudringen und neben dem Heidentempel eine Kirche zu errichten.

Einer der frühen Chronisten, der über die Kultstätte der Swear berichtete, war Mitte des 12. Jh. Bischof *Adam von Bremen*. In einer Broschüre des Touristenamts von Uppsala wird er so zitiert: „Dieses Volk besitzt einen würdigen Tempel, der Ubsola heißt. In diesem ganz mit Gold ausgeschmückten Tempel verehrt das Volk die Götzenbilder dreier Götter. ... Auch pflegt man alle neun Jahre ein Fest abzuhalten, bei dem neun Menschenopfer dargebracht werden, deren Blut die Sinne der Götter besänftigen sollen."

Erst als im 13. Jh. – der alte Dom in Gamla Uppsala war 1245 völlig abgebrannt – der Dom von Uppsala laut Dekret von Papst Urban II. an seiner jetzigen Stelle entstand, entwickelte sich am Fluss Sala (heute Fyris) – der damals noch hier in den Mälaren mündete – eine richtiggehende Stadtgemeinde, die den Namen ihrer heidnischen Vorgängerin übernahm.

CAMPING

Hölick bei Hudiksvall

Camping Hölick Havsresort [N61° 37' 35.32" E17° 26' 28.19"], Arnoviken 84, Tel. +46 (0)650 56 50 32; www.holick.se/en/; Ende Mai – 1. Sept.; rund 30 km östlich von Hudiksvall, Abzweig von der E4 ca. 3 km nördlich von Hudiksvall; auf einer Halbinsel am Meer in ansprechender, ruhiger Lage; ca. 90 Stpl. + Dau.; Standardsanitärausstattung; Laden, Imbiss. Fahrradverleih. Miethütten. **V & E für Wohnmobile.**

Söderala

Camping Mohed [WP 341 / N61° 17' 33.1" E16° 49' 41.1"], Mohedsvägen 59, Tel. +46 (0)270 42 52 33; www.mohedscamping.se; Jan. – Dez.; ca. 10 km westl. Söderhamn an der Straße 50 Richtung Bollnäs; von Wald umgebenes Wiesengelände am See Florsjön; ca. 5 ha – 150 Stpl. + Dau.; Standardsanitärausstattung; Laden, Imbiss, Restaurant im Sommer. Miethütten.

Neben dem Bau des Doms und der Erhebung der Stadt zur erzbischöflichen Residenz, hatte für die Stadtentwicklung vor allem die Gründung der Universität im Jahre 1477 große Bedeutung. **Uppsalas Universität**, mit dem Plazet einer päpstlichen Bulle Sixtus' IV. versehen, ist die erste und älteste Universität in Skandinavien.

Wie viele andere Städte des Landes, fiel auch die lange überwiegend aus Holzbauwerken bestehende Stadt Uppsala mehrfach Feuersbrünsten zum Opfer. Eine der größten Brandkatastrophen erlebte die Stadt in der Nacht vom 14. auf den 15. Mai 1702. Mehr als zwei Drittel der Stadt gingen damals in Flammen auf.

Am einfachsten beginnt man einen **Stadtrundgang** durch Uppsala am **Fyris Torg [Parkplatz, WP 342 / N59° 51' 29.1" E17° 38' 11.5"]** am Ufer der Fyris, ganz in der Nähe und etwas östlich des Doms. Ganz in der Nähe liegt auch das **Upplandsmuseum**.

Wir gehen zur Westseite des **Doms [N59° 51' 29.3" E17° 37' 56.5"]**, an der sich die beiden Türme des markanten Gotteshauses erheben.

Mit dem Bau des Doms zu Uppsala, der eindrucksvoll etwas erhöht liegt, wurde ausgangs des 13. Jh. im Stil der französischen Gotik begonnen. Als Baumeister wurde der Franzose Etienne de Bonneuil verpflichtet. 1435 wurde der Dom – Skandinaviens größter Kirchenbau – zum Pfingstfest feierlich eingeweiht.

Der ganze **Kircheninnenraum** ist fast vollständig umgeben von einer Reihe von Grabkapellen, Kapellen und Krypten. Gleich rechts z. B. liegt die Grabkapelle der Stenbocks und Mennanders.

Gehen Sie vor bis unter die Vierung, dem sog. **Krönungsgewölbe** mitten im Kirchenraum. Es war der traditionelle Ort der feierlichen Krönungszeremonien der schwedischen Könige. Der erste König Magnus Ludalå wurde hier am 24. Mai 1276 gekrönt. Der letzte hier gekrönte schwedische Monarch war 1719 Ulrika Elenora Vasa. Danach fanden die Krönungen fast ausschließlich in Stockholm statt.

Im rechten, südlichen Querschiff liegt die **St. Larskapelle**, danach folgt die imposante **Oxenstjärnsche Grabkapelle**.

Man geht weiter um den Chorumgang hinter dem Hochaltar, vorbei an der **St. Sebastianskapelle** mit beachtenswerten Wandmalereien aus der Mitte des 15. Jh.

Die bedeutendste Kapelle allerdings ist die am östlichen Scheitelpunkt des Chors gelegene Liebfrauenkapelle oder **Vasakapelle**. Unter dem erst 1975 wieder freigelegten Himmels- und Sternengewölbe der Kapelle befindet sich das **Alabastergrabmal König Gustav I. Vasa** (1496 – 1560), eine Arbeit des Bildhauers Willem Boy.

Zwischen vier Obelisken an den Ecken des Grabmals sieht man drei liegende Figuren, in der Mitte König Gustav Vasa, rechts von ihm seine 1. Gattin Katharina von Sachsen-Lauenburg (gestorben 1535) und links von ihm seine zweite Gemahlin Margareta Leijonhufvud (gestorben 1551).

Gustav Vasa und seine beiden ersten Gemahlinnen wurden 1560 in einer feierlichen Prozession von Stockholm nach Uppsala überführt und in der Krypta unter der Kapelle beigesetzt. Die Fresken an den Wänden der Vasakapelle wurden erst um 1832 von Johan Gustav Sandberg angebracht. Sie stellen Szenen aus dem Leben Gustav Vasas dar.

In der **Finstakapelle**, links neben der Vasakapelle, ist der kostbarste Kirchenschatz des Doms untergebracht, der **Reliquienschrein des Heiligen Erik**. Hier wird auch die **Eriks-Krone** verwahrt. Sie ist aus Kupfer, Gold und Halbedelsteinen gearbeitet, stammt aus dem 12. Jh. und gilt als älteste Königskrone in Schweden.

Links daneben liegt die **Sturekapelle** mit einem wunderschönen *Flügelaltar* mit Motiven aus dem Leben der heiligen Anna, der Mutter der Jungfrau Maria.

In der Kapelle sind die Opfer der berüchtigten „Sturemorde" begraben. Während der Regierungszeit König Eriks XIV. war es im 16. Jh. wieder einmal zu Zwistigkeiten unter dem schwedischen Adel gekommen. Angeblich waren der König und seine Fraktion mit den

Uppsala, Blick vom Schlossberg zum Dom

Geschäften der mit der Regierung beauftragten Herren gar nicht einverstanden und vermuteten unter den Stures die Rädelsführer der Opponenten. Kurzum, Erik XIV. ließ drei Mitglieder der Familie Sture und andere Adelige gefangensetzen und sie – in einem Anflug geistiger Umnachtung heißt es – am 24. Mai 1567 in den Gefängnisgewölben des Schlosses ermorden.

Nach der Vierung sieht man an einer Säule im Mittelschiff die **Barockkanzel** des Doms. Nach dem Brand von 1702 gab Hedwig Eleonora, die Witwe König Karls X. Gustav, den Bau der Kanzel in Auftrag. Das große Bildmotiv an der Rückwand der Kanzel stellt eine Szene aus der Bergpredigt dar.

Unter den weiteren Kapellen im nördlichen, linken, Seitenschiff sei schließlich noch die vorletzte vor der Westfassade, die **Grabkapelle Carl von Linnés und Carl Banérs**, erwähnt. Carl von Linné war im 18. Jh. der herausragende Botaniker und Wissenschaftler in Schweden. Er ging mit seinem bis dahin unbekannten System der wissenschaftlichen Namensgebung im Bereich der Tier- und Pflanzenwelt in die Annalen der Wissenschaft ein. Carl Banér war im 17. Jh. Generalgouverneur des Reiches.

Im Nordturm des Doms ist ein **Museum** eingerichtet, in dem sakrale Kunstgegenstände zu sehen sind *(geöffnet Mai - Sept. Mo - Sa 10 - 17, So 12.30 - 17 Uhr)*.

An der Nordseite des Doms findet man den St. Eriks Torg und dort rechterhand das **Upplandsmuseum [N59° 51' 31.90" E17° 38' 4.91"]**, Fyristorg 2 *(geöffnet Di - So 12 - 17 Uhr; Eintritt frei; www.upplandsmuseet.se)*. Ausstellungen zur Kulturgeschichte Upplands und der Stadt sind hier zu sehen.

Der Westfassade des Doms gegenüber erhebt sich das Gebäude des **Gustavianum [N59° 51' 28.60" E17° 37' 54.52"]**, Akademigatan 3 *(geöffnet Juni - Aug. Di - So 10 - 16 Uhr; sonst Di - So 11 - 16 Uhr; Führungen in englischer Sprache um 13 Uhr; www.gustavianum.uu.se)*.

Es war das – nach Gustav II. Adolf benannte – Hauptgebäude der Universität von 1625 bis 1887. Im Zentrum des Gebäudes befindet sich unter der Kuppel der Rundbau des sog. „Anatomischen Theaters", ein steil gestufter Hörsaal, der vor allem zur Demonstration anatomischer Experimente diente.

Vom Gustavianum gehen wir über den Odinslund nach Süden (links), vorbei an der gotischen **Dreifaltigkeitskirche** aus dem 14. und 15. Jh., die linkerhand liegt und gehen hinauf bis zur **Universitätsbibliothek „Carolina Rediviva" [N59° 51' 18.55" E17° 37' 54.06"]**, die rechterhand liegt *(geöffnet Mo - Fr 8.30 - 19 Uhr, Sommer 11 - 16 Uhr, Sa 10 - 17 Uhr. Während der umfassenden Renovierungsarbeiten von 2017 bis ca. 2018 können einzelne Abteilungen geschlossen sein!)*. Die Bibliothek ist eine der ältesten und umfangreichsten des Landes. Zu den kostbarsten Stücken der Bibliothek zählen eine gotische Handschrift aus dem 6. Jh., eine kostbare **Silberbibel** (codex argenteus), eine isländische Handschrift aus dem 12. Jh., weiter eine sog. Kaiserbibel aus dem 11. Jh., dann Mozarthandschriften u. v. a.

Schräg gegenüber der Bibliothek liegt das **Schloss [N59° 51' 11.82" E17° 38' 5.76"]** *(geöffnet Di - So 12 - 16 Uhr, Mi bis 18 Uhr, Do bis 20 Uhr; Eintritt gilt auch für das Kunstmuseum)*.

Um 1540 gab König Gustav Vasa den Bau in Auftrag. Von dem alten Schloss sind nur noch Reste, darunter eine alte Geschützbastion erhalten. Von der *Styrbiskops Bastion*, die heute von einem kleinen Glockenturm markiert wird, waren während der Reformation königliche Kanonen auf den Palast des Erzbischofs gerichtet.

Sehenswert ist der **Reichssaal**, der heute noch als Festsaal der Stadt dient. 1654 unterzeichnete in diesem Saal Königin Kristina ihre Verzichtserklärung auf den schwedischen Thron.

Ebenfalls im Schloss (Eingang E) ist das **Uppsala Kunstmuseum** eingerichtet *(geöffnet Di - So 12 - 16 Uhr, Do 12 - 20 Uhr; www.uppsalakonstmuseum.se)*. Ausgestellt sind Werke regionaler Künstler und Designer, Keramiken u. ä.

Ein gutes Stück nördlich des Doms im Stadtteil östlich des Flüsschens Fyris, das mitten durch die Stadt fließt, liegt in der Svartbäcksgatan 27, der **Linné-Garten Linnéträdgården [N59° 51' 42.5" E17° 37' 59.0"]**, mit dem ehemaligen Wohnsitz des Botanikers Carl von Linné (1707 – 1778), in dem heute ein **Museum** eingerichtet ist *(geöffnet 1. Mai - 30. Sept. Di - So*

PRAKTISCHE HINWEISE – UPPSALA

Uppsala Tourist Center [Parkplatz gegenüber, WP 343 / N59° 51' 29.62" E17° 38' 38.83"], Kungsgatan 59, 753 21 Uppsala, Tel. +46 (0)18 727 48 00; www.destinationuppsala.se/en/. Nähe Uppsala Centralstation. *Geöffnet Mo - Fr 10 - 18 Uhr, Sa 10 - 15 Uhr.*

HOTEL

First Hotel Linné ****, 110 Zi., Skolgatan 45, Tel. +46 (0)18 10 20 00; www.firsthotels.se; zentral, neben Linné-Garten, Restaurant, Wellnesscenter, Sauna, Garten, WLAN. Parkplatz.

CAMPING

Camping Fyrishov Stugby [WP 344 / N59° 52' 17.36" E17° 37' 7.98"], Idrottsgatan 2, Tel. +46 (0)18 727 49 60; www.fyrishov.se; 1. Jan. – 31. Dez.; am nordwestlichen Stadtrand, im Wohngebiet, beschildert; ebene, schattenlose Wiesenstreifen, relativ stadtnaher Platz bei der Badmintonhalle „Fyrisfjärden" und beim Frei- und Hallenbad; ca. 4 ha – 110 Stpl.; Standardsanitärausstattung; Kiosk, Bootsverleih, Minigolf, Internetecke. Miethütten. **V & E für Wohnmobile. Quick Stop**.

WOHNMOBIL-STELLPLATZ

Wohnmobil-Stellplatz Gamla Uppsala [WP 345 / N59° 53' 52.59" E17° 38' 7.31"], Ärnavägen 8. **Zufahrt/Lage:** Von Uppsala nordwärts nach Gamla Uppsala zum Parkplatz bei der Gamla Kyrka. **Geöffnet:** Ganzjährig. **Gebühr:** Kostenlos. **Ausstattung:** Asphaltierter Parkplatz mit 5 Stellplätzen für Wohnmobile, beleuchtet, Frischwasser, WC, Mülltonnen.

11 - 17 Uhr; Juni - Aug. auch Mo; www.linnaeus.se).

Ausflüge

Mit dem Ausflugsschiff **M/S Kung Carl Gustaf** werden Tagesfahrten auf dem Fluss Fyrisån nach **Skokloster** (sehenswertes Schloss) angeboten und zwar von 20. Mai bis 20. Aug. tgl. ab um 11 Uhr, zurück in Uppsala um 16.15 Uhr (http://mskungen.se/; Tel. +46 (0)733 30 30 42).

Gamla Uppsala [Parkplatz, WP 346 / N59° 53' 54.6" E17° 38' 3.7"], Alt Uppsala, der „Geburtsort" des heutigen Uppsala, liegt unweit nördlich der Stadt.

Bis um das Jahr 1000 war Gamla Uppsala einer der bedeutendsten **heidnischen Kultplätze** des Landes. Ausgewählt wurde der Platz wohl deswegen, weil er noch bis weit nach Beginn neuer Zeitrechnung bequem mit dem Schiff zu erreichen war.

Gamla Uppsala war also lange ein stark frequentierter Binnenhafen. Hier entstand ein Heidentempel der Wikinger, in dem Thor, Wotan, Freyr und anderen Gottheiten geopfert wurde. An diesem heiligen Ort ließen sich ab etwa dem 5. nachchristlichen bis ins 10., 11. Jahrhundert viele Könige des Swearreiches begraben.

Mit der Einführung des Christentums wurde der Heidentempel durch eine Kirche ersetzt. Von diesem Gotteshaus sind nur noch Grundmauerfragmente erhalten, über denen die heutige Kirche im 15. Jh. errichtet wurde.

Heidentempel und Kultplatz sind natürlich längst verschwunden. Unübersehbare Zeugen aus der Swearzeit aber sind geblieben, nämlich eine Reihe riesiger **Grabhügel**, unter denen die frühen Könige des alten Reiches aus dem Geschlecht der Ynglinga ruhen. Mindestens drei der Könige, die hier vor eineinhalb Jahrtausenden beigesetzt wurden – Aun, Egil und Adils –, sind namentlich bekannt, dank der Aufzeichnungen des isländischen Chronisten Snorri Sturlason aus dem 13. Jh. Interessantes **Museum**.

*ROUTE: Weiterreise von Uppsala auf der Autobahn E4 nach **Stockholm**, 75 km oder Umweg über Skokloster.*

Umweg über Schloss Skokloster

*ROUTEN: Am besten verlässt man Uppsala auf der Straße 255 südwärts bis **Sigtuna** und fährt dort westwärts über **Häggeby** nach **Skokloster**.*

Skokloster [Parkplatz, WP 347 / N59° 42' 19.8" E17° 37' 25.2"] *(geöffnet Juni - Aug. tgl. 11 - 17 Uhr; sonst tgl. 11 - 16 Uhr; Eintritt frei; www.skoklostersslott.se/en/)* eines der bemerkenswertesten Barockschlösser Schwedens, ging aus dem *Gutshof Sko* hervor, den sich *Knut der Lange* zu Beginn des 13. Jh. gebaut hatte. 1261 stiftete Knut der Lange das Anwesen dem Zisterzienserorden, der hier ein Nonnenkloster einrichtete und unterhielt.

Das Kloster bestand bis ins 16. Jahrhundert. 1527 schließlich wurde das Anwesen im Zuge der Reformation von Gustav Wasa der Krone einverleibt.

Wie viele andere schwedische Schlösser wurde auch Schloss Skokloster mehrfach als Lehen oder Leibgedinge vergeben.

Das große Klostergut von Sko, das damals noch keineswegs sein heutiges imposantes Aussehen hatte, war zu Zeiten *Herman Wrangels* (1587 – 1643) ein ziemlich heruntergekommenes Anwesen. Wrangel, der Skokloster bis 1638 nur sporadisch aufsuchte, wohnte zunächst im sog., noch aus dem Mittelalter stammenden **Steinhaus**, das man rechterhand auf dem Weg zum Schloss sieht.

Herman Wrangel hatte Skokloster um 1611 von König Karl IX. erhalten. Herman Wrangels Sohn Carl Gustav Wrangel, der damals vielleicht größte Grundbesitzer im Baltikum, war es, der Skokloster in seiner heutigen Form erbauen ließ. Er wollte hier einen neuen, prächtigen Stammsitz für die Wrangels in Schweden schaffen.

Nach dem Tode Carl Gustav Wrangels erbte seine Tochter Margareta Juliana, verheiratete Brahe, das Anwesen. Danach

Der Königssaal im Schloss Skokloster. Foto: P. Kristensen, imagebank. Sweden.

erhielt Margareta Julianas Sohn, Abraham Brahe, Skokloster.

In dieser Familienlinie blieb das Schloss bis zu Freiherr Rutger Frederik von Essen, einem Großneffen von Magnus Per Brahe, dem letzten Brahe auf Skokloster. Der Freiherr schließlich, der seit 1936 regelmäßig im Schloss wohnte, verkaufte das historische Anwesen 1967 an den schwedischen Staat.

Von den vier Etagen des Schlosses ist die zweite Etage die interessanteste für den Besucher. Hier liegen die Salons und Wohnräume, die zum großen Teil sehr prächtig ausgestattet, möbliert und dekoriert sind, wie das **Schlafzimmer der Gräfin**, das **Schlafzimmer des Grafen** mit Holzkamin, Stuckdecke und Wandteppichen aus dem 17. Jh., der **Speisesaal** mit seiner bemerkenswerten Goldleder-Wandverkleidung und vor allem der üppig dekorierte **Königssaal**.

Besichtigen kann man außer dem Schloss noch die **Kirche** des ehemaligen Zisterzienserklosters, die als Grabkirche der Wrangels diente.

Außerdem liegt auf dem Schlossgelände das bekannte **Skokloster Värdshus**, mit ausgezeichnetem **Restaurant** und zahlreichen Hotelzimmern, Tel. +46 (0)18 38 61 00; www.skoklosterwardshus.se.

CAMPING

Camping Skokloster [WP 347a / N59° 42‘ 18.9“ E17° 32‘ 24.6“], Skoklostervägen 51, Tel. +46 (0)18 38 60 35; www.skocamp.se; Ende Apr. – Ende Aug.; Zufahrt von der Straße zum Schloss Skokloster, ca. 4 km westlich des Schlosses; Wiesengelände von Wald umgeben am See mit Strandbad; ca. 3 ha – ca. 180 Stpl. + zahlr. Dau.; Standardsanitärausstattung; Imbiss, Bootsanleger. Bademöglichkeit im Mälaren-See. **V & E für Wohnmobile**.

TOUR 32: STOCKHOLM

Empfohlene Reisedauer: Mindestens zwei Tage, ohne Ausflüge.

Höhepunkte in Stockholm: Stockholms Altstadt **Gamla Stan** ** – der **Königliche Palast** ** und die **Königlichen Gemächer** *** – das **Vasa-Museum** *** – das **Stadshuset** ** – die **Riddarholmskirche** * – das Freilichtmuseum **Skansen** ** – das **Nationalmuseum** ** – ein Schiffsausflug zu den Schlössern **Drottningholm** *** und/oder **Gripsholm** **.

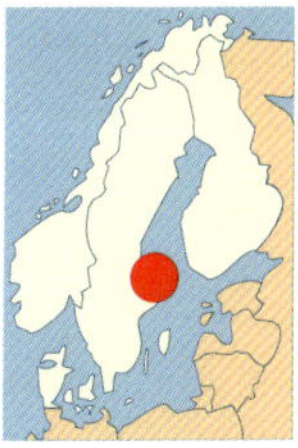

Schwedens Hauptstadt mit heute rund 923.000 Einwohnern (annähernd 2,2 Millionen Einwohner im Großraum mit Vororten), wurde offiziell im Jahre 1252 von *Birger Jarl* gegründet.

Stockholm, was übrigens soviel wie Baumstamm-Insel bedeutet (*stock* = Stamm, *holm* = Insel), hatte bei seiner Erhebung zur Stadt wohl kaum mehr als ein paar Hundert Einwohner.

Als wahrscheinlich gilt die Version, dass der Name *Stock Holm* von den Holzstämmen abgeleitet wurde, die die Brücken von Gamla Stan über Helgeandsholmen zum Festland trugen.

Birger Jarl ließ auf dem höchsten Punkt der Stadsholmen (Stadtinsel) die Festung *„Tre Kronor"* errichten und die Ufer durch Wälle und Wehranlagen schützen. Bald wurde mit dem Bau der Storkyrkan begonnen, in der 1336 Magnus Eriksson zum König gekrönt wurde. Königsresidenz aber wurde Stockholm erst später.

Im 14. Jh. ließen sich viele deutsche Kaufleute und Schiffseigner in Stockholm nieder. Ihr Einfluss und damit der Einfluss der Hanse auf die Geschicke Stockholms in jenen Jahren war beträchtlich. Die Spuren aus jener Zeit sind in Kunstwerken in den Kirchen oder in Straßennamen heute noch nachvollziehbar. Mitte des 15. Jh. wurde durch eine restriktive Ausländerpolitik der Anteil der deutschen Stadtbevölkerung deutlich gesenkt.

Das Stadtgebiet dehnte sich aus, zunächst auf die *Insel Riddarholmen*, dem bevorzugten Wohngebiet des Adels. Riddarholmen hieß nach den Franziskanern oder „Grauen Brüdern", die hier ihre Klosterkirche (heute Riddarholmskyrkan) hatten, lange *„Gråmunkeholmen"*.

Ein schwarzer Tag für Stockholm war der 8. November des Jahres 1520. Nach einer verlorenen Schlacht des Schweden *Sten Sture* gegen die Dänen kapitulierten die Schweden. Entgegen aller Vereinbarungen ließ aber der dänische König Christian II. fast alle seine Widersacher – es sollen über einhundert gewesen sein, darunter Adelige und Herren des geistlichen Standes – auf dem Stortorget enthaupten. Genützt hat dieses Massaker, das als „Blutbad von Stockholm" in die Geschichtsbücher einging, der dänischen Sache allerdings kein Jota. Gustav Vasa gelang es vielmehr, die Empörung in Schweden zu nutzen, das Reich zu einen und die Autonomie des schwedischen Königreichs wieder herzustellen. 1523 wird Stockholm Sitz der Reichsadministration.

Während des Dreißigjährigen Krieges zwischen 1618 und 1648 erlangte Schweden eine Großmachtstellung in Europa. Entsprechend nahm die Bedeutung Stockholms zu. Die Einwohnerzahl stieg auf über 60.000.

1634 endlich wurde Stockholm offiziell zur Hauptstadt des Königreichs erhoben, was es de facto schon lange war.

1697 fiel die von Birger Jarl gegründete Drei-Kronen-Festung einem Großfeuer zum Opfer. Der aus Stralsund stammende Architekt und königliche Stadtbaumeister *Nicodemus Tessin* und dessen Sohn wurden mit dem Neubau des Königspalastes beauftragt, der nach fast fünfzigjähriger Bauzeit 1754 vollendet wurde.

Der Verlust der Vormachtstellung Schwedens in Europa im 18. Jh. hatte natürlich auch seine Auswirkungen auf die Entfaltung der Stadt. Die wirtschaftliche Weiterentwicklung Stockholms stagnierte. Mit dem Industriezeitalter kam Mitte des 19. Jh. – die heutige Hauptstraße Drottninggatan hatte damals noch nicht einmal Gehsteige und die heute schmucke Altstadt glich mehr einem Elendsviertel – die erste Eisenbahnlinie aus Södertälje nach Stockholm. Und 1877 ratterte die erste Straßenbahn durch die Stadt.

1912 war Stockholm Austragungsort der Sommerspiele der 5. Olympiade.

Wasser, Inseln und Brücken sind es, die das Großbild der Stadt prägen. Über nicht weniger als 14 Inseln erstreckt sich Stockholm zwischenzeitlich. „Die Schöne am Wasser" oder „Venedig des Nordens" wurde Stockholm schon genannt.

Tipps zur Stadtbesichtigung

Ein Rundgang durch die **Altstadt**, eine Besichtigung des **Königlichen Schlosses** (zumindest der Königlichen Gemächer und der Schatzkammer) und vor allem auch ein Besuch im **Vasa Museum (16)** sollten auf alle Fälle auf dem Besichtigungsprogramm stehen. Einen weiteren Tag können Sie leicht mit Besuchen der **Riddarholmskirche (11)**, des **Stadshuset (14)**, des **Nordischen Museums (17)** und des **Nationalmuseums (27)** oder des **Moderna Museet** ausfüllen, die mit zu den bedeutenden Sehenswürdigkeiten der Stadt zählen.

Steht noch mehr Zeit zur Verfügung, lohnt ein Besuch im **Skansen Freilichtmuseums (15),** in dem man alleine einen ganzen Tag verbringen könnte, oder man geht in eines der anderen zahlreichen Museen der Stadt.

Und an einem schönen Sommertag ist ein **Ausflug** mit den Nostalgiedampfern wie der „S/S Mariefred" nach **Drottningholm** oder **Gripsholm** ein sehr reizvolles Erlebnis.

Öffentliche Verkehrsmittel

Das System der öffentlichen Nahverkehrsmittel, sprich **Busse** und **U-Bahn** (Tunnelbana), ist ausgezeichnet organisiert, relativ preiswert und schnell. Ergänzt wird das Nahverkehrssystem durch Schiffsverbindungen. Die Empfehlung kann also nur lauten, Stadtbesichtigungen mit Bus und U-Bahn zu unternehmen.

Seit einigen Jahren fährt die schön restaurierte alte **Nostalgie-Straßenbahn**

Blick von der Brücke Djurgårdsbron auf Stockholms Innenstadt am Strandvägen

Linie 7 vom Platz Sergels Torg in der Innenstadt, bis zu den Museen und zum Freilichtmuseum Skansen auf der Djurgården-Halbinsel.

Mein Tipp! Nehmen Sie auf dem Weg nach Djurgården die Fähre ab Slussen und die Straßenbahn zurück in die Innenstadt, oder machen Sie es umgekehrt.

Einen ersten Eindruck von Stockholm vom Wasser aus kann man sich auf einer Fahrt mit den **Hop-on Hop-off Rundfahrtbooten** verschaffen, was vor allem an einem schönen Sommertag ein Erlebnis ist. Die Boote verkehren vom 1. Mai bis 22. Dezember täglich zwischen 10.30 und 15 Uhr (Abfahrten 10.30, 11.15, 12, 12.45, 13.30, 14.15 und 15 Uhr **ab Anleger am Schloss**, über **Nybroplan, Vasa Museum, Skeppsholmen, Gröna Lund** (Skansen, Djurgården), **Kreuzfahrt-Terminal, Museum für Fotografie** (Södermalm) und **Slussen** (Gamla Stan) zurück zum Schloss. Die gesamte Tour dauert rund eine Stunde. Das schöne aber ist, man kann an jedem Haltepunkt aus- und wieder zusteigen, so oft man will. Erklärungen gibt es über Audioguide in 14 Sprachen. An Bord findet man ein Café, WLAN und Toiletten. Die Fahrkarte ist 24 Stunden lang gültig. Es gibt auch Kombi-Tickets für Boot und Bus. Tickets kauft man an den Anlegestellen oder bei **Red City Buses AG**, Nybrogatan 34, Tel. +46 (0)88-555 103 90; https://www.redsightseeing.com/de/unsere-touren/)

Übrigens sind viele der **U-Bahn-Stationen**, z. B. T-Central (Zentralbahnhof), Rådhuset, Solna Center oder Fridhemsplan dank ihrer ausgefallenen Architektur und der künstlerischen Gestaltung schon eine Sehenswürdigkeit für sich.

Da Sie Ihr Handy vermutlich sowieso dabei haben, kann folgende Einrichtung für Sie vielleicht von Interesse sein – **„Talk of the town"**; www.talkofthetown.se. „Talk of the town" ist eine technische Einrichtung, ein Stadtführer (Audioguide), über den Sie mittels Ihres Handys Informationen in sechs Sprachen zu 56 Sehenswürdigkeiten in Stockholm abfragen können. Die Ansagen dauern jeweils rund drei Minuten. Infos dazu im Touristenbüro, in den größeren Hotels oder in den Museen.

Mein Tipp! Wer mit dem Auto in Stockholm unterwegs ist, sollte tunlichst die Parkverbotsbeschilderung beachten. Strafmandate für falsches Parken sind teuer.

Gebührenpflichtige Parkmöglichkeiten im Freien findet man auf der Altstadtinsel an deren Ostseite unterhalb des **Schlosses (2)** an der **Skeppsbron [N59° 19' 30.5" E18° 04' 34.5"] sowie hinter der Riddarholmskirche(11)**.

Außerdem gibt es Parkplätze westlich vom **Stadshuset (14)** an der Uferstraße Norr Mälarstrand **[N59° 19' 35.8" E18° 02' 43.1"]**. Im östlichen Stadtbereich schließlich gibt es gebührenpflichtige Straßenparkplätze entlang des Strandvägen **[N59° 19' 52.50" E18° 5' 9.22"]**, sowie auf **Junibacken [N59° 19' 49.20" E18° 5' 31.50"]** kurz vor den Museen Nordisches Museum (17) und Vasawerft (16) oder südlich des Freilichtmuseums Skansen (15), um nur einige relativ zentrumsnahe, aber immer sehr stark frequentierte Parkmöglichkeiten zu erwähnen. Änderungen im Zuge von Baumaßnahmen sind möglich!

Die **City-Maut** (automatische Kennzeichen-Scannung u. Rechnungstellung), von der im Ausland zugelassene Fahrzeuge lange Zeit ausgenommen waren, gilt nun auch für alle nicht in Schweden zugelassenen Fahrzeuge!

1. Rundgang
Stockholms Altstadt Gamla Stan

Gamla Stan, das historische Herz der Stadt, mit seinen engen Gassen und repräsentativen Häuserfassaden, ist eine der größten Sehenswürdigkeiten der Stadt. Hier liegen das **Königliche Schloss (2),** Stockholms Domkirche **Storkyrkan (4),** der historische **Stortorget** (Großer Platz), die **Tyska Kyrkan** (Deutsche Kirche – 8 –) und das **Nobelmuseum (5)**.

Ausgangspunkt unserer Stadtbesichtigung ist der **Slottsbacken [N59° 19' 34.70" E18° 4' 23.31"]**, Auffahrt und Vorplatz auf dem Schlossberg an der Südseite des **Königlichen Schlosses.** Gebührenpflichtige Parkplätze für Fahrzeuge bis max. Kastenwagengröße findet man an der Uferstraße Skeppsbron.

Unmittelbar westlich des Schlosses erhebt sich die Großkirche St. Nikolai oder **Storkyrkan (4)** mit einem mächtigen Obelisken vor der Kirche, den König Gustav III. nach dem Krieg in Ostfinnland 1791 seinen Untertanen errichten ließ.

Nach Osten sieht man über das Gustav III.-Denkmal und die königliche Anlegestelle Logårdstrappen über den Norrströmen hinüber nach Blasiholmen mit Grand Hotel und Nationalmuseum (27).

Das Königliche Schloss

Das **Kungliga Slottet**, das **Königliche Schloss (2) [N59° 19′ 34.78″ E18° 4′ 20.9″]**, Slottsbacken, ein gewaltiger Renaissancebau, dessen Flügel sich um einen viereckigen, großen Innenhof gruppieren, entstand ausgangs des 17. Jh. auf den Mauern der alten Drei-Kronen-Festung *(geöffnet Mai - Juni tgl. 10 - 17 Uhr; Juli - Aug. tgl. 9 - 17 Uhr; Sept. 10 - 17 Uhr; Okt. - Apr. Di - So 10 - 16 Uhr; www.kungahuset.se)*. Bitte beachten Sie, dass die Königlichen Gemächer anlässlich öffentlicher Empfänge für Besichtigungen geschlossen sein können!

Nach der Stadtgründung Mitte des 13. Jh. hatte Birger Jarl den Grundstein zur Burg Tre Kronor gelegt. 1697 – König Karl I. war eben gestorben und lag aufgebahrt im Rittersaal – brannte die Burg bis auf die Grundmauern nieder.

Unmittelbar nach der Brandkatastrophe wurde der Auftrag zum Bau eines neuen Schlosses erteilt. Mit der Ausführung beauftragte man den Stadtbaumeister Nicodemus Tessin den Älteren, der schon mit den Umbaumaßnahmen der Tre-Kronor-Burg befasst gewesen war. 1754 endlich konnte der im Stil des italienisch-französischen Barock ausgestattete Palast seiner Bestimmung übergeben werden.

Über 600 Zimmer, Salons und Säle sollen sich in den weitläufigen Flügeln befinden. Einige der Palasträume werden heute noch von der königlichen Familie und von staatlichen Institutionen zu Repräsentationszwecken genutzt.

Man betritt die Palastanlage durch die säulengeschmückte Südfassade und gelangt über ein prächtiges Treppenhaus zu den Obergeschossen mit Festsälen, Bernadotteräumen und dem Reichssaal.

Die **Festsäle** sind die ältesten Räumlichkeiten des Schlosses, die schon ausgangs des 17. Jh. nach Plänen von Nicodemus Tessin d. J. entstanden sind.

Saal des Staatsrates – Besonders zu erwähnen sind die beiden prächtigen Gobelins, die um 1770 in Frankreich entstanden sind. Diese Bildteppiche an der Süd- und Ostwand zeigen Szenen aus der antiken Sage um Jason und Medea. Sechs Büsten stellen schwedische Könige aus dem Hause Bernadotte dar, beginnend mit dem Begründer der Dynastie, Karl XIV. Johan.

Aufmerksamkeit verdient auch die Tischuhr („Löwenuhr") aus vergoldeter Bronze. Sie entstand im frühen 17. Jh. in einer Augsburger Werkstatt.

Der **Audienzsaal,** ursprünglich für König Karl XI. als Schlafgemach gedacht, wurde unter Gustav III. zum Audienzsaal umfunktioniert. Aus dem späten 17. Jh., der Zeit Karls XI., stammt die Stuckdecke. In der Mitte ein Deckengemälde mit dem Motiv „Mars und Venus".

Beachtenswert sind weiter der Thronhimmel aus dem 16. Jh., hergestellt in Italien, dann der Kronleuchter aus dem frühen 18. Jh. aus Frankreich, die Porträts neben den Fenstern von Frans Hals aus der Zeit um 1640 oder die Büste Gustavs II. Adolf, die von Georg Petel stammt, einem deutschen Bildhauer des frühen 17. Jh.

Im **Prunkschlafzimmer Gustavs III.** stammt die Stuckdecke – wie schon die Decke im Audienzsaal – von den französischen Meistern des späten 17. Jh. Chauvreau und Fouquet. Die meisten Einrichtungsgegenstände stammen aus der zweiten Hälfte des 18. Jh. und sind im Louis XVI.-Stil gehalten. In der ehemaligen Bettnische hängen französische Gobelins. Dort sieht man auch Ebenholzschränke mit wunderschönen Einlegearbeiten.

Einer der prunkvollsten Salons ist die **Galerie Karls XI.** Die Dekorationen stammen fast alle noch aus der Zeit um 1690.

Das Königliche Schloss in Stockholm, im Hintergrund die Storkyrkan

In den Vitrinen sieht man Stücke seltenen Kunsthandwerks aus Glas oder Elfenbein und eine schöne Sammlung kostbaren Porzellans, u. a. aus China und Meißen. Der Saal ist heute noch Schauplatz königlicher Gesellschaften. An der langen Tafel können bis zu 150 Gäste Platz nehmen.

Durch das **weiße Kabinett**, das **Prunkschlafzimmer Sofia Magdalenas** mit einem Deckengemälde, das Swea und vier Erdteile darstellt, und den **Don Quijote-Salon** mit französischen Gobelins, die Motive aus dem Cervantes-Roman „Don Quijote" zeigen, gelangt man in den großen **Ballsaal Vita Havet** (Weißes Meer), der 1845 durch den Architekten Nyström seine heutige Form und Ausstattung erhielt. Lediglich die Decke mit den Gemälden „Sweas Triumph" von Francia und „Belohnung des Siegers" von Taraval und Francia stammt aus früherer Zeit, als der Saal noch als Speisesaal diente. In den Vitrinen sind Silbergegenstände und Sèvres-Porzellan aus dem 18. Jh. zu sehen.

Weiter können die **Bernadotteräume** besichtigt werden. Die Zimmerflucht, die nach Plänen des Architekten Karl Hårleman im Stil des frühen 18. Jh. ausgestattet ist, war für König Frederik I. und seine Gemahlin Ulrika Eleonora geplant worden.

Über den **Trabantensaal,** ehemals als Aufenthaltsraum der Leibwachen vorgesehen, später unter Gustav III. und Karl XV. als Speisesaal genutzt, in dem man das Gemälde der Krönung König Karls XIV. in der Storkyrka sowie Büsten anderer schwedischer Monarchen sehen kann, gelangt man in die **Säulenhalle**, dem vielleicht schönsten Saal im Schloss. Das Deckengemälde zeigt Swea und die Vier Jahreszeiten. Schöne Marmorkamine, Spiegelwände, Statuen von Apollo und Venus von J. T. Sergel.

Der **Victoriasaal** erhielt seinen Namen von einer Statue der Siegesgöttin, die hier früher aufgestellt war. Unter den kostbaren Möbelstücken verdient ein Schrank an der Südwand besondere Beachtung, den König Karl XV. 1863 von Napoleon III. zum Geschenk erhalten hatte.

Man gelangt in das **Schreibkabinett Oskars II**. und schließlich in die **Bernadottegalerie**. Unter den Familienporträts werden den Besucher vielleicht die an der Innenwand von Karl XIV. Johan, ehemals französischer Marschall in napoleonischen Diensten, und dessen aus Marseille stammenden Gemahlin Desirée Clary besonders interessieren. Der Sohn des Königspaares, Oskar I. und dessen Gemahlin Königin Josefina, sind rechts des Portals zu sehen. Links davon sind die vier Söhne Oskars I. dargestellt. In einer Vitrine bei den Fenstern werden Gegenstände Marschall Bernadottes (Marschallstab, Feldbesteck, Degen u. a.) ausgestellt.

Wenn zugänglich, sollte man unbedingt auch den **„Rikssalen"** (Reichssaal) besichtigen, den **Thronsaal** der schwedischen Könige. Von diesem Thron aus eröffnet der König noch heute den Reichstag oder vereidigt Mitglieder einer neuen Regierung.

Gegenüber dem Thronsaal liegt die barocke **Schlosskapelle**. Auch sie musste nach dem großen Schlossbrand neu aufgebaut werden. Besonders beeindruckend in der von französischen Künstlern ausgestatteten Kirche sind neben den Deckengemälden von Guillaume Taraval der reich verzierte Hochaltar und die Kanzel.

In der **Königlichen Schatzkammer**, die in den Kellergewölben des Palastes untergebracht ist, können die **schwedischen Kronjuwelen** besichtigt werden.

Zu den ältesten historischen Stücken zählen Gustav Vasas Reichsschwerter (Raum 2, Vitrine IX) und die Reichskleinodien König Eriks XIV. (Raum 2, Vitrine VII), die anlässlich seiner Krönung zu Uppsala am 29. Juni 1561 angefertigt wurden.

Die **Königliche Rüstkammer Livrustkammaren**, Slottsbacken 3, *(geöffnet Di - So 11 - 17 Uhr, Do 11 - 20 Uhr; www.livrustkammaren.se)* zeigt eine wunderschöne Sammlung von teils sehr prunkvollen Kutschen und Paradekaleschen, von Krönungsgewändern, Waffen und Jagdutensilien. Zu den besonderen Stücken zählen das Kostüm, das König Gustav III. auf dem Maskenball trug, auf dem er im März 1792 ermordet wurde, oder das ausgestopfte Lieblingspferd Gustavs II. Adolf „Streiff".

Schließlich ist noch das **Museum Tre Kronor** *(geöffnet Mai - Juni tgl. 10 - 17 Uhr; Juli - Aug. 9 - 17 Uhr; Sept. tgl. 10 - 17 Uhr; Okt. - Apr. Di - So 10 - 16 Uhr; www.kungahuset.se)* an der Nordseite des Schlosses, zugänglich an der großen Löwentreppe Lejonbacken, zu besichtigen. Die Ausstellungen hier befassen sich in erster Linie mit der Entstehungs- und Architekturgeschichte des Palastbaus.

Ebenfalls von der Löwentreppe aus ist das **Antiquitätenmuseum Gustavs III.** zugänglich. Hier sind Sammlungen von Kunstwerken, vor allem Skulpturen (u. a. Apollo und die neun Musen, Minerva etc.) zu sehen, die der Kunstliebhaber König Gustav III. erwarb.

Die **Wachablösung** der königlichen Palastgarde findet im halbrunden Kolonnadenhof an der Westseite des Schlosses statt *(23. Apr. - 31. Aug. Mo - Sa 12.15 Uhr, So 13.15 Uhr; Sept. - Okt. Mi , Sa, So 12.15 Uhr, So 13.15 Uhr)*.

Spaziergang durch Stockholms Altstadt

Bevor man vom Schloss die wenigen Schritte weiter bergan zur Storkyrkan geht, sollte man sich an der Südseite von Slottsbacken, gegenüber vom Königlichen Schloss, das **Stadtpalais** von Nicodemus Tessin ansehen. Hier ist die überaus reiche Sammlung des **Königlichen Münzkabinetts (3),** untergebracht *(geöffnet tgl. 10 - 16 Uhr, Juli - Sept. 9 - 17 Uhr; Eintritt frei; www.myntkabinettet.se)*.

Gleich rechts daneben liegt die **Finnische Kirche (3)**. Das Gebäude, das heute der finnischen Gemeinde als Gotteshaus dient, war bis ins 18. Jh. königliches Ballhaus.

Die **Storkyrkan (4) [N59° 19' 32.9" E18° 04' 15.4"]**, Stockholms große Domkirche, ist eines der ältesten Bauwerke der Stadt. Schon kurz nach der Stadtgründung durch Birger Jarl wurde mit dem Bau – wahrscheinlich um 1260 – begonnen, der 1279 erstmals als „Dorfkirche" urkundlich erwähnt wird. Geweiht ist die Große Kirche dem Heiligen Nikolaus von Myra, dem Schutzpatron der Seeleute.

Stockholms Hauptkirche ist der traditionelle Ort für königliche Taufen, Krönungen, Hochzeiten oder Begräbnisfeierlichkeiten. Es ist Tradition, dass im Dezember der Träger des Friedensnobelpreises während des Gottesdienstes eine Ansprache hält.

Zu den großen Sehenswürdigkeiten der Kirche zählt im Nordschiff die monumentale Holzplastik **„St. Georg und der Drache“**, die 1494 von dem aus Lübeck stammenden Bildhauer Bernt Notke geschaffen wurde. Den Auftrag für die Arbeit gab Sten Sture der Ältere, der 1471 die Dänen besiegt hatte. St. Georg mit dem Drachen sollte das Sinnbild des Kampfes der Schweden gegen die Dänen sein.

Der wunderbare **Altar** aus Silber und Ebenholz zählt zu den größten Kirchenschätzen, zu denen auch der 3,7 m hohe Bronzeleuchter (1470) im Querschiff zählt.

Die **Königsstühle**, 1684 von König Karl. XI. in Auftrag gegeben und nach Plänen von Tessin d. J. von Burghardt Precht gefertigt, sind die Plätze, von denen aus die schwedischen Monarchen offiziellen Zeremonien in der Kirche beiwohnen.

Burghardt Precht fertigte auch die Kanzel, unter der sich die Grabplatte für Olaus Petri befindet, einem Schüler Martin Luthers und großen Reformators in Schweden.

Von der Storkyrkan gehen wir nach Süden und vorbei an der angrenzenden ehemaligen **Börse Börshuset (5)** zum großen alten Markt- und mittelalterlichen Richtplatz der Stadt, zum **Stortorget [N59° 19‘ 30.40“ E18° 4‘ 14.74“]**.

Die alte Börse, ein prächtiger Rokokobau, entstand um 1770 an der Stelle des alten Rathauses. Im Festsaal der Schwedischen Akademie im Obergeschoss wird alljährlich der Name des neuen Literaturnobelpreisträgers bekanntgegeben.

Heute ist im Börsengebäude das **Nobelmuseum** eingerichtet *(geöffnet Juni - Aug. tgl. 9 - 20 Uhr; Sept. - Mai Di 11 - 20 Uhr, Mi - Fr 11 - 17 Uhr, Sa + So 10 - 18 Uhr; www.nobelmuseum.se/)*. Das Museum informiert auf moderne und interessante Weise über die Geschichte des Nobelpreises, seine Preisträger und ihre Entdeckungen bzw. Leistungen. Informative Kurzfilme.

Auf dem **Stortorget** ist man mitten in der **Gamla Staden**, dem bezaubernden Viertel Alt-Stockholms. Die engen Straßen und Gässchen in den Schluchten alter Häuser, mit ihren Ladenfassaden aus Omas Zeit (oder noch früher?), die Brunnen auf den kleinen gepflasterten Plätzen und der malerische **Marktplatz** machen schnell vergessen, dass man sich in einer modernen Großstadt befindet.

Stockholms Altstadt am Stortorget

Hier gibt es Antiquitäten, Mode, Trödel, einige kleine, aber sehr elegante Hotels wie das „Lord Nelson“ oder das „Lady Hamilton“ und es gibt Restaurants, Kneipen und Cafés.

Eines davon ist das Café **„Sundbergs Konditori"** am Järntorget. Es stammt aus dem Jahre 1785 und dürfte wohl das älteste Café in ganz Stockholm sein. Ein gemütlicher Ort für eine Rast auf dem Stadtspaziergang.

Durch die Gassen der Gamla Stan, zog einst auch *Carl Michael Bellman*, Schwedens bekannter Dichter und Liedermacher des 18. Jh., und gab – nicht selten in weinseliger Fröhlichkeit – in den Kneipen seine Trink- und Vagantenlieder zum Besten.

Vom Stortorget kann man durch die Köpmangatan nach Osten bis zur Österlånggatan gehen, der östlichen Hauptstraße der Altstadt. Am Ende der Köpmangatan sieht man die Bronzeskulptur „St. Georg mit dem Drachen", eine Kopie des Originals in der Storkyrkan. Wir folgen der Österlånggatan nach Süden bis zum **Järntorget [N59° 19' 22.13" E18° 4' 23.85"]**, dem alten Eisenmarkt.

Viele der Häuserfassaden an der Österlånggatan sind beachtenswert, manche stammen aus dem 17. Jh. Im Haus Nr. 51 ist eines der ältesten Restaurants Stockholms untergebracht, das renommierte **„Den Gyldene Freden" [N59° 19' 23.14" E18° 4' 25.36"]**. Im Goldenen Frieden verkehrte schon Carl Michael Bellman.

2. Rundgang Von Slussen über Riddarholmskirche bis Stadshuset

Nur ein kurzes Stück weiter südlich des Järntorget endet die Altstadt Gamla Stan. Es schließt sich der Karl Johans Torg – besser bekannt als **Slussen** – an. Dieser wichtige Verkehrsknotenpunkt mit Brücken, Schleusen und mehreren Verkehrsebenen galt lange als verkehrstechnische und städtebauliche Musterlösung.

Auf dem Platz steht ein Reiterstandbild König Karls XIV. Johan, dem ersten Bernadotte auf dem schwedischen Thron. Errichtet wurde es zur Erinnerung an die schwedisch-norwegische Union von 1814 bis 1905.

Nach Süden sieht man hinüber zur **Insel Södermalm** mit ihrem felsigen und teils recht steil aufragenden Ufer.

Der Aussichtsturm **Katarinahissen (6) [N59° 19' 11.74" E18° 4' 24.26"]** etwas links, dessen Plattform mit dem Aufzug zu erreichen ist, bietet Gelegenheit zu einem **Panoramablick** über die Stadt. Dort findet man auch das **Aussichtsrestaurant „Gondolen"**.

Nicht sehr weit von Slussen entfernt liegt auf Södermalm am Södermalmstorg das **Stadsmuseet (7) [N59° 19' 10.36" E18° 4' 16.59"]**, Ryssgården, *(wegen Renovierung geschlossen, Wiedereröffnung Nov. 2018; www.stadsmuseet.stockholm.se)*. Das Museum gibt anhand von Dokumenten, Plänen, Bildern und Anschauungsmaterial einen Überblick über die Entwicklung der Stadt Stockholm von ihren Anfängen bis heute. Zu den großen Sehenswürdigkeiten zählen die Abteilung über das alte Stadtschloss Tre Kronor sowie Schwedens größter Silberschatz *Loheskatten*.

Wer auf den **Spuren der Popgruppe ABBA** durch Stockholm wandeln möchte, erhält hier im Stadtmuseum einen speziellen Stadtplan, auf dem die einstigen ABBA-Örtlichkeiten vermerkt sind, bzw. man kann sich Tickets für eine zweistündige Führung kaufen. Ob dieser Service nach Wiedereröffnung des Stadtmuseums im November 2018 wieder angeboten wird, war bis Drucklegung dieser Ausgabe nicht in Erfahrung zu bringen.

ABBA-Fans können inzwischen das seit Mai 2013 geöffnete **ABBA - The Museum** am Djurgårdsvägen 68 besichtigen. Details siehe weiter hinten beim 3. Stadtrundgang unter **Djurgården.**

Wir kehren zurück bis an die Südseite der **Gamla Stan**. Dort liegt etwas westlich des Slussplan (Karl Johan Torg) der **Kornhamnstorg [N59° 19' 21.56" E18° 4' 14.7"]**, der früher bis ins Eisenbahnzeitalter der lebhafteste Warenumschlagplatz der Stadt war. Es war der Handelsplatz Stockholms schlechthin, an dem alle Waren verzollt und umgeladen wurden, von den hochseetüchti-

*STOCKHOLM ZENTRUM – **1** Touristeninformation – **2** Königliches Schloss – **3** Königliches Münzkabinett und Finska Kyrkan – **4** Storkyrkan – **5** Nobelmuseum, ehem. Börse – **6** Katarinahissen – **7** Stadtmuseum – **8** Tyska Kyrkan – **9** Postmuseum – **10** Riddarhuset – (11 – 13 s. u. Gamla Stan - Altstadt) – **14** Stadshuset – **15** Skansen – **16** Vasa Museum – **17** Nordisches Museum – **18** Historisches Museum – **19** Kungliga Dramatiska Teatern – **20** Hallwyl Museum – **21** Konzerthaus – **22** Klarakirche – **23** Mittelmeermuseum – **24** Opernhaus – **25** Reichstag – **26** Mittelalter Stockholm Museum – **27** Nationalmuseum – **28** Ostasiatisches Museum – **29** Museum für Moderne Kunst – **30** Architekturmuseum – **31** Armémuseum – **32** Hauptbahnhof – **33** Hauptpost – **34** Bootsausflüge, Bootsanleger – **35** Aquaria Vattenmuseum – **36** Gröna Lund Djurgården, Skansen Freilichtmuseum, Aquarium, ABBA-The Museum – **37** zum „Autocamper" Wohnmobil-Stellplatz – **38** Junibacken*

gen Ostseeschiffen auf Binnenschiffe und umgekehrt. Das Denkmal mit dem sog. „Bogenspanner" auf dem Platz stammt vom Bildhauer Christian Eriksson aus dem Jahre 1917 und soll „die Kraft des schwedischen Volkes" darstellen.

Durch die schmale Funckens Gränd an der Ostseite des Platzes Kornhamnstorg kann man wieder stadteinwärts gehen und kommt kurz darauf zur Västerlånggatan, der westlichen Hauptstraße der Altstadt, heute die belebteste Geschäftsstraße in der Gamla Stan überhaupt.

Ein kurzes Stück stadteinwärts gelangt man zur St.-Gertrudskirche, eher bekannt als **„Tyska Kyrkan" (8) [N59° 19' 26.52" E18° 4' 18.90"]**, die Deutsche Kirche *(geöffnet Mai - Juni tgl. 11 - 15 Uhr; Juli - 20. Aug. tgl. 10.30 - 16.30 Uhr; 21. - 31. Aug. tgl. 11 - 15 Uhr; Sept. - Apr. Mi, Fr, Sa 11 - 15 Uhr)*. Sonntags um 11 Uhr deutschsprachiger Gottesdienst.

Im weiteren Verlauf des Stadtrundgangs folgen wir der Västerlängsgatan und gehen durch eine der Gassen nach links bis zur Stora Nygatan und weiter bis zur Lilla Nygatan. An deren Nordwestende liegt **Munkbron** mit einigen sehenswerten Stadthäusern.

Wer sich für Philatelie interessiert, für den ist ein Besuch im **Postmuseum (9) [N59° 19' 26.78" E18° 4' 5.01"]** in der Lilla Nygatan Nr. 6 ein Muss *(geöffnet Di - So 11 - 16 Uhr, Mi bis 19 Uhr; www.postmuseum.posten.se)*. In dem über 100 Jahre alten Museum ist alles über die Geschichte der schwedischen Briefmarke seit 1865 zu finden. Außerdem Postschiffe, Postbusse etc.

Der weitere Weg unseres Stadtrundgangs führt nun am Riddarholmkanal entlang zum Riddarhustorget. Gegenüber des verkehrsreichen Platzes erhebt sich das **Riddarhuset, Ritterhaus (10) [N59° 19' 32.46" E18° 3' 58.09"]**, das Haus des schwedischen Hochadels. Im großen **Rittersaal** werden 600 Wappenschilder der ehemals 2.893 Adelsgeschlechter aufbewahrt. Einer der letzten Schweden, die in den Adelsstand erhoben wurden, war 1902 der Asienforscher *Sven Hedin*.

Eine breite Brücke führt hinüber zur **Insel Riddarholmen**, dem ehemals bevorzugten Residenzgebiet des schwedischen Adels.

Man geht direkt auf die mächtige **Riddarholmskyrkan (11) [N59° 19' 29.50" E18° 3' 53.03"** mit ihrem markanten, durchbrochenen Turm zu *(geöffnet Mai - Sept. tgl. 10 - 17 Uhr, Okt. Nov. Sa + So 10 - 16 Uhr)* die Kirche entstand schon im 13. Jh. Damals war sie als Abteikirche eines Franziskanerklosters geplant. Traditionsgemäß ist sie die Grabkirche der Königlichen Familie und des Adels und Gedächtniskirche des Seraphinenordens.

Der erste Monarch, der in der Kirche beigesetzt wurde, war König Magnus Ladulås, der Kirchengründer (1270) und Gründer des Franziskanerklosters.

Ursprünglich war die Kirche nur zweischiffig. Erst Mitte des 15. Jh. wurde sie erweitert und ein drittes Schiff angefügt. Der einst gepflasterte Kirchenboden ist zwischenzeitlich übersät mit Grabplatten.

Durch das sog. *Waffenhaus* an der Nordseite, in dem in früheren Zeiten die Ritter ihre Waffen zu deponieren hatten, bevor sie zur Messe gingen, betritt man die Kirche. Im Inneren wenden wir uns links und gehen im linken Seitenschiff vorbei an den Grabkapellen der *Lewenhaupts* zum **Hochaltar**.

Links vom Altar führen Stufen in die *Karolinische Grabkapelle*. Die durch ihren Baustil vom übrigen Kirchenbau abweichende Kapelle entstand in langwierigen Bauabschnitten zwischen 1641 und 1743. Beigesetzt sind hier der 1718 gestorbene Karl XII. (schwarzer Marmorsarkophag), Frederik I. (gest. 1751), Ulrika Eleonora (gest. 1741) und in den Gewölben ruhen Karl X. Gustav und Karl. XI.

Die schön gearbeiteten **Grabmale** mit den gotischen Liegefiguren vor dem barocken Hochaltar – links *Magnus Ladulås*, rechts daneben *Karl Knutsson Bonde* – wurden Ende des 16. Jh. von Johann III. gestiftet.

Rechts vom Altar gelangt man zur *Gustavianischen Grabkapelle*, die Mitte es 17. Jh. errichtet wurde. In dem großen Sarkophag aus italienischem Marmor ruht Gustav II. Adolf. In einem nicht zugänglichen Teil der Kapelle sind die Könige Adolf Frederik, Gustav III., Gustav IV. Adolf und Karl XIII. beigesetzt.

Das nächste große Mausoleum ist die *Bernadottesche Grabkapelle*. Sie entstand erst Mitte des 19. Jh. Hier ist Karl XIV. Johan, der 1844 verstorbene Gründer der bernadotteschen Königsdynastie, in einem herrlichen Porphyrsarkophag beigesetzt. Seine Gemahlin, Königin Desirée (Desideria), die 1860 starb, ruht davor in einem Sarkophag aus grünem Kolmårds-Marmor. In den Sarkophagen an den Wänden sind weitere Mitglieder aus dem Hause Bernadotte beigesetzt.

König Gustav V., der 1950 verstarb, wurde als letzter Monarch in der Riddarholmskirche zu Grabe getragen.

Man sollte die Kirche aber nicht verlassen, ohne die *Wappenschilder der Ritter des Seraphinenordens*, die an den Wänden des Kirchenschiffes angebracht sind, zu studieren. Man wird darunter viele bekannte Namen entdecken.

An der Nordseite der Riddarholmskirche liegt der **Birger Jarls Torg [N59° 19' 30.20" E18° 3' 51.31"]** mit einem Standbild des Stadtgründers Birger Jarl.

Blick von Riddarholmen zum Stadshuset

Der Platz ist umgeben von Adelspalais aus dem 17. Jh. wie denen der Bondes, Sparres und Stenbocks.

Links erhebt sich das imposante **Wrangelsche Palais (12) [N59° 19' 29.39" E18° 3' 46.27"]** mit den mächtigen Rundtürmen zur Seeseite hin. Karl Gustav Wrangel, Schlossherr zu Skokloster, ließ sich Mitte des 17. Jh. dieses prächtige Stadtpalais von den Hofarchitekten Tessin und Jean de la Vallée erbauen.

Südlich der Riddarholmskirche liegt an den Kais das alte Reichstagsgebäude von 1866 bis 1905.

Ganz in der Nähe liegt am Södra Riddarholmshamnen des weiße Hotel- und Restaurantschiff **„Mälardrottningen" (13) [N59° 19' 26.52" E18° 3' 46.51"]** vertäut. Die „Mälarkönigin" war ehemals die Yacht Barbara Huttons, der Erbin des New Yorker Multimillionärs und Kaufhauskönigs Woolworth.

Einen sehr schönen Blick hat man von der **Evert Taube Terrasse [N59° 19' 26.52" E18° 3' 46.51"]** (Evert Taube, Sänger, 1890 – 1976) unterhalb des Wrangelschen Palais aus über die Mälar-Riddarfjärden hinüber zur **Insel Kungsholmen** mit dem markanten **Rathaus (14)** und dessen zum Wahrzeichen der Stadt gewordenen Turm.

Von Riddarholmen kann man über die breite Centralbron hinüber zum **Stadshuset, Stockholms Rathaus (14) [N59° 19' 40.2" E18° 03' 18.6"]** gehen.

Stark frequentierte **Straßenparkplätze [N59° 19' 36.1" E18° 3' 0.2"]** liegen westlich vom Stadshuset an der Straße Norr Mälarstrand.

Stockholms **Stadshuset [N59° 19' 40.4" E18° 03' 18.4"]**, Handverkargatan 1, *(Führungen auf Schwedisch tgl. 12 + 14 Uhr, in Englisch tgl. 10 - 15 Uhr, im Sommer Führungen auch in anderen Sprachen, bei großen Veranstaltungen können evtl. Führungen ausfallen; www.stockholm.se/stadshuset)* wurde zwischen 1911 und 1923 nach Plänen des Architekten Ragnar Östberg errichtet. Eingeweiht wurde das Stadthaus mit seiner nordisch-nüchternkühlen Ausstrahlung zur Feier des 400. Jahrestages des Einzugs König Gustav Vasas in Stockholm.

Der vierflügelige Bau, für den angeblich mehr als acht Millionen Ziegelsteine verarbeitet wurden und am Ufer eigens eine aufwendige Pfahlgründung gebaut werden musste, umschließt zwei rechteckige Innenhöfe.

An der südöstlichen Ecke erhebt sich der 106 m hohe, viereckige **Rathausturm** *(geöffnet Apr. Sa + So 10 - 16.15 Uhr; Mai -Sept. tgl. 10 - 16.15 Uhr)*. Auf dem offenen Turmabschluss, der ganz im Gegensatz zum wuchtig und trutzig wirkenden Turm steht, sieht man die drei schwedischen Kronen aus dem Reichswappen, von denen jede über zwei Meter breit ist. Die Figuren an den Ecksäulen der abschließenden Turmlaterne stellen Maria Magdalena, die Hl. Klara, den Hl. Erik, den Schutzpatron der Stadt, und den Hl. Nikolaus dar.

Wenn man von Osten her über die Stadshusbron auf das Stadthaus zugeht, sieht man an der Nordseite des Turms über dem Dachgiebel die Monumentalplastik „St. Georg und der Drache" von Christian Eriksson.

Man kann den Turm über Treppen besteigen oder per Lift zur **Aussichtsplattform** gelangen. Von oben hat man einen ganz prächtigen Rundblick und natürlich auch eine schöne Sicht hinüber zur Altstadt.

Am Fuße der Ostseite des Turms sieht man unter einem von Säulen getragenen Baldachin einen Kenotaphen, ein **Grabdenkmal zu Ehren von Birger Jarl**, dem Stadtgründer. Beigesetzt ist Birger Jarl in der Klosterkirche von Varnhem.

Von Norden her betritt man den **Borgargården** (Bürgerhof), den größeren der beiden Innenhöfe des Stadshuset und gelangt von dort in die **Blå Hallen**. Diese gut 50 m lange und rund 22 m hohe Halle weist eine schöne Backsteinornamentik und unten einen Säulenumgang auf, der diesem monumentalen Saal einen Hauch von mediterranen Nobelbauten verleiht. Das Blau, das für die Ausgestaltung der Halle ursprünglich vorgesehen war und dem sie ihren Namen verdankt, wurde allerdings nie verwendet.

In der Halle befindet sich eine Ludwigsburger Orgel mit mehr als 10.000 Pfeifen.

Die teilweise sehr kostbar ausgestatteten Räume und Säle im Stadshuset können nur auf Führungen besichtigt werden.

Der **Rådssalen** ist der Sitzungssaal des Stadtrates, der aus 101 Verordneten besteht, die alle drei Jahre neu gewählt werden. Besucher können den Sitzungen von einer Galerie aus folgen. Der 19 m hohe Saal hat eine interessante, offene Balkendecke. Die Abgeordneten betreten den Ratssaal durch das 31 m hohe *Hundravalvet* (Hundertgewölbe, wegen der hundert Facetten des Gewölbes) im Turmuntergeschoss.

Zu sehen sind außerdem der **Tre-Kronor-Saal** (Wandbehänge aus Brokat, Gemälde „Stockholm von Mosebacke aus gesehen" von Elias Martin) und der **Blå Rummet** (Wandgemälde von Axel Törnemann).

Schließlich betritt man den sehr beeindruckenden **Gyllen Salen**, einen prächtigen Bankettsaal, in dem alljährlich das feierliche Festbankett anlässlich der **Nobelpreisverleihung** in Anwesenheit des Königspaares stattfindet.

Der Goldene Saal wurde von Einar Forseth mit herrlichen Goldmosaiken ausgeschmückt. Das Motiv an der Stirnwand zeigt „Stockholm, Königin des Mälarsees" auf einem Thron, während ihr das Abendland und das Morgenland huldigen. Auf dem Schoß der Königin sieht man das Stadthaus.

Bevor man den Gebäudekomplex verlässt sollte man nicht versäumen, durch den offenen Säulengang im Südflügel auf die Terrasse am Riddarfjärden zu gehen. Von dort hat man einen sehr schönen **Blick hinüber nach Riddarholmen und zur Altstadt**.

Das **Restaurant „Stadshuskällaren"**, Zugang an der Nordseite des Stadthauses, zählt zu den renommierten Gaststätten der Stadt. Sonntag Ruhetag.

Von den **Schiffsanlegestellen** östlich des Stadthauses legen die Dampfer nach Drottningholm, Gripsholm (Mariefred) und Birka ab.

3. Stadtrundgang Djurgården, Freilichtmuseum Skansen, Vasa Museum, Nordisches Museum

Unser dritter Stadtrundgang führt nach **Djurgården** zum **Vasa Museum (16)** und zurück über den Stadtplatz Kungsträdgården zum Königlichen

Schloss. Auf dem Wege werden diverse weitere **Museen** erwähnt. Möchte man alle diese Museen besichtigen, wird man für diesen Rundgang natürlich mehr als nur einen Tag vorsehen müssen!

Auf dem Weg zurück in die Innenstadt kann man sich auch der restaurierten Nostalgie-Straßenbahn Linie 7 zum Norrmalmtorg bedienen.

Am bequemsten und einfachsten ist der Weg nach Djurgården, wenn man sich ab der **Anlegestelle Skeppsbrokajen [N59° 19‘ 19.1“ E18° 4‘ 29.6“]** an der Südostseite der Gamla Stan der **Personenfähren Djurgårdsfärjen** nach Djurgården, Anleger Allmänna gränd brygg beim Freizeitpark Gröna Lund, bedient.

Djurgården, das ehemalige königliche Tiergehege, ist heute Stockholms größtes und meistbesuchtes Naherholungs- und Freizeitgebiet, in dem man wirklich Tage verbringen könnte.

Dort findet man den seit über 120 Jahre bestehenden **Vergnügungspark Gröna Lund (36)**, dann das riesige **Freilichtmuseum Skansen (15)** mit Tiergehege, Aussichtsturm, Restaurants (darunter das renommierte **„Wärdshuset Godthem“**, Rosendalsvägen 9, und das hundertjährige Spezialitätenrestaurant **„Wärdshuset Ulla Windbladh“**, Rosendalsvägen 8), die **Schlösschen Rosendal** und **Prins Eugens Waldemarsudde**, das **Aquaria Vattenmuseum (35)**, die **Kunstgalerien Liljevalch**, ein **Tabak- und Streichholzmuseum Gubhyllan** *(geöffnet Mai - Sept. tgl. 11 - 17 Uhr; Okt. - Apr. Di - So 11 - 15 Uhr, freier Eintritt für Skansen-Besucher)*, das **ABBA-Museum** und schließlich einen **Zirkus**. Der Zirkus wurde zwar 1891 für Clowns und Attraktionen in der Manege gegründet, beherbergt heute allerdings ein modernes Theater mit Restaurant.

Alleine um Skansen zu besichtigen kann ein ganzer Tag verplant werden.

Ganz in der Nähe der Bootsanlegestelle auf Djurgården liegt der Eingang zum **Vergnügungspark Gröna Lund (36) [N59° 19‘ 24.35“ E18° 5‘ 49.29“]** *(geöffnet Mitte Juni - Mitte Aug. tgl. 10 - 23 Uhr, übrige Zeit kürzer bzw. nur am Wochenende; www.gronalund.com)*.

Ein paar Schritte nördlich der Anlegestelle findet man das **Aquaria Vattenmuseum (35),** *(geöffnet Di - So 10 - 16.30 Uhr; www.aquaria.se)*. Dort können Sie u. a. trockenen Fußes durch einen „lebendigen“ Regenwald wandeln und dabei ein handfestes Tropengewitter erleben. Oder Sie können am Meeresaquarium spazieren und Haie, ein Korallenriff und viele bunte Fische aus der Perspektive eines Tauchers betrachten. Außerdem Gebirgsbach und Bergsee, Lachsfluss, Lachstreppe und vieles mehr.

Nur wenige Schritte neben dem Vergnügungspark Gröna Lund ist in Stockholms neuer Attraktion, der **„Swedish Music Hall of Fame“**, das **ABBA - The Museum**, Djurgårdvägen 68, eingerichtet *(geöffnet 29. Mai - 3. Sept.*

Skansen, Glockenturm von Hasjö

Mo - Fr 9 - 19 Uhr; 4. Sept. - 1. Okt. Mo, Di, Fr - So 10 - 18 Uhr, Mi + Do 10 - 19 Uhr; 2. Okt. - 31. Dez. Mo, Di, Fr - So 12 - 18 Uhr, Mi + Do 10 - 19 Uhr, sonst 10 - 17 Uhr; letzter Einlass 90 Min. vor Schließung; www.abbathemuseum.se/en/). Hier erfahren, sehen und hören Sie wirklich alles über die schwedische Popgruppe ABBA, die vor allem in den 70ern weltweit Furore machte (Sieger beim Eurovision Song Contest 1974 mit dem Hit „Waterloo").

Buchen Sie Ihr Ticket online, Sie erhalten dann einen Besuchszeitpunkt zugewiesen, den Sie einhalten sollten. Gebuchte Tickets sind bei Nichtbenutzung nicht erstattbar, nur umbuchbar. Gegen eine Extragebühr können Sie sich einen Audioguide mieten, auf dem Agnetha, Anni-Frid, Björn und Benny ihre persönliche Geschichte erzählen. Sehen Sie für einen Besuch im ABBA - The Museum mindestes eineinhalb Stunden vor

Geht man von der Anlegestelle geradeaus bis zum Djurgårdesvägen und dort rechts, kommt man zum Freilichtmuseum Skansen (15).

Skansen (15), das erste Freilichtmuseum der Welt [N59° 19' 28.4" E18° 05' 57.4"], Djurgårdenslätten 49 - 51 *(geöffnet Jan. - März + Okt. - Dez. tgl. 10 - 15 Uhr; Apr. tgl. 10 - 16 Uhr; Mai - Ende Juni tgl. 10 - 18 Uhr; Ende Juni - Aug. tgl. 10 - 20 Uhr; Sept. tgl. 10 - 18 Uhr; www.skansen.se)*, Busse 44 und 47, Fähre nach Djurgården, Tram Nr. 7 ab Sergels Torg.

Vor mehr als 100 Jahren hatte *Artur Hazelius* die Idee, auf der Insel Djurgården einige historische alte Gehöfte aus Schweden aufzustellen. Damit gründete er 1891 das erste Freilichtmuseum der Welt. Seitdem kamen Stadthäuser, Kirchen (z. B. die aus Seglora von 1720), Gutshöfe (der Hof Skogaholmen stammt von 1680), Bauernhäuser, Wirtschaftsgebäude, Almhütten, Speicherhäuser u. ä. aus den verschiedensten Teilen des Landes hinzu, so dass das Freilichtmuseum Skansen mit heute fast 150 Gebäuden einen sehr schönen Überblick über Leben und Kultur in Schweden vermittelt.

Stadtbekannt ist auch der **Aussichtsturm Bredablick** (weite Aussicht), von dem man einen herrlichen Rundblick über Skansen und die Stadt hat.

Zudem gibt es Tiergehege, Restaurants und Freilichtbühnen, auf denen u. a. Volkstänze dargeboten werden oder zur Mittsommernacht gefeiert wird.

Rund ein Kilometer östlich vom Südeingang das Skansenparks liegt in einem herrlichen Park am Ufer des Saltsjön das **Schlösschen Prins Eugens Waldemarsudde [N59° 19' 12.5" E18° 6' 51.2"]**, Prins Eugens väg 6, *(geöffnet Di - So 11 - 17 Uhr, Do bis 20 Uhr, Restaurant, Café; www.waldemarsudde.se)*. Die stattliche Villa aus der Wende vom 19. zum 20. Jh. war ehemals die Residenz des Prinzen Eugen (1865 – 1947), dem Bruder von König Gustav V. Der Prinz machte sich vor allem einen Namen als Kunstmaler.

Die **Museums-Tram Linie 7** hat in der Nähe von Waldemarsudde ihre Wendeschleife.

Ein weiteres Kunstmuseum, die **Thielska Galleriet [N59° 19' 20.27" E18° 8' 55.65"]**, liegt am Ostende von Djurgården, Sjötullsbacken 8, Blockhusudden *(geöffnet Di - So 12 - 17 Uhr, Do 12 - 20 Uhr; https://www.thielska-galleriet.se/en/)*. Der Gründer der Galerie, der Bankier und Kunstmäzen Ernst Thiel, ließ sich die Jugendstilvilla eigens zur Aufnahme seiner umfangreichen Kunstsammlung bauen.

An der Nordseite von Djurgården liegt das **Schlösschen Rosendal [N59° 19' 43.84" E18° 7' 3.18"]**, Rosendalsvägen *(geöffnet Juni - Aug. Di - So, Führungen Di - So um 12, 13, 14 und 15 Uhr; www.kungahuset.se)*. Hierher zogen sich König Karl XIV. Johan und Königin Desirée gerne zurück, um wenigstens zeitweise dem steifen Hofzeremoniell zu entgehen. Das Schlösschen ist im Empirestil eingerichtet. Prächtig ausgestattete Salons. Schöner, gepflegter Schlossgarten.

Von Skansen aus, oder von der Bootsanlegestelle auf Djurgården aus, geht man am einfachsten zu Fuß (oder man nimmt die Straßenbahn Nr. 7 zwei Stationen weit) über den Djurgårdsvägen nordwärts zum Vasa Museum.

Erst im April 2017 wurde zwischen Gröna Lund und Vasamuseum das

Wikingermuseum „Vikingaliv" eröffnet. Besucher erleben hier eindringlich Aspekte des Wikingerlebens. Eine der Ausstellungen z. B. ist eine „11-minütige dramatisierte Reise" durch die „Ragnfrieds Saga" *(geöffnet tgl. 10 - 20 Uhr; www.vikingaliv.se/en/).*

Westlich der Hauptstraße Djurgårdensvägen findet man am Wasahamnen das sog. **Spritmuseum**, es zeigt Exponate zu destillierten Getränken, wird aber vielmehr wegen seines gepflegten Museumsrestaurants besucht *(geöffnet Juni - Aug. tgl. 10 - 18 Uhr, Di 10 - 20 Uhr; Sept. - Mai tgl. 10 - 17 Uhr, Di 10 - 20 Uhr; www.spritmuseum.se).*

Etwas weiter passiert der Djurgårdsvägen einen linkerhand gelegenen Friedhof. Ihn durchquert man und kommt unmittelbar danach zum Vasa Museum.

Mein Tipp! Das Vasa Museum (16) [Parkplatz, WP 348 / N59° 19' 42.6" E18° 05' 30.6"], Galärvarvet, *(geöffnet 2. Jan. - 31. Mai + 1. Sept. - 30. Dez. tgl. 10 - 17 Uhr, Mi bis 20 Uhr; 1. Juni - 31. Aug. tgl. 8.30 - 18 Uhr; www.vasamuseet.se/de/);* Bus 44, 47 oder 69, Fähren nach Djurgården, Tram Linie 7 ab Norrmalmstorg. Eine Anlegestelle der Fähren liegt in unmittelbarer Nähe des Museums.

Das Vasa Museum beherbergt eine der größten Sehenswürdigkeiten Schwedens, das überaus eindrucksvolle **Regalschiff „Vasa"** aus dem 17. Jh. Es ist aber nicht nur das Schiff an sich, sondern es sind auch die spektakuläre Geschichte des Schiffes und die langwierige Prozedur seiner Bergung und Konservierung, die von Interesse sind.

Die Vasa ist das einzige völlig erhaltene Holzschiff aus jener Zeit auf der Welt.

Nicht versäumen sollte man den jede Stunde im Kinosaal des Museums präsentierten Film über die Bergungsgeschichte der Vasa, Dauer 25 Minuten, Schwedisch mit englischen Untertiteln; im Sommer um 10.30 und 14.30 auch in deutscher Sprache.

Vor dem Vasa Museum ankern einige **Museumsschiffe**, darunter der Eisbrecher *„Sankt Erik"*, der von 1915 bis 1977 im Einsatz war und das Feuerschiff *„Finngrundet"*, das zwischen 1903 und 1969 seinen Dienst versah.

Zwischen Junibacken und Nordiska Museet liegt ein großer Parkplatz **[Parkplatz Junibacken, WP 349 / N59° 19' 49.1" E18° 5' 31.7"].**

In unmittelbarer Nähe zum Vasa Museum liegt das **Nordiska Museet (17),** Parkplatz s. o., **[N59° 19' 43.2" E18° 05' 34.4"]**, Djurgårdsvägen 6 - 16 *(geöffnet tgl. 10 - 17 Uhr, außer Juni - Aug. Mi bis 20 Uhr; www.nordiskamuseet.se, Museumsshop, Restaurant),* Bus 67, 69, 76, Fähren nach Djurgården, Tram Linie 7 ab Sergels Torg.

Das Nordische Museum, das sich zum Ziel gesetzt hat, Leben und Arbeit des schwedischen Volkes vom Ende des Mittelalters bis in die heutige Zeit zu zeigen, wurde zu Beginn des Industriezeitalters Ende des 19. Jh. von Artur Hazelius, dem „Vater" des Skansen Freilichtmuseums, gegründet.

Im Erdgeschoss werden Ausstellungen zu den Themen Zunftwesen, Volkstrachten und Samische Kultur, im ersten Stock u. a. Arbeit im Dorf und auf dem Hof, und da-rüber Nordische Volkskunst, Textilien, Spielzeug, Mode seit dem 18. Jh. und Trachten und schließlich Möbel, Hausrat und schwedisches Wohnen gezeigt.

Unweit westlich vom dominierenden Gebäude des Nordiska Museet liegt am Rande des freien Platzes am Wasser **Junibacken [Parkplatz, WP 349 / N59° 19' 49.1" E18° 5' 31.7"]** *(geöffnet Di - So 10 - 17 Uhr, Juni + Aug. tgl. bis 18 Uhr; www.junibacken.se).* Junibacken ist ein Erlebnis vor allem für Familien mit Kindern, in dem die Welt aus den Märchen von Astrid Lindgren lebendig wird.

Über die Brücke Djurgårdsbron gelangt man hinüber in den **Stadtteil Östermalm** und zur breiten Uferstraße Södervägen, der wir stadteinwärts (westwärts) folgen.

Ein Stück weiter nördlich liegt das **Statens Historiska Museet (18) [N59° 20' 4.6" E18° 5' 29"]**, Narvavägen 13 - 17 *(geöffnet Juni - Aug. tgl. 10 - 18 Uhr, übrige Zeit Di - So 11 - 17 Uhr, Mi bis 20 Uhr; Eintritt frei; www.historiska.se)*, Bus 69 + 76. Das

Staatliche Historische Museum zeigt im Erdgeschoss Fundstücke und Exponate aus der Stein-, Bronze- und Eisenzeit, aus der Zeit der Wikinger und aus Birka, Schwedens erster Stadtgründung. Ebenfalls zum Museum gehört die sog. **„Goldsammlung"** mit über 3.000 Gold- und Silberstücken.

Wendet man sich an der Djurgårdsbrücke dagegen ostwärts (rechts), kommt man zum sog. **Museumspark [Parkplatz, WP 350 / N59° 19' 59.6" E18° 6' 55.0"]** mit nicht weniger als fünf weiteren Museen - Sjöhistoriska Museet, Riksidrottsmuseet (Kinder-, Familien-, Freizeitmuseum; www.riksidrottsmuseet.se/), Polismuseet, Tekniska Museet und Etnografiska Museet:

Sjöhistoriska Museet [N59° 19' 57.4" E18° 6' 58.3"], Djurgårdsbrunnsvägen 24 *(geöffnet Di - So 10 - 17 Uhr; Eintritt frei; www.sjohistoriska.se)*, Bus 69. Schwedens größte Sammlung zur Seefahrtsgeschichte des Landes, mit zahlreichen Schiffsmodellen, Navigationsinstrumenten, Dokumentationen, Gemälden etc.

Tekniska Museet [N59° 19' 56.9" E18° 7' 8.5"], Museivägen 7, Norra Djurgården *(geöffnet tgl. 10 - 17 Uhr, Mi bis 20 Uhr; www.tekniskamuseet.se)*, Bus 69. Das Museum für Forschung und Technik zeigt fast alle Aspekte der Technologie und der Industriegeschichte. Man sieht Dampfmaschinen, Motoren, Apparaturen und Maschinen, Flugzeuge u. a.

Folkens Etnografiska Museet, Djurgårdsbrunnsvägen 34 *(geöffnet Di - Sa 11 - 17 Uhr, Mi bis 20 Uhr; Eintritt frei; www.etnografiska.se)*, Bus 69. Dieses Museum befasst sich mit außereuropäischen Kulturen aus Nordamerika, Afrika, Melanesien und Asien (japanisches Teehaus) u. a.

Unweit östlich der Museen erhebt sich der 155 m hohe Fernmeldeturm **Kaknästornet [Parkplatz, WP 351 / N59° 20' 4.4" E18° 7' 34.6"]** mit Aussichtsterrasse (im Sommer 9 bis 24 Uhr, Winter bis 18 Uhr) und Restaurant.

Vom Kaknästornet fährt die Buslinie 69 zurück in die Innenstadt über Nybroplan bis Sergels Torg.

4. Stadtspaziergang
Die Innenstadt

Unseren Stadtrundgang durch Stockholms Innenstadt beginnen wir am Platz **Nybroplan/Raoul Wallenbergs Torg) [N59° 19' 55.4" E18° 4' 34.9"]** mit der Anlegestelle der Fähren nach Djurgården.

Am Nybroplan liegt das **Kungliga Dramatiska Teatern (19)**, das Königliche Schauspielhaus. An der Bühne des Schauspielhauses inszenierte gelegentlich Schwedens bekannter Regisseur Ingmar Bergmann.

Weiter durch die Geschäftsstraße Hamngatan bis zum **Sergels Torg [N59° 19' 57.35" E18° 3' 56.59"]**, dem zentralen, modernen Platz im lebhaften Geschäftsviertel Norrmalm.

Auf dem Wege dahin passiert man den **Berzelii-Park**, der nach dem schwedischen Chemiker Berzelius benannt ist. An der Westseite des Parks liegt das schon historische, sehr renommierte Stockholmer **Restaurant „Berns Salonger" [N59° 19' 57.76" E18° 4' 25.07"],** Tel. +46 (0)8 56 63 20 00, das ein anziehendes Ambiente der Wende zum 20. Jh. ausstrahlt. Malern, Schriftstellern und Theaterleuten war das „Berns" ausgangs des 19. Jh. eine zweite Heimat. Bekannt ist, dass August Strindberg regelmäßig Gast war.

Unweit nördlich gegenüber vom Berzelii-Park, in der Hamngatan Nr. 4, liegt das wenig bekannte, aber überaus interessante **Hallwylska Museet (20) [N59° 19' 59.31" E18° 4' 28.35"]**, Hamngatan 4 *(geöffnet Di - So 12 - 16 Uhr, Mi bis 19 Uhr; Führungen; www.hallwylskamuseet.se)*. Dieses private Palais ist eines der wenigen Adelshäuser aus dem Ende des 19. Jh., das so gut wie unverändert erhalten geblieben ist. Sehr sehenswert ist die prächtige Innenausstattung mit kostbaren Möbeln.

Auf dem weiteren Weg über die Hamngatan zum Sergels Torg kommt man vorbei an der immer belebten Parkanlage **Kungsträdgården** und an den Warenhäusern **NK** (Restaurants) und **Gallerian [N59° 19' 56.82" E18° 4' 1.80"]** (Restaurants).

Schließlich erreicht man den **Sergels Torg**. Benannt ist der große Stadtplatz nach dem schwedischen Bildhauer *Tobias Sergel* (1740 – 1814). Der moderne Glaspalast an der Südseite des Platzes ist das **Kulturhaus** mit dem Hauptbüro der **Stockholmer Touristeninformation (1) [N59° 19' 55.7" E18° 3' 53.9"]**.

Ein gutes Stück weiter nördlich, zwischen dem breiten Sveavägen und dem bunten **Hötorget** (mit riesiger unterirdischer Markthalle und Einkaufspassagen, zahlreiche Lokale), liegt Stockholms **Konzerthaus (21),** ein Bau im neoklassizistischen Stil aus dem Jahre 1926. Im Konzerthaus werden alljährlich im Dezember in einer feierlichen Zeremonie in Anwesenheit des Königs die Nobelpreise verliehen.

Westlich vom Sergels Torg führt die **Drottninggatan**, eine der wichtigsten Geschäftsstraßen der Stadt, nach Nordwesten. Hier liegen Geschäfte jeder Art, Restaurants und Einkaufszentren wie das **PUB** (Initialen des Gründers Paul Urban Bergström, 1860 – 1934), eines der größten Warenhäuser in der Stadt. Greta Garbo, die damals noch Greta Lovisa Gustafson hieß, soll hier um 1920 Verkäuferin gewesen sein. Übrigens – in Stockholm sind Einkaufszentren, Warenhäuser und viele der großen Geschäfte täglich geöffnet.

Im vierten Stock der Drottninggatan Nr. 85, Ecke Olaf Palmes Gata, findet man das **Strindbergsmuseet [N59° 20' 18.7" E18° 3' 23.9"]** *(geöffnet Di - So 12 - 16 Uhr; www.strindbergsmuseet.se)*, U-Bahn Rådmansgatan. Das Museum, die rekonstruierte Wohnung Strindbergs, erinnert an den großen schwedischen Dichter und dramatischen Schriftsteller *August Strindberg (1849 - 1912)*, der hier zwischen 1908 und 1912 lebte.

Zwei Straßenzüge westlich des Sergels Torg, schon auf halbem Wege zum Hauptbahnhof, erhebt sich an der breiten Klarabergsgatan die **St. Klarakirche (22) [N59° 19' 53.3" E18° 3' 38.5"]**, eines der ältesten Gotteshäuser der Stadt, dessen Ursprünge bis ins 13. Jh. zurückreichen. Auf dem Friedhof haben u. a. Schwedens beliebter Volkssänger Carl Michael Bellman und die Dichterin Anna Maria Lenngren ihre letzte Ruhestätte gefunden.

Vom Sergels Torg gehen wir südwärts und durch die Malmstorgsgatan Richtung Schloss. Fast am Ende der Straße liegt links (westlich) das **Medelhavsmuseet (23) [N59° 19' 45.9" E18° 4' 2.8"]**, Eingang Fredsgatan 2 *(geöffnet Jan. + Feb. Do 12 - 20 Uhr, Fr - So 12 - 17 Uhr; März - Dez. Di - Fr 12 - 20 Uhr, Sa + So 12 - 17 Uhr; Eintritt frei; www.medelhavsmuseet.se)*, Bus 3, 53, 59, 65, U-Bahn Kungsträdgården. Das Museum befasst sich mit Kunst und Kultur alter Zivilisationen aus dem Mittelmeerraum und aus Nahost. Besonders umfangreich ist eine antike Terrakotta-Sammlung aus Zypern. Sehenswert sind weiter die Ausstellungen aus der griechischen und römischen Antike sowie die ägyptische Abteilung.

Wenig später gelangt man zum Gustav Adolfs Torg. Links erhebt sich das **Opernhaus (24) [N59° 19' 46.0" E18° 4' 9.8"]**, ein Ende des 19. Jh. im Renaissancestil errichteter Bau. *Jenny Lind* (6. 10. 1820 – 2. 11. 1887), die große schwedische Opernsängerin, die hier in Norrmalm geboren wurde und in der ganzen Welt als „schwedische Nachtigall" bekannt war, startete an der Stockholmer Oper ihre große Karriere.

Das **Restaurant „Operakällaren"**, (Tel. +46 (0)8 676 58 00; www.operakallaren.se/), das bereits 1895 öffnete, ist nicht nur für seine exquisite Speisekarte, sondern auch für seine Preise über die Stadt hinaus bekannt. Auf dem Gelände des Opernhauses findet man außerdem die Opernbar und das nicht ganz so teure, schicke „Café Opera".

Brücken führen über den Norr-ström auf die **Helgeandsholmen** (Heiliggeistinsel). Beinahe die gesamte westliche Hälfte des Inselchens wird eingenommen vom Gebäudekomplex des **Riksdagshuset (25),** dem schwedischen Reichstagsgebäude.

An der Ostseite der Helgeandsholmen findet man auf der sog. Strömparterren **Stockholms Medeltidsmuseet**, das **Museum Mittelalterliches Stockholm**

Stockholm, Blick von der Skeppsholmsbron zum Schloss

(26) [N59° 19' 41.7" E18° 4' 12.7"], *(geöffnet Di - So 12 - 17 Uhr, Mi bis 20 Uhr; Eintritt frei; www.medeltidsmuseet.stockholm.se)*, Bus 54, 55, 56, 62, U-Bahn Kungsträdgården. Ausgestellt sind u. a. Fragmente der mittelalterlichen Stadtbefestigung, Reste eines Zollhauses, Bootsteile, Skelette u.a. Das Museum entstand mehr durch Zufall. Denn als man während des Umbaus des Parlamentsgebäudes hier mit Erdarbeiten für eine Tiefgarage begann, stieß man auf frühe Reste der mittelalterlichen Stadt.

Museen auf Blasieholmen und Skeppsholmen

Geht man vom Gustav Adolfs Torg [N59° 19' 45.00" E18° 4' 8.17"] nach Osten, vorbei am Karl XII. Torg und vorbei an der Anlegestelle der Ausflugsschiffe **Strömkajen [N59° 19' 45.6" E18° 4' 30.0"]**, auf das markante Gebäude des **Grand Hotels** (Terrassenrestaurant mit Altstadtblick) am Strömkajen zu, gelangt man auf die **Halbinsel Blasieholmen**.

Am Ende der Halbinsel, von wo aus man einen sehr schönen Blick auf die Altstadt und das Schloss hat, liegt das sehenswerte **Nationalmuseum (27) [N59° 19' 41.7" E18° 4' 39.7"],** Södra Blasieholmshamnen, Schwedens Museum für Kunst und Design *(www.nationalmuseum.se)*. Das Naitonalmuseum soll nach einer Generalrenovierung 2018 neu eröffnet werden. Die Ausstellungsordnung kann sich nach Wiedereröffnung ändern!

Im Nationalmuseum auf Blasieholmen, einem mächtigen Gebäude aus der Mitte des 19. Jh., ist Schwedens bedeutendste **Gemälde- und Kunstausstellung** untergebracht. Die Sammlung basiert vor allem auf der **Königlichen Kollektion König Gustavs III.** Integriert ist auch die **Sammlung des Grafen Tessin**, der dem berühmten Architektengeschlecht entstammte, in königlichen Diensten in Paris tätig war und bei dieser Gelegenheit die Galerie durch kostbare französische Meister ergänzte und bereichern konnte.

Eine Brücke führt hinüber nach **Skeppsholmen,** dem früheren Werftgelände Stockholms. Vor dem Westufer hat – wohl für den Rest seiner Tage – der ausgediente, aber immer noch stolze Windjammer **„af Chapman" [N59°1 9' 30.82" E18° 4' 50.66"]** festgemacht, der nun als Jugendherberge dient.

Skeppsholmen entwickelt sich langsam zur Museumsinsel der Stadt. Folgende Museen sind bislang dort eingerichtet worden:

Östasiatiska Museet, das **Ostasiatische Museum (28) [N59° 19' 38.1" E18° 4' 54.9"]**, Tyghusplan, Skeppsholmen, *(geöffnet Di 11 - 20 Uhr, Mi - So 11 - 17 Uhr; Eintritt frei; www.ostasiatiska.se)*, Bus 65. Eine interessante Sammlungen mit Kunstgegenständen und archäologischen Exponaten aus fernöstlichen Kulturen, aus China, Japan, Korea und Indien (u. a. Tempelmalereien, Buddhafiguren).

Moderna Museet, das **Museum für Moderne Kunst (29) [N59° 19' 34.5" E18° 5' 1.4"]**, Skeppsholmen, *(geöffnet Di + Mi 10 - 20 Uhr, Do - So 10 - 18 Uhr; Eintritt frei; www.modernamuseet.se)*. Gemälde, Skulpturen und Fotografien schwedischer und internationaler Künstler des 20. Jh. sind hier zu sehen.

ArkDes Arkitektur- och Designcentrum Skeppsholm, das **Museum für Schwedische Architektur und Design (30) [N59° 19' 35.0" E18° 5' 6.5"]**, Skeppsholmen, *(geöffnet Di + Fr 10 - 20 Uhr, Mi + Do 10 - 18 Uhr, Sa + So 11 - 17 Uhr; www.arkdes.se)*. Bus 65. Ein Spezialmuseum mit Plänen, Modellen, Fotografien und umfangreicher Fachbibliothek für alle, die sich für schwedische Architektur im internationalen Wettstreit interessieren.

Weitere Sehenswürdigkeiten

Das **Armémuseum (31) [N59° 20' 2.1" E18° 4' 46.6"]**, Riddargatan 13 *(geöffnet Di 11 - 20 Uhr, Mi - So 11 - 16 Uhr; Eintritt frei; www.armemuseum.se)*, Bus 47, 69 bis Nybroplan. Das Museum zeigt Exponate zur Geschichte der schwedischen Streitkräfte von der Wikingerzeit über die Epoche Gustav Vasas bis heute. Uniformen, Fahnen, Kriegstrophäen und Waffen sind die wichtigsten Ausstellungsstücke.

Ausflüge ab Stockholm

Millesgården [Parkplatz, WP 352 / N59° 21' 34.1" E18° 7' 19.3"], Herserudsvägen 32, Lidingö, *(geöffnet 1. Mai - 30. Sept. tgl. 11 - 17 Uhr; 1. Okt. - 30. Apr. Di -So 11 - 17 Uhr; www.millesgarden.se)* war zwischen 1951 und 1955 das Domizil des bedeutenden schwedischen Bildhauers *Carl Milles* und seiner Frau Olga.

Das Anwesen liegt nordöstlich der Innenstadt von Stockholm auf der **Insel Lidingö**. Zu erreichen über die E20 und 277 Richtung Lidingö.

Im Haus und vor allem in den schön angelegten Gärten und auf den weiten Terrassen der Villa sind die bedeutendsten Werke und Skulpturen von Carl Milles zu sehen.

PRAKTISCHE HINWEISE – STOCKHOLM

Stockholm Visitor Centre [N59° 19' 55.7" E18° 03' 53.9"], Touristeninformation im Kulturhuset, Sergels Torg 3-5, 103 27 Stockholm, Tel. +46 (0)8 508 28 508; www.visitstockholm.com/en/. *Geöffnet: 1. Mai - 15. Sept. Mo - Fr 9 - 19 Uhr, Sa 9 - 16 Uhr, So 10 - 16 Uhr; 16. Sept. - 30. Apr. Mo - Fr 9 - 18 Uhr, Sa 9 - 16 Uhr, So 10 - 16 Uhr.*

RESTAURANTS

„Mälardrottningen", Riddarholmskajen 4, Tel. +46 (0)81 20 90 200; www.malardrottningen.se/en/; hirtorische Jacht, exklusives, teures Restaurant, 61 Gästekabinen.

Ulriksdals Wärdshus, Ulriksdal Slotspark, 17079 Solna, Tel. +46 (0)8 85 08 15, im nördlichen Stadtbereich in der Nähe des Schlosses Ulriksdal, altschwedisches Gasthaus, Spezialität Smörgåsbord, teuer.

Zum Franziskaner, Skeppsbron 44, Tel. +46 (0)8 11 83 30, an der Ostseite der Altstadt, gutes, traditionsreiches Lokal (seit 1421), erschwingliche Preisen. Montag Ruhetag.

Hard Rock Café, Sveavägen 75, Tel. +46 (0)8 54 54 94 00; www.hardrock.com/cafes/stockholm/; Rockcafé mit Snacks. Tgl. 11 - 24 Uhr.

HOTELS

Hotels in der Altstadt Gamla Stan

Lady Hamilton ****, 34 Zi., Storkyrkobrinken 5, Tel. +46 (0)8 50 64 01 00; www.ladyhamiltonhotel.se; kleines, exquisites Haus mitten in der Altstadt, in einem historischen Gebäude aus dem 15. Jh., Bar, Hallenbad, Sauna, WLAN. Keine Hunde.

Lord Nelson *****,** 29 Zi., Västerlånggatan 22, Tel. +46 (0)8 50 64 01 20; www.lord-nelsonhotel.se; kleines Firstclasshotel, teils kleine Zimmer, Marineambiente, mitten in der Altstadt. Sauna, WLAN. Keine Hunde.

„Mälardrottningen" Yacht Hotel och Restaurang ***, 61 Kabinen auf 3 Decks, Riddarholmkajen 4, Tel. +46 (0)81 20 90 200; www.malardrottningen.se; Luxusclassherberge auf der ehemaligen Jacht Barbara Huttons mit exklusivem Ambiente. Gourmetrestaurant, Sauna, WLAN. Keine Hunde..

Scandic (Rica) Gamla Stan ****, 51 Zi., Lilla Nygatan 25, Tel. +46 (0)8 723 72 50; www.rica.se; Hotel Garni in der Altstadt. Terrasse, Sauna, WLAN.

Hotels im Stadtteil Norrmalm

Birger Jarl **** 220 Zi., Tulegatan 8, Tel. +46 (0)8 674 18 00; www.birgerjarl.se; gepflegtes Haus der gehobenen Mittelklasse, im nördlichen Stadtbereich, Restaurant, Bar, Fitnesseinrichtungen, WLAN. Garage.

Comfort Hotel Stockholm ***, 257 Zi., Kungsbron 1, Tel. +46 (0)8 56 62 22 00; www.choicehotels.se/sweden/stockholm; ganz in der Nähe des Zentralbahnhofs, Bar, WLAN. Garage. Keine Hunde.

Hotels im Stadtteil Södermalm

Alexandra *****,** 69 Zi., Magnus Ladulåsgatan 42, Tel. +46 (0)8 455 13 00; www.alexandrahotel.se; relativ preiswertes Haus Garni im Zentrum von Södermalm, Nähe Bahnstation Södra, Sauna, WLAN. Garage. Keine Hunde.

CAMPING BEI STOCKHOLM

Skärholmen / Stockholm

Camping Bredäng Stockholm [WP 353 / N59° 17' 43.6" E17° 55' 23.2"], Stora Sällskapets väg, Tel. +46 (0)8 97 70 71; www.bredangcamping.se; 10. Apr. – 8. Okt.; im Stadtteil **Bredäng**, ca. 10 km südwestl. Stockholm Zentrum, A4/E20 Ausfahrt Bredäng; Wiesengelände mit Baumbestand Nähe Mälarsee; 10 ha – 350 Stpl.; Standardsanitärausstattung. Laden, Restaurant, Imbiss, Minigolf, Sauna, WLAN, Internetecke. Miethütten. **V & E für Wohnmobile**. Ca. 400 m zum Mälarhöjden Strandbad, ca. 5 Min. zur U-Bahn-Station Bredäng, Linien 13, 23, 25 oder Bus 135; ab Mälarhojdenbad Dampfer zum Stadhuset in Stockholm und/oder nach Drottningholm.

Bromma / Stockholm

Camping Ängby [WP 354 / N59° 20' 13.9" E17° 54' 03.9"], Blackebergsvägen 25, Tel. +46 (0)8 37 04 20; www.angbycamping.se; 1. Jan. – 31. Dez.; im Stadtteil **Bromma**, ca. 10 km westl. Stockholm Zentrum, über die Straße 275 Richtung Vällingby und 261 Richtung Södra Ängby zu erreichen; schmaler, langgestreckter, ebener Platz, parzelliert, zwischen geräuschvoller Straße und Mischwald, beim Ängby-Strandbad; ca. 36 ha – 100 Stpl. + Dau.; Standardsanitärausstattung; Laden, Imbiss, Sauna, WLAN, Internetecke. Miethütten. **V & E für Wohnmobile. Quick Stop.** Knapp 5 Min. zur U-Bahn-Station Ängbyplan, Linie 18, 19, Fahrzeit ins Zentrum rund 20 Minuten.

WOHNMOBIL-STELLPLÄTZE

Wohnmobil-Stellplatz Långholmens Husbilscamping Stockholm [WP 355 / N59° 19' 12.5" E18° 01' 54.1"], Skutskepparvägen 1, Tel +46 (0)8 669 18 90; www.husbilstockholm.se. **Zufahrt/Lage:** Auf der **Insel Långholmen,** unweit südwestlich des Stadtzentrums, ca. 2,5 km. Von Norden (E4) kommend Richtung Hornsberg, weiter Wegweisung E4 S folgen, am Ende der Västerbron rechts ab und über die nächste Kanalbrücke Pålsundsbron nach Långholman hinüber. Von Süden (E4) kommend Richtung Södermalm, nach der Brücke Liljeholmsbron Richtung Zentrum und direkt vor der Västerbron rechts ab. Zufahrt über eine kleine Kanalbrücke, Beschilderung „Autocamper". Der Platz liegt unterhalb der Straßenbrücke Västerbron an einem der Wassrarme des Mälarsees am Bootshafen beim Heleneborgs Bootsclub. **Geöffnet**: 10. Mai – 25. Sept. *Keine Zelte oder Caravans!* Sehr stark frequentiert! Reservierung ratsam! **Gebühr:** Gebührenpflichtig. **Ausstattung:** 77 nummerierte Stellplätze. Toiletten und Duschen (Gebühr) in Servicewagen, Stromanschlüsse, Entsorgung für Grauwasser- und Chemikaltoilettentanks. Fahrradverleih. Die Rezeption ist von 8 bis 22 Uhr geöffnet. In der Nähe findet man Restaurants, Cafés, Bushaltestelle und U-Bahn-Station (ca. 600 m).

Wohnmobil-Stellplatz Tantolundens Husbilcamping Stockholm [WP 356 / N59° 18′ 45.9" E18° 3′ 11.6"], Ringvägen 24, Tel. +46 (0)76 05 06 608; www.husbilstockholm.se; **Zufahrt/Lage:** Von der E20/E4 Ausfahrt 154 Södermalm, Liljeholmen und weiter Richtung Södermalm, über die Liljeholmenbrücke zur Hornsgatan , nach ca. 900 m rechts ab auf die Ringvägen, nach 600 m liegt der Stellplatz auf der rechten Seite. **Geöffnet:** Ganzjährig. **Gebühr:** Gebührenpflichtig. **Ausstattung:** 14 Stellplätze für Wohnmobile. *Keine Zelte oder Cravans!* Wasser, Dusche, WC, Grauwasser- und Chemikaltoilettenentsorgung.

Bootsausflug nach Drottningholm

Einer der vielleicht schönsten Ausflüge ab Stockholm ist eine Bootstour durch die Arme des Mälarsees zum **Schloss Drottningholm**.

Die weißen Ausflugsdampfer verkehren von der Anlegestelle an der Stadshusbron am Rathaus auf Kungsholmen von Ende April bis Anfang September täglich zwischen 10 und 15 Uhr jeweils zur vollen Stunde, So auch 16 Uhr (nach dem 10. September nur Sa + So Abfahrten um 11 Uhr und 13 Uhr). Die Fahrtdauer beträgt 50 Minuten.

Schloss Drottningholm [Parkplatz, WP 357 / N59° 19′ 23.9" E17° 53′ 13.4"] *(geöffnet Jan. - März + Nov. - Dez. Sa + So 12 - 15.30 Uhr; Apr. tgl. 11 - 15.30 Uhr; Mai - Sept. tgl. 10 - 16.30 Uhr; Okt. Fr - So 11 - 15.30 Uhr; www.royalpalaces.se)* liegt sehr schön am Nordostufer der Insel Lovö im Mälarsee. Es ist umgeben von herrlichen Barockgärten und einer gepflegten Parklandschaft.

Das Barockpalais von Drottningholm aus dem Ende des 17. Jh. war Sommerresidenz von Königin Hedvig Eleonora und später von König Gustav III. und Lovisa Ulrika. Heute dient ein Teil des Schlosses als permanente Residenz der Königlichen Familie. „Drott" übrigens ist der alte Titel für die schwedischen Könige. Bald kam aber die Bezeichnung „Konung" oder kurz „Kung" in Gebrauch. Das alte Wort lebt aber weiter in „Drottning", schwedisch für Königin. Drottningholm ist also die *Königininsel*.

Einige Räume im mittleren Haupttrakt und im Nordflügel des Schlosses können besichtigt werden.

Eines der imposantesten Gemächer ist das **Prunkschlafzimmer Hedwig Eleonoras**. Das nach Plänen Tessins d. Ä. reich und üppig dekorierte Gemach wurde 1683 eingerichtet. Es war einer der Repräsentationsräume des Schlosses und das Empfangszimmer der Königin. Die Deckengemälde stammen von Ehrenstrahl und stellen allegorische Szenen in Verbindung mit Karl XI. dar. Bei seiner Fertigstellung waren die Farben des Raumes Schwarz und Gold, Zeichen der Trauer um Karl XI. Gustav. Erst 1701 ließ die Königinwitwe das Schwarz durch das heutige Blau ersetzten. Das Alkovenbett wurde erst um 1710 für Louisa Ulrika aufgestellt.

Der Festsaal des Schlosses war der große **Reichssaal**, in dem 1744 die Hochzeitsfeierlichkeiten anlässlich der Vermählung von Adolf Frederik mit Louisa Ulrika stattfanden. Ein monumentales, düsteres Barockgemälde bedeckt das Deckengewölbe. Dargestellt sind Szenen aus der antiken Götterwelt des

Olymp. Unter König Oskar I. und seiner Gemahlin Josefine wurde der Reichssaal innen bis auf das Deckengemälde völlig verändert.

Interessant ist die Besichtigung von **Drottningholms Slottsteater**. Es gilt heute als die älteste noch bespielte Hof-Bühne Europas *(geöffnet Apr. - Okt. Fr - So 12 - 15.30 Uhr; Mai - Aug. tgl. 11 - 16.30 Uhr; Sept. tgl. 11 - 15.30 Uhr; Nov. - 11. Dez. Sa + So 12 - 15.30 Uhr; Führungen obligatorisch; www.dtm.se)*.

Obwohl das Theater im Zuschauerraum nur mit einfachen Materialien die beim Kulissenbau verwendet werden, wie Holz, Stuck, Farbe und Papiermaché dekoriert ist, wurde die Bühnenmechanik nach dem damals neuesten technischen Stand vom italienischen Bühnenarchitekten Donato Stopani gebaut. Schnürboden mit Seiltrommeln und Kulissenmechanik mit handbetriebenen Ankerspills zum Bewegen der Bilder und für schnelle Szenenwechsel funktionieren heute noch und werden auch benutzt.

Durch den gepflegten **Barockgarten** mit dem zentralen Herkulesbrunnen kann man zum **Chinesischen Pavillon** gehen *(geöffnet Mai - Aug. tgl. 11 - 16.30 Uhr, Sept. Di - So 12 - 15.30 Uhr)*. Erkundigen Sie sich beim Kauf der Eintrittskarten nach den neuesten Öffnungszeiten des Pavillons, bevor Sie sich auf den Weg dorthin machen!

Abstecher zum Schloss Gripsholm

ROUTE: Von Drottningholm fährt man zurück bis zu E4, folgt der Schnellstraße südwestwärts bis ***Södertälje*** *und zweigt dort nach Westen auf die Autobahn E20 ab. Nach rund 28 km erreicht man den Abzweig der Straße 223 nach Mariefred, einem kleinen, hübsch an einer Bucht der Mälarsees gelegenen Städtchen.*

Gegenüber von Mariefred liegt idyllisch in einem Winkel des weitverzweigten Mälarsees **Schloss Gripsholm [Parkplatz, WP 358 / N59° 15' 29.9" E17° 12' 57.6"]** *(geöffnet 1. - 14. Mai + 1. Okt. - 30. Nov. Sa + So 12 - 15 Uhr; 15. Mai - 30. Sept. tgl. 10 - 16 Uhr; www.gripsholms-slott.se)*.

Vielen wird der Name *Schloss Gripsholm* weniger wegen dessen geschichtlicher Tradition und Bedeutung – auf Schloss Gripsholm wurde nicht nur ein Kapitel schwedischer Geschichte geschrieben – sondern vielleicht eher durch den gleichnamigen Roman geläufig sein. *Kurt Tucholsky* (1890 – 1935), der Schriftsteller und Satiriker alias „Tiger, Panter & Co.", der ja lange in Mariefred lebte und dort auch begraben ist, veröffentlichte seinen Roman „Schloss Gripsholm" im Jahre 1931. Der Roman ist auch verfilmt worden.

Mitte des 18. Jahrhunderts wurde Schloss Gripsholm von der königlichen Familie während der Regentschaft Königs Gustav III. als **Porträtgalerie** ausersehen. Von Drottningholm bei Stockholm und aus anderen königlichen Schlössern und Residenzen wurden Gemälde und Bildnisse an den Mälarsee gebracht. König Karl XIV. Johan führte das Werk fort, ließ neben königlichen Konterfeis auch Porträts namhafter und verdienter Schweden bürgerlicher Herkunft hinzufügen. Es sollte ein „Schwedisches Pantheon" entstehen.

Bis heute umfasst die königliche Porträtsammlung über 4.000 Gemälde, ein einmaliger Spiegel der Geschichte Schwedens vom Mittelalter bis heute.

Mariefred [Parkplatz, 359 / N59° 15' 28.3" E17° 13' 17.5"] ist ein hübsches, gepflegtes Kleinstädtchen, schön am Mälarsee gelegen – **Heimatmuseum** *(geöffnet 13 – 16 Uhr)* im **Callanderska Gården**, und **Gripsholms Värdshus** ist eines der ältesten Gasthäuser in Schweden, einladendes Hotel mit Restaurant.

Neben einer Schiffstour auf dem Mälarsee ist eine Fahrt mit der historischen Dampf-Schmalspurbahn, die von Mariefred etwa 4 km weit bis Lägesta verkehrt, eine weitere Ausflugsmöglichkeit.

Camping Mariefred [WP 360 / N59° 15' 54.27 E17° 15' 16.09"], Ende Apr. – Mitte Sept.; Tel. +49 (0)159 135 30; www.mariefredcamping.se.

TOUR 33: STOCKHOLM – KALMAR

Länge der Tour:	Rund 410 km, ohne Abstecher.
Die Route:	Über die E4 und über **Södertälje** bis **Järna** – Landstraße bis **Tullgarn** – E4 über **Nyköping** bis **Norrköping** – E22 über **Söderköping, Västervik, Oskarshamn** und **Mönsterås** bis **Kalmar**.
Alternativroute:	Ab Västervik Umweg über **Vimmerby** und **Växjö**.
Reisedauer:	Mindestens zwei, besser mehr Tage.
Höhepunkte:	Das **Schloss Tullgarn** ** – das hübsche **Trosa** * – die **Schärenlandschaften** ** östlich von Söderköping und an der **„Blauen Küste“** *** – **„Astrid Lindgrens Welt“** * für Kinder, in Vimmerby – ein Schiffsausflug zur **„Blauen Jungfrau“** – die **Museen** ** und das **Schloss von Kalmar** **.

Routenkarte siehe nächste Seite!

*ROUTE: Der weitere Verlauf unseres Reiseweges führt von **Stockholm** auf der E4 südwärts über **Södertälje** und **Nyköping** bis **Norrköping**.*

Abstecher zum Schloss Tullgarn

Lohnend ist ein Abstecher etwa 63 km südlich von Stockholm von der E4 ostwärts zum **Schloss Tullgarn [Parkplatz, WP 361 / N58° 57‘ 8.5“ E17° 34‘ 49.3“]** *(geöffnet Mai + Sept. Sa + So 11 - 15 Uhr; Juni - Aug. Di - So 11 - 16 Uhr; obligatorische Führungen zur vollen Stunde, Dauer ca. 45 Minuten; www.kungahuset.se)*.

Die königliche Sommerresidenz liegt in einem **schönen Park** und in herrlicher Lage auf einer Landzunge der buchtenreichen, labyrinthischen Küste der Region **Södermanland**. Neben der schönen Lage ist es vor allem die kostbare Ausstattung der Salons und Gemächer, die sehenswert sind.

1772 kam Schloss Tullgarn in Staatsbesitz und diente als königliche Sommerresidenz und Lustschloss. 1829 übernahm Kronprinz Oskar das Schloss. Seither ist es Sommerresidenz der königlichen Familie geblieben. Seit Mitte der 50er Jahre sind die **Prunkräume** von Schloss Tullgarn der Öffentlichkeit auf Führungen zugänglich. Anschließend an die Schlossbesichtigung bietet es sich an, einen Spaziergang durch den ausgedehnten Park mit schönen alten Bäumen zurück zum Parkplatz bei den Stallungen zu machen. In einem der Wirtschaftsgebäude neben den Stallungen ist ein gepflegtes **Restaurant** eingerichtet.

*ROUTE: Wenn es Ihre Zeit zulässt, sollten Sie über die küstennahen Straßen 218 und 219 südwärts weiterreisen, anstatt sich der allerdings schnelleren E4 nach **Nyköping** zu bedienen.*

Trosa südlich von Tullgarn, ist ein idyllisches Städtchen aus der Jahrhundertwende, aber mit einer viel älteren Kirche. Sehenswert ist z. B. der **Garvaregården [N58° 53‘ 52.29 E17° 32‘ 43.78]**, ein alter Gerberhof, der heute als **Stadtmuseum** dient.

Beim **Gutshof Tureholm** unweit des Ortes wurde 1774 Schwedens größter Goldschatz gefunden, der aus dem 5. Jh. stammen soll und 12,5 kg reines Gold auf die Waage brachte.

Ab **Karlsfors** kann man einen Abstecher nach **Nynäs** zum dortigen Schloss machen, das im Sommer besichtigt werden kann.

Schloss Nynäs [Parkplatz, WP 362 / N58° 48‘ 33.90“ E17° 21‘ 46.44“] *(geöffnet Ende Juni - Mitte Aug. tgl. Führungen*

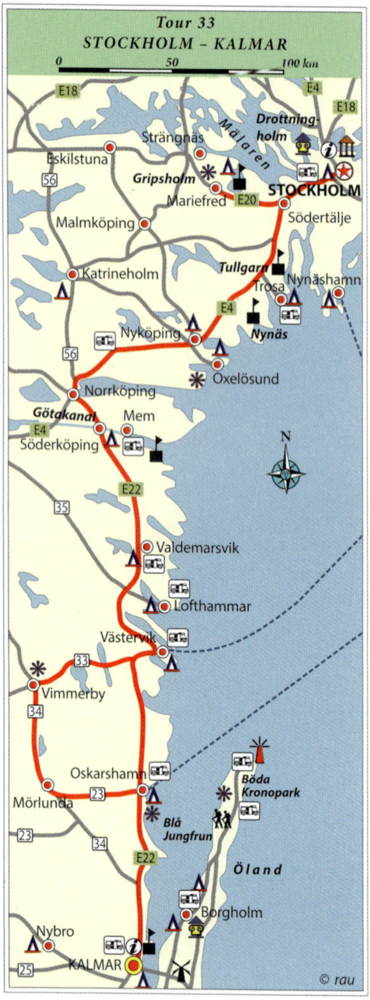

um 11, 13 + 15 Uhr; www. nynasslott.se) weiter südlich liegt heute in einem ausgedehnten Naherholungspark der Provinz Södermanland, der bis an die Ostseebucht Tvären reicht. Das Schloss stammt aus dem 17. Jh., erhielt sein heutiges Aussehen aber nach umfangreichen Umbauarbeiten um 1860. Bekannt ist Schloss Nynäs für seine Stuckarbeiten, die aus dem 17. Jh. erhalten sind.

Nyköping ist die Hauptstadt der **Provinz Södermanlands Län** (oder Sörmland).

Auch in Nyköping weisen Felszeichnungen, die man übrigens erst 1984 im Släbropark am Stadtrand entdeckte, darauf hin, dass es hier schon vor gut 3.000 Jahren erste Siedlungen gegeben haben muss.

Die Existenz einer Stadtsiedlung lässt sich seit dem 12. Jh. nachweisen. Die ältesten noch existierenden Bauwerke, die früheren Stadtbränden nicht zum Opfer gefallen sind, sind das Schloss Nyköpingshus, das im 12. Jh. errichtet wurde und die Stadtkirche. **Schloss Nyköpingshus [Parkplatz, WP 364 / N58° 44' 52.83" E17° 0' 47.69"]** dient heute als **Landesmuseum von Sörmland.**

Die **Gamla Residenset**, die alte Residenz des Landvogtes aus dem 18. Jh., die später zeitweise als „Korrektionsanstalt

CAMPING

Camping Trosa Havsbad [N58° 52' 21.41" E17° 34' 28.12"], Råvuddsvägen 42, Tel. +46 (0)15 61 24 94; www.trosahavsbad.se; 1. Apr. – 1. Okt.; von Trosa südostwärts Richtung Insel Obolandet ca. 3 km zum Platz, beschildert; Wiesengelände mit hohen Kiefern und Laubbäumen an einer Bucht mit Sandstrand; ca. 2 ha – 70 Stpl.; einfache Standardsanitärausstattung. Cafeteria. WLAN. Miethütten. **V & E für Wohnmobile. Quick Stop** (21 - 9 Uhr).

WOHNMOBIL-STELLPLATZ

Wohnmobil-Stellplatz Trosa Gästhamn Jachthafen [WP 363 / N58° 53' 26.36" E17° 33' 19.14"], Uddbergagatan 1, www.trosagasthamnen.se. **Zufahrt/Lage:** Vom Ortszentrum auf der Straße 218 südwärts zum Sportboothafen. **Geöffnet:** Geöffnet. **Gebühr:** Gebührenpflichtig. **Ausstattung:** Schotterplatz für 10 Wohnmobile am Wasser. Frischwasser, Grauwasser- und Chemikaltoilettenentsorgung, Strom, Dusche, WLAN. Max. Aufenthalt 3 Tage. In Gehnähe zum Ortszentrum.

für unartige Kinder" herhalten musste, dient heute als Museumsraum für frühindustrielle Sammlungen, Volkstrachten und Kunstgegenständen vom Barock bis zum Jugendstil.

*ROUTE: 62 km südwestlich von Nyköping erreicht man **Norrköping**.*

Norrköping, Schwedens viertgrößte Stadt, ist eine moderne Stadt mit annähernd 90.000 Einwohnern, breiten Straßen, Hochhäusern, neuzeitlicher Architektur, einem der größten Ostseehäfen Schwedens und viel Industrie.

Trotz ihres modernen Gepräges ist Norrköping eine recht alte Stadt. Am Westrand der Stadt am Motala ström hat man im **Himmelstalundsparken** Jahrtausende alte Felsritzungen aus der Bronzezeit gefunden, was auf eine frühe Besiedelung des Gebietes hinweist.

Lange war Norrköping nicht mehr als ein Warenumschlagsplatz am Westende der tief ins Land greifenden Ostseebucht Bråviken. Einen wirklichen Aufschwung aber erlebte die Stadt erst im 17. Jh. als der Holländer Louis de Geer hier eine erste Textilfabrikation ins Leben rief. Textilindustrie war dann auch bald der größte Wirtschaftszweig der Stadt. Maschinenbau und Papierindustrie u. a. kamen später hinzu.

Im Mittelalter hatte Norrköping eine große deutsche Kolonie. Darauf weisen noch der Tyska Torget (Deutscher Markt) und die 1673 geweihte **Hedvigs Kyrkan** (nach Hedvig Eleonora, der Gattin König Karls X. Gustav) hin, die auch als Tyska Kyrkan bekannt ist.

Einen größeren, zentralen **Parkplatz [WP 365 / N58° 35' 17.9" E16° 10' 45.3"]** findet man an der Kvarngatan. Von dort sind Museen und das Touristenbüro zu Fuß zu erreichen.

Ganz ohne Sehenswürdigkeiten ist Norrköping aber keineswegs. So ist man z. B. in der Stadt stolz auf die hübsche, große **Kakteenpflanzung** im **Karl-Johan-Park [N58° 35' 41.35" E16° 11' 4.21"]** zwischen Bahnhof und Motala ström. Im Park sollen ca. 25.000 Kakteen angepflanzt sein. Kunstliebhaber sollten das **Kunstmuseum [Parkplatz, WP 366 / N58° 34' 57.37" E16° 11'25.82"]** am Kristinaplatsen besuchen *(geöffnet Sommer Di - So 12 - 16 Mi bis 20 Uhr; Winter Di - So 11 - 17 Uhr)*. Es ist bekannt für seine Sammlung moderner schwedischer Kunst und seinen Skulpturengarten.

Die historische und wirtschaftliche Entwicklung Norrköpings vermittelt das **Städtische Museum [Parkplatz, WP 369 / N58° 35' 24.24" E16° 10' 48.36"]** *(geöffnet Di - So 12 - 16 Uhr, Winter Di - So 11 - 17 Uhr)* in der Västgötegatan 19 – 21 am Motala ström, mit Abteilungen über Handwerk, Kunstgeschichte und die für die Stadt so wichtige Textilindustrie.

Wer sich einen Überblick über die Stadt verschaffen will, kann den 68 m hohen **Rathausturm** gegen Eintritt besteigen *(Mitte Juni bis Mitte Aug. Mo - Fr um 11 und 15.30 Uhr, Sa um 15.30 Uhr)*. Dort befindet sich in 50 m Höhe eine Aussichtsplattform und ein Glockenspiel mit 48 Glocken, das gewöhnlich täglich um 12 Uhr ertönt.

Eng mit der wirtschaftlichen Entwicklung der Stadt verbunden sind die Ausstellungen im **Arbetets Museum**, dem **Museum für Arbeit [N58° 35' 20.87" E16° 10' 48.88"]**, Strykjärnet *(geöffnet tgl. 11 - 17 Uhr, im Sommer Di bis 20 Uhr, Eintritt frei; www.arbetetsmuseum.se/about-the-museum/)*. Das Gebäude des Museums liegt auf der kleinen Insel Laxholmen inmitten der alten Industrielandschaft. Das Museumsgebäude, ein früher Stahlbetonbau aus dem Jahre 1916, wurde auch schon „Schwedens schönste Fabrik" genannt und deshalb wohl zum Baudenkmal erklärt.

Ein beliebtes Ausflugsziel ab Norrköping ist der große **Tier- und Freizeitpark Kolmårdens Djurpark [WP 370 / N58° 39' 59.82" E16° 27' 50.32"]**, nordöstlich der Stadt am Nordufer des Bråviken gelegen.

PRAKTISCHE HINWEISE – NORRKÖPING

i **Upplev Norrköping Turistbyrå [N58° 35' 18.08 E16° 10' 45.55"]**, Värmekyrkan, Kallvindsgatan 1, 602 40 Norrköping, Tel. +46 (0)11 15 50 00;

www.upplev.norrkoping.se/. *Geöffnet Mai, Juni, 22. Aug. - 11. Sept. Mo - Fr 10 - 17 Uhr, Sa 10 - 14 Uhr, Juli + Aug. Mo - Fr 10 - 18 Uhr, Sa 10 - 17 Uhr, So 11 - 16 Uhr, sonst Mo - Do 10 - 17 Uhr, Fr 10 - 15 Uhr, Sa 10 -14 Uhr.*

CAMPING

Camping Kolmården First Camp [WP 367 / N58° 39' 37" E16° 24' 2"], Sandviken, Kolmarden, Tel. +46 (0)11 39 82 50; www.firstcamp.se/kolmarden; 1. Mai – 30. Sept.; 22 km nordöstlich von Norrköping; ansprechend gelegenes, etwas hügeliges Wiesen- und Waldgelände am Nordufer des Bråviken; ca. 10 ha – 270 Stpl.; Standardsanitärausstattung; Laden, Imbiss, Sauna, Fahrradverleih, WLAN im Receptionsbereich. Zahlreiche Miethütten. **V & E für Wohnmobile**. Badebucht am See.

WOHNMOBIL-STELLPLATZ

Rast- und Wohnmobil-Stellplatz Norsholm/Götakanal [WP 368 / N58° 30' 29.31" E15° 58' 42.07"], Slussvägen 1, Tel. +46 (0)11 54 550; www.gotakanal.se/de/unterkunfte/Stellplatze/; www.kaptenbille.se/de/. **Zufahrt:** Ca. 2 km nordöstlich von Norsholm am Götakanal gelegen. **Geöffnet:** 1. Apr. – 30. Sept. **Gebühr:** Am Kapten Bille Café & Restaurang & Vandrarhem zu entrichten. **Ausstattung:** Platz für 14 Wohnmobile. Frischwasser, Toilette, Dusche, Stromanschluss.

ROUTE: *Ab Norrköping über die E22 nach* ***Söderköping*** *(17 km).*

Söderköping [Parkplatz, WP 371 / N58° 28' 47.4" E16° 19' 2.0"], eine alte Handelsstadt, liegt in der **Provinz Östergötland**.

Die strategisch günstige Lage an der Mündung des Storån, der hier in eine weit ins Landesinnere reichende Meeresbucht übergeht, ließ hier schon im 11. Jh. einen Warenumschlagplatz und wenig später einen Kaufmannssitz entstehen.

Reichtum und Macht der Stadt wuchsen bis weit ins ausgehende 16. Jh., als sich Söderköping zu den einflussreichsten Städten im Königreich zählen durfte.

Während des Mittelalters wurden die für die Stadt so wichtigen Wasserstraßen so ausgebaut, dass die Schiffe aus Danzig oder Lübeck direkt am Rathausplatz anlegen konnten.

Im 16. Jh. allerdings begann der Fluss, der Lebensnerv der Stadt, zu versanden. Söderköpings Stern sank. Norrköping dagegen begann ihm den Rang abzulaufen.

Im Dezember 1567 wurde die Stadt dann auch noch von dänischen Truppen dem Erdboden gleichgemacht.

Am 26. September 1832 weihte König Karl XIV. Johan den damals aufsehenerregende **Götakanal**, „Schwedens Blaues Band", ein. Der Kanal mündet bei Söderköping in die Ostseebucht Slätbaken. Der Kanalbetrieb brachte zwar eine wirtschaftliche Verbesserung für die Stadt, seine alte Bedeutung erlangte Söderköping aber nicht wieder.

Zu den **Sehenswürdigkeiten in Söderköping** zählen zwei Kirchen der Stadt.

Die **Sankt Laurentius Kirche [N58° 28' 48.46" E16° 19' 11.45"]** stammt aus dem 12. Jh. Sie ist in der Manier hanseatischer Backsteingotik errichtet. In der Kirche wurde 1281 die Gemahlin von König Magnus Ladulås, Hedvig und 1302 deren beider Sohn Birger und dessen Frau gekrönt. Im Inneren schöner **Hochaltar** aus dem 16. Jh. mit einem Altarbild von Per Hörberg.

Im ältesten Teil der Stadt liegt die **Drothem-Kirche [N58° 28' 50.78" E16° 18' 56.58"]**. Sie stammt aus dem 12. oder 13. Jh. und steht dort, wo sich das 1235 gegründete Franziskanerkloster befand.

Ein erwähnenswerter Profanbau ist – neben dem Rathaus aus dem Jahre 1770 – das **Braskens Haus**. Bischof Hans Brask von Linköping richtete um 1525 in seinem Palais die angeblich erste Druckerei in Schweden ein. Und es sollen hier nicht nur religiöse Werke sondern auch Streitschriften gegen Gustav Vasa gedruckt worden sein.

Bei ausreichend zur Verfügung stehender Zeit lohnt ein Abstecher zur **Festung Stegeborg [N58° 26' 29.41" E16° 35' 54.39"]**, die an der Einfahrt zur Bucht Slätbaken liegt. Von der historischen Burg, die König Birger ausgangs des 12. Jh. erbaute, sind noch der 26 m hohe Turm und die Ringmauer erhalten.

Am Westende der Bucht beginnt an der **Schleuse von Mem [WP 372 / N58° 28' 44.7" E16° 24' 51.4"]** (Wohnmobil-Stellplatz s. u.) der Götakanal. 1832 fanden dort auch die Einweihungsfeierlichkeiten für den Kanal statt. Sehr reizvoll und bei schönem Wetter ein kleines Badeparadies ist die **Schärenlandschaft** bei **St. Anna** östl. von Söderköping.

Wer **schöne Küstenlandschaften** sucht, kann über **Valdemarsvik** und **Fyrudden** oder etwas weiter südlich nach **Loftahammar** in die unvergleichliche Schärenlandschaft an der herrlichen Blå Kusten abzweigen.

*ROUTE: Weiterreise auf der E22 südwärts nach **Västervik**.*

PRAKTISCHE HINWEISE – SÖDERKÖPING

Söderköpings Turistbyrå [Parkplatz - N58° 28' 41.2" E16° 19' 21.2"], Margaretagatan 19, 614 32 Söderköping, +46 (0)121 181 60; www.soderkoping.se. *Geöffnet 5. Juli - 14. Aug. Mo - Fr 10 - 18 Uhr, Sa + So 10 - 15 Uhr, 15. - 25. Aug. Mo - Fr 10 - 18 Uhr, Sa 10 - 15 Uhr, 26. Aug. - 31. Dez. Mo - Fr 10 - 18 Uhr.*

HOTEL

Romantik Hotel Söderköpings Brunn ****, 103 Zi., Skönbergagatan 35, Tel. +46 (0)12 11 09 00; www.soderkopingsbrunn.se; komfortables, renommiertes Haus am Kurpark gelegen, Restaurant, Bar, Schwimmbad, Sauna, Wellnesscenter, Jacuzzi, Garten. Parkplatz.

CAMPING

Camping Korskullens Stugor & Café [N58° 28' 37.6" E16° 20' 6.6], Skönbergagatan 52, Tel. +46 (0)12 12 16 21; Anf. Mai – Anf. Okt.; am südöstlichen Stadtrand von Söderköping Einfahrt gegenüber der Shell-Tankstelle; Wiesengelände; ca. 2 ha – 40 Stpl.; Standardsanitärausstattung. Miethütten.

Camping Skeppsdockan [WP 373 / N58° 29' 29.92" E16° 18' 22.23"], Dockan 1, Tel. +46 (0)12 12 16 30; Ende Apr. – Ende Sept.; Zufahrt von der E22 Ausfahrt Söderköping Nord, beschildert; ebene Wiese in hübscher Lage am Götakanal; ca. 2 ha – 100 Stpl.; Standardsanitärausstattung. Kiosk, Bootssteg, Internetecke, Fahrradverleih. Miethütten **V & E für Wohnmobile.**

Camping Tyrislöt Caravan Site [WP 374/ N58° 19' 25.5" E16° 53' 38.0"], Tel. +46 (0)12 15 20 21; www.tyrislotcamping.se; Ende Apr. – Ende Sept.; ca. 40 km südöstlich von Söderköping bei St. Anna, an der Straße 210 nach Tyrislöt; Wald- und Wiesengelände beiderseits der Straße, zwischen Klippen; ca. 2 ha – 100 Stpl. + 50 Dau.; Standardsanitärausstattung; Cafeteria, Pub, Laden, Miethütten. **V & E für Wohnmobile.**

WOHNMOBIL-STELLPLATZ – MEM

Wohnmobil-Stellplatz Mem am Götakanal [WP 375 / N58° 28' 45.8" E16° 25' 3.3"], Kanalmagasinet Mem, Tel. +46 (0)12 12 70 40; www.gotakanal.se/sv/16024/ställplats-Gota-kanal-Mem/. **Zufahrt/Lage:** In Mem, direkt am östlichen Beginn des Götakanals unterhalb der Schleuse, auf Wiesenboden mit Platz für 4 Wohnmobile. **Geöffnet:** 1. Mai – 30. Sept. **Gebühr:** Gebührenpflichtig. Anmeldung im Schleusenkontor beim Café. **Ausstattung:** Frischwasser, Dusche, Toiletten, Chemikalausguss.

PRAKTISCHE HINWEISE

Valdemarsvik Touristinformation [N58° 12′ 12.1″ E16° 36′ 5.2″], Valdemarsvik Kommun, Storgatan 16, 615 30 Valdemarsvik; Tel. +46 (0)123 12 200; www.valdemarsvik.se; *geöffnet Mo - Fr 9 - 17 Uhr; Juni - Aug. auch Sa + So 10 - 14 Uhr.*

CAMPING

Valdemarsvik

Camping Grännäs [WP 376 / N58° 11′ 36.9″ E16° 37′ 13.0″], Tel. +46 (0)123-51 444; www.grannascamping.se; Anf. Mai – Ende Sept., bei den Sportanlagen und dem Grännäs Folketspark; zweigeteilter Platz auf gestuftem Wiesengelände oberhalb eines Meeresarms, von Wald umgeben, ruhig gelegen; unterer Platzteil mit Rezeption und Restaurant; Zeltwiese, Badesteg; ca. 4 ha – 60 Stpl.; Standardsanitärausstattung; 17 Miethütten; **V & E Station** an der Platzzufahrt. **Quick Stop.**

Gryt

Camping Kustcamp Ekön [WP 377 / N58° 10′ 27.5″ E16° 51′ 08.5″], Tel. +46 (0)123-40 283; www.campa.se; Ende Apr. – Ende Sept.; ca. 5 km östl. Gryt und ca. 2 km südl. der 212. Wiesengelände mit eingeebneten Stellflächen, zwischen Meeresarm und Wald, in ansprechender Lage an der Felsküste mit Inselchen; ca. 3 ha – 230 Stpl. + 100 Dau., Standard-Sanitärausstattung; Lade, Imbiss, Waschmaschine, Trockner, Boots- und Fahrradverleih. 13 Miethütten. **V & E für Wohnmobile. Quick Stop**. Öffentliches Strandbad.

Loftahammar

Camping Hallmare Havsbad [WP 378 / N57° 52′ 27.2″ E16° 44′ 55.1″], Hallmare, Tel. +46 (0)493-61 362; www.hallmarehavsbad.se; 1. Mai – 30. Sept.; Zufahrt von der E22 in Björnsholm über Straße 213 Richtung Loftahammar, 17 km, weiter Richtung Källvik, 3 km schmale Zufahrtsstraße mit Ausweichen; in einem lichten, mit Felsen durchsetzten Waldstück, ansprechend an einer Bucht mit Strand gelegen; ca. 6 ha – 100 Stpl. + Dau.; Standardausstattung. Laden, Imbiss, Waschmaschine, Trockner, Fahrrad- und Bootsverleih. Bootssteg. 7 Miethütten. **V & E für Wohnmobile. Quick Stop**.

Camping Tättö Havsbad [WP 379 / N57° 53′ 26.8″ E16° 42′ 19.0″], Tättövägen 50, Tel. +46 (0)493-61 330; www.tattohavsbad.se; Jan. – Dez.; 1 km südwestlich von Loftahammar, Zufahrt von der 213 Richtung Tättö, 2 km schmale Zufahrtsstraße mit Ausweichen; in einem lichten, mit Felsen durchsetzten Waldstück auf einer Halbinsel, ansprechend und relativ ruhig an einer Bucht mit Strand gelegen, Blick auf Loftahammar; ca. 9 ha – 150 Stpl. + zahlr. Dau.; Standardausstattung. Restaurant, Laden, Imbiss, Sauna, Waschmaschine, Trockner, Fahrrad- und Bootsverleih. Bootssteg. WLAN auf Teilen des Geländes. 11 Miethütten. **V & E für Wohnmobile**.

WOHNMOBIL-STELLPLATZ VALDEMARSVIK

Wohnmobil-Stellplatz Valdemarsvik Gästhamn [WP 380 / N58° 12′ 14.2″ E16° 36′ 14.3″], Hamngatan, Tel. +46 (0)123-12 181; www.valdemarksvik.

se. **Zufahrt/Lage:** Am Gästehafen und östlich des Stadtparks von Valdemarsvik gelegen. **Geöffnet**: 1. Apr. – 31. Okt. **Ausstattung:** Asphaltierter Parkplatz beim einladenden Café „Wienercafé & Bageri". Ca. 20 Stellplätze, Stromanschlüsse, Frischwasser, Chemikalausguss und Entsorgung für Grauwasser; von Juni bis August auch Duschen, WC, Waschmaschine und Trockner. **Gebühr:** Anmeldung und Gebühr (Strom ist inklusive) im Touristenbüro in der Storgatan in Valdemarsvik, ca. 300 m zu Fuß. Das urgemütliche „Wienercafé" ist Nostalgie pur, mit Bäckerei, Konditorei, Kronleuchtern, Polstermöbel, geöffnet 9 - 17 Uhr.

Auf dem Weg nach Västervik in der großen Landschaftsregion **Småland**, passiert man **Gamleby (Camping Kustcamp Gamleby - Hammarsbadet [WP 381 / N57° 53' 5.1" E16° 24' 49.5"]**, Tel. +46 (0)493 10 221; Ende. Apr. – Mitte Sept., V&E, Quick Stop, Fahrradverleih, Miethütten). Der Ortsname Gamleby bedeutet „Altstadt" und weist darauf hin, dass hier bis 1433 die alte Stadt Västervik lag.

Västervik, rund 40.000 Einw., eine im Sommer von Touristen eroberte, gepflegte Stadt mit einigen hübschen kleinen Gassen und niederen Fischerkaten, z. B. in der **Båtsmansgränd**, ist heute eine wichtige Hafenstadt.

Einen größeren, gebührenpflichtigen **Parkplatz [WP 382 / N57° 45' 28.27" E16° 38' 38.35"]** findet man am Slottsholmsvägen am Kai, am Ostrand der Stadt unterhalb der Altstadt. Toiletten.

In früheren Tagen war Västervik ein Zentrum des Schiffbaus, aus der große Teile der schwedischen Flotte kamen. Zu den ältesten Bauwerken der zwischen dem 15. und 17. Jh. mehrfach von Brandkatastrophen heimgesuchten und 1677 von den Dänen zerstörten Stadt, zählt die **St. Gertruds Kirche [N57° 45' 34.04" E16° 38' 2.20"]**. Sie stammt, zu Teilen jedenfalls, aus dem Jahre 1433, dem Gründungsjahr von Västervik. Die Turmhaube allerdings wurde erst 350 Jahre später im Jahre 1782 aufgesetzt.

Besichtigen kann man das auf dem der Stadt gegenüberliegenden, nur durch den schmalen, überbrückten Sund getrennten Kulbacken eingerichtete **Västerviks Museum [Parkplatz, WP 383 / N57° 45' 58.77" E16° 38' 36.07"]** *(geöffnet Juni - Aug. Mo - Fr 10 - 16 Uhr, Sa + So 13 - 16 Uhr; übrige Zeit Mo - Fr 10 - 16 Uhr, So 13 - 16 Uhr; www.vasterviksmuseum.se)*. Das Museum befasst sich in erster Linie mit der Epoche, als Västervik zu den größten Seefahrerstädten Schwedens zählte. Um das Museumsgebäude gibt es ein Freilichtmuseum mit Häusern aus der Region

Das große **Schärenfest**, findet jedes Jahr am 19. Juli statt. Höhepunkt ist das traditionelle Hasselö-Rudern.

Am südlichen Stadtrand findet man an der **schönen Schärenküste das öffentliche Strandbad** der Stadt mit Camping Lysingbadet, angeblich Schwedens größter Campingplatz, mit Sicherheit aber einer der teuersten im Lande.

PRAKTISCHE HINWEISE - VÄSTERVIK

Västerviks Turistbyrå [N57° 45' 29.8" E16° 38' 13.3"], Stora Torget 4, Rådhuset, 593 33 Västervik, Tel. +46 (0)490 875 20; www.vastervik.com/en/. *Geöffnet Juni - Aug. Mo - Fr 10 - 18 Uhr, Sa + So 10 - 15 Uhr; Mai + Sept. Mo - Fr 10 - 18 Uhr, Sa 10 - 15 Uhr, sonst Mo - Fr 10 - 13 + 14 - 17 Uhr.*

CAMPING

Camping Västervik Resort - Lysingsbadet [WP 384 / N57° 44' 25.6" E16° 39' 48.7"], Lysingsvägen, Tel. +46 (0)490 25 80 00; www.lysingsbadet.se; ganzjährig geöffnet, voller Service aber nur von Mitte Juni bis Mitte Aug.; am südlichen Stadtrand, Zufahrt beschildert; Freizeitanlage in einem weitläufigen, hügeligen, durch Wege und Felsen vielfach unterteilten Waldgelände, durch den Platz führt die Zufahrt zum öffentlichen Strandbad an der Felsküste; ca. 75 ha – 800 Stpl. + 200 Dau.; Komfortausstattung; Laden, Imbiss, Restaurant; beheizte Hallenbadelandschaft, Sauna, WLAN, umfangreiche Freizeit- und Sporteinrichtungen; Vergnügungspark für Kinder, Musik- und Tanzveranstaltungen. In der Hauptreisezeit weniger ein Platz für Ruhesuchende. Miethütten. **V & E für Wohnmobile**.

RASTPLATZ BEI VÄSTERVIK

Rastplatz Botorström Västervik [N57° 39′ 41.9″ E16° 26′ 39.9″]. Zufahrt: Ca. 20 km südlich von Västervik an der E22 am Fluss Botorström. **Ausstattung:** Asphaltierter Parkplatz mit Platz für 25 Fahrzeuge, Toilettenhäuschen, Frischwasser, Grauwasser- und Chemikaltoilettenentsorgung. Müllentsorgung. Kostenfrei.

Abstecher nach Vimmerby

Wer mit Kindern unterwegs ist, wird um einen Abstecher nach Vimmerby kaum herumkommen.

Vimmerby, ein Städtchen mit annähernd 16.000 Einwohnern und knapp 60 km westlich von Västervik gelegen, ist der Geburtsort von *Astrid Lindgren*. Am 14. November 1907 erblickte sie im **Pfarrhof Näs**, den ihre Eltern gepachtet hatten, das Licht der Welt. Nach einem langen, erfüllten Leben starb die große schwedische Kinderbuchautorin am 28. Januar 2002. Sie hat den Ort Vimmerby weltberühmt gemacht. Denn hier bzw. in der Umgebung spielen viele ihrer Kindergeschichten.

Astrid Lindgrens Näs kann auf Führungen besichtigt werden. Der Besucher wird in die Kindheit der Buchautorin zurückversetzt. Der Hof war Schauplatz vieler Abenteuer in der Erzählung „Pipi Langstrumpf“. Die Geschichten der „Kinder von Bullerbü“ spielen in Svedstorp, rund 15 km von Vimmerby entfernt.

Und „Katthult“ (www.katthult.se), wo Michel von Lönneberga seine Streiche ausheckte, ist tatsächlich Gibberyd, rund 25 km außerhalb von Vimmerby.

Willkommen im Freizeit- und Märchenpark „Astrid Lindgrens värld“

Auf dem Gelände des Pfarrhofs findet man im sog. Pavillon die große Ausstellung **„Astrid Lindgren für die ganze Welt" [Parkplatz, WP 385 / N57° 40' 27.5" E15° 51' 21.5"]** zu Astrid Lindgrens Leben und Werk.

Ganz in der Nähe des Geburtshauses der erfolgreichen Kinderbuchautorin wurde der **Freizeit- und Märchenpark „Astrid Lindgrens värld" [Parkplatz, WP 386 / N57° 40' 31.0" E15° 50' 30.3"]** eingerichtet *(geöffnet Ende Apr. - Anf. Nov. tgl. 10 - 16 Uhr; Anf. Juni - Anf. Sept. tgl. 10 - 18 Uhr; www.alv.se/de/* – **Campingplatz [N57° 40' 35.56" E15° 50' 33.58"],** Tel. +46 (0)492 798 00; www.alv.se; Mitte Mai –1. Sept.; 100 Stpl., Cafeteria. Reservierung ratsam! **QuickStop** zwischen 19 Uhr und 8 Uhr auf dem Parkplatz von Astrid Lindgren Värld.

HAUPTROUTE

*ROUTE: Weiter über die schnelle E22 und über **Oskarshamn** (65 km) nach **Kalmar**, 138 km.*

Von **Oskarshamn** verkehren **Autofähren nach Visby** auf Gotland. Oskarshamn war bis 1856 übrigens als *Döderhultsvik* bekannt.

Aus Oskarshamn stammen der Schriftsteller und Archäologe *Axel Munthe* und der Bildhauer *Axel Robert Petersson* (1868 – 1925). Die Skulpturen Peterssons, der in Oskarshamn den Beinamen „Döderhultarn" hatte, zeigen meist Motive aus dem ländlichen, bäuerlichen Milieu und sie fallen durch ihre kantigen, fast groben Linien auf.

Ein schöne Sammlung seiner Arbeiten sieht man im **Döderhultar- und Schifffahrtsmuseum [Parkplatz, WP 387 / N57° 15' 46.59" E16° 26' 48.83"]** im Kulturhaus, Hantverksgatan 18 *(geöffnet 1. Juni - 14. Aug. Mo - Fr 9 - 18 Uhr, Sa + So 11 - 16 Uhr; übrige Zeit Di - Fr 12 - 16 Uhr, Sa 11 - 15 Uhr).*

Die „Blaue Küste" vor Oskarshamn mit ihren **herrlichen Schärengebieten**, ein Eldorado für Wassersportler, gilt als einer der schönsten Küstenstriche des Landes.

Im Sommer verkehren ab Oskarshamn Ausflugsboote zu dem etwa 20 km entfernten Inselchen **Blå Jungfrun** (Nationalpark).

Wer gerne wandert, kann die Ostküste und das Hinterland von Småland auf dem **Ostkustleden** erleben. Der gut markierte, 160 km lange und nicht schwierige Wanderweg ist in acht Etappen eingeteilt. Es gibt Übernachtungshütten. Der Weg beginnt in Lilla Hycklinge, nordwestlich von Oskarshamn.

Kalmar an der engsten Stelle des gleichnamigen Sunds vor der nahen Insel Öland gelegen, ist eine der ältesten und geschichtsträchtigsten Städte des Landes.

Lange verlief die schwedische Grenze nur etwa 50 km südlich von Kalmar. Das

CAMPING – OSKARSHAMN

Camping First Camp Gunnarsö [WP 388 / N57° 15' 6.1" E16° 29' 32.2"], Östersjövägen 101, Tel. + 46 (0)491 772 20; www.firstcamp/gunnarso; Jan. – Dez.; ca. 3 km südöstl. der Stadt, E22 Ausfahrt Oskarshamn S; lichtes Föhrenwäldchen und Stellplätze in Felsmulden, schöne Lage an der Hafenzufahrt; beim öffentlichen Strandbad am Kalmarsund an typischer Schärenküste mit blanken, runden Felsen; ca. 2,5 ha – 150 Stpl. + Dau; Standardsanitärausstattung. Kiosk, Restaurant, Fahrrad- und Bootsverleih, WLAN, Minigolf. Miethütten. **V & E für Wohnmobile. Quick Stop.**

WOHNMOBIL-STELLPLATZ

Wohnmobil-Stellplatz Oskarshamn Gästhamn [WP 389 / N57° 16' 1.21" E16° 27' 9.30"], Norra Strandgatan. **Zufahrt/Lage:** Am Sportboothafen Nähe Fährhafen mit Fähren nach Gotland. **Geöffnet:** 15. Mai – 30. Sept. **Gebühr:** Gebührenpflichtig zu bezahlen beim Hafenmeister. **Ausstattung**: Asphaltierter Parkplatz für ca. 10 Wohnmobile. Frischwasser, Chemikaltoilettenausguss, Strom, Dusche, WLAN.

Gebiet jenseits, das südliche Småland, Blekinge und Skåne, gehörten zu Dänemark. Schon sehr früh erlangte der damals grenznahe Hafen von Kalmar wirtschaftliche und militärische Bedeutung.

Rang und Bedeutung der Burg von Kalmar lassen sich auch daran erkennen, dass die dänische, und seit 1389 auch schwedische Königin Margareta (1353 – 1412) ihre berühmte Ratsversammlung nicht nach Dänemark, sondern nach Kalmar in Schweden einberief. Ergebnis der Versammlung war die **Kalmarer Union**, die den Zusammenschluss von Dänemark, Schweden und Norwegen unter der Vorherrschaft Dänemarks vorsah, aber de facto nicht sehr lange währte.

Königin Margareta ließ 1397 ihren Neffen Erich von Pommern in der Stadtkirche zum Unionskönig Erik XIII. krönen.

Im Mittelalter hatte sich Kalmar schon zu einem blühenden Handelshafen entwickelt, dessen Warenumschlag sich mit dem in Visby und Söderköping durchaus messen konnte. Und bald wurde Kalmar als „Schlüssel zum Königreich" angesehen. Wer in Kalmar herrschte, beherrschte große Teile Südschwedens und der Ostsee.

Unnötig zu erwähnen, dass Kalmar häufig umkämpft war. So fiel das Schloss während des Krieges von Kalmar 1611 – 1613 in die Hände der Dänen.

Schließlich legte eine Brandkatastrophe 1647 das alte Kalmar, das sich westlich vom Schloss erstreckte, in Schutt und Asche. Damals entschloss man sich, die Stadt auf der etwas nördlich vom Schloss gelegenen **Insel Kvarnholmen** nach einem regelmäßigen, großzügigen Straßenraster neu aufzubauen. Das Desaster wohl noch in Erinnerung wurde befohlen, ausschließlich Häuser aus Stein zu errichten.

Sehenswert ist der alte Stadtkern auf Kvarnholm heute noch. Vor allem in der Kägensgatan sieht man schöne Häuserzeilen.

Den Großen Marktplatz **Stortorget** umgeben der von Nicodemus Tessin d. Ä. entworfene und zwischen 1660 und 1682 errichtete **Barockdom**, das ebenfalls von Tessin entworfene **Rathaus** und das klassizistische **Stadthaus**.

Einen großen, gebührenpflichtige **Parkplatz [WP 390 / N56° 39' 39.1" E16° 21' 31.5"]** findet man östlich gegenüber vom Schloss in der Järnvägsgatan an der Südseite des Bahnhofs. Unweit östlich davon liegt in der Straße Ölandskajen der **Wohnmobil-Stellplatz Kvarnholmen [WP 391 / N56° 39' 35.7" E16° 21' 39.1"]**, siehe weiter hinten.

Ein weiterer **Parkplatz für Wohnmobile [WP 392 / N56° 39' 26.7" E16° 20' 50.3"]**, der von Wohnmobilfahrern auch als Stellplatz genutzt wird (allerdings außer Müllbehälter ohne jegliche Einrichtungen!), liegt unweit westlich des Schlosses und des Parks Kalmarsundsparken im Stensviksvägen.

Bedeutendste Sehenswürdigkeit ist das **Schloss von Kalmar [N56° 39' 30.2" E16° 21' 14.2"]**, Kungsgatan 1, *(geöffnet Jan. - Apr. + Okt. - Dez. Sa + So 10 - 16 Uhr; Mai, Sept. + Okt. tgl. 10 - 16 Uhr, Di bis 20 Uhr; 1. - 25. Juni tgl. 10 - 16 Uhr; 23. Juni - 31. Aug. tgl. 10 - 18 Uhr; Führungen in Schwedisch und Englisch).*

Die Anfänge des Schlosses reichen zurück ins 12. Jh., als König Knut Eriksson (1160 – 1196) eine erste Befestigung zum Schutze des Hafens aufführen ließ.

Zu Beginn des 15. Jh. hatte das Schloss schon ein so repräsentatives Aussehen erhalten, dass sich der zum schwedischen König gekrönte Erich von Pommern dazu entschlossen hatte, nach seiner Krönung hier von 1407 bis 1409 zu residieren.

Während der Regentschaft der Söhne Gustav Vasas, Erik XIV. (1560 – 1569) und Johan III. (1569 – 1592) wurde aus der trutzigen Burg ein Renaissanceschloss.

Nach der Brandkatastrophe von 1647 waren die folgenden Jahrhundert für das stattliche Renaissanceschloss der Vasazeit eine Zeit des Niedergangs und Verfalls. Die Gewölbe und Säle wurden als Gefängnis genutzt, die Salons und Gemächer mussten als Warenmagazine und Getreidespeicher herhalten. Sogar eine Schnapsbrennerei hatte sich zeitweise in den Mauern etabliert.

Das meiste der kostbaren Einrichtungen wurde in jener Zeit zer-

Das Schloss von Kalmar

stört oder kam abhanden. Im Jahre 1810 beschrieb der Bischof von Kalmar das Schloss als verfallen mit „wüsten Türmen". Man stand kurz davor, das ganze Gemäuer niederzureißen.

Glücklicherweise erkannte man noch rechtzeitig den historischen Wert von Schloss Kalmar und einigte sich 1850 darauf, das Schloss zu erhalten und zu restaurieren.

Heute gelangt der Besucher wieder über eine **Zugbrücke** über den westlichen Wallgraben und durch das **Torgewölbe** in den inneren **Schlosshof**. Dort sieht man über dem Haupteingang ein Relief mit dem Reichswappen. In der Hofmitte erhebt sich ein kleiner Brunnentempel im Renaissance-stil. Auffallend ist an den Wänden des Innenhofs die Bemalung, die eine Quaderfassade imitiert.

Die eigentlichen Schlossflügel betritt man durch ein schlichtes Portal aus dem 16. Jh. und geht über die **Königinnentreppe** weiter zu den **Königsgemächern**. Die Treppe ist übrigens aus Grabsteinen gebaut, die Gustav Vasa im Lande beschlagnahmen ließ.

An der Südostseite von Kvarnholmen, dem eigentlichen Stadtzentrum von Kalmar mit Dom, Rathaus, Touristeninformation etc. findet man das **Kalmar Läns Museum [Parkplatz, WP 393 / N56° 39′ 50.6″ E16° 22′ 16.5″],** Skeppsbrogatan, Ångkvarnen (*geöffnet Mo - Fr 10 - 16 Uhr, Mi bis 20 Uhr; Sa + So 11 - 16 Uhr; www.kalmarlansmuseum.se).*

Dieses Heimatmuseum lohnt vor allem wegen der Ausstellung über das alte **Regalschiff „Kronan"** einen Besuch. Das Kriegsschiff „Kronan" (Krone) befand sich 1676 unter dem Befehl von Admiral Lorentz Creutz, einem völlig unerfahrenen Seemann, wie sich zeigen sollte, auf dem Wege von Kalmar nach Bornholm. Am 30. Mai erhielt man Order, durch die Reihen der dänisch-holländischen Flottenverbände zu brechen und Gotland von den Dänen zu säubern.

Die feindlichen Verbände verfolgten die „Kronan". Während der Mittagszeit des 1. Juni entschloss sich Admiral Creutz zum Angriff und ließ die schwere, mit 128 Kanonen bestückte und mit 842 Seeleuten bemannte „Kronan" so hart wenden, ohne die Segel trotz heftigen Windes zu reffen, dass sich das Schiff auf die Seite legte und durch die geöffneten Geschützpforten Wasser aufnahm. Zu allem Unglück entzündeten sich auch noch die Pulvervorräte unter Deck. Eine gewaltige Explosion zerriss das Regalschiff. Es sank in wenigen Minuten. 800 Seeleute kamen um.

Etwa 300 Jahre nach der Tragödie wurde das Wrack der „Kronan" 1980 von dem schwedischen Meeresarchäologen Anders Franzén, der früher schon die Vasa gefunden und gehoben hatte, vor der Ostküste von Öland bei Hulterstad in einer Tiefe von 26 m geortet und erforscht.

Die geborgenen Gegenstände sind im Museum zu sehen. Darunter befinden sich Goldmünzen, der vielleicht größte, jemals in Schweden entdeckte Goldschatz, die Schiffsglocke, Holzskulpturen oder persönliche Gegenstände der Seeleute wie Stiefel, Strümpfe, Tabakspfeifen u. v. m.

Nicht weit vom Kalmar Läns Museum entfernt liegt in der Södra Långgatan 81 das **Kalmar Seefahrtmuseum [N56° 39' 54.51" E16° 22' 17.33"]** *(geöffnet 15. Juni - 25. Aug. Mo - Fr 11 - 16 Uhr, Sa + So 12 - 16 Uhr, übrige Zeit So 12 - 16 Uhr)*. Das Museum, das vor allem von Privatpersonen, Reeder- und Kapitänsfamilien gestiftete maritime Exponate zeigt, befasst sich mit der einheimischen Seefahrt, mit dem Hafen und der Werft von Kalmar u. v. m.

Und im schön angelegten Stadtpark, ganz in der Nähe des Schlosses findet man im Slottsvägen Nr. 1 Kalmars **Kunstmuseum [N56° 39' 38.53" E16° 21' 20.22"]**. Zu sehen ist schwedische Kunst aus dem 19. und 20 Jh.

PRAKTISCHE HINWEISE - KALMAR

Kalmar Turistbyrå [N56° 39' 35.9" E16° 21' 39.1"], Ölandskajen 9, 391 31 Kalmar, Tel. +46 (0)480 41 77 00; https://www.kalmar.com/de. *Geöffnet Jan. - Apr. + Dez. Mo - Fr 10 - 17 Uhr; Mai + Sept. Mo - Fr 9 - 17 Uhr, Sa 10 - 15 Uhr; Juni + 15. - 31. Aug. Mo - Fr 9 - 20 Uhr, Sa + So 10 - 16 Uhr; Juli - 14. Aug. Mo - Fr 9 - 21 Uhr, Sa + So 10 - 17 Uhr.*

HOTEL

Slottshotellet Romantik Hotel **,** 45 Zi., Slottsvägen 7, Tel. +46 (0)48088 260; www.slottshotellet.se/en/; teils in einem historischen Stadthaus aus dem Jahre 1864 eingerichtet. Restaurant, Bar, Garten, Parkplatz. Keine Hunde.

CAMPING

Camping Stensö [WP 394 / N56° 39' 1.2" E16° 19' 37.6"], Stensövägen 100, Tel. +46 (0)48 08 88 03; www.stensocamping.se; Jan. – Dez.; ca. 2 km südl. von Kalmar, E22 Abfahrt Kalmar Säter (Zentrum) und Richtung Sjukhus (Krankenhaus); weitläufiges, unebenes Waldgelände mit freien Wiesen, am Kalmarsund; ca. 10 ha – 250 Stpl. + Dau.; Standardsanitärausstattung; Laden, Restaurant, Fahrrad- und Bootsverleih, WLAN, Internetecke, Miethütten. **V & E für Wohnmobile. Quick Stop.**

WOHNMOBIL-STALLPLATZ

Wohnmobil-Stellplatz Kvarnholmen Ölandskajen Kalmar [WP 391 / N56° 39' 35.7" E16° 21' 39.1"], Ölandskajen. **Zufahrt/ Lage:** Im Zentrum von Kalmar gegenüber dem Touristenbüro beim Sportbootshafen. Anmeldung im Touristenbüro gegenüber. **Geöffnet**: Ganzjährig. **Gebühr:** Gebührenpflichtig. Zu bezahlen im Touristenbüro oder beim Hafenpersonal. **Ausstattung:** Asphaltierter, ebener, schattenloser Parkplatz mit 18 markierten Stellplätzen für Wohnmobile. Grauwasser- und Chemikaltoilettenentsorgung, Dusche, WC, Waschmaschine mit Trockner, Strom, WLAN.

Unweit westlich des Kunstmuseums liegt der **Krusenstiernska Gården [N56° 39′ 38.0″ E16° 20′ 54.8″]**, Stora Dammgatan 11, *(Museumshaus geöffnet: 1. Juni - 31. Aug. Mo - Fr 10 - 18 Uhr. Führungen. Garten: Mai - Aug. Mo - Fr 10 - 18 Uhr, Sa + So 12 - 17 Uhr, Sept. Mo - Fr 10 - 17/15.30 Uhr; Eintritt in den Garten frei).* Der Krusenstjernsche Hof präsentiert sich als ein im Stil des gehobenen Bürgertums des 18. Jh. eingerichteter Herrensitz. Nobel möblierte Salons. Wunderschöner, kleiner Park mit alten Bäumen. Café.

Abstecher auf die Insel Öland

Ab Kalmar bietet sich ein **Abstecher** auf die unweit östlich vorgelagerte, 16 km schmale und 140 km langgestreckte **Insel Öland** an. Die Insel ist über die 6 km lange und bis 40 m hohe **Ölandsbro [Wohnmobil-Stellplatz Svinö, N56° 40′ 52.5″ E16° 22′ 50.8″]** rasch zu erreichen.

Öland, eine wegen ihrer Strände überaus beliebte Sommerferieninsel, wartet mit einer ungewöhnlichen Fauna und Flora auf.

Die **Alvarsteppe** zum Beispiel, diese eigenartige, ebene Heide- und Steppenlandschaft, die sich über 40 km im Süden der Insel erstreckt, ist nicht nur Verbreitungsgebiet geschützter Pflanzen und Orchideen, sondern auch der Lebensraum einer bunten Vogelwelt.

Doch das Wahrzeichen der Insel wurde weder eine seltene Orchidee, noch ein rarer Vogel, sondern es wurden die **Windmühlen**, die die bäuerliche Kultur Ölands symbolisieren. Einst standen über 2.000 dieser Bockmühlen auf den windigen Ebenen der Insel, heute sind noch wenige erhalten.

Öland ist aber auch alte Kulturlandschaft. Von besonderem Interesse und einen Besuch unbedingt wert ist das rekonstruierte, von einer Ringmauer umgebene **Eketorp [Parkplatz, WP 395 / N56° 17′ 32,9″ E16° 29′ 3.22],** ein frühgeschichtliches Dorf, das einer Siedlung aus dem 4. nachchristlichen Jahrhundert nachempfunden ist.

Weitere bedeutende Sehenswürdigkeiten auf Öland sind die mächtige **Burgruine Borgholm [Parkplatz, WP 396 / N56° 52′ 11.5″ E16° 38′ 52.1″]** sowie **Schloss Solliden [Parkplatz, WP 397 / N56° 51′ 59.9″ E16° 38′ 22.8″]**, das Sommerschloss der schwedischen Königsfamilie.

Auf der Insel gibt es eine ganze Reihe von **Campingplätzen** (www.oland.se/de/buchen/camping/) und **Wohnmobil-Stellplätzen**.

Typisch, Ölands Windmühlen

TOUR 34: KALMAR – MALMÖ

Länge der Tour:	Rund 300 km.
Die Route:	Über die Straße E22 und über **Karlskrona**, **Ronneby**, **Karlshamn**, **Sölvesborg**, **Kristianstad** und **Lund** bis **Malmö**.
Reisedauer:	Mindestens ein Tag, besser zwei Tage.
Höhepunkte:	Ein **Stadtspaziergang**, der **Stortorget** und das **Marinemuseum** in **Karlskrona** – **Karlshamns Kulturviertel** – der **Dom ** in Lund** – Museen im **Malmöhus**.

ROUTE: *Von Kalmar über die E22 und vorbei an* ***Hagby*** *mit seiner für Schweden seltenen* ***Rundkirche*** *nach* ***Karlskrona*** *(82 km) im Landesbezirk* ***Blekinge****.*

Karlskrona, die angeblich auf 33 Inseln gebaute Hafenstadt, konnte 1980 ihren 300sten Geburtstag feiern. Als die Dänen in der Schlacht bei Lund 1676 besiegt waren und Skåne und Blekinge endlich dem Königreich Schweden einverleibt werden konnte, gründete König Karl XI. (1655 – 1697) im Jahre 1680 die Garnisonsstadt Karlskrona und ließ sie zu einem bedeutenden Marinestützpunkt seines Reiches ausbauen.

Breite Straßen und große Plätze wurden angelegt, um Militärparaden und Aufmärschen den gebührenden Raum zu gewähren.

1790 fielen Teile der Innenstadt einem Brand zum Opfer, als in der Amiralitetsgatan eine Wäscherin beim Befüllen der Bügeleisen mit glühender Kohle unvorsichtig hantierte. Über Nacht hatte die Stadt damals plötzlich 3.000 Obdachlose.

Eine **Stadtbesichtigung** beginnt man am besten auf dem **Stortorget [N56° 09' 41.3" E15° 35' 9.5"]**, dem recht vornehm wirkenden großen Platz im Zentrum der Stadt. Manche meinen sogar, der Stortorget in Karlskrona sie einer der schönsten Stadtplätze in Nordeuropa. In der Mitte erhebt sich ein Denkmal des Stadtgründers Karl. XI.

Rund um den Platz findet man stattliche Bauten wie das **Rathaus**, die **Stadtbibliothek**, die **Touristeninformation**, die **Dreifaltigkeitskirche**, das **Hauptpostamt**, das **Stadshotel** und die **Fredrikskirche**.

Der runde Barockbau der **Dreifaltigkeitskirche,** nach Plänen von Tessin d. J. erbaut, ist auch als „deutsche Kirche" bekannt. Sie war bis ins 19. Jh. die Pfarrkirche einer großen deutschen Gemeinde in Karlskrona.

Die **Fredrikskirche** mit ihren beiden Vierecktürmen und dem wohlklingenden Glockenspiel, das morgens, mittags und abends ertönt, ist nach Fredrik I. benannt.

Vom Stortorget kann man über den begrünten, parkähnlichen **Amiralitetstorget** nach Süden gehen und kommt dann am Ende des Parks zur **Alten Werft**. Hier steht Schwedens längstes Holzgebäude, in dem sich die bis 1960 aktive 300 m lange Seilerbahn befindet.

Einen Straßenzug weiter östlich findet man am Südende der Drottninggatan die **Admiralitätskirche Ulrica Pia [N56° 09' 26.1" E15° 35' 28.3"]**. Die Kirche wurde 1685, fünf Jahre nach der Stadtgründung, eingeweiht und nach der Gemahlin König Karls XI., Ulrica Eleonora, benannt. Sehenswert im Inneren sind das Altarbild, eine Antwerpener Kopie von Rubens' „Der Lanzenstoß", dann das Altarkreuz aus Zedernholz, das Mitte des 18. Jh. dem Patriarchen von Konstantinopel gehörte, weiter das Votivschiff „Karlskrona" und die Grabdenkmäler verdienter Offiziere und Schiffsbauer.

Freunden der Geschichten von Selma Lagerlöf wird aber weniger die Kirche, als vielmehr die lebensgroße Holzfigur des **Gubben Rosenbom** vor der Kirche etwas sagen. Der bärtige Mann mit dem großen, breitkrempigen Hut ist wahrscheinlich Karlskronas populärster „Einwohner". Den Hut übrigens kann man anheben. Früher

Gubben Rosenbom vor der Admiralitätskirche

tat man das, um in der als Opferstock fungierenden Figur ein Scherflein für die Armen zu deponieren.

Der Alte Rosenbom spielt in der Geschichte „Nils Holgerssons wunderbare Reise mit den Wildgänsen" eine wichtige Rolle.

Sehr interessant ist ein Besuch im **Marinemuseum [N56° 09' 40.5" E15° 35' 59.5"]** auf der östlich der Innenstadt vorgelagerten kleinen Insel Stumholmen *(geöffnet 1. Juni - 31. Aug. tgl. 10 - 18 Uhr; 1. Sept. - 31. Mai. Di - So 10 - 16 Uhr; Jan. - Apr. + Okt. - Dez. Di - So 10 - 16 Uhr; www.marinmuseum.*

se/de/). Am einfachsten kommt man dahin, wenn man ab dem zentralen Stortorget der Kyrkogatan nach Osten folgt.

Das aus mehreren Abteilungen bestehende Marinemuseum bietet dem Besucher einen sehr schönen Querschnitt durch die schwedische Seefahrtsgeschichte und die Marinetradition in Karlskrona. Sehr interessant ist die Sammlung von **Galionsfiguren**, vornehmlich aus dem 18. und 19. Jh. Beeindruckend ist auch der Blick in einen Unterwassertunnel unter dem Museum und die Sicht auf ein Wrack aus dem 18. Jh. Sehenswert ist weiter der Stadtteil **Björkholmen** westlich der Innenstadt, der älteste Teil von Karlskrona. Hier sind noch einige der alten, kleinen Holzkaten erhalten geblieben, in denen sich die ersten Handwerker und Arbeiter der Marinewerft niedergelassen hatten.

Sehr lohnend ist ein Besuch im **Blekinge Museum [N56° 09‘ 43.9“ E15° 34‘ 52.2“]**, Borgmästaregatan 21(Parkmöglichkeit am nahen Fisketorget), westlich des Stortorget, in der Nähe des Fischereihafens (*geöffnet Di - Fr*

PRAKTISCHE HINWEISE – KARLSKRONA

Karlskrona Turistbyrå [N56° 9‘ 40.5“ E15° 35‘ 21.2“], Stortorget 2, 371 34 Karlskrona, Tel. +46 (0)455 30 34 94; www.visitkarlskrona.se. *Geöffnet Juni - Aug. Mo - Fr 9 - 19 Uhr, Sa 9 - 16 Uhr, Mai + Sept. Mo + Mi 12 - 18 Uhr, Di, Do, Fr 9 - 18 Uhr, Okt. - Apr. Mo - Fr 9 - 18 Uhr, Sa 10 - 14 Uhr.*

HOTEL

First Hotel Statt Karlskrona****, 107 Zi., Ronnebygatan 37 - 39, Tel. +46 (0)455 555 50; www.firsthotels.se; am Bahnhof in zentraler Lage, Restaurant, Bar, Sauna, WLAN. Garage.

CAMPING

Camping Dragsö & Stugby [WP 398 / N56° 10‘ 24.3“ E15° 34‘ 3.1“], Dragsövägen 14, Tel. +46 (0)455 153 54; www.dragso.se; Anf. Apr. – Anf. Okt.; durchs Zentrum und über Saltö zur Insel Dragsö (Brücke); Fels- und Wiesengelände; ca. 6 ha – 290 Stpl. + Dau.; gute Standardsanitärausstattung; Restaurant, Laden, Imbiss, Fahrrad- und Bootsverleih, Bootssteg, Minigolf, WLAN auf Teilen des Platzes. Miethütten. V & E **für Wohnmobile**; **Quick Stop**.

Camping Skönstavik [WP 399 / N56° 12‘ 5.7“ E15° 36‘ 19.8“], Ronnebyvägen 17, Tel. +46 (0)455 237 00; www.skonstavikcamping.se; 1. Apr. – 20. Okt.; E22 Ausfahrt Karlskrona Väst, an der Ausfallstraße Richtung Malmö; hügelige Wiesen mit Baumbestand an einer Bucht mit öffentlichem Strandbad; ca. 5 ha – 140 Stpl. + Dau.; Standardsanitärausstattung; Kiosk, Restaurant, Fahrrad- und Bootsverleih, Bootssteg, WLAN, Internetecke. Miethütten. V & E **für Wohnmobile**.

WOHNMOBIL-STELLPLÄTZE

Wohnmobil-Stellplatz Karlskrona Stadsmarina [WP 400 / N56° 09‘ 54.6“ E15° 35‘ 37.5“], Östra Hamngatan/Skeppsbrokajen; www.karlskronastadsmarina.se/husbilplatser/. **Zufahrt:** Vom Stortorget im Zentrum der Stadt ostwärts über die Kyrkogatan zum Platz. Nähe Fährstation nach Aspö und in Gehnähe zum Marinemuseum. **Geöffnet:** Ganzjährig zugänglich. **Gebühr:** Für Übernachtung, Strom und Sanitäranlagen, im Hafenkontor zu entrichten, wo sich eine Cafeteria und Waschmaschine befindet. **Ausstattung:** Asphaltierter Parkplatz mit Platz für 24 für Wohnmobile auf markierten Stellplätzen, am Handelshamnen. Frischwasser, Sanitäranlagen. Entsorgung möglich.

Wohnmobil-Stellplatz Ställplats Karlskrona - Sandhamn Marina [WP 401 / N56° 5' 35.7" E15° 51' 19.8"], Sandhamn, Torhamn. **Zufahrt:** Von Karlskrona zur E22 (Kalmar – Karlshamn), ca. 22 km ostwärts bis Jämjö, hier südwärts auf der K748 12 km bis Torhamn und noch ca. 1,5 km zum Hafen Sandhamn. **Geöffnet:** Ganzjährig. **Gebühr:** Gebühr im Hafenkontor mit Restaurant und Café zu entrichten. **Ausstattung:** Ebenes, schattenloses Gelände für 20 Wohnmobile. Frischwasser, Grauwasser- und Chemikaltoilettenentsorgung, Dusche, WC, Waschmaschine.

11 - 17 Uhr, Sa + So 11 - 16 Uhr, Eintritt frei; www.blekingemuseum.se). Eingerichtet ist das Museum im „Grevagården" (Grafenhaus), dem 1705 errichteten ehemaligen Wohnhaus des Admirals Graf Hans Wachtmeister. Schöner Barockgarten.

*ROUTE: Weiterreise auf der E22 westwärts bis **Ronneby**, 28 km.*

Die alte Brunnenstadt **Ronneby** (ca. 30.000 Einw.) ist heute ein Zentrum der Elektronik- und Computerindustrie.

Das alte *„Rotneby"* erhielt als eine der ersten Siedlungen in Blekinge im Jahre 1387 Stadtrechte verliehen – unterschrieben vom 17-jährigen dänischen König Olof. Nach einer wechselvollen Geschichte kam Ronneby Ende des 17. Jh. dann endgültig an Schweden. Trotz eines verheerenden Brandes im Jahre 1864 sind einige alte Holzhäuser in der ehemaligen **Altstadt Bergslagen** unterhalb der Kirche erhalten geblieben. Ein Bummel durch die oft noch mit Feldsteinen gepflasterten Gassen, hinauf zur schön gelegenen **Heilig-Kreuz-Kirche [N56° 12' 41.93" E15° 16' 41.93"]** lohnt allemal. Auffallend ist der gewaltige, eher an eine Festung als an ein Gotteshaus erinnernde Kirchturm.

Zu den Sehenswürdigkeiten zählt außerdem das **Naturum** im Brunnsparken *(geöffnet Apr. + Okt. Sa + So 10 - 15 Uhr; Mai + Sept. Mo - Fr 12 - 17 Uhr, Sa + So 10 - 15 Uhr; Juni - Aug. tgl. 10 - 18 Uhr).* Zu sehen sind Ausstellungen u. a. zu Blekinges Meer, Küste und Fischerei, zu Brunnsparkens 300-jähriger Geschichte.

Schöne Spazierwege im **Brunnsparken [Parkplatz, WP 402 / N56° 11' 59.73" E15° 16' 57.99"]**.

Wer sich für die Frühgeschichte des Landes interessiert, findet östlich von Ronneby und nördlich der E22 eine ganze Reihe eisenzeitlicher **Grabfelder** wie in **Hjortahammar [Parkplatz, WP 403 / N56° 10' 12.13" E15° 27' 41.04"]** oder Hjortsberga.

PRAKTISCHE HINWEISE - RONNEBY

Ronneby Turistbyrå / Äggeboden [N56° 12' 36.2" E15° 16' 46.8"], Stadtsbibliothek, Kungsgatan 35, 372 37 Ronneby, Tel. +46 (0)457 61 75 70; www.visitronneby.se. *Geöffnet Mo - Fr 13.30 - 16.30.*

HOTEL

Ronneby Brunn Hotell ****, 265 Zi., Tel. +46 (0)457 750 00; www.ronnebybrunn.se; große Hotelanlage am Südrand der Stadt mit Sport- und Freizeiteinrichtungen, Schwimmbad, Wellnesscenter, Sauna, Restaurant, Bar, WLAN. Parkplatz.

CAMPING

Camping Ronneby Hav [WP 404 / N56° 9' 24.7" E15° 23' 5.8"], Torkövägen 52, Tel. +46 (0)457 301 50; www.ronnebyhavscamping.se; Mitte Apr. – Ende Aug.; von der E22 (Ronneby – Karlskrona) ca. 10 km östlich von Ronneby südwärts nach Listerby abzweigen und ca. 5 km weiter Richtung Kuggeboda/Meer; Wiesengelände an einer Bucht; ca. 6 ha – 180 Stpl. + zahlr. Dau.; Standardsanitärausstattung; Laden, Imbiss, Schwimmbad, Boots- und Fahrradverleih. Miethütten. **V & E für Wohnmobile**. **Quick Stop**.

Westlich von **Listerby** steht nördlich der E22 der über 1.300 Jahre alte, 4 m hohe **Björketorp-Runenstein [N56° 12′ 9.65 E15° 22′ 39.33]** mit einer Inschrift, die so gedeutet wurde: „Mächtiger Runen Geheimnisse verberge ich. Heimtückischer Fluch und Tod dem, welcher dieses Denkmal bricht. Ich sage Verderb voraus". Sollte diese Deutung wirklich authentisch sein, weicht diese Inschrift, ein Bannspruch, stark von dem ab, was sonst auf Runensteinen geschrieben steht.

ROUTE: 30 km weiter westlich von Ronneby erreicht man auf der E22 ***Karlshamn.***

Die Handels- und Hafenstadt **Karlshamn** erhielt 1644 Stadtrechte. Karlshamn war bis lange nach der Jahrhundertwende einer der am meisten frequentierten schwedischen Auswanderungshäfen nach Amerika. Im Hamnparken erinnert ein von dem Bildhauer Axel Olsson geschaffenes Denkmal an die Zeit der Auswanderer.

Wie nahezu alle Küstenstädte hier, war auch Karlshamn in der Zeit der Dänenherrschaft oft umkämpft, es wurde geplündert und niedergebrannt. An die Zeit der Dänenherrschaft erinnert noch das Kastell auf der Insel Frisholmen in der Hafeneinfahrt. Es wurde 1675 erbaut, war mit 242 Kanonen bestückt und bis 1865 in Gebrauch. Im Sommer gibt es eine Fährverbindung vom Hafen zur Insel.

1763 vernichtete ein Großbrand fast die ganze Stadt. Karlshamn konnte also keine historischen Baudenkmäler bewahren.

Als touristische Sehenswürdigkeit gilt **Karlshamns Kulturviertel** an der Drottninggatan/Vikelgatan mit dem **Karlshamns Museum [N56° 10′ 25.93″ E14° 51′ 33.71″]**. Hier sind historische Gebäude, Kaufmannshöfe, wie der **Skottsbergska Gården** in der Drottningsgatan 81, ein alter Tabakladen, ein Druckereimuseum, eine Kunsthalle und das Punschmuseum zu sehen. *Carlshamns Punsch* war Mitte des 19. Jh. eine beliebte Spezialität.

ROUTE: E22 nach ***Sölvesborg****, 29 km.*

Abstecher zum „Lachshaus"

Ein lohnender Abstecher westlich von Karlshamn, von der E22 nord-

PRAKTISCHE HINWEISE – KARLSHAMN

Karlshamns Turistbyrå [N56° 9′ 53.7″ E14° 51′ 58.1″], Pirgatan 2, 374 81 Karlshamn, Tel. +46 (0)454 81 203; www.visitkarlshamn.se/en/. *Geöffnet Mo - Fr 10 - 17 Uhr.*

CAMPING

Camping Kollevik [WP 405 / N56° 09′ 36.4″ E14° 53′ 39.9″], Kolleviksvägen, Tel. +46 (0)454 192 80; www.kollevikscamping.se; Ende März – Ende Sept.; ca. 5 km südöstl. von Karlshamn, Richtung Kollevik beschildert; Wald- und Wiesengelände am Meer; ca. 2 ha – 110 Stpl.; Standardsanitärausstattung. Laden, Imbiss, Hallenbad, Fahrradverleih, Minigolf. Miethütten. **V & E für Wohnmobile. Quick Stop.**

Asarum

Camping Långasjönäs [N56° 13′ 51.3″ E14° 51′ 14.5″], Långasjönäsvägen, Tel. +46 (0)454 32 06 91; www.langasjonascamping.se; Mitte Apr. – Ende Okt.; ca. 3 km nordöstl. von Asarum; Wiesengelände am See; ca. 2 ha – 90 Stpl. + Dau.; Standardsanitärausstattung. Kiosk, Laden, Restaurant im Sommer, Fahrrad- und Bootsverleih, Minigolf, WLAN im Receptionsbereich. Miethütten. **V & E für Wohnmobile. Quick Stop.**

wärts, führt nach **Mörrum** zum **„Laxens Hus" [N56° 11' 32.81" E14° 44' 50.2"]** am Mörrumsån, einem der berühmtesten Lachsflüsse Schwedens. **Museum, Lachsräucherei, Restaurant**.

HAUPTROUTE

Sölvesborg, heute eine Industriestadt, liegt an der Westseite einer weit ins Land reichenden Bucht. In der Nähe

PRAKTISCHE HINWEISE – SÖLVESBORG

Sölvesborg Turistbyrå [Parkplatz, WP 406 / N56° 03' 07.7" E14° 34' 60.0"], Stadshuset, Repslagaregatan 1, 294 80 Sölvesborg, Tel. +46 (0)456-81 61 81; www.solvesborg.se. *Geöffnet Mo - Fr 8 - 17 Uhr, Sa 10 - 14 Uhr.*

HOTELS

Hälleviks Havsbad **, 30 Zi.„ Semestervägen 5, Tel. +46 (0)456-52 010; www.hallevikshavsbad.com; einfach, aber zweckmäßig, Restaurant, Bar, Terrasse, WLAN. Parkplatz.

Stadshotellet Sölvesborg *,** 13 Zi., Järnvägsgatan 8, Tel. +46 (0)456-10 910; www.sbgstatt.se. Einfaches Mittelklassehotel, Restaurant, Bar, WLAN. Parkplatz. Keine Hunde.

CAMPING

Camping Tredenborg [WP 407 / N56° 01' 41.6" E14° 33' 50.3"], Tredenborgsvägen, Tel. +46 (0)456-12 116; www.tredenborgs-camping.com; 16. Apr. – 18. Sept.; vom Sölvesborgzentrum ca. 4 km südwärts nach Tredenborg, beschildert, vorbei an großen Industrieanlagen; mehrere Platzteile, teils auf schattenloser Wiese bis an eine Bucht reichend, teils im Laubwald, zentraler öffentlicher Parkplatz für Badegäste; ca. 2 ha – 200 Stpl. + 100 Dau.; Standardausstattung; Laden, Imbiss, Waschmaschine, Trockner. 9 Miethütten. **V & E Station** am Platzeingang.

Norje Boke bei Sölvesborg

Camping Norje Boke [WP 408 / N56° 07' 02.7" E14° 41' 18.6"], Norjebokevägen 76, Tel. +46 (0)456-31 026; www.norjebokecamping.com/en/; 15. Apr. – 18. Sept.; Zufahrt von der E22 (Karlshamn – Sölvesborg) ca. 9 km nordöstlich von Sölvesborg zum Ort Norje Boke abzweigen, beschildert. Zweigeteiltes Wiesengelände mit Büschen und Bäumen; ca. 18 ha – 200 Stpl. + zahlr. Dau.; Standardausstattung. Restaurant, Laden, Minigolf. 2 Miethütten. **V & E für Wohnmobile.**

WOHNMOBIL-STELLPLATZ

Hörvik bei Sölvesborg

Wohnmobil-Stellplatz Hörviks Marina [WP 409 / N56° 02' 28.7" E14° 45' 55.7"], Kustvägen. **Zufahrt:** Von Sölvesborg zur E22 (Karlshamn – Sölvesborg) nach wenigen hundert Metern nach Mjällby abzweigen und weiter zum Hafen von Hörvik, ca. 12 km von Sölvesborg entfernt gelegen. **Ausstattung:** Sandiges, ebenes Gelände ohne Bewuchs am Sportboothafen, mit Platz für ca. 20 Wohnmobile, falls nicht mit Pkw zugeparkt. Toiletten, Strom. V & E 200 m entfernt. **Geöffnet:** Apr. - Okt., Restaurant und Fischräucherei nahebei.

Axeltorp bei Näsum
Wohnmobil-Stellplatz Axeltorp [WP 410 / N56° 8′ 38.58″ E14° 31′ 16.07″], Olofströmsvägen 117. **Zufahrt/Lage:** von der E22 (Karlshamn – Kristianstad) nordwärts auf die Straße 116 Richtung Näsum abzweigen und noch ca. 8 km zum Platz am Ivesjön-See. **Geöffnet:** Ganzjährig. **Gebühr:** Gebührenpflichtig vom 15. Juni bis Ende Aug., sonst gebührenfrei. **Ausstattung:** Wiesenrund am See mit Platz für ca. 25 Wohnmobile. Frischwasser und Strom. Müllentsorgung. Nächste V & E-Möglichkeit in Bromölla ca. 6 km entfernt.

der Stadt findet man viele einladende **Sandstrände**.

Für den Interessierten ist sicher die **St. Nicolai Kirche [N56° 3′ 13.16″ E14° 35′ 3.39″]** sehenswert, ein Backsteinbau, der aus der Hansezeit stammt und das älteste Gebäude der Stadt ist, das alle Wirren der Zeit fast unversehrt überstanden hat. Besichtigen kann man außerdem das **Sölvesborg Museum [N56° 3′ 5.08″ E14° 35′ 17.41″]**, das in einem 150 Jahre alten Branntweinmagazin in der Skeppsbrogatan eingerichtet ist, sowie die Kunsthalle gegenüber.

*ROUTE: Von Sölvesborg über die Straße E22 zunächst bis **Kristianstad**, 36 km.*

Kristianstad wurde 1614 vom dänischen König Christian IV. als Bollwerk gegen Schweden gegründet. Heute ist es eine moderne Industrie- und Garnisonsstadt mit über 72.000 Einwohnern.

Zu den Sehenswürdigkeiten zählen – neben dem **Stora Torg [Parkplatz, WP 411 / N56° 01′ 53.8″ E14° 09′ 15.1″]**, der ehemals als Paradeplatz diente – vor allem die **Dreifaltigkeitskirche [N56° 1′ 54.64″ E14° 9′ 8.17″]**, ein schöner Backsteinbau im Renaissancestil aus dem frühen 17. Jh. schräg gegenüber des Stora Torg, dann das **Regional Museum von Skåne [N56° 1′ 55.2″ E14° 9′ 21.4″]** im alten Zeughaus am Nya Boulevarden und schließlich das **Filmmuseum [N56° 1′ 48.16″ E14° 9′ 24.6″]** in der Östra Storgatan 53, mit Erinnerungen an die erste Zeit des Films, die in Schweden in Kristianstad begann.

Routenalternative
Bei ausreichend zur Verfügung stehender Zeit ist dem schnelleren Weg über die E22 die Weiterreise über die küstennahe Straße 9 über **Simrishamn, Festung Glimmingehus, Borrby Strand, Kåseberga** (Schiffsetzung Ales stenar) nach **Ystad** vorzuziehen.

HAUPTROUTE

*ROUTE: Weiterreise von Kristianstad auf der E22 südwestwärts über **Hörby** (42 km) bis **Gudmuntorp**. Hier bietet sich Gelegenheit zu einem Abstecher auf der Straße 23 nordwärts zum **Schloss Bosjökloster** (ca. 10 km).*

Schloss Bosjökloster [Parkplatz, WP 412 / N55° 52′ 43.3″ E13° 31′ 11.0″] ist auch bekannt als das „Weiße Schloss am Ringsjön". Im Jahre 1080 wurde hier vom Benediktinerorden ein Nonnenkloster gegründet. Damals lag das Kloster *Bosie* noch auf einer Insel, woher auch der Name Bosie Ö (Insel Bos) rührt.

Einige hundert Jahre später allerdings sank der Wasserspiegel des Sees und das Klostergut lag nun auf einer mit dem Festland verbundenen Halbinsel.

Das prosperierende Klosterleben fand 1536 ein Ende, als in Dänemark die Reformation einkehrte und Bosjökloster von der Protestantischen Kirche konfisziert wurde.

Sehenswert ist die romanische **Klosterkirche** aus dem 12. Jh. mit wunderschönem Flügelaltar und einem Triumphkreuz aus dem 15. Jh.

*ROUTE: Zurück zur E22 und weiter nach **Lund**, ca. 33 km.*

Lund ist eines der historischen Zentren, ein Mittelpunkt des Kirchen- und Universitätslebens in Schweden.

Sven Gabelbart, der dänische Wikingerkönig, Herrscher über Dänemark und England, soll Lund ausgangs des ersten nachchristlichen Jahrtausends an der Stelle eines alten Thingplatzes gegründet haben. Somit wäre Lund Schonens älteste Stadt.

1145 wurde der romanische Dom eingeweiht und Lund zum ersten Erzbistum in Skandinavien erhoben. Der Einfluss der Erzbischöfe von Lund reichte weit über Schweden hinaus, bis nach Dänemark, nach Norwegen, Schweden-Finnland, Island und bis nach Grönland.

Zu den kulturhistorisch größten Sehenswürdigkeiten der Stadt Lund zählt zweifellos ihr **Dom [N55° 42′ 15.2″ E13° 11′ 33.9″]**. 1104 wurde auf Veranlassung von Erzbischof Asker und König Niels der Grundstein zu dem romanischen Bau gelegt.

Es entstand eine dreischiffige Kreuzkirche, deren ältester Teil die **Krypta** unter dem Ostteil des Kirchenbaus ist.

Sehr schön ist die Außenansicht der halbrunden **Altarapsis**, die den imposanten Sandsteinbau im Osten abschließt.

Kaum hundert Jahre nach der Einweihung 1145 wurde der Dom durch einen Brand schwer beschädigt. Den Wiederaufbau übertrug man dem westfälischen Baumeister Adam von Düren. Ende des 19. Jh. und noch einmal um 1960 wurde der Dom umfassend restauriert.

Die Beachtung des Besuchers verdient schon das **Westportal** durch das man den Dom betritt. Es ist mit 24 Bronzereliefs geschmückt, die in den vier oberen Reihen Szenen aus dem Alten Testament, in der fünften Reihe Motive aus dem Neuen Testament und in der untersten Reihe Symbole der Erde (Elefant, links), des Wassers (Wal), der Luft (Adler) und des Feuers (Drache, rechts) zeigt.

Innen sieht man links vom Eingang die berühmte **astronomische Uhr** „Horologium Mirabile Lundense". Sie wurde 1380 gebaut, war aber nach den Wirren der Reformation lange demoliert und demontiert. Zu Beginn des 20. Jahrhunderts entdeckte man Reste des Wunderwerks und dem dänischen Turmuhrmacher Julius Bertram-Larsen gelang es, das prächtige Kunstwerk zu rekonstruieren. Um zwölf (sonntags um 13 Uhr) und um 15 Uhr intonieren zwei Herolde mit Trompeten zwischen den beiden astronomischen Kreisen eine Melodie.

Im Mittelschiff links sieht man die **Kanzel**. Sie ist eine Arbeit im Renaissancestil eines Bildhauers aus Frankfurt an der Oder, der das Kunstwerk aus Sandstein, Alabaster, schwarzem und weißem Marmor ausgangs des 16. Jh. schuf.

Im nördlichen (linken) Querschiff sieht man in der Mitte ein **Taufbecken** aus dem 13. Jh. aus Kalkstein aus Gotland, den Sarkophag des Erzbischofs Andreas Sunesson und daneben eine schöne Madonnenplastik aus dem 15. Jh.

Der als **Flügelaltar** ausgebildete Altaraufsatz stammt aus dem 14. Jh. In der Mitte sieht man Christus und Maria die umgeben sind von 40 Heiligen. Die Halbkuppel über dem Altar schließlich ist geschmückt mit einem monumentalen Mosaik, das Christus als strahlenden, segnenden Erlöser am Jüngsten Gericht darstellt.

Der älteste Teil des Doms ist das **Gewölbe der Krypta**, das auf kurzen Säulen ruht. Ungewöhnlich ist die Säule mit dem Relief des Riesen Finn, der die Säule umarmt. Die Legende erzählt, dass der Riese Finn an dieser Stelle ein Kirche zu Ehren des hl. Laurentius errichtet habe.

Gehen Sie hinter dem Dom vom Park Lundagård ein Stück nach Osten durch die Adelgatan, eine der hübschesten Straßen in Lund.

Sie kommen dann zum **Freilichtmuseum Kulturen [N55° 42′ 19.9″ E13° 11′ 52.2″]**, eines der schönsten, gewiss aber eines der ungewöhnlichsten Freilichtmuseen des Landes, denn es ist ein Viertel mitten in der Stadt um den Tegnérsplatsen, bestehend aus über 30 historischen Gebäuden, Höfen, Pfarr- und Stadthäusern *(geöffnet Mai - Aug. tgl. 10 - 17 Uhr; übrige Zeit Di - So 12 - 16 Uhr; www.kulturen.com).*

*ROUTE: Von Lund über die E22 nach **Malmö**, 20 km.*

Malmö, Schwedens drittgrößte Stadt mit weit über 258.000 Einwohnern, ist die unumstritten Metropole Schonens. Die betriebsame Hafen- und Industriestadt ist – seit die Pläne, eine Brücke von Malmö über den Öresund nach Dänemark zu schlagen, im Jahr 2000 verwirklicht wurden – noch enger an das europäische Wirtschaftsleben angebunden.

Malmö lag schon immer etwas näher am Geschehen des europäischen Festlandes. Der Handel, mindestens seit der Hansezeit ein blühendes Gewerbe in der Stadt, brachte viele Impulse fremder Länder nach Malmö.

Unter dem Dänenkönig Christian III. wurde Mitte des 16. Jh. Schloss Malmöhus errichtet.

Nach dem Frieden von Roskilde kam Malmö an Schweden. Allerdings versuchten die Dänen noch zweimal – 1677 und 1709 – die Hafenstadt zurückzuerobern. Vergeblich allerdings, wie man weiß.

Sehenswertes findet man im alten Stadtzentrum von Malmö, das – ähnlich wie in Göteborg – von Kanälen eingefasst ist.

Wer sich länger in Malmö aufhalten kann und viele Museen und Einrichtungen besichtigen will, sollte sich im Touristenbüro über die **Malmö City Card**, ein Gutscheinheft, informieren. Mit Gutscheinen in diesem Heft erhalten Sie Ermäßigungen in Museen, Restaurants, Geschäften etc. Zu kaufen im Büro der Touriseninformation.

Einer der zentralen Plätze in der Innenstadt ist der große Marktplatz **Stortorget [N55° 36′ 22.4″ E13° 0′ 04.7″]** mit dem Reiterdenkmal König Karls X., der Schonen von den Dänen zurückgewann, dem **Renaissance-Rathaus** von 1546 und dem Restaurant „Rådhuskällaren".

Den Platz umgeben noch einige weitere Bauwerke, deren Ursprünge im 16. Jh. und 17. Jh. liegen. So wurde z. B. die **Apoteket Lejonet [N55° 36′ 20.3″ E13° 00′ 5.2″]**, Stortorget 8, Malmös älteste Apotheke, schon 1571 gegründet.

Im **Jörgen Kock's Gård [N55° 36′ 20.3″ E13° 00′ 5.2″]**, einem repräsentativen roten Backsteinbau mit eindrucksvollem Treppengiebel aus dem 16. Jh., ist das Restaurant „Årstiderna" zu finden.

Die **Sankt Petri-Kirche**, östlich vom Rathaus, stammt aus dem 14. Jh. und ist sehr wahrscheinlich das älteste aus jener Zeit erhaltene Bauwerk der Stadt. Sehr schön restaurierte **mittelalterliche Deckenmalereien** im Gewölbe der **Krämarkapelle**.

An die Südwestecke des Stortorget schließt der Kleine Marktplatz **Lilla Torget** an. Ihn umgeben einige hübsche alte Stadthäuser aus dem 16. Jh. wie der **Hedmanska Gården [N55° 36′ 17.4″ E12° 59′ 56.6″]**, ein Fachwerkbau und alter Kaufmannshof aus dem 16. Jh.

Bummeln Sie durch die **Saluhallen**, die einladende Markthalle, mit ihrem reichhaltigen, appetitlichen Angebot, auch an Cafés und Restaurants.

Die **Södergatan**, Malmös wichtigste Einkaufs- und Geschäftsstraße, verbindet den Stortorget mit dem **Gustav Adolfs Torg [N55° 36′ 11.68″ E13° 0′ 4.55″]**, dem größten Platz der Stadt. Der Platz ist übrigens nicht nach Gustav II. Adolf, Schwedens Herrscher im Dreißigjährigen Krieg, sondern nach dem späteren Gustav IV. Adolf benannt, der in Schonen sehr beliebt war.

Nicht verzichten sollte man auf einem Besuch im **Malmöhus [Parkplatz, WP 413 / N55° 36′ 19.9″ E12° 59′ 11.5″]**, Malmöhusvägen *(geöffnet tgl. 10 - 17 Uhr)*. Innerhalb der Festungsanlage und in ihrer unmittelbaren Umgebung findet man eine ganze Reihe sehr interessanter Museen.

Malmöhus, die große Wasserburg westlich des alten Stadtkerns, wurde auf den Mauern einer Festung aus der Mitte des 15. Jh. zwischen 1536 und 1542 errichtet. Nachdem Skåne schwedisch geworden war, erweiterte man die Befestigungsanlagen, Bastionen und Verteidigungseinrichtungen. Mitte des 19. Jh. dann wurden die Mauern abgetragen, Malmöhus wurde Staatsgefängnis.

Seit 1932 beherbergt die Festung, die inmitten eines weiten Parkgeländes liegt, das **Malmö Museum** mit Abteilungen über Stadtgeschichte, Kulturgeschichte, Kunst und Kunsthandwerk sowie Naturgeschichte.

Im **Kommandenthuset**, dem ehemaligen Haus des Burgkommandanten, das am Malmöhusvägen außerhalb der eigentlichen Festungsanlage liegt, ist eine Ausstellung über die Militärgeschichte zu besichtigen.

Ebenfalls am Malmöhusvägen findet man unweit westlich des Malmöhuset das **Technik- und Seefahrtmuseum**.

Eine moderne Attraktion unserer Tage stellt das Hochhaus (190 m) **Turning Torso [N55° 36' 46.8" E12° 58' 35.7"]** dar, ein Werk des spanischen Architekten Santiago Calatravas. Es liegt nordwestlich der Innenstadt an der Västra Varvsgatan.

Malmös ungewöhnlicher Wolkenkratzer „Turning Torso"

*ROUTE: Über die **Öresundbrücke** (die Fahrt über die Brücke ist nicht gerade billig, dafür – besonders bei etwas stärkerem Wind und mit einem Wohnmobil – ein Erlebnis für sich!) hinüber nach **Tårnby** (südlich von Kopenhagen) in **Dänemark**. Die Strecke ist insgesamt 15,4 km lang und führt auf 8 km über die weltweit längste Schrägseilbrücke für Straßen- und Bahnverkehr.*

*Weiterreise von **Kopenhagen** zum Fährhafen **Rødbyhavn**, siehe auch Tour 4 (Puttgarden – Kopenhagen).*

PRAKTISCHE HINWEISE – MALMÖ

Malmö Turism [N55° 36' 30.3" E12° 59' 56.1"], Börshuset, Skeppsbron 2, 211 20 Malmö, Tel. +46 (0)40 34 12 00; www.malmo.com. *Geöffnet ganzjährig Mo - Fr 9 - 17 Uhr, Sa + So 10 - 14 Uhr.*

HOTEL

Scandic Kramer********, 113 Zi., Stortorget 7, Tel. +46 (0)40 693 54 00; www.scandic-hotels.se; zentral, Bahnhofsnähe, Restaurant, schöne Bar, Fitnesscenter, Sauna, WLAN. Garage.

CAMPING

Camping Malmö First Camp [WP 414 / N55° 34' 18.8" E12° 54' 30.9"], Strandgatan 101, Tel. +46 (0)40 15 51 65; www.firstcamp.se/malmo; Jan. - Dez.; ca. 5 km südwestl. des Stadtzentrums von Malmö, im Stadtteil Limhamn; weitläufiges, meist ebenes Wiesengelände mit Laubbaumgruppen, beim öffentl. Strandbad; ca. 9 ha – 300 Stpl. + 50 Dau.; Standardsanitärausstattung. Laden, Restaurant, Imbiss, Minigolf, Sauna, WLAN. Miethütten. **V&E für Wohnmobile**.

PRAKTISCHE UND NÜTZLICHE INFORMATIONEN VON A BIS Z

ANSCHRIFTEN

Fremdenverkehrsämter

VisitDenmark, Dänemarks offizielle Tourismuszentrale, Glockengießerwall 2, 20095 Hamburg, Tel. (+49) 01805-32 64 63; www.visitdenmark.de.

Innovation Norway, Caffamacherreihe 5, 20355 Hamburg, Tel. (+49) 040 22 94 15 0, Fax (+49) 040 22 94 15 88; www.visitnorway.de.

Visit Sweden, Voltvägen 32, SE-831 48 Östersund, Schweden; www.visitsweden.de. Tel. aus Deutschland: 069-22 22 34 96;
E-Mail: germany@visitsweden.com.
Tel. aus Österreich: 0192 86702.
E-Mail: austria@visitsweden.com.
Tel. aus der Schweiz: 044 580 6294.
E-Mail: switzerland@visitsweden.com.

Finnische Zentrale für Tourismus, Lessingstr. 5, 60325 Frankfurt/Main, Tel. (+49) 069 71 91 980; www.visitfinland.com/de/.

Informationen aller möglicher Art über die **skandinavischen Länder** finden Sie, in deutscher Sprache, unter:
http://www.skandinavien.de

Konsularische Vertretungen

Nordische Botschaften Berlin, Rauchstr. 1, 10787 Berlin; www.nordischebotschaften.org.

Für alle 4 Länder Sammel-Tel. (+49) 030-50 50 0.

Botschaft der Bundesrepublik Deutschland, Göteborg Plads 1, DK-2150 **Nordhavn** (Kopenhagen), Tel. +45 35 45 99 00; www.kopenhagen.diplo.de.

Botschaft der Bundesrepublik Deutschland, Forbundsrepublikken Tysklands Ambassade, Oscarsgate 45, N-0258 **Oslo** 2, Tel. +47 23 27 54 00; www.oslo.diplo.de.

Botschaft der Bundesrepublik Deutschland, Krogiuksentie 4, FIN-00340 **Helsinki**, Tel. +358 45 85 80; www.helsinki.diplo.de.

Botschaft der Bundesrepublik Deutschland, Skarpögatan 9, S-11527 **Stockholm**, Tel. +46 (0) 8 670 15 00; www.stockholm.diplo.de.

Schifffahrtslinien

Color Line GmbH, Norwegenkai, 24143 Kiel, Tel. 0431-73 00-100; www.colorline.com; eMail: servicecenter@colorline.com.

DFDS Germany, Högerdamm 41, 20097 Hamburg, Tel. 040-38 90 371; www.dfdsseaways.de.

Finnlines Passagierdienst, Einsiedelstr. 43 - 45, 23554 Lübeck, Tel. 0451-15 07 443; www.finnlines.de.

Fjord Line GmbH, Nizzestr. 28, 18311 Ribnitz-Damgarten, Tel. 03821-70 97 20; www.fjordline.de.

Hurtigruten, Große Bleichen 23, 20354 Hamburg, Tel. 040-87 40 83 58; www.hurtigruten.de.

Scandlines, Zum Fährterminal 1, 18147 Rostock, Tel. 0381-77 88 77 66; www.scandlines.de.

Stena Line, Schwedenkai 1, 24103 Kiel, Tel. 01806-60 20 100; www.stenaline.de.

Tallink Silja GmbH, Mattentwiete 6, 20457 Hamburg, Tel. 040-54 75 41 222; www.tallinksilja.de.

TT-Line GmbH & Co. KG, Zum Hafenplatz 1, 23570 Lübeck-Travemünde, Tel. 04 502-80 182; www.ttline.com.

Viking Line Finnlandverkehr GmbH, Große Altefähre 20-22, 23552 Lübeck, Tel. 0451-38 46 30; www.vikingline.de.

CAMPING UND STELLPLÄTZE

Die allermeisten Campingplätze in Skandinavien verlangen bei der Anmeldung die Vorlage der Campingkarte **Camping Key Europe (CKE)**. Die Karte erhalten Sie zu Hause gegen Gebühr (z. Zt. € 12,-,) bei Ihrem Automobilclub oder auf Campingplätzen in Schweden, Dänemark, Norwegen und Finnland, die dem System angeschlossen sind.

Die frühere Karte „Camping Carnet International" (CCI) wird auf skandinavischen Campingplätzen kaum noch akzeptiert.

Thema Wohnmobil-Stellplatz

Alle offiziell eingerichteten Stellplätze, die wir finden konnten, oder von denen wir erfahren haben, wurden registriert und erscheinen in diesem Reiseführer.

Dänemark

Kaum ein anderes Land in Europa bietet seinen Gästen ein so dichtes Netz an gut ausgebauten Campingplätzen wie Dänemark. Gut 550 Anlagen, klassifiziert mit ein bis fünf Sternen, verteilen sich auf das Inselreich. Hat man dann noch den **offiziellen Campingführer „Camping Danmark"** zur Hand, kann man rasch seine Wahl treffen.

Dänemark bietet Plätze für jeden Geschmack, vom Komfortplatz mit Sauna, erstklassigen Sanitäranlagen, Schwimmbad oder Tennisplatz bis zum naturnahen und ruhigen Platz.

Nur eines darf man in Dänemark nicht: Wild campen. Auch das Übernachten im Auto, Wohnmobil, Zelt oder Caravan auf Park- und Rastplätzen ist nicht erlaubt.

Viele dänische Campingplätze setzen Maßstäbe, sei es im Sanitärbereich, im Bereich des Freizeitangebots oder bei Einrichtungen für die kleinen Gäste. Warmwasser in den Waschbecken gehört ebenso zur Standardausrüstung, wie Warmduschen oder Geschirr- und Wäschewaschbecken mit Warmwasser und Waschmaschinen. Kaum ein Platz, der nicht mit einem Aufenthalts- oder Fernsehraum aufwartet. Für Kinder steht fast immer ein Spielplatz zur Verfügung.

Auch für das leibliche Wohl wird gesorgt. Einen Lebensmittelladen, auf großen Plätzen nicht selten einen richtiggehenden Supermarkt, bietet fast jede Campinganlage. Und obendrein gibt es häufig Kochgelegenheiten, ein Restaurant oder eine Imbisstheke.

Natürlich hält jeder Campingplatz gegen Gebühr Stromanschlüsse für Caravans bereit. Und fast alle Plätze bieten Miethütten.

Ganz besonders zu erwähnen sind die Bemühungen vieler dänischer Campingplatzhalter, die Platzeinrichtungen, hier besonders die Sanitäranlagen, auch körperbehinderten Feriengästen zugänglich zu machen. Immer mehr Plätze bieten speziell für Rollstuhlfahrer konzipierte Sanitärräume an.

Die Platzzufahrten sind gewöhnlich sehr gut beschildert.

Etwa ein Zehntel der dänischen Campinganlagen ist ganzjährig geöffnet, der überwiegende Rest steht zwischen dem 1. Mai und dem 1. September zur Verfügung. Allerdings muss auf vielen Plätzen ab Mitte August mit eingeschränktem Service gerechnet werden.

Im Internet findet man Information über die Campingsituation in Dänemark unter www.campingraadet.dk.

Wohnmobil-Stellplätze: Dänemark weist zwischenzeitlich eine recht stattliche Anzahl offizieller Stellplätze für Wohnmobile aus. Gewöhnlich sind dies spezielle **"Quick Stop"-Stellplätze** bei Campingplätzen oder es handelt sich um schlichte Stellmöglichkeiten in Freizeithäfen oder bei Bauernhöfen.

„QuickStop" bedeutet soviel, dass ein Campingplatz spezielle Stellplätze für Wohnmobile vor dem eigentlichen Campingplatz oder auf gesondertem Areal zur Verfügung stellt. Ankunft frühestens ab 20 Uhr, Abreise spätestens um 10 Uhr. Dafür sind die Übernachtungspreise reduziert. Die Einrichtungen des Platzes dürfen (evtl. gegen Gebühr) benutzt werden.

Allerdings sei darauf hingewiesen, dass sich die Angaben zu QuickStop-Stellplätzen immer wieder ändern können! Auf Campingplätzen, die in einem Jahr QuickStops angeboten haben, kann im nächsten Jahr dieser Service wieder gestrichen worden sein – oder umgekehrt!

Eine vollständige Liste aller QuickStop-Stellplätze in Dänemark gibt es unter www.dk-camp.dk.

Norwegen

Annähernd 1.400 Campinganlagen sind in Norwegen zu finden, wobei die Konzentration und Dichte von Süd nach Nord deutlich abnimmt. Die Plätze sind in offizielle Kategorien klassifiziert, die durch ein bis fünft Sterne symbolisiert werden.

Die Zufahrten sind in aller Regel sehr gut und deutlich beschildert. Das Campinggelände, fast immer Wiesengelände, gelegentlich mit Waldanteil, ist bei der Mehrzahl der Plätze naturbelassen. Viele Campinganlagen zeichnen sich durch eine landschaftlich schöne Lage aus.

Das Herrliche an vielen, vor allem den kleinen, etwas abseits der Hauptreiserouten gelegenen Plätzen ist ihre sympathische Einfachheit und ihre Naturnähe. Andererseits muss auch bemerkt werden, dass manche Anlagen in den touristischen Ballungszentren wie Oslo, an der Südküste, bei Loen, Geiranger, Voss oder Trondheim im Hauptreisemonat Juli gelegentlich südländische Belegungsdichten aufweisen, mit entsprechenden Auswirkungen auf die Platzeinrichtungen.

Fast alle Campingplätze verlangen bei der Anmeldung die Vorlage der Campingkarte **Camping Key Europe (CKE)**.

Infos zu Campingplätzen in Norwegen und zur CKE erhalten Sie im Internet unter www.camping.no/de/ oder auch vom Norwegischen Automobilclub NAF unter www.nafcamp.com/de/.

Wohnmobil-Stellplätze: Einige Städte wie Oslo, Ålesund, Bergen oder Trondheim haben Stellplätze für Wohnmobile eingerichtet. Auch auf private Initiative hin sind Stellplätze für Wohnmobile entstanden. In Norwegen kommt positive Bewegung in die Angelegenheit „Stellplätze für Wohnmobile".

Geradezu vorbildlich ist in Norwegen das dichte, im ganzen Lande gut und deutlich beschilderte Netz von **Entsorgungsstellen für Wohnmobilabwässer** ausgebaut. In jedem größeren Ort findet man einen dieser Entsorgungsstationen, die meist bei Tankstellen installiert sind, dort mitunter aber ein etwas verstecktes Dasein fristen. Die Automaten sind mit Geldmünzen zu betätigen, manche funktionieren aber auch kostenfrei. Zum Aufnehmen von Frischwasser ist es oft nützlich, einen eigenen Schlauch, einen Kanister, (Gießkanne, Wassersack) dabei zu haben.

Schweden

In ganz Schweden stehen annähernd 750 Campingplätze zur Verfügung, die offiziell registriert sind und vom Schwedischen Amt für Tourismus überprüft werden.

Die meisten Campinganlagen sind von 1. Mai bis 1. September geöffnet. Eine ganze Reihe von Plätzen, vor allem in touristischen Ballungsgebieten oder an beliebten Küstenstrichen, sind aber auch ganzjährig geöffnet. Mit geöffneten Läden, Restaurants, Schwimmbädern, Tennisplätzen, Tanzböden u. ä. auf Campingplätzen kann aber nur in der Hochsaison gerechnet werden.

CEE-Stecker für den Stromanschluss an Wohnwagen/-mobilen sind in Schweden noch nicht überall verbreitet. Nehmen Sie ein Kupplungsstück mit unseren Schützkontakt-Steckern (Schuko) mit!

Zwingend vorgeschrieben sind geschlossene Abwasserbehälter am Caravan oder Wohnmobil. Das Unterstellen von offenen Behältnissen ist nicht gestattet!

Auf den meisten Plätzen findet man Campinghütten.

Übrigens: Zur **Mittsommernacht** und am darauffolgenden bzw. vorangehenden Wochenende geht es rund in Schweden, auch auf Campingplätzen. Die Übernachtungspreise werden an diesen Tagen oft erheblich angehoben.

Öffentliche Strandbäder und Campingplätze bilden in vielen schwedischen Gemeinden eine Einheit, sind also nicht getrennt oder abgegrenzt. Der Zugang zum Strand führt für die Tagesgäste dann nicht selten mitten durch das Campinggelände.

Nicht sonderlich gastfreundlich erscheint die von einigen schwedischen Campingplätzen praktizierte Art der Anmeldung per Telefon. Besonders in der Nebensaison kann es vorkommen, dass der Gast bei der Ankunft vor verschlossener Rezeptionstür steht, auf der eine Telefonnummer angegeben ist, die anzurufen ist. Personal erscheint nur zum Kassieren. Ansonsten sind solchermaßen geführte Campingplätze unbeaufsichtigt.

Wohnmobil-Stellplätze: Spezielle Stellplätze für Wohnmobilfahrer finden in Schweden mehr und mehr Verbreitung. In zunehmendem Maße trifft man in südlichen Landesteilen auf für Wohnmobilfahrer eingerichtete Stellplätze. Manche Campingplätze bieten sog. **"QuickStops"** an. Darunter sind Stellplätze auf einem eigens dafür ausgewiesenen Areal (meist außerhalb vor dem eigentlichen Campingplatz) zu verstehen, die von Wohnmobilfahrern, die nur ein Nacht bleiben wollen, nicht vor 21 Uhr ankommen, nicht nach 9 Uhr abreisen und kein Vorzelt aufstellen, zu einem ermäßigten Preis benutzt werden können. Stromanschlüsse, falls vorhanden, werden zum Normaltarif berechnet.

Fast alle Campingplatzverwaltungen verlangen bei der Anmeldung die Vorlage der Campingkarte **Camping Key Europe (CKE)**.

Bei Vorlage sog. **Campingschecks** gewähren bestimmte Campingplätze verbilligte Übernachtungspreise.

Eine Vorbildfunktion erfüllen etwa ein Drittel aller schwedischer Campingplätze in Bezug auf ihre **Behindertenfreundlichkeit.** Etwa 150 Plätze sind mit speziellen Toilettenanlagen ausgestattet, bei 200 weiteren sind zumindest behindertengerechte Zugänge zu den Einrichtungen vorhanden.

Das einmalige Übernachten im Wohnmobil oder Caravan auf öffentlichen Rast- oder Parkplätzen in Schweden ist gestattet. Wildes campen wird toleriert, solange die Rechte privater Anrainer nicht verletzt und die Natur nicht geschädigt wird. Wildes campen sollte also, schon aus Umweltgründen, nur praktiziert werden, wenn absolut keine Alternative zur Verfügung steht.

Beachten Sie unbedingt, dass offene Feuer im Gelände strikt verboten sind! Machen Sie niemals auf Felsen, in den Schären z. B., Feuer. Die Gefahr, dass die Steine springen und Splitter wie Geschosse Verletzungen verursachen, ist sehr groß und unberechenbar!

Im Internet erfährt man Angaben zur Campingplätzen in Schweden unter www.camping.se.

Finnland

In Finnland stehen dem Besucher etwa 350 Campingplätze zur Verfügung. Auch in Finnland ist es so, dass die Dichte des Campingplatznetzes nach Süden hin zunimmt. Ähnlich wie in den skandinavischen Nachbarländern gibt es eine Einstufung der Qualität der Campinganlagen in amtliche Kategorien, die mit ein, zwei oder drei Sternen angezeigt werden.

Die meisten Campingplätze sind zwischen Juni und August geöffnet. Etwa 70 Plätze sind ganzjährig zugänglich. Am **Wochenende um Mittsommer** ist auf den Campingplätzen mit recht turbulentem und lautem Betrieb zu rechnen.

Finnische Campingplätze verlangen bei der Anmeldung die Vorlage der Campingkarte **Camping Key Europe (CKE)**.

Im Internet erfährt man Angaben zur Campingsituation in Finnland unter www.camping.fi.

Außerhalb offizieller Campingplätze ist das Campen und vor allem das Entzünden offener Feuer nicht erlaubt, es sei denn, man erhält die ausdrückliche Erlaubnis des Grundeigentümers.

Auch das Übernachten auf Straßen und Parkplätzen ist offiziell nicht gestattet. Zum Übernachten auf Privatgrundstücken, dazu gehören auch Parkplätze von Restaurants, Tankstellen, Supermärkten, Gemeindebädern etc., ist die Erlaubnis des Grundstückseigentümers notwendig!

Wohnmobil-Stellplätze: Speziell für Wohnmobilfahrer eingerichtete Übernachtungsplätze sind in ganz Finnland noch ziemlich unbekannt, auch in der Hauptstadt Helsinki. Auch gibt es keine Einrichtungen seitens der Campingplatzbetreiber, die den QuickStops in Schweden zum Beispiel vergleichbar wären.

Campinghütten

Wer nicht mit Zelt, Wohnwagen oder Wohnmobil durch Skandinavien reist, oder auf einer Radtour abends ein festes Dach über dem Kopf vorzieht, dennoch aber nicht in Hotels oder Gasthäusern übernachten will, findet auf fast jedem Campingplatz in Dänemark, Norwegen, Schweden und Finnland sog. **Campinghütten**. Sie sind in ganz

Skandinavien sehr verbreitet und bieten eine recht komfortable, wenn auch rustikale, aber für Skandinavien relativ preiswerte Übernachtungsmöglichkeit.

Die aus Holz, oft in Blockhausmanier errichteten Häuschen bieten Platz für zwei bis sechs Personen. Sie sind in aller Regel recht zweckmäßig eingerichtet. Die Ausstattung reicht von der spartanischen Version mit Tisch, Stuhl und Bett bis zum komfortabel ausgestatteten und stilvoll möblierten Ferienhäuschen mit Dusche und WC, Heizung, Kochgelegenheit mit Kühlschrank und Wohnecke. Oft ist eine kleine überdachte Veranda vorgebaut. Bettwäsche ist mitzubringen, kann aber gelegentlich auch geliehen werden. Saubermachen muss man selbst und auch für des eigene leibliche Wohl muss man selbst sorgen.

Vor allem im Hauptreisemonat Juli sollten Hütten unbedingt vorbestellt, oder sehr früh am Tage angefahren werden, da in dieser Zeit die Nachfrage überaus groß ist!

Hinweise über Angaben zu Campingplätzen

Wir versuchen, die Platzeinrichtungen, so wie sie beim Besuch vorgefunden wurden, in etwa zu charakterisieren, wobei Zustand und Pflege der Gebäude und Installationen auch von Bedeutung waren. Die Übergänge zwischen den drei als grobe Anhaltspunkte geschaffenen Kategorien sind fließend.

Mindestausstattung: Einfacher Platz mit bescheidenen, veralteten oder vernachlässigten Einrichtungen.

Standardausstattung, mit den Varianten *einfache* oder *gute Standardausstattung*: Der Durchschnittscampingplatz mit WC's, Waschbecken mit Warmwasser, Warmduschen, Kochgelegenheit, Geschirrspül- und Wäschewaschbecken mit Warmwasser. Ordentlicher Gesamteindruck, einige Stromanschlüsse für Caravans. Vereinzelt mit V & E-Station für Wohnmobile und WLAN auf Teilen des Platzgeländes.

Komfortausstattung, mit der Variante *gehobene Komfortausstattung*: Außer ausreichend WC's, Waschbecken mit Warmwasser und Warmduschen in zeitgemäßen, gepflegten Sanitäranlagen, werden auch Geschirr- und Wäschewaschbecken mit Warmwasser, Waschmaschine und Trockner, Küche und Aufenthaltsraum, Ausgüsse für Campingtoiletten, eine V & E Station für Wohnmobile und Stromanschlüsse für Caravans in ausreichender Zahl erwartet. Das Terrain soll durch Wege erschlossen sein, sowie Restaurant oder Cafeteria, Einkaufsmöglichkeit und möglichst Freizeit- oder Sporteinrichtungen aufweisen. WLAN auf dem Platzgelände.

Jedermannsrecht

Ein sehr tolerantes, großzügiges, traditionsreiches Recht in Norwegen, Schweden und Finnland ist das **Jedermannsrecht**, dessen Maxime lautet: *Nicht stören, nichts zerstören und den Hausfrieden respektieren.*

In Norwegen kennt man es als "**Allemannsretten**", in Schweden als **"Allemannsrätten".** In Dänemark gilt dieses Jedermannsrecht nicht! Und in Schweden fällt Caravaning ausdrücklich nicht unter das Allemannsrätten!

Überall in den drei genannten skandinavischen Ländern wird das Jedermannsrecht hoch geschätzt und von den Bürgern mit größter Verantwortung wahrgenommen.

Das Jedermannsrecht erlaubt im Prinzip jeder Einzelperson (aber nicht Gruppen), sich auf öffentlichem Grund und Boden, an Küsten, Stränden, in staatlichen Wäldern, Berg- und Grünlandgebieten, frei zu bewegen, solange weder Mensch noch Natur gestört oder geschädigt werden. Auch der ausländische Besucher kommt in den Genuss dieses Rechts.

Die Entwicklungen in den vergangenen Jahren führten allerdings dazu, dass Autofahrer und Wohnmobilisten dieses Jedermannsrecht nicht mehr für sich in Anspruch nehmen dürfen, solange sie mit ihren Gefährten und nicht zu Fuß unterwegs sind.

Natürlich gibt es ein paar Spielregeln, an die man sich zu halten hat, wie z. B. an das strikte Verbot von offenen Feuern zwischen 15. April und 15. September.

Respektieren Sie Fischgewässer, Jagdgebiete und geschützte Pflanzen und vor allem, schonen Sie die Natur, besonders im hohen Norden.

Allgemein ist übrigens motorisierter Verkehr (Geländewagen, Motorrad, Wohnmobile etc.), aber auch das Fahren mit Mountainbikes im freien Gelände abseits der Fahrwege grundsätzlich nicht erlaubt.

EINREISEBESTIMMUNGEN

Einreise mit dem Auto

Private Kraftfahrzeuge können von Besuchern vorübergehend zollfrei eingeführt werden.

Gültiger nationaler Führerschein und **Kraftfahrzeugschein** sind ausreichend.

Die **Internationale „Grüne Versicherungskarte"** ist nicht zwingend vorgeschrieben, ihre Mitführung wird aber empfohlen.

Das **Nationalitätskennzeichen** „D", „A", „CH" etc. muss am Auto angebracht sein.

Haustiere

Mit der Einführung des blauen **EU-Heimtierpasses** wurde das Reisen mit Haustieren auch in den skandinavischen Ländern erleichtert, wenn auch mit einigen Einschränkungen.

Gegen Tollwut geimpfte Hunde und Katzen dürfen nach **Dänemark**, **Norwegen**, **Schweden** und nach **Finnland** mitgebracht werden. Die Tollwutimpfung muss im EU-Heimtierpass attestiert sein. Norwegen verlangt zudem z. Zt. noch eine Bescheinigung über eine tierärztliche Behandlung gegen Fuchsbandwurm.

Die Einfuhr bestimmter Hunderassen, wie z. B. Pit Bull Terrier oder Tosa, ist verboten.

Es empfiehlt sich dringend, sich sehr rechtzeitig vor Reiseantritt bei den Fremdenverkehrsämtern nach dem neuesten Stand der Vorschriften zu erkundigen!

Auf kürzeren Fährüberfahrten müssen Haustiere im Auto bleiben. Auf längeren Fährstrecken müssen Haustiere in den auf den Fähren dafür vorgesehenen Käfigen untergebracht werden. Sind die Käfige belegt, kann das Haustier in aller Regel nicht mitgenommen werden! Einige Reedereien erlauben die Mitnahme eines Hundes z. B. mit an Deck oder in ein speziell gekennzeichnetes Areal in den Aufenthaltsräumen. Unbedingt vorher bei den Reedereien nach neuesten Stand der Vorschriften erkundigen!

Persönliche Dokumente

Dank der „Nordischen Passunion" zwischen Dänemark, Norwegen, Schweden und Finnland gelten die Staatsgebiete der vier nordischen Staaten als einheitliches Passgebiet. Zudem haben die fünf nordischen Länder (inkl. Island) Ende 1996 das Schengener Abkommen über Passfreiheit und politische Zusammenarbeit unterzeichnet.

Die EU-Mitglieder Dänemark, Schweden und Finnland sind Vollmitglieder des Abkommens, Norwegen und Island gingen eine Kooperationsabsprache ein. Zur Einreise in die skandinavischen Länder als Tourist benötigen Bürger aus EU-Ländern, aus der Schweiz und aus Liechtenstein lediglich einen gültigen Personalausweis oder Reisepass. Für Kinder unter 16 Jahren ist ein Kinderausweis notwendig. Der vorläufige Aufenthalt ist auf insgesamt drei Monate beschränkt.

Zollbestimmungen (Auszug)

Persönliche Gegenstände und alle auf der Reise benötigten Artikel wie Sportgeräte können zollfrei eingeführt werden. Medikamente, die ausschließlich für den Gebrauch durch die Reisenden bestimmt sind, können mitgeführt werden. Über Medikamente (in Schweden Ration für max. fünf Tage), die Rausch- oder Betäubungsmittel enthalten, auf die der Reisende aber aus medizinischen Gründen nicht verzichten kann, ist eine ärztliche Bescheinigung mitzuführen, aus der eindeutig diese Notwendigkeit hervorgeht; www.zoll.de.

Freigrenzen für Reisende aus EU-Ländern:

Dänemark – Alle Waren für den persönlichen Gebrauch während des Urlaubs können aus einem anderen EU-Land zollfrei eingeführt werden.

Personen über 17 Jahre dürfen zoll- und abgabenfrei einführen: 60 l Wein, 110 l Bier, 10 l Spirituosen, 10 l Alkopops und 800 Zigaretten, 400 Zigarillos, 200 Zigarren und 1000 g Tabak. Bei der direkten Einreise aus einem Nicht-EU-Land gelten andere Bestimmungen.

Fahrzeuge ausländischer Touristen dürfen nicht an Einheimische verliehen werden.

Norwegen – Reisenden ab 18 Jahren ist die zollfreie Einfuhr erlaubt von: 200 Zigaretten oder 250 g andere Tabakwaren, 2 l Bier oder Alkopos bis 4,7 Vol.-% und 1,5 l Wein bis 22 Vol. % und 1 l Spirituosen bis 60 Vol.-%(nur ab 22 Jahre).

Einem Einfuhrverbot unterliegen u. a. Pflanzen, Eier, Kartoffeln, Rauschgifte, Waffen. Medikamente nur mit Sondergenehmigung. Besonderen Einfuhrbestimmungen unterliegen auch bestimmte Fischfanggeräte.

Schweden – Reisende aus EU-Ländern über 20 Jahre dürfen abgabenfrei einführen: 800 Zigaretten, 400 Zigarillos, 200 Zigarren und 550 g Tabak, 10 Liter Spirituosen (über 22 Vol.-%), 90 Liter Wein und 110 Liter Bier (über 3,5 Vol. %).

Finnland – Reisende aus EU-Ländern ist die Einfuhr besteuerter Waren für den eigenen Bedarf oder zur Weitergabe als Geschenk in unbegrenzter Menge erlaubt mit Ausnahme von Alkohol- und Tabakwaren. Dafür gelten folgende Begrenzungen, in Klammern die Mengen für Nicht-EU-Länder: 10 (1) Liter Spirituosen (über 22 Vol. %, erlaubt nur für Personen ab 20 Jahren), 90 (3) Liter Wein und 110 (2) Liter Bier. 800 (200) Zigaretten, 400 Zigarillos, 200 Zigarren und 1000 g (250 g) Tabak.

ESSEN UND TRINKEN

Auf einen Nenner gebracht: Die Chancen in **Dänemark** gut zu essen, sind gegeben.

Eine typische, echt dänische Spezialität gibt es eigentlich nicht. Nein, auch Smørrebrød, diese appetitlich belegten Butterbrote, sind keine ausschließlich dänische, sondern eher eine skandinavische Besonderheit. Aber in kaum einem anderen Land werden Schweinebraten, Hacksteak, Scholle und Dorsch so variantenreich zubereitet, wie auf den dänischen Inseln. Gerichte solcher Art findet man auf fast jeder Speisekarte, so dass man geneigt sein könnte, von typisch dänischen Gerichten zu reden.

Essen gehen, und noch dazu gut essen gehen, ist in allen skandinavischen Ländern eine recht teure Angelegenheit. Relativ preiswert kann man sich in Cafeterias, Snackbars, Selbstbedienungsrestaurants oder in den Restaurants der Warenhäuser verköstigen. In aller Regel gut und gepflegt, aber eben mit den entsprechend „gepflegten" Preisen, isst man in Restaurants und Hotels.

Ja, und was trinkt man? Zum kalten Büfett und zum Smørrebrød natürlich Bier und Aquavit. Beides in Dänemark in bester Qualität, aber nicht billig zu bekommen. Weine aus den großen europäischen Anbaugebieten stehen in der Gunst der Gäste weit hinter Bier und Aquavit.

Unter den nichtalkoholischen Getränken nehmen neben Kaffee (weniger Tee), Fruchtsäften und Limonaden jeder Art, Milch und Milchgetränke einen breiten Raum ein.

Selbstversorger haben in allen skandinavischen Ländern wahrlich keine Probleme etwas in ihre Töpfe zu bekommen. Überall finden sie ein ausgezeichnetes Angebot aller nur erdenklicher Lebensmittel in bester Qualität.

Essen und Trinken in Schweden kann zum Erlebnis werden. Aber es ist in aller Regel ein sehr teures Erlebnis, wenn man etwas mehr als einen einfachen Imbiss oder ein schnelles Tellergericht erwartet.

Von einer „schwedischen Küche" kann man eigentlich nicht sprechen, wie man etwa von der französischen oder der italienischen Küche spricht. Vielmehr sind es die lokalen Spezialitäten, vor allem aus Schonen (Skåne) und Südschweden und die *Husmanskost* (Hausmannskost), die den Reiz der schwedischen Kochkunst ausmachen. Oft sind Fische und Schalentiere die Basis der Gerichte.

Es heißt, dass man in Schweden nirgends so gut und so gerne isst wie in Skåne. Die „Skåningar" haben ihre eigene Flagge, eine harmonische Mischung der dänischen und der schwedischen Farben – gelbes Kreuz auf rotem Grund – sie haben ihren eigenen Aquavit und sie machen kalte Büfetts, die ein Augen- und Gaumenschmaus sind.

Im Spätsommer z. B. gibt es Aal, auf die verschiedensten Arten köstlich zubereitet. Zum Aal trinkt man gerne Bier und natürlich ein Gläschen Aquavit oder Schnaps, der bei keinem guten Essen fehlen darf. In fröhlicher Runde lässt man den „schwedischen Landwein" oft mit dem Spruch hochleben: „Ein Hoch dem Norrland, ein Hoch dem Swealand und ein Hoch dem Kartoffelland, das uns den Branntwein schenkt".

Mitte August ist die Zeit der Krebse, die in verschiedenen köstlichen Varianten zubereitet werden. Wundern Sie sich nicht, wenn Sie um diese Jahreszeit ein Lokal betreten und an den Tischen Gäste mit lustigen Hütchen auf dem Kopf und Lätzchen um den Hals in ausgelassener Fröhlichkeit ihre Krebsgerichte verzehren sehen.

Und natürlich findet man in guten Gasthäusern das weltberühmte **Smörgåsbord**, ein Meer aus Delikatessen. 30 verschieden Gerichte und mehr sind keine Ausnahme, darunter sind geschmorter Rotkohl, Spanferkel und Mandelpudding schonische Spezialitäten.

Unterwegs wird man eher ein Café oder eine Bar frequentieren. Keine Sorge, es ist nicht schon wieder die Rede von Aquavit. Aber als „Bar" sind in Schweden oft Selbstbedienungsrestaurants gekennzeichnet

Die **finnische Küche** ist zumindest im Bereich der sog. Hausmannskost nicht ohne russischen Einschlag, ein Überbleibsel aus der Zarenzeit. Der gehobene Bürgerstand und hochherrschaftliche Häuser hatten damals nicht selten einen russischen Koch.

Die gängige, in Restaurants und Hotels heute angebotene Speisefolge ist aber eher der sog. internationalen und in manchen Bereichen und auf dem Gebiet der Rôtisserie der französischen Küche zuzurechnen. Richtig finnisch wird es bei den Nachtischen und Süßspeisen.

Die Finnen gelten als Weltmeister im Kaffeetrinken. Alkoholische Getränke aus einheimischer Produktion sind vor allem Liköre aus Wildbeeren.

Alkoholische Getränke

Dänemark ist das einzige der skandinavischen Länder, in dem alkoholische Getränke, auch hochprozentige, im Supermarkt zu haben sind.

In **Norwegen, Schweden** und **Finnland** sind Weine und höherprozentige Alkoholika ausschließlich in den staatlichen Verkaufsstellen, „Vinmonopol" in Norwegen, „Systembolaget" in Schweden oder den staatlichen Monopolläden „Alko" in Finnland zu bekommen.

Alkoholische Getränke, vor allem hochprozentige, sind sehr teuer. Es gibt Altersgrenzen (die auch kontrolliert werden) für den Erwerb von Alkohol. In Schweden z. B. wird Alkohol nur an Personen ab 20 Jahren abgegeben.

GESETZLICHE FEIERTAGE

Neben kirchlichen Feiertagen wie Dreikönig, Karfreitag, Ostern, Christi Himmelfahrt, Pfingsten, Allerheiligen und Weihnachten, gelten folgende Feiertage, an denen öffentliche Einrichtungen geschlossen bleiben:

Dänemark: 1. Januar – Neujahrstag;

5. Juni – Grundlovsdag (Verfassungstag).

Norwegen: 1. Januar – Neujahrstag,

1. Mai – Tag der Arbeit; 17. Mai – Tag der Verfassung, Nationalfeiertag. Ende Juni St. Hans Tag und Mittsommerfest. Ende Juli – Olsokfest.

Schweden: 1. Januar – Neujahrstag;

1. Mai – Tag der Arbeit; 6. Juni – Nationalfeiertag; Ende Juni Mittsommerfest;

31. Oktober – Reformationstag.

Wichtige weitere, aber nicht gesetzliche Feiertage sind die Walpurgisnacht am 30. April, oder das Luciafest am 13. Dezember.

Finnland: 1. Januar – Neujahrstag; 1. Mai; Ende Juni – Mittsommerfest; 6. Dezember – Unabhängigkeitstag.

KLIMA

Dänemark

Gemäßigtes ozeanisches Klima. Oft rasch wechselnde Wetterlage. Regenschauer sind auch im Sommer nichts ungewöhnliches. Lange, beständige Wetterperioden sind selten. Am ehesten kann in der Zeit zwischen Mai und Juni/ Juli mit Schönwetterperioden gerechnet werden. Zumindest an den Küsten ständiger Wind.

Im Sommer liegen die Durchschnittstemperaturen am Tage um 20 Grad, die Meerestemperatur bei 18 Grad. Der wärmste Monat ist gewöhnlich der Juli, der kälteste der Februar.

Norwegen

Man muss schon zweimal hinschauen, wenn man liest, dass Norwegen eines der wärmsten Länder der Erde ist – allerdings im Verhältnis zu seiner geographischen Lage gesehen.

Verantwortlich für diesen erstaunlichen Umstand ist der Golfstrom. Die größte und augenfälligste Auswirkung haben die warmen Wasserströmungen allerdings auf die Häfen des Landes, die alle während des langen Winters eisfrei bleiben.

Um so erstaunlicher klingt dann die Tatsache, dass nur rund 130 km Luftlinie von der Küste entfernt, im Inneren der Finnmark bei Kautokeino, winterliche Temperaturen weit unter -40°C keine Seltenheit sind. Andererseits werden dort im Sommer mitunter Höchstwerte von 30°C und mehr gemessen. Im allgemeinen Landesdurchschnitt bewegen sich die Sommertemperaturen zwischen 15°C und 21°C.

Schweden

Die Auswirkungen des warmen Golfstroms im Atlantik beeinflussen selbst noch das Klima Schwedens. Dadurch liegen die Durchschnittstemperaturen im Lande höher, als sie es ohne Golfstrom wären.

Geprägt wird das Klima von atlantischen Tiefausläufern, die die skandinavische Halbinsel von Westen her überqueren. Die Folge sind häufige Wetterwechsel und Niederschläge.

Die durchschnittlichen Temperaturen betragen im Sommer in Nordschweden ca. 13 Grad Celsius, auf der Höhe Stockholms ca. 18°C und in Südschweden rund 17°C.

Im Winter liegen die Durchschnittswerte im Norden bei –13°C, auf der Höhe Stockholms bei ca. -3°C und in Südschweden bei rund –1°C.

Finnland

Selbst Finnland profitiert noch vom Golfstrom, der dem Land ein gemäßigtes Klima verschafft. Allerdings hat das finnische Klima spürbar kontinentalen Charakter. Das zeigt sich in lang anhaltenden, konstanten Wetterperioden im Sommer wie im Winter. Als wärmster Monat gilt der Juli.

In Lappland werden dann Temperaturen bis +32°C gemessen. Kältester Monat ist der Februar.

Mückenschutz

Es lässt sich nicht leugnen, die summenden, blutsaugenden Plagegeister können Aktivitäten in freier Natur und den Spaß daran schon arg verleiden. Vor allem in windgeschützten, waldreichen Seengebieten oder in feuchten Niederungen können Stechmückenschwärme im Sommer den Aufenthalt im Freien für den Unvorbereiteten zum Martyrium werden lassen. Einziger kleiner Trost: Die in Skandinavien auftretenden Stechmücken übertragen keine Malaria wie es heißt.

Im Prinzip hilft nur, sich rechtzeitig vorher mit wirksamen Mitteln einzucremen oder einzusprühen. Die Sportgeschäfte und Apotheken in Skandinavien halten da recht wirksame Mittelchen bereit. Im Normalfall sollte das genügen.

Ist man allerdings im Sommer in Nord-skandinavien oder in der seen-

Mitternachtssonne und Polarnacht

In dieser Zeit kann man die Mitternachtssonne bzw. die Polarnacht erleben:

	Mitternachtssonne	Polarnacht
Ort	von – bis	von – bis
Norwegen		
Polarkreis	12. Juni – 01. Juli	
Bodø	04. Juni – 08. Juli	
Svolvær	28. Mai – 14. Juli	
Harstad	25. Mai – 18. Juli	
Tromsø	20. Mai – 22. Juli	25. Nov. – 18. Jan.
Alta	17. Mai – 26. Juli	24. Nov. – 18. Jan.
Hammerfest	16. Mai – 27. Juli	21. Nov. – 22. Jan.
Vardø	17. Mai – 26. Juli	22. Nov. – 20. Jan.
Nordkap	14. Mai – 29. Juni	18. Nov. – 24. Jan.
Longyearbyen (Spitzbergen)	20. Apr. – 22. Aug.	Nov. – Februar
Schweden		
Kebnekaise	23. Mai – 22. Juli	
Kiruna	26. Mai – 18. Juli	
Gällivare	01. Juni – 12. Juli	
Porjus	09. Juni – 04. Juli	
Abisko	12. Juni – 14. Juli	
Finnland		
Utsjoki	18. Mai – 25. Juli	26. Nov. – 16. Jan.
Ivalo	24. Mai – 19. Juli	05 Dez. – 09. Jan.
Sodankylä	31. Mai – 12. Juli	18. Dez. – 24. Dez.
Pello	04. Juni – 07. Juli	
Rovaniemi	06. Juni – 05. Juli	
Kuusamo	15. Juni – 27. Juni	

durchsetzten Tundra auf Wander- oder Kanutour, wird eincremen alleine nicht genügen. Kleidung aus festem Stoff mit dichten Bünden an den Ärmeln und Hosenbeinen, spezielle Hemden, ein Hut mit Moskitonetz, Handschuhe u. ä. sind dann fast unerlässlich. Machen Sie sich vorher in einschlägiger Outdoor-Literatur kundig, was Spezialisten zu diesem Thema zu sagen haben.

Mein Tipp! Machen Sie es wie die Kenner der Verhältnisse und verschieben Sie ihre Wandertour auf den Spätsommer bzw. Frühherbst, wenn in Nordskandinavien bereits die ersten leichten Nachtfröste eingesetzt haben, die Tage aber noch herrlich sonnig und warm sind. Dann ist die Mückenplage in aller Regel kein Thema mehr, die Landschaft in ihrer beginnenden Herbstfärbung aber noch traumhafter!

MIT DEM AUTO DURCH SKANDINAVIEN

Ein dichtes, gut ausgebautes und ausgezeichnet beschildertes Straßennetz durchzieht ganz Dänemark und die skandinavische Halbinsel bis in den hohen Norden.

In allen skandinavischen Ländern gilt die **Anschnallpflicht** auf Vorder- und Rücksitzen.

Das **Abblendlicht** (Fahrlicht) muss auch am Tage eingeschaltet sein! Standlicht genügt nicht!

Die Strafen bei Verstößen gegen Verkehrsregeln oder bei Alkohol am Steuer sind empfindlich! Wer in Norwegen z. B. ein Rotlicht überfährt und erwischt wird, wird umgerechnet mit stattlichen 470,- Euro (nicht Kronen!) zur Kasse gebeten. Und wer etwa in Kopenhagen falsch parkt, wird um mindestens 70,- Euro erleichtert!

Dänemark

Das dänische Straßennetz, ob Landstraßen oder Fernverbindungsstraßen, ob auf den Inseln oder auf Jütland kann nicht anders als vorzüglich bezeichnet werden. Selbst der kleinste Schleichweg ist geteert. Für Radfahrer ist häufig eine Fahrspur oder ein eigener Fahrweg vorgesehen. Die wenigen Autobahnstücke sind gebührenfrei.

Auch die Straßen- und Verkehrsbeschilderung ist ausgezeichnet. Einschränkend muss hier allerdings gesagt werden, dass in ländlichen Gebieten Wegweiser mit Ortsnamen nur in Kniehöhe und ohne Vorwegweiser unmittelbar am Abzweig angebracht sind. Wenn dann noch das Gras oder Getreide etwas hoch steht, sind sie vom Autofahrer leicht zu übersehen.

Verkehrsregeln und Verkehrszeichen entsprechen den in Europa üblichen.

Vor allem beim Abbiegen nach rechts ist unbedingt auf geradeausfahrende Rad- oder Mopedfahrer zu achten. Fußgänger, die die Straße überqueren wollen, ob auf Zebrastreifen oder nicht, haben immer das Vorrecht (Achtung beim Rechtsabbiegen!). Weiße Dreiecke, sog. „Haifischzähne" auf der Fahrbahn bedeuten soviel wie: Achtung! Vorfahrt gewähren!

Ein **Warndreieck** muss mitgeführt werden. **Anschnallpflicht**.

Spikes sind erlaubt zwischen 1.10. und 30. 4.

Motorradfahrer müssen einen Schutzhelm tragen und bei Fahrten am Tage das Abblendlicht einschalten.

Promillegrenze: 0,5. Alkohol und Medikamente am Steuer werden streng bestraft.

Uns fremd ist **Datostop/Datoparkering**. Es besagt, dass Halten/Parken an Tagen mit geradem Datum nur an der Straßenseite mit geraden Hausnummern, an ungeraden Daten nur vor ungeraden Hausnummern erlaubt ist.

Übrigens: Telefonieren mit dem Handy im Auto während der Fahrt, kann in Dänemark teuer werden.

Zulässige **Höchstgeschwindigkeiten**: Innerorts (ab Schild mit Ortssilhouette) 50 km/h, Abweichungen sind ausgeschildert. Pkw und Wohnmobile bis 3,5 t außerorts 80 km/h, auch auf Schnellstraßen; auf Autobahnen 110 km/h. Pkw mit Anhänger höchstens 70 km/h.

Wichtig für Caravan-Gespannfahrer: Anhänger hinter Pkw dürfen nicht länger als 12 m und nicht breiter als 2,5 m sein. Ist der Hänger mehr als 20 cm breiter als das Zugfahrzeug, sind vordere Begrenzungslichter am Anhänger vorgeschrieben.

Norwegen

Große Anstrengungen wurden in Norwegen im Straßenbau unternommen. Ganz erstaunliche Tunnelanlagen, wie der 24,5 km lange Lærdalstunnel, der längste Straßentunnel der Welt, dann gigantische Unterwassertunnels (z. B. zur Nordkap Insel Magerøya), Brückenkonstruktionen (z. B. Atlanterhavsveien) und ganz neue Trassen wurden angelegt.

Trotz dieser gravierenden Verbesserungen sind in den straßenbautechnisch oft schwierig zu meisternden Fjordregionen manche Straßenabschnitte immer noch relativ schmal (4 – 5 m).

Aber die Streckenanteile an den Hauptlandesstraßen, an den Fjorden oder über Gebirgspässe, die vom Norwegischen Straßenbauamt für Caravangespannfahrer als „grundsätzlich abzuraten" eingestuft sind, sind auf wenige kurze Teilstücke geschrumpft. Max. Caravanbreite von 2,3 m, bzw. 2,55 m (mit Einschränkungen).

Im ganzen Land gibt es deutlich beschilderte **Wohnmobil-Abwasserentsorgungsstellen** (s. u. Camping). Sie sind meist bei Tankstellen zu finden.

Die **Pannen-Notruf-Nummer** der **NAF Alarmzentrale** (24-Stunden-Dienst): **+47 810 00 505**.

Der **Rettungsdienst Viking** ist über das 24-Stunden-Nottelefon **+47 06 000** und der **Falck Rettungsdienst** über **+47 02 222** zu erreichen.

In Norwegen gelten die international üblichen **Verkehrsregeln**. Kreisverkehr hat immer Vorfahrt! Mobiltelefone dürfen vom Fahrer während der Fahrt ohne Freisprecheinrichtung nicht benutzt werden! Rauchverbot am Steuer innerhalb geschlossener Ortschaften! Auch tagsüber ist **Abblendlicht** einzuschalten.

Die erlaubten **Höchstgeschwindigkeiten** betragen innerhalb geschlossener Ortschaften 50 km/h. Für Pkw und Wohnmobile bis 3,5 t gelten außerhalb geschlossener Ortschaften 80 km/h, auf Autobahnen 90 km/h. Für Pkw mit Anhänger (Caravan) gelten außerorts max. 80 km/h mit gebremstem Anhänger und 60 km/h mit ungebremstem Anhänger.

Anschnallpflicht. Die **Promillegrenze** ist auf 0,2 Promille festgesetzt. Vergehen gegen die Promillebeschränkung werden mit empfindlichen Strafen belegt.

Spikes sind erlaubt zwischen 1. November und Ostern, in Nordnorwegen von 17. Oktober bis 31. April. Fahrzeuge über 3,5 t müssen passende Schneeketten in Zeiten mitführen, in denen Schnee und Eis erwartet werden können.

Wildwechselbeschilderung ernst nehmen! Mitunter halten sich Schafe oder Rentiere in den Straßentunnels auf, was vor allem in unbeleuchteten Tunnels zu unliebsamen Überraschungen führen kann.

Straßenmaut in Norwegen

Für die Benutzung gewisser Tunnel- oder Brückenbauten, Straßenabschnitte und Stadtdurchfahrten wird **Maut (bompenge)** erhoben. Außerdem ist für entlegene Bergstraßen, die oft Privatstraßen sind (z. B. zum Nigardsgletscher, zum Raubergstulen, nach Kjenndal u. a.), Maut zu bezahlen.

Laut **AutoPASS** müssen „alle Fahrzeugführer, unabhängig ihrer Nationalität, auf norwegischen Mautstraßen eine Maut entrichten. Es gibt zwei Tarifklassen: leichte Fahrzeuge (3,5 t oder weniger) und schwere Fahrzeuge (über 3,5 t, ausgenommen privat genutzte Wohnmobile). Motorräder sind in Norwegen nicht mautpflichtig".

Mit dem AutoPASS-System werden alle Fahrzeuge beim Durchfahren einer Mautstation in Norwegen automatisch erfasst. Nur noch an wenigen Mautstationen erfolgt die Zahlung manuell. Nur hier müssen Sie anhalten und direkt bezahlen. Alle automatischen AutoPASS-Stationen können Sie ohne anzuhalten passieren. Nach einigen Wochen erhalten Sie dann von Euro Parking Collection (EPC) eine Rechnung mit der zu entrichtenden Mautgebühr.

Motorradfahrer haben, wie erwähnt, keine Maut zu bezahlen.

Fahrzeuge über 3,5 t zulässigem Gesamtgewicht müssen über einen Maut-Chip verfügen. Von dieser Regelung sind Wohnmobile über 3,5 t, die privat genutzt werden, aber ausgenommen! Sie können wie Pkw die AutoPASS-Stationen passieren und erhalten später eine Rechnung.

Alternativ ist es möglich, dass Sie sich vor Abreise per e-mail unter Angabe Ihrer Kreditkartennummer registrieren. Eine Vorauszahlung von 300 NOK wird von Ihrem Konto abgebucht, davon werden die Mautgebühren abgebucht. Ist der Betrag aufgebraucht, werden erneut 300 NOK abgebucht. Restguthaben werden erstattet. An manuellen Mautstationen müssen Sie aber trotz Registrierung anhalten und bezahlen.

Sollten Sie mit einem Mietwagen unterwegs sein wird empfohlen, sich zu registrieren. Viele Autovermieter verlangen Extragebühren, wenn die Maut über sie abgerechnet wird.

Genaue Angaben zur Mautprozedur mit AutoPASS und zu aktuellen Preisen erfahren Sie bei **http://www.autopass.no/de/zahlung-fur-besucher** oder beim Kundenservice Tel. +47 915 020 12.

Schweden

Das schwedische Straßennetz ist recht dicht, vor allem in südlichen Provinzen, und fast überall hervorragend in Stand.

Notruf Pannendienst: +46 (0)20-912 912.

Die allgemeinen **Straßenverkehrsregeln** gleichen den in Europa allgemein gültigen.

Auch am Tage **Abblendlicht** einschalten. Nebelschlussleuchten dürfen nicht eingeschaltet werden. **Anschnallpflicht.** Die **Promillegrenze** ist auf 0,2 Promille festgesetzt. Schon geringfügige Verstöße werden hart geahndet, bis hin zur Einziehung der Fahrerlaubnis!

Beachten Sie besonders aufmerksam – vor allem in den Morgenstunden und in der Abenddämmerung – **Wildwechselbeschilderungen**. Elche und in nördlichen Regionen vor allem auch Rentiere queren gelegentlich völlig überraschend die Fahrbahn.

Ein striktes Fahrverbot gilt im Gelände abseits befestigter Wege!

Die **Höchstgeschwindigkeiten** betragen in Wohngebieten 30 km/h, in geschlossenen Ortschaften 50 km/h. Für Pkw und Wohnmobile bis 3,5 t gelten außerhalb geschlossener Ortschaften je nach Beschilderung zwischen 70 und 90 km/h und auf Autobahnen zwischen 90 und 100 km/h. Für Pkw mit Anhänger (Wohnwagen) gelten auf Landstraßen und Autobahnen 80 km/h. In Schweden sind zwischen 1. Oktober und 15. April **Spikes** erlaubt. Winterreifenpflicht 1. Dez. - 31. März.

Finnland

Dem Autofahrer steht ein besonders in den südlichen Landesteilen dichtes und vorzüglich gepflegtes Straßennetz zur Verfügung. In nördlichen Landesteilen kann man gelegentlich auf unbefestigte oder mit „Öl-Sand" (Vorsicht bei Nässe!) bedeckte Straßen stoßen. In Finnland gibt es keine Straßenbenutzungsgebühr. Kurze Binnenautofähren sind kostenlos.

In Finnland ist „leiser Straßenverkehr" Vorschrift.

Es gelten die in Europa allgemein gültigen **Verkehrsregeln**. **Abblendlicht** auch am Tage. **Anschnallpflicht**.

Die **Promillegrenze** liegt bei 0,5 Promille. Für Caravans und Wohnmobile gilt eine max. Breite von 2,6 m. **Spikes** sind erlaubt von 1. November bis 30. April.

Die **Höchstgeschwindigkeiten** betragen – falls nicht anders ausgeschildert – in Wohngebieten 30 km/h, in geschlossenen Ortschaften je nach Beschilderung zwischen 70 und 90 km/h und auf Autobahnen zwischen 90 und 110 km/h. Für Pkw mit gebremstem Anhänger (Caravan) gelten 80 km/h, mit ungebremstem Anhänger 40 km/h Höchstgeschwindigkeit. Für Busse ab 3,5 t gelten 90 km/h.

Wildwechselbeschilderung unbedingt beachten! Ein ausgewachsener Elchbulle bringt ohne weiteres ein Gewicht von 600 bis 800 kg auf die Waage. Unfallfolgen können also nicht nur für das Tier sondern auch für Auto und Insassen schlimmste Folgen haben. Nach einem Unfall mit Elch oder Rentier unbedingt sofort die nächste Polizeistation verständigen!

Kraftstoffpreise

Selbstbedienung an den Zapfsäulen ist üblich. Vielfach sind Automaten angebracht, die mit Banknoten und/oder mit Kreditkarten zu aktivieren sind. Es empfiehlt sich, immer einen entsprechenden Vorrat an Banknoten oder eine Kreditkarte bei sich zu haben, besonders nachts, wenn man auf die Tankautomaten angewiesen ist.

Fast alle Tankstellen (geöffnet meist zw. 7.00 und 21.00 Uhr) akzeptieren Kreditkarten. Es ist kein Fehler, vor allem bei Reisen in Nordskandinavien, einen gefüllten Reservekanister mitzuführen.

Dänemark:
Super - ca. DKK 10,64 (EUR 1,43)
SuperPlus - ca. DKK 12,95 (EUR 1,74)
Diesel - ca. DKK 9,52 (EUR 1,28)

Norwegen:
Super - ca. NOK 15,21 (EUR 1,62)
SuperPlus - ca. NOK 15,78 (EUR 1,68)
Diesel - ca. NOK 13,80 (EUR 1,47)

Schweden:
Super - ca. SEK 13,84 (EUR 1,45)
Diesel - ca. SEK 13,36 (EUR 1,40)

Finnland:
Super - ca. EUR 1,44
SuperPlus - ca. EUR 1,57
Diesel - ca. EUR 1,24

ÖFFNUNGSZEITEN

Dänemark

Geschäfte Montag – Freitag 9/10 – 17.30/18 Uhr. Donnerstag oder Freitag bis 19/20 Uhr.

Samstag 9 – 12 oder 14, teils 21 Uhr. Sonntag geschlossen, außer Kioske und Bäckereien.

Banken Montag – Freitag 10 – 16 Uhr, Donnerstag bis 18 Uhr. In ländlichen

Gebieten Mittagspause zwischen 12 und 14 Uhr.

Postämter Montag – Freitag 9/10 – 17/18 Uhr. Samstag 9 – 12 Uhr (nur teilweise!).

Norwegen

Geschäfte Montag – Freitag 10 - 17 Uhr, Donnerstag in Städten bis 19 Uhr. Samstag 10 – 15 Uhr. Supermärkte sind oft bis 19 oder 21 Uhr, Kioske auch an Samstagen und Sonntagen geöffnet.

Banken Montag – Freitag 8.30 - 15 Uhr, Donnerstag bis 17 / 18 Uhr.

Postämter Montag – Freitag 8.30 - 16 /16.30 Uhr. Samstag 8 – 13 Uhr.

Schweden

Geschäfte Montag – Freitag 10 – 18 Uhr, Warenhäuser teils bis 20 /22 Uhr.

Samstag 10 - 14/16 Uhr.

Sonntag Warenhäuser 12 - 16 Uhr.

Banken Montag – Freitag 9.30 – 15 Uhr, Donnerstag bis 17 Uhr.

Postämter Montag – Freitag 9 - 18 Uhr. Samstag 9 Uhr – 13 Uhr.

Finnland

Geschäfte Montag – Freitag 9 – 18, teils bis 21 Uhr.

Samstag 9 – 14, teils bis 18 Uhr.

Banken Montag – Freitag 9.15 – 16.15 Uhr.

Postämter Montag – Freitag 9 – 17 Uhr.

POST UND TELEFON

Landesvorwahlen:

Dänemark: +45 oder **00 45** (danach achtstellige Rufnummer).

Für **Norwegen: +47** oder **00 47** (danach achtstellige Rufnummer).

Schweden: +46 oder **00 46** (danach Ortsvorwahl ohne erste Null, dann Rufnummer).

Finnland: +358 oder **00 358** (danach Regionalkennzahl ohne erste Null, dann Rufnummer).

Deutschland: +49 oder **00 49** (danach Ortsvorwahl ohne erste Null, dann Rufnummer).

Österreich: +43 oder **00 43** (danach Ortsvorwahl ohne erste Null, dann Rufnummer).

Schweiz: +41 oder **00 41** (danach Ortsvorwahl ohne erste Null, dann Rufnummer).

Dänemark

Porto in EG-Länder: Postkarte und Standardbrief bis 20 g DKK 5,50.

Notruf (Polizei, Ambulanz, Feuerwehr): **112**, gebührenfrei, von Telefonzellen aus ohne Münzeinwurf erreichbar!

Norwegen

Porto in europäische Länder: Für Postkarte oder einen Standardbrief bis 20 g NOK 14,00.

Telefonieren ist im ganzen Land von Telefonämtern („TELE"), Telefonzellen, natürlich auch von Privatanschlüssen, Hotelzimmern etc. möglich.

In Norwegen ist die Ortsvorwahl in die Rufnummer integriert!

Seit der rasanten Verbreitung der Mobilfunktelefone (Handys, Smartphones), verschwinden öffentliche Telefonzellen mehr und mehr. Die wenigen verbleibenden öffentlichen Telefone können nur mit Münzen betrieben werden. Akzeptiert werden 1,-, 5,- und 10,- seltener auch 20,- Kronen-Münzen, sowie Euro-Münzen der Werte 50 Cent, 1,- und 2,- Euro. Mindestens sind 10 Kronen oder 2 Euro einzuwerfen.

Die früher üblichen Telefonkarten (telekort) oder Kreditkarten können in öffentlichen Telefonen nicht mehr verwendet werden.

Auch wenn sich in letzter Zeit einiges bei der Senkung der Roaminggebühren getan hat, kann für viele Anwender die Verwendung einer im Land erworbene Prepaid **SIM-Karte** norwegischer Netzanbieter für SIM-Lock freie Smartphones zum Telefonieren und Surfen vorteilhafter sein. Einer der Anbieter ist Telenor. Diese Gesellschaft bietet z.B. SIM-Karten (Größen: Standard-, Micro- oder Nano-SIM), die außer in Norwegen, auch in Schweden, Dänemark und Finnland genutzt werden können, u.a. für 1 GB Volumen (30 Tage, ca. 36,- Euro) oder 3 GB Volumen (60 Tage, ca. 50,- Euro) an. Beim Kauf wird gewöhnlich die Vorlage eines Ausweises verlangt. Die

SIM-Karte wird mit Einlegen in das Handy oder in den Surfstick aktiviert. Erneutes Aufladen und /oder Verlängerung der Laufzeit ist nicht möglich.

Freies WLAN steht in einigen größeren norwegischen Städten, außerdem auf den meisten Campingplätzen (evtl. nur in begrenzten Räumlichkeiten (Rezeption, Aufenthaltsraum o. ä.) und in vielen Hotels zur Verfügung. In Norwegens öffentlichen Bibliotheken ist fast immer mit freiem WLAN-Zugang zu rechnen.

Notruf: Feuerwehr **110**, Polizei **112**, Ambulanz **113**.

Schweden

Porto innerhalb Europas: Postkarte oder Standardbrief bis 20 g SEK 12,00.

Vorwahlen: Für **Schweden: +46** bzw. **0046**, nach der Ländervorwahl wählt man die Ortsvorwahl ohne die Null und dann die Teilnehmernummer.

Das **mobile Telefonieren** ist auch in Schweden überall üblich und sehr verbreitet. In Südschweden ist der Empfang per Mobilfunknetz überall möglich, entlang der großen Straßen und der Küste in Nordschweden ebenso, allerdings gibt es in den unbewohnten Gegenden Nordschwedens noch Lücken.

Sehr verbreitet waren lange Zeit Kartentelefone. Aber mit der rasanten Verbreitung der Mobiltelefone findet man kaum noch öffentliche Telefone.

Fast überall in Schweden wird kostenloses **WLAN** angeboten, z. B. an WLAN-Hotspots in Städten, in Cafés etc. Oft ist die Nutzung von WLAN in den Übernachtungspreisen in Hotels, gelegentlich auch auf Campingplätzen, eingeschlossen.

Die internationale **Vorwahl von Schweden ins Ausland** ist **009**. Es folgt die Vorwahl für das gewünschte Land, für Deutschland z. B. 49. Danach ist ein **Signalton** abzuwarten bevor man weiterwählt. Beim Weiterwählen lässt man die erste Null der Ortskennzahl weg.

Notruf (Polizei, Ambulanz, Feuerwehr): **112.** Die bisherige Notrufnummer **90 000** behält aber weiterhin ihre Gültigkeit.

Öffentliche Fernsprechzellen sind mit einem Notrufknopf ausgerüstet, den man drückt und die Notrufnummer dann gebührenfrei wählen kann.

Pannendienst, landesweit, 24-Stunden-Bereitschaft: **+46 (0)20 912 912;** www.assitancekaren.se.

Finnland

Porto in europäische Länder: Postkarten und Briefe bis 20 g EUR 1,10.

Notruf (Polizei, Ambulanz, Feuerwehr): **112**.

Finnland ist dabei, sein gesamtes Telefonnetz umzustellen! Ein großer Teil der Rufnummern wird sich in den nächsten Jahren ändern! Notfalls hilft die Auskunft weiter, in Finnland 118, oder 100 13.

Übrigens: Namen die mit **Æ**, **Å**, **Ä**, **Ø** oder **Ö** beginnen, finden Sie in dänischen, norwegischen, schwedischen und finnischen Telefonbüchern **am Ende des Alphabets**!

REISEZEIT UND KLEIDUNG

Als beste Zeit für eine Reise quer durch **Dänemark** ist wohl die Spanne zwischen Ende Mai und Anfang August geeignet. In aller Regel ist dann mit den sonnigsten und wärmsten Wetterabschnitten zu rechnen und alle touristischen Einrichtungen sind in Betrieb. Wärmende, wind- und regenabweisende Kleidung sollten aber nie im Gepäck fehlen, weder im Sommerurlaub noch auf einer Reise in der Nebensaison.

Die beste Zeit für eine Reise durch **Norwegen** dürfte die Zeit von Ende Mai bis Anfang Juli sein. Nicht zuletzt der Mitternachtssonne wegen, die ja ein besonderes und typisches Nordlanderlebnis ist und gerade in dieser Zeit nördlich des Polarkreises am eindrucksvollsten erlebt werden kann, bietet sich die erwähnte Zeitspanne an.

Wer aber nach Norwegen fährt, um in erster Linie in der Finnmark zu wandern, wird sich den Frühherbst aussuchen. Und wer des Angelns wegen nach Norden reist, dem wird die für ihn günstigste Reisezeit von spezifischen Faktoren vorgegeben.

Bis Ende Mai kann man ab und zu Neuschnee erleben, dann aber nur noch in sehr hohen Lagen und ohne Beständigkeit.

Zum Ende des Monats Mai hin ist bereits mit angenehmen Temperaturen zu rechnen. Das Wetter ist in aller Regel beständiger und die Sicht oft klarer als im Juli etwa. Allerdings ist um diese relativ frühe Reisezeit Ende Mai/Anfang Juni bei der Routenplanung darauf zu achten, ob die Wintersperren über bestimmte Bergpässe (gewöhnlich Mitte Oktober bis Ende Mai) schon aufgehoben sind.

Die turbulenteste Reisezeit ist gewöhnlich der Monat Juli. Es ist der Urlaubsmonat der Norweger schlechthin. In dieser Zeit ohne Anmeldung eine Campinghütte zu bekommen, kann Schwierigkeiten bereiten. Wer es einrichten kann, dem sei ans Herz gelegt, nicht in der Hauptreisezeit Juli zu fahren!

Die zweite Augusthälfte gehört in Norwegen, zumindest in nördlichen Landesteilen, schon zum Herbst. Es wird kühler und vor allen Dingen, die Tage werden rapide kürzer.

Anfang September kann man in der Finnmark mit den ersten Frösten rechnen. Diese frühe Herbstperiode ist die mit Abstand am besten geeignete Zeit für Wanderungen in der Finnmark. Die Laubfärbung der Birken und der zaghafte erste Schnee auf den Hügelköpfen lassen Fußmärsche in dieser Zeit unvergesslich werden. Außerdem wird dann das Wandererlebnis nicht mehr von den im Sommer gelegentlich lästigen Stechmücken beeinträchtigt.

Als beste Reisezeit können für das südliche **Schweden** die Zeit zwischen Ende Mai und Anfang September und im nördlichen Schweden die Monate Ende Juni bis Mitte August angegeben werden. Zum Wandern eignen sich im Norden allerdings am besten die Wochen von Anfang August bis Mitte September. Juli ist der Ferienmonat der Schweden.

Die beste Zeit für eine Reise durch **Finnland** wird die Zeitspanne etwa zwischen Ende Juni und Mitte August sein. Zum Wandern in Lappland bietet sich die farbenprächtige Ruskazeit im Herbst an.

Ähnlich wie die Norweger machen die meisten Finnen im Juli Sommerurlaub. Viele Betriebe fahren in dieser Zeit nur mit einer Notbelegschaft. Wer kann, vermeidet als Tourist diesen Monat. Wem das nicht möglich ist, der muss dank der Größe des Landes eigentlich nur in den Zentren des Tourismus (Saimaa-Seen-Gebiet, südliche Badeküsten, Inari-Region) mit Gedränge rechnen. In dieser Zeit sollte man auch Wartezeiten in den Fährhäfen an der Ostsee einkalkulieren.

Zur **Kleidung** – eine individuelle Frage, die sich ja ganz nach persönlichen Vorlieben oder geplante Urlaubsaktivitäten richten wird – für eine Urlaubsreise durch Skandinavien sei lediglich erwähnt, dass auch im Sommer dicke Wollpullover, winddichte Jacken und vor allem eine gute Regenbekleidung mit Gummistiefeln (mit denen es sich übrigens vorzüglich über die morastigen Hochebenen wandern lässt) im Reisegepäck nicht fehlen sollten.

WÄHRUNG

In den skandinavischen Ländern gibt es bei der Ein- und Ausfuhr inländischer wie ausländischer Währung keinerlei Beschränkungen.

Die **dänische Währung** ist die **Dänische Krone** (DKK) zu 100 Øre.
1 EUR = ca. DKK 7,44.

Die **norwegische Währung** ist die **Norwegische Krone** (NOK) zu 100 Öre. 1 EUR = ca. NOK 9,39.

Die **schwedische Währung** ist die **Schwedische Krone** (SEK) zu 100 Öre.
1 EUR = ca. SEK 9,53.

Finnlands Währung ist seit 1. 1. 2002 nicht mehr die *Markka*, sondern der **EURO**.

Die Wechselkurse unterliegen Schwankungen.

International bekannte **Reiseschecks** und die gängigen **Kreditkarten** werden in vielen Geschäften, Tankstellen, Hotels, Restaurants etc. als Zahlungsmittel akzeptiert. Sehr verbreitet sind in Dänemark, Norwegen, Schweden und Finnland **Geldautomaten**, an denen Sie mit Ihrer Maestro-Karte oder Kreditkarte mit der geheimen PIN-Nummer rund um die Uhr Geld von Ihrem Konto abheben können.

ZEITUNTERSCHIED

Finnland ist unserer Zeit „voraus". Es besteht das ganze Jahr über, also auch während der Sommerzeit, ein Zeitunterschied von plus einer Stunde zu den mitteleuropäischen Ländern (MEZ + 1).

Beispiel: Deutschland 12.00 Uhr
= Finnland 13.00 Uhr.

Haftungsausschluss

Alle in diesem Reiseführer gemachten Angaben, sowie Reise- und Sicherheitshinweise sind nach den aktuell erreichbaren und dem Verlag zugänglichen Informationen mit Sorgfalt und nach bestem Wissen zusammengestellt. Eine Gewähr für die Richtigkeit und die Vollständigkeit der Angaben sowie eine Haftung für eventuell eintretende oder daraus entstehende Schäden kann nicht übernommen werden. Gesetze, Vorschriften, Öffnungszeiten, Preise, Fahrpläne können sich jederzeit ändern, ohne dass der Verlag davon erfährt. Die Entscheidung über die Durchführung einer Reise liegt in der Verantwortlichkeit des Lesers.

Verlag und Autor empfehlen, sich rechtzeitig vor Antritt der Reise nach den neuesten reiserelevanten Vorschriften zu erkundigen.

ZEICHENERKLÄRUNG

- Hauptstadt
- Etappen-Start-/Endpunkt
- Orte
- Sehenswürdigkeit
- Touristeninformation
- Museum, Schloss
- Rathaus, öffentl. Gebäude
- Busbahnhof, Bahnhof
- Parkplatz
- Tiefgarage
- Flughafen
- Postamt
- Restaurant
- Hotel
- Reiseweg, Route
- Campingplatz
- Womo-Stellplatz
- V & E Station
- Kirche, Kathedrale
- Burg, Kastell
- Wandermöglichkeit
- archäol. Stätte
- Berg, Gipfel
- Rast-, Picknickplatz
- Grenzübergang
- Pass
- Strand, Badeküste
- Höhle

V & E für Wohnmobile – Einrichtungen für Versorgung mit Trinkwasser sowie Entsorgung für Wohnmobilabwässer sind auf dem Platz vorhanden.

Wichtige, am Anfang zu jeder Tour vermerkte Sehenswürdigkeiten sind ihrer Bedeutung entsprechend mit einem, zwei oder drei Sternchen versehen.

* = sehenswert
** = sehr sehenswert
*** = ein „Muss" auf der Reise

INFORMATIONEN ZU GPS-NAVIGATIONSKOORDINATEN

Ein Wort zu den GPS-Daten

Alle unsere GPS-Koordinaten sind im System WGS 84 („World Geodetic System 1984"), einer der beiden internationalen Standards für Koordinatensysteme (neben UTM), erfasst.

Bitte beachten Sie: Die Genauigkeit der Routenführung durch das Navigationssystem hängt auch von der Genauigkeit und Aktualität des in Ihrem Navigationsgerät vorhandenen Kartenmaterials ab.

Minuten/Sekunden ändern in Dezimalkoordinaten

Alle Navigationsdaten in diesem Buch sind im Format Grad/Minuten/Sekunden angegeben. Falls Sie Navigationskoordinaten in Ihr Navigationsgerät evtl. nur als Dezimalkoordinaten eingeben können, ist das kein größeres Problem.

Koordinaten lassen sich von Grad/Minuten/Sekunden – so wie bei uns dargestellt – relativ einfach „per Hand" in Dezimalkoordinaten umrechnen und müssen dann gewöhnlich auch von Hand in das Navigationsgerät eingegeben werden.

– Da das Minuten/Sekunden-System in 60er Schritten geht, darf man die Minuten- und Sekunden-Markierungen nicht einfach ignorieren und daraus Dezimalkoordinaten machen, sondern man muss die Daten durch 60 teilen. Umgekehrt ist das auch von Dezimalwerten in Minuten/Sekunden möglich (multiplizieren).

Beispiel: Grad/Minuten/Sekunden-Format: z. B. N39° 29′ 12.6″ wird so zum Dezimalformat: 29 : 60 = 0,48, 12.6 : 60 = 0,21. Das wieder zusammengesetzte Format zeigt nun die Dezimalkoordinate: N 39,4821°.

Oder: E 20° 15′ 34.2″ – entspricht dann E 20,2557° (alle Angaben ohne Gewähr).

Sollten Sie Koordinatenformate konvertieren wollen, können Sie sich eines der **Konvertierungsprogramme** bedienen, die Sie kostenlos aus dem Internet herunterladen können, wie z. B.

GPS Babel http://www.gpsbabel.org (Englisch)
Routeconverter http://www.routeconverter.de (Deutsch)
Garmin POI-Loader http://www.garmin.com/products/poiloader (Englisch)

Im Reiseführer sind die Koordinaten wie folgt dargestellt:

Beispiel: [N68° 23′ 23.7″ E14° 25′ 20.4″] oder **[WP 123 / N70° 10′ 40.0″ E25° 17′ 49.0″]**. WP XXX ist die fortlaufende Nummerierung wichtiger Wegpunkte (oder Points of Interest – POI), so wie sie auf der Roadbook-CD abgelegt sind. Für die Verwendung bzw. Übertragung der Koordinaten aus dem Reiseführer durch Eintippen in Ihr Navigationsgerät ist diese Nummerierung ohne Bedeutung! In diesem Skandinavienband sind Campingplätze mit mehr als 100 Stellplätzen mit Wegpunktnummern [WP XXX / ...] versehen.

Koordinaten in diesem Reiseführer, die in Orten/Städten angegeben sind, und nicht mit dem Zusatz [WP XXX / ...] versehen sind, sind als Anhaltspunkte zur Orientierung mit Handnavigationsgeräten bei Stadtrundgängen gedacht. Sie bedeuten NICHT, dass diese Ziele (Wegpunkte) auch immer (Ausnahme Campings oder Wohnmobil-Stellplätze) mit dem Auto zu erreichen sind! Mitunter sind die Einfahrten in historische Innenstädte nur für den Anliegerverkehr erlaubt. Sehenswürdigkeiten, Museen, Kirchen etc. sind dort nur zu Fuß zu erreichen!

Gelegentlich steht vor der Wegpunktnummer das Wort „Parkplatz", **z. B. [Parkplatz, WP XXX / N70° 10′ 40.0″ E25° 17′ 49.0″]**. Damit wird darauf hingewiesen, dass sich bei oder ganz in der Nähe des Punktes ein Parkplatz befindet. Die Koordinate bezieht sich dann auf den Parkplatz. Vom Parkplatz können es noch ein paar Meter Fußweg bis zum eigentlichen Ziel sein.

Obwohl wir bei der Erfassung von GPS-Koordinaten größte Sorgfalt walten lassen, können wir für die Richtigkeit der in unseren Reiseführern und auf unseren Roadbook-CDs angegebenen GPS-Koordinaten und Wegpunkte sowie für evtl. daraus resultierende Ereignisse durch Missweisungen keine Haftung übernehmen.

GPS-ROADBOOK-CD

Alle mit WP gekennzeichneten Navigationskoordinaten, die in den Touren dieses Reiseführers aufgeführt sind, können Sie als Roadbook-CD beim Verlag erwerben.

Die Navigations-Koordinaten sind im System WGS 84 („World Geodetic System 1984") entsprechend dem Verlauf der in diesem Reiseführer beschriebenen Routen und Touren angelegt. Sie berücksichtigen wichtige Orte, Sehenswürdigkeiten, Campings und andere Points of Interest (POI's).

Übertragen Sie die Koordinaten von der CD mittels PC oder Notebook und entsprechender Software (z. B. MapSource® oder BaseCamp® für Garmingeräte) auf Ihr Navigationsgerät.

Unsere „Roadbook-CD" stellt Ihnen vor Ort erfasste Original-Navigationsdaten im **Garmin-Format *.gdb** (garmin database) zur Verfügung.

Darüber hinaus finden Sie auf der „Roadbook-CD" alternative Dateiformate wie **GPX** (global positioning exchange), **KML 2.2** (Google Earth [Keyhole Markup Language] – *.kml), **TomTom *.ov2 poi files** (Wegpunkte) und **TomTom *.itn files** (Routen).

Sehr hilfreich kann für Sie auch die ebenfalls auf der CD abgelegte MS-Word-Datei **Info-Doc** sein. Dort wird Schritt für Schritt erklärt, wie GPS-Koordinaten von der CD auf ein Garmin-Nüvi gebracht werden können. Es werden Weblinks zu Koordinaten-Konvertierungsprogrammen angegeben und Sie können erfahren, wie Sie Routen vorab in Google Earth™ ansehen können u. v. m.

Die tatsächliche Lage der Wegpunkte (Ziele/Zwischenziele) kann von den angegebenen Koordinaten ggf. bis zu ca. 300 m abweichen!

Mit entsprechender Software „MapSource®, City Select Europe"® oder „BaseCamp"® des Anbieters Garmin® können die Daten im Garmin-Format oder im GPX-Format über einen PC oder über ein Notebook direkt in viele Garmingeräte eingelesen werden.

NEU! Wissen wo's lang geht! Mit den auf der Roadbook-CD abgelegten Dateien im GPX-Format können Sie in Verbindung mit Google Earth® (kostenloser Download) die Reiseroute, sowie alle als Wegpunkt markierten Stationen der Reise schon vorab aus der Vogelperspektive auf Ihrem PC ansehen, oder sich einzelne Abschnitte der Route im Google Earth Routenplaner berechnen lassen. Wie's geht und vieles mehr steht auf der CD.

Für die Richtigkeit der Koordinaten und deren Transformierung in andere Dateiformate kann keine Gewähr übernommen werden!

Unsere Roadbook-CD's können Sie gegen eine Schutzgebühr von EUR 9,90 nur direkt über den Verlag beziehen!

Bestellungen bitte über unseren Webshop:
www.rau-verlag.de/shop.

Oder per Post an: Werner Rau Verlag, Feldbergstr. 54, D-70569 Stuttgart,
Tel. +49-(0)711-687 21 43, Fax +49-(0)711-68 22 47, E-Mail: info@rau-verlag.de.

REGISTER

Personennamen in kursiver Schrift.

(CP) bzw. (ST) hinter dem Ortsnamen weist darauf hin, dass in oder ganz in der Nähe des Ortes ein im Reiseführer beschriebener Campingplatz und/oder ein Wohnmobil-Stellplatz zu finden ist.

T

MOBIL REISEN

NIX WIE RAUS!

Raus Reiseführer – die gelungene Mischung aus kompetentem Reiseführer, Tourenbuch, Camping- und Stellplatzführer.

Erlebnisreiche Reisen mit Auto, Caravan, Van-Camper oder Wohnmobil.

Mobil Reisen: BALTIKUM
Die schönsten Reiserouten, kombiniert zu einer erlebnisreichen Tour durch alle drei baltischen Länder - Litauen, Lettland und Estland. Mit einem Abstecher nach Kaliningrad. Reisetipps in Fülle. Plus Vorschläge zu sechs Radtouren.
Mit Wohnmobil-Stellplätzen u. Campingplätzen.
Von Michael Moll, 252 S., zahlr. Farbfotos, Karten und Stadtpläne.
ISBN 978-3-926145-72-7. € 19,90.
GPS-Roadbook-CD mit Navigationskoordinaten verfügbar!

Mobil Reisen: BRETAGNE
Ein individueller Reiseführer mit Routenvorschlägen, ausgesuchten Touren für eine Reise von Nantes bis ans „Ende der Welt", der Finistère an die bretonische Atlantikküste. Historisches, Amüsantes, Kulinarisches und natürlich viele praktische Reisetipps. Jetzt mit noch mehr Wohnmobil-Stellplätzen.
Mit vor Ort erfassten GPS-Koordinaten.
336 S., zahlr. Farbfotos, Karten, Stadtpläne, Hotels, Campingplätze sowie viele Infos und Reisetipps.
ISBN 978-3-926145-49-9. € 19,90.
GPS-Roadbook-CD mit Navigationskoordinaten verfügbar!

Mobil Reisen: DÄNEMARK – Mit Insel Bornholm
Handlich und praktisch für erlebnisreiches Auto-, Motorrad-, Caravan- oder Wohnmobil-Touring. Auf 15 handverlesenen Urlaubsrouten zu den schönsten Städten und Küsten in Jütland, Fünen, Seeland und Bornholm. Ausführlicher Teil über "wonderful, wonderful Copenhagen".
Mit vor Ort erfassten GPS-Koordinaten.
312 S., zahlr. Farbfotos, Karten, Stadtpläne, Hotels, sowie viele Infos, die schönsten Camping- u. Stellplätze.
ISBN 978-3-926145-54-3. € 19,90.
GPS-Roadbook-CD mit Navigationskoordinaten verfügbar!

Mobil Reisen: ENGLAND SÜD
Von den weißen Felsen von Dover über lebhafte Seebäder bis hinaus an die abgeschiedene, wilde Küste von Cornwall. Wandern auf den herrlichen Küstenwegen und Klippenpfaden, den Schauplätzen aus Pilcher-Filmen nachspüren, in prächtigen Gärten schwelgen oder lieber gemütlich in einem uralten Pub verweilen, in dem sich schon die Schmuggler früherer Tage die Klinke in die Hand gaben? Dieser Reiseführer sagt Ihnen, wo's lang geht.
Mit vor Ort erfassten GPS-Koordinaten.
348 S., zahlr. Farb-Abb., Karten, Stadtpläne, Hotels, Pubs sowie viele Infos und die schönsten Campingplätze.
ISBN 978-3-926145-68-0. € 22,90.
GPS-Roadbook-CD mit Navigationskoordinaten verfügbar!

Mobil Reisen: FINNLAND – Mit Åland-Inseln
Das „Land der tausend Seen“ von Helsinki über das Labyrinth des Saimaa-Seengebiets, weiter über Karelien, die einsamen Weiten Lapplands und zurück über den finnischen Schärengarten auf eigene Faust erleben. Anschließend ein Abstecher auf die Åland-Inseln.
Mit einem ausführlich geschilderten **Abstecher zum Nordkap**. Und das Ganze mit vor Ort erfassten GPS-Koordinaten.
264 S., zahlreiche Farbfotos, Karten, Stadtpläne, Hotels, Campingplätze sowie viele praktische Informationen über Land und Leute.
ISBN 978-3-926145-50-5. € 19,90.
GPS-Roadbook-CD mit Navigationskoordinaten verfügbar!

Mobil Reisen: GRIECHENLAND
Aus der Reisepraxis für die Reisepraxis geschrieben. Ein Reisehandbuch mit Routen, Touren und Reisetipps fürs Auto-, Motorrad-, Caravan- oder Reisemobil-Touring. Eine Fülle von Routenvorschlägen führt Sie durch alle Regionen Festlandgriechenlands, von den Badestränden der Chalkidiki-Halbinsel bis in den Süden des Peloponnes und natürlich zu allen archäologischen Stätten.
Mit vor Ort erfassten GPS-Navigationskoordinaten!
264 S., zahlr. Farbfotos; Karten, Stadt- u. Lagepläne, Stadtspaziergänge, Hotels und die schönsten Campingplätze.
ISBN 978-3-926145-36-9. € 18,90.
GPS-Roadbook-CD mit Navigationskoordinaten verfügbar!

Mobil Reisen: IRLAND – Mit Nordirland
Der ideale Urlaubsführer für alle, die den Charme der "Grünen Insel" auf eigene Faust entdecken wollen. Ausgesuchte Routenvorschläge fürs Auto-Touring von den südlichen Counties über die imposante Westküste bis hinauf ins abgeschiedene Donegal und durch Nordirland. Ausführlicher Dublin-Teil mit detaillierten Rundgängen. Kultur, Folklore, Tipps zu Pubs, Wandermöglichkeiten.
Mit vor Ort erfassten GPS-Navigationskoordinaten!
336 S., zahlr. Farbfotos, Karten, Stadtpläne, Hotels, viele Infos und die schönsten Campingplätze.
ISBN 978-3-926145-58-1. € 22,90.
GPS-Roadbook-CD mit Navigationskoordinaten verfügbar!

Mobil Reisen: KORSIKA
Korsika, „Ile de Beauté“, die „Insel der Schönheit“ besticht durch ihre wunderbare Berglandschaft und ihre herrliche, oft atemberaubende Küstenszenerie. Eine Herausforderung für alle unternehmungslustigen Wohnmobilisten und Caravaner und ein Eldorado für anspruchsvolle Wandertouren.
Hotels, Restaurants, Campingplätze und jede Menge Tipps und Infos.
Mit vor Ort erfassten GPS-Koordinaten.
228 S., zahlreiche Farbfotos., Karten, Stadtpläne.
ISBN 978-3-926145-41-3. € 18,90.
GPS-Roadbook-CD mit Navigationskoordinaten verfügbar!

Mobil Reisen: KROATIEN
Istrien, die Dalmatinische Küste und Kroatiens herrliche Adriainseln auf den schönsten Reisewegen erleben. Dieses praktische Reisehandbuch sagt Ihnen, wo's lang geht. U. a. mit Dubrovnik, Plitvicer Seen, Zagreb und einer Fülle an Reisetipps, Infos zu Hotels und Campings.
Mit vor Ort erfassten GPS-Koordinaten.
257 S., zahlreiche Farbfotos, Karten, Stadtpläne, Stadtspaziergänge.
ISBN 978-3-926145-61-1. € 18,90.
GPS-Roadbook-CD mit Navigationskoordinaten verfügbar!

Mobil Reisen: LOIRETAL
Komplett überarbeitet, aktualisiert! Noch mehr Womo-Stellplätze!
Die schönsten Reisewege durch das Herz Frankreichs, der Landschaft, in der es sich leben lässt „wie Gott in Frankreich“. Nicht umsonst entstanden hier die prächtigsten Schlösser Frankreichs. Aber auch wer weniger das Historische als viel mehr kulinarische Erlebnisse sucht, wird in der Gegend um das Loiretal auf seine Kosten kommen. Und dieser Reiseführer sagt Ihnen wo's lang geht. Mit vielen Wohnmobil-Stellplätzen und mit vor Ort erfassten GPS-Navigationskoordinaten!
282 S., zahlr. Farbfotos, Karten, Stadtpläne, Hotels, sowie viele Infos und die schönsten Campingplätze.
ISBN 978-3-926145-67-3. € 19,90.
GPS-Roadbook-CD mit Navigationskoordinaten verfügbar!

Mobil Reisen: NORWEGEN – Reisewege zum Nordkap
Komplett überarbeitet! Aktualisiert! Noch mehr Womo-Stellplätze!
Neue Touren und zusätzliche Routen! Noch übersichtlicher!
Jetzt mit praktischen „Tourenpaketen“ zum Kombinieren, wie z. B. „Südnorwegen“, „Gletscher, Fjells und Fjorde“ oder „Finnmark und Nordkap“.
Durchgehend farbig und noch mehr Fotos und Karten!
Verlässliche Kompetenz aus langjähriger Reiseerfahrung.
Mit vor Ort erfassten GPS-Koordinaten.
408 S., Stadtrundgänge, Wandervorschläge, viele Farbfotos, Karten, Stadtpläne, Hotels, sowie Reise-Infos in Fülle, dazu über 200 Campingplätze und zahlr. Stellplätze.
ISBN 978-3-926145-65-9. € 22,90.
GPS-Roadbook-CD mit Navigationskoordinaten verfügbar!

Mobil Reisen: OSTSEE-RUNDE

Auf überlegt ausgesuchten Routen und Touren die schönsten Gegenden Pommerns und Masurens, wunderschöne baltische Städte wie Vilnius, Riga und Tallinn, sowie die russische Perle Sankt Petersburg erleben. Reisen Sie über Finnland, Schweden und die dänische Insel Seeland zurück. Dieser Reiseführer hilft – ob Wohnmobil-Tourer, Caravaner, Autourlauber oder Motorbiker – sowohl bei der Vorbereitung als auch auf der Reise unterwegs. Ein unvergessliches Reiseerlebnis!

396 S., Stadtrundgänge, zahlr. Farbfotos, Karten, Stadtpläne, Hotels, sowie viele Infos und die schönsten Camping- und Wohnmobil-Stellplätze.

ISBN 978-3-926145-75-8. € 22,90.

GPS-Roadbook-CD mit Navigationskoordinaten verfügbar!

Mobil Reisen: POLEN

Polen bequem auf eigene Faust kennen lernen. Über die Sudeten und über Schlesien, weiter durch die Karpaten, Zentral- und Ostpolen mit einem ausführlichen Teil über die Hauptstadt Warschau, durch Ermland, die Masurische Seenplatte, durchs Lebuser Land und über Pommern schließlich bis zur Ostseeküste. Alles in bequem nachvollziehbaren Reiserouten beschrieben.

Von Michael Moll, 240 S., zahlr. Farbfotos; Karten, Stadt- u. Lagepläne, Stadtspaziergänge, Hotels und die schönsten Campingplätze.

ISBN 978-3-926145-73-4. € 19,90.

Mobil Reisen: PORTUGAL

Gesamt Portugal, vom grünen Norden bis zur sonnigen Algarveküste, vom kargen, ursprünglichen Alto Alentejo bis zu den Seebädern am Atlantik beschreibt dieser Band auf leicht nachvollziehbaren Touren, die einen kompletten Eindruck von diesem überaus interessanten Reiseland vermitteln. Besonders ausführlich die Weinstadt Porto und natürlich Lissabon, eine der schönsten Hauptstädte Europas.

Mit vor Ort erfassten GPS-Koordinaten.

300 S., zahlr. Farbfotos, Karten, Stadtpläne, Hotels, sowie viele Infos und die schönsten Campingplätze.

ISBN 978-3-926145-64-2. € 19,90.

GPS-Roadbook-CD mit Navigationskoordinaten verfügbar!

Mobil Reisen: SARDINIEN

Ein Reiseziel mit ganz unerwarteten Attraktionen – zauberhafte Küstenszenerien, das größte Dünengebiet ganz Italiens, wunderschöne Seegrotten, mystische Nuraghen, geisterhafte alte Minenstädte und einer der spektakulärsten Canyons in Europa.

Dieses Tourenbuch, gespickt mit jeder Menge Reisetipps, führt auf den schönsten Routen und Wohnmobil-Touren durch Sardinien. Mit Wohnmobil-Stellplätzen, Tipps zu Hotels und Restaurants, Campingplätzen. Mit vor Ort erfassten GPS-Navigationskoordinaten!

240 S., zahlr. Farbfotos, Karten, Stadtpläne.

ISBN 978-3-926145-62-8. € 18,90.

GPS-Roadbook-CD mit Navigationskoordinaten verfügbar!

Mobil Reisen: SCHOTTLAND

Schottland auf neuen Wegen erleben. Eine variantenreiche Rundreise – von den Borders bis zu den Highlands, von den Western Isles bis zu den Orkneys. Detaillierte Beschreibung von Edinburgh, Glasgow, allen wichtigen Städten, Schlössern und Landschaften.
Außerdem Essen und Trinken, Whisky, Clans, Tartans und Dudelsäcke, Wandern u.v.m.
276 S., zahlr. Farbfotos., Karten, Stadtpläne, Hotels, sowie viele Infos und die schönsten Campingplätze mit GPS-Koordinaten.
ISBN 978-3-926145-57-4. € 19,90.
GPS-Roadbook-CD mit Navigationskoordinaten verfügbar!

Mobil Reisen: SCHWEDEN

Mit Inseln Öland und Gotland

Komplett überarbeitet, aktualisiert! Noch mehr Wohnmobil-Stellplätze! 22 sorgfältig ausgewählte, vor Ort getestete Reise(mobil)routen und Autotouren durch die schönsten Landschaften, Städte und Regionen. Mit vielen Reisetipps und Informationen über Sehenswertes vom südlichen Schonen bis Lappland. Mit ausführlichem Stockholm-Teil, Stadtrundgänge u. a. durch Helsingborg, Göteborg, Uppsala, Kalmar, sowie die Inseln Öland und Gotland. Mit vor Ort erfassten GPS-Koordinaten.
336 S., zahlr. Farbfotos, Karten, Stadtpläne, Hotels, sowie viele Infos und die schönsten Campingplätze. Mit Wohnmobil-Stellplätzen.
ISBN 978-3-926145-74-1. € 22,90.
GPS-Roadbook-CD mit Navigationskoordinaten verfügbar!

Mobil Reisen: SIZILIEN

Auch ein klassisches Reiseziel lässt sich immer wieder neu entdecken. Dieses neue Tourenbuch schildert kompetent und ausführlich die schönsten Reisewege durch Sizilien.
Mit Wohnmobil-Stellplätzen und mit vor Ort erfassten GPS-Koordinaten.
252 S., zahlr. s/w.- u. Farb-Abb., Karten, Stadtpläne, Hotels, sowie viele Infos und die schönsten Campingplätze.
ISBN 978-3-926145-55-0. € 18,90.
GPS-Roadbook-CD mit Navigationskoordinaten verfügbar!

Mobil Reisen: SPANIEN NORD

Spaniens Norden von den Stränden der Costa Brava über die Pyrenäen, durch das grüne Galicien mit dem Pilgerziel Santiago de Compostela bis ins Herz Kastiliens mit den Hochburgen von Kunst, Kultur und Geschichte wie Salamanca oder Segovia.
Ausführlich: **Der Jakobsweg**. Hotels, Restaurants und die schönsten Campingplätze. Mit vor Ort erfassten GPS-Koordinaten.
283 S., zahlr. Farbfotos; Karten und Stadtpläne.
ISBN 978-3-926145-63-5. € 19,90.
GPS-Roadbook-CD mit Navigationskoordinaten verfügbar!

Mobil Reisen: SPANIEN SÜD

Eine gelungene Mischung aus Kunst, Kultur, Information und Reisetipps. Ein kompletter Reiseführer, der mehr als nur Routen und Touren bietet. Vom Mittelmeer ins Herz Kastiliens, auf den Spuren der Conquistadores, weiße Dörfer, maurische Paläste und der sonnige Süden Andalusiens. PLUS: Madrid City Guide.
Mit vor Ort erfassten GPS-Koordinaten.
312 S., zahlreiche Farbfotos, Karten und Stadtpläne. Stadtspaziergänge, Hotels, Paradores, Campings, Wohnmobil-Stellplätze u. v. m.
ISBN 978-3-926145-69-7. € 22,90.
GPS-Roadbook-CD mit Navigationskoordinaten verfügbar.

Mobil Reisen: TOSKANA

Mit Florenz und Insel Elba

Wiege der Renaissance, altes Zentrum von Kunst, Kultur und Wissenschaft und natürlich Eldorado für Weinliebhaber und ein wahres Paradies für kulinarische Entdecker. Ein Autoführer mit bequem zu kombinierenden Reiserouten durch die gesamte Toskana, mit Elba.
Großer Florenz-Teil sowie alle wichtigen Städte, Landschaften und Sehenswürdigkeiten. Mit vor Ort erfassten GPS-Koordinaten.
300 S., zahlr. Farbfotos, Hotels, Restaurants, Camping- u. Reisemobil-Stellplätze, Kartenskizzen, Stadtpläne und viele Infos.
ISBN 978-3-926145-70-3. € 19,90.
GPS-Roadbook-CD mit Navigationskoordinaten verfügbar.

Mobil Reisen: UMBRIEN, MARKEN

Mit San Marino

Auf den schönsten Reiserouten durch die mittelitalienischen Regionen Umbrien und Marken. Reisen Sie von der sehenswerten Hauptstadt Umbriens Perugia über das prächtig gelegene Orvieto bis an die Ufer des Lago di Bolsena, weiter über die einladenden Höhen der Sibellinischen Berge an die adriatische Küste und in die älteste Republik Europas, San Marino. Mit vor Ort erfassten GPS-Koordinaten.
240 S., zahlr. Farbfotos, Hotels, Restaurants, Camping- u. Reisemobil-Stellplätze, Kartenskizzen, Stadtpläne und viele Infos.
ISBN 978-3-926145-76-5. € 19,90.
GPS-Roadbook-CD mit Navigationskoordinaten verfügbar.

Weitere Titel sind in Vorbereitung!

Fragen Sie im Buchhandel nach unseren aktuellen Neuerscheinungen.

Oder besuchen Sie uns im Internet:

http://www.rau-verlag.de

http://www.mobil-reisen.eu

VERLAG RAU MOBIL REISEN

WERNER RAU VERLAG, Feldbergstraße 54, D - 70569 Stuttgart
www.rau-verlag.de – e-mail: info@rau-verlag.de

Mobil Reisen: SKANDINAVIEN

Vorliegend: 12. Auflage 2018/2019